Anonymus

Sammlung der neuesten Schrifften welche die Jesuiten in Portugal betreffen

Anonymus

Sammlung der neuesten Schrifften welche die Jesuiten in Portugal betreffen

ISBN/EAN: 9783742897985

Hergestellt in Europa, USA, Kanada, Australien, Japan

Cover: Foto ©Lupo / pixelio.de

Manufactured and distributed by brebook publishing software (www.brebook.com)

Anonymus

Sammlung der neuesten Schrifften welche die Jesuiten in Portugal betreffen

Sammlung
der
Neuesten Schrifften,

welche die

Jesuiten in Portugal
betreffen.

Aus dem Italiänischen übersetzt.

Dritter Band.

Franckfurt und Leipzig
1761.

Innhalt
der in diesem dritten Bande befindlichen Stücke.

Erste Sammlung urkundlicher Schriften, welche zu besserer Einsicht der neuesten Streitigkeiten des Portugiesisch- und Römischen Hofes wegen der Jesuiten dienen.   Pag. 1

Zwente Sammlung urkundlicher Schriften, welche zur bessern Einsicht der neuesten Streitigkeiten des Portugiesischen und Römischen Hofes wegen der Jesuiten dienen.   107

Antwortschreiben eines Italiäners, der in Diensten des allergetreuesten Königes ist, an einen Prälaten des Römischen Hofes über die gegenwärtige Streitigkeiten des Portugiesischen Hofes mit den Jesuiten.   145

Des Anhangs zu dem Schreiben eines Portugiesen zwenter Theil.   224

Abschrift

※ o ※

Abschrift des Berichts, welchen der General Don Matthia de Angles e Gortari als Gouverneur der Stadt Potosi über diejenigen Puncte gemacht hat, welche die in der Stadt dell'Assunzione in der Provinz Paragual erfolgten Unruhen verursachet haben; nebst der Abschrift des Briefes, welchen der P. Laur. Rillo von der Gesellschaft Jesu Provincial der Hell. Provinz Paragual mit der Unterschrift dal Rio del Pasage den 24. Februar. 1729. geschrieben hat, wie auch des Briefes, den ebenfalls Don Joh. Thom. de Araoz vom 13. Jan. des erwehnten Jahres aus Paragual geschrieben; aus dem Spanischen übersetzt.   226

Anhang.   I.) Abschrift des Briefes von P. Laurentius Rillo dem Jesuiten und Provincial der Provinz Paragual an den General D. Matthias de Angles.   334

Bestättigung dieser Abschrift.   335

Zweyte Bestättigung.   336

II.) Schreiben des Don Joh. Thomas Araoz an den Herrn General Don Matthias de Angles.   ibid.

Antwortschreiben auf den Brief eines Jesuiten über die Entdeckung der Zusammenverschwörung wider den König in Portugal.   1

Fortsetzung der neuesten Denkwürdigkeiten der Jesuiten, in Briefen.   LXX

Vorrede.

Vorrede.

Die Jesuitischen Händel ziehen immer noch die Aufmerksamkeit von ganz Europa auf sich, und jedermann siehet dem Ausgange ihres wichtigen Processes in Portugall mit Verlangen entgegen. So unglaublich dieses dem ersten Ansehen nach scheinen möchte, daß ein Orden von Religiosen, welche sich dem Altar, der Canzel, dem Beichtstuhle und der Armuth geweyhet haben, noch einen großen Einfluß in das weltliche Interesse ganzer Reiche und Staaten haben sollten; so gewiß ist es doch, und die Erfahrung hat es von zwey hundert Jahren her bestätiget, daß die sogenannte Gesellschaft Jesu gar oft an den merkwürdigsten Veränderungen und Begebenheiten in allen Theilen der Welt einen großen Antheil gehabt habe. Die Beyspiele der Jesuitischen Einwürkung in weltliche Dinge sind so häuffig, daß einer gewiß sehr unwissend in der Geschichte der neuern Zeiten seyn müßte, der dieses leugnen wollte. Das neueste Exempel von Portugall ist allein hinlänglich, einen jeden von der Wahrheit dieser Sache zu überzeugen. Die Macht und das Ansehen der

A Jesuiten

Vorrede.

Jesuiten war in diesem Reiche so hoch gestiegen, und der größte Theil der Staatsangelegenheiten hieng von dem Willen dieser Religiosen dergestalt ab, daß sich alles vor sie bemüthigen oder sich vor ihrem Zorn und Verfolgung fürchten mußte. Ihre Herrschsucht überstieg endlich alle Schranken, und ihre Verwegenheit war so groß, daß sie sich kein Bedenken mehr machten, die abscheulichsten Ungerechtigkeiten auszuüben, und alle göttliche und menschliche Gesetze zu überschreiten. Das Maaß ihrer Sünden wurde voll. Es gefiel nunmehro der göttlichen Vorsehung, die über alles waltet, die entsetzliche Bosheit dieser Leute, welche sich nicht gescheuet hatten, die allerheiligste Lehre JEsu zum Deckmantel ihrer gottlosen Absichten zu mißbrauchen, auf einmal ans Licht zu bringen, ihre mörderischen Anschläge zu vernichten, und sie vor der ganzen Welt zu Schanden zu machen. Die gefährlichen Unternehmungen der Jesuiten wider die Staaten und endlich gar wider die geheiligte Person des Königes von Portugall mußten, aller itzter angewandten List ungeachtet, dazu dienen, daß dem portugießischen Hofe wie der alles menschliche Vermuthen die Augen geöfnet wurden, daß er den verderbten und unverbesserlichen Zustand dieses Ordens erkannte, und den weisen und rühmlichen Entschluß faßte, diese unruhige und schädliche Gesellschaft aus seinen Reichen gänzlich zu verbannen. Diese ganz unerwartete Veränderung in dem System der Gesellschaft hätte schon vor sich zureichend seyn können, die Aufmerksamkeit der geistlichen und weltlichen Fürsten und Herren in allen Ländern, wo Jesuiten sind, zu erregen; allein hier zu kam noch, daß Se. allergetr. Majestät geruheten, die Gründe Dero gerechten Verfahrens der ganzen Welt vor Augen zu legen, und die entsetzlichen Verbrechen dieser Religiosen, derer sie sich schuldig gemacht hatten, mit so überzeugenden Beweisen zu bestätigen, daß kein vernünftiger und unpartheyischer Mensch an der Wahrheit dieser Sache mehr zweifeln konnte. Kaum waren einige von den Königl. portugießischen Schriften und urkundlichen Nachrichten zum Vorschein gekommen; so fieng man überall an, auf die Jesuiten ein wachsames Auge zu haben. Man untersuchte und verglich den neuesten Zustand der Gesellschaft mit demjenigen, was man ihr schon ehemals beygemessen hatte, und fand, daß sowohl die Lehrsätze

als

Vorrede.

als auch die Auffuhrung der neuern Jesuiten mit den alten vollkommen übereinstimmte. Viele geschickte Männer ergriffen die Feder, und bewiesen aus unwiderleglichen Gründen, daß sich die ganze Gesellschaft der abscheulichen Verbrechen, deren sie beschuldiget wird, würklich theilhaftig gemacht habe, und um des großen Aergernißes willen, so sie der ganzen Kirche durch ihr Betragen gegeben, entweder gar sehr verbessert, oder völlig abgeschafft zu werden verdiene. Auf diese Weise nun ist es geschehen, daß bishero eine beträchtliche Anzahl der merkwürdigsten Schriften vornemlich in Italien zum Vorschein gekommen ist, welche als herrliche Urkunden und Zeugnisse in den Streitigkeiten mit den Jesuiten können gebraucht werden, und dahero wohl werth sind, daß man sie dem Untergange, welcher bey den Schriften wider die Jesuiten sehr gewöhnlich ist, entreisse, und sie vielmehr zur bessern Belehrung so vielen verführten Seelen in die Hände liefere. Um dieser Ursache willen haben wir vor einiger Zeit schon den Entschluß gefaßt, die erheblichsten Stücke, welche die Jesuiten betreffen, durch eine Uebersetzung in Deutschland bekannt zu machen, wir haben auch würklich schon in zween Bänden einen großen Theil unserer Absicht erreichet, und mit Vergnügen wahrgenommen, daß man unsere Bemühung eines so allgemeinen Beyfalls in Deutschland gewürdiget hat. Das Verlangen nach der Fortsetzung dieser Sammlung, welches unsere wertheste Gönner und Freunde sowohl in Briefen als auch in öffentlichen Blättern geäussert haben, hat uns vornemlich angetrieben, so bald als möglich, etwas neues wiederum zu liefern. Wir haben es auch mit göttlicher Hülfe, verschiedener Schwierigkeiten ungeachtet, dahin gebracht, daß wir gegenwärtig im Stande sind, den dritten Band dieser Sammlung aus Licht zu stellen, welcher zwar wegen der so frühzeitig einfallenden Ostermesse den vorhergehenden beyden Bänden in der Menge der Bogen nicht gleich gemacht werden können; aber doch in Ansehung des Innhalts nicht weniger merkwürdig ist, indem darinn ebenfalls solche Schriften vorkommen, welche theils die wahre Gestalt und Beschaffenheit der Gesellschaft Jesu in ein helleres Licht setzen, und ihre listigen Anschläge und gottlosen Unternehmungen immer mehr entdecken, theils auch in der bekannten Streitigkeit des römischen und portugiesischen Hofes höchst wichtige Urkunden enthalten, die zu besserer Einsicht dieses so merkwürdigen Vorfalls ganz unentbehrlich sind, und einen in den Stand setzen, die Gründe und Folgen dieser unvermeidlichen Trennung beyder Höfe recht einzusehen. Man trifft hier erstlich eine Wiederlegung verschiedener Vorwürfe an, welche die Jesuiten wider das Verfahren des portugiesischen Hofes zu machen pflegen. Es wird darinn auf eine sehr lebhafte und angenehme Art das ungereimte und lächerliche, welches sich in diesen Apologien vor die Gesellschaft befindet, deutlich entdecket, und zugleich das Betragen des Hofes von Lissabon als nothwendig, gerecht, und der so hochbeleidigten Majest. des portugiesischen Monarchen gemäs erwiesen. Ferner findet man in diesem Bande eine ansehnliche Sammlung derjenigen urkundlichen Schriften, welche Se. Majestät der König von Portugall an die vornehmsten Höfe von Europa geschickt hat, und welche die wichtigen Gründe enthalten, wodurch Se. allergetr. Majestät nöthiget worden, das gute Vernehmen mit dem römischen Hofe aufzuheben, und den päbstlichen Nuntius aus seinen Staaten wegführen zu lassen. Man siehet aus diesen Schriften, wie das jetzige Ministerium des Pabsts sich alle ersinnliche Mühe giebt, die Hoheit des römischen Stuhls zu ihrer vorigen Größe wieder zu erheben, und den Monarchen solche Dinge vorzuschreiben, welche offenbare Eingriffe in die weltliche Regierung der Fürsten sind, und mit der unumschränkten und unabhängigen Beherrschung ihrer Staaten nicht bestehen können. Allein, die weltlichen Regenten wissen auch jetzt die Grenzen der päbstlichen Macht genauer zu bestimmen, und folglich haben die Drohungen von Rom zu unsern erleuchteten Zeiten den Eindruck nicht mehr, den sie vielleicht vor drey hundert Jahren noch würden gemacht haben. Hiernächst erhellet auch aus diesen Urkunden, wie sehr sich eben dieses römische Ministerium angelegen seyn lasse, die Sache der Jesuiten zu vertheidigen, und anstatt die schleunige Bestrafung dieser Religiosen in Portugall wegen ihrer abscheulichen Verbrechen zu befördern, vielmehr so viel Schwierigkeiten in Weg zu legen suche, wodurch dieselbe wohl gar unmöglich gemacht werden möge. Se. allergetr. Majest. hatten zur Bezeugung ihrer großen Hochachtung gegen den heil. Stuhl bey

Vorrede.

dem Pabste um die Erweiterung des Breve angehalten, welches Gregorius der XIII. im Jahr 1583. dem Gewissensrathe zu Lissabon ertheilet hatte. Diese Sache schien gar keiner Schwierigkeit unterworfen zu seyn, und jedermann hätte glauben sollen, daß man dem Könige von Portugall ein so gerechtes Ansuchen sogleich zugestehen würde. Allein das römische Ministerium wurde hierüber in die größte Verlegenheit gesetzet. Man hielt deswegen fleißige Congregationen, und als man endlich einsahe, daß man sich einer offenbaren Partheylichkeit schuldig machen würde, wofern man diese Bitte gänzlich abschlagen wollte; so faßte man endlich ein neues Breve ab, welches aber mit so vielen Einschränkungen und Bedingungen angefüllet war, daß man gewiß vermuthen konnte, der König würde entweder damit nicht zufrieden seyn, oder durch die Annehmung desselben einen großen Theil seiner Majestätsvorrechte vergeben. Kaum hatte der portugiesische Hof hievon Nachricht erhalten, so sahe man in Lissabon wohl ein, worauf es in Rom angesehen sey. Der König von Portugall ertheilte dahero seinem gevollmächtigten Minister am päbstlichen Hofe den gemessensten Befehl, daß er, wofern man das Breve nicht auf die verlangte Weise abfassen wollte, sogleich alle Verbindung mit dem römischen Ministerio aufheben, und sich aus den Staaten des Pabstes hinweg begeben solle. So unanständig nun immer noch das Betragen des päbstlichen Ministerii gegen Se. allergetr. Majestät und Dero Minister zu Rom war; eben so strafbar war auch die Aufführung des päbstlichen Nuntius in Lissabon, so, daß sich der König von Portugall genöthiget sahe, auch diesen Minister aus seinen Staaten wegführen zu lassen, der nach dem einmal gefaßten nothwendigen Entschlusse sich von Rom zu trennen, ohnedem ganz entbehrlich war. Der römische Hof war, wie leicht zu erachten, mit diesem gethanen Schritte des Königs gar nicht zufrieden, und ließ deswegen allen fremden Ministern und Abgesandten, so sich in Rom befinden, ein Memoire austheilen, worinn das Verfahren des römischen Ministerii gerechtfertiget, und hingegen das Bezeigen gegen den Nuntius in Lissabon als eine Verletzung des Völkerrechts und der schuldigen Achtung gegen den heil. Stuhl vorgestellet wird. Die Vergleichung dieser Schutzschrift mit den portugiesischen Urkunden

Vorrede.

funden wird einen jeden bald in den Stand setzen, von der Stärke und Schwäche dieses Memoire, so in dem gegenwärtigen Bande ebenfalls befindlich ist, ein gegründetes Urtheil zu fällen. Unterdessen erfolgte auch die würkliche Abreise des portugiesischen Ministers von Rom, und die völlige Trennung beyder Höfe nahm hiermit ihren Anfang, und es ist gewiß nicht die geringste Hofnung vorhanden, daß sie nach dem jetzigen System von Rom so bald aufgehoben werde.

Außer diesen sehr wichtigen Schriften findet man hier auch einen zweyten Theil des Anhangs zu dem Sendschreiben eines Portugiesen. Der Verfasser dieses höchst schätzbaren Werks hat bereits in dem ersten Anhange den Jesuiten so viele Wahrheiten gesagt, daß sie aller angewandten Mühe ungeachtet doch niemals etwas wider den Hauptpunct dieses vortreflichen Buchs mit Grunde werden vorbringen können. Sie wissen es selbst gar wohl, daß das Sendschreiben und der Anhang die zwey wichtigsten Schriften sind, die man jemals wider sie geschrieben hat. Sie wenden dahero auch in ihren neuesten Schutzschriften alle nur mögliche Kunstgriffe an, sich wider diese beyden Bücher wenigstens einigermassen zu vertheidigen. Allein wer dasjenige, was wir in der Vorrede zum zweyten Bande dieser Sammlung aus den drey ersten Theilen ihrer Apologien angeführet haben, mit Aufmerksamkeit lieset, der wird bald finden, wie schlecht ihnen ihr Vorhaben gerathen sey. Sie haben unter andern Vertheidigungsarten auch diese erwählet, daß sie den Urkunden, so in den erwehnten zweyen Büchern vorkommen, andere entgegen setzen, die sich aber entweder gar nicht zur Sache schicken, oder wohl gar ihren Ursprung den Jesuiten selbst zu danken haben, und doch gleichwohl sich einbilden, und andere überreden wollen, daß dadurch alles dasjenige, was in jenen Werken aus den unverwerflichsten Zeugnissen bewiesen ist, sogleich widerlegt sey. Der Verfasser des Anhangs hat dahero zu seiner Vertheidigung einen Weg erwählet, welcher unserer Einsicht nach auch würcklich der allerbeste, bequemste und kürzeste zu seyn scheinet. Er ist nemlich gesonnen, alles, was er in dem ersten Anhange bereits behauptet hat, und von den Jesuiten ist angegriffen worden, mit sol-

chen

Vorrede.

chen Documenten zu bestätigen, deren Gültigkeit und Glaubwürdigkeit die Jesuiten gewiß niemals werden wankend machen, oder gar widerlegen können. Er hat hier den Anfang mit dem urkundlichen Berichte eines spanischen Generals und Commissarius gemacht, worinn die wahre Beschaffenheit der Jesuitischen Mißionen in Paraguay außer allen Zweifel gesetzet, und dasjenige vollkommen bestätiget wird, was der portugiesische Hof in dem Berichte von der Jesuitischen Republik in Paraguay ebenfalls behauptet hat, durch diese vortrefliche Urkunde, welche der Verfasser des Anhangs nach so vielen Jahren zuerst ans Licht gebracht hat, werden alle Erdichtungen, welche die Jesuiten von dem Zustande ihrer Mißionen in einer Provinz bishero ausgestreuet haben, auf einmal um so viel kräftiger widerleget, da sie wider die Redlichkeit und Unpartheylichkeit desjenigen, der diesen Bericht abgefasset hat, und ein wahrer Freund der Gesellschaft war, nichts einwenden können. Und gewiß, wenn der Verfasser des Anhangs fortfähret, uns auch über andere Puncte solche Erläuterungen wie diese zu liefern; so werden doch endlich noch vielen verführten Seelen die Augen geöfnet werden, und den Jesuiten wird die Lust vergehen, sich fernerhin zu vertheidigen.

Das letzte Stück, wovon noch hier wegen Kürze der Zeit ein kleiner Theil geliefert wird, ist die Fortsetzung der so beliebten Denkwürdigkeiten der Jesuiten in Briefen; Man wird auch darinn wie in den vorhergehenden Briefen viele merkwürdige Nachrichten und Anecdoten von dem neuesten Zustande der Gesellschaft antreffen, und die hin und wieder eingerückten kleinern Schriften und Documente, so bishero zum Vorschein gekommen sind, und auf diese Weise am bequemsten dem Untergang entrissen werden, mit Vergnügen und Nutzen lesen. Wir sind mit göttlicher Hülfe entschlossen, das übrige von diesen Denkwürdigkeiten und kleinen Schriften, so bis auf dieses Jahr gedruckt sind, insgesamt im vierten Bande zu liefern, und alsdann auch unsere Arbeit, wenn sich zumal die wichtige Proceßsache der Jesuiten in Portugall entweder noch vor oder nach dem ausgeschriebenen National-Concilio der portugiesischen Geistlichkeit entwikkeln sollte, zu beschlüßen. Und auf diese Weise hoffen wir auch alles dasjenige

jenige in dieser Sammlung zu liefern, was nur merkwürdiges in den neuesten Schriften wider die Jesuiten ist gesagt worden, indem wir bloß diejenigen Stücke weggelassen haben, welche entweder ganz offenbare Unwahrheiten enthalten, oder mit allzu großer Heftigkeit und unanständiger Spötterey abgefaßt sind. So haben wir z. Ex. um dieser Ursachen willen ein gewisses Buch, so bishero viel Aufsehens in Italien gemacht hat, und zu Rom öffentlich ist verbrannt worden, keiner Uebersetzung werth gehalten, weil darinn theils viele ganz falsche und unrichtige oder doch wenigstens unerweisliche und ungewisse Historietten von einzelnen Personen erzehlet werden, theils auch dasjenige, was wahr und gut an diesem Buche ist, auf eine so beissende und beleidigende Art vorgestellet ist, daß dadurch die gute Sache, welche man jetzt wider die Jesuiten vertheidiget, wenig oder gar nicht befördert wird. Der eigentliche Titul dieses Buchs heißt: I lupi Smascherati nella confutazione, e traduzione del libro intitolato: Monita Secreta Societatis Jesu. In virtu de quali giunsero i Gesuiti all'orrido, ed esegrabile assassinio di S. S. R. M. F. don Giuseppe I. Re di Portogallo &c. con un Appendice di Documenti rari ed inediti. ------ Matth. VII. 15. Ortignano. nell'officina di Tancredi et Francescantonio Padre e Figlio Zaccheri de Strozzagriffi. 1760. in 8. Die Vorrede zu diesem Buche, welche aus 137. Seiten bestehet, ist eigentlich nebst dem letztern Zusatze das Hauptwerk dieser entlarvten Wölfe. Der Verfasser bemühet sich erstlich zu beweisen, daß die bekannten Monita Secreta S J. würklich aus einer Jesuitischen Feder geflossen wären, und suchet alsdann durch ein ganzes Register von den abscheulichsten Boßheiten, listigsten Streichen und unanständi,sten Reden vieler noch lebenden Jesuiten und ihrer Anhänger diese gräulichen Wölfe zu entlarven. Allein, was das erstere anbetrifft, so wird wohl heut zu Tage niemand daraus, daß man die erwehnten Monita in den Bibliothecken und in den Händen der Jesuiten gefunden hat, sogleich den sichern Schluß machen können, daß sie also von den Jesuiten selbst, wie sie jetzt bekannt gemacht sind, müßten verfertiget seyn; und in Ansehung des zweyten Puncts gehört allerdings noch eine sehr weitläufige Untersuchung dazu, ehe man dem Verfasser alle seine

Erzeh-

Vorrede.

Erzehlungen als wahr annehmen, und nachsagen kann, es müßte denn seyn, daß man ihm alles sogleich auf sein Wort glauben wollte, welches aber keinem vernünftigen Menschen in so wichtigen Dingen zuzumuthen ist. Nach dieser langen Vorrede folgen alsdann die Monita Secreta in einer neuen italiänischen Uebersetzung nebst einigen Anmerkungen, worinnen die wirkliche Ausführung dieser geheimen Anweisung durch neuere Begebenheiten bestätiget wird, welche theils aus andern Büchern schon bekannt sind, theils aber auch von dem Verfasser zuerst erzehlet werden, und also noch einer genauern Untersuchung ihrer Glaubwürdigkeit bedürfen. Hierauf kommt nur ein Anhang, worinn verschiedene theils seltene theils auch ganz ungedruckte Documente befindlich seyn sollen. Das erste Document ist das Decret Benedict des XIV., worinn das Verbot der Werke des Cardinals Henr. Noris, welches in dem Indice der verbotenen Bücher zu Madrik 1747. eingerückt war, aufgehoben wird, und bereits in verschiedenen andern Schriften angetroffen wird, das zweyte ist ein Brief Sr. Excell. des Herrn D. Richard Wall vom 24. Jan. 1758. an den Cardinal Portocarrero über eben die Materie, welcher ebenfalls nicht unbekannt ist. Das dritte ist das Decret des General-Inquisitors von Spanien, Don Quintano Bonifaz, wodurch die Austilgung der Werke des Cardinals Noris aus dem Indice anbefohlen wird. Das vierte ist ein Schreiben Benedict des XIV. an den erwehnten General-Inquisitor, worinn ihm der Pabst sein Wohlgefallen über das vorhergehende Decret zu erkennen giebt. Beyde Stücke sind schon vorhero in Italien bekandt gewesen. Das fünfte ist das Attestat des Marquis Gabrielli, und das sechste die Antwort des Verfassers des Anhangs, welche schon in der Vorrede zum ersten Bande dieser Sammlung stehen, und folglich gar nichts neues oder seltenes sind. Endlich ist hier auch noch ein Zusatz von III. Selten befindlich, welche die Ueberschrifft Plirotopanorthosis führet, und eben so, wie die Vorrede noch viele Anecdoten von Jesuiten enthält, welche zwar einen heftigen Eifer gegen die Jesuiten zu erkennen geben, aber noch lange nicht bewiesen sind, daß man an ihrer Glaubwürdigkeit nicht mehr zweifeln dürfte. Es wird uns also bey diesen Umständen hoffentlich nie-

Vorrede.

mand verdenken, daß wir die Uebersetzung eines solchen Buchs vor ganz entbehrlich gehalten, und unsere Sammlung keinesweges damit anfüllen. So viel wir aber erfahren haben, so hat sich doch jemand gefunden, welcher sich alle Mühe giebt, diese entlarvten Wölfe durch eine Uebersetzung auch in Deutschland bekannt zu machen. Ohne Zweifel muß ein solcher Uebersetzer ein großer Liebhaber von geheimen Histörchen oder Sagen seyn, oder sich aus allzuheftiger Gewinnsucht wenig darum bekümmern, was verständige Leute von dergleichen Unternehmungen, wie diese ist, urtheilen; sonst siehet man keine Ursache ein, wie einer auf solche Gedanken hätte gerathen können.

Jedoch wir erinnern uns nunmehro unsers ehemaligen Versprechens bey dieser Gelegenheit eine Fortsetzung des Auszugs aus den Jesuitischen Schutzschriften mitzutheilen: Auch hier wird man finden, daß sich die Jesuiten in allen ihren Apologien noch immer gleich sind, und folglich alles dasjenige, was wir ehemals von ihrer Vertheidigungs-Methode geschrieben haben, vollkommen bestätiget wird. Wir fahren also mit unsern Auszügen bey dem vierten Theile der Jesuitischen Sammlung fort. Der Titul davon heißt. La Scimia del Montalto, o sia Apologia in favore de S. Padri contro quelli, che in Materie morali hanno de' medesimi poco stima. convinta di Falsita da Franc. de bonis Sac. premessavi una lettera Christiana proposta da leggersi alli Malevoli della Ven. Comp. di Gesu da Ernesto Sabiniano. T. IV. Wir müssen bey dieser Aufschrifft sogleich erinnern, daß die Jesuiten in dem fünften Theile ihrer Apologien bezeuget haben, daß die erstere Schrift dieses vierten Theils aus einem Versehen in ihre Sammlung gerathen sey, und also nichts als den vorgesetzten christlichen Brief vor den rechten Theil erkennen wollen. Dieser besagte christliche Brief, welcher aus 47. Seiten bestehe, rühret unter einem erdichteten Nahmen von den Jesuiten selbst her. Es soll eine Antwort auf den Brief eines neapolitanischen Marquis seyn, worinn dieser verlangt hatte, zu wissen, ob die wider die Jesuiten so häufig gedruckten Bücher die Gesellschaft in übeln Ruf bringen, und bey der ganzen Welt verhaßt

Vorrede.

verhaßt machen würden. Diese Frage wird nun in dem vorhabenden christlichen Briefe, wie leicht zu erachten, mit Nein beantwortet. Die Gründe aber zu dieser Entscheidung sind sehr herzbrechend. Es wird erstlich untersuchet, wer denn die Verfasser der Bücher wider die Jesuiten wohl seyn mögen. Weltliche von allerley Ständen können es nach der Meynung dieses neuen römischen Abate nicht seyn, weil die meisten ihre Kinder den Jesuiten anvertrauen, ihre Kirchen fleißig besuchen, bey ihnen beichten, und bey allen Gelegenheiten ihre Hochachtung gegen sie zu erkennen geben. Von Geistlichen sowohl Priestern als Religiosen ist es auch nicht zu vermuthen, indem sie theils in den Schulen der Jesuiten auferzogen sind, theils mit ihnen in der genauesten Freundschaft und Verbindung stehen, und eine gemeinschaftliche Absicht nemlich die größere Beförderung der Ehre GOttes mit den Jesuiten haben. Jedoch wie keine Regul ohne Ausnahme ist, so bekennet der Herr Abate, daß sowohl von Weltlichen als Geistlichen einige aus der Art geschlagene Menschen sich wider die Gesellschaft empörten; versichert aber zugleich, daß solche entweder gar keine Religion hätten, oder Freund der Ketzer, und Jansenisten wären. Dieses nun vorausgesetzet, so schließet der Herr Abate, daß solche Leute mit allen ihren Schriften bey der vernünftigen Welt keinen Eindruck machen, oder den Jesuiten schaden werden. Zwar läugnet er nicht, daß diese Verleumder sich schon einen großen Anhang gemacht, und viele Unruhen wider die Gesellschaft erreget hätten, jedoch tröstet er den Marquis damit, daß die Monarchen von Spanien, Frankreich und Pohlen ihre mächtigen Beschützer wären, und daß die Kayserin Königin in Deutschland verboten habe, die Bücher wider die Jesuiten zu lesen; und folglich alle diese Schriften nur zur Schande ihrer Verfasser in der Welt bleiben würden. Wer dieses aber auf das Wort des Herrn Abate annehmen kann, der muß gewiß eine sehr leichtgläubige Seele haben. Auf diesen tröstlichen Briefe folget alsdann die Widerlegung der Apologie vor die heil. Kirchenväter, welche wir aber, weil sie ohnedem von den Jesuiten nicht zu ihrer Sammlung gerechnet wird, und nichts als schon längst widerlegte Dinge enthält, mit Recht weglassen, und zum fünften Theil fortgehen.

Vorrede.

Der Titul dieses Theils heißt: Lettere d'un Direttore ad un suo penitente intorno al libro intitolato: Lettere Provinciali. Premessavi una Lettra di N.N. Napolitano ad un suo amico di Livorno. S.191. Die häuffigen Briefe, welche die Jesuiten selbst von allen Orten her erdichten, sind gegenwärtig ein besonderer Kunstgriff, wodurch sie die entsetzlichsten Lügen und Verleumbungen ausbreiten, und die einfältigen und unwissenden Leute zu hintergehen suchen. Der Brief eines Neapolitaners an seinen Freund in Livorno ist abermal ein deutlicher Beweiß der Jesuitischen Unverschämtheit. Der Verfasser dieses Briefes verlachet erstlich die bekannte Relation von der Schlacht in Paraguay 1759. 1.Oct. zwischen der Jesuitischen und den vereinigten Spanisch- und Portugiesischen Armeen als eine Fabel, und machet daraus den Schluß, daß alle andere Berichte von Paraguay ebenfalls keinen Glauben verdienen. In Ansehung der erstern Relation hat er vollkommen Recht; es ist aber Schade, daß er das beste dabey wegläßet, und nicht zugleich meldet, daß diese Relation wie die Fabel von Nicolaus dem I. von den Jesuiten selbst herrühret, so würde er gefunden haben, daß der Schluß von dieser Relation auf alle andere zumal Königl. Portugiesische Berichte sich gar nicht schicke, und überhaupt ja wider die ersten Regeln der Vernunftlehre sey a particulari ad universale zu schlüßen. Was thun aber die Jesuiten nicht, um ihre böse Sache zu vertheidigen. Sie sind ja ohnedem keiner Schaam mehr fähig. Dieses siehet man deutlich aus dem übrigen Innhalt dieses Briefes, wo der Verfasser ein erdichtetes Schreiben aus Madrid beyfüget, welches eine Erzehlung von Begebenheiten enthält, die nirgends anders als in der Einbildungskraft der Jesuiten zur Würklichkeit gekommen sind. Der jetzige König von Spanien soll gleich nach seiner Ankunft in Madrit die Erlaubniß zur Errichtung eines neuen Collegii der Jesuiten in dem Königreich Granata in America gegeben haben. So hätten sie es freylich wohl gerne gesehen, aber in Spanien und Italien weiß man wohl, daß es nicht geschehen ist. Dann als die Jesuiten bey der Ankunfft des jetzigen Königes in Saragoßa die Gesinnungen dieses Monarchen gegen die Gesellschaft gleich auf die Probe stellen wollten, und ein Memorial wegen Errichtung eines solchen Collegii übergaben; so mußten sie zu ihrer größten Verwunderung sehen, wie ihnen diese Bitte gänzlich

gänzlich abgeschlagen wurde. Ferner soll der König den P. Joh. Wed=
linger einen böhmischen Jesuiten zum Lehrmeister des Prinzen von Asturien
ernennet haben. Abermal ein neues Blendwerk. Der erwehnte P. Wed=
linger war zwar ehemals ein Jesuit, aber er war auch wieder aus diesem
Orden heraus getreten, und wurde von den Jesuiten aufs heftigste verfol=
get. Er wandte sich dahero an den Hof, und der König suchte ihn wider die
Verfolgungen dieser Religiosen in Sicherheit zu stellen, da er ihn zum Lehr=
meister des Prinzen ernannte. Endlich sollen auch noch sechszig Jesuitische
Mißionarien nach America abgegangen seyn. Hiermit aber hat es folgende
Bewandniß: Die Jesuiten hatten kurz vor dem Tode des verstorbenen Kö=
nigs von Spanien eine mündliche Erlaubniß erhalten, sechszig neue
Mißionarien nach America zu schicken. Nach dem Tode des Königs such=
ten sie bey der verwittibten Königin, Gouvernantin, eine Bestätigung dieser
Erlaubniß, und erhielten auch diese. Gleichwohl reiseten sie noch nicht ab.
So bald als der jetzige König nach Spanien kam, baten sie um eine ander=
weitige Bestätigung, und erhielten zur Antwort, daß es bey einer schon ge=
schehenen Bestätigung keiner neuen bedürfe. Sie nahmen dieses vor eine
würkliche Einwilligung an, und machten sich fertig, nebst einigen Cappuci=
nern in Cadix zu Schiffe zu gehen. Kaum aber hatten sie ihre Sache an
Bord gebracht, so kam der Befehl, daß man alle ihre Bagage durchsuchen
sollte. Bey den Cappucinern fand man nichts, aber bey den Jesuiten wa=
ren die Kisten obenher mit Breviarien, Crucifixen, Paternostern ꝛc. belegt,
und das übrige war lauter Gewehr, und sonderlich eine grose Menge von aller=
hand Pistohlen. Dieses wurde sogleich angehalten, und die Jesuiten durf=
ten nicht abreisen. So sind die Jesuitischen Prahlereyen beschaffen. Je=
doch wir müssen auch noch etwas von den übrigen Briefen dieses fünften
Theils erwehnen. Sie sind alle wider die Provincial=Briefe gerichtet.
Man darf aber nicht glauben, daß man hier neuere und stärkere Beweise
wider diese Briefe antreffe, als sie schon längst vorgebracht haben. Es
sind Wiederholungen alter und offt widerlegter Beschuldigungen. In dem
ersten Briefe wird uns erzehlet, wer Arnald, Vendrou, (oder Nicole)
und Cornel. Jansenius gewesen; was Portreal vor eine Anstalt sey;

und wie die Päbste Innocentius der X. und Alexander der VII. die Irrthümer des Jansenius verdammet haben. Wem sind aber diese Dinge nicht schon lange bekannt? Der zweyte Brief enthält eine Untersuchung verschiedener Sätze aus dem ersten Provincial Briefe, nemlich: daß man in Janselo die fünf verbotenen Sätze nicht antreffe: daß Petrus bey seinem Falle die göttliche Gnade nicht gehabt, und doch gesündiget habe: daß die Gnade nicht allen gegeben werde; und endlich, daß die gewöhnliche Formul der catholischen Theologen von dem nächsten Vermögen Gutes und Böses zu thun, eine bloße Sophisterey sey. Im dritten Briefe wird etwas wider den dritten Provincial-Brief erinnert, und der heil. Augustinus vertheidiget, daß er diesen Satz vom heil. Petro nicht gelehret habe, und endlich will der Verfasser die Bosheit in diesem Satze finden, daß dasjenige, was bey den Semipelagianern ketzerisch gewesen sey, in den Schriften der Jesuiten orthodox werde. Der vierte Brief enthält ein Verzeichniß und eine Widerlegung verschiedener Sätze des siebzehnden Provincial-Briefes wider das Ansehen und die Unfehlbarkeit der römischen Päbste. Der fünfte Brief ist eine Fortsetzung dieser Materie nach Anleitung des achtzehnten Provincial-Briefes wider die Untrüglichkeit der Päbste. Im sechsten Briefe wird dasjenige kürzlich untersuchet, was die Provincial-Briefe von der Moral der Jesuiten enthalten, aber nicht besser beantwortet, als in ihren ehemaligen Apologien; Im siebenden Briefe soll der Schaden gezeiget werden, den die Lesung der Provincial-Briefe verursachet. Der erste Schaden soll darinn bestehen, daß man sagt und glaubt, die Gnade thue alles; zweytens, daß der Pabst nicht untrüglich sey in seinen Aussprüchen; und drittens, daß Jansenius unschuldig sey, und daß die fünf verbotenen Sätze bey ihm nicht angetroffen würden; und endlich, daß Innocentius der X. sey hintergangen worden; der achte Brief enthält noch eine allgemeine Lobeserhebung des heil. Augustinus, welche mit vielen Zeugnißen der Kirchenväter bestätiget wird. Der Verfasser vergißt aber bey dieser Gelegenheit auch nicht, den großen Mißbrauch anzuführen, welchen seiner Meynung nach Jansenius von der Lehre dieses heiligen Mannes gemacht hat, und bezeuget noch zum Beschluß, daß das Leben des heil. Augustinus

Auguſtinus die beſte Apologie wie vor unnöthig, uns länger bey ehrer zeigten Innhalt jedermann einſiehet, inn zu ſuchen iſt, und bloß dazu die vincial-Briefe wider die Jeſuiten e gungen noch mehr beſtätiget werde.

Es folget nunmehro der ſe welcher den Titul führet: I Gesuiti con due altre difese intitolate: l'u la Compagnia di Gesu alla Regina il leggere pubbliche Scritture, e del Proſſimo. T. VI. S. 233. Auch viel rares an. Das erſte Stück iſt eine J Jeſuiten beſonders eigenen Vertheidigungs.

ſondern dargegen ſtets behaup-
Weiſe einen Verläumder, der
hten; 2.) daß die berühm-
ble Lehre des C-ſiniſchen
Ats anders lehren, als
agen haben, und daß
es mißbilligen und
ung der Geburt
unter keinem
dieſen Pum-
iner Je-
as ges-
vent

5 bisweilen, wenn alle andere Kunſtgriffe nicht zureichend ſind, entro
nt offenbare falſche und mit vielen erdichteten Zuſätzen begleitete Beg-
benheiten wider ſich ſelbſt zu erzehlen, oder ihren Vertheidigungen ſolche
Titel zu geben, welche dem erſten Anblick nach wider ſie geſchrieben zu ſeyn
ſcheinen. Durch die erſtere Art glauben ſie, ſo viel zu gewinnen, daß man
bey der erkannten Unrichtigkeit ſolcher Erzehlungen auch auf wirkliche Begebenheiten von ähnlicher Art eben dieſen Schluß machen, und dieſelben
vor Erdichtungen anſehen ſolle; und durch die andere Methode ſuchen ſie,
die Leſer zu hintergehen, und ihnen die Meynung beyzubringen, daß dasjenige, was anfänglich tadelnswürdig ſcheinet, den Jeſuiten vielmehr zum
lobe gereiche. Jedoch muß man hierbey eine große Behutſamkeit anwenden, daß man dieſen Religioſen nicht ſogleich Schrifften zuſchreibe, die
würklich nicht von ihnen herrühren, ſonſt kann man auch dadurch der guten Sache wider ſie gar leicht etwas vergeben, und vieles vor eine Jeſuitiſche Erfindung halten, was doch keinen guten Grund hat. Die Kürze der
Zeit und die engen Schranken dieſer Vorrede erlauben uns nicht, unſere
Gedanken hierüber weitläuftiger zu eröffnen, ſonſt würden wir leicht zeigen
können,

können, daß man sich gar sehr irre, wenn man z. Er. die Betrachtung über die mörderische Unternehmung wider das Leben des Königs in Frankreich, wie auch das Sendschreiben eines Freundes an seinen Landsmann, so im zweyten Bande dieser Sammlung stehen, vor die Arbeit einer Jesuitischen Feder hält. Wir eilen nunmehro zum ersten Stücke dieses Theils. Es ist ein Brief, worinn die wahre Ursache untersuchet werden soll, warum die Jesuiten bey allen heftigen Angriffen, die jetzt auf sie geschehen, nicht anfangen, sich selbst zu vertheidigen. Man sehe nur, wie listig dieses ist, nicht anders, als wenn kein Mensch wüßte, daß die Jesuiten nie geschäftiger gewesen sind, als jetzo, ihre saubern Schutzschriften auszustreuen. Der Verfasser versichert uns erstlich, daß dieses vermeinte Stillschweigen der Jesuiten nicht aus Politik herrühre, als welche es vielmehr erfordere, daß sie sich vertheidigten; ferner, daß es nicht aus Demuth geschehe, oder daß sie die Beschuldigungen nicht wüßten, oder keine wichtigen Gründe darwider aufbringen könnten, oder aus einer Unempfindlichkeit und Faulheit herrühre, da die Gesellschaft sonst in allen Dingen so munter sey, und die besten Schriften verfertige; sondern er hält davor, es sey etwas, welches man mit keinem bessern Nahmen ausdrücken könne, als wenn man es eine im moralischen und figürlichen Verstande genommene Kargheit nenne. Ach die allerliebsten Leute! Wer hätte es wohl jemals vermuthen sollen, daß sie der Welt ihre schönen Rareteten nicht zeigen wollten.

Das zweyte Stück ist die Apologie vor die Gesellschaft Jesu vom P. Nicol. Caussin, welche bereits im vorigen Jahrhundert in französischer Sprache, unter dem Titul: Apologie pour les Religieux de la Compagnie de Jesu, zum Vorschein gekommen ist. Der P. Caussin schrieb diese Apologie, wie bekannt ist, sonderlich zur Vertheidigung seiner Mitbrüder des P. Bauni und Hereau, welche die Mordtheologie der Gesellschaft in Frankreich auszubreiten suchten, und dadurch sowohl die Sorbonne als auch das Parlament wider sich erregten. Die vornehmste Absicht dieser Apologie gehet dahin, daß der P. Caussin zeigen will, die Gesellschaft werde des Pelagianismus fälschlich beschuldiget, und habe niemals

Vorrede.

mals die Lehre vom Morde angenommen, sondern dargegen stets behauptet, 1.) daß es nicht erlaubt sey, auf keine Weise einen Verläumder, der uns die Ehre und das Leben nehmen will, zu tödten; 2.) daß die berühmtesten Jesuiten in Ansehung des Königsmordes die Lehre des Constnizischen Concilii vertheidiget, daß sie in dieser Materie nichts anders lehren, als was die grösten Männer von der Sorbonne vorgetragen haben, und daß sie, im Fall einer etwas anders dargegen vorbringe, es mißbilligen und verwerfen; und 3.) daß es nicht erlaubt sey, die Abtreibung der Geburt vor ihrer Belebung zur Erhaltung der Ehre oder des Lebens unter keinem Vorwande zu befördern. Die Hauptausflucht aber bey allen diesen Puncten ist doch endlich allezeit diese, daß man die irrigen Sätze einzelner Jesuiten der ganzen Gesellschafft nicht aufbürden müsse. Dieses ist das gewöhnliche Lied, welches die Jesuiten alsdann anzustimmen pflegen, wenn sie diese oder jene weltkündige Vorwürfe von würklichen Begebenheiten nicht läugnen können. Man hat hierbey schon längst die gegründete Erinnerung gethan, daß ihnen diese Entschuldigung bey ihrer Verfassung und eigenen Ordensregeln nicht zu statten komme. Sie sind insgesamt zu einem blinden und uneingeschränkten Gehorsam gegen ihre Obern angewiesen. Es darf keiner ohne dieser ihr Vorwissen etwas reden oder schreiben. Ja sie sollen so gar alle nach einem Pläne denken. Ist es also so nicht höchst billig, daß man nach ihren eigenen Gesetzen wegen der Vergehungen einzelner Mitglieder auch die Obern der Gesellschafft zur Rechenschafft ziehet, als welche nothwendig die Sachen vorher müssen gewußt haben? Und so wird es ja auch nur von allen vernünftigen Menschen verstanden, wenn sie die Verbrechen einzelner Jesuiten der ganzen Gesellschafft beymessen, daß sie es nur von der Regierung dieses Ordens und nicht von den Mitgliedern in allen Theilen der Welt sagen. Es ist also nur ein blosses Blendwerk, wodurch sie die Unwissenden einzunehmen suchen, daß man die Verschuldung einiger wenigen nicht allen Jesuiten zuschreiben könne. Das dritte Stück endlich in diesem Theile ist ein Brief von einem Marquis, worinnen untersuchet wird, ob man die öffentlich gedruckten Schmähschrifften wider den Nächsten mit gutem Gewissen

lesen

Vorrede.

lesen dürfe. Die Gedanken des Verfassers über diese Materie sind folgende: Die Verbrechen des Nächsten sind entweder aus einem gerichtlichen Urtheile eines rechtmäßigen und angesehenen Tribunals, oder aus der augenscheinlichen That selbst bekannt. In beyden Fällen scheinet uns weder die Liebe noch die Gerechtigkeit zu verbinden, dasjenige nachzusagen, oder zu lesen, was doch jedermann saget, oder öffentlich lesen kann. Denn was die erstere Art der Gewißheit anbetrifft, welche durch das Urtheil eines Tribunals erlangt wird, so gehöret dazu, daß das Tribunal rechtmäßig sey, ferner daß man dabey nach den Regeln des natürlichen Rechts verfahren habe, welches in allen Ländern eben dasselbe bleibt. Dieses Recht erfordert nemlich, daß der Richter redlich und unpartheyisch sey, daß die Zeugen wahrhaftig sind, daß man den Angeklagten anhöre, und ihm erlaube, sich zu vertheidigen. Daß das Urtheil nicht zu schleunig und übereilt abgefaßt sey, zumal wenn das Verbrechen, worüber man urtheilet, sehr schwer ist. So groß aber nun auch auf diese Weise die Präsumtion vor ein solches Tribunal wird, wenn alle diese erforderte Stücke dabey angetroffen werden; So ist es doch noch lange nicht hinlänglich, wenn man gewiß weiß, daß in einem solchen Tribunale eine Betrügerey und Ungerechtigkeit vorhanden gewesen sey. Z. E. Das Tribunal eines ehemaligen Kaysers zu Rom scheint alle Eigenschafften eines rechtmäßigen Gerichts an sich zu haben. Nun machte der Kayser Maximinus die Proceß-Acten des Pilatus wider JEsum, die er unter dem Tiberio nach Rom geschickt hatte, als ein rechtmäßiges und wahres Zeugniß wider unsern Heiland öffentlich bekandt, um dadurch den Nahmen der Christen verhaßt zu machen. Konnte man wohl nach diesen Acten ein richtes Urtheil von unserm Erlöser fällen? Gewiß nicht; weil man den erschrecklichen Haß jenes Kaysers und der Heyden wider die unschuldigen Christen gewiß wußte, und die Ungerechtigkeiten bekandt waren, welche man in jenem Tribunal wider JEsum ausgeübt hatte. Folglich kann man dieses Urtheil nicht als wahr annehmen oder nachsagen, ob gleich jenes Tribunal alle rechtmäßige Gewalt eines Richters hatte. Ein anderes Exempel ist die Sentenz wider den H. Athanasius in dem Concilio

Vorrede.

cillo von Tyrus. Hier waren die Richter Arianer und offenbahre Feinde jenes rechtgläubigen Bischoffs, und folglich ist auch ihr Urtheil allezeit verdächtig, und verdienet keinen Glauben. Hieraus erhellet also deutlich, daß ein Verbrechen des Nächsten durch den Weg des Rechts bekannt werden, und das Urtheil öffentlich gelesen werden kann; und doch, so bald als man eine gegründete Ausnahme darwider vorgebracht hat, der Nächste mit gutem Gewissen vor keinen Missethäter kann gehalten werden. Die Anwendung dieser Erinnerung auf die jetzigen Schrifften (nemlich wider die Jesuiten) wird einem jeden selbst überlassen. Die zweyte Art der Gewißheit gründet sich auf die That selbst. Nun ist es unläugbar, daß ein jeder, der seinen Nächsten eines Verbrechens öffentlich beschuldiget, von demjenigen gewiß unterrichtet seyn muß, was er erzählet. Ja er muß von der Beschaffenheit der Vergehung so gewiß seyn, daß er es auch mit einem Eide bekräftigen kann. Trifft man wohl diese Gewißheit in den Schrifften an, worinn die Verbrechen eines andern dem Publico vorgeleget werden? O wahrhaftig, wenn die Schriftsteller allezeit auf dasjenige schwören sollten, was sie behaupten; so würden viele nichts schreiben. Man findet ja, daß die verständigsten und erfahrensten Leute, welche sich alle Mühe geben, die Wahrheit zu erforschen, gar oft hintergangen werden. Man findet so gar, daß Leute, die selbst etwas mit angesehen haben, sich betrügen. Gesetzt nun, man wollte jemand auf das Zeugniß eines Anklägers oder Unwissenden in Ansehung seiner Güter oder guten Nahmens verdammen, ohne beyde Theile anzuhören, und ohne gewiß zu wissen, ob sich die Sache auch so verhielte; würde man nicht höchst ungerecht handeln? Folglich siehet man hieraus, daß die gedruckten Schrifften im geringsten nicht das Ansehen haben, daß man eine solche Beschimpfung offenbar gewiß nennen könnte. Die Arten, wider den Nächsten etwas zu reden, sind entweder mittelbar oder unmittelbar. Das erstere kann geschehen, wenn man das Gute eines andern entweder läugnet, oder boßhafter Weise verschweiget, oder verringert. Alle drey Arten sind wider die Christliche Liebe, und also sündlich. Das andere aber geschicht, entweder wenn man etwas Falsches dazu setzet, oder das Wahre vergrössert, oder das Verborgene offenbohret, oder dasjenige, was aus guter Absicht geschehen ist, übel ausleget. Alles dieses ist ebenfalls höchst unbillig und sündlich, und in historischen Dingen so gewöhnlich, daß um deßwillen die ganze historische Gewißheit ganz schwach und wankend ist gemacht worden. Was soll man also bey diesen Umständen thun? Soll man sich durch Lesung solcher Schrifften der Gefahr aussetzen zu sündigen? Nein keinesweges. Der beste Rath also ist, daß man sich aller dieser Schrifften gänzlich entschlage, so wird man sein Gewissen bewahren, und gewiß versichert seyn können, daß man nicht sündige. Dieses ist der wesentliche Inhalt einer andern Schutzschrifft, welche nach dem gewöhnlichen Kunstgriff der Jesuiten abgefaßt ist, daß sie etwas vorbringen, welches gar nicht zur Sache gehöret, oder zwey Dinge als einerley betrachten, die doch ganz von einander unterschieden sind. Denn was den ersten Punct wegen der Gewißheit anbetrifft, so auf den Ausspruch eines rechtmäßigen Tribunals beruhet; so hat ja noch kein Mensch daran gedacht, ihnen solche Urtheile entgegen zu setzen, wobey noch der geringste Verdacht statt finden könnte. Die neueste Sentenz von Portugall, welche man ihnen jetzt vorhält, ist so beschaffen, daß sich noch kein vernünftiger Mensch hat einfallen lassen, an ihrer Glaubwürdigkeit zu zweifeln. Und wer könnte dieses auch ohne Beleidigung der höchsten Majestäts-Rechte thun? Wer ist denn nach allen natürlichen und göttlichen Gesetzen befugt, sich über die Handlungen und Urtheile der Monarchen zum Richter aufzuwerfen? Und wo würde alsdann die Sicherheit der Reiche und Staaten bleiben, wenn man den öffentlichen Versicherungen und Worten der rechtmäßigen Obrigkeit keinen Glauben mehr beymessen wollte? Die Jesuiten müssen also entweder alle Gewißheit aufheben, welche durch die Aussprüche der Monarchen erhalten wird; oder sie müssen annehmen, daß die Wahrheit solcher Urtheile von der Entscheidung eines andern abhange, oder sie müssen einräumen, daß hierzu niemand ein Recht habe, und also die Worte der rechtmäßigen Obrigkeit, welche sie nach den göttlichen und menschlichen Gesetzen im Gerichte aussprechen, glaubwürdig sind, und von jedermann mit gutem Gewissen können gelesen und nachgesaget werden. Das erste und

und andere aber ist höchst ungereimt, folglich bleibt nichts als das letztere übrig, und es ist kein Grund vorhanden, warum man in dem gegenwärtigen Falle in die Gültigkeit der Sentenz von Lisabon wider die Jesuiten einen Zweifel setzen, oder die Lesung derselben vor unerlaubt halten sollte. Was nun den zweyten Punct, nemlich die Gewißheit, so sich auf die That selbst gründet, anbetrifft; so begehet der Verfasser dieses Briefes hierbey eine offenbare Boßheit, daß er die Lästerschrifften, welche bloß zur Absicht haben, den Nächsten zu verläumden, und ihm vorsätzlich Böses anzudichten, von solchen Schrifften nicht unterscheidet, welche die Verbrechen eines andern aus Liebe zur Wahrheit entdecken, mit den unverweislichsten Zeugnissen bestättigen, und zu besserer Belehrung und Warnung ihres Nächsten öffentlich bekannt machen. Die erstere Art von Schrifften ist verwerflich und sündlich; die andere aber löblich und gerecht. Die Entscheidung aber, welche Bücher zu der ersten oder zweyten Classe gehören, hänget keinesweges von dem Ausspruche dieses oder jenes Mannes ab, sondern muß nach den höchsten Grundsätzen aller moralischen Gewißheit beurtheilet werden; folglich soll ein jeder beyde Arten von Schrifften lesen, und mit einander vergleichen, alles genau und unpartheyisch prüfen, das Gute und Wahre behalten, und das Falsche und Böse verwerfen; so wird er zu einer rechten Gewißheit gelangen, und sein Gewissen vollkommen bewahren.

Der siebende Theil hat folgenden Titul: Saggio di Risposta all'Innocenza vendicata stampata in Venezia l'anno 1760. ed altre difese intitolate: lettere a Monf. Vescovo di ...... in proposito del Libro del P. Norberto. Ed altra Lettera critica di un Cavaliere, in risposta alle Reflessioni del Portoghese, sopra il Memoriale, T. VII. S. 210. Jedermann weiß, daß der Hochwürdige Palafox so wohl in seinem Leben, als auch nach seinem Tode der vornehmste Gegenstand der Jesuitischen Verfolgung und Verläumdung gewesen ist. Dieser redliche Prälat hatte in seinen Briefen an Innocentius den X. dem Papste die Augen zu öfnen gesucht, und die Jesuiten nebst ihren Anstalten so abgemahlet, wie er sie würcklich in America gefunden hatte. Hierüber aber wurden diese Religiosen äusserst erbittert, und es wurde in dem Rathe der Jesuitischen Regierung beschlossen, ihn in die Zahl der ärgsten Feinde der Gesellschafft zu setzen. Nunmehro suchten sie den Ruhm und das Ansehen dieses Prälaten bey aller Gelegenheit zu verdunkeln, und ihn als einen Träumer und Schwärmer auszuschreyen. Es hatte dieser grosse Mann sein eigen Leben 1691. beschrieben, und darinn auch nach einer ausnehmenden Aufrichtigkeit seine Fehler und Schwachheiten nicht verschwiegen. Dieses wurde gleich von den Jesuiten schrifftlich als mündlich aufs entsetzlichste gemißhandelt, und verspottet. Der P. Paolo Segueri faßte unter andern ein Gutachten über dieses Leben ab, und fällete darüber das Urtheil: daß dieses Werk von Anfang bis zu Ende seinem Inhalt nach eine grosse Eitelkeit, und dem Vortrage nach eine grosse List und Heucheley verrathe. Es kam hierauf 1694. das Buch: die gerettete Unschuld, in spanischer Sprache zum Vorschein, worinn der Hochwürdige Palafox wider alle die Verläumdungen gegen sein Leben gründlich vertheidiget wurde. Dieses letztere Werk wurde in vergangenem Jahre von neuem ins Italiänische übersetzet, und nebst einer Vorrede des Uebersetzers in Venedig gedruckt. Der erste Brief in dem siebenten Theile der Jesuitischen Apologien ist eigentlich nur wider diese neue Vorrede gerichtet, und der ganze Streit hierbey bestehet kürzlich darinn: Es hatten die Bollandisten, und sonderlich Papebroch, in den Actis Sanctorum die Ableitung des Carmeliter-Ordens von dem Propheten Elia angegriffen, und lächerlich gemacht, worüber die ersten 14. Bände dieses grossen Werks in Spanien verboten wurden. Es entstund deßwegen zwischen den Jesuiten und Carmelitern ein heftiger Streit. Endlich übergaben die Jesuiten durch den P. Xaramillo dem König Carl dem II. ein Memorial, worinn sie ihn baten, es bey dem Papst dahin zu bringen, daß beyden Theilen ein ewiges Stillschweigen in dieser Materie auferlegt würde. Kaum war dieses geschehen, so beschuldigten die Jesuiten den Verfasser der geretteten Unschuld, daß er dieses auferlegte Stillschweigen zuerst gebrochen hätte. Der Uebersetzer des erwehnten

Buchs

Vorrede. 23

Buchs zeigte dahero in seiner Vorrede, daß dieses Vorgeben ganz falsch sey, indem ja die gerettete Unschuld ꝛc. zwey Jahre vor dem Memorial der Jesuiten herausgekommen sey. Diesen Umstand nun suchet der Verfasser dieses Briefes dadurch zu widerlegen, daß man nicht das auferlegte Stillschweigen nach ihrem Memorial verstehe, sondern dasjenige gemeinet sey, was der Hochwürdige Palafox bereits in seiner Lebensbeschreibung gegen seine Widersacher zu halten versprochen habe. So unerheblich nun diese ganze Streitigkeit ist; eben so schwach und einfältig ist auch die hierbey vorgebrachte Ausflucht, und also auch sehr überflüssig, sich länger dabey aufzuhalten. Das zweyte Stück ist ein Brief wider das Sendschreiben eines Portugiesen ꝛc. Dieses ist aber bereits nebst einer Widerlegung in dem ersten Bande dieser Sammlung der neuesten Schriften eingerücket worden, und bedarf also auch keiner weitern Anzeige. Das dritte Stück enthält zween Briefe an einen Bischof über das Buch des P. Norbert, welches den Titul führet: Memoires historiques sur les Missions des Indes Orientales, und zuerst zu Avignon in zween Bänden 1742. und hernach zu Lucca 1745. französisch und italiänisch in vier Bänden wieder gedruckt ist. Die Streitigkeiten der Jesuiten mit den Capacinern, und insonderheit mit dem P. Norbert wegen der malabarischen Missionsanstalten sind noch zu neu, und die Memoirs des erwehnten Norbert in zu vielen Bänden, daß sie uamöglich jemand unbekannt seyn könnten. Es würde dahero vergeblich seyn, wenn wir hier noch etwas mehr hinzu fügen wollten, als daß wir unsere Leser versichern, daß die angezeigten Briefe wider den P. Norbert nach der alten und einfältigen Vertheidigungsmethode der Jesuiten abgefaßt sind, da sie über dasjenige, was sie nicht läugnen, oder mit tüchtigen Gründen witerlegen können, sogleich ihren richterlichen Ausspruch thun, und es mit dem allerliebsten Nahmen Verläumdungen bezeichnen. Der Verfasser derselben erkläret den armen P Norbert gerade zu vor einen Betrüger, und hält alle seine Vorwürfe vor Lästerungen, welche bloß aus einem rebellischen Haße gegen die Geselschaft herrühren. Dieser Weg sich zu vertheidigen ist zwar der kürzeste, aber auch der schlechteste. Denn kein

vernünf-

Vorrede.

vernünftiger Mensch wird sich dadurch, daß ein Jesuit den P. Norbert ohne weitern Beweiß vor einen Betrüger ausschreyet, bewegen lassen, die Urkunden, womit dieser Pater seine Sätze bewiesen hat, zu verwerfen, und also die würcklichen Begebenheiten vor Erdichtungen zu halten. Das beste ist, daß sich der P. Norbert selbst schon längst in seinen lettres apologetiques wider alle Einwendungen der Jesuiten, die in diesen Briefen nur wiederholet sind, aufs bündigste vertheidiget, und seine Ehre vor der gantzen Welt gerettet hat. Wir können uns also dieser Mühe überheben, etwas weiter hiervon hinzu zu setzen. Das letzte Stück in diesem siebenden Theile ist eben so schwach und unerheblich als die vorhergehenden. Es ist ein Theil von dem sechsten Briefe des P. Philibert Balla des Jesuiten über die Briefe des P. Concina, welche unter dem Titul: Lettere teologico morali di Eusebio Eraniste, im Jahr 1752. in 8. herausgekommen sind. Dieser gelehrte und muthige Dominicaner, welcher unstreitig einer der geschicktesten Gegner der Jesuiten ist, hatte unter andern auch den Brief des Hochwürdigen Palafox an Innocentius den X. wider die Religiosen von der Gesellschaft Jesu angeführet, und seine Vorwürfe als auf ein ächtes und gültiges Document gebauet. Der P. Balla wundert sich anfänglich in seinem Schreiben, daß ein Dominicaner diesen Brief des Palafox wider die Jesuiten anführen könne, da er doch ebenfalls wider die Dominicaner selbst geschrieben sey, und bemühet sich darauf zu zeigen, daß dieser ganze Brief entweder völlig untergeschoben, oder höchst verfälscht sey, und also gar keinen Glauben verdiene.

Wir kommen nunmehro noch zu dem achten Theil der Jesuitischen Sammlung, welcher eine neue Schrift enthält, die wider das Sendschreiben eines Portuglesen gerichtet ist, und eine umständlichere Anzeige verdienet, damit man die Jesuitische Schwäche in ihrer völligen Blöße erblicken möge. Der Titul dieses Theils heißt: Le ree qualita dei due Libelli intitolati: Le Riflessioni &c. e l'Appendice alle medesime dimostrate ai loro propri autori, il Portoghese ed il Romano. Opera postuma dell Arciprete D. Giovanni Battista Zandalocca Mantovano.

Vorrede.

vano. T. VIII. S. 166. Der Herausgeber dieses Buchs versichert uns sogleich in seiner Vorrede, daß der Verfasser, ein weltlicher Priester, kurz nach dieser geendigten Schrifft gestorben sey, und sie geschrieben hinterlassen habe. Er eifert hiernächst mit grosser Hefftigkeit wider den Verfasser des Sendschreibens, und beschuldiget ihn, daß er den Papst, die H. Inquisition und den P. General dadurch gröblich beleidiget habe, daß er eine so geheime Sache, als das Memoire ist, nicht nur irgendwo heimlich entwendet, sondern auch darüber noch Anmerkungen und Glossen gemacht habe, welche der Gesellschafft so nachtheilig sind, und nichts als Verläumdungen enthalten. Nach dieser Vorrede folget nunmehro die Abhandlung selbst, worinn die schlimmen Eigenschafften und das strafbare Verfahren des Verfassers der Anmerkungen über das Jesuitische Memoire in sieben Capiteln sollen bewiesen werden. Im ersten Capitel wird gezeiget, daß die Verfertigung solcher Anmerkungen überhaupt unerlaubt sey. Die Gründe hierzu sind diese: 1.) es ist wider die Vorschrifft im Evangelio Matth. XVIII. 15. Aber wie? wenn sich der Bruder nach so vielfältigen theils heimlichen, theils öffentlichen Erinnerungen der Kirche gar nicht bessern will, oder wohl gar noch schlimmer wird? Wie soll es alsdann gehalten werden? Es ist Schade, daß der Verfasser nicht bis auf den 17. Vers fortgelesen hat, sonst würde er die Antwort im Evangelio gefunden haben, nemlich man soll ihn aus der Kirche ausstossen, man soll ihn als einen Heiden und Zöllner halten. Es ist also billig und recht, daß man alle rechtgläubige Christen davon benachrichtiget, und sie vor die Gemeinschafft mit solchen falschen Brüdern warnet. Dieser letzte Fall ereignet sich jetzt bey den Jesuiten, das Sendschreiben und der Anhang haben es hinlänglich bewiesen; folglich haben diese Verfasser ja nach dem ausdrücklichen Ausspruche unsers Heylandes gehandelt. 2.) Gesetzt aber, es wäre erlaubt, und einer hätte Macht dazu, so frommet doch nicht alles, wie der Heil. Paulus selbst bezeuget, 1. Cor. VI. 12. das heisst, es ist nicht allezeit nöthig, wohlanständig, und nützlich, und verursachet nur widrige Würkungen und schlimme Folgen; so daß hernach etwas, welches dem ersten

D Ansehen

Ansehen nach erlaubt zu seyn schien, ganz unerlaubt wird. Ey! was können daraus wohl vor schlimme Folgen entstehen, wenn jemand die Wahrheit wider die Jesuiten vertheidiget. Es sind keine andere, als welche der P. General bereits in seinem Memoire gedrohet hat, wo es heißt: „es ist zu befürchten, daß diese Untersuchung an statt nützlich zu seyn, un- „nöthige Unruhen verursachen könne.„ Jedoch auch die schlimmen Folgen wegen von Seiten der Jesuiten ist die Welt durch das Sendschreiben und den Anhang hinlänglich unterrichtet worden. Das zweyte Capitel soll zeigen, daß die Verfertigung des Sendschreibens höchst unvernünftig sey, weil es nur sehr wenige Fälle gebe, wo man die Wahrheit öffentlich bekannt machen dürfe, und also um so viel mehr unvernünftig sey, wenn man wider eine ganze Gesellschafft nichts als Verläumdungen vorbringen will, wie der Verfasser des Sendschreibens wider die Jesuiten thut. So lange man es aber nur sagt, und nicht beweiset, daß in den Sendschreiben lauter Verläumdungen stehen; so wird gewiß niemand als eine Jesuitische Seele diese Unternehmung vor unvernünftig halten. Unterdessen kann sich der Verfasser des Sendschreibens damit trösten, daß er nicht der einzige ist, welcher den Titul eines Verläumders hier bekommen hat. Sein Buch hat die Ehre, daß es mit dem königlich-portuglesischen Bericht von der Republick der Jesuiten verglichen wird, von welchem letztern es heißt, daß die unhöfliche Schreibart, der unordentliche Vortrag, der Widerspruch bey den Zeugnissen, die schlechte Erkenntniß der Begebenheiten, und der unvollständige Inhalt einen mit Fleiß dazu erkausten Betrüger anzeigen. Schreckliche Beleidigung der höchsten Majestät eines grossen und verehrungswürdigen Monarchen! Im dritten Capitel redet der Verfasser noch deutlicher, indem er beweisen will, daß das Sendschreiben eine allgemeine Betrügerey wider die Gesellschafft sey. Hierzu gehöret allerdings ein starker Beweiß. Es heißt: In dem Sendschreiben werden so viele alte und neue Begebenheiten von diesen und jenen Jesuiten an so vielen und weit entlegenen Orten erzehlet, welche ein Mensch allein unmöglich gewiß wissen kann; folglich muß der Verfasser ein Mann seyn, der sich bloß darauf legt, um überall neue Historietten aufzufangen, und

Vorrede.

und dabey seine Spionen hält, die ihm alles gleich zutragen, und seine Erzählungen können also unmöglich Glauben verdienen: Ferner legt der Verfasser des Sendschreibens der ganzen Gesellschafft einen boßhafften Geist und gottlose Denkungsart bey; und spricht ihr auch bey Dingen, die ihrer Natur nach gut sind, alle wahre Andacht, Eifer, brüderliche Liebe und Heiligkeit ab, und rechnet alles bey den Jesuiten bloß zu einem äusserlichen Schein. Das erstere ist eine offenbahre Verläumdung, eines um die Kirche so hochverdienten Ordens, welcher so viele fromme, gelehrte, und tugendhafte Männer aufweisen kann; das andere aber ist eine erschreckliche Beleidigung GOttes, indem man sich über die Herzen der Menschen zum Richter aufwerfen, und alles dasjenige entscheiden will, was dem allwissenden Herzenskündiger allein zukommt; folglich kann es auch nicht anders seyn, als daß alle Anmerkungen, und insonderheit die eilfte, auf lauter Betrügereyen beruhen müssen. O nein, mein theurer **Zandalocca**, dieses folget noch nicht. Denn so lange man die abscheuliche, und von der ganzen Gesellschaft angenommene und gebilligte Grundsätze in der Glaubens- und Sittenlehre nicht läugnen oder wegräumen kann, und die Erfahrung noch immer bestätiget, daß die Jesuiten an allen Orten, zu allen Zeiten und bey allen Gelegenheiten nach solchen Grundsätzen mit einer Beständigkeit handeln; so wird man es auch keinem vernünftigen Menschen verdenken, wenn er dieserwegen der ganzen Gesellschafft Vorwürfe macht, und dasjenige, was sonst unschuldig und gut ist, bey den Jesuiten als einen bloßen äusserlichen Schein hält, wodurch sie ihre gottlose und verkehrte Absichten desto besser zu erreichen suchen. Im vierten Capitel wird der Verfasser des Sendschreibens in einen **Grausamen** verwandelt, weil er 1.) den Jesuiten ihre Ehre und guten Nahmen nimmt; 2.) den Rath giebt, sie ihrer zeitlichen Güter zu berauben; und 3.) gar auf die Ausrottung und gänzliche Vertilgung der Gesellschafft dringet. Allein wenn man dargegen zeigen kann, daß 1.) die Gesellschafft durch ihre gottlose Lehren und abscheuliche Verbrechen schon längst alle wahre Ehre verlohren hat; und 2.) die Verminderung ihrer zeitlichen Güter nicht zu ihrem Schaden, sondern zu ihrem eigenen

D 2   Beßten

Besten dienen soll; und endlich 3.) die Vertilgung eines Ordens, welcher in allen Ländern, wo er sich befindet, nichts als Unruhen anrichtet, das einzige Mittel zur Erhaltung und Wiederherstellung der Ruhe und Glückseligkeit eines Staats ist; so wird gewiß niemand darinn eine Grausamkeit finden, daß einer die ganze Welt vor solche unruhige Köpfe warnet. Das fünfte Capitel stellet uns den Verfasser des Sendschreibens als einen Verwegenen vor, weil er sich unterstehet, nicht nur den Papst, sondern auch die weltlichen Fürsten zu einer Verbesserung der Gesellschafft zu ermuntern. Das sechste mahlet ihn als einen Aufrührer ab, weil er so wohl die geistliche als weltliche Macht wider die Jesuiten in Harnisch zu setzen, und ihre Verfolgung oder gänzliche Vertilgung zu befördern suchet. Dieses ist in der That sehr artig. Nicht anders, als ob man einem treuen Unterthanen, der seine Mitbürger zur Vertheidigung des Vaterlandes wider die Rebellen ermahnet, den Nahmen eines Aufrührers beylegen könnte. Im siebenden Capitel wird endlich der Verfasser des Sendschreibens beschuldiget, daß er mit seinen Anmerkungen nichts als Aergerniß anrichte. Das erste Aergerniß soll darinn bestehen, daß andere durch dieses Buch gereitzet werden, auf gleiche Weise von den Jesuiten übel zu reden und zu schreiben. Das zweyte Aergerniß aber soll dieses seyn, daß so wohl die Heyden als auch die Ketzer und Römisch-Catholischen dadurch Gelegenheit bekommen, über die ganze Religion zu spotten, oder sich von den Lehren der Kirche eine ganz falsche und verkehrte Vorstellung zu machen. Allein diese Furcht vor solche Aergernisse ist ganz vergeblich. Denn weder Heyden noch andere Religions-Partheyen werden sich darüber ärgern, daß der Verfasser des Sendschreibens, welcher sich öffentlich zur römischen Kirche bekennet, die Bossheiten der Jesuiten aufgedecket hat, sondern werden vielmehr daraus erkennen lernen, daß es in dieser Kirche noch Leute giebt, welche keinen Antheil an den Jesuitischen Gräueln haben, und sie vielmehr verabscheuen, und wünschen, daß man sie aus der Kirche wegschaffen möge. Und was die Römisch-Catholischen anbetrifft, so werden dieselben aus diesen Anmerkungen so erleuchtet werden, daß sie die grosse Gefahr einsehen lernen, in

welche

Vorrede.

welche sich alle diejenigen begeben, die sich der Führung solcher verderbten Lehrer anvertrauen. Auf diese sieben Capitel folget auch noch ein Capitel über den Anhang. Es gehet aber dem Verfasser desselben nicht besser als dem Verfasser des Sendschreibens. Er ist auch in den Augen des D. Zandalocca ein Verläumder und Betrüger, und wie er glaubt, eben derselbe, welcher das Sendschreiben verfertiget hat. Es kommt seiner Meinung nach bey dem Anhange überhaupt auf zween Puncte an, der erste ist, ob dasjenige, was darinn wider die Jesuiten geschrieben ist, zum Theil oder ganz wahr sey. Und zweytens, ob dieser Zusatz wahrscheinlicher Weise zum Nachtheil der Gesellschafft gereichen werde. In Ansehung des erstern Puncts ist zu merken, daß, wenn diese Erzehlungen wahr sind, so werden sie auch bereits schon bekannt genug seyn, folglich ist es gar nicht nöthig, diese Dinge von neuem wieder aufzuwärmen, und der Welt vorzulegen; sind sie aber nicht wahr, so verdienet der Verfasser, daß ihn die ganze Welt mit dem Herrn Marquis Gabrielli mit Recht vor einen Betrüger hält. Was aber den zweyten Punct anbetrifft, so kann der Verfasser nichts anders hoffen, als daß man ihm Beyfall geben werde, weil er die Wahrheit geschrieben habe. Allein wie einfältig ist nicht diese Hofnung. Es kann ja auch ein Papagey, ein Kind, und ein Narr die Wahrheit sagen, und gleichwohl bleiben alle diese ganz verächtlich, unansehnlich und elend, und werden der Wahrheit wegen nicht höher geachtet. Eben so gehet es auch allen denen, welche wider die Jesuiten schreiben. Jedermann verachtet sie, und siehet sie als Leute an, die aus Neid, Haß, und andern unerlaubten Ursachen die Gesellschofft verläumden, und in üblen Ruf bringen wollen. Die scheinbarsten Vorwürfe solcher Schriftsteller sind von der Rebellion und von dem Handel hergenommen. Allein auch hierbey siehet ja schon der einfältigste Mensch ein, daß dasjenige, was von einigen wenigen gesagt wird, nicht von dem ganzen Orden gelten könne; und ferner, daß man eben diese Beschuldigungen wider die Jesuiten auch den andern Ordern machen könne, welches doch nicht geschicht; folglich alles dieses nur aus einem boßhaften Gemüthe wider die Gesellschafft vorgebracht wird, und keinen Glauben verdienet. Die-

ses

ses ist nun die schöne Predigt wider das Sendschreiben und den Anhang, welche noch zum Beschluß mit einer rührenden Nutzanwendung begleitet ist, die eine scharfe Vermahnung an den Verfasser des Sendschreibens und des Anhangs enthält, sich zu bessern, und ihre schwere Vergehung zu erkennen, und zu bereuen, daß sie durch ihre Schriften der armen unschuldigen Gesellschafft so viel Feinde erwecket haben; und versichert zu seyn, daß er, wofern sie fortfahren werden, wider die Jesuiten zu schreiben, er sein Strafamt gegen sie brauchen, und ihre Boßheit, List und Betrügerey aufdecken wolle, damit sie vor der ganzen Welt zu Schanden werden. Zu allem Glück aber ist dieser fürchterliche Erzpriester schon verschieden, und die erwehnten Verfasser brauchen sich also vor seinen Drohungen nicht mehr zu fürchten.

Dieser kurze Auszug, welchen wir hier von fünf andern Theilen der Jesuitischen Apologien liefern, bestättiget noch immer die Wahrheit dessen, was wir ehemals von dieser Art von Schutzschriften geschrieben haben. Wir sehen uns genöthiget, wegen Kürze der Zeit hier abzubrechen, und die übrigen Theile gar zur Vorrede des vierten Bandes aufzuheben, wo sie mit göttlicher Hülfe auf gleiche Weise sollen beurtheilet werden.

Unterdessen wünschen wir noch zum Beschluß, daß auch dieser Band zum Nutzen der Kirche GOttes, zur Besserung so vieler irrigen und verführten Seelen, und zur wahren Beförderung und Ausbreitung der grössern Ehre GOttes gereichen möge.

Erste Sammlung
Urkundlicher Schrifften,
welche
zu beßerer Einsicht
der
neuesten Streitigkeiten
des
Portugiesischen und Römischen Hofes
wegen der Jesuiten
dienen.

I.
Memoire des Portugiesischen Ministers, welches er nebst den beygefügten Schrifften den Herren Cardinälen, und auswärtigen Gesandten zu Rom überschickte.

An seine Excellenz N. N.

Im Pallaste 2. Jul. 1760.

Zu eben der Zeit, da der gevollmächtigte Minister Sr. allergel. Majest. das Vergnügen hat Ew. Excellenz N. N. die erfreulichste Nachricht von der den 6. des verwichenen Monaths Jun. am Portugiesischen Hofe erfolgten Vermählung der Durchlauchtigsten Prinzeßin von Brasilien mit dem Durchlauchtigsten Infanten Don Petro Ihrem Vetter bekannt zu machen; siehet sich derselbe

ju

zu seinem größten Mißvergnügen genöthiget, Ew. Excellenz die hier bey,
gefügten Schrifften mit zu theilen, aus welchen dieselben die gerechtesten
Ursachen ersehen werden, um welcher willen der König sein Herr sich ge,
zwungen siehet, seinen erwehnten gevollmächtigten nebst allen seinen Un,
terthanen aus Rom zurück zu berufen, und eine solche Entschließung zur
natürlichen Vertheidigung seiner Königlichen Hoheit und zur Erhal,
tung der öffentlichen Ruhe seiner Unterthanen und Reiche zu fassen.
Der erwehnte Minister hoffet zuversichtlich, daß Ew. Excellenz nicht un,
terlassen werden, der gottseligsten Mäßigung Sr. allerget. Majestät,
welche das politische Ministerium Sr. Heiligkeit dergestalt gemißbrau,
chet hat, daß es ihn in unerhörten und bißhero ganz ungewöhnlichen
Ausdrücken einen förmlichen Krieg angekündiget hat, bey Dero Königl.
Hofe die schuldige Gerechtigkeit wiederfahren zu lassen. Eben der Mi,
nister, welcher dieses schreibet, erfüllet gegenwärtig seine Pflicht, und nimt
hiermit, da es ungewiß ist, ob er es persönlich thun kan, von Ew. Excel,
lenz Abschied, und küsset Ihnen mit unveränderlicher Ergebenheit die
Hand.

II.

Memoire des Portugiesischen Ministers an Se. Eminenz den
Hr. Cardinal Neri Corsini, wegen des Inhalts
und der Ursachen der hier beygefügten
Schrifften.

Im Pallaste 2. Jul. 1760.

Die nachahmungs würdigste Ergebenheit, welche der allergetreueste
König mein Herr allezeit gegen den apostolischen Stuhl an den Tag geleget
hat, und noch beständig gegen Se. Heiligkeit heget, hat es verursachet,
daß Se. Majestät bißhero mit einer außerordentlichen Mäßigung das in
beygefügter Deduction enthaltene ungerechte Verfahren, welches das
politische Ministerium des römischen Hofes bis auf den Monath Februar
1759.

1759. wider die Königl. Hoheit des erwehnten Monarchen ausgeübet hat, unerwehnet gelassen, und sich allezeit noch mit der gewissen Hofnung geschmeichelt haben, daß diese verhaßten Eingriffe nur so lange dauren würden, bis Se. Heiligkeit davon völlig unterrichtet seyn, und ihm alsdann eine hinlängliche Genugthuung verschaffen würde.

Diese Hofnung Sr. Majestät des Königes ist so fest und gegründet gewesen, daß ungeachtet ihm das erwehnte Ministerium in den unanständigsten Ausdrücken einen förmlichen Krieg erkläret hatte, und ungeachtet eben dieser Monarch wegen einer solchen Aufführung des römischen Ministerii berechtiget war, diejenige Mittel zuergreiffen, welche die natürliche Vertheidigung rechtfertigen; er sich doch noch entschlossen hat, mir anzubefehlen, daß ich Se. Heiligkeit vermittelst der angezeigten Deduction und mit drey Promemoria, welche hier mit den Buchstaben A. B. C. bezeichnet sind, die Beleidigungen, welche die Königl. Hoheit dieses Monarchen durch das politische Ministerium des römischen Hofes erlitten hat, und den förmlichen Friedens-Bruch anzeigen sollte, welchen man schon aufs nachdrücklichste angekündiget hatte, und also krafft dieser Vorstellungen das letzte Mittel angewendet hat, welches den öffentlichen Ausbruch einer Trennung verhindern konnte, die, ihn, ungeachtet sie bloß zu seiner eigenen Vertheidigung geschicht, doch höchst empfindlich und schmerzhaft ist.

Ich hielte dahero um dieses gerechten und nachahmungswürdigen Gegenstandes willen, zweymal bey Sr. Heiligkeit um Audienz an, worin ich die angeführte Deduction und drey Promemoria übergeben sollte, und zwar auf Befehl meines Hofes, welchen ich zu dem Ende erhalten hatte.

Da aber diese meine Bemühung den unerwarteten Erfolg gehabt hat, daß man mir die Audienz wider abgeschlagen hat, ungeachtet sie mir heute früh um 15. Uhr schon war verwilliget worden, und daß durch diese abschlägliche Antwort der erwehnte Friedensbruch nur noch mehr bestätiget wird, welchen eben dieses päpstliche Ministerium vorhero schon auf eine solche Art, wie in der erwehnten Deduction angezeigt ist,

ange-

angekündiget hatte; so bleibt mir nichts übrig, als daß ich die letzten und entscheidenden Befehle vollziehe, welche mir zu dem Ende sind ertheilet worden. Diese aber bestehen darinn, daß ich nicht nur die besagte Deduction nebst den drey angezeigten Promemoria, sondern auch noch ein ander Promemoria, welches mit dem Buchstaben D. bezeichnet ist, Ew. Eminenz um deswillen einhändigen soll, damit Ew. Eminenz nach Maaßgebung derselben, als Protector meines Hofes bey dieser Curie Sr. Heiligkeit die unumgänglich nöthige Bewegungs-Gründe vorstellen möge, um welcher willen ich genöthiget bin ohne fernern Aufschub und in der Absicht von Rom abzureisen, damit Se. Heiligkeit zu allerzeit und auch alsdann, wenn die Wege würden geöfnet seyn, auf welchen Ew. Heiligkeit die Sachen von dieser Art wieder erfahren können, die kindliche Ergebenheit erkennen möge, womit der König mein Herr auf den Gipfel seiner Königl. Nachsicht ist gebracht worden, und wegen eines so unerwarteten Friedensbruches so wohl die päpstliche Ehre als auch seine Königl. Hoheit vor allen unanständigen Mißhandlungen hat bewahren müßen. Ich bitte Ew. Eminenz wollen mich fernerhin mit Dero Befehlen beehren; ich küsse denenselben mit der grösten Ehrerbietung die Hand.

A.

Erstes Promemoria.

§. 1. Se. Allergetr. Majestät der König hat mit dem äußersten Mißvergnügen, welches der Hochachtung gleich ist, die er beständig gegen seine Heiligkeit heget, den Ausgang der Audienz welchen Franciscus d'Almada de Mendozza sein gevollmächtigter Minister am römischen Hofe bey Se. Heiligkeit am 9. Nov. des vergangenen Jahres gehabt hat, wie auch den Erfolg des Promemoria vernommen, welches er von Seiten Sr. Allergetr. Majestät bey solcher Gelegenheit überreichet hat.

§. 2. Der erwehnte gevollmächtigte Minister stelte in der angezeigten Audienz sowohl mündlich als schriftlich die gerechtesten Ursachen vor, welche der Monarch gehabt hatte über die öffentlichen und unanständigen Vergehungen der Cardinäle Torreggiani und Acciajoli wider seine Königl. Hoheit empfindlich zu seyn, und zeigte ferner an, daß er Se. Heiligkeit ersuchte, das in der ganzen christlichen Welt nicht nur durch die angezeigten öffentlichen Vergehungen, sondern auch durch die aufgeschobene Bestrafung der wegen des schrecklichen Anschlages vom 3. Sept. 1758. schuldigen Religiosen verursachte Aergerniß wegzuschaffen, und zwar nach Maaßgebung der weitläufftigen Breven, welche der Papst Gregorius der XIII. schon unter dem 15. und 25. Oct. 1583. den Bischöffen und Erzbischöffen der Königreiche Portugal und Algarbien, wie auch dem Präsidenten und Deputirten des Gewißens und Ordens-Tribunals zu dem Ende ertheilet hatte, damit sie den Königl. Ministern alle diejenigen weltlichen und Ordens-Geistlichen übergeben möchten, welche entweder etwas wider die Königlichen Personen unternommen, oder durch Aufruhr die öffentliche Ruhe der Unterthanen dieser Reiche und Staaten gestöhret haben.

§. 3. Hierauf that eben dieser Minister die ganz ergebenste Vorstellung, daß Se. Heiligkeit eines theils an statt dieser zwey so offenbar verdächtigen Cardinäle, andere apostolische Minister ernennen möchten, mit welchen auf eine anständige und gemäsigte Art der verdriesliche Handel könnte geendiget werden, welcher bishero zwischen beyden Höfen gewesen ist; und daß andern Theils Se. allergetr. Majestät eine solche nachdrückliche Genugthuung erhalten möchten, damit durch dieselben das allgemeine Schrecken aufs schleunigste weggeräumet werden könnte, welches die zwey erwehnten Cardinäle durch ihre weltkündige Einwirckung in ganz Europa verursachet haben: als womit sie beyde einmüthig ohne die geringste Scham zum Besten der Mitschuldigen der schrecklichsten Verbrechen, und Lästerungen sich haben brauchen lassen, welche nicht nur diese oder jene Mitglieder der so genannten Gesellschaft Jesu; sondern die ganze Regierung und Cörper derselben ausgeübet, und in den Reichen von Portugal und den dazu gehörigen Staaten ausgestreuet, und sogar bis an diesen Hof als dem Haupte der catholischen Kirche ausgebreitet hatten:

hatten: und endlich, daß Se. Heiligkeit den erdichteten Vorwand aus dem Wege räumen möchte, unter welchen eben diese Cardinäle die gehorsamste Nachsicht bishero in Zweifel gezogen haben, womit Se. allergetr. Majestät das erwehnte Breve in einem Falle verlanget hatte, wo auch das göttliche, natürliche und Völker-Recht, und die beständige Gewohnheit anderer gleich erleuchteter und gottseliger Fürsten, wie auch der mit den Exempeln verschiedener frommen und gegen dem hl. apostolischen Stuhl ergebenen Monarchen bestätigten Gebrauch in dem Königreiche Portugal Se. allergtr. Majestät berechtigten, wider die wegen so entsetzlicher Verbrechen überwiesene Religiosen, mit der härtesten Strafe zu verfahren.

§. 4. Die Gewißheit und die bringende Nothwendigkeit dieser Vorstellung, und die unfehlbare Gerechtigkeit, und väterliche Geneigtheit Sr. Heiligkeit erhielten bey Sr. Allergetr. Majestät die Hofnung so lebhaft, daß eben dieser Monarch ohne den geringsten Zweifel glaubte, daß die Genugthuung und das Mittel wider solche abscheuliche Vergehungen, nur so lange würden ausgeblieben seyn, als man Mittel gefunden hätte, es zu verhindern, daß die unüberwindliche Gründe, welche diese deutliche Vorstellungen nothwendig machten, dem heiligsten Vater nicht vorgetragen würden.

§. 5. Diese wohlgegründete Hofnung Sr. Allergtr. Majestät erhielte eine neue Stärcke, und wurde größtentheils bestätiget, da eben dieser Monarch benachrichtiget wurde, daß Se. Heiligkeit den Cardinal Cavalchini ernennet hätte, mit dem gevollmächtigsten Minister Sr. Majestät die Unterhandlung fortzusetzen, wie denn auch in der That derselbe mit ihm einige Unterredungen mit der gänzlichen Ausschließung des Cardinals Torreggiani gehalten hatte.

§. 6. Jedoch eben diese Hofnung verschwand gänzlich, da sich der Cardinal Torreggiani von neuem wieder in die Sache mischte, und am 28. Nov. des verflossenen Jahres ganz unvermuthet dem gevollmächtigten Minister Sr. Allergetr. Majestät eine sehr ungeziemende Schrift zustellete, in welcher man von einem Monarchen der an seinem eigenen

Hofe

Hofe durch eine gerichtlich bewiesene Zusammenverschwörung mörderischer Weise angefallen worden, ja von einem Monarchen handelt, der wegen dieser verfluchten That über anderthalb Jahr an diesem Hofe, als dem Haupte der catholischen Kirche, durch Lästerungen und Verspottungen, eben dieser abscheulichen Menschen und der Minister dieser Curie, des Herrn Cardinals Staats-Secretarius selbst aufs empfindlichste ist beleidiget worden, als welcher letztere bey diesen verdrießlichen Umständen sich erkühnte, dem erwehnten Monarchen im Nahmen Sr. Heiligkeit den Krieg förmlich anzukündigen und zwar durch eine Erklärung, die bey dieser Gelegenheit in den hochtrabenden und ungewöhnlichen Ausdrücken abgefasset war, nemlich daß der heiligste Vater ein Gönner und Beschützer der Jesuiten, als der öffentlichen und weltkündigen Feinde Sr. allergetr. Majestät wäre und allezeit seyn würde. Bey so gestalten Sachen nun, ist gar kein Zweifel, daß man nach Maaßgebung des Völckerrechts und nach dem Gebrauch aller Monarchen, denjenigen Fürsten vor einen Feind erkläre, welcher die Parthey der Feinde eines jeden andern Fürstens ergreiffet. Auf diese Weise hat es der erwehnte Cardinal Staats-Secretarius gemacht: erstlich durch beleidigende Handlungen, welche er binnen anderthalb Jahren an den Tag geleget hat; und ferner durch Schriften, welche er an den Hof zu Lisabon geschickt hat, und endlich durch dasjenige entscheidende Memoire, welches er am 28. Nov. des verflossenen Jahres heraus gegeben hat. Wofern dieses nun ohne Widerrede unter Monarchen erlaubt ist, welche die öffentliche Macht haben, einen rechtmäßigen Krieg unter sich anzufangen; so muß dieses noch vielmehr in dem Falle gelten, wovon man in der angeführten Schrift handelt, ein Fall, wobey die förmliche Kriegserklärung, welche man wider Se. allergetr. Majestät angestellet hat, zum Behuf einer Gesellschaft einzelner Menschen geschehen ist, welche Rebellen, Mörder, Ehrenschänder sind, und also solche feyerlich überführet, und durch deutliche und unläugbare Beweise von dem angesehnsten, besten und zahlreichsten Tribunal, welches

ches jemals am Portugiesischen Hofe gewesen ist, an dem bekannten Auszug des Processes Sr. allergetr. Majestät verurtheilet sind.

§. 7. Da es nun nach einem so förmlich angekündigten Friedensbruch weder mit der Ehre Sr. Heiligkeit noch auch mit der Hoheit Sr. allerget. Majestät bestehen kan, daß dieser Monarch eines Theils die Schuld unehrerbietiger und vnbedachtsamer Personen, welche der Fortsetzung solcher Ungereimtheiten, wie in der angeführten Schrift vom 28. Nov. und vielen andern vorhergehenden Blättern mehr gehäuffet sind, sich geneigt bezeugen, der päpstlichen Crone zuschreibe; und andern Theils, die Ehre seiner eigenen Crone, solchen abscheulichen und fortdaurenden Beschimpfungen aussetze: So hat der bemeldete gevollmächtigte Minister endlich den gemessenen Befehl erhalten, Sr. Heiligkeit in den deutlichsten und nachdrücklichsten Ausdrücken dasjenige vorzustellen, was folget.

§. 8. Se. allerget. Majestät sind noch immer geneigt, Se. Heiligkeit auf die gewißeste Art zu überzeugen, daß die kindliche Hochachtung gegen die geheiligte Person des hl. Vaters und seine uneingeschränckte Ergebenheit, gegen den hl. apostolischen Stuhl, wie auch sein eifriges Verlangen, die päpstliche Macht zu verehren allezeit bekannt, beständig, und nachahmungswürdig gewesen sind, und seyn werden. Da aber eben dieser Monarch zu gleicher Zeit nicht unterlassen kan, die königliche Hoheit seiner Crone bis auf den lezten Punct seiner gottseligen Mäßigung zu behaupten; als welche Hoheit er im zeitlichen vor allen unabhängig aufrecht erhalten muß, wie sie von seinen Durchlauchtigsten Vorgängern ist überliefert worden, so daß er auch eben die Kirche, von welcher er allezeit der Beschützer in seinen Reichen und Staaten ist, vertheidigen muß: So verordnet er um deßwillen, daß man Se. Heiligkeit von dem lezten und verwirrtesten Zustande dieser empfindlichsten und bringensten Nothwendigkeit, worein die königl. Hoheit gesetzt ist, durch die Deduction, welches dieses Memoire begleitet, benachrichtigen soll.

§. 9. Eben dieser gevollmächtige Minister hat wegen den offenbahren Ursachen, die in der Deduction angezeiget sind, Befehl empfangen,

gen, in den deuttlichsten Ausdrücken die Erklärung zu thun: Daß er von seiner Seite nicht das geringste Blat oder Schrift von den Cardinälen Torreggiani und Acciajoli annehmen werde, und daß die Minister Sr. allergt. Majestät gar keine Gemeinschaft mit denselben haben sollen, weil der Monarch hoffet, daß Se. Heiligkeit zu den Sachen seines Reichs andere Minister ernennen werde, bey welchen die nöthige Einsicht und Gesinnung angetroffen werden, um der Ehre des Stadthalters Christi auf Erden, und der Hoheit eines Monarchen, welcher im weltlichen unmittelbar von Gott abhängt und ein so ergebener und wohlverdienter Sohn des hl. apostolischen Stuhls ist, Genugthuung zu verschaffen.

§. 10. Ferner erhielt eben dieser Minister den Befehl, Se. Heiligkeit zu bitten, daß man wegen diese Vergehungen, welche die beyden erwehnten Cardinäle einmüthig wider das päpstliche Ansehn, und wider die Ehre der Crone Sr. allergt. Majestät begangen haben, wieder eine Genugthuung verschaffen möchte, welches man auch von der Gerechtigkeit Sr. Heiligkeit zu erhalten hoffet, in dem man eben diese Vergehungen gleichfals öffentlicher Weise verbiete, gleichwie auch das Aergerniß, welches zur Verwunderung und allgemeinen Erstaunen von ganz Europa daraus erwachsen ist, öffentlich ist gegeben worden.

§. 11. Auf gleiche Weise hat dieser gevollmächtigte Minister den Befehl erhalten, eine endliche Antwort sowohl wegen des in dem Memoire vom 28. Nov. angekündigten Friedensbruches, als auch wegen der Verwilligung des Breve von der Auslieferung der Religiosen, als Mitschuldigen der beleidigten Majestät nach dem Inhalt der zwey zum Besten des Reichs Portugal unterm 15. und 25. October 1583. vom Papst Gregorius dem XIII. ertheilten Breven Ansuchung zu thun, indem ihm zu gleicher Zeit verboten ist, keine einzige Einschränkung anzunehmen, welche den Inhalt und den Ausdruck der erwehnten Breven des Gregorius XIII. veränderte. Und zwar aus dem Grunde, weil der hl. Vater so bald, als ihm die Wahrheit der Begebenheiten zu seiner

ner erlauchten Einsicht gelangen sollte, erkennen wird, daß vor Sr. Heiligkeit weder etwas natürlicher noch unanständiger seyn würde, als wenn unter seinem geheiligten Namen eine solche Kriegs-Erklärung, wie die angeführte ist, erscheinen sollte, und man doch ein Breve ausfertigen wollte, in welchem man auf die gewöhnliche Art, und nach dem Inhalt der andern beyden Breven verführe, die in dergleichen Fällen zum Besten des Königs von Portugal ehemals schon wären gegeben worden. Es könnte auch über dieses von Sr. allergel. Majestät nichts unanständiger seyn, als wenn man eine solche Erklärung dulden, und ein von den erwehnten verschiedenes Breve, wobey eine ganz unerhörte Einschränkung wäre gemacht worden, annehmen wollte, und zwar um so viel mehr, weil jetzt von einem so erschrecklichen Falle die Rede ist, dergleichen man niemals in Portugal gesehen hat, und weil die Beleidigung, da sie unmittelbar an der königlichen Person Sr. Majestät begangen worden, die größte und ausdrücklichste Erweiterung und Vorsichtigkeit verdiente, und dabey auch nicht der geringste Zweifel war, wenigstens gewiß nicht würde gewesen seyn, wofern die Wahrheit in das geheime Cabinet Sr. Heiligkeit hätte eindringen können.

§. 12. Endlich hat der erwehnte Minister den Befehl erhalten, Sr. Heiligkeit vorzustellen, daß man ihm mit der Fortsetzung fernerer Unterhandlungen und Unterredungen über diese zwey unangenehme Puncte verschonen möge; in dem weder die Vernunft und die Wohlanständigkeit verstattet, daß man über so verhaßte Puncte fernere Untersuchungen und Zweifel errege, welche schon seit langer Zeit beyden Höfen höchst mißfällig gewesen sind; noch ihm die gegebene Befehle erlauben, etwas anders als die gegenwärtige Vorstellung zu thun, und alsdann so gleich den Courier, welcher sie mit den erwehnten Schriften überbracht hat, in demjenigen Falle abzuschicken, wobey eine Schwürigkeit oder Aufschub vorfallen sollte.

B.
Zweytes Promemoria.

Heiligster Vater.

Der unterschriebene gevollmächtigte Minister des allerget. Königes hat Befehl Sr. Helligkeit dasjenige vorzustellen, was folget:

2) Es sind wegen der gerechten, nothwendigen und gänzlichen Verbannung der Religiosen von der so genannten Gesellschaft Jesu aus den Reichen Portugal, Algarbien, und denen dazu gehörigen Staaten die Güter, welche den erwehnten Religiosen gehörten, ledig und unbesetzt geworden.

3) Da man nun zur Zeit der Verbannung alle die erwehnte Güter so gleich sequestrirte, und in sichere Verwahrung brachte, damit sie so lange aufbehalten würden, bis man von ihrer verschiedenen Beschaffenheit gewiß unterrichtet wäre; so fand man bey angestellter Untersuchung, daß es diejenigen waren, welche der gevollmächtigte Minister jetzt anzeigen will.

4) Es befand sich, daß einige von den besagten Gütern nicht nur weltliche, sondern auch königliche und durch Verschenkungen von dem Eigenthum der Crone abgesonderte Güter waren, wozu sie nach den Wiedererstattungs Rechten so gleich wider zurück kehren müßten, welches in den Gesetzen und Gebräuchen eben dieses Reichs vestgesetzet und in dergleichen Fällen, wie in diesem allezeit ist beobachtet worden, wo man von einer gänzlichen Ausrottung der begnadigten Religiosen in den Reichen und Staaten der schenkenden Monarchen redet, bey deren Verschenkung der Fall allezeit eine unzertrennliche Bedingung war, welcher sich jetzt in dem genauesten Verstande durch die gänzliche Verbindung der erwehnten Religiosen von der so genannten Gesellschaft Jesu ereignet hat.

5) Man fand, daß andere von den angezeigten Gütern ihrer Natur nach weltliche waren, welche in Vogteyen und königlichen Lehen

bestun-

bestunden; welche ihre ursprüngliche Herren und Besitzer an beständigen Cappellen nebst einer gewißen Anzahl von Meßen, gewißen Geschenken, Almosen und andern gottseligen Werken, und an gewiße Schüler gebunden, und die erwehnten Religiosen zu Auffsehern und Verwaltern darüber gesetzt hatten; durch deren gänzliche Verbannung und erfolgte Erledigung sie nunmehro die Ernennung gevollmächtigter Auffseher Sr. Majestät und der ordentlichen Obrigkeit zugehören, damit die Güter der erwehnten Cappellen erhalten, und die gottseligen Pflichten genau erfüllet werden, wozu sie von ihren Stiftern bestimmt waren, wie dieses in den Gesetzen, Rechten und Gebräuchen dieser Reiche ausdrücklich enthalten ist, als welche man allezeit beobachtet hat, und noch täglich beobachtet werden, wenn man nicht von der Veränderung einer gottseligen Verfügung, sondern nur von der Formung solcher Personen redet, welche den letztern Willen, worinn dergleichen gute Werke verordnet sind, volziehen sollen.

6) Und auf diese Weise hat man würcklich nach der erwehnten Sequestrirung verfahren; indem Se. allerget. Majestät die nöthigen Befehle haben ertheilen laßen, daß man die Erfüllung aller dieser gottseligen Verfügungen nicht einen einzigen Tag aussetzen solle.

7) Unter den weltlichen Gütern von dieser Art, über welche Se. allerget. Majestät und die gesetzte ordentliche Obrigkeit die Auffseher und Verwalter zu ernennen pflegen, sind auch einige liegende Güter und Geldsummen begriffen, welche man zu dem Ende hinterlaßen hat, daß sie zu der Stiftung einiger Collegien in Portugal und zu den Missionen in den Staaten dieses Reichs jenseits des Meers, welche die vertriebenen Religiosen bishero versorget haben, angewendet werden sollen. Da nun aber diese gottselige Verfügungen ihrer Natur nach auf diese Weise, wie sie von ihren jedesmahligen Richtern getroffen worden, nach einer so gerechten, nothwendigen und gänzlichen Verbannung der Religiosen von der so genannten Gesellschaft Jesu können erfüllet werden; so verlanget eben dieser allerget. Monarch, daß man sie zu andern gottseligen, verdienstlichen und nothwendigen Werken, wie diese sind anwenden solle.

Dahin

Dahin gehöret erstlich die Stiftung vieler wohlgezierten Kirchen, deren die Wüsteneyen oder Sertoens in Amerika, die zur Crone von Portugal gehören und seit hundert und mehr Jahren von den erwehnten Religiosen durch unheilige und unerlaubte gottesdienstliche Verrichtungen sind entweihet worden, höchst nöthig haben und bedürfen. Zweytens die Unterhaltung vieler weltlicher und Ordens-Geistlichen und Pfarrer, welche sich bereits in den angezeigten Gegenden befinden, und den Weinberg des Herrn bauen, der bishero aus Mangel der Arbeiter so viel gelitten hat. Drittens die nothwendigen und unentbehrlichen Unkosten, um die Indianischen Einwohner jener Sertoens zu kleiden, mit Lebensmitteln zu unterhalten, vernünftiger und gesitteter zu machen, und sie in den Schooß der hl. Mutterkirche zu bringen.

8) Und ob nun gleich wegen der gänzlichen Verbannung der erwehnten Religiosen die Vollziehung solcher gottseligen Verfügungen auf die vorgeschriebene Art unmöglich gemacht wird, und die Veränderung derselben der jedesmaligen Prälaten der Diöcesen nach dem Canonischen Rechte, und nach dem Schluße des Tridentinischen Concilliums zukommet; so verordnet doch nichts destoweniger die kindliche Ergebenheit eben dieses Monarchen Sr. Heiligkeit dasjenige, was nach diesem Grundsatze erfolget, anzuzeigen, damit im Fall man noch etwas hinzuzusetzen finden sollte, es unter der Clausul, quatenus sit, verlanget werde.

9) Man fand ferner, daß einige von den erwehnten Gütern in Kirchen der Profeßhäußer und Collegien dieser Religiosen, in Clostergebäuden eben dieser Häuser und Collegien, welche an die Kirchen anstoßen, und in Zierrath und Gefäßen derselben bestunden; und weil diese Güter, die unmittelbar zum Dienste Gottes gewidmet sind, ihrer Natur nach, Kirchen-Güter sind; so verordnete der gottselige Monarch, daß man alle die vorerwehnte Güter den jedesmaligen ordentlichen Prälaten der Diöcesen überliefern sollte, damit sie dieselben völlig verwalteten und unter sicherer Verwahrung so lange behielten, bis Se. allerget. Majestät wie es jetzt geschicht, Se. Heiligkeit ersuchen könnten, den Gebrauch dieser Kirchen-Güter zu andern gottseligen Nutzungen anzuwenden, welche

der

der Kirche Gottes zu einem größern Ruhm gereichen, und die Liebe des Nächsten befördern mögen; als da sind die Aufrichtung der Pfarrkirchen, wo sie nöthig sind: die Stiftung der Schulen, wo sie noch fehlen sollten; die Errichtung der Hospitäler, Collegien, Seminarien, und andere Dinge, welche eben dieser fromme Monarch nach den Umständen der Zeit und der jedesmaligen Orte am dienlichsten erachten wird.

10). Endlich weil man auch fand, daß andere von den obenerzehlten Gütern, die in Zehnden bestehen, ebenfals Kirchen-Güter waren; so verordnete eben dieser gottselige König, daß man dieselben auf gleiche Weise so lange in sichere Verwahrung nehmen sollte, biß er, wie es jetzt geschieht, bey Sr. Heiligkeit um die Verwechslung der Güter dieser Art, und um die Anwendung zu eben solchen gottseligen Werken Ansuchung thun würde.

C.
Drittes Promemoria.

1.) Der unterschriebene gevollmächtigte Minister hat Befehl empfangen die gerechte und große Verwunderung in den deutlichsten und nachdrücklichsten Worten vorzustellen, welche dem Monarchen die Nachricht verursachet hat, daß man die Ausfertigung der Bullen vor den Bischoff Fr. Emanuel di Sant Agnese als ernannten Erzbischoff von Bahjia (der Hauptstadt in Brasilien) wovon das Patronat der Crone von Portugal zukommt, am römischen Hofe aus solchen Gründen aufgehalten habe, welche Sr. allerget. Majestät nicht unbekannt sind, in dem man den Mangel einer rechtmäsigen Ursache der Entlassung des jetzigen Erzbischoffs Don Joseph Bothelo de Mattos, an deßen statt der erwehnte Fr. Emanuel di Sant Agnese ernennet worden, zum Vorwand gebraucht hat.

2.) Diese hohe Verwunderung wird dadurch noch größer, daß die Entlaßung des erwehnten Don Joseph Bothelo de Mattos nicht nur auf die gewöhnliche Weise am römischen Hofe gerechtfertiget, sondern auch noch auf die kräftigste und beglaubteste Art, die man nur erdenken konnte, um die Wirklichkeit solcher Entlaßung zu beweisen, bestätiget wurde.

3.) Es ist ferner gewiß, daß eben diese Sache nicht von dem ernannten Erzbischoff oder deßen Procuratoren vorgestellet, sondern von dem Monarchen selbst in einem eigenhändigen königl. Schreiben bekräftiget wurde, welches er an Se. Heiligkeit unmittelbar unterm 2. Nov. des vergangenen Jahres 1759. mit diesen ausdrücklichen Worten abgefaßet hatte: Nachdem das Erzbisthum von Bahjia, davon das Patronat meiner Crone zustehet, durch die Abdankung, welche der jetzige Erzbischoff Don Joseph Bothelo de Mattos mit meiner Erlaubniß in die Hände Sr. Heiligkeit davon gethan hat, nunmehro unbesetzt ist ꝛc.

4.) Da nun in diesen Worten gewiß nicht die Bekräftigung, welche der Monarche von der wirklich geschehenen Abdankung that, und von der Erlaubniß, welche er nothwendig vor Augen hatte, wider alle Grundsätze des Rechts und des guten Bezeigens, konnte in Zweifel gezogen werden, wie hingegen Se. allerget. Majestät über die Freyheit der Minister empfindlich seyn muste, welche einen so seltsamen und unanständigen Zweifel erregten: so erwartet man unterdessen von der erlauchten Einsicht Sr. Heiligkeit, daß man durch Verbeßerung dieser und anderer Ausschweiffungen, welche bloß darum geschehen, um die beyden Höfe untereinander in Feindschaft zu setzen, anzuordnen geruhen werden, daß die erwehnte Bulle vor den ernannten Erzbischoff, anstatt des nunmehro ausgeschloßenen, ausgefertiget werde.

D.

Viertes Promemoria.

Der unterschriebene gevollmächtigte Minister Sr. allergetreuesten Majestät hat Befehl in den nachdrücklichsten Worten vorzustellen, daß

daß zu eben der Zeit, da die kindliche Hochachtung des erwehnten Monarchen gegen die geheiligte Person Sr. Heiligkeit, und gegen dem hl. apostolischen Stuhl nicht aufhören wird, feste und unveränderlich zu seyn, und zu eben der Zeit, da er gewiß glaubt, daß die väterlichen Gesinnungen, und die unfehlbare Gerechtigkeit des hl. Vaters, allezeit seiner erlauchten Einsicht und höchsten Würde eines Statthalters Christi gemäß gewesen ist, er doch dem ungeachtet seine ausnehmende Standhaftigkeit von langer Zeit her in Erwegung gezogen hat, und zwar nach einer Reihe so vieler Versuche des politischen Ministerii, des römischen Hofes, wodurch es die Wege abzuschneiden gesucht hat, wodurch man die Vorstellungen Sr. allergt. Majestät in die Hände S. Heiligkeit übergeben wollte; und ferner nach der Erfahrung einer so großen Nachsicht, wobey ihm nach und nach die Hofnung benommen worden, seine ergebenste Bitte vor den heiligsten Vater zu bringen; und ferner erwogen hat, daß die außerordentlich ärgerliche und unerhörte Heftigkeit eben dieses Ministerii bis zur förmlichen Ankündigung eines Friedensbruchs mit dem allergetreuesten König gestiegen ist. Und überdieses bey solchen unanständigen Umständen nicht mehr möglich ist, daß dieser Monarch fortfahre, einen öffentlichen Minister in Rom zu halten, und eine Anzahl von angesehenen und getreuen Unterthanen daselbst zu laßen, damit sie bloß von den Beleidigungen Zeugen seyn könnten, welche das erwehnte politische Ministerium nebst seinen weltkündigen Anhängern, da es zum allgemeinen Aergerniß von ganz Europa zu seiner Parthey gezogen hat, so wohl schriftlich als mündlich wider die königliche Hoheit, und päpstliche Ehre gehäufet hat, und noch täglich vermehret; wie auch ferner, daß sich am Hofe dieses Monarchen ein Nuntius aufhalte, welcher anstatt, daß er seiner Pflicht gemäß die so nützliche und nöthige Vereinigung beyder Höfe hätten unterhalten sollen, vielmehr von der Zeit des Absterbens des Herrn Cardinal Archinto am portugiesischen Hofe nichts anders gethan hat, als daß er eines theils beständig anstößige Schriften und Briefe geschrieben hat, welche mit erdichteten und auf nie geschehene Dinge gegründeten Nachrichten angefüllet waren, um dadurch den hl. Vater in Rom zu überreden und das Ministerium von der Curie zu dem förmlich angekündigten Friedensbruch zu bewegen, und andern Theils sich bemühet hat, durch heimliche und aufrührische Unterredungen, die Unterthanen dieses Monarchen untreu zu machen, und an dem Hofe, wo er sich aufhielt, zum allgemeinen Aergerniß derselben und aller seiner Einwohner der allergetreuesten Regierung Feinde zu erwecken.

So hoffet dahero Se. allerget. Majestät, daß Se. Heiligkeit geruhen werden, die nothwendigen Ursachen zu erwegen, um welcher willen eben dieser Monarch ist genöthiget worden, nebst seinem gevollmächtigten Minister alle andere Unterthanen seiner Crone von einem Hofe so gleich abzurufen, wo sie ohnedem dem hl. Vater keine Dienste mehr leisten können, und nur durch ihre Gegenwart die Beschimpfung der königl. Hoheit vermehren, welche Se. allerget. Majestät ganz unverletzet und im weltlichen ganz unabhängig erhalten müßen, gleichwie sie ihm von seinen durchlauchtigen Vorgängern ist überliefert worden, und ohne daß er sich nicht nur gegen GOtt und gegen die catholische Kirche selbst von welcher er allezeit ein gehorsamster Sohn und eifrigster Vertheidiger zu verbleiben wünschet, sondern auch gegen alle andere Monarchen in der Welt verantwortlich mache. Unterdeßen, zweifelt Se. Majestät nicht, daß Se. Heiligkeit zu gleicher Zeit geruhen werden, die ganze Stärke der kindlichen Ergebenheit zu erkennen, womit er auch bey diesen Umständen mit dem erwehnten Nuntius nicht so hat verfahren laßen, wie es wohl in dergleichen Fällen bey andern Höfen gebräuchlich ist, damit der hl. Vater den angezeigten Prälaten den schleunigsten und gemeßensten Befehl ertheile, daß er ohne den geringsten Verzug ein Amt niederlege, in welchem er an statt zur Erbauung zu dienen, sich schon so lange Zeit her mit gleichem Nachtheil zum Verderben so wohl der päpstlichen Ehre als der Hoheit Seiner allergetreuesten Majestät gebrauchen läßet.

E.

E.

Letztes Promemoria

1.) Die in der Deduction und in den Promemorien erzehlten Dinge, welche Se. allerget. Majestät bis am 29. May dieses gegenwärtigen Jahres an seinen gevollmächtigten Minister am römischen Hofe Franciscus de Almada de Mendozza überschickt hat, um sie Sr. Heiligkeit bloß darum vorzustellen, damit man ohne Zeitverlust das gerechte Verfahren des Portugiesischen Hofes gegen den Cardinal Acciajoli darthun möchte, bezeugen unwiedersprechlich die höchste Aufmerksamkeit, welche der erwehnte Monarch in den eigentlichsten Pflichten bewiesen hat, ingleichem die Ergebenheit gegen den hl. Vater und die Achtung gegen den Cardinals-Purpur, daß er sogar die natürliche und nothwendige Vertheidigung, wozu er sich nach dem göttlichen Gesetze und nach dem Natur und Völker-Recht auf die unumgänglichste Weise genöthiget sahe, bloß zu dem Ende aufgeschoben hat, um dadurch dem heimlichen verwegenen und aufrührischen Unternehmen des Cardinals Acciajoli Einhalt zuthun, in dem er ihn ohne fernern Aufschub von dem portugiesischen Hofe durch den Weg de facto hat abreisen laßen, deßen sich Se. Eminenz mit einem unerhörten Mißbrauch bishero bedienet hatte.

2.) Diese Ergebenheit und Achtung, von welcher Se. allerget. Majestät hofften, daß sie Verwunderung erwecken, und den erwehnten Cardinal auf einige Art abhalten würde, damit der hl. Vater (mit Einwilligung des Monarchen) wider so abscheuliche Mißbräuche, dergleichen die heimliche und aufrührische Aufführung Sr. Eminenz ist, einige Verfügungen treffen könnte, haben eine ganz widrige Wirkung hervorgebracht, in dem der besagte Cardinal täglich eine Ungereimtheit über die andere begieng, und von heimlichen auf öffentliche Ausschweiffungen gerieth, und sich die Freyheit nahm, sich nicht nur gegen die königliche Hoheit

Hoheit dieses Monarchen an seinem eigenen Hofe, sondern auch über dieses gegen alle und jede getreue Unterthanen zu widersetzen.

3.) Seine allergt. Majestät hatten bey Gelegenheit der glücklichen Vermählung der durchlauchtigsten Princeßin von Brasilien mit dem durchlauchtigsten Herrn Infanten Don Petro am 6. des verflossenen Monaths Junius allen ihren Unterthanen anbefohlen, daß sie die drey folgenden Tage Illuminationen anstellen sollten, wie es auch hernach in der That erfolget war, in dem das Volk zu Lisabon die ausnehmensten Bezeugungen der Freude, der Treue, und des Eifers an den Tag geleget hatten.

4.) Die Gesandten und auswärtigen Minister waren zwar nicht benachrichtiget, daß sie einige Freudenbezeugungen machen möchten, in dem es eine seltsame Sache würde gewesen seyn; jedoch war kein einziger unter ihnen, welcher nicht die Achtung gehabt hätte, seinen eigenen Pallast mit aller Pracht zu illuminiren, und seine Freude mit dem allgemeinen Frolocken des Hofes und des Reichs zu vereinigen.

5.) Der erwehnte Cardinal allein sonderte sich ab, in dem er in den besagten drey Freudennächten die Fenster und die Thüren des Pallastes seiner Wohnung zu machen ließe, so daß man auch nicht einmal den Schein eines Lichts darin wahrnehmen konnte, und die besagte Fenster und Thüren auf eine so seltsame Art bedecken, und ein so tiefes Stillschweigen beobachten ließ, daß der Pallast des päpstlichen Nuntius ein leerer und von seinen Einwohnern in diesen drey Nächten verlaßener Pallast zu seyn schien.

6.) Der Stolz einer so außerordentlichen Entschließung des Cardinal Nuntius wurde dadurch gar sehr vermehret, daß er selbst öffentlich erklären ließ, er hätte es aus keiner andern Ursache gethan, als weil man ihm die Vollziehung dieser durchlauchtigen Vermählung, welche diese öffentliche und allgemeine Feyer verursachte, nicht unmittelbar und förmlich angezeiget hätte.

7.) Nicht anders als wenn der besagte Cardinal Nuntius nicht wüßte, oder nicht erkennete, wie verwerflich seine Aufführung am Hofe zu zu Lisabon gewesen sey, nachdem ihm aus der Staats-Cantzley Sr. allerget. Majestät nichts mehr ist schriftlich mitgetheilet worden; und als ob er nicht wüßte, daß der Staats-Secretarius schon seit langer Zeit durch den gevollmächtigten Minister am römischen Hofe Sr. Heiligkeit alles dasjenige unmittelbar überreichen läßt, was er Sr. Heiligkeit vorzustellen hat, und zwar auf eben die Art, wie er es mit der Anzeige bey ihm zu halten pflegt, die er Sr. Heiligkeit am Tage der gedachten Vermählung thun muß. Und endlich nicht anders als ob der Mangel des angeführten Compliments gegen die Person des Cardinal Nuntius ihn berechtigen konte, eine so übel ausgesonnene Absonderung seiner Person in Vergleichung der Person Sr. allerget. Majestät in der Hauptstadt seiner Reiche vornehmen, und nach Maaßgebung seines eigenen Gutbefindens ohne Befehl, der ihn rechtfertigte, eine so öffentliche Geringschätzigkeit der königl. Hoheit dieses Monarchen gegen seinen Hof überhaupt, und gegen einen jeden von seinen getreuen und eifrigen Unterthanen, insbesondere an den Tag legen könte.

8.) Das Aergerniß, welches eine solche Aufführung verursachet hatte, würde gewiß sogleich in diesen drey Nächten wider den Pallast und Person des erwehnten Cardinal Nuntius seine Wirkung gehabt haben, in dem das Volk zu Lisabon äuserst aufgebracht war, wofern nicht die gottseligste Vorsicht Sr. Majestät durch große Wachtsamkeit alle Mittel vorhero angewendet hätte, um den Sturm des Pöbels zu verhindern.

9.) Da aber Se. allerget. Majestät bey diesen bringenden Umständen die zukünftigen Folgen nicht genugsam verhindern konten, welche diesen Nuntius wider seine Person und Würde auf den Straßen von Lisabon begegnen möchten, in dem er den Augen eines Volks ausgesezt war, welches seiner Natur nach getreu, und in der Verehrung gegen seine Monarchen eifrig ist, noch auch gegen seine königl. Hoheit die schleunige Genugthuung aufschieben konte, welche bloß in solchem Falle das erwehnte Aergerniß wegzuschaffen vermögend war. So wurde dieser Herr genöthiget anzubefehlen, daß der besagte Nuntius so gleich von seinem

seinem Hofe und aus seinem Reiche sich hinwegbegeben möchte; weil dieses das einzige Mittel war, diesen nothwendigen Endzweck zu erhalten.

10.) Eben dieser Monarch glaubet gewiß, daß Se. Heiligkeit nach dero erlauchten Einsicht den großen Unterschied bemerken werden, nach welchem Se. allergt. Majestät die Unternehmungen betrachtete, die der besagte Cardinal Acciajoli schon seit langer Zeit am Hofe zu Lisabon mit einigem Schein, als wenn er es unter dem Vorwand seines Amtes thäte, ausgeführet hat: hingegen diese letztern Ausschweiffungen, welche er nach seinem eigenen und persöhnlichen Gutdenken unternommen hat, sind so beschaffen, daß er dieselben unmöglich mit Befehlen entschuldigen kan, welche er, wie man augenscheinlich siehet, von seinem Hofe bey einer so schleunigen und unerwarteten Begebenheit nicht haben konte.

11.) Der Unterschied des Falls, in welchem sich der besagte Nuntius befindet, ist so wesentlich, daß Monarchen über die Handlungen einer natürlichen Vertheidigung, welche man wider ihre Gesandten und öffentlichen Minister ausgeübet hat, nicht empfindlich werden, wenn diese aus den Schranken ihrer aufhabenden Commission weichen, und die Verrichtungen ihres Characters überschreiten, und als privat Personen eigenmächtig Unruhen anfangen; welches eben dasjenige gegenwärtig ist, was der erwehnte Cardinal Acciajoli nicht nur wider eine jede einzelne Person, welches doch schön an sich genug war, sondern wider Se. allergt. Majestät selbst, und zwar an ihrem Hofe selbst, und im Angesicht aller Unterthanen und Fremden aus ganz Europa, die sich daselbst aufhalten, begangen hat.

12.) Endlich hat eben dieser Monarch nicht das geringste Bedenken getragen zu glauben, daß Se. Heiligkeit so gleich, als sie diesen erzehlten Fall erfahren, deutlich erkennen werden, daß die persöhnliche Unternehmung, womit der besagte Cardinal Acciajoli nach seinem eigenen Gutdenken sich vorgesetzet hat, das Verfahren dieses Monarchen zu erzwingen, es wider die Person dieses Prälaten nothwendig gemacht habe, und von der unveränderlichen und unfehlbaren Hochachtung gegen Se.

Heiligkeit

Heiligkeit und gegen den hl. apostolischen Stuhl ganz verschieden und abgesondert sey, als worinn Se. allerget. Majestät allezeit verharren wird, die Ehre der päpstlichen Gesandschaft und die Freyheit der Minister der Kirche in allen, was ihnen das göttliche Gesetz und das Natur und Völker-Recht nur erlauben kan, in seinen Reichen und Staaten zu schützen.

Deduction
des Vorfalls und der Ursache deßelben.

1.) Der allerget. König hat (in dem er nicht nur seinen königl. Vorfahren folget, sondern dieselben auch übertrift,) Sr. Heiligkeit seinen Ministern und der ganzen christlichen Welt die stärksten und richtigsten Beweise gegeben, welche ein Monarch, der im weltlichen bloß von GOtt abhängt, nur dem Publico vorlegen konte, damit er seine kindliche Verehrung gegen die geheiligte Person des Statthalters Christi, seine beständige und eifrige Ergebenheit gegen den hl. Apostolischen Stuhl, und sein inbrünstiges und gottseliges Verlangen die päpstliche Macht bis auf den äußersten Grad der beständigsten Nachsicht zu betrachten, auf eine deutliche Art zeigen möchte.

2.) Die Memoiren und Briefe vom 8. Oct. des Jahrs 1757. und vom 10. Febr. 1758. beweisen dieses eben so deutlich; denn zu der Zeit, da Se. allerget. Majestät diese ehrerbietigen Vorstellungen an den hl. apostolischen Stuhl gelangen ließen, konten sie dieselben unterlaßen; in dem sich der Monarch nicht nur dazu berechtiget, sondern auch durch das göttliche Gesetz, und das Natur und Völker-Recht genöthiget befand, die Religiosen von der so genannten Gesellschaft Jesu mit Gewalt aus seinen Reichen und Staaten zu vertreiben, deren verderbte Regierung eine große Anzahl seiner Unterthanen aufgewickelt, und ihm theils einen hinterlistigen und innerlichen, theils auch einen öffentlichen Krieg erreget hatte, (wobey er in diesem zweyten Kriege über zwanzig Millionen Crusaden außer denen aufgewendet hatte, welche ihn der erste kostete, um die Beobachtung der Gesetze, und den Gehorsam vieler Völker wiederherzustellen, welche durch die Lehre dieser Religiosen Rebellen geworden waren, als welche sie ihnen unter dem Vorwand der Bekehrung ihrer Seele einflößeten.

3.) Der andere königl. Brief vom 20. April 1759. nebst der Deduction und den beygefügten Urkunden hatten noch einen kräftigern Beweiß der ausnehmenden Beständigkeit der gottseligen Gesinnungen Sr. allerget. Majestät an den Tag geleget, in dem es vermöge der offenbaren Gewißheit der Sache unleugbar ist, daß wofern dieser Monarch nicht so lebhaft von diesen Grundsätzen überzeuget gewesen wäre, so würde er sich gewiß nicht eher nach dem erschrecklichen Königsmord vom 3. Sept. 1758. an den hl. apostolischen Stuhl gewendet haben, als bis er die hartnäckigen und gefährlichen Mitschuldigen einer so verfluchten Verschwörung und eines so abscheulichen Verbrechens bestrafet hätte, in dem er nicht nur von neuem vermöge des göttlichen Gesetzes und des Natur und Völker-Rechts, dessen sich täglich die Monarchie von Frankreich, und die Republik Venedig in viel weniger dringenden Fällen bedienen, da doch die Religion der erstern eben so nachahmungswürdig, als der Eifer der andern in allen Stücken unfehlbar ist, was die Verehrung des hl. apostolischen Stuhls anbetrift; sondern auch vermöge der Exempel berechtiget ist, welche in dem Königreiche Portugal selbst in Ansehung der Verbrechen der Rebellion und der Empörung (obgleich keine von dieser Art gewesen ist, wie diejenige, wovon man jetzt redet) die Herrn Könige Don Johannes der I. Don Emanuel und Don Johannes der IV. gegeben und sich des Rechts bedienet haben, welches ihnen zugehörte, ohne daß sie dadurch die Ehre des hl. apostolischen Stuhls beleidiget hätten.

4.) Da Se. allerget. Majestät hofte, daß die Würkungen dieser ausnehmenden Nachsicht die römische Curie nicht nur zu einer schleunigen Bestrafung der Mitschuldigen solcher schädlichen und abscheulichen Verbrechen, sondern auch dazu bewegen würden, daß inskünftige solchen

chen gottlosen Missethätern durch ein unfehlbares und lebendiges Exempel ein Ziel gesetzt würde; so wußte man gewiß, und war aus öffentlichen Begebenheiten weltkündig, daß eben die Jesuiten die Werkzeuge unbrauchbar gemacht hatten, durch welche die nachdrückliche Stimme Sr. allerget. Majestät zu den Ohren Sr. Heiligkeit gelangen solte, und daß in dieser Curie gerade das Gegentheil von demjenigen erfolgte, was der erwehnte Monarch, von der so wohlgegründeten Hofnung erwartet hatte.

5.) Man wuste, daß nach dem angezeigten grausamen und gottlosen Königsmord vom 3. Sept. 1758. nicht einmal ein einziges Wort eines Vorwurfs wider die vornehmsten Mitschuldigen dieser abscheulichen That in dem päpstlichen Ministerio erfolget war.

6.) Man wuste, daß die Staats-Canzley Sr. Heiligkeit in dem Schreiben an den Nuntius in Spanien, welcher in den Zeitungen bekannt gemacht wurde, das Gegentheil geschrieben, und sich darinn ausgedrückt hatte, daß neidische und ruchlose Leute einen grausamen Krieg wider eine so ansehnliche Gesellschaft von so hochverdienten Religiosen, welche doch zu ihrer Absicht hätten, alle Arten von Uebungen, die der Religion und der Seelen Seligkeit zuträglich sind, zu befördern, und ferner wider eine solche Gesellschaft von Religiosen führten, welche vermöge ihrer Ordens-Regel gänzlich dazu gewidmet sind, daß sie die grösere Ehre GOttes und die Seligkeit der Gläubigen ausbreiten sollen.

7.) Man wuste, daß die übertriebene Lobeserhebung, welche man in dem angeführten Briefe bekannt gemacht hatte (mit Genehmhaltung des Generals der Jesuiten) darauf abzielte, um die Decrete und Edicte zu verkleinern, womit Se. allerget. Majestät den Fortgang jener abscheulichen Verschwörung verhindert hatte; indem entweder die Glaubwürdigkeit des erwehnten Briefes, oder die Richtigkeit der angezeigten Decreten und Edicte mußte ungültig und ungegründet seyn; und zwar nicht allein darum, weil sie einander gerade widersprechen; sondern

dern auch weil der angeführte Brief von den meisten am römischen Hofe, und in den öffentlichen Schriften der Jesuiten, welche diesen Brief veranstaltet hatten, in dem Verstand ausgeleget wurde, daß dadurch die Glaubwürdigkeit jener Edicte und Decrete wanckend gemacht werden könnte.

8.) Man wuste, daß der römische Hof die neue Auflage des kurzen Berichts, worin das Reformations-Breve des hl. Vaters Benedictus des XIV. und die Verordnung des Cardinals di Saldanha wieder abgedruckt war, als eine große Vergehung und schweres Verbrechen anrechnete, und wider den Buchdrucker mit der Gefängniß Strafe verfuhr, und alle Exemplare, welche man finden konte, zu dem General der Jesuiten schickte, damit er sie verbergen möchte.

9.) Man wuste, daß zu der Zeit, als das Endurtheil in Rom anlangte, welches am 12. Jan. 1759. wider die Verschwornen war gesprochen worden, auf der einen Seite der Druck desselben in dieser Stadt verboten, und auf der andern Seite, alle angesehene Personen durch freundliche Erinnerungen, und hingegen geringere Personen mit Drohungen gewarnet wurden, von dem Hofe zu Lisabon etwas neues zu sagen; nicht anders als ob das erwehnte Urtheil in einem barbarischen Lande wäre verfertiget worden, wo keine Gerechtigkeit ist, und als ob die Nachrichten, welche den angezeigten Jesuiten als Mitschuldigen solcher entsetzlichen Verbrechen mißfielen, eben so viele Beleidigungen des apostolischen Stuhls wären.

10.) Endlich wuste man, daß das Ministerium zu Rom zu eben dem Ende die genaueste Untersuchung und Nachfrage anstelte, um die Verfaßer der gedruckten Schriften zu entdecken, welche den Jesuiten mißfielen, und zwar zu eben der Zeit, da man die von den Jesuiten angeführten Schriften, welche jenen auf eine ärgerliche und seltsame Weise widersprechen, mit aller nur möglichen Freyheit in der Absicht ausstreuete, um den glorreichen Namen Sr. allergl. Majestät wie auch die Ehre und Gerechtigkeit seiner getreuen Ministern auf die abscheulichste Art zu verleumden; nicht anders als wenn dergleichen Lästerungen e-

ben

den so viele richtige und unwiderſprechliche Urkunden waren, die Unſchuld einiger Religioſen zu beweiſen, welche in der feyerlichſten, und in Gerichten gewöhnlichſten Form mit völliger Einſicht der Sache, und nach wiederholten Verhören aller Mitſchuldigen durch ein Urtheil eines hohen, und aus drey Staats-Secretarien und zehn Räthen beſtehenden Tribunal des portugieſiſchen Hofes vor offenbare Rebellen, hinterliſtige Feinde Sr. allergt. Majeſtät, Aufwiegler ganzer Provinzen, unrechtmäßige Beſitzer ihres wichtigen Handels, und Rädelsführer einer Verſchwörung waren erkläret worden, durch welche jener verfluchte Königsmord war ausgeübet worden: in dem es eine ganz gewiße Sache iſt, daß zur Erkentniß der Wahrheit der angeführten Dinge der völlige und klare Beweiß der Präſumtion zureichend ſey, welche allezeit ein jedes gerichtliches Urtheil vor ſich hat, ob es auch gleich nicht von ſo anſehenen Männern, wie das angeführte herrühret; und bey dieſen Umſtänden ſchon zureichend ſeyn würde, wenn man von dem Intereſſe einer jeden Perſon handelte, damit ſich das unſchuldige Volk wider den Ausſpruch des angeführten Urtheils, durch dieſe freye ausſchweifende und verwegene Verleumdungen ohne einige andere Wahrſcheinlichket als dieſe nicht hintergehen ließ, welche das Geſchrey der Mißethäter wider die Perſonen der Richter, von denen ſie verurtheilet ſind, zu haben pflegen.

11.) Zu eben der Zeit nun, da Se. allergt. Majeſtät der König (der ſich nicht weniger über die ärgerliche Feindſeligkeit, welche das politiſche Miniſterium Sr. Heiligkeit ohne die geringſte Achtung durch ſo viele deutliche Proben an den Tag geleget hatte, verwunderte, als er im Gegentheil von der aufrichtigſten Geſinnung des hl. Vaters überzeugt war) den feſten Entſchluß faßte, Sr. Heiligkeit die dringende Nothwendigkeit vorzuſtellen, welche nicht nur die Gerechtigkeit, dazu er in einem ſo ſchrecklichen Fall verbunden war, ſondern auch die gemeinſchaftliche Ehre der päpſtlichen Crone, und der Crone Sr. Majeſtät erforderten, damit Se. Heiligkeit den Wirkungen dieſer unordentlichen Feindſeligkeit des erwehnten politiſchen Miniſterii durch ſolche Mittel Einhalt thun möchte, die ſein apoſtoliſcher Verſtand vor die nützlichſten und bequemſten erkengen würde, zu der Zeit sage ich, kam in Lisabon ein außerordentlicher Courier an, welcher am ersten August 1759. von dem Cardinal Staats-Secretarius an Sr. Eminenz den Nuntius Acciasoli mit solchen Schriften abgeschikt war, welche von der entdeckten Feindseligkeit eben dieses Cardinals die deutlichsten und ärgerlichsten Beweise enthielten, und bey ihrem Anblick so gleich ohne den geringsten Zweifel übrig zu laßen offenbar zeigten, daß sie bloß zu dem Ende ertheilet waren, damit der angekündigte Friedensbruch zwischen den beyden Höfen dadurch befördert werden möchte; indem man bey erfolgter Ueberreichung dieser besagten Schriften an dem portugiesischen Staats-Secretarius wahrnahm, daß es folgende waren:

12.) Num. I. Die erste von den erwehnten Schriften war, das Promemoria, welches der besagte Nuntius dem Staats-Secretario Sr. allergetr. Majestät übergeben, und darinn einen deutlichen Abriß des Inhalts der andern Briefe und Instructionen aufgesetzet hatte, und durch so viele Verdrehungen und Wendungen wenige Redlichkeit, und hingegen eine ausschweifende Freyheit in den Ausdrücken dieses Promemoria verrieth, welches so abgefaßet war, daß die gerechten Klagen des allergetreuesten Königes Verbitterung verursachen sollten, damit man während des Anscheins eines Friedensbruches (welcher den Gesinnungen dieses Monarchen, und den väterlichen Absichten Sr. Heiligkeit so sehr zu wider ist) die Hauptsache wegen der Vergehungen und der Bestrafung der Jesuiten verwirren möchte; denn es ist aus eben so gewißen Begebenheiten offenbar, daß es sonst nicht wahrscheinlich seyn könne, daß der besagte Nuntius bey so bedenklichen Umständen in diesem Promemoria solche Ausdrücke gebraucht hätte, wie diese sind, die man jetzt erwegen will.

13.) Es bemühet sich der besagte Prälat die Versagung der Verwilligung des Breve wegen einer beständigen Commission vor dem Gewißens- und Ordens-Rath zu entschuldigen; er behauptet, daß dieses Tribunal weltlich sey, und daß nur einige Minister davon Geistliche wären; da es doch in Rom vermöge der päpstlichen Bullen wegen der

Stiftun-

Stiftungen und Freyheiten der grossen Gerichte der militarischen Orden dieses Reichs und des erwehnten Tribunals, worinn seine Gerichtsbarbarkeit bestehet, offenbar und gewiß ist, daß eben dieses Tribunal seiner Stiftung, Natur und Gebrauch nach ein geistliches Tribunal ist, welches keinen andern Minister, als einen Professum der besagten Orden aufnimmt; welches die ordentliche geistliche Gerichtsbarkeit ausübet, als ein jeder von den Bischöffen, Erzbischöffen und grössern Bischöffen des Reichs thut, und alle weltliche und Ordens-Priester seiner Gerichtsbarkeit züchtiget und bestrafet, welches Prälaten mit einer Bischöfflichen Gerichtsbarkeit versiehet, als z. E. die höhern Prioren von Aviz und von Palmella; welches geistliche Censuren in eben den Fällen ausspricht, in welchen sie von Bischöffen nach Maaßgebung des Canonischen Rechts ausgesprochen werden; und welches endlich dem Pabste von Sr. allerget. Majest. in dem Falle einer so grossen Grausamkeit eben aus dem Grunde vorgeschlagen worden, weil es ein geistliches Tribunal ist, so unter allen geistlichen Gerichten des Königreichs Portugall allezeit die grösseste Anzahl von gelehrtesten und tugendhaftesten Ministern gehabt hat.

14) Ferner trägt der besagte Nuntius aus eben dieser Absicht, den andern kühnen und verwegenen Satz vor, daß man keinem Tribunale in der Catholischen Welt eine beständige Gerichtsbarkeit wider die Geistlichen in solchen Fällen, wie dieser sey, wovon man redet, jemahls zugestanden habe; da es doch zu gleicher Zeit bekannt ist, daß man nur allein vor dieses Reich fünf beständige Breven von dieser Art und zwar grösten Theils in Fällen von geringer Wichtigkeit ausgefertiget habe. Ein solches war das Breve, welches der H. Papst Leo der X. im Jahr 1516. überschickte, damit der grössere Cappellan alle die niedern Geistlichen, welche in dem Verbrechen des Diebstahls und des Betrugs mit begriffen wären, auslieferte. Eben so war dieses, was der H. Papst Pius der IV. am 18. Jul. 1562. ausfertigen ließ, und dadurch des erstern Breve auf alle andere schwere Verbrechen nebst dem Verbot der Appellationen, und so gar auf den verordneten Richter selbst ausdehnete. Ein solches war ferner dasjenige, welches eben dieser H. Papst unter

dem 4. Oct. 1563. ertheilte, damit alle niedere Geistliche, welche wider die Gesetze von Portugal Handel trieben, den weltlichen Richtern zur Bestrafung auch in den Fällen übergeben würden, welche keine Lebens-Strafe verdienten. Von dieser Art war ebenfalls dasjenige, welches der H. Papst Gregorius der XIII. unter dem 25. Oct. 1583. ergehen ließ, damit alle weltliche Geistliche, Religiosen und Priester, welche die Verbrechen der beleidigten Majestät begiengen, und Empörung erregten, von ihrem jedesmahligen Prälaten der Diöces der weltlichen Justiz sollten übergeben werden. Und endlich war dieses ein solches, das eben dieser H. Papst Gregorius der XIII. an eben dem Tage an den Präsidenten und an die Abgeordnete des Tribunals vom Gewissens- und Ordens-Rath ergehen ließ, um auf eben diese Art alle Priester, welche dergleichen Verbrechen begiengen, ausliefern zu lassen. Es waren auch ferner die andern Breven bekannt, welche der H. Papst Julius der III. der Republik Genua verliehen hatte, um wider alle Geistliche, vermittelst der weltlichen Richter bloß mit Zuziehung eines Canonici oder jeder andern geistlichen Person mit der Todes-Strafe zu verfahren, eben so waren nicht weniger die Breven bekannt, welche den Gouverneurs von Catalonien, von Rousillon, und Cerizana von den Päpsten Leo dem X. Clemens dem VIII. Paul dem III. und Pius dem V. verwilliget, und diese Macht nicht nur einigen, welche Bischöffe waren, als Prälaten, sondern auch als Gouverneurs dieser Staaten gegeben wurde, wie man aus dem Innhalt dieser Breven, insonderheit aus dem Breve Clemens des VIII. welches am 16. Jun. 1531. ausgefertiget ist, und aus dem Breve Pius des V. vom 6. Oct. 1567. deutlich ersiehet, als in welchen dem erwehnten Gouverneur die Macht gegeben wird zu verfahren: usque ad sententiam definitivam inclusive cum Voto duorum Doctorum Regiæ audientiæ &c.

15) Ferner nimmt sich der erwehnte Nuntius die Freyheit, eben so ungebührlich als ungeschickt dasjenige zu entscheiden, was ihm bey der Beurtheilung solcher Verbrechen, wie dieses ist, wovon man redet, zusam-

kam, nicht anders, als ob die Empörungen, Zusammenverschwörungen, Königsmord und andere Verbrechen der beleidigten Majestät geistliche Materien wären, welche vor den Altar und vor die Kirche gehörten; nicht anders, als ob die Monarchen, welche in weltlichen Dingen als die höchsten Beschützer und Väter ihrer Unterthanen keinen Höhern über sich erkennen, nicht nach dem göttlichen Gesetz und nach dem Natur und Völker Recht berechtiget wären, so abscheuliche Missethäter zu bestrafen, und durch die Bestrafung und Entfernung derselben den Frieden und die öffentliche Ruhe ihrer Reiche zu erhalten, die sonst ohne ein fortwährendes Wunder nicht bestehen könnten; und endlich nicht anders, als ob der besagte Nuntius nicht wüßte, daß man in Portugall nicht eine grössere Gerichtsbarkeit ausüben könnte, als diejenige ist, welche durch Verträge zwischen dem h. Apostolischen Stuhl und der Crone eingeschränkt ist, ohne daß man dadurch die löbliche Gebräuche des Reichs überschritte, welche nicht erlauben, daß man eine solche Ungereimtheit, wie die osterwehnte ist, behaupte, indem die Jahrhundert der Unwissenheit vergangen sind, worinn die geistliche und weltliche Gerichtsbarkeit zum grossen Nachtheil der Kirche GOttes miteinander verwirret wurden.

16) Ueber dieses so untersteht sich der besagte Nuntius zu schreiben; daß sein Hof gesonnen wäre, einen Cardinal-Legaten in dieses Reich zu schicken, um den angezeigten Fall zu untersuchen, oder derselben dem Nuntio und einem Tribunal von geistlichen Personen zu Entscheidung zu übergeben: nicht anders, als ob dieses Reich nicht eine Monarchie wäre, und als ob kein Monarch darinn sey, welcher im Weltlichen keinen Höhern über sich erkennet, und als ob keine Tribunale und Minister darinn wären. Kurz, die Ungereimtheit dieses Satzes ist so offenbar, daß man keine weitere Betrachtung darüber anstellen darf.

17) Endlich geht dieser Nuntius gar so weit, daß er seine empfangene Instructionen noch deutlicher an den Tag leget, und eine andere eben so ungereimte Sache behauptet, daß nemlich Se. allergetr. Majestät die Verbannung wiederruffen möchte, welche bereits im Mo-

nath April 1759. beschlossen war, gleichwie man sie auch am 20. eben dieses Monaths Sr. Heiligkeit angezeiget hatte, und daß man die Religiosen von der so genannten Gesellschaft Jesu in diesen Reichen beybehalten, und die Sicherheit seiner Königl. Person, und die öffentliche Ruhe seiner getreuen Unterthanen, (deren Beschützung unveränderlich mit der Majestät verbunden ist,) dem Fortgange der Reformation anvertrauen solte, wodurch doch die Lästerungen, die man in ganz Europa wider Se. allergetr. Majestät selbst ausgestreuet hatte, und die schreckliche That vom 3. Sept. 1758. waren veranlasset worden, folglich eine Ungereimtheit ist, welche sich gleichfalls so sehr zu erkennen giebt, daß es keines fernern Beweises bedarf.

18) Die andern Schriften, welche der bemeldte Nuntius in diesem Pro Memoria zusammen gefaßt hatte, waren von eben diesem Innhalte, wie man bey der Beleuchtung derselben gleich sehen wird.

19) Num. II. Das Zwepte dieser Schriften enthielte einen Aufsatz, welcher am 11. Aug. 1759. abgefasset, und als ein Breve zu Ueberlieferung der gefangenen Jesuiten an den Präsidenten und Abgeordnete des Gewissens- und Ordens-Tribunals gerichtet war.

20) Ein Aufsatz, welcher gleich auf den ersten Anblick zeigte, daß er aus eben so üblen Absichten in solchen Ausdrücken abgefasset wäre, welche dem Innhalt und Verstand des Königl. Schreibens vom 29. April 1759. und der Vorstellung des Procurators der Crone Se. allergetr. Majestät, so diesem Schreiben bepgefüget war, augenscheinlich widersprochen, indem man ein Breve mit einer weitläuftigen und beständigen Verwilligung zu der nöthigen Vorsicht in Ansehung des zukünftigen verlanget hatte, und an statt dessen das erwehnte eingeschrenckte und bloß auf den erfolgten Falle eingerichtete Breve ausfertigte. Gewiß Widersprüche, und zwar um deswillen, weil der angezeigte Aufsatz ein Breve ad tempus enthielte, welche mit dem Schreiben und mit der Einrichtung anderer Breven, so der Apostolische Stuhl in dergleichen Fällen

len nicht nur auf Verlangen gekrönter Häupter, sondern auch anderer Fürsten zu ertheilen pfleget, wie auch mit der Gewohnheit nicht bestehen können, welche die Gerechtigkeit und der Wohlstand bey der Ertheilung solcher Gnadenbezeugungen, welche man auf Begehren der Monarchen verleihet, nunmehro einmahl festgesetzet haben, denn das in dem angezeigten Aufsatz enthaltene Breve war auf eine ganz heimliche und erschlichene Weise, und mit einer unbegreiflichen Verschwiegenheit verfertiget und an den Nuntius überschickt worden, ohne daß man nur die geringste Nachricht davon an den gevollmächtigten Minister Sr. allergetr. Majestät am römischen Hofe ertheilet hätte, damit er Sr. Heiligkeit dasjenige hätte vorstellen können, was er demselben, im Fall der angeführte Aufsatz des Breve dem Verlangen und die Ehre Sr. allergetr. Majest. entgegen wäre, vorstellen sollte, indem es gewiß ist, daß man bishero nicht einmahl eine Privatperson genöthiget hat, eine Gnadenbezeugung anzunehmen, von welcher sie merckt, daß sie ihr schädlich sey, oder seyn könne.

21) Num. III. Die dritte Schrift enthielt einen andern Aufsatz; welcher an eben dem 11. Aug. 1759. als ein Brief Sr. Heiligkeit abgefasset war, und als eine Antwort auf ein königl. Schreiben vom 20. April eben dieses Jahrs dienen sollte, in welchem Se. allergetr. Majestät die Ausfertigung des vorerwehnten Breve gar sehr empfohlen hatte. Der Verfasser dieses Aufsatzes erzehlet, daß in dem vorermeldten widersprechenden und unzulänglichen Breve die verlangte ausserordentliche Verwilligung reichlich enthalten sey. Ueber dieses macht eben dieser Verfasser auf eine ungereimte Weise die gelegentlichste und ganz überflüßige Vorstellung zum Besten der Gefangenen und als offenbare und unmittelbahre Mitschuldigen des abscheulichen Verbrechens vom 3. Sept. 1758. erkannten Jesuiten, und beschliesset diesen Aufsatz damit, daß er Sr. Heiligkeit so seltsame und unbequeme Worte in den Mund leget, „als z. E.„ daß Se. Heiligkeit glaubte, ein gutes Werk zu thun, „wenn Sie Sr. allergetr. Majest. etwas nicht anriethen, welches Sr.

„Hoheit entgegen stehen würde, ja, daß jene Vorstellungen, (wegen
„der Loßlassung der Jesuiten) mit den Neigungen des großmüthigen Her-
„zens Sr. allergetr. Majestät vielmehr übereinstimmten, als welche der
„Welt eine Probe Ihrer königl. Gottseligkeit geben möchte, indeme
„Sie auf Vorbitte des Statthalters Christi Nachsicht gebraucht, um
„das Leben den Dienern des H. Altars zu schencken, welche so schul-
„dig sie auch wären, doch desto mehr Mitleiden verdienten; und end-
„lich, daß Se. Heiligkeit zu einem grossen Vergnügen gereichen wür-
„de, wenn man diese entsetzliche und traurige Handlung vermeiden wol-
„te, GOtt gewidmete Menschen öffentlich zu strafen.„

22) Gewiß Ausdrücke, welche deutlich zeigen, daß die Feind-
seeligkeit des Verfassers dieses Aufsatzes ihm nicht verstattete zu erwegen,
daß der Brief von dieser Art in dem Verehrungswürdigen Nahmen Sr.
Heiligkeit mußte geschrieben seyn, und daß durch die ungewöhnliche
Schreibart zumahl bey einem so critischen Zeitlauf die feindliche Gesinnung, womit man geschrieben hatte, sich gleich an den Tag legte. Eben
so wenig konnte auch der allergetr. König ohne unerträgliche Beschwe-
rung seines königl. Gewissens, ohne gleiche Beschimpfung seiner königl.
Hoheit, und ohne Beleidigung und Gefahr dieser Sr. Majestät und
allen andern Monarchen ein Exempel der Verzeihung eines so abscheulichen Verbrechens verstatten; wie auch, daß die Vergiessung des Blutes
von Priestern als Mitschuldigen so entsetzlicher Verbrechen nichts neues
sey, indem man es ja selbst an dem Hofe zu Rom und an andern Höfen von Europa oft ohne eine so betrübte und dringende Ursache siehet,
wie diese von dem Königsmorde den 3. Sept. 1758. ist. Und endlich, daß
es eine bekannte Sache sey, daß der Grund, um welches willen der General
der Jesuiten dahin trachtete, daß seine verurtheilten Mitbrüder nicht
hingerichtet würden, nicht darinn bestund, daß er gegenwärtig diesen wenigen das Leben erhalten möchte, sondern daß er durch die Unterlassung
einer so nöthigen Justitz einen Verneinungs-Grund auswürcken könnte,
um alsdann in künftigen Zeiten die offenbare Wahrheit des von ihnen
angestifteten Königsmordes abzuläugnen, wie die Jesuiten so vielmahls

in

in ähnlichen Fällen schon gethan haben, davon die Historien nicht leer sind.

23) Num. IV. Die vierte Schrift zeigte gleichfalls, daß sie in dem Verstande des ganzen Aufsatzes vermittelst eines zweyten päpstlichen Briefes unter dem 11. Aug. 1759. verfertiget sey, wobey die feindseelige Gesinnung des Verfassers ihm gleichergestalt nicht verstattete zu sehen, daß so wohl die überflüßigen Lobeserhebungen und Vorstellungen zum Besten der Jesuiten bey so critischen Umständen den deutlichsten Beweiß von der erwehnten Feindseligkeit ablegten, als auch, daß eben dieser päpstliche Brief in ungewöhnlichen und dem königl. Schreiben vom 20. April 1759. widersprechenden Ausdrücken abgefasset wären.

24) Denn erstlich, da Se. allergetr. Majestät in Ansehung der Verbannung der Jesuiten dem Pabst in dem erwehnten Schreiben dasjenige berichtet hatte, was er bereits in einer Sache gewiß beschlossen hatte, welche bloß die innere und häusliche Regierung seines Reichs anbetraf, wobey sich bis diese Stunde noch kein Monarch bequemet hat, sich von einer fremden Potenz regieren zu lassen; so gründet sich der besagte Aufsatz einer Antwort auf den falschen Satze, daß dieser Monarch die bemeldte Verbannung dem Gutachten Srr. Heiligkeit überlassen habe.

25) Zweytens wurde in diesem Aufsatz bey dem Rathe an Se. allergetr. Majestät wegen dieses unzulänglichen Grundsatzes die Jesuiten in seinen Reichen und Staaten zu behalten, die Verbesserung zum Bewegungsgrunde angeführet, welche die Fortsetzung der von dem Papst Benedict dem XIV. verwilligten Reformation versprach, und zwar, da es Se. allergetr. Majestät selbst schon in dem königl. Schreiben erwogen hatten, und auch die päpstlichen Bullen und königliche Gesetze in dem Reiche von Portugal bey den Jesuiten seit hundert Jahren keine andere Würkung gehabt hatten, als gewaltsame und unrechtmäßige Besitznehmungen und Aufwieglungen ganzer Provinzen; ferner die unerhörtesten und unerträglichsten Aergernisse, womit sie dieses Reich und seine Staaten anfülleten, und der Uebermuth der besagten Religiosen

aus Mangel der Strafe täglich dergestalt zunahm, daß sie endlich in die abscheulichsten Ungereimtheiten verfielen, und ganz Europa mit Verläumdungen und Lästerungen wider den allergetr. König überhäuften, und darauf die schreckliche That vom 3. Sept. 1758. begiengen, nachdem sie erkannten, daß vor sie kein ander Mittel mehr übrig sey, um die Fortsetzung der Reformation zu verhindern, die sie so verwegener und ärgerlicher Weise anfänglich abzulehnen, und hernach die Bemühungen gänzlich zu unterdrücken suchten, die sie durch das Memoire angewendet hatten, welches der General der Gesellschaft am 31. Jul. 1758. Sr. Heiligkeit überreichet hatte. Und endlich, da es gewiß war, daß es eben so viel würde gewesen seyn, wenn dieser Monarch die erwehnten Religiosen nach der Entdeckung ihrer verwegenen und erschrecklichen That in seinen Reichen und Staaten hätte erhalten wollen, als wenn er zugleich seine königl. Person und die ganze öffentliche Ruhe seiner getreuen Unterthanen hätte aufopfern und in die äusserste Verwirrung und völligen Untergang setzen wollen.

26) Drittens nahm man in diesem Aufsatze einen andern Bewegungsgrund daher, um ebenfalls den Monarchen zu überreden, daß die Jesuiten nicht möchten vertrieben werden: daß man nicht die Unschuldigen mit den Schuldigen verwirren müsse, um den erstern eben die Strafen anzuthun, welche nur die Verbrechen der Letztern verdienet hätten, indem man doch einräumen muß, daß in einer so zahlreichen Gesellschaft, welche sich zu einer so vollkommenen Ordens-Regul bekenne, viele Unschuldige sich befinden könnten; welches eben so viel ist, als die Vergehungen der erwehnten Jesuiten nur einigen Mitgliedern derselben, und nicht der ganzen Gesellschaft zuschreiben.

27) Und zwar zu einer Zeit, daß Se. allergetr. Majestät in dem angeführten königl. Schreiben vom 20. April 1759. mit ausdrücklichen Worten erkläret hat: „da die Unverbesserlichkeit der Regierung besag:
„ter Religiosen eben so bekannt ist, als es bekannt war, daß man bey
„denselben (zum Unterschiede aller andern Orden) ein Verderben findet,

„bet, welches so abscheuliche Fehler bey der Regierung und der gan-
„zen Gesellsaft hervor bringt, um welches willen sie sich von ihren H.
„Ordens-Regeln und von dem Exempel ihres h. Patriarchen entfernen,
„damit sie solche Grundsätze annehmen können, welche die ganze bür-
„gerliche Gesellschaft, und die christliche Eintracht beleidigen; da man
„bey andern Orden, wofern auch ein Irrthum sich einschleichet, der-
„selbe nur bey einzeln Mitgliedern befindlich ist, und hingegen im gan-
„zen betrachtet allezeit die Beobachtung der Reguln hervor leuchtet, und
„da ferner die Monarchen in diesem Falle ihre Oberherrschaft nicht
„hintansetzen können, um die Staaten und Völker, die GOtt meiner
„Aufsicht anvertrauet hat, den Unruhen und gänzlichen Unterdrückung
„solcher schädlichen Sittenlehrer aufzuopfern, so habe Ich nicht unter-
„lassen können, eine Gesellschaft von dem Staats-Cörper meiner ge-
„treuen und löblichen Unterthanen abzusondern, welche bey so vielen und
„so schädlichen Erfahrungen bewiesen hat, daß sie mit der öffentlichen
„Ruhe und Frieden nicht bestehen kan, worinn ich die Unterthanen, die
„GOtt meinem Schutze anvertrauet hat, nach den götlichen und na-
„türlichen Rechten erhalten muß, und habe zu dem Ende befohlen, daß
„diese besagten Religiosen ohne fernern Aufschub aus diesen Reichen
„abziehen sollen, in welche ihnen die Herren Könige, meine Vorgänger
„den Eingang zur Erbauung und nicht zum Verderben verstattet
„haben.„

28) Also, daß Se. allergetr. Majestät nicht wider einzelne Mitglieder verfuhr, noch die Schuld an diesen lag, wie man vorgeben
will, sondern an der ganzen verderbten Gesellschaft in diesen Reichen
und Staaten, indem die Boßheit des ganzen Ordens in der gesitteten
Welt, so wohl in Ansehung der That, als der Ursache davon, offenbar und gewiß ist.

29) Die Boßheit in Ansehung der That selbst war bekannt,
denn man siehet augenscheinlich, daß die Vergehungen, welche Se. allergetr. Majestät in dem besagten Briefe beschrieben hat, nach einer betrübten Erfahrung von mehr als hundert Jahren weder von einem noch

auch von vielen einzeln Personen ohne Vereinigung der ganzen Gesellschaft konnten ausgeführet werden, indem man ohne die Macht, welche aus der Vereinigung der ganzen Gesellschaft erwächset, das System nicht hätte errichten können, nach welchem in America schon so lange Zeit so viele Provinzen sich empöret haben; man würde ferner dieser bösen Absicht nach den päpstlichen Bullen und königl. Befehlen sich nicht haben widersetzen können, dergleichen diejenigen sind, welche schon vor hundert Jahren zur Erhaltung des Gehorsams und der Menschlichkeit unter den Indianern sind gegeben worden; sie würden nicht haben jene Gouverneurs und obrigkeitliche Personen, welche vor die Beobachtung solcher Gesetze stritten, ins Verderben stürzen können; sie würden über dieses nicht so mächtige Armeen von Indianern haben aufrichten, und ihre Verbindung dergestalt befestigen können, daß Se. allergetr. Majestät wäre genöthiget worden, so viele Millionen aufzuwenden, um sich ihnen zu widersetzen; sie würden hiernächst in Europa nicht haben ein ander System von Verläumdungen und Verschwörungen errichten können, und gleichfalls die von dem h. Papst Benedict dem XIV. anbefohlene Reformation zu verhindern, und diesem allergetreuesten Monarchen selbst nach dem Leben zu stehen, und endlich würden sie nicht am römischen Hofe die listigen Streiche haben spielen können, wodurch auf der einen Seite der Weg ist abgeschnitten worden, Sr. Heiligkeit die rechte Wahrheit vorzustellen, und auf der andern Seite so viele ausserordentliche und seltsame Mittel sind angewendet worden, um einen Friedensbruch zwischen beyden Höfen zu befördern.

30) Eben so war auch die Ursache von der Boßheit des ganzen Ordens der Jesuiten bekannt, denn es ist wohl nicht leicht jemand so einfältig, der nicht wissen sollte, daß in der Gesellschaft ein einzelnes Mitglied nicht einmahl in den Klöstern einen Schritt thut, welcher nicht von dem Gehorsam gegen die Superioren abgemessen sey; oder darauf nicht gleich die Ausstossung oder noch eine härtere Strafe als die Ausstossung selbst erfolge. Da nun die obangezeigten Vergehungen so erschrecklich, so häuffig und so offenbar sind, so ist wohl kein menschlicher Verstand, der

der sich vorstellen könnte, daß dergleichen gottlose Handlungen von einzelnen Personen ohne Beyhülfe der ganzen Gesellschaft hätten können verrichtet werden; zumal da der Orden selbst die Früchte davon einsammlete, und nicht allein kein einziges Mitglied jemals bestrafte, sondern auch aufs heftigste sich bemühete dieselben durch die bereits angezeigten Grausamkeiten zu beschützen.

31.) Damit man nun durch eine andere anzügliche Schrift die unveränderliche Ruhe des gottseligen Gemüths des allerget. Königs noch mehr unterbrechen möchte, so enthielte sich derjenige, welcher mit diesen Schriften dem Nuntius in Portugal die Instruction ertheilte, nicht einmal des seltsamen Mittels ihm anzurathen, daß er suchen möchte wie er es auch hernach auf eine unbedachtsame und ungestümme Art that, den Monarch selbst in der Audienz, welche er sich zur Ueberreichung des bemeldten unverständigen und untergeschobenen Breve ausbat, zu hintergehen.

32.) Dieser erwehnten Absicht zu folge bemühete sich der Nuntius erstlich jenes unzulängliche Breve, und der demselben beygefügten Briefe dem allerget. König zu übergeben, ohne daß er der Gewohnheit nach dem Staats-Secretario Don Ludwig da Cunha die Abschriften davon ertheilte.

33.) Da ihm nun dieser Staats-Minister gezeiget hatte, daß er bey dem König seinem Herrn keine Audienz eher erhalten würde, als bis er die bemeldten Abschriften nicht erhielte, und ihm der Nuntius selbst bey dieser Verlegenheit dieselben mitgetheilet hatte; und der Staats-Secretarius mit der größten Mäßigung vermittelst eines Briefes (V.) unterm 7. September 1759. darauf geantwortet hatte, daß ihm Seine allergetreueste Majestät die Audienz erlaubte, um den Brief Sr. Heiligkeit zu übergeben, und daß der Nuntius das erwehnte Breve nur zurück behalten möchte, in dem der Monarch selbst Sr. Heiligkeit das nöthige hierüber vorstellen würde: So nahm sich dieser Prälat die besondere Freyheit aus eigener Bewegung auf das Antwortschreiben Sr. allerget. Majestät zu erwidern, und durch die Zurückgabe

rückgabe des oben angeführten Promemoria seine feindselige Gesinnung noch deutlicher an den Tag zulegen; in dem er sich äuserst bemühete, den Monarchen dahin zubewegen, daß er ein solches Breve annehmen möchte; und sich zu dem Ende der gewöhnlichen Vorwendungen bediente, welche man in dem an den erwehnten Staats-Secretarius gerichteten Schreiben vom 8. Sept. 1759. antrift, als womit er das völlige Gift seiner Instructionen ausschüttete.

34.) Dem ungeachtet war keines von diesen Dingen vermögend in dem gottseligen Gemüthe Seiner allergetreuesten Majestät das feste Vertrauen auf die reinen und väterlichen Gesinnungen Sr. Heiligkeit zu verändern.

35.) Sondern er befahl vielmehr, daß man die ungereimte Dinge, welche in dem Promemoria und Abschriften oder Aufsätzen von Briefen befindlich waren, aus dieser wohlanständigen Ursache übergehen solte, weil die Originale davon nicht wären übergeben worden, und suchte allein durch die apostolische Verfügung des hl. Vaters nach angestelter größten Untersuchung so unangenehmer Materien diese entsetzliche Unordnungen zu vermeiden, und befahl also, daß man auf die besagten Schriften in kurzen und nachdrücklichen Worten, welche in den zwey folgenden Schreiben enthalten sind, antworten solte.

36.) Num. VII. Das erste war ein Schreiben, womit der Staats-Secretarius Don Ludwig da Cunha dem erwehnten Nuntius am 10. Sept. ankündigte, eines Theils, daß er auf keine Weise das angeführte, unanständige, untergeschobene, und den väterlichen Gesinnungen Sr. Heiligkeit widersprechende Breve Sr. allerget. Majestät übergeben durfte, sondern daß andern Theils alles dasjenige, was zu denen von dem Breve unterschiedenen Briefen des hl. Vaters gehörte, von Sr. allerget. Majestät mit einer kindlichen Hochachtung und beständigen Ergebenheit würde angenommen werden; und endlich daß der Staats-Secretarius auf das Promemoria des Nuntius sogleich antworten würde, wenn er dazu Befehl erhielte, den er aber noch nicht hatte.

37.)

37.) Num. VIII. Die zwepte Antwort war das Promemoria, welches Se. allerget. Majestät unterm 15. Sept. an seinen gevollmächtigten Minister am römischen Hof mit dem Befehl abfertigen ließen, daß er es seiner Heiligkeit überreichen möchte.

38.) Ein Promemoria, welches gleich bey dem ersten Anblick die besondere Aufmerksamkeit deutlich zu erkennen giebt, womit eben dieser Monarch auch bey so verdrießlichen Umständen gesucht hat, dem hl. Vater alles dasjenige aus dem Wege zu räumen, was sein väterliches Herz nur noch mehr betrüben konte, und was die kindliche Achtung Sr. allerget. Majestät und die öffentliche und dringende Nothwendigkeit nur verstattet.

39.) Denn man verschwieg in diesem Promemoria nicht nur die einzelne Erzehlung der öffentlichen ärgerlichen und parthepischen Handlungen des politischen Ministerli der römischen Curie, sondern auch viele Anzüglichkeiten, welche der Nuntius in Lisabon durch die Ueberreichung der vier Schriften, die man oben bereits angezeiget, zu den vorhergehenden Vergehungen hinzugefüget hatte, und Se. allerget. Majestät begnügete sich in diesem Promemoria mit aller kindlicher Hochachtung und besonderer Ergebenheit, gegen Se. Heiligkeit eines Theils in den ausgesuchtesten und genauesten Ausdrücken die deutlichen Ursachen vorzustellen, welche offenbar beweisen, daß das Breve in dem Aufsatze, den der Nuntius überreichet hatte, unzuläßlich und untergeschoben seye, und andern Theils dem hl. Vater in den allgemeinsten Worten anzuzeigen, daß Se. allerget. Majestät nothwendig noch über die unordentliche Aufführung, die der apostolische Nuntius an seinem Hofe gehabt hätte, sowohl wegen der unerlaubten Freyheiten, die er sich herausgenommen, als auch wegen des öffentlichen Aergernißes empfindlich seyn müste, welches einige andere Minister Sr. Heiligkeit nicht nur in Portugal, sondern in ganz Europa durch die entdeckte Mitwirkung gegeben hatten, die sie wider alle Grundsätze, und wider die Ehre Sr. Heiligkeit und Sr. allerget. Majestät ungescheuet an dem römischen Hofe, als dem Haupte der Kirche zum Besten der verfluchten Unternehmungen und abscheutlichen Lästerungen an den Tag legten, welche die ganze Regierung und den ganzen Orden der Religiosen von der so genannten Gesellschaft Jesu in dem Königreiche Portugal, und den dazu gehörigen Staaten begangen hatten, und noch in ganz Europa ausbreiteten.

40.) Endlich ersuchte Se. allert. Majestät zum Beschluß der ganzen Sache die unfehlbare Gerechtigkeit, apostolische Weisheit, und väterliche Liebe Sr. Heiligkeit 1.) um eine ausführliche und nachdrückliche Verfügung, dadurch diesen und andern gerechten Klagen nebst dem daraus entstandenen Aergerniß, in der möglichsten Geschwindigkeit möchte abgeholfen werden; und 2.) daß Se. Heiligkeit die Hindernisse aus dem Wege räume, womit die Straßen dergestalt waren beleget worden, daß die in Portugal und allen vier Theilen der Welt bekante Wahrheit dem hl. Vater nicht konte hinterbracht werden, und daß Se. Heiligkeit das Breve in solchen gehörigen und anständigen Ausdrücken abfaßen laße, wie man es bey allen andern Breven gethan habe, welche die römische Curie in dergleichen Fällen ausgefertiget hatte, und ihm durch die überschickten Abschriften hinlänglich bekant waren.

41.) Die Stärke und die offenbare Gewißheit dieser umgänglichen Vorstellungen wie auch die Gerechtigkeit und dringende Nothwendigkeit derselben verursachten, daß sie vor Sr. Heiligkeit nicht ganz verborgen bleiben konten, und daher Se. Eminenz der Cardinal Cavalchini erwehlet wurde, mit dem gevollmächtigten Minister Sr. allerget. Majestät Unterredungen anzustellen, wobey man Ursache hatte zu hoffen, daß man vermöge der Redlichkeit und Gerechtigkeit dieses Cardinals auf die Vorstellungen Se. allerget. Majestät auf eine billige und anständige Art achten würde, ohne daß man nöthig habe zu fernern ausführlichern Erklärungen zu schreiten.

42.) Da aber gleich darauf die Partheylichkeit des vorigen politischen Ministerii Sr. Heiligkeit die Oberhand wieder gewann, so schickte am 18. Nov. 1759. der Cardinal Staats-Secretarius an den Minister Sr. allerget. Majestät am römischen Hofe ein so unerwartetes und unanständiges Schreiben, worinn dieser Cardinal Num. IX. einen

andern

andern deutlichen und entscheidenden Beweiß gab, daß es seine Absicht allezeit seyn würde, das Gemüth Sr. allerget. Majestät immer mehr zu erbittern, und seine königl. und unverletzliche Ehre auf die Probe zu stellen, damit die Fortsetzung der Sache unmöglich gemacht, und Se. Heiligkeit von dem Verlauf der erwehnten Dingen nicht völlig unterrichtet würde. Eben dieser Minister setzte sein aufrührisches Vorhaben immer weiter fort, bis er endlich so weit gieng, daß er dem allerget. König im Namen Seiner Heiligkeit einen förmlichen Friedensbruch ankündigte.

43.) Denn da eben dieses Ministerium in dem besagten Schreiben vom 28. Nov. 1759. eines Theils wieder die offenbare Wahrheiten der Vernnft und der Vorschriften des göttlichen Gesetzes, des Rechts der Natur und der Völker, und aller zahlreichen Breven, welche der apostolische Stuhl in dergleichen Fällen ertheilet hat, Einwendungen gemacht hatte, um auf der Verweigerung des Breve wegen einer beständigen Verwilligung zur Ueberlieferung so großer Mißethäter zu beharren; und da es andern Theils sich unterstanden hatte, das unrechtmäßige Verfahren zu vertheidigen, welches der Nuntius in Lisabon bereits angefangen hatte, um Se. allerget. Majestät zu hintergehen; und da es endlich dem gevollmächtigten Minister dieses Monarchen ohne die geringste Ursache Vorwürfe gemacht hätte, welcher doch mit ganz besonderer Klugheit und Eifer, zur Vermeidung aller Trennung die Wirkungen des feindseligen Gemüths dieses Cardinals erdultet hatte; so entdeckte eben dieses Ministerium zuletzt seine Absichten, und kündigte Sr. allerget. Majestät in seltsamen Ausdrücken den Krieg an, indem es zeigte, „daß in Ansehung beßen, was die Religiosen der Gesellschaft Jesu, und „die Maaßregeln anbetrift, welche Se. allerget. Majestät ihrentwegen „ergriffen und größtentheils schon ausgeführet hat, Se. Heiligkeit unser „Herr seine unveränderliche Gesinnungen ausdrücklich in dem Schrei„ben an Se. Majestät erklärt hat, beßen Inhalt dem Monarchen im „Anfang des vergangenen Monaths Septembris ist mitgetheilet wor„den, wie der erwehnte Herr da Cunha der Staats-Secretarius „in

„in eben dem Billet vom 7. September bezeuget; nemlich daß die päpſt-
„lichen Geſinnungen in dieſen Punct unveränderlich ſind, weil ſie ſich
„auf die Gerechtigkeit gründen, welche nicht verſtattet, daß man die
„Unſchuldigen mit den Schuldigen verwirre, noch auch daß die wohl-
„verdiente Strafe einiger Mitglieder, zu deren Beſtrafung Se. Hei-
„ligkeit die verlangte Vollmacht ertheilet hat, ſich in ihren Folgen auf
„den Schaden und üblen Ruf der ganzen Geſellſchaft erſtreckte; als
„welche Geſellſchaft einer von den Päpſten ſeinen Vorgängern gebilligte,
„und der catholiſchen Kirche nützliche Ordensregul hat, und den Schutz
„des hl. Stuhls und Sr. Heiligkeit genießet: Dieſe Geſinnungen, ſind
„über dieſes unveränderlich, weil ſie mit der zwiſchen beyden Höfen ge-
„nommenen Verabredung und mit demjenigen übereinſtimmen, was der
„allerget. König dem Papſt Benedict dem XIV. heil. Andenkens vor-
„geſchlagen, und dieſer die Parthey der Abſchickung eines apoſtoliſchen
„Viſitators ergriffen hat.

44.) Da nun alſo die Rede war von einem Monarchen, der
an ſeinem eigenen Hofe durch die Kunſtgriffe einer Geſellſchaft von Religioſen, die ihrer Ordensregul nach GOtt gewidmet ſind, mörderiſcher
Weiſe angefallen wurde; von einem Monarchen, der außer dieſer verfluchten That länger als ein Jahr an dem vornehmſten Hofe der catholiſchen Kirche auf dieſe Art war beleidiget worden, welche man in dieſer
Deduction deutlich angezeiget hat; und endlich von einem Monarchen,
welcher um aller dieſer Urſachen willen verdiente, von Seiten Sr. Heiligkeit öffentliche und nachdrückliche Verfügungen zu erhalten, ſo begnügte ſich eben das politiſche Miniſterium des römiſchen Hofes damit noch
nicht, daß es in ſeinem aufrühriſchen Schreiben ſo unanſtändige und
hochtrabende Ausdrücke brauchte, dergleichen diejenige waren, mit welchen es ſich unterſtund ſich in die oeconomiſche Regierung des Königreichs Portugal zu miſchen, damit die nach den Geſetzen Sr. allerget.
Majeſtät vertriebene Jeſuiten wieder dahin zurück kehren ſolten, ferner
diejenigen Ausdrücke, womit es die Verwegenheit hatte, die unfehlbare
Gerechtigkeit dieſes Monarchen zu tadeln, und ihm förmlich den Krieg
anzukün-

anzukündigen, erstlich durch die stolze Erklärung, daß der Hof zu Rom in seinen Gesinnungen unveränderlich seyn würde, nemlich daß er die œconomische Regierung beunruhigen wolte, welche dem allerget. König in seinem Reiche allein zukommt, um in demselben zu behalten, oder heraus zu treiben, wie es ihm gefällt; und zweytens durch die andere Erklärung, daß der römische Hof die abscheulichen Religiosen in seinen Schutz genommen habe, davon die Regierung die verfluchte That vom 3. Sept. 1758. angestiftet hatte; sondern streuete auch die entsetzlichsten Lästerungen aus, welche in der oben angeführten Form darauf erfolgten.

45.) Woraus also gewiß ist, daß keine Kriegserklärungen förmlicher seyn können, als wie diejenigen sind, die das politische Ministerium Sr. Heiligkeit bereits gethan hat, erstlich durch beleidigende Handlungen, welche es auf die oben beschriebene Art schon über ein Jahr ausübet, ferner durch Schriften, welche ebenfalls auf die Weise, wie sie oben angezeiget sind, an diesen Monarchen gerichtet und in solchen Ausdrücken abgefasset waren, die nicht einmal so anständig sind, daß sie an die Legaten von Bologna oder Ferrara könten geschickt werden, drittens durch Vergehungen in ausdrücklichen Worten wider die Unabhängigkeit der weltlichen und œconomischen Regierung Sr. allerget. Majestät, worin nicht einmal Hausväter von privat Familien durch fremde Personen können gestöhret werden; und endlich durch die Erklärung, daß der römische Hof allezeit der Beschützer der erwehnten Religiosen seyn würde, welche als Rebellen, Mörder und öffentliche Feinde dieses Monarchen und seiner Reiche und Unterthanen nicht nur gerichtlich überführet und außer den klaren und deutlichen Beweisen durch das angesehnste und zahlreichste Tribunal, welches jemals in Lisabon gewesen, verurtheilet, sondern auch als solche durch ein Gesetz dieses allerget. Monarchen auf die feyerlichste Weise verbannet sind. Bey solchen Ausdrücken kan man nicht zweifeln, daß unter Monarchen derjenige Fürst den Krieg ankündiget, welcher wider die Ehre eines jeden andern Fürsten etwas unternimmt; oder sich unterfängt, die innerliche Regierung seiner Staaten zu ſtöhren, und öffentlich die Parthey ſeiner bekannten Feinde auf dieſe Art ergreiffet, wie es das politiſche Miniſterium Sr. Heiligkeit gethan hat.

46.) Num. X. Dem ungeachtet ſuchte doch der Eifer des gevollmächtigen Miniſters dieſes Monarchen das äußerſte zu vermeiden, wozu der Cardinal-Secretarius die Sache gebracht hatte, die doch ihrer Natur nach nicht dem geringſten Zweifel unterworfen war, und überſchritt dergeſtalt ſeine Inſtructionen, daß er, ohne die geringſte Nachricht von dem Schreiben unterm 28. Nov. 1756. an ſeinen Hof zu ertheilen, noch unterm 4. December 1759. ein anderes Billet überſchickte, in welchem er ein Mittel zur Ausfertigung des Breve wegen einer beſtändigen Verwilligung vorſchlug, und ſo lange zu verſchweigen erſuchte, bis er neue Befehle von ſeinem Hofe erhalten hatte.

47.) Da nun die Sachen bey dieſem Syſtem ſo beſchaffen waren, daß man nur von der Art und Weiſe zu reden hatte, wie der Aufſatz von dem erwehnten Breve ſolte gemacht werden, bis der beſagte Miniſter neue Befehle von ſeinem Hofe erhielte, ſo ſtelte ihm eben dieſer Cardinal Staats-Secretarius am 12. Dec. ein anderes nichts bedeutendes Billet zu, worauf er am 13. December ſo gleich antwortete (N. XI. N. XII.) und um eine entſcheidende Antwort anſuchte, welche die Abſicht ſeiner Inſtructionen zum Grunde hätte, und es endlich ausſchlug, ſich in weitläuftigere Erklärungen mit dieſem Prälaten einzulaſſen, der durch ſeine offenbare Feindſeligkeit ganz unfähig worden war, dieſe Sache bey ſo verwirrten und gefährlichen Umſtänden fernerhin zu treiben.

48.) Eben dieſer gevollmächtigte Miniſter hielte davor, daß dieſes Se. Heiligkeit erfahren hätte, indem er den folgenden 14. December durch den Cardinal Cavalchini einen Aufſatz eines neuen Breve wegen der päpſtlichen Einwilligung N. XIII. erhielte, die ihm ſehr angenehm war; denn ob es zwar in der Hauptſache nicht anzunehmen war, ſo diente es ihm doch zu einem Zeichen, daß Se. Heiligkeit die Vorſtellungen wegen der dringenden Nothwendigkeit erfahren hätte, worin ſich ſeine väterliche Achtung und ſeine päpſtliche Ehre befand, dem allergn. Könige vor die unverdiente Beleidigungen an dem römiſchen Hofe Genugthuung

nugthuung zu verschaffen, und den Cardinal Torreggiani von einer Sache auszuschliessen, zu deren Entscheidung er sich auf so vielfältige Weise unfähig gemacht hatte.

49) Zu dem Ende überschickte der besagte Minister an den Cardinal Cavalchini, am 20. und 21. Dec. drey Billets (Nr. XIV. XV. XVI.) über die Veränderungen, welche man in dem Aufsatze des erhaltenen neuen Breve machen müßte.

50) Jedoch diese Hofnung daurete nicht lange, und der bevollmächtigte Minister wußte wohl, daß sich die Sache in einem ganz verschiedenen Zustande befinde. Da er nun wegen der Instructionen seines Hofes unumgänglich genöthiget war, die letzten Antwort des römischen Hofes zu überschicken, und aus gerechten Ursachen befürchtete, daß man die Verzögerung davon als einen Mangel seiner Aufmerksamkeit ansehen möchte, so schrieb er am 26. Dec. ein Billet an den Cardinal Torreggiani, (N. XVII.) und begnügte sich darinn bloß um die Postpferde zur Versendung eines Couriers an den Hof von Lissabon zu bitten, ohne etwas wegen der Sache zu erwehnen, die nunmehro durch die Hände des Cardinals Cavalchini gieng.

51) Hierauf erfuhr eben dieser bevollmächtige Minister aus der Erfahrung, daß die Veranstaltung, welche seiner Meinung nach zum Vortheil des Königs seines Herrn gereichen würde, ganz verschwunden sey; indem die Sache, welche man dem Cardinal Cavalchini anvertrauet zu seyn glaubte, wieder in die Hände des Card. Staats Secretarius war übergeben worden. Denn am folgenden 27. Dec. überschickte ihm derselbe, nebst einer Antwort wegen der Erlaubniß der Postpferde zugleich einen Aufsatz des Breve (Nr. XVIII. XIX.) welches in eben den Worten abgefasset war, wie es der Cardinal Cavalchini dem gevollmächtigten Minister übergeben hatte.

52) Da nun durch diese Antwort und Breve, dadurch die Sache von neuem in die verdrießliche Stellung kam, darinn sie sich befand, ehe der Cardinal Cavalchini dabey gebraucht wurde, auf solche Art dem allergetr. Könige alle Genugthuung versaget wurde, welche Seiner

Königl.

königl. Hoheit gebühret, und da ihm das politische Ministerium Sr. Heiligkeit auf so vielfältige Art den Krieg angekündiget hat; und da über dieses der letzte Aufsatz des Breve in solchen Ausdrücken, welche von den zwey vorhergehenden Breven des H. Vaters Gregorius des XIII. ganz unterschieden sind, mit Unterdrückung alles dessen abgefasset ist, was zwischen ihnen zum Grunde der Erweiterung, wie bey erwehnten andern Breven solte geleget werden; so verbleibet Se. allergetr. Majestät in allen Stücken noch in den Umständen des Krieges, welche ihm von dem römischen Hofe auf die oben beschriebene Art waren angekündiget worden.

Post Scriptum.

53) Eben dieser Monarch bestätigte mit einem eigenhändigen Briefe an Se. Heiligkeit oder an das grosse Siegel der Staats-Canzley unterm 2. Nov. 1759. die Abdanckung, welche der Erzbischof von Bahua Don Joseph Bottelho de Mattos gegen seine königliche Person gethan hatte, und stellte darauf zur Besetzung dieses Bißthums seines königl. Patronats den Bischof von Angola, D. Fr. Emanuel di S. Agnese vor; indem er alles mit deutlichen Worten ausdruckt, wie folget; nachdem das Erzbißthum von Bahia, davon das Patronat meiner Crone zustehet, durch die Abdanckung, welche der jetzige Erzbischof D. Joseph Bottelho de Mattos mit meiner Erlaubniß in die Hände Sr. Heiligkeit gethan hat, nunmehro unbesetzt ist, so ernenne ich und stelle Sr. Heiligkeit zu dem besagten Erzbißthum den D. Fr. Emanuel di S. Agnese, den Bischof von Angola vor ꝛc.

54) Während der Ausfertigung der Bullen vor das erwehnte Erzbißthum langte in Rom das Zeitungsblatt von Amsterdam an, worinn man den erwehnten Erzbischof Don Joh. Battelho de Mattos nicht wenig beleidiget hatte, indem man ihn als einen Rebellen gegen die Gesetze Sr. allergetr. Majestät, oder als einen Freund der vertriebenen Jesuiten ausgeschrien.

55) Und diese Nachricht, welche durch solche Personen unterstützet wurde, die dem Hofe zu Lissabon nicht unbekannt sind, war schon hinreichend, daß eben das Ministerium Sr. Heiligkeit die Ausfertigung der Bullen aufschob, und den Mangel einer rechtmäßigen Ursache der Abdankung des Erzbischofs Don Joh. Bottelho de Mattos vorwendete, und damit alle die übrigen Beleidigungen gegen Se. allergetr. Majestät in dieser Erklärung an die gevollmächtigte Minister vermehrte, und dadurch einen andern nicht weniger deutlichen Beweiß gab, daß man mit dem erwehnten Monarchen gebrochen habe.

56) Denn sonst würde jenes Ministerium nicht den sehr wohl bekannten Text des Canonischen Rechts verletzet haben, welcher die unverletzliche Treue und Glauben der Monarchen als einen Grundsatz behauptet, wenn sie etwas eigenhändig bestätigen, wie es Se. allergetr. Majestät gegen den H. Vater auf eine so deutliche Art gethan hat, daß ausser der Abdanckung und Erlaubniß, welche er diesem Prälaten gegeben habe, einen andern vorstelle, damit er ihm nachfolgen möchte; und man würde sich nicht die Freyheit genommen haben, die Unverletzlichkeit der königl. Ehren aufzuheben, und die Würklichkeit der Abdanckung, welche von Sr. allergetr. Majestät selbst ist bestätiget worden, nach andern wichtigen Beweisen zu beurtheilen.

57) Man schliesset endlich aus dieser deutlich bewiesenen Sache, daß das erwehnte Ministerium nicht ablassen will, alle Mittel zu gebrauchen, um mit diesem Monarchen zu brechen, und daß es von dem Geist der Uneinigkeit und Zwietracht belebet wird, davon man die Ursache durch keine einzige Vorstellung, womit man die Sache mäßigen oder die Reden einschräncken will, verbergen kan.

Summarium

der

Sammlung aller Urkunden, welche zum Beweise dessen, was in der Deduction ist behauptet worden, dienen.

Num. I.

Memoire an Euer Excellenz

Durch einen von Sr. Majestät nach Rom ausserordentlich geschickten und am 22. May angelangten Courier empfieng der Papst von dem Herrn Franc. d'Almada, dem gevollmächtigten Minister Sr. allergetr. Majestät am 7. Jun. auf seinem päpstlichen Landpalaste zu Castel Gandolfo alle die Schriften, welche die Sachen betreffen, wovon Se. Majestät dem H. Vater schrieb, der aber während der Landlust und nach der Zurückkunft in Rom bey den feyerlichen Verrichtungen des Festes der H. Apostel Petri und Pauli nicht Zeit hatte alles zu sehen, aber nachhero legte sich Se. Heiligkeit mit allem Eifer auf die Erwägung solcher Dingen, welche in vielen Blättern und Berichten bestunden, biß man endlich nach genauer Ueberlegung am 2. Aug. im Stande war die nöthigen Antwortschreiben an Se. Majestät abzuschicken, und so nöthig auch immer der kleine Verzug war, so wolte man daher Sr. Majestät die schuldige Bereitwilligkeit zeigen, dergleichen Antworten, so bald als möglich zu ertheilen, und faßten den Entschluß dieselben durch einen ausserordentlichen Courier an den Nuntius zu überschicken, damit er sie Sr. Majestät selbst überreichte, und zu gleicher Zeit die zärtliche Gesinnungen des H. Vaters gegen ihne mündlich beschreiben möchte. Da nun am 19. Aug. ein Courier anlangte, welcher von dem erwehnten königl. Minister anderer Sachen wegen war abgeschickt worden, so überbrachte

derselb

derselbe das Paquet, welches dem von Sr. Heiligkeit abgefertigten Courier anvertrauet war, und welches Ew. Excellenz am 21. Aug. dem Nuntio einzuhändigen beliebten, und ihm dabey anzeigten, daß der Courier des Ministers den päpstlichen zu Aix krank hinterlassen habe, und daß ihm dieser das Paquet zugestellt habe, welches er hiemit getreulich überliefere. Der Nuntius befand sich bey Empfang des Paquets und der Befehle seines Fürsten, die päpstlichen Briefe Sr. allergetr. Majestät selbst zuzustellen, wegen zweyer Schäden am Fuße genöthiget das Bett zu hüten, und war deßwegen sehr mißvergnügt, daß er nicht sogleich seine Schuldigkeit beobachten und die Befehle seines Fürsten vollziehen konnte. Ja, als er den Chirurgus hierüber befragte, und ihn dieser versicherte, daß er nicht ohne schwere Gefahr eines größern Uebels aus dem Bette aufstehen könnte, und er selbst bemerckte, daß er nicht im Stande sey, sich auf den Füssen zu erhalten, um vor dem König zu zu erscheinen, so ergrif er die Parthie, seinen Secretair abzuschicken, und Euer Excellenz alles dieses wissen zu lassen; und denenselben vor das überschickte Paquet zu danken, Ihnen zugleich anzuzeigen, daß dieses Paquet etwas mitgebracht hätte, worüber er sogleich mit denenselben, und darauf mit Sr. Majestät sich unterreden sollte. Der Nuntius hat bishero nicht gehen können, und dahero auch keinen andern Schritt gethan, indem er geglaubt, daß es wider den Respect seye, welchen er Sr. Majestät schuldig ist, die Briefe durch seinen Minister zu überschicken; und dahero biß auf den 3. Sept. verzogen hat, Euer Excellenz aufzuwarten, und zwar zu einer Zeit, da er noch nicht starck genug war, um sich auf den Beinen zu erhalten und um die Audienz bey Sr. Majestät zu bitten.

Unser Herr antwortet auf beyde Schreiben Sr. Majestät, welche ihm von dem Nuntio werden überreicht werden, und in Ansehung der Erweiterung des Breve von Gregorius dem XIII. wegen der Cavaliers und Cappellanen des Ordens von Christo, findet Se. Heiligkeit, daß sich die erwehnte Erweiterung auf ein Tribunal, welches bloß vor sie errichtet ist, sehr wohl schicke, und hat in diesem Stücke nichts

dabey

dabey einzuwenden, und wofern das Breve auch noch nicht darauf sich erstrecke, würde er kein Bedenken tragen, es selbst auf dieselben auszudehnen. Jedoch ist er nicht im Stande es auf jeden künftigen Fall auszudehnen, weil es niemahls einem Tribunal in der catholischen Welt ist zugestanden worden, und auch weil man nicht denken darf, daß Verbrechen von dieser Art und Abscheulichkeit jemahls wieder geschehen können, und weil es über dieses nicht vernünftig scheinet, die ordentlichen Richter und Delegaten, (als des apostolische Nuntius) ihrer Macht und Freyheit auf beständig zu berauben, als welche bey Verbrechen von dieser Art verfahren können, und unser Herr hatte es aus Gefälligkeit gegen Se. Majestät schon so erweitert, daß er dem Cardinal Saldanha die Visitation und Reformation anvertrauet, und dem in Portugal und am Hofe zu Lissabon befindlichen Nuntio in solchem Falle seines natürlichen Rechtes beraubete.

Jedoch mit dem Breve, welches der H. Vater in seinen Briefen an Se. Majestät überschickt, ertheilet er dem Gewissens-Rathe die Macht, ohne die geringste Einschränkung zu verfahren, und nur die besondere Betrachtungen anzustellen, welche er in dem Briefe an Se. Majestät in Ansehung des unauslöschlichen Characters des Priesterthums an die Hand gibt.

Unser Herr hat nicht wenige Abneigung gehabt, dem Gewissens-Rath diese Macht zu ertheilen, nicht als ob er glaubte, das Geistliche als Mitschuldige solcher Verbrechen sollten ungestrafet bleiben, quod absit, sondern weil nach den Canonischen Rechten eine geistliche Person von einer andern geistlichen muß gerichtet werden, und der Gewissens-Rath, welcher zur Zeit des Gregorius des XIII. errichtet wurde, ist nach den Nachrichten, welche man von geistlichen Personen ganz sicher davon hat, gegenwärtig nicht mehr, indem nur zwo geistliche Personen darinn sind, nemlich der Herr Phil. de Abranches, welcher wegen seines Alters nicht mehr dabey erscheinen kann, und der Herr D. Nuno Alvarez Pereira de Mello, daher rühret es auch, daß der H. Vater es würde gern gesehen haben, wenn er mit Sr. Majestät
darinn

darinn hätte überein kommen können, daß man zu der Untersuchung dieser Sache, welche gewiß wegen der Menge der Personen von so verschiedenen Ständen und Orden eine der wichtigsten ist, eine geistliche Person vom höchsten Range bestimmt hätte, zu welchem Ende er auch kein Bedenken würde getragen haben, einen Cardinal Legaten dahin abzufertigen, wie es schon ehemahls bey eben diesem Reiche auf Ansuchen Philipps des II. mit dem Cardinal Riario geschehen ist, oder die Sache dem päpstlichen Nuntius anzuvertrauen, damit er mit Beyhülfe anderer Layen und Vertrauten Sr. allergetr. Majestät darinn verführe, oder wenigstens eine Versammlung geistlicher Personen zu errichten, welche nach Sr. Majestät Gefallen wären. Jedoch weil Se. Heiligkeit erwogen haben, daß der Aufschub einer schleunigen Antwort und die Verzögerung der Sache den Argwohn erwecken könnte, als hätte der H. Vater nicht alle nöthige Aufmerksamkeit auf eine so wichtige Sache, so hat er sich entschlossen, seine höchste Macht zu gebrauchen, und die Vorschriften des Canonischen Rechts zu überschreiten, und die Sachen weltlichen Personen zu überlassen, indem er zur Ueberwindung seines Widerwillens sich ganz fest auf die Redlichkeit der Gesinnungen Sr. allergetr. Majestät verlässet, und gewiß hoffet, daß die weltlichen Richter, als angesehene, gelehrte und erfahrne Männer die Verwaltung einer rechtmäßigen Gerechtigkeit nicht weniger beherzigen werden, als es die geistlichen Richter thun könnten.

Was aber die Patres von der Gesellschaft Jesu anbetrift, als von welchen es nach allen Umständen der Gesetze bewiesen ist, daß sie insonderheit wegen der von dem H. Stuhle verbotenen Lehren an der entsetzlichsten mörderischen Unternehmung wider die geheiligte Person Sr. Majestät Theil haben, so ist der H. Vater gar nicht gesonnen, sie zu entschuldigen oder zu vertheidigen, sondern er erkläret sie vielmehr vor solche, welche die härteste Strafe verdienen, und ist nur aufs höchste geneigt, die Leutseeligkeit und Gnade Sr. Majestät anzustehen, aber nicht zu dem Ende, daß er ihnen die Strafe erlasse, sondern daß er nur nach seiner angebohrnen Gottseeligkeit den schrecklichen Anblick einer öffentlichen Hinrichtung und Vergießung des Bluts verhindere, welches mit unauslöschlichen Characteren des Priesterthums geweihet ist.

So bald als nun die Mitschuldigen des abscheulichen Königsmord bestrafet sind, so wird man auch die andere Rädelsführer der Empörungen in Indien bestrafen können; außer dem aber scheinet es nicht möglich zu seyn, daß alle diejenigen, welche in allen Häusern und Collegien des Rechts zerstreuet und von dem Hofe entfernet sind, und in andern Theilen der Welt als Missionarien leben, an den erwehnten zwey Verbrechen des Königsmord und der Empörung Antheil haben sollten. Es ist auch über dieses aus den Processen und Berichten der Bischöffe nicht erweißlich, daß sie alle die Irrthümer ausgestreuet und geprediget, und die von der Kirche verdammte Lehren in ihren Dioecesen gelehret haben, sondern solche, wie der Herr Cardinal Visitator dem hl. Vater meldet, welche ihre hl. Ordensregul nicht beobachten, und auf die von hl. Canonen ausdrücklich verbottene Art Handel treiben werden, noch von dem Herrn Cardinal durch die Fortsetzung seiner Visitation und Reformation gebessert und gestrafet werden, als welche mit Bewilligung unsers Herrn so lange dauren kan, als es Se. Eminenz vor nöthig erachten wird, um die Ubertretter ihrer Ordensregul und der hl. Canonen zur völliger Beobachtung der einen und der andern wieder zurück zu bringen, welches auch dem hl. Cardinal nicht schwer fallen wird, wofern er in den Provinzen die Beyhülfe der jedesmaligen Bischöffe, und vornehmlich die völlige Macht Se. Majestät in denjenigen Fällen genießet, wobey er nöthig hätte, sich der Gewalt zu bedienen, welches jedoch nicht nöthig zu seyn scheinet, wenn man die Mitschuldigen der ersten zwey schweren Verbrechen von der übrigen Gesellschaft absondert, so darf hernach der Hr. Cardinal bey Ueberschickung eines genauen Berichts seiner ganzen Visitation und Reformation aus den Proceßacten an unsern Herrn nach dem Breve Benedicts des XIV. an der völligen Genehmhaltung Sr. Heiligkeit nicht zweifeln.

Man kan in diesem Memoire nicht mehr sagen, indem unser Herr das übrige, was die Patres von der Gesellschaft Jesu anbetrift;

die

die unschuldig seyn werden, in dem Briefe an S. Majestät deutlich anzeiget, folglich eine jede Wiederholung überflüßig seyn, und zu nichts anders, als Ew. Excellenz nur noch mehr beschwerlich zu fallen, dienen würde.

Num. II.
Dilectis Filiis Praefidenti et Deputatis
Menfae Confcientiae Chariffimi in Chrifto Filii Noftri Jofephi Portugalliae et Algarbiorum Regis Fideliffimi.

Clemens Papa XIII.

Dilecti Filii Salutem et apoftolic. Benedictionem.

Exponi Nobis fecit dilectus Filius Procurator Generalis, et Procurator Fifcalis Coronae Chariffimi in Chrifto Filii Noftri Jofephi Portugalliae et Algarbiorum Regis Fideliffimi, quod deteftanda quorundam hominum perfidia horrendum facinus contra regiam ipfius Fideliffimi Regis perfonam et vitam perpetraverit, quod licet magna ex parte vindicatum fuerit eorum fupplicio, qui laici exiftentes, vel Fratres Milites Ordinum Militarium huiusmodi criminis rei per competentes refpective judices comperti et condemnati debitas tanti fceleris poenas luerunt, non adhuc tamen omnino expiatum fuerit in perfonis aliorum, qui clericali, ac etiam facerdotali charactere infigniti, eiusdem fortaffe fceleris contagione polluti cenfentur. Cumque ficut eadem expofitio fubjungebat, publica, atque urgens neceffitas flagitet, ut poenarum feveritate criminis adeo immanis fcandalum penitus extinguatur, ne qui deinceps fpe impunitatis, aut cuiuscumque immunitatis praefidio fulti tam exitialia flagitia admittere re audeant; aliunde vero conftet fel. record. Praedeceſſorem Noftrum Gregorium Papam XIII. per fuas apoſtolicas litteras in forma Brevis datas die 25. Octobris 1583. tunc et pro tempore, exiſtentibus Deputatis Conſilii, feu Tribunalis veſtri, in quo Presbyteri et Religioſi viri adjunctis utriuſque juris peritiſſimis Senatoribus judicium exercent, ac de eccleſiaſticis controverſiis Militarium Ordinum iſtius regni, et perſonarum eorundem Ordinum etiam Clericorum ac Presbyterorum jam legitima auctoritate ſuffulti decernebant, licentiam et facultatem conceſſiſſe, ut quoscumque dictorum Ordinum Fratres tam Milites, quam Cappellanos, etiam in ſacris Ordinibus conſtitutos, quos in perſonas regum aut in ſtatum regnorum Luſitaniae conſpiraſſe, et ad id populum commoviſſe, ipſis legitime conſtaret, juxta canonicas Sanctiones condignis poenis affectos, abſque alicuius cenſurae vel poenae eccleſiaſticae, feu irregularitatis notae incurſu ſervata juris forma, curiae faeculari puniendos tradere poſſent, et valerent; prout in dictis Gregorii Praedeceſſoris Litteris latius et diſtinctius accepimus contineri; idcirco pro parte dicti procuratoris et promotoris Nobis humiliter ſupplicatum fuit, quatenus in praemiſſis opportune providere de benignitate apoſtolica dignaremur.

Nos igitur qui ex officii Noſtri debito juſtitiae relatores eſſe debemus, quique praedictae Fideliſſimi Regis perſonae, eiuſque regnorum et univerſi Status ſecuritati et tranquillitati, quantum in nobis eſt, conſulere optamus, improbos atque ſceleſtos homines qui praefati criminis atque flagitii reatum in ſe admiſerint eccleſiaſticae libertatis et immunitatis beneficiis et favoribus indignos cenſentes, diſcretioni veſtrae, ut abſque alicuius cenſurae vel poenae eccleſiaſticae ſeu irregularitatis notae incurſu, quoscumque eccleſiaſticos Homines tam faeculares quam cuiuſcunque ordinis etiam mendicantium, ſeu militiae etiam hoſpitalis aut congregationis, ſocietatis et inſtituti, etiam ut infra expreſſe nominandi

minandi, Regulares etiam in sacris Presbyteratus Ordinibus constitutos, (non autem Episcopos sive superiores Praelatos) quos per legitimas probationes ad sacrorum Canonum et juris communis praescriptum praefati criminis in personam charissimi in Christo Filii Nostri Josephi Portugalliae et Algarbiorum Regis Fidelissimi impie impetrati Auctores, executores aut complices fuisse, et huius delicti juridice convictos, aut confessos esse vobis constiterit, condignis poenis, vigore specialis facultatis et auctoritatis vobis ad id per praesentes tributae, servato juris ordine damnatos (praevia degradatione per eum, ad quem pertinet juxta canonicas sanctiones decernenda, ac respective quoad eos, qui majoribus Ordinibus initiati sint, realiter exequenda) Curiae saeculari puniendos tradere libere et licite possitis et valeatis, apostolica, qua fungimur, potestate, tenore praesentium facultatem et auctoritatem concedimus, tribuimus, et impertimur: utque praeterea ob traditionem huiusmodi, etiam si ex illa membrorum mutilatio, vel hominum caedes subsequantur, nullae censurae, vel poenae ecclesiasticae, aut irregularitatis nota per quempiam vestrum incurri possint, aut debeant, eadem auctoritate et tenore indulgemus, et respective vobiscum dispensamus: non obstantibus quibusvis apostolicis, ac in universalibus, provincialibus et Synodalibus Conciliis editis generalibus et specialibus constitutionibus, et ordinibus, et quarumcumque Ecclesiarum, dictorumque Ordinum Mendicantium, et non Mendicantium, etiam S. Antonii Viennensis, et undecim Congregationum Monasticarum, Militarium quoque Hospitalis S. Joannis Hierosolymitani, Congregationum, Clericorum Regularium, Societatum, etiam Societatis Jesu, et institutorum quorumcumque, etiam juramento, confirmatione apostolica vel quavis firmitate alia roboratis stabilimentis, statutis usibus, naturis, et consuetudinibus, privilegiis, quoque indultis et litteris apostolicis, illis illarumque praesulibus, et capitulis Superioribus, Administratoribus, et magnis Magistris, seu praepositis, Canonicis etiam Regularibus, Capellanis, Presbyteris aliisque Professoribus quibuscumque, seu quibusvis aliis personis quomodolibet concessis, confirmatis, et innovatis; Quibus omnibus etiamsi pro illorum sufficienti derogatione de illis, illorumque totis tenoribus in praesentibus litteris specifica et individua mentio, seu quaevis alia forma observanda vel habenda foret, tenores huiusmodi pro expressis habentes; illis alias in suo robore permansuris, hac vice duntaxat et ad praemissum effectum specialiter, et expresse derogamus caeterisque contrariis quibuscumque.

Datum Romae apud S. Mariam Majorem sub Annulo Piscatoris die 11. Augusti 1759. Pontificatus Nostri Anno II.

Num. III.
Clemens Papa XIII.

Charissime in Christo Fili Noster. Salutem et Apostolicam Benedictionem.

In eben dem Schreiben, womit Ew. Majestät geruhet haben, das Ansuchen Dero General-Fiscals zu begleiten, welchem wir durch das beygefügte Breve und durch unsere Antwort völlige Genüge geleistet haben, ist es Höchstdenenselben gefällig gewesen, unserer Beurtheilung eine andere wichtige Sache vorzulegen, nemlich wie Ew. Majestät den Entschluß gefaßet haben, alle Religiosen von der Gesellschaft Jesu aus Dero Reichen und Staaten zu vertreiben. Wir achten uns verbunden, Ew. Majestät von neuem zu danken und zu rühmen, nicht so wohl wegen der Achtung, welche dieselben dadurch gegen unsere Person beweisen, als vielmehr wegen der weisen und gottseligen Behutsamkeit, womit dieselben vor der wirklichen Vollziehung einer Entschließung von so großer Wichtigkeit vor billig erachtet haben, denjenigen anzuhören, wel-

cher

cher gegenwärtig durch die Regierung der göttlichen Vorsehung auf dem Stuhl des Hohenpriesters in der Kirche GOttes sitzet. Ob nun gleich unsere persöhnliche Schwachheit uns wohl bekant, und dem Obersten Herzenskündiger noch mehr bewußt ist, so können wir doch nicht läugnen, Sire, daß die Verheißungen JEsu Christi, und die Verdienste des seligsten Oberhaupts der Apostel, auf dessen Stuhle wir unverdienter Weise sitzen, und zu dessen Grabe wir uns niederwerfen, und nicht aufhören, über uns die nöthige Hülfe und Weißheit zu erbitten, um unserer Pflicht gemäß alle Völker auf den rechten Weg der Seligkeit zu führen, unsere Aussprüche nicht dergestalt segnen solten, daß sie als sichere Canale anzusehen sind, durch welche ein jeder, der ein aufrichtiges Verlangen hat, den Willen GOttes in solchen Dingen zu wissen, die seine Seligkeit betreffen, denselben gewiß finden könne. Wer euch höret, der höret mich: sagt der Herr zu seinen Dienern. Jedoch wir würden gewiß nicht verlangen, daß uns Ew. Majestät anhören solten, wofern wir nicht von der Aufrichtigkeit der Gesinnung und der reifen Ueberlegung versichert wären, womit wir vor dem Angesichte GOttes erscheinen, und nach langer und heftiger Anrufung um Licht und Weisheit, und nach genauer Erwegung des Vorschlags, welchen uns Ew. Majestät in Dero Schreiben nebst denen in der beygefügten Deduction angezeigten Ursachen gethan haben, dasjenige allezeit vor Augen haben, was der Dienst GOttes, die Ehre seiner Kirche, die Reguln der Gerechtigkeit, die Sicherheit des Gewißens Ew. Majestät, welche uns so sehr als die unsrige am Herzen lieget, die Ruhe Dero Gemüths, und das wohl Jhrer Staaten von uns fordern. Nun halten wir dafür, daß man in dem ganzen Umfange der Gesellschaft der Religiosen, welche in die Ungnade Ew. Majestät gefallen sind, nothwendig die Personen, welche die Gesellschaft ausmachen, von der Ordensregul, wozu sie sich bekennen, unterscheiden müßte. Gesetzt nun es befinden sich unter den Personen, welche die Ordenskleider tragen, viel oder wenige, die ein Verbrechen begangen haben, so ist es allerdings gerecht, daß sie mit gebührenden Strafen beleget werden, und wir haben zu dem Ende sowohl

wohl unser Vorgänger mit seinem Breve an den Herrn Cardinal Saldanha, als auch wir selbst mit dem Breve, welches wir Ew. Majestät gegenwärtig überschicken, die Verfügung getroffen, daß weder der Fleiß noch das Vermögen fehlen möge, um diesen Acker zu reinigen, und eine jede giftige Pflanze auszurotten. Ferne aber sey es von uns, daß wir die Schuldigen vertheidigen, und die Unordnungen unterhalten wolten. Wir würden auf diese Weise einen wesentlichen Theil unserer Pflicht versäumen, welche mit unserm Amt verbunden ist, so wir haben, die Kirche auch mit gerichtlicher Macht zu regieren. Hingegen würden wir auch auf der andern Seiten eben diese Pflicht unterlassen, und unser Gewissen verrathen, wenn wir Ew. Majestät den Rath geben wolten, die Unschuldigen mit den Schuldigen zu vermengen, und jene eben so wie diese zu bestrafen. Ew. Majestät werden selbst leicht erkennen, daß in einer so zahlreichen Gesellschaft, welche eine so vollkommene Ordensregul hat, dergleichen diejenige ist, die Ew. Majestät selbst als lobenswürdig geachtet haben, und davon wir hernach weiter reden wollen, noch viele Unschuldige seyn müßen. Der Gegenstand dieser heiligen Ordensregul, welche von ihrem hl. Stifter zur Beförderung der größern Ehre GOttes eingerichtet ist, die von eben demselben zur Erlangung dieses Endzwecks vorgeschriebene Mittel, der Nutzen, welchen die Kirche GOttes bey der Vermehrung der Gottesfurcht unter den Rechtgläubigen, bey der Bekehrung der Heyden und Ketzer, und bey der Wiederlegung der Ketzereyen durch die viele Mühe, Schweiß, und vergoßene Blut der Anhänger dieser Regul erlangt hat, haben die Genehmhaltung und das Lob des apostolischen Stuhls ja der ganzen Kirche, wie sie auf dem Concilio zu Trient versammlet gewesen ist, und den Schutz und Gunst der Fürsten, und die Hochachtung und Liebe der Völker verdienet. Es haben sich in der Ausübung dieser Ordensregul sehr viele Seelen zu allerzeit und an allen Orten geheiliget, unter welchem die Kirche bereits verschiedene mit einem öffentlichen Dienste auf den Altären, gegen welchen, wie wir wissen, Ew. Majestät eine zärtliche Ehrfurcht hegen, verehret; und andere wegen ihren heldenmäßigen Tugenden, oder

wegen

wegen des um Christi willen erlittenen Märtyrer Todes gleicher Ehre würdig achtet. Da nun dieser Orden auf einen so festen Grund der Heiligkeit gebauet ist, so kan die bloße innerliche Veränderung und die wirkliche Verabsäumung seiner Gesetze den Verfall und den Untergang desselben verursachen. Und wir tragen auch kein Bedenken zu glauben, daß eine solche Veränderung nach und nach in den Provinzen eingeschlichen sey, welche zu der Gesellschaft gehören, die sich in den Reichen und Staaten Ew. Majestät befinden; indem wir nur alzuwohl die verderbte Neigungen der Natur erkennen, welche sie immer zu der Entfernung vom Guten und zur Ausübung des Bösen antreiben. Ew. Maj. haben bereits zur Verbeßerung und Ausrottung der Unordnungen die Bestellung einer außerordentlichen Visitation und Reformation als ein hinlängliches Mittel erkant, und diese wurde auch so gleich von unserm Vorgänger verordnet, und der angesehenen Person des Cardinal Saldanha anvertrauet. Und gewiß, wenn man auf der einen Seite die Weitläuftigkeit der ihm ertheilten apostolischen Vollmacht zur Untersuchung des Zustandes, der Lebensart der Sitten, und Aufführung aller Personen und aller Bequemlichkeiten jener Jesuiten, wie auch der Lehren, die sie vortragen, und ferner den Gebrauch der Canonen und apostolischen Constitutionen um sie zuverbeßern, zu bestrafen, und wo es erfodert würde, auch ganz zu verändern, und endlich seine Klugheit ohne Nachtheil der apostolischen Genehmhaltung in Sachen von größerer Wichtigkeit betrachten, und auf der andern Seite die Macht Ew. Majestät erwegen wolten, welche sich anheischig gemacht hat, den ganzen weltlichen Arm zu brauchen, damit die Reformation völlig zu Stande kommen möchte, so schien es nicht, daß man an der Kraft dieses wohlangewendeten Mittels zweifeln durfte, um einen jeden, der von dem guten Wege abgewichen, zur Ausübung der angenommenen löblichen Ordensregul wieder zurückzuführen, wenigstens so lange nicht, bis die widrige Erfahrung die Unzulänglichkeit dieses Mittels bewiesen hätte. Ew. Majestät erlauben also, daß man die verabredete und schon angefangene Reformation bis zu ihrer völligen Endschaft fortsetze. Dadurch wird man

wir *** dasjenige erfahren, worin das Verderben und die Unordnung nicht *** einzelner Personen, sondern auch der ganzen Gesellschaft der Jesuiten in den Reichen und Staaten Ew. Majestät bestehen, und man wird ihr Stände seyn die Mißethäter nach Maaßgebung ihrer persöhnlichen Vergehungen zu bestrafen, und zugleich die Unschuldigen, wie es die Gerechtigkeit erfordert, zu erkennen und zu unterscheiden. Man wird von diesem Theile der Gesellschaft alles absondern, was die Heiligkeit und den guten Namen derselben verdunkeln kan; als wozu wir von neuem alle unsere Macht und nöthige Beyhülfe anbiethen, und endlich wird man den Orden in Dero Reichen und Staaten viel reiner und nützlicher wiederherstellen, welcher wie in andern Theilen der Welt, also auch daselbst in vorigen Zeiten ausnehmende Früchte der Gottseligkeit und die öffentliche Wohlfart hervor gebracht hat, so daß er sich künftig des hohen Schutzes und königl. Gnade Ew. Majestät immer würdiger machen und nicht ablaßen wird, dergleichen gute Früchte zu großer Ehre GOttes und zum geistlichen Besten Dero Unterthanen hervor zu bringen. Dieses ist die Gesinnung, welche uns die Liebe zur Gerechtigkeit und zur wahren Ehre Ew. Majestät eingeflößet hat. Dieses ist der Rath, welchen wir Ew. Majestät einzig und allein geben können, und welchen wir mit derjenigen Aufrichtigkeit, und Ausschüttung unseres liebreichen Herzens vorstellen, welche einem Vater gegen einem so verehrungswürdigen Sohn zukommt, deßen Ehre, und zeitliche, und ewige Glückseligkeit ihm eben so sehr als die seinige am Herzen lieget. Dieses ist es, wobey wir von ganzem Herzen wünschen, daß es Ew. Majestät annehmen und mit derjenigen Willigkeit ergreiffen möge, welche wir von einem nicht weniger gottseligen als großen Monarchen erwarten, der die Stimme desjenigen nicht verwerfen wird, welcher obgleich unwürdiglich die Stelle des höchsten Regenten vertritt, an dißen Statt die Könige herrschen, und in deßen Namen sie unter den Völkern die Gerechtigkeit verwalten. Werden Ew. Majestät dieses thun, so wird unsere Dankbarkeit stets vergrößert, und unsere Liebe immer mehr gereitzet werden,

die

die Fülle des himmlischen Trostes und der irrdischen Glückseligkeit über Dero Person und ganzes königl. Haus zu erbitten.

Unterdeßen werden wir von dem lebhafteſten Vertrauen belebet unsere Wünsche erfüllet zu sehen, und wir ertheilen Ew. Majeſtät mit der völligen Stärke unserer vätterlichen Liebe den apoſtoliſchen Seegen.

Dat. Romae apud S. Mariam Majorem die 11. Auguſti 1759. Pontificatus Noſtri Anno II.

N. IV.

Clemens Papa XIII.

Chariſſime in Chriſto Fili Noſter. Salutem & apoſtolicam Benedictionem.

Das von Uns auf Verlangen des Fiscal-Procurators jener Crone ausgefertigte Breve, welches wir Euer Majeſtät hierbey überschicken, und womit wir nach Hinwegraumung aller Hinderniſſen wegen der ordentlichen und abgeordneten Gerichtsbarkeit dem so genannten Gewissens-Rath Euer Majeſtät die völlige Macht ertheilen, wider eine jede geistliche Person nach der Gerechtigkeit zu verfahren, welche sich des abscheulichen Frevels gegen Dero geheiligte Person zu unſerm äuſſerſten Abscheu theilhaftig gemacht haben sollte, war schon vermögend, Euer Majeſtät zu überzeugen, welches die Gesinnungen unsers vätterlichen Herzens gegen Dieselben sind, und wie groß unsere Neigung iſt, Euer Majeſtät Genugthuung zu verschaffen; und von unserer Seite alle Sicherheit und Glückseeligkeit Dero Person zu verschaffen, wovon das Wohl dero weitläuftigen Reiche und Staaten abhänget. Dem ungeachtet erachten wir es unsere Schuldigkeit zu seyn, Euer Majeſtät einen viel deutlicheren Beweiß mit diesem besondern Schreiben zu geben, in welchem wir, um uns nicht über jene abscheuliche Frevelthat von neuem zu betrüben, diesenigen Erklärungen nicht wiederholen wollen, die bey dieser Gelegenheit von unserer Seite mündlich durch den Erzbischof di Petra unsern Nuntius bey

bey Euer Majestät, und auch schriftlich durch dero gevollmächtigten Minister werden berichtet worden seyn, sondern wir wollen vielmehr denenselben versichern, daß wir nicht aufhören, den HErrn unsern GOtt vor die wunderbahre Erhaltung dero theuresten Lebens zu danken, wie es auch bereits öffentlich geschehen ist, da wir uns zu dem Ende persönlich in die hiesige königliche Kirche des H. Antonius der portugiesischen Nation verfüget haben, und noch täglich mit der größten Innbrunst des Geistes GOtt bitten, daß er dero königl. Person, Familie und Regierung beschützen und segnen wolle, gleichwie ein so tugendhafter Fürst, und ein so hochverdienter und ehrerbietiger Sohn gegen die Catholische Kirche und gegen dem hl. apostolischen Stuhl verdienet. Denn von dieser löblichen Ergebenheit und von dero glorwürdigen Vorfahren angeerbten Hochachtung, haben Ew. Majestät uns und der ganzen Welt einen deutlichen Beweiß gegeben, da dieselben gewolt haben, daß man bey der Entdeckung des Antheils, welchen einige Geistliche an dem erschrecklichen Verbrechen gehabt haben, mit dem Verfahren wider dieselben so lange verziehen solte, bis man unser Urtheil darüber vernommen hätte, und Ew. Majestät öffentlich versichern, daß dieselben einen solchen Aufschub als eine Handlung der Achtung und der Ergebenheit gegen dem apostolischen Stuhl, und gegen uns, die wir obgleich unwürdiglich auf demselben sitzen, verrichten wollen. Wir beantworten dahero eine solche Bezeigung dero kindlichen Ergebenheit erstlich damit, daß wir Ew. Majestät alles gebührende Lob ertheilen und Dank abstatten; und über dieses eine jede verlangte wiewohl außerordentliche Macht reichlich zugestehen, damit die von dero Fiscal Procurator angezeigte Richter, mit aller Schärfe der Gerechtigkeit wider einen jeden Mitschuldigen jenes verfluchten Verbrechens verfahren können; und versichern, daß wir so gleich bey der empfangenen ersten Nachricht Ew. Majestät unsere ganze Beyhülfe würden angeboten haben, damit wir denenselben die schuldige Genugthuung hätten verschaffen können, wofern es uns nur jemals hätte in Sinn kommen können, daß Personen,

welche

welche dem Dienste GOttes gewidmet sind, und seine Gebote besser wissen und volkommener, als der Ueberrest des gläubigen Volks ausüben solten, auf eine so entsetzliche Ausschweifung hätten gerathen können, wider welche alle Gesetze, das göttliche, natürliche und menschliche schreyen. Aus der geschwinden Entschließung, womit wir gegenwärtig dasjenige leisten, was Ew. Majestät bey den jetzigen Umständen zum allgemeinen Besten vor nöthig erachtet haben, konte ein jeder immer mehr begreiffen, daß die Gesinnung der Kirche niemals gewesen ist, noch seyn wird, die Missethäter eines jeden Standes und Ordens den wohlverdienten Strafen zu entziehen, und dadurch die Verbrecher zu unterhalten; sondern auch daß die Canonischen Gesetze, außer dem daß sie den Prälaten der Kirche die Waffen selbst in die Hände geben, um die Missethäter, welche ihrer Gerichtsbarkeit unterworfen sind, mit Schärfe bis auf einen gewißen Punct zu bestrafen, nicht verwehren, daß sie in gewißen schweren Fällen den härtesten Strafen der weltlichen Obrigkeit überlaßen werden. Jedoch können wir auch nicht leugnen, daß eben diese Gesinnung der Kirche an allem der Leutseligkeit unsers göttlichen Herrn und Meisters gleichförmig ist, und vor der Vergießung des menschlichen Bluts einen Abscheu hat, und zu eben der Zeit, da sie den Richtern die Freyheit ertheilet, daß sie diejenigen sogar am Leben strafen können, welche sich der persöhnlichen geistlichen Freyheit unwürdig gemacht haben, anbefiehlet, daß man bey eben diesen Richtern demüthige Vorbitten einlegen soll, damit sie sich bewegen laßen, die tödlichen Streiche von denselben abzuwenden, oder wenigstens zu mildern. Solte nun das Tribunal des sogenannten Gewißens-Raths, welches von uns dazu bevollmächtiget ist, nach der Gerechtigkeit einen Geistlichen als Mitschuldigen des erwehnten Verbrechens verdammen und vor strafwürdig erklären, und solte hernach der Mißethäter nach den Canonen dem weltlichen Arm übergeben werden; so würden Ew. Majestät leicht zweifelhaft werden, ob man der Obrigkeit anbefehlen solle, wider ihn nach der Schärfe der Gerechtigkeit zu verfahren, oder ob dieselben den Trieben Dero natürlichen Gnade, und der gottseligen Achtung folgen sollen, welche dieselben allezeit vor die gottgeheiligte Sachen, und vor die Personen geheget haben, die mit dem heiligen und unauslöschlichen Character bezeichnet sind. Bey dieser Betrachtung können wir uns nicht enthalten, Ew. Majestät zu rathen und zu bitten, die gelindere Parthey zu ergreiffen, denn Theils weil wir selbst den Weg zum Verfahren wider die Missethäter gebahnet haben, so scheinet es daß wir auch selbst verbunden sind, mit der zugestandenen Vollmacht unsere Vorbitte zu vereinigen, welche die Kirche ihren Dienern alsdann in den Mund leget, wenn sie die Schuldigen der Schärfe der Gerechtigkeit überläßet; Theils auch weil wir hierbey versichert sind, daß wir eine Pflicht unserer väterlichen Liebe ausüben, wenn wir etwas widerrathen, welches der Ehre Ew. Majestät zuwider ist, und vielmehr mit den Neigungen Dero großmüthigen Herzens übereinstimmen, welches sie ohne Zweifel freuen wird, daß es ohne Dero Nachtheil der Welt diese neue Beyspiele Dero königl. Gottesfurcht zeigen kan; indem dieselben auf Vorbitte des Papstes und wiewohl unwürdigen Statthalters Jesu Christi einem eben so elenden als schuldigen Diener der heiligen Altäre das Leben schenken. Ew. Majestät geruhen also unsere Bitte hierüber anzuhören, und seyn versichert, daß wir mit großem Entsetzen und Betrübniß vernommen haben, daß auch geistliche Personen an einer so abscheulichen Treulosigkeit Antheil gehabt haben. Es wird uns gewiß nicht zu geringem Trost gereichen, wenn wir von Dero Gnade erhalten, daß wir wegen des andern neuen Schreckens verschonet zu bleiben hören, daß man das betrübte Schauspiel an den gottgeheiligten Menschen vollzogen habe. Wir werden allezeit vor eine solche Handlung der königlichen gottseligkeit Ew. Majestät unsere lebhafteste Erkenntlichkeit bey jeder Gelegenheit an den Tag zu legen suchen, und uns befleißigen, den Herrn allezeit um die glückliche Erhaltung Dero königl. Person und Familie zu bitten, als welcher wir mit der zärtlichsten Liebe eines Vaters den apostolischen Seegen ertheilen.

Dat. Romae apud S. Mariam Majorem die 11. Aug. 1759. Pontificatus Nostri Anno II.

Num. V.

Num. V.

Hochwohlgebohrner und Hochwürdigster Herr.

Ich habe Sr. Majestät die drey Abschriften überreichet, welche mir Ew. Excellenz von den zweyen Briefen an bemelten Maj vom 11. August, und von dem an eben diesem Tage in Antwort auf ein anderes Schreiben, welches Se. Majestät unterm 10. April an St. Heiligkeit geschrieben hatte, und auf die Deduction und die beygefügten Schriften, welche den Zustand der sogenannten Gesellschaft Jesu in diesen Reichen und Staaten betreffen, ausgefertigten Breve übergeben haben, und habe Sr. Majestät zu gleicher Zeit vorgestellet, daß Ew. Excellenz ein Verlangen hätten Audienz zu haben, um erwehnter Maj die Originale zuzustellen, woraus die erwehnten Abschriften genommen worden.

Seine Majestät befiehlet mir Ew. Excellenz zu antworten, daß sie zwar gerne das Vergnügen haben würden, die besagte Audienz zu beschleunigen, um desto eher die Ausdrücke der väterlichen Liebe zu vernehmen, welche die kindliche Hochachtung gegen dem hl. Vater verdienet, jedoch in Betrachtung der noch rückständigen Beschwerlichkeiten, welche Ew. Excellenz von der kürzlich überstandenen langen Unpäßlichkeit verursacht worden, vor gut befinden, den Morgen des Dienstags als des 11. dieses Monaths zur gewöhnlichen Stunde dazu zu bestimmen, damit Ew. Excellenz die erwehnten Briefe St. Heiligkeit übergeben können.

Da aber St. Majestät in Ansehung des in Antwort dienenden Breve auf die Vorstellung des Procurators der Crone an den Präsidenten und an die Deputirte des Tribunals des sogenannten Gewißens- und Ordens-Raths, welches in dem dritten der erwehnten Briefe enthalten war, wohl siehet, daß es Sr. Heiligkeit wahrscheinlicher Weise nicht bekannt seyn würde, daß es wider die Gewohnheit in Rom ausgefertiget worden, ohne daß man dem gevollmächtigten Minister das geringste davon wißen laßen, der doch von Sr. Majestät zu dem Ende Befehl empfan-

empfangen hatte, mit dem päpstlichen Ministerio die anständige Puncte zu verabreden, welche das oben angeführte Breve vor seiner Ausfertigung und Annehmung auf beyden Theilen angenehm machen könten; so befiehlet mir dahero eben die erwehnte Majestät Ew. Excellenz zu berichten, daß es nöthig sey die Ueberreichung dieses Breve so lange aufzuschieben, bis Se. Majestät den hl. Vater ersuchte, daß er geruhen möchte zu verordnen, daß man mit dem erwehnten gevollmächtigten Minister seinen Verhaltungs Befehlen zu folge sich vergleiche, als welche sich an dem römischen Hofe befinden, da es bishero noch nicht geschehen ist, und doch vieler Ursachen wegen vor umumgänglich nothwendig geachtet wird, weil sie Sr. Heiligkeit noch nicht sind vorgestellet worden.

Unterdeßen versichere, daß; wenn ich Ew. Excellenz auf einige Weise dienen kan, mich Dieselben zu Dero Diensten allezeit bereitwillig finden werden. GOtt erhalte Ew. Excellenz noch viele Jahre.

Im Pallaste 17. Sept. 1759.

Ew. Excellenz

unterthänig gehorsamster Diener
de Ludwig da Cunha.

Num. VI.

Hochwohlgebohrner und Hochzuverehrender Herr.

Auf Ew. Excellenz geehrteste Zuschrift vom 7. dieses antworte so gleich, um Denenselben vor die mir erwiesene Ehre zu danken, daß Dieselben Sr. Majestät meine Bitte hinterbracht haben, ob er geruhen wolte mir die Gnade seiner königl. Audienz zu verstatten, welche er mir auch auf künftigen Dienstag als den 11. dieses gnädigst verwilliget hat, wo ich zu der festgesetzten Stunde bereit seyn werde, und zwar um so viel mehr, weil Se. Majestät noch über dieses die Gnade gehabt, diese Sache bis auf jenen Tag zu verschieben, um mir Zeit zu geben, daß ich mich in den Stand

Stand setzen kan, auf die anständigste Weise in Seiner königl. Gegenwart zu erscheinen, ob ich gleich noch einigen Ueberrest von dem langwierigen Schaden am rechten Fuße verspüre.

Ich habe wahrgenommen, daß Ew. Excellenz mit dem von mir verfertigten Auszuge des Inhalts der päpstlichen Briefe, welche ich Sr. Majestät überreichen soll, nicht zufrieden sind. Ich habe dahero nicht einen Augenblick Anstand genommen in Dero Vorstellung zu willfahren, und ihnen die Abschriften davon machen zu lassen, wie ich es denn auch wirklich in aller Geschwindigkeit vollzogen habe.

Ich kan aber doch gegen Ew. Excellenz nicht bergen, daß ich mich betrübt habe, in Dero Zuschrift die Ankündigung zu lesen, daß ich Sr. Majestät das päpstliche Breve, welches an den Präsidenten und die Deputirte des Gewissens- und Ordens-Raths gerichtet ist, nicht übergeben soll, weil man es außer der Gewohnheit zu seyn achtet, daß dem in Rom befindlichen Minister nicht die geringste Nachricht davon ist gegeben worden, und daß man sich darüber nicht verglichen habe.

Eine solche Schwürigkeit schiene mir alsdann gegründet zu seyn, wenn man von einer sehr streitigen Sache gehandelt hätte, da es aber nur eine solche Sache betrifft, welche mit dem von Sr. Majestät durch die Schrift des Fiscals Procurators geschehenen Verlangen übereinstimmet, so scheinet es nicht, daß dabey einige Vergleichung statt finde, indem niemals die geringste Schwürigkeit dabey entstanden war, und folglich auch keine Verabredungen nöthig waren, da niemals in dem Breve eine Clausul befindlich gewesen, welche die Hände bände, oder die verlangte und dem Gewissens-Rathe zu der Sache, wovon jetzt die Rede ist, völlig zugestandene Vollmacht unkräftiger machte; und da der königl. Minister, so oft als er gewolt hat, so wohl mit Sr. Heiligkeit, als auch mit dessen Staats-Minister Verabredung nehmen können, so würde es dem hl. Vater niemals in Sinn gekommen seyn, daß der königl. Minister bey der Erlangung des Breve wegen der zu der jetzigen Sache verlangten Vollmacht noch etwas hinzuzusetzen hätte. Es ließ dahero Se. Heiligkeit das Breve aufsetzen und schickte es ohne fernere Umstände ab, ab, indem Dieselben noch über dieses durch die große Eilfertigkeit dazu bewogen wurden, womit der erwehnte Minister darauf beharrete, daß man die Antwort beschleunigen möchte. Damit nun der hl. Vater Sr. Majestät eine neue Probe seines guten Willens und großer Achtung gegen dieselben geben möchte, so beschloß er die erwehnte Antworten durch einen außerordentlichen Courier abzuschicken, damit sie binnen vierzehn Tagen ankommen möchten. Se. Heiligkeit haben auch niemals geglaubt, daß man es als ein Mißtrauen ansehen könte, welches sie gegen dem besagten königl. Minister hatte, und, in der That, der Papst mein Herr unterließ nicht, es durch ein Billet des Cardinal Staats-Secretarius dem erwehnten Minister vorher bekant machen, daß er einen Courier abschickte, und daß er, im Fall er sich deßen bedienen wolte, ein Paquet an ihn schicken könte, welches hernach von mir richtig würde übergeben werden. Er nahm aber dieses Anerbieten nicht an, sondern ertheilte zur Antwort, daß er auch einen abschicke, welcher auch wie Ew. Excellenz bekant ist, das an mich gerichtete, und mir von denenselben zugeschickte Paquet überbrachte, und ich hoffe, daß die Verzögerung der Uebergabe der Briefe nicht könne übel gedeutet werden, indem es nicht meine Hinderung ist, und ich nicht ermangelt habe, es Ew. Excellenz so gleich wißend zu machen, daß das mir überschickte Paquet mir etwas mitgebracht hätte, worüber ich mit Denenselben sprechen müßte, welches mir aber wegen meiner Krankheit, die mich nöthigte das Bette zu hüten, nicht möglich war, wie Ew. Excellenz bereits wüsten, da sie mir die Ehre gegeben hatten mich zu besuchen, und wie mein ausdrücklich abgeschickter Secretarius mich versichert, daß er es Denenselben berichtet habe. Kaum war ich im Stande mit Hülfe eines Stockes zu gehen, so verfügte ich mich in Dero Pallast, und übergab Ew. Excellenz den Inhalt der empfangenen Briefe, und ersuchte Dieselben, mir so bald als möglich die königl. Audienz zu verschaffen, damit ich nach den erhaltenen Befehlen die päpstlichen Briefe Sr. Majestät selbst überreichen könte. Ich bemerkte aber so gleich, daß Ew. Excellenz mit meinem Berichte noch nicht zufrieden waren, und versprach Ihnen dahero ohne mich lange zu bedenken, die Abschriften von den Briefen zuzustellen, welche ich auch sobald als sie abgeschrieben waren, mit aller Aufrichtigkeit überschickte, damit ich gar keine Gelegenheit geben möchte zu zweifeln, daß der römische Hof in dem daselbst befindlichen königl. Minister oder in andere ein Mißtrauen setze, die hier die Ehre haben, Sr. Majestät näher zu dienen, als mit welchen ich meiner Meynung nach mit aller möglichen Aufrichtigkeit gehandelt habe, folglich auch niemahls über das, was ich hier gethan, oder wegen dieser Sache nach Rom geschrieben, den geringsten Zweifel erreget habe, und eben dahero kommt es auch, daß ich gegen Euer Excellenz niemahls etwas davon geredet habe, und wie dieselben mir selbst zu sagen beliebten, und ja noch hinzu setzten, daß diese Sache nicht von Ihnen, sondern von dem Herrn Grafen d'Oeyras abhienge, so verfügte ich mich gleich, als ich von Ihnen weggieng, zu ihm, und wollte auch mit ihm eben so aufrichtig mich unterreden, allein er wollte mich von dieser Sache nicht reden hören, und sagte zu mir, daß es Euer Excellenz und nicht ihm zukäme, daß er zu nichts anders verbunden, als dem Könige sein Gutachten zu sagen, wann er ihne darum befragte, ja, als ich es wagte ihme eine Memoire zu überreichen, welches auf dem mir überschickten Paquet geschrieben war, und ihn zu verschiedenen mahlen bat, es wenigstens nur aus Neubegierde zu lesen, so wollte er es nicht annehmen, und gab mir den Rath, daß ich es Euer Excellenz überschicken möchte, wie ich es auch zum Beweiß meiner Aufrichtigkeit hier beygefüget habe, als welche durch diejenige belebet wird, womit der Papst, mein Herr, insonderheit gegen den allergetr. König handelt, vor welchen er die zärtlichste Zuneigung eines Vaters heget.

Uebrigens aber bin ich nicht im Stande, Sr. Majestät die päpstlichen Briefe ohne das bekannte Breve zu übergeben, weil es in denselben eingeschlossen ist. Und ich werde gewiß nimmermehr so verwegen seyn, und ein zugesiegeltes Paquet des Papsts meines Herrn erbrechen, welches an einen so großen König als den allergetreuesten König gerichtet ist, dem ich es eben so, wie mir es anvertrauet ist, übergeben soll,

und

und ich habe das Vertrauen zu der hohen Gnade Sr. Majestät, daß man mir nicht den Verdruß machen wird, von denen königl. Händen ein Breve wieder zurück zu nehmen, und dem hl. Vater wieder zu überschicken, welches Se. Heiligkeit nach Maaßgebung der Vorstellung des Fiscals Procurators der Crone in einem päpstlichen Brief ohne die geringste Einschränkung der verliehenen Vollmacht zu der Sache überschicket, wovon gegenwärtig die Rede ist, nemlich von Priestern und Religiosen die sich des abscheulichen Königsmord an der Person Sr. Majestät schuldig gemacht haben.

Ew. Excellenz erlauben, daß ich in der großen Verwirrung, worein mich die erwehnte Vorschrift gesetzet hat, dieselben um eine Antwort insonderheit über den letzten Punct noch vor dem Dienstag als den 11. dieses ersuche, indem sie mir höchst nöthig ist, daß ich mich bey der Ehre, welche mir Se. Majestät angethan hat, an solchem Tage die königl. Audienz zu verwilligen, darnach richten kan, indem ich sowohl auf Befehl des Papsts meines Herrn, als auch meiner Schuldigkeit und natürlichen Neigung zu folge niemals so handeln will, daß Se. Majestät darüber unzufrieden seyn solte.

Ich bitte Ew. Excellenz um die Ehre Dero fernern Befehle und verharre mit der vollkommensten Ergebenheit.

Ew. Excellenz

unterthänigst gehorsamster Diener
Philipp Erzbischoff von Petra.

Inqueira.
den 8. September 1759.

P. S.

In schuldigster Antwort auf Dero geehrteste Zuschrift erwiedere noch, daß, wofern Ew. Excellenz mit mir mündlich sich unterreden wolte, ich alle Stunden und Orte dazu anbiete, welche mir dieselben entweder

in

in Dero Pallaste oder in der königl. Canzley bestimmen werden. Euer Excellenz belieben mir also vor dem Dienstag als den 11. dieses Monaths auf einige Weise eine Antwort zu ertheilen.

Num. VII.

Hochwohlgebohrner, und Hochwürdigster Herr,

Ich habe dem König den Brief überreichet, womit Ew. Excellenz am 8. dieses mich in Antwort auf das Schreiben beehret haben, welches ich auf Befehl Sr. Majestät am 7. dieses Monaths Ew. Excellenz überschicket habe.

Ich habe so gleich einen andern Befehl erhalten Ew. Excellenz zu antworten, daß Se. Majestät an statt, daß sie an den aufrichtigen Gesinnungen und väterlichen Neigung zweifeln solten, welche der erwehnte Herr und sein ganzer königl. Hof von Sr. Heiligkeit verdienen, vielmehr die Abschrift des Breve, welches mir Ew. Excellenz überschickt haben, und die Art, womit es in Rom ausgefertiget worden, als eine solche Sache ansehen, welche den gewißen Absichten und väterlichen Gesinnungen Sr. Heiligkeit auf diese Weise gerade entgegen ist, wie man das erwehnte Breve abgefasset und überschickt hat, indem es in solchen Ausdrücken verfasset ist, welche dem wahren Verstande und dem Inhalte des Briefes, den Se. Majestät hierüber an Se. Heiligkeit geschrieben hatte, widersprechen, ferner der übergebenen Bitte des Fiscal-Procurators der Crone zuwider sind, wie auch dem Buchstaben oder Inhalt und Einrichtung aller andern Breven entgegen stehen, welche der apostolische Stuhl auf Begehren der Könige dieser Reiche in wichtigen Fällen ertheilet hat, von denen doch keiner mit dem, wovon die Rede ist, in Ansehung der Abscheulichkeit zu vergleichen ist, und endlich demjenigen widersprechen, was die Gerechtigkeit und Wohlanständigkeit einmal festgesetzt haben, daß man die Vorstellungen an gekrönte Häupter nicht eher überschicken könne, als bis man sich mit ihren am römischen Hofe

Hofe befindlichen Ministern wegen der Ausdrücke verglichen habe, worin die Urkunden müßen abgefaßet seyn oder nicht, damit es nicht so erfolge, wie es jetzt mit den angezeigten Widersprüchen ergangen ist. Se. Majestät hoffen, daß man dieselben nebst andern von dieser Art so gleich verbeßern wird, wenn der hl. Vater das unordentliche Verfahren völlig erfahren wird, womit man unter seinem verehrungswürdigen Nahmen das angezeigte Breve hat heiligen wollen, indem dieses Breve wie Euer Excellenz melden, in einem von dem Schreiben Sr. Heiligkeit beygeschloßen ist, welches seiner Natur nach die Annehmung unmöglich machte.

Seine Majestät befiehlet mir, Ew. Excellenz dieses alles mit der größten Verwunderung zu berichten, welche dem erwehnten Herrn die Ausdrücke und die Beharrlichkeit Ew. Excellenz auf die Ueberreichung des besagten Breve verursachet haben, so man doch nicht annehmen kan. Derjenige aber wird dem hl. Vater und deßen unveränderlichen Gerechtigkeit und ausnehmenden Einsicht vor die Verbindung deßelben mit dem Briefe Sr. Heiligkeit Rechenschaft geben, welcher sich bemühet hat, Se. Majestät an Dero eigenem Hofe auf diese Weise unter dem geheiligten Namen Sr. Heiligkeit zu hintergehen.

Seine Majestät werden alle diejenigen Sachen, welche von dem besagten Breve verschiedene Briefe des hl. Vaters enthalten, mit der Ehrfurcht, die seiner kindlichen und beständigen Ergebenheit gemäß ist, in der Audienz annehmen, die eben derselbe Herr Ew. Excellenz am Dienstag als dem 11. dieses Monaths verwilliget hat, wie ich es Ew. Excellenz bereits gemeldet habe.

Was aber das Promemoria Ew. Excellenz anbetrift, welches ich in Dero Briefe beygeleget finde, so werde auf daßelbe so gleich antworten, als ich von Sr. Majestät den Befehl dazu erhalten werde.

Und da ich in eben diesem Schreiben Ew. Excellenz eine Zweydeutigkeit wahrnehme, die meine Person anbetrift, indem darin geschrieben stehet, daß ich Ew. Excellenz gesagt hätte, daß die Geschäfte, welche die Ausfertigung der Briefe, die man im Monath April dieses Jahrs nach Rom geschickt hat, und die Antworten darauf betreffen,

dem

dem Herrn Grafen de Oeyras meinem Gehülfen zukämen: So muß ich Ew. Excellenz sagen, daß, ob ich gleich versichert bin, Ew. Excellenz werden alles beßer wissen, als doch nöthig ist, daß dieselben es von mir vernehmen, daß ich mich wider mein eigenes beßser Wissen übel ausgedruckt habe, indem es ganz gewiß ist, daß man die erwehnte Briefe in meiner Abtheilung, zu welcher sie gehören, ausgefertiget hat; und daß die Antworten, welche Ew. Excellenz empfangen, eben vor diese Abtheilung der Geschäfte gehören: Und endlich, daß alles, was ich denenselben damit anzeigen wolte, darin bestund, daß ich noch keine Befehle von Sr. Majestät empfangen hätte, um darauf zu antworten, was mir Ew. Excellenz in der Unterredung, wovon man handelte, vorgetragen haben.

Ich werde übrigens in allem, worin ich Ew. Excellenz dienen kan, mich stets bereitwillig finden lassen. GOtt erhalte Ew. Excellenz noch viele Jahre.

Im Pallaste den 10. September 1759.

Num. VIII.

Promemoria.

In welchem Se. Allerget. Majestät nach den Briefen vom 15. September 1759. auf die Abschriften, welche der Herr Nuntius Acciajoli dem de Ludwig da Cunha dem Staats-Secretario am 6. und 8. August überreichet hatte, antworten ließ.

1.) Der ganze erleuchtete Glaube, welchen der allerget. König nicht nur bey den richtigen Gesinnungen Sr. Heiligkeit, und in der Erwegung der väterlichen Zuneigung, welche die kindliche Hochachtung und beständige Ergebenheit eben dieses Monarchen von dem hl. Vater verdienet hat; sondern auch dem Andenken jener ausnehmenden Betrachtung bestätiget hat, welche der hl. apostolische Stuhl gewohnt gewesen ist, bey dem brennenden Eifer und der ausserordentlichen Mühe und dem Aufwand ebenfals zu machen, womit die Könige von Portugal die Religion und die Unterwerfung gegen die hl. Mutter Kirche in den entferntesten Theilen von Africa, Asia, und Amerika gepflanzet und ausgebreitet haben: Ja dieser ganze erlauchtete Glaube ist bey dem allerget. Könige erfordert worden, um sich aus der großen Verwirrung heraus zu wickeln, in welche demselben der Erzbischof von Petra (als Nuntius am Hofe zu Lisabon) durch die Ueberreichung der Abschrift eines Breve, welches an den Präsidenten und die Deputirte des Tribunals des Gewissens-Raths vom 11. August gerichtet war, und durch andere Dinge gesetzet hat, welche der erwehnte Prälat nach und nach an diesem Hofe in Ansehung der Ueberreichung des besagten Breve, und zweyer Briefe die von Sr. Heiligkeit herrühren sollen, ausgeübet hat.

2.) Da man nun die besagte Abschrift genau untersuchte, so fand man, daß das Breve, so darin angezeiget wird, untergeschoben ist, und sich (wider die reinen und unverfälschten Absichten Sr. Heiligkeit) auf einem offenbaren Mangel der Einsicht in dem gegenwärtigen und vergangenen Zustand der Sache gründet, welche der Gegenstand dieses Breve, und der Gnadenbezeugungen waren, so die Päpste der Crone dieser Reiche verliehen haben.

3.) Erstlich fand man, daß die erwehnte Abschrift des Breve sowohl dem wahren Verstande und Inhalte des Briefes Sr. allerget. Maj. an Se. Heiligk. vom 20. April dieses Jahrs, als auch der Bittschrift des Fiscal-Procurators ganz zuwider war. Denn da man in der besagten Bittschrift ein allgemeines und weitläuftiges Breve verlangt hat, welches das gegenwärtige Aergerniß aus dem Wege räumen, und in Zukunft einen jeden Streit der Gerichtsbarkeit verhindern könte, der ohnedem in so wichtigen Materien, als die Erhaltung des kostbaren Lebens dieses Monarchen und die öffentliche Ruhe seiner Reiche und Staaten ist, nicht statt finden dürfte; so entfernet sich diese Abschrift des Breve

in

in allen Stücken von diesem Wortverstande, indem es im Gegentheil bloß auf die Bestrafung des am 3. September des vergangenen Jahres verübten Frevels eingeschränket ist, wie es die Abschrift davon deutlich ausweiset.

4.) Diese Unzulänglichkeit und der Widerspruch werden dadurch noch unerträglicher, wenn man erweget, daß zur Bestrafung der angeführten Mitschuldigen in diesem Reiche, welche Se. Eminenz der Cardinal Patriarch als ordentlicher Bischof des Hofes schon losgegeben hatte, kein Breve nöthig war, indem der allerget. König hierzu schon das zweyte von den beyden Breven hatte, worin der hl. Papst Gregorius der XIII. der Crone von Portugal am 25. October 1583. dasjenige verstattet hatte, was die Religiosen und weltliche Priester anbetrift, gleichwie er auch an eben diesem Tage in einem andern Breve dasjenige verwilliget hatte, was die Priester und Ritter der Militar-Orden angeht.

5.) Dahero alles, was Se. Majestät anrieth, und der Procurator der Crone bat, in der Hauptsache darin bestund, daß St. Heiligkeit zur Vermeidung alles Streits wegen der Gerichtsbarkeit dem löblichen Tribunal des Gewissens- und Ordens-Raths die Macht ertheilen möchte, die Mitschuldigen so abscheulicher Verbrechen loszugeben, welches gegenwärtig den Bischöffen einer jeden Diöces zukommt: Hingegen dasjenige, was der erwehnte Aufsatz oder die Abschrift des Breve enthält, ist eine unmittelbare Verweigerung der gebetenen Verwilligung, indem man die Vollmacht, wovon die Rede ist, bloß auf das Verbrechen vom 3. Sept. ausdehnet, und nicht ein Wort über den Punct vorbringet, daß man bey schon vorhandenem Breve, wegen der Loßgebung, bloß von dem Tribunale handele, welche dieselbe verrichten solte.

6.) Zweytens fand man, daß die besagte Abschrift des Breve der Einrichtung und dem Inhalte aller andern Breven widersprach, welche die gottselige Ergebenheit der Herrn Könige in Portugal von dem apostolischen Stuhle empfangen haben, um die Geistliche als Mitschuldi-

78

schuldige schwerer Verbrechen zu bestrafen, von denen doch keines wegen seiner Abscheulichkeit mit demjenigen wovon jetzt die Rede ist, kann verglichen werden.

7.) Denn wenn man die fünf Breven lieset, welche die Päpste Leo der X. Pius der IX. und Gregorius der XIII. gegeben haben, so erhellet daraus deutlich, daß diese H. Väter, da sie den großen Gehorsam wahrgenommen haben welchen die Herren Könige Don Emanuel, und Don Sebastian durch die Ergebenheit gegen dem apostolischen Stuhle bewiesen und um eine Vollmacht Ansuchung gethan haben, wozu ihnen das göttliche Gesetze, und das Natur und Völker Recht, und die Exempel der gesittetsten und frömsten Völker berechtigten, um die Störrer der algemeinen Ruhe ihrer Reiche und Staaten zu bestrafen (unter welchen das Exempel zweyer Religiosen sehr merkwürdig ist, die der König Emanuel am Hofe zu Lissabon verbrennen ließ, und zwar nicht darum, daß sie sich an der unverletzlichen Ehre Sr. Majestät durch eine so entsetzliche Frevelthat vergriffen hätten, sondern weil sie einen Aufruhr erregt hatten, den das Volk in dieser Hauptstadt hernach ausführte) so schickten diese H. Väter auf die Vorstellung der besagten Könige die angezeigte weitläuftige, uneingeschränkte, und auf alle vorkommende Fälle sich erstreckende, und nicht auf einen einzeln Falle gerichtete Breven, wie man bey der überschickten Abschrift des Breve nebst einem Widerspruche wahrnimmt, der um so viel mehr zu bemerken ist, je größer das gegenwärtige Verbrechen vor allen andern ist, um welcher willen die vorerwehnten Breven sind gegeben worden.

8.) Drittens findet man, daß es mit der Gewohnheit, welche die Gerechtigkeit und der Wohlstand unveränderlich eingeführet hat, und mit der Art und Weise streitet, womit es in Rom ist abgeschickt worden, und womit man gesucht hat, es in die königliche Hände Sr. allergetreuesten Majestät zu übergeben; indem man es an den Hof zu Lissabon abgeschickt hat, ohne daß man mir die geringste Nachricht davon gegeben hätte; und indem es meinem Hofe in einem Briefe Sr.

Hei-

Heiligkeit an den König meinen Herrn als unzertrenlich beygeschlossen ist übergeben worden.

9.) Welches alles Widersprüche sind, die man deutlich wahrnimt, nicht nur weil man es bißhero noch nicht gesehen hat, daß man die auf Verlangen gekrönter Häupter ausgefertigte Rescripte an diesem Hofe willkührlich, und ohne sie vorhero den Ministern solcher Monarchen, die sie begehren, sehen zu lassen, ob sie mit dem Inhalte ihrer Verhaltungsbefehle übereinstimmen, abgeschickt hatte: Nicht nur, weil es noch eine unerhörte Sache ist, daß man dergleichen Rescripte, die auf eine so besondere und heimliche Art ausgefertiget sind, den bittenden Monarchen auf eben die heimliche Weise im Originale überschickt hätte, ohne daß sie vorhero ihre besondere Zufriedenheit darüber an den Tag geleget: und endlich nicht nur deßwegen, weil nicht einmal einzelne privat Personen an diesem Hofe weder mittelbar noch unmittelbarer Weise gezwungen werden, in die Ausfertigung der auf ihr Bitten erfolgten Rescripte zu willigen, wenn sie sehen daß die darinn enthaltene Gnadenbezeugungen ihnen nicht nützlich sind, wie es ebenfals bey der Ausfertigung des erwehnten Breve zugegangen ist, welches man mit allen möglichen Wiedersprüchen ausgefertiget hat: Sondern auch deßwegen, weil man wohl siehet, da dieses Breve nicht unmittelbar an Se. allerget. Majestät, sondern an den Präsidenten und an die Deputirte des Tribunals des Gewissensraths gerichtet ist, daß der besagte Herr es auf keine anständige Weise über sich nehmen konnte, der Ueberbringer des Breve zu seyn, damit es hernach durch die königl. Hände an die erwehnten Minister kommen möchte.

10.) Ob nun gleich der allerget. Monarch das in der besagten Abschrift angezeigte Original des Breve bey diesen verwirrten Umständen nicht annehmen konnte, und doch die gehorsamste Achtung gegen den H. Vater vorwaltete; so gab dieser Monarch dem Herrn Nuntius die Audienz, welche er verlangt hatte, um die zween Briefe zu übergeben, die er von Sr. Heiligkeit zu haben vorgab.

11.) In

11.) In Antwort auf den Brief, durch welchen dem Herrn Nuntius die Audienz verstattet wurde, schrieb derselbe den folgenden Tag an Don Ludwig da Cunha den Staatssecretarius einen andern Brief, und beobachtete darin ein sehr unregelmäßiges Verfahren dergleichen z. E. ist: Erstlich, daß er persönlich und ohne dazu von seinem Hofe Befehl zu erhalten die Verwerfung des Breve, welche ihm von Sr. allerget. Majestät war angedeutet worden, angegriffen hat: Zweytens daß er wider eben diese Verwerfung unzulängliche Vorwendungen, die man in dem besagten Briefe lieset, und nicht können angenommen werden, vorgebracht hat: und drittens, daß er durch diese ungewöhnliche Mittel gesucht hat seinen seltsamen und unmöglichen Endzweck zu erlangen, nemlich den allerget. König zur Annehmung des erwehnten Breve zu nöthigen.

12.) Nichts destoweniger waltete noch bey Sr. allerget. Maj. die Betrachtung des Gehorsams gegen Se. Heiligkeit vor, und befahl dem besagten Prälaten zu antworten, und verwilligte ihm die Audienz um die Briefe des H. Vaters zu übergeben: Briefe, welche der Herr Nuntius vor gut befand, bey sich zu behalten, und sie dem allerget. Könige in der Audienz, die er am 11. Sept. 1759. hatte, nicht zu überreichen.

13.) Bey diesen Umständen nun hat man dem gevollmächtigten Minister des allerget. Monarchens durch den zuletzt von dem Hofe zu Lissabon angelangten Courier anbefohlen, Sr. Heiligkeit so gleich mit schuldigster Ehrerbietigkeit vorzustellen:

Daß der bemeldte Monarch dem Nuntius Sr. Heiligkeit zu zweyenmalen Audienz gegeben habe, um die päpstlichen Briefe auszuliefern, und daß Se. allerget. Majestät darüber empfindlich seyn müßte, daß der Herr Nuntius bey der erlangten Audienz sich dieser Gelegenheit nicht bedienet, und die erwehnten Briefe in Händen behalten habe.

Daß eben dieser Monarch darüber empfindlich gewesen sey, daß der besagte Nuntius den Entschluß gefaßt habe, die Annehmung dieses heimlichen, erschlichenen und untergeschobenen Breve, welches mit dem Briefe

Briefe Sr. allergeth. Majestät an den H: Vater über diese Materie nebst der Vorstellung des Procurators der Crone; mit dem Inhalt und Verstande aller Breven, welche der apostolische Stuhl in peinlichen Sachen ausgefertiget, und endlich mit der Gewohnheit streitet, welche die Gerechtigkeit und der Wohlstand bey der Ausfertigung der Rescripte an gekrönte Häupter eingeführet haben, zur Bedingung der Ueberreichung der päpstlichen Briefe zu machen.

Daß Se. allergetreueste Maj. von der unveränderlichen Gerechtigkeit, apostolischen Klugheit, und väterlichen Zuneigung Sr. Heiligkeit ein solches kräftiges Hülfsmittel erwarte, welches so schleunig als möglich diesen und andern so gerechten und billigen Klagen ein Ende mache, und mit denselben das öffentliche Aergerniß aus dem Weg räume, welches einige Minister Sr. Heiligkeit nicht nur an dem Hofe zu Lissabon sondern auch in ganz Europa durch ihre offenbare Mitwürkung gegeben haben, die sie wider alle angeführte Grundsätze und wider die Ehre Sr. Heiligkeit selbst und Sr. allergetreuesten Majestät ohne Rückhalt an diesem Hofe als dem Haupte der Kirche zum besten der verfluchten Frevelthaten und abscheulichen Lästerungen an den Tag geleget haben, welche von der Regierung und der ganzen Gesellschaft der Jesuiten in Portugall und allen dazu gehörigen Staaten herrühren.

Daß endlich Se. allergeth. Majestät von eben dieser Standhaftigkeit erwartet, daß gleich nach der Zerstreuung der Hindernisse, welche den Weg abgeschnitten haben, dem H. Vater die Wahrheit zu hinterbringen, wie in ganz Portugall und in allen vier Theilen der Welt bekannt ist, nicht nur das eben angezeigte Breve in anständige und gehörige Ausdrücke wird gesetzet werden, die aus den Exempeln der andern an die Crone Portugall in dergleichen Fällen ausgefertigten Breven erhellen; sondern auch, daß Se. Heiligkeit in Erinnerung der nachdrücklichen und dringenden Vorstellungen, welche man vermittelst der königlichen Briefe vom 8. Oct. 1758. und vom 20. April 1759. im Namen Sr. allergetreuesten Majestät gemacht hat, nicht nur die unvermeidliche Nothwendigkeit erkennen wird, welche den besagten Monar-

Sammlung *III.Th.*   L   chen

chen berechtiget, die Sicherheit seiner königlichen Person, und Reiche zu vertheidigen, sondern auch, daß Se. allergetreueste Majestät die äußersten Grenzen seiner gottseligen Hochachtung gegen Se. Heiligkeit in allem erreichet hat, was ihm das göttliche Gesetz und das Natur und Völker Recht, und die Exempel ähnlicher Fälle in Ansehung solcher betrübten Umstände erlauben konnten.

Num. IX.

In dem Quirinale den 22. Nov. 1759.

Nachdem Unser Herr dem Cardinal Staatssecretario befohlen, dem Herrn Commendator Almada inliegendes Memoire zuzustellen, welches sich auf das Promemoria beziehet, so Ew. Hochwohlgeb. Sr. Heiligkeit am 19. dieses Monats überreichet haben; so giebt sich der erwehnte Cardinal die Ehre den päpstlichen Befehl zu vollziehen, und Ew. Hochwohlgeb. die Hand zu küssen.

Herr Commendator Almada.

Die Heiligkeit Unsers Herrn des Papsts Clemens des XIII. hat nicht ohne die größte Verwunderung, und Betrübniß seines väterlichen Herzens in dem am 19. Nov. von dem gevollmächtigten Minister Sr. allergetreuesten Majestät übergebenen Memoire die Einwendungen lesen können, welche man sehr weitläuftig wider das Breve machet, so an den Präsidenten und die Deputirte des Gewissensraths gerichtet, und auf Vorstellung des Fiscalprocurators der Crone von Portugall ausgefertiget, und nebst dem päpstlichen Antwortschreiben an Se. Maj. auf den Brief, womit Se. Majestät die besagte Vorstellung begleitet hatten, ist überschickt worden.

Da nun der Grund dieser Vorstellung keine andere ist, als das abscheuliche Verbrechen wider die geheiligte Person Sr. Majestät, welche man daselbst billig betrauret, und um welches willen die ganze getreue

treue portugiesische Nation einen sehr großen Abscheu bezeuget, so war Se. Heiligkeit sogleich auf das erste und nothwendigste Anliegen Sr. Majestät bedacht, um das schreckliche Aergerniß einer so abscheulichen That durch die Bestrafung eines jeden Mitschuldigen wegzunehmen, er möchte sich nun entweder in dem heiligen Orden, oder in der Würde eines weltlichen Priesters oder Gesellschaft oder Religiosen Orden befinden. Zu dem Ende verweigerte es Se. Heiligkeit nicht, dem Tribunal des Gewissenraths die weitläuftigste Vollmacht zu ertheilen, und alle Hindernisse aus dem Wege zu räumen, welche derselben von wegen der Vorschriften der H. Canonen, wegen der Achtung, so Se. Heiligkeit gegen dero ehrwürdige Brüder die Bischöffe der Diöceßen heget, und wegen der Privilegien der Orden, und ihrer Reguln darwider seyn könnten: als welche er alle gegen die Abscheulichkeit dieser Frevelthat geringer achtete, so in seinem päpstlichen Gemüthe eine Bewegung verursachet hat, die der väterlichen Liebe gleich ist, womit er die geheiligte Person des allergetreuesten Königes ansiehet.

Da nun der H. Vater bey seiner schleunigen und ausnehmenden Bereitwilligkeit gegen das königliche Begehren eine gleiche Danckbarkeit erwartete, so hat er hingegen mit der größten Verwunderung und Betrübniß sehen müßen, daß man noch darüber Klage erreget, daß er nicht den andern Nebentheil von der Vorstellung des Fiscal Procurators verwilliget hat, wobey er verlangte, daß eine solche Vollmacht auf alle zukünftige Zeiten, und Vorfälle von Vergehungen wider die königliche Personen und wider den Staat des Königs von Portugall und Algarbien ausdehnen möchte. Man bemühet sich in dem Memoire des gevollmächtigten Ministers diese Klage dadurch zu unterstützen, daß man dasjenige zur Hauptsache in der Vorstellung des Cronprocurators machet, was doch nur bey Lesung derselben ein zufälliger Punct ist, oder daß man die Exempel der Päpste und Vorgänger Sr. Heiligkeit anführet, welche auf Begehren der durchlauchtigsten Könige von Portugall bey dergleichen Dinge beständige Vollmachten ertheilet haben. Von den fünf angeführten Exempel verordnen das erste von Leo dem X.

und die zwey andern von Pio dem IV. nichts anders, als daß die Geiſtlichen der Niedern Orden, im Fall ſie ſich verſchiedener daſelbſt erzehlter Verbrechen ſchuldig machen, das Privilegium der geiſtlichen Gerichtsbarkeit nicht genießen ſollen, als wovon der Groß-Cappellan die Richter der erſten Inſtanz, und der Präſident und Deputirte des Gewiſſensraths die Richter der zweyten Inſtanz ausmachen, wofern ſie nur Biſchöffe, Prälaten, oder in einer geiſtlichen Würde befindliche Perſonen ſind. Folglich machet der Unterſchied des Inhalts dieſer Breven und die verſchiedene Beſchaffenheit der Perſonen ſowohl der Richter als der Verbrecher, die ihrer Gerichtsbarkeit unterworfen ſind, daß dieſe Exempel ſich auf die gegenwärtige Verwilligung, wovon man die beſtändige Dauer verlanget, nicht ſchicken.

Es folgen hierauf die zwey übrigen Breven von Gregorius dem XIII.; welche in Fällen der Empörung und der Verſchwörung wider den Staat den Erzbiſchöffen und Biſchöffen die Macht ertheilen, wider einen jeden Geiſtlichen, auch Religioſen gerichtlich zu verfahren, und auch dem Gewiſſensrathe erlauben, auf gleiche Weiſe wider die Cavaliers und Cappellane der Orden, auch der Prieſter mit der Auslieferung an die weltliche Obrigkeit zu verfahren.

Wofern Se. Heiligkeit im Stande wäre, Klagen zu vermehren, ſo könnte Unſer Herr ſich darauf gründen, daß man nicht von Anfange dieſe beyden Breven übergeben habe, aus deren Vergleichung man erkennen kann, wie zu anderer Zeit ſowohl die Vorſtellungen der Könige von Portugall als auch die Bewilligungen der Päpſte ſind beſchaffen geweſen, und auf was vor Art man ſowohl von der einen als andern Seite geglaubt hat, daß man vor die Sicherheit der königlichen Perſonen, und der königlichen Crone genugſam geſorget habe.

Es begnüget ſich aber der H. Vater bloß damit, daß er von der Ueberreichung des erſten von ſeinen Breven einen neuen Grund hernehmen kann, womit die erregte Klage, daß die dem Gewiſſensrathe verwilligte Vollmacht nicht beſtändig, ſondern nur auf den gegenwärtigen Fall eingeſchrenkt iſt, ſogleich wiederleget wird, indem aus der Ver-

bin-

bindung der beyden Breven des Gregorius XIII. die Regul deutlich erhellet, welche dieser würdige und gelehrte Vorgänger beobachtet und der König Philipp bey den damahligen unruhigen Zeiten nicht verworfen hat, nemlich daß man dem Gewissensrathe außer den Personen, die ihm aus andern Ursachen schon unterworfen, keine andere von den H. Orden auf beständig unterwerfen, sondern alle andere Personen von der weltlichen und Ordensgeistlichkeit der Gerichtsbarkeit der Erzbischöffe und Bischöffe der Diöcesen überlassen, und ihre Macht nur in solchen Fällen erweitern müße, darauf sie sich noch nicht erstreckt.

Die Verwunderuug des H. Vaters wächset dadurch noch mehr, da er siehet, daß man in dem Memoire des erwehnten Gevollmächtigten Ministers dasjenige als einen Grund zur Klage betrachtet, worinn doch nach der gethanen Vorstellung, in welcher zwey Theile vor einen begriffen sind, Se. Heiligkeit so leicht nachgesehen hat, das königliche Verlangen vollkommen zu erfüllen, und nur Bedenken getragen hat, es in dem andern Stücke zu thun, indem er Sr. Majestät die Gründe davon mündlich vorstellen lassen. Wofern es aber glaublich ist, daß die bringende Nothwendigkeit des allergetreuesten Königs so groß sey, eine neue Einrichtung in seinen Reichen und Staaten zu machen, die man vor kräftiger hält als die von den H. Canonen vorgeschriebenen und durch die apostolische Breven erweiterten Verfügungen um so abscheulichen Verbrechen zu begegnen, die sowohl von der Menschlichkeit als auch Religion verabscheuet werden, und in dem Gemüthe der ruchlosesten Menschen nicht ohne Entsetzen können gedacht werden, so kann man wohl neue Vorstellungen und Anschläge, aber keine Klagen und Beschwerungen machen, welche mit der Gottesfurcht des Königs und mit der Liebe nicht bestehen, die Se. Heiligkeit nicht nur in seinem Herzen gegen seine geheiligte Person heget, sondern auch bey dieser Gelegenheit und bey der weitläuftigsten Verwilligung der mit dem Breve, wider welches man redet, dem Tribunale des Gewissensraths zugestandenen Vollmacht deutlich an den Tag geleget hat.

Jedoch

Jedoch der H. Vater entfernet sich noch nicht von den Gesinnungen seiner päpstlichen Wohlgewogenheit, und ist bereit zu erlauben, daß man eine jede fernere Vorstellung, welche die zukünftigen Zeiten anbetrift, untersuche, und daß der erwehnte gevollmächtigte Minister dieselbe vorbringe. Dahero erkläret sich auch fernerhin Se. Heiligkeit damit zufrieden zu seyn, daß man besondere Zusammenkünfte zwischen diesem Minister von Seiten Sr. allergetreuesten Majestät, und zwischen die Cardinäle Cavalchini als Probatario und Torreggiani als Staats-Secretario im Quirinale an verabredeten Tagen und Stunden anstelle, indem sich Se. Heiligkeit nicht wegert, billige Vorschläge, die man thun kann, und wohlgegründete Ursachen, die man zum Beweise einer nothwendigen, allgemeinen, und beständigen Einrichtung in der gegenwärtigen Sache vorbringen kann, anzuhören.

Was aber die Aufführung des Herrn Erzbischofs von Petra des apostolischen Nuntius in Portugall und jetzigen Card. Acciajoli sowohl in dem anfänglichen Anerbieten als auch fernern Bezeugen Sr. Majestät das Paquet von Sr. Heiligkeit zu überreichen, worinn die zwey päpstlichen Briefe nebst dem vorhabenden Breve befindlich waren, anbetrift; und ferner was die Verbindung dieses Breve mit den besagten Briefen und die in Rom geschehene Ausfertigung und Abschickung desselben anlangt. So hat Unser Herr im Anfange des Octobers durch den erwehnten Herrn Cardinal selbst die Klagen des Hofes über alles dieses gehöret, und den Inhalt der Billette des Herrn da Cunha des Staatssecretair Sr. allergetreuesten Majestät gesehen, welche der gevollmächtigte Minister nunmehro nebst dem Memoire übergeben hat, und die Uebereinstimmung des Verfahrens dieses apostolischen Nuntius mit den päpstlichen Gesinnungen und Befehlen wahrgenommen, und dem bemeldten Herrn Cardinal bereits Befehl ertheilet, dem königlichen Minister ein Memoire schriftlich zu übergeben, in welchem derselbe die Gründe und Ursachen sowohl seiner eigenen Aufführung als auch des in Rom erfolgten Verfahrens in dieser Sache ausführlich erzehlen sollte. Se. Heiligkeit hoffen, daß der Hof und der Monarch bey Lesung desselben

selben von der Richtigkeit der päpstlichen Gesinnungen, und von der Ehrlichkeit des Verfahrens dieses besagten Nuntius werden völlig überzeugt werden, und zwar um so viel mehr, da dieser in der ganzen verflossenen Zeit seiner Nuntiatur das Glück gehabt hat, die gnädige Zufriedenheit Sr. Majestät wegen seiner gemäßigten und friedfertigen Aufführung, und ergebenen Bezeigen gegen dem Monarchen, und wegen seiner Achtung gegen die Minister zu genießen; und hingegen da Se. Heiligkeit die Aufführung des gevollmächtigten Ministers Sr. allergel. Majestät in Rom nicht mit derselben übereinstimmend gefunden hat; so glaubt der hl. Vater verbunden zu seyn, seine Klagen hierüber vor den Thron Sr. Majestät zu bringen.

Was endlich die Religiosen von der Gesellschaft Jesu, und die von seiner Majestät in Ansehung derselben gefaßte und größtentheils schon vollzogene Entschließungen anbetrift, so hat die Heiligkeit unsers Herrn Ihre unveränderliche Gesinnungen schon zur Genüge in dem Briefe an Se. Majestät ausgedrückt, davon der Inhalt bereits zu Anfang des Monaths Septemb. dem allergel. König ist mitgetheilet worden, wie der erwehnte Herr da Cunha der Staats-Secretarius in dem Billet vom 7. September bezeuget. „Die päpstliche Gesinnungen sind in diesem „Puncte unveränderlich, weil sie sich auf die Gerechtigkeit gründen, „welche nicht verstattet, daß man die Unschuldigen mit den Schuldigen „verwirre, noch auch daß die wohlverdiente Strafe einiger Mitglieder, „zu deren Bestrafung Se. Heiligkeit die verlangte Vollmacht ertheilet „hat, sich in ihren Folgen auf den Schaden und üblen Ruf der ganzen „Gesellschaft erstrecke: als welche Gesellschaft eine von den Päpsten seinen „Vorgängern gebilligte und der catholischen Kirche nützliche Ordens-„Regul hat, und den Schutz des hl. Stuhls und Sr. Heiligkeit genie-„ßet. Diese Gesinnungen sind über dieses unveränderlich, weil sie mit der „zwischen beyden Höfen genommenen Verabredung, und mit demjenigen „übereinstimmen, was der allergel. König dem Papst Benedict dem „XIV. hl. Andenkens vorgeschlagen, und dieser die Parthey der Ab-„schickung eines apostolischen Visitators ergriffen hat, welcher vermöge
„der

,, der ertheilten Vollmacht sowohl selbst als durch andere, alle Provin-
,, zen und Collegien und Häuser der Gesellschaft Jesu in den Reichen
,, und Staaten der Crone von Portugall besuchen, und in allen verbes-
,, sern, was seiner Meinung nach von der Kirchen und Ordens-Zucht
,, abweichet, und auch die einzeln Mitglieder bestrafen könte, die er als
,, Uebertretter der öffentlichen Gesetze der hl. Canonen und der Ordens-
,, Reguln befinden würde.,,

Von dieser Entschließung braucht der hl. Vater nicht abzuweichen, weil er sich bey der Fortsetzung eben dieser Gesinnungen bereitwillig zu seyn erkläret, die schärfsten Strafen wider ein jedes Mitglied von der Gesellschaft anzuordnen, welches man entweder in Rom oder an andern Orten insonderheit als einen Mitschuldigen der in dem Memoire angeführten Vergehungen und Lästerungen anzeigen und überführen wird. Und wofern man beweisen kan, daß einer von seinen Ministern entweder in diesen oder an andern Höfen dabey Antheil haben, oder sich auf andere Weise von denjenigen Reguln der Gerechtigkeit entfernet haben solte, welche die einzige Richtschnur der päpstlichen Gesinnungen in diesem Stücke sind; so wird Se. Heiligkeit gewiß nicht ermangeln der Welt die deutlichsten Beweise ihres höchsten Mißfallens vor Augen zu legen.

Num. X.

Im Pallaste den 4. December 1759.

Bey Ueberreichung dieses an Se. Eminenz den Herrn Cardinal Staats-Secretarius, was man mit höchster Klugheit auf das von ihm an den Commendator Almada überschickte Memoire antworten kan, giebt man sich die Ehre Ew. Eminenz mit schuldigster Ergebenheit zu empfelen.

Ob man gleich auf das am Abend des 28. Novemb. empfangene Memoire verschiedenes antworten könte, so wünschet man doch sehr

alle

alle Ursachen abzuschneiden; wodurch eine vernünftige Einigkeit auf Seiten Sr. allergt. Majestät so viel möglich könte schwer gemacht werden, daß man es vor dienlicher geachtet hat, sie gegenwärtig zu übergehen, und zwar um einer so wichtigen Ursache willen, welche darin besteht, daß man beyde Höfe von einer größern Verbindlichkeit entfernet.

Was also den wesentlichen Theil dieses Memoire anbetrift, so hält man es vor überflüßig, um dieser besondern Sache willen den vorgeschlagenen Congreß anzufangen, indem der Minister nichts anders als dasjenige zu sagen hat, was er schon mündlich vorgestellet hat, und schriftlich wiederholet, nemlich, daß seine Verhaltungs-Befehle bloß mit sich bringen, Se. Heiligkeit um eine förmliche und entscheidende Antwort zu ersuchen, damit Se. allergt. Majestät Dero fernere Entschlüßungen darnach nehmen mögen.

Damit aber doch Se. Heiligkeit versichert bleibe, wie sehr der erwehnte Minister wünsche, allen Saamen der Uneinigkeit aus allen seinem Vermögen zu entfernen, und wie aufrichtig er seine Absichten auf den Frieden, und die Einigkeit gerichtet habe, so ist er bereit, sich aller Freyheit zu bedienen, welche er seiner Meinung nach, kraft seiner Vollmacht nehmen kan, und will folgenden Vorschlag in völliger Zuversicht thun, daß ihn sein Hof genehmhalten werde, welcher Vorschlag darin besteht: daß Se. Heiligkeit dem Gewissens-Rathe die Macht ertheile, wider die Geistlichen und Priester so wohl weltliche als Religiosen vor diesesmal und in diesem schon verstatteten Falle mit der Todes-Strafe zu verfahren: und in Zukunft eben diesem Tribunale die freye Macht bey ähnlichen Verbrechen der beleidigten Majestät mit der Bedingung zugestehe, daß dabey eine im geistlichen Amte stehende, und Sr. allergt. Majestät angenehme Person als Besitzer sey.

Man siehet so gleich die Billigkeit und Vernunftmäßigkeit eines solchen Vorschlags so deutlich ein, daß es unnöthig ist denselben mit vielen Gründen zu unterstützen.

Es ist wahr, man bittet sich hierüber eine so schleunige Entschließung als möglich zur besondern Gnade aus, damit dieselbe vor den ordentlichen Briefen bey Hofe bekant werden möge, als welche den Minister in den Verdacht einer Nachläßigkeit bringen möchten, daß er nicht so gleich die Antwort nach Maaßgebung seiner Verhaltungs-Befehle abgeschickt hätte, worinnen er, wie er nochmals versichert, nicht die geringste Anleitung zu dem oben angezeigten Vorschlag hat, und ein bloses Zeichen seines Eifers vor die Vereinigung und Einigkeit beyder Höfe ist.

Num. XI.
Im Quirinale den 12. December 1759.

Es hat unser Herr mit dem grösten Vergnügen aus dem zweyten Memoire des Herrn Commendator Almada des gevollmächtigten Ministers Sr. allerget. Majestät dessen lebhaftes Verlangen ersehen, die Fortsetzung der vollkommensten Einigkeit und Uebereinstimmung beyder Höfe zu unterhalten, wie auch daß er aus einem löblichen Eifer sich bemühet hat, einen Vorschlag über die jetzigen Streitigkeiten zu thun, und zwar in der völligen Zuversicht, daß ihn sein Hof genehmhalten werde. Da nun in diesem Stücke das Verlangen Sr. Heiligkeit nicht geringer ist; so hat der hl. Vater diesen Vorschlag in gütige Ueberlegung gezogen.

Unterdessen glaubt der hl. Vater, daß man in Ansehung dessen, was die Bestrafung eines jeden Geistlichen anbetrift, welcher bey der abscheulichen That vom 3. September des abgewichenen Jahres ein Mitschuldiger gewesen ist, nichts weiter als dasjenige verlangt, was Se. Heiligkeit bereits dem Tribunal vom Gewissens-Rath mit der verwilligten Vollmacht zugestanden haben, und daß zur völligen Befriedigung des königl. Verlangens nichts weiters übrig ist, als auf die zukünftigen Fälle und Zeiten vermittelst eines beständigen Breve eine Verfügung zu treffen, womit man eben diese freye Macht dem Tribunal des Gewissens-Raths ertheilte, wofern eine im geistlichen Amte stehende,

und

und Sr. allergt. Majestät anständige Person dabey als Präsident seye, ob sich gleich Se. Heiligkeit über die bloße Gedanken entsetzet, daß niemals mehr dergleichen Frevelthaten und Verbrechen sich ereignen können. — Da nun der hl. Vater wünschet, Sr. Majestät immer mehr zu Gefallen zu seyn; so hat es ihm bereits gefallen, einen Aufsatz des neuen Breve, welches mit diesem Vorhaben übereinstimmt, auszudenken, und damit andere bequeme und canonische Verfügungen zu verbinden, bey welchen er jedoch verlanget, daß man den Herrn Commendator selbst darüber vernehme, als welchem man völlige Freyheit verstattet, seine Gedanken über den ganzen Inhalt dieses Aufsatzes in einer oder mehreren zuhaltenden Zusammenkünften, nach dem, was ihm am 28. Novemb. ist überreichet worden, zu entdecken, damit er alsdenn, dasselbe nach verabredetem Hauptinhalt und Abfassung eines solchen Aufsatzes zur algemeinen Zufriedenheit beyder Theile an seinem Hof zur größern Versicherung des Wohlgefallens Sr. allergt. Majestät überschicken möge. Der Cardinal Staats-Secretarius machet dahero Ew. Hochwohlgebohrnen diese gütige Gesinnungen Sr. Heiligkeit bekant, und küsset Denenselben die Hand.

dem Herrn Commendator Almada.

Num. XII.

Im Pallaste den 13. December 1759.

Auf Ew. Eminenz geehrtes Billet weiß der Commendator de Almada nichts anders zu antworten, als daß er bey dem eigenmächtig gethanen Vorschlage gegen Se. Heiligkeit nichts anders thun könne, als eine letzte und entscheidende Antwort zu erwarten, ob man den Vorschlag annehmen wolle oder nicht. Und dieses zwar so bald als möglich, indem er nach seinem Amte verbunden ist, den genauen Erfolg von dieser Sache an seinen Hof zu berichten. Uebrigens hat der Verfasser dieses, Sr. Heiligkeit die Gesinnungen seines Hofes zur Genüge erkläret.

ret. Und in geötßter Versicherung seiner Ergebenheit küsset er Euer Eminenz die Hand.

Sr. Eminenz dem Hochwürdigsten Herrn Cardinal
Torreggiani.

Num. XIII.

Clemens Papa XIII.

Ad perpetuam rei Memoriam.

Cum pro parte dilecti Filii Procuratoris et Promotoris fiscalis Coronae Charissimi in Christo Filii Nostri Josephi Portugalliae, et Algarbiorum Regis Fidelissimi exposito Nobis, quod detestanda quorundam hominum perfidia horrendum facinus contra regiam ipsius Fidelissimi Regis personam et vitam perpetraverit; quod etsi magna ex parte jam vindicatum fuerat eorum supplicio, qui Laici existentes, vel Fratres Milites Ordinum Militarium, huiusmodi criminis rei per competentes respective judices comperti et condemnati, debitas tanti sceleris poenas luerant, non adhuc tamen omnino expiatum fuerat in personis aliorum, qui clericali, ac etiam sacerdotali charactere insigniti, eiusdem sceleris contagione polluti censebantur; quodque publica atque urgens necessitas flagitabat, ut poenarum severitate criminis adeo immanis scandalum penitus extingueretur, neque deinceps spe impunitatis aut cuiuscumque immunitatis praesidio fulti, tam exitialia flagitia admittere auderent: demissis precibus Nobis supplicatum fuit, quatenus vestigiis insistendo fel. rec. praedecessoris Nostri Gregorii Papae XIII. qui per suas apostolicas Litteras in forma Brevis datas die 25. Octobris anni 1583. tunc et pro tempore existentibus Praesidenti, et Deputatis Mensae conscientiae Regiae, licentiam et facultatem concesserat, ut quoscumque Ordinum Militarium

Regni

Regni Portugalliae et Algarbiorum Fratres tam Milites quam Cappellanos etiam in Sacris Ordinibus conſtitutos, quos in perſonas Regum, aut in Statum Regnorum Luſitaniae ex tunc in poſterum conſpiraſſe, et ad id populum commoviſſe ipſis legitime conſtaret, juxta Canonicas Sanctiones condignis poenis adfectos, absque alicuius cenſurae, vel poenae eccleſiaſticae ſeu irregularitatis notae incurſu ſervata juris forma, curiae ſaeculari puniendos tradere poſſent et valerent; Nos huiuſmodi Gregorii Praedeceſſoris Litteras tum ad eccleſiaſticos homines, et clericos tam ſaeculares quam regulares in Sacris Ordinibus conſtitutos, qui praefati flagitii et conjurationis, de qua agebatur, legitimis probationibus convicti fuiſſent, tum ad alios, qui impoſterum contra regias perſonas ac ſtatum Fideliſſimorum Luſitaniae Regum, praedicti Joſephi Regis Fideliſſimi Succeſſorum, quandocumque attentaſſent, extendere dignaremur.

Nos autem pro eo quod pertinebat ad priorem huiuſmodi petitionis partem praedicti Fidel. Regis Perſonae, eiuſque Regnorum et univerſi ſtatus ſecuritati et tranquillitati conſulere optantes flagitii reatum in ſe admiſiſſent, eccleſiaſticae libertatis et immunitatis beneficiis et favoribus indignos cenſentes per Noſtras in forma Brevis litteras datas apud S. Mariam Majorem die ſecunda elapſi Menſis Auguſti eiusdem Menſae praeſidenti et deputatis, ut absque alicuius cenſurae, vel poenae eccleſiaſticae ſeu irregularitatis notae incurſu, quoſcumque eccleſiaſticos homines tam ſaeculares, quam cuiuscumque Ordinis ſeu Militiae aut Congregationis, Societatis, et Inſtituti, Regulares etiam in ſacris et Presbyteratus Ordinibus conſtitutos (non tamen Epiſcopos eiusve ſuperiores Praelatos) quos per legitimas probationes praefati criminis in perſonam dicti Joſephi Regis F. impie perpetrati ductores, executores, aut complices fuiſſe, et huiusmodi delicti juridice convictos, aut confeſſos eſſe, ipſis conſtitiſſet, condignis poenis ſervato juris ordine damnatos, praevia degradatione per eum, ad

quem

quem pertinet juxta canonicas sanctiones decernenda ac respective exequenda, curiae saeculari puniendos tradere libere et licite possent et valerent, facultatem et auctoritatem concessimus, tribuimus, et impertiti fuimus, prout in dictis Nostris litteris latius et uberius continetur.

Cum autem nuper ex parte eiusdem *Charissimi in Christo Filii Nostri Josephi Portugalliae et Algarbiorum Regis F. Nobis etiam expositum fuerit, non satis consultum videri perpetuae securitati et tranquillitati Regiarum personarum, et universi status Regnorum Lusitaniae, nisi praedictae facultates eidem Tribunali, seu Mensae Conscientiae Regiae, eiusque Praesidenti et Deputatis etiam pro futuris casibus, quibus ecclesiastici homines cuiuscumque Ordinis et gradus in personas Regum, aut in statum regnorum Lusitaniae conspirasse aut attentasse comperti fuerint, concedantur, et perpetuo tribuantur, ideoque ipsius Regis nomine Nobis pariter supplicatum fuerit, ut circa alteram petitionis dicti Procuratoris et Promotoris partem providere de benignitate apostolica dignaremur.*

Nos quamvis refugiat animus de huiusmodi delictis imposterum committendis, et per ecclesiasticos praesertim homines fovendis, aut perpetrandis cogitare, nihilominus majori Fidelissimorum Regum eorumque Coronae securitati et quieti prospicere ac regiis votis in hac parte uberius satisfacere volentes, huiusmodi supplicationibus inclinati praedictae Mensae regiae Conscientiae nuncupatae eiusque Praesidenti et Deputatis pro tempore futuris, dummodo huiusmodi Praesidentis munere Episcopus aliquis aut praesul, seu Persona in ecclesiastica dignitate constituta, Regi F. accepta, ac per speciales Nostras, seu Romani pontificis pro tempore existentis Litteras ad id deputanda *fungatur illud, quae tunc actu exerceat; ex Deputatis autem duo saltem sacerdotali charactere insigniti, et in Theologica, aut Canonica facultate Magistri, Doctores, aut Licentiati reperiantur, et in*

causis

caufis infra fcriptis fuffragium ferant, ut absque alicuius Cenfurae, vel poenae ecclefiafticae, feu irregularitatis notae incurfu quofcumque ecclefiafticos homines tam faeculares, quam cuiuscumque Ordinis etiam Mendicantium, feu Militiae, etiam hofpitalis aut Congregationis, Societatis et Inftituti, etiam ut infra expreffe nominandos Regulares etiam in facris et Presbyteratus Ordinibus conftitutos (non tamen Epifcopos iisve fuperiores Praelatos) quos per legitimas probationes ad facrorum canonum et juris communis praefcriptum in perfonam Fideliffimi Lufitaniae Regis pro tempore exiftentis ex nunc impofterum quoquo modo attentaffe, feu adverfus Regem ipfum eiusque regnorum ftatum confpiraffe, et ad id populum commoviffe, atque huiusmodi delictorum juridice convictos aut confeffos effe ipfis conftiterit condignis rigore fpecialis facultatis et auctoritatis eisdem ad id per praefentes tributae refervato juris Ordine damnatos (praevia degradatione per eum, ad quem pertinet juxta canonicas fanctiones decernenda ac refpective quoad eos, qui Majoribus Ordinibus initiati funt, realiter exequenda) Curiae faeculari puniendos tradere libere et licite poffint, et valeant, apoftolica, qua fungimur poteftate, eorundem tenore praefentium facultatem et auctoritatem perpetuo concedimus, tribuimus et impertimur, atque praeterea ob traditionem huiusmodi etiamfi ex illa membrorum mutilatio, vel hominum caedes fubfequantur, nullae cenfurae, vel poenae ecclefiafticae aut irregularitatis nota per quempiam illorum incurri poffint, aut debeant eisdem auctoritate et tenore indulgemus et refpective cum ipfis difpenfamus.

Non obftantibus praemiffis, ac aliis eiusdem Gregorii Praedecefforis Litteris data die 25. Octobris 1583. datis, quae Archiepifcopis et Epifcopis in Portugallia et Algarbiorum Regnis, eorumque provinciis, et Dominiis conftitutis infcriptae leguntur, caeterifque apoftolicis, ac in Univerfalibus, Provincialibus et Synodalibus Conciliis editis, generalibus et fpecialibus conftitutio-
nibus

*nibus et Ordinationibus et quarumcumque ecclesiarum, dicto‑
rumque Mendicantium et non Mendicantium etiam S. Antonii
Viennensis et undecim congregat. Clericorum Regularium Societa‑
tum, et Societatis Jesu et Institutorum quorumcumque, etiam ju‑
ramento, confirmatione apostolica vel quavis firmitate alia robo‑
ratis stabilimentis, statutis, usibus, naturis, et consuetudinibus,
Privilegiis quoque indultis et Litteris apostolicis, illis, illorumque
Praesulibus et Capitulis Superioribus, Administratoribus, et Ma‑
gnis Magistris, seu Praepositis, Canonicis, Presbyteris, et
Clericis Regularibus, aliisque Professoribus quibuscumque, seu
quibusvis aliis personis quomodolibet concessis, confirmatis, et
innovatis; quibus omnibus etiamsi pro illorum sufficienti deroga‑
tione de illis illorumque totis tenoribus in praesentibus Litteris
specialis, specifica et individua mentio, seu quaevis alia forma
observanda, vel habenda foret, tenores huiusmodi pro expressis
habentes, illis alias in suo robore permansuris, hac vice dunta‑
xat, et ad praemissum effectum specialiter et expresse derogamus,
caeterisque contrariis quibuscumque.*

Num. XIV.

Im Pallaste den 20. December 1759.

Der gevollmächtigte Minister Sr. allergetr. Majestät hat im Ver‑
trauen so wohl auf die aufrichtigen Absichten Sr. Heiligkeit als
auch auf die ansehnliche Vermittelung Ew. Eminenz allezeit geglaubet,
daß man ihm in der bekannten Sache bey Zeiten eine Entschließung
mittheilen würde, welche er noch vor den ordentlichen Briefen an seinen
Hof abschicken könnte, welches aber heute nicht mehr möglich ist. Da‑
hero siehet sich der erwehnte Minister genöthiget, schleinigst einen Cou‑
rier an seinen Hof abzuschicken, um sich in Ansehung dessen zu rechtfer‑
tigen, daß er ihn nicht eher abgeschickt habe, um eben diesem Hofe

von

von dem bishero erfolgten Verlauf der Sache Bericht abzustatten. Er lässet alles dieses Ew. Eminenz wissen, und ersuchet Dieselben zu gleicher Zeit um eine Vermittelung in dem gegenwärtigen System der bewußten Sache, damit er sich besser dabey verhalten könne. In schuldigster Ergebenheit küsset er Ew. Eminenz die Hand.

Sr. Eminenz dem Hochwürdigsten Herrn Cardinal Cavalchini.

N. XV.

Im Pallaste den 20. Dec. 1759.

Da der gevollmächtigte Minister Sr. allergetreuesten Majestät den Aufsatz des Breve erwogen, welches ihm Ew. Eminenz gütigst mitgetheilet, so findet er vier Schwierigkeiten dabey, welche man mit einer kleinen Veränderung heben könnte, ob gleich die Schwierigkeiten selbst von großer Wichtigkeit sind.

Die erste ist, daß man dem Präsidenten und den Deputirten des Gewissensraths die Vollmacht ertheilet, wider die weltlichen und Ordensgeistlichen, die bey der That vom 3. Sept. des verwichenen Jahrs als Mitschuldige sind erkannt worden Kraft eines Breve zu verfahren, welches der besagte Präsident und die Deputirten nicht empfangen haben; folglich es auch nicht brauchen können, und nicht die geringste Vollmacht dadurch erlangt haben. Man könnte aber dieser Schwierigkeit dadurch leicht abhelfen, wenn man in dem Breve, wovon jetzt die Rede ist, eben diese Vollmacht zugleich ertheilte, und das andere in dem Aufsatze vom 2. Aug. unterdrückte.

Die zweyte Schwierigkeit besteht in diesen Worten: cum autem nuper pro parte ejusdem charissimi in Christo Filii nostri Josephi Portugalliæ & Algarbiorum Regis F. nobis etiam expositum fuerit &c. Es würde aber zur Hebung dieser Schwierigkeit sehr dienlich seyn, wenn man sagte: cum etiam ex parte ejusdem &c.

Denn auf diese Weise würde das Breve mit der Wahrheit übereinstimmen, indem dieses kein neues Ansuchen ist, sondern gleich von Anfang erfolget ist, wie man sowohl aus dem Briefe Sr. allergetreuesten Majestät als auch aus dem Memoire des Fiscalprocuraters leicht abnehmen kann. Die Wegschaffung dieser ganz ungegründeten Sache ist an sich höchst wichtig, aber am allererheblichsten wegen des apostolischen Stuhls, welcher der Catheder der Wahrheit ist, und woran überdieses dem Minister sehr viel gelegen ist, als welcher beßwegen von seinem Hofe einer Unachtsamkeit oder allzu großen Freyheit und Ausschweifung außer seinen Verhaltungsbefehlen mit Rechte könnte beschuldiget werden.

Die dritte Schwierigkeit ist der Titul des Präsidenten, welchen man der geistlichen Person von Ansehen giebt, die unter die Deputirten des Gewissensraths soll gesetzet werden. Diese Präsidentenstelle ist eine sehr alte und im Reiche schon festgesetzte Würde, welche der König den angesehnsten Personen ertheilet. Man könnte dahero sagen, daß diese geistliche Person den ersten Platz unter den Deputirten haben sollte.

Die letzte Schwierigkeit bestehet in diesen Worten, da man bey Gelegenheit einer solchen geistlichen Person saget: Ac per speciales nostras seu romani Pontificis pro tempore existentis litteras ad id deputanda &c. Diese Worte können verschiedene Zweifel erregen, und man kann dabey fragen, ob sie soviel sagen wollen, daß jedesmahl, wenn sich der Fall, welchen GOtt stets verhüten wolle, einer neuen und ähnlichen Freveltat wider die geheiligte Person des Königs ereignen sollte, derselbe bey dem H. Stuhl wieder Ansuchung thun müße; dieses würde aber mit deutlichen Worten nichts anders heißen, als daß der Papst dem König gegenwärtig gar keine Macht ertheilen wollte, in Zukunft verfahren zu können, welches aber wegen der gnädigen Ausdrücke Sr. Heiligkeit, die Ew. Eminenz dem Minister angezeigt haben, nicht glaublich ist. Damit man nun alle Materie zu Streitigkeiten und Zänkereyen in künftigen Zeiten aus dem Wege räume; so scheint es viel natürlicher zu seyn, wenn man sagt: dummodo ejusmodi munere Episcopus

scopus aliquis, aut Præsul, seu persona in ecclesiastica Dignitate constituta, Regi fideliſſimo accepta, fungatur. Dieſe Ausdrücke würden auch mit den folgenden Worten dieſes Aufſatzes zuſammen hangen, worinn man die Vollmacht ertheilet die Geiſtlichen als Mitſchuldige ſolcher Verbrechen zu ſtrafen, condignis pœnis vigore ſpecialis facultatis & auctoritatis eisdem ad id per præſentes tributæ.

Man hoffet, daß dieſe kleinen Veränderungen bey der Gnade und gütiger Geſinnungen Sr. Heiligkeit nicht das geringſte Bedenken und noch vielweniger bey Ew. Excellenz erlauchter Einſicht antreffen werden, und vielmehr das feſte Vertrauen auf Dero Geneigtheit und Gunſt ſetzet, daß dieſelben allen Schatten der Schwierigkeit vertreiben werden, welchen derjenige erregen könnte, der wegen ſeiner allzugroßen Genauigkeit die Erhaltung der guten Eintracht zwiſchen dieſen beyden Höfen nicht vor Augen zu haben ſcheinet, die doch von einem jeden ſo ſehr gewünſchet wird, der einen wahren Eifer vor die Religion und vor das Wohl der Rechtgläubigen, und des Glaubens und vor die Ehre des H. Stuhls heget. Ich empfehle Ew. Eminenz die Beſchleunigung dieſer Sache und küſſe Denenſelben mit aller Ergebenheit die Hand.

Sr. Eminenz dem Hochwürdigſten Herrn Cardinal
Cavalchini.

Num. XVI.

Im Pallaſte den 21. Dec. 1759.

Da der Miniſter Sr. allergetreueſten Majeſtät den Aufſatz erwogen hat, welchen ihm Ew. Eminenz geſtern Abend mit den Veränderungen auf den Rand wiederum überſchickt haben, ſo findet derſelbe, daß die erſte und weſentlichſte Schwürigkeit nicht gehoben iſt, wie eben dieſer Miniſter vermöge deſſen, was er Ew. Eminenz ſowohl mündlich als ſchriftlich angezeiget hatte, hoffte, daß man nicht das Breve vom 2. Aug. erwehnen würde, und daß man in dem erwehnten Aufſatze noch

immer

immer liefet pro concessione jam facta. Dieses müße man verändern, und setzen pro Indulto concedendo. Eben so heißt auch dieser Zusatz im Anfange dieses Aufsatzes nichts: non modo prædictas litteras in omnibus & per omnia juxta earum continentiam, & tenorem confirmamus, ac debitæ executioni mandari permittimus &c. als welche Worte sich auf das Breve vom 2. Aug. beziehen, welches Se. Majestät verworfen hat, und wodurch das Tribunal des Gewissensraths nicht die geringste Vollmacht erhalten hat, diejenigen weltlichen und Ordensgeistlichen, die an der verfluchten Mordthat Theil haben, dem weltlichen Arm zu übergeben.

Man verlangt also nur ein Breve, welches alle beyde Stücke in sich enthalten soll, welche in der Bittschrift des Fiscalprocurators, und in der von dem erwehnten Minister entworfenen Vorschrift befindlich sind. Wenn man dieses verwilliget, so verlanget der Verfasser dieses, daß ihm Ew. Eminenz den Aufsatz davon bald überschicken, damit er ihn durch einen Courier an seinen Hof abschicken kann, den er auf künftigen Montag abzuschicken Willens ist, unterdessen küsset er Ew. Eminenz die Hand.

Sr. Eminenz dem Hochwürdigsten Herrn Cardinal Cavalchini.

Num. XVII.

Der Minister Sr. allergetreuesten Majestät ist Willens die Pflichten seines Amts zu erfüllen und einen Courier an seinen Hof zu schicken, und ersuchet dahero Ew. Eminenz um die gewöhnliche Erlaubniß wegen der Postpferde. Zu gleicher Zeit bittet er Ew. Eminenz, es Sr. Heiligkeit bekannt zu machen, indem die Verrichtungen Sr. Heiligkeit in den jetzigen Weynachtsferien dem besagten Minister nicht verstatten die verlangte Audienz zu erhalten um die päpstlichen Befehle persönlich empfanpfangen zu können, als welche er nunmehro sehnlich erwartet. Unterdessen küsset er Ew. Eminenz mit aller Ergebenheit die Hand.

Sr. Eminenz dem Hochwürdigsten Herrn Cardinal Torreggiani.

Num. XVIII.

In der Canzley den 27. Dec. 1759.

Nachdem Unser Herr durch den Cardinal Staatssecretarius die von dem Herrn Commendator Almada gethane Vorstellungen erfahren hat, um einen Courier an seinen Hof zu schicken, und auch die Umstände vernommen hat, in welchen sich der Herr Commendator befindet, daß er während der gegenwärtigen Ferien bey Sr. Heiligkeit keine Audienz haben, und bey solcher Gelegenheit seine Befehle empfangen kann; so hat der H. Vater zum Beweiß seiner väterlichen Bereitwilligkeit dem königlichen Verlangen ein Genüge zu leisten, dem Cardinal, der dieses schreibet, anbefohlen, inliegenden Aufsatz des Breve dem Herrn Commendator zu überschicken, damit man es Sr. Majestät zustellen könne. Der H. Vater hoffet, daß Se. Majestät auf die gethanen neuen Vorstellungen damit völlig zufrieden seyn wird, und ertheilet Sr. Majestät, und der ganzen königlichen Familie den apostolischen Seegen. Eben dieser Cardinal füget hier noch das gewöhnliche Billet vor den Postmeister bey, und küsset denenselben die Hand.

Dem Herrn Commendator Almada.

Num. XIX.

Clemens Papa XIII.

Ad perpetuam rei memoriam.

Alias pro parte *Dilecti Filii Procuratoris Generalis & Promotoris Fiscalis Coronæ charissimi in Christo Filii Nostri Josephi Portugalliæ & Algarbiorum Regis F. exposito Nobis, quod detestanda quorumdam hominum perfidia horrendum facinus contra regiam ipsius F. Regis personam & vitam perpetraverit, quod etsi magna ex parte jam vindicatum fuerat eorum supplicio; qui Laici existentes, vel Fratres Milites Ordinum militarium hujusmodi Criminis rei per competentes respective judices comperti & condemnati debitas tanti sceleris pœnas luant, non adhuc tamen omnino expiatum fuerat in personis aliorum, qui Clericali ac etiam Sacerdotali charactere insigniti, ejusdem sceleris contagione polluti censebantur, quodque publica atque urgens necessitas flagitabat, ut pœnarum severitate criminis adeo immanis scandalum penitus extingueretur, ne qui deinceps spe impunitatis, aut cujuscumque immunitatis præsidio fulti, tam exitialia flagitia admittere auderent, demissis precibus Nobis supplicatum fuit, quatenus vestigiis insistendo fel. record. Prædecessoris Nostri Gregorii Papæ XIII. qui per suas apostolicas litteras in forma Brevis datas die* 28. Oct. 1583. *tunc & pro tempore existentibus Præsidenti, & deputatis Mensæ conscientiæ regiæ licentiam & facultatem concesserat, & quoscumque Ordinum Militarium Regni Portugalliæ & Algarbiorum Fratres tam Milites, quam Cappellanos etiam in sacris Ordinibus constitutos, quos in personas regum, aut in Statum regnorum Lusitaniæ ex tunc imposterum conspirasse, & ad id populum commovisse, ipsis legitime constaret, juxta canonicas sanctiones condignis pœnis affectos absque alicuius censuræ, vel pœnæ ecclesiasticæ, seu irregularitatis notæ incursu, servata juris forma curiæ sæculari puniendos tradere possent & valerent.* Nos hujusmodi

jusmodi Gregorii prædecessoris Nostri litteras tum ad ecclesiasticos homines & clericos tam sæculares, quam regulares in sacris ordinibus constitutos, qui præfati flagitii & conjurationis, de qua agebatur, legitimis probationibus convicti fuissent, tum ad alios, qui imposterum contra regias personas, ac statum Fideliss. Lusitaniæ Regum, prædicti Josephi Regis Fideliss. successorum, quandocumque attentassent, extendere dignaremur. Nos autem, pro eo, quod pertinebat ad priorem hujusmodi petitionis partem per Nostras in forma Brevis litteras datas apud S. Mariam majorem die secunda elapsi mensis Augusti ejusdem mensæ Præsidenti & Deputatis petitam facultatem & auctoritatem concessimus, & impertiti fuimus cum opportunis clausulis conditionibus, & derogationibus prout in dictis nostris litteris latius continetur.

Cum autem accepimus præter supradictas præfati Gregorii Prædecessoris litteras, alias etiam ejusdem in simili forma, & sub eadem data expeditas, atque Archiepiscopis & Episcopis in Portugalliæ & Algarbiorum Regnis eorumque Provinciis & Dominiis constitutis inscriptas reperiri, per quas nimirum cæteris quibusvis personis & clero tam sæculari quam regulari etiam in sacris & presbyteratus ordinibus constitutis, si quæ unquam in eorundem regnorum Statum, aut Regiæ Majestatis offensione conspirassent, & ad id populum commovissent pro merito puniendis provisum fuerat, quarum quidem litterarum in præmissis Nostris expressa mentio facta non fueras.

Cumque etiam usque ab initio ex parte ejusdem charissimi in Christo Filii Nostri Josephi Portugalliæ & Algarbiorum Regis Fid. Nobis impositum fuerit, non satis consultum videri perpetuæ securitati & tranquillitati regiarum Personarum, & universi Status Regnorum Lusitaniæ, nisi prædictæ facultates eidem Tribunali seu Mensæ conscientiæ Regiæ, ejusque præsidenti & deputatis etiam pro futuris casibus, quibus ecclesiastici homines cujuscumque Ordinis & gradus in Personas regias, aut in statum Regnorum Lusitaniæ conspirasse aut attentasse comperti fuerint, prout in eadem Procuratoris & Promoto-

ris

ris prædicti petitione continebatur, concedantur & perpetuo tribuantur, ideoque ipsius Regis Nomine Nobis pariter supplicatum fuerit, ut super hoc etiam providere de benignitate apostolica dignaremur.

Nos qui ex officii Nostri debito Justitiæ Zelatores esse debemus, quique prædicti Fid. Regis Personæ ejusque regnorum, & universi status securitati & tranquillitati, quantum in nobis est, consulere optamus improbos, atque scelestos homines, qui præfati criminis atque flagitii reatum in se admiserint ecclesiasticæ libertatis & immunitatis beneficiis & favoribus indignos censentes; præsentium litterarum tenore & apostolica, qua fungimur potestate ejusdem Mensæ præsidenti & Deputatis, ut (non obstantibus etiam præfati Gregorii Prædecessoris litteris, quarum tenorem hic pro expresso ac per extensum inserto haberi volumus) absque alicujus censuræ, vel pœnæ ecclesiasticæ seu irregularitatis notæ incursu quoscumque ecclesiasticos homines tam sæculares quam cujuscunque ordinis etiam mendicantium, seu militiæ, etiam hospitalis, aut congregationis societatis, & instituti etiam infra expresse nominandi, regulares etiam in Sacris & Presbyteratus ordinibus constitutos (non tamen Episcopos iisve Superiores Prælatos) quos per legitimas probationes ad sacrorum Canonum, & Juris communis præscriptum præfati criminis in persona charissimi in Christo Filii Nostri Josephi Portugalliæ & Algarbiorum Regis Fid. impie perpetrati auctores, executores aut complices fuisse, & hujusmodi delicti juridice convictos aut confessos esse, ipsis constiterit, condignis pœnis vigore specialis facultatis & auctoritatis eisdem ad id præsentes tributæ, servato juris ordine damnatos (prævia degradatione per eum, ad quem pertinet juxta canonicas sanctiones decernenda, ac respective quoad eos, qui majoribus ordinibus initiati sint realiter exequenda) curiæ sæculari puniendos tradere libere ac licite possint & valeant; facultatem & auctoritatem concedimus, tribuimus, & impertimur.

Præterea quamvis refugiat animus de hujusmodi delictis imposterum committendis, & per ecclesiasticos præsertim homines fovendis, aut perpetrandis cogitare, nihilominus majori Fidelissimorum Regum

gum eorumque coronæ, securitati & quieti prospicere, ac regiis votis in hac parte uberius satisfacere volentes præfatis supplicationibus inclinati, prædictæ Mensæ regiæ Conscientiæ nuncupatæ, ejusque Præsidenti & Deputatis pro tempore futuris, dummodo in hujusmodi Tribunali, quoties ad infra scriptas causas agendum erit, Episcopus aliquis, aut Præsul, seu persona in ecclesiastica dignitate constituta Regi Fid. accepta, actu præsideat, & duo alii ex Deputatis Sacerdotali charactere insigniti &' in Theologica, aut canonica facultate Magistri, Doctores, aut Licentiati reperiantur, & in causis hujusmodi se ipsæ suffragium ferant, ut absque alicujus censuræ, vel pœnæ ecclesiasticæ, seu irregularitatis notæ incursu adversus quosoumque ecclesiasticos homines tam sæculares quam cujuscumque ordinis, Militiæ, congregationis, societatis, & instituti, ut supra dictum est, Regulares etiam in sacris & Presbyteratus ordinibus constitutos (non tamen Episcopos, iisve superiores Prælatos) quos in personam Fidelissimi Lusitaniæ Regis pro tempore existentis ex nunc imposterum quoquo modo attentasse, seu adversus regem ipsum ejusque regnorum statum conspirasse, & ad id populum commovisse, atque hujusmodi delictum patrasse juridice convictos, aut confessos esse, ipsis, ut præfertur, constiterit, vigore specialis facultatis & auctoritatis hujusmodi juxta formam superius præscriptam, usque ad traditionem curiæ sæculari procedere libere & licite possint & valeant, eadem apostolica auctoritate ipsarumque præsentium tenore facultatem & auctoritatem perpetuo concedimus, tribuimus, & impertimur, ut quæ præterea tam in præmisso quam in aliis casibus, quos Deus in futurum avertat, ob traditionem hujusmodi etiamsi ex illa membrorum mutilatio, vel hominum cædes subsequantur, nullæ censuræ, vel pœnæ ecclesiasticæ aut irregularitatis nota per quempiam illorum incurri possint, aut debeant eisdem auctoritatem & tenorem indulgemus, & respective cum ipsis dispensamus.

Non obstantibus iisdem præfati Gregorii Prædecessoris litteris cæterisque præfatis apostolicis, ac in universalibus, provincialibus & synodalibus Conciliis editis, generalibus & specialibus Constitutionibus

Sammlung III. Theil. &' or-

& ordinationibus, & quarumcumque ecclesiarum, dictorumque Ordinum mendicantium, & non mendicantium, etiam S. Antonii Viennensis, & undecim congregationum Monasticarum, Militarium quoque, etiam Hospitalis S. Johannis Hierosolymitani, congregationum Militarium quoque, etiam Hospitalis S. Johannis Hierosolymitani, Congregationum Clericorum Regularium, Societatum, etiam Societatis Jesu, & Institutorum quorumcumque etiam juramento, confirmatione apostolica, vel quavis firmitate alia roboratis stabilimentis, statutis, usibus, naturis & consuetudinibus, privilegiis quoque indultis, & litteris apostolicis illis illarumque Præsulibus & Capitulis superioribus, Administratoribus, & magnis Magistris, seu Præpositis, Canonicis, etiam Regularibus, Fratribus, Monachis, Militibus, Cappellanis, Presbyteris & Clericis Regularibus, aliisque Professoribus quibuscumque, seu quibusvis aliis personis quomodolibet concessis, confirmatis & innovatis. Quibus omnibus, etiam si pro illorum sufficienti derogatione de illis, illorumque totis tenoribus in præsentibus Litteris specialis specifica & individua mentio, seu quævis alia forma observanda, vel habenda foret, tenores hujusmodi pro expressis habentes illis alias in suo robore permansuris, ad præmissum effectum dumtaxat specialiter & expresse derogamus, cæterisque contrariis quibuscumque.

Zweyte

Zweyte Sammlung Urkundlicher Schrifften,

welche
zur beſſern Einſicht
der
neueſten Streitigkeiten

des
Portugieſiſchen und Römiſchen Hofes
wegen der Jeſuiten
dienen.

I. Schutz-

Num. I.
Schutzschrifft des Römischen Hofes,
in welcher
Die Aufführung dieses Hofes mit dem Betragen des Portugiesischen Hofes und dem Verfahren seines Ministers in Rom verglichen wird.

Nachdem man in Lissabon am 6. des vergangenen Monaths Junius die Vermählung des Durchlauchtigsten Infanten Don Petro und der Durchlauchtigsten D. Maria Francisca Prinzeßin von Brasilien ganz unvermuthet vollzogen hatte, so war diese so erfreuliche Begebenheit noch an eben dem Tage durch ein Billet des Herrn D. Ludwig d'Acunha des Staatssecretairs, davon hier die Abschrifft unter dem Buchstaben *A*. beygefüget ist, nicht nur allen Abgesandten der auswärtigen Höfen, sondern auch vielen Ministern vom zweyten Range bekannt gemacht worden.

Jedoch hatte man diese Achtung nicht gegen den Herrn Cardinal Acciajoli beobachtet, welcher sich doch an jenem Hofe als apostolischer Nuntius aufhielt; und Se. Eminenz merkte wohl, daß man diese

Ueber-

Uebergehung bey ihm mit Fleiß gethan hatte, um dadurch nicht nur seine Person, sondern auch den Character, welchen er bekleidete, zu beleidigen. Es hatte zwar der Herr Cardinal schon seit langer Zeit diejenige Hochachtung, die ihm als Nuntius und auch als Cardinal gehörte, an jenem Hofe nicht mehr genossen; jedoch so lange er glauben und seine Einbildungskraft nöthigen konnte, sich vorzustellen, daß man bloß auf seine Person ein Absehn habe, so erduldete er alles, und verbarg es mit einer unbeschreiblichen Mäßigung. Da er aber bey dem Umstande, wovon man jetzt redet, wahrnahm, daß man eine gegen alle andere Minister gebrauchte Höflichkeit gegen ihn nicht beobachtete, sondern ihn vielmehr verspottete, und im Angesicht der ganzen Stadt in seiner Person die Ehre seines Fürsten und höchsten Oberhaupts der Kirche beleidigte; so glaubte er, daß hier nunmehro keine Verstellung mehr Platz hätte, und ergriff die kluge Entschlüßung ein bequemes Mittel ausfindig zu machen, wodurch aller nur möglichen Unordnung vorgebeuget würde.

Se. Eminenz verfügte sich dahero noch an eben dem Tage zu dem Herrn Staatssecretario d'Acunha, und beklagte sich gegen ihn, warum man ihm nicht ebenfalls das Billet geschickt habe, welches man doch allen andern Ministern mitgetheilet habe. Der Herr d'Acunha antwortete ihm, daß man das Billet an die andern Minister nicht aus der Ursache geschrieben habe, um ihnen die Vermählung der königlichen Verlobten bekannt zu machen, sondern um ihnen den Rang und die Ordnung anzuzeigen, welchen sie bey der vorhabenden Audienz am Hofe bey dieser Gelegenheit zu beobachten hätten, und weil Se. Eminenz diese Rangordnung nichts angienge, so würde es überflüßig gewesen seyn, ihn von etwas zu benachrichtigen, was nicht vor ihn gehörte. Der Herr Cardinal antwortete hierauf, daß das Billet zweyerley enthielte, und das erste Stück in einer ausdrücklichen Anzeige der Vermählung bestünde; folglich wenn das Billet bloß die Absicht haben sollte, den Gesandten bekannt zu machen, wie sie sich bey der Audienz zu verhalten hätten, so wäre es unnöthig gewesen, daß man des erstern Puncts erwehnet hätte: es wäre also bey der würklich geschehenen Anzeige der

Vermählung billig, daß man wenigstens diese Höflichkeit auch gegen ihn beobachtete, und den andern Punct, welcher ihn nichts angienge, ganz wegließe. Und hierauf fuhr Se. Eminenz fort, ihn auf das angelegentlichste zu bitten, daß man ihn doch nicht in die Nothwendigkeit setzen möchte, sich von den öffentlichen Freudensbezeugungen auszuschließen, welche er eben so, wie alle andere wegen einer Begebenheit, die der königlichen Familie und der ganzen Nation zum Vergnügen gereichte, an den Tag zu legen wünschte.

Der Herr d'Acunha versprach Sr. Majestät die von Sr. Eminenz gethane Vorstellung zu hinterbringen, und ihm darauf eine schleunige Antwort zu ertheilen. Diese Antwort aber kam weder an diesem noch an dem folgenden Tage; folglich unterließ der Herr Cardinal an den bestimmten drey Abenden des 7. 8. 9. Jun. seinen Pallast, so wie die andern Gesandten, zu illuminiren. Damit er aber diese ganz abgenöthigte Enthaltung so viel möglich wieder gut machen möchte, so verfügte er sich zu dem Grafen von S. Lorenzo als dem ersten Cammerherrn des Durchlauchtigsten Infanten D. Petro, und bate ihn, dem Durchlauchtigsten Brautpaar seine ergebenste Entschuldigung zu vermelden, und ihnen die wahre Ursache davon zu berichten.

Niemand weder von Hofe noch von den Ministern beklagte sich gegen den Herrn Cardinal wegen seiner Enthaltung, und das Publicum, welches die Ursache davon wohl wußte, ließ weder an den Tagen der Freudensbezeugungen noch auch an den drauf folgenden Tagen, das geringste Zeichen eines Mißvergnügens gegen ihn blicken. Se. Eminenz lebte unterdessen ganz ruhig, und war eines Theils vollkommen überzeugt, daß er auf seiner Seite nichts versehen habe, andern Theils aber hatte er sich in die Umstände der Zeiten ganz ergeben.

Endlich geschah es ganz unvermuthet, daß am Morgen des 15. Jun. und zwar am Sonntage um 7. Uhr, oder um 11. Uhr welschen Zeigers zu der Zeit, da Se. Eminenz im Begriff stunden, die H. Meß zu lesen, in sein Hauß, welches von einer großen Menge Soldaten umgeben war, ein Commissarius von der Staatscanzley mit Namen Joh.

Joh. Calvao, und der Oberste D. Lud. de Mendoza kamen, und ihn zu sprechen begehrten, und als er sie hineinkommen lassen, überreichte ihm der ersterwehnte diejenige Schrifft, wovon hier die Abschrifft unter dem Buchstaben *B.* beygefüget ist. Hierauf verlangte der Herr Cardinal nur soviel Zeit, daß er ein Billet an den Staatssecretarius schreiben könnte; es wurde ihm aber nicht zugestanden, er bat ferner um Erlaubniß, die Messe zu hören, es wurde ihm auch dieses abgeschlagen; so daß er genöthiget wurde, sich augenblicklich anzukleiden, und nachdem er die wenigen Bedienten gerufen hatte, die ihm höchst nöthig waren, und wider alle Gewaltthätigkeit protestiret hatte, die man mit Verspottung seiner unverletzlichen Person und Characters, und mit offenbahrer Beleidigung eines öffentlichen Ministers, der allezeit in der Person der fürstlichen Gesandten verehret wird, gebraucht hatte; so wurde er gezwungen dem Officier zu folgen, und sich mit ihm auf königliche Barken zu setzen um über den Fluß zu fahren, worauf er auf der andern Seite des Flusses einige schlechte Wagen antraf, auf welchen er unter Begleitung von 30. Dragonern, die man ihm unter dem Schein einer Bedeckung vor alle Anfälle gegeben hatte, aber in der That zu nichts anders dienten als ihn wie einen Gefangnen zu führen, nach einer fünftägigen Reiße durch die Festungen Estremos und Elvas fuhr, und zwar ohne daß man ihm die geringste von den gewöhnlichen Ehrenbezeugungen gemacht hätte, und endlich an die Grenzen von Spanien anlangte, woselbst er alsdenn von seiner Bedeckung verlassen wurde. Er setzte hierauf seine Reise weiter fort und kam zu Badajos an, wo ihm der Commendant dieses Platzes solche Zeichen der Liebe und Höflichkeit erwies, die ihm größtentheils die bißhero erlittene Abmattung und Verdruß versüßeten.

Es ist jetzt keinesweges unser Vorhaben, die Ursachen und die Art der Vertreibung eines päpstlichen Nuntius von dem Hofe eines catholischen Fürsten zu untersuchen. Es wird dieses schon von einer andern Feder und zu einer andern Zeit beschrieben werden. Jetzt war aber nöthig diese Begebenheit vorher zu erzehlen, damit man nunmehro hinzu hinzusetzen konnte, daß, indem alle diese Dinge in Portugall erfolget waren, in Rom binnen wenig Tagen vier Courier an den gevollmächtigten Minister den Commendator Almada, nemlich zween am 21., einer am 28., und der vierte am 30. des verflossenen Monaths anlangten. Jedermann stund in der größten Erwartung, dasjenige zu wissen, was diese häuffigen Couriers mitgebracht hätten, und obgleich der königliche Minister ein großes Geheimniß daraus machte, so erfuhr man doch gleich so viel, daß sie sehr unangenehme Nachrichten brächten. Endlich an eben dem Tage nemlich den 30. des abgewichenen Monaths nach Mittage, als an einem Montage verlangte der Commendator d'Almada bey Unserm Herrn Audienz zu haben; da aber Se. Heiligkeit mit andern Dingen beschäftiget waren, so wurde ihm die Antwort ertheilet, daß ihn der H. Vater vor dem Freytag nicht anhören könnte. Er brachte hierauf noch an eben dem Abend durch ein Billet neue und dringende Ursachen vor, daß es die höchste Nothwendigkeit erforderte, Sr. Heiligkeit noch vor dem Donnerstage als an dem Tage, an welchem die spanische Post abgehet, aufzuwarten; so daß sich Unser Herr durch dieses heftige Ansuchen bewegen ließ ihm sagen zu lassen, daß er ihn am Mittwoche als den 2. Jul. früh anhören wollte, ob es gleich der ordentliche Audienztag seiner eigenen Staatsminister wäre, und es nicht ansehen wollte, daß der Cardinal Acciajoli, ungeachtet er schon seit vielen Monathen bey Sr. Majestät Ansuchung gethan, doch noch keine Audienz hätte erhalten können.

Mittlerweile kam an der Mittwoche die spanische Post an, welche die Briefe von Lissabon unterm 9. Jun. mitbrachte, und man erfuhr bey dieser Gelegenheit dasjenige, was mit dem Cardinal Nuntius biß auf den Tag, sowohl wegen seiner Forderung der allen andern Ministern erzeigten Höflichkeit, als auch wegen der gegründeten Ursachen vorgefallen war, um welcher willen er sich entschlossen hatte, sich ihnen bey den öffentlichen Freudensbezeugungen nicht gleich zustellen, wie auch andere Begebenheiten, welche das Unrecht der erstern vermehren, und die Anstalten deutlich verrathen, die man zur Beleidigung und Beschimpfung

fung des päpstlichen Ministers daselbst gemacht hatte. Um dieser gerechten Ursache willen hielte unser Herr vor gut, die Audienz, welche man dem Commendator de Almada verwilliget hatte, so lange aufzuschieben, bis man den eigentlichen Zustand der Sachen in Portugall, die man mit dem letzten Courier erfahren hatte, deutlicher wissen würde. Allein dieses war schon vermögend, daß der Minister nach Hintansetzung aller Mäßigung und schuldigen Achtung noch an eben der Mittwoche allen Ministern nebst einem Billet, worinn er ihnen seine bevorstehende Abreiße von diesem Hofe bekannt machte, zugleich ein starkes Paquet von Schriften austheilen ließ, die er schon bereit gehalten hatte, und die gleich nach erfolgter Austheilung einem jeden, der sie in Händen gehabt hat, eben so sehr zum Aegerniß als Eckel gewesen sind.

Wir wollen gegenwärtig gar nicht dasjenige beantworten, was man in diesen Schriften sehr übel zusammengesetzet hat, indem wir es zu anderer Zeit, wenn es nöthig seyn solte, thun werden. Wir wollen nur dieses sagen, daß darinn nichts gegründet ist, als die wiederholten Versicherungen von dem kindlichen Gehorsam und der beständigen Ergebenheit Sr. allergel. Majestät gegen den hl. apostolischen Stuhl, wovon unser Herr allezeit vollkommen überzeugt gewesen ist, und seyn wird, ob gleich die Aufführung des königl. Ministers niemals damit übereingestimmt hat, und daß nichts darinn erträglich ist, als verschiedene Urkunden, welche gerade das Gegentheil von dem Satze beweisen, den man in der Deduction des Vorfalls und der Ursache davon angenommen hat, und vielmehr deutlich zu erkennen geben, wie groß die Nachsicht unsers Herrn gegen die Forderungen Sr. Majestät, wie groß sein Verlangen gewesen sey, den König so viel möglich zufrieden zu stellen, und wie viel seine Minister in den Unterhandlungen mit dem königl. Gevollmächtigten auch noch zu der Zeit erduldet, da man sein ausschweifendes Verfahren dem Hofe zu Lisabon mit einem im Monath October des abgewichenen Jahrs abgeschickten Memoire bekannt gemacht hatte, von welchem man jedoch nicht weiß, ob es so glücklich gewesen ist, zu dem Thron Sr. Majestät zu gelangen, und welches man bey

Sammlung III. Th.   P   vorkom-

vorkommender Gelegenheit zur Vollständigkeit des von dem Commenda=
tor de Almada ausgetheilten Summariums bekannt machen wird.

Man füget über dieses hinzu, daß die Minister Sr. Heiligkeit vor Se. allerget. Majestät denjenigen Respect, und diejenige Hochach=
tung und Ergebenheit allezeit gehabt haben, und künftig haben werden, welche einem jeden gekrönten Haupte zukommt, und welche sie um so vielmehr einem so vorzüglich von dem hl. apostolischen Stuhle geliebten Könige sowohl um sein selbst willen, als auch wegen der Verdienste seiner Durchlauchtigsten Vorfahren schuldig sind. Sie haben es sich dahero diesen ihren Gesinnungen zufolge zu einem Gesetze gemacht, die Mini=
ster, welche sich der königl. Majestät vor andern nähern besonders zu verehren, und von ihnen als Personen, die mit der königl. Majestät ge=
nau verbunden sind, zu reden, indem sie wohl einsehen, daß man sich an einem Minister wegen der Geschäfte seines Amts ohne Beleidigung des Fürsten nicht vergreiffen kann. Nun überlässet man es hier der er=
lauchten Einsicht der Minister, an welche der Commendator de Alma=
da seine Schriften überschickt hat, zu überlegen, ob es ihm erlaubt ge=
wesen sey, so zu reden, wie er von den Ministern Sr. Heiligkeit gethan hat, ohne den H. Vater selbst aufs heftigste zu beleidigen, und ferner zu entscheiden, ob ein fremder Minister sich erklären könne, daß er nicht mit dem Staats=Minister des Fürsten, an welchen er geschickt ist, Un=
terhandlung pflegen wolte. Wir wissen, daß uns die Historie viele Exempel darstellet, und die Geschichte von Portugall zeiget uns ganz neuere Beyspiele, womit man beweisen kann, daß ein Hof, wenn er nicht mit dem ihm zugeschickten Minister zufrieden ist, ersuchet, und es auch erhalten hat, daß man ihn zurück berufen hat, und eben diese Exempel sind es, welche sich auf den Fall mit dem Commendator de Almada schicken; allein davon wird man nicht leicht ein Exempel an=
führen können, daß ein fremder Minister sich unterstanden habe, allen Umgang und alle Unterredung mit dem vornehmsten Minister des Für=
sten, an welchen er geschickt ist, auszuschlagen.

Wir

Wir wollen aber dem Leitfaden unserer unterbrochenen Erzehlung wieder folgen, und zu förderst bemerken, daß der Commendator de Almada würde so frey gewesen seyn, die Schriften, wovon die Rede ist, unserm Herrn selbst zu überreichen, wofern ihm nicht die verlangte Audienz wäre abgeschlagen worden, und also die päpstliche Heiligkeit persönlich zu beleidigen. Der Inhalt dieser Blätter zeiget deutlich, zumal wenn man ihn mit dem bishero gegen die Minister dieses Hofes, und gegen alle sonst so vertraute Personen beobachteten Stillschweigen vergleichet, daß sie schon dazu vorbereitet waren; und jederman siehet es ein, was vor eine Ahndung der bloße Vorsatz verdienet hätte, einen Fürsten, bey welchem die Oberherrschaft in geistlichen und weltlichen Dingen vereiniget ist, auf diese Art zu beleidigen.

Dem ungeachtet brauchte unser Herr, ob er gleich an der Mittwoche von der Austheilung der angezeigten unanständigen Schriften war benachrichtiget worden, und die erfolgte ungebührliche Vertreibung seines Nuntius in Lissabon erfahren hatte, diejenige heldenmüthige Mäßigung, die ihm auch schon vor seiner Erhebung auf den päpstlichen Thron so natürlich war, und ließ den folgenden Morgen des Donnerstags nach der gehaltenen Versammlung des hl. Officiums den Herrn Cardinal Neri Corsini als Protector der Crone von Portugall zur Audienz kommen, und als er sich dieser Sache wegen mit ihm unterredete, so vernahme er von Sr. Eminenz (der sonst gar sehr versicherte, daß er die bemeldten Schriften noch nicht gesehen hätte) die verschiedenen Forderungen, welche der königl. Minister machte, und zwar auf diese Art, daß Se. Heiligkeit eine von seinem vornehmsten und ordentlichen Minister unterschiedene Person dazu bestimmen sollte, um die vorwaltenden Sachen von Portugall abzuthun. Se. Heiligkeit wurde über eine so seltsame Forderung nicht nur mit Recht unwillig, und verwarfen dieselbe mit der größten Standhaftigkeit, sondern erklärten sich auch überdieses, weil er wohl sahe, daß man die Untersuchung solcher Materien mit dem Commendator de Almada nicht mehr in Ruhe fortsetzen könnte, daß er künftig diese Sachen mit Niemand anders als mit Sr. Eminenz selbst unter-

untersuchen wollte. Hierauf geschah es nun, daß der Herr Cardinal Gelegenheit nahm, bem H. Vater den Brief Sr. Majestät nebst der Bekanntmachung der Vermählung der Durchlauchtigsten Infantin zu überreichen, (von welchem Briefe vorher der Minister bey seinem wiederholten mündlichen und schriftlichen Ansuchen wegen einer Audienz nicht die geringste Erwehnung gethan hatte,) und als ihn Se. Heiligkeit mit vielen Vergnügen angenommen hatten, so ließ er ihn so gleich den folgenden Tag beantworten, um auch dadurch Sr. Majestät seine herzliche Freude über alle angenehme Vorfallenheiten der königl. Familie zu bezeigen.

Jedoch an eben diesem Donnerstage Nachmittag, wurde nach einer geschehenen Ankündigung, (wovon man bis zum größten Eckel nur die Abschrift unter dem Buchstaben C. lesen darf) welche an dem vorhergehenden Tage an der Thüre der Sancristey von der National-Kirche des H. Antonius an einem zwar inwendigen doch ganz öffentlichen Orte dieses Gebäudes angeheftet war, in dem Hause des Commendators de Almada eine zahlreiche Versammlung von mehr als hundert Portugiesen gehalten, welche nach der erfolgten Anzeige eines völligen Friedensbruch mehr das Ansehn einer Empörung annahm. Der H. Vater erduldete auch diese Ausschweiffung, und als er verstattete, daß in Rom immer noch ein Mensch bleiben durfte, welcher so vieler Ursachen wegen sich unwürdig gemacht hatte, als ein Minister eines Fürsten angesehn zu werden, welcher die Einigkeit und Freundschaft mit einem andern unterhalten will; so geschah es endlich, daß man am Sonnabend als den 5. Julii von neuem an der Thüre eben dieser Sancristey eine andere Anzeige wahrnahm, deren Inhalt unter dem Buchstaben D. befindlich ist, und also zu eben der Zeit, da man sich erklärte, daß man mit Sr. Heiligkeit vollkommen zufrieden sey, eine Beleidigung nach der andern ausgeübet wurde.

Nunmehro war es nicht mehr möglich, daß Se. Heiligkeit auf die Nachricht von dieser neuen Unternehmung eine größere Gedult brauchen konnte. Der H. Vater ließ dahero noch an eben dem Abend den Herrn
Cardinal

Cardinal Corsini rufen, (welcher eine solche Neuigkeit noch nicht gehöret hatte) und gab ihm zu erkennen, wie groß der Mißbrauch sey, welchen der Commendator de Almada von der am vergangenen Donnerstage mit Sr. Eminenz gehaltenen Unterredung machte; indem er die ihm gethane Erklärung, daß er die Sachen von Portugall mit niemand anders als mit Sr. Eminenz untersuchen wollte, (welche ihrem richtigen und natürlichen Verstande nach eine völlige Ausschließung des königl. Ministers anzeigte) dahin gedeutet hätte, daß der Herr Cardinal Corsini der Mittler von allen Unterredungen seyn sollte, welche man zwischen Sr. Heiligkeit und ihm selbst nebst gänzlicher Ausschließung des ersten Staats-Ministers anstellen wollte; und dahero auch diese Erklärung einer solchen falschen Auslegung zufolge nicht nur durch eine Anzeige, sondern auch durch neue Billets allen Ministern auswärtiger Höfe bekannt gemacht hätte. Hierauf geschah es nun, daß unser Herr um ein Werkzeug aus dem Wege zu räumen, welches allezeit bereit war, das Feuer der Uneinigkeit immer mehr anzublasen, fernerhin gegen dem Herrn Cardinal Corsini sich erklärte, daß er so lange von keinem Theile die geringste Unterredung, wegen der obwaltenden Streitigkeiten mit Portugall anstellen wollte, bis der Commendator de Almada nicht von Rom abgereiset, und aus dem ganzen Kirchen-Staat sich wegbegeben hätte; alsdann wäre er bereit, mit allem Vergnügen, eine jede Unterhandlung anzuhören, die man mit der schuldigen Wohlanständigkeit, und Hochachtung gegen sein Ansehn, und gegen dem hl. Stuhl anfangen könnte.

Dieses ist die aufrichtige Erzählung von allem, was sowohl vor als nach der Vertreibung des Herrn Cardinals Acciajoli aus Portugall, und der Abreise des Commendators de Almada von dem römischen Hofe sich zugetragen hat. Man hat sich beflissen, die Sache nach ihrer lautern Wahrheit ohne nachdrückliche Worte, und zierliche Reden vorzustellen, welche ohne dem eine schlechte Hülfe vor denjenigen sind, der da weiß, daß er Unrecht hat. Denn wer sich auf seinen

Grund verläffet, der ist gerne zufrieden, daß ein jeder sein Urtheil nach
den unwiedersprechlichen Begebenheiten fälle.

A.
Hochwohlgebohrner Herr.

Die Gewißheit, welche der König hat von dem Antheil, den Se.
allerchristlichste catholische Majestät an allen Begebenheiten nimmt,
welche diesem königl. Hause und Familie zum Vergnügen gereichen,
verursachte, daß eben dieser Monarch zu der Stunde, da man die
Vermählung der Durchlauchtigsten Princeßin von Brasilien mit dem
Durchlauchtigsten Infanten Don Petro vollzog, diese erfreuliche
Nachricht bekannt machte, welche ich auf Befehl meines Herrn Ew.
Excellenz mittheile, und zugleich ersuche, einen Courier an Dero Hofe
wegen dieses Vorfalls abzuschicken. Und gleichwie man um bey dieser
Gelegenheit die Audienz bey Ew. Ew. Majestät Majestät und Hochheiten
wiederholen muß, so habe Befehl Ew. Excellenz anzuzeigen, wie der
König festgesetzt hat, daß die Minister von gleichem Range in Ansehung
ihres Characters nach dem Alter ihrer Credentialen, womit die Herren
Gesandten und auswärtigen Minister bey diesem Hofe ihren Character
bestätiget haben, die Audienzen nehmen sollen. Ew. Excellenz werden
mich sonst in allem, was zu Dero Vergnügen seyn wird, bereitwillig
finden. GOtt erhalte Ew. Excellenz noch viele Jahre.

Im Pallaste vom 6. Jun. 1760.

Ew. Excellenz

unterthänigst gehorsamster Diener
de Ludwig da Cunha.

B.
Hochwohlgebohrner und Hochwürdigster Herr.

Seine Majestät bedienen sich der gerechten und höchsten Macht, die
ihnen nach allen Rechten zukommt, um seine königl. Hoheit unverletzt

verletzt zuerhalten, und seine Unterthanen vor den Aergernißen zu bewahren, welche der öffentlichen Ruhe seinem Reiche nachtheilig sind, und befiehlet mir Ew. Eminenz anzuzeigen, daß Ew. Eminenz sogleich nach Ueberreichung dieses Schreibens aus dieser Stadt auf der andern Seite des Tago abreisen, und sich gerades Weges binnen vier Tagen aus diesen Reichen wegbegeben sollen.

Es sind zu besserer Fortbringung Ew. Eminenz die königl. Wagen an dem andern Ufer dem Hause Ew. Eminenz gegenüber schon bereitet.

Und damit Ew. Eminenz sich in dieselben setzen, und Dero Reise ohne die geringste Gefahr einiger Beleidigung fortsetzen mögen, welche dem Schutze zuwider sind, dem Se. Majestät in allen Fällen der Unverletzlichkeit des Characters, den Ew. Eminenz bekleiden, in seinen Reichen leisten wollen; so hat eben dieser Herr zu gleicher Zeit befohlen, daß Ew. Eminenz bis an die Grenze dieses Reichs durch eine anständige und hinlängliche militarische Bedeckung soll begleitet werden. Ich verharre übrigens Ew. Eminenz mit aller Ergebenheit zu dienen. GOtt erhalte Ew. Eminenz noch viele Jahre.

Im Pallaste den 14. Jun. 1760.

Ew. Eminenz

gehorsamster Diener
de Ludwig da Cunha.

C.

Franciscus d'Almada, e Mendozza, Sr. allergetreuesten Majestät Geheimder Rath und gevollmächtigter Minister bey dem H. apostolischen Stuhle.

Thue kund allen Unterthanen des Königes Unsers Herrn, daß nachdem Unser Herr schon seit langer Zeit und mit ausnehmender Standhaftigkeit aus einer ganzen Reihe von entscheidenden Begebenheiten,

ten, die gegenwärtig von dem politischen Ministerio des römischen Hofes in Zweifel gezogen werden, wahrgenommen hat, daß der Zugang verschlossen ist, wodurch man die Vorstellungen Sr. Majestät vor Se. Heiligkeit zu bringen suchte, ohne daß die Erfahrung einer so langwierigen Nachsicht ihm die geringste Hoffnung übrig lässet, sein gehorsamstes Ansuchen Sr. Heiligkeit bekannt zu machen, und ferner gesehen hat, daß die ausserordentliche, ärgerliche und unerhörte Feindseligkeit eben dieses Ministeriums so weit gieng, daß es Sr. allergetreuesten Majestät den Friedensbruch ankündigte, und daß es also bey diesen Umständen nicht mehr möglich war, daß Unser Herr in Rom einen Minister, und eine Anzahl von angesehenen und getreuen Unterthanen lassen sollte, damit sie bloß von den Beleidigungen Zeugen seyn könnten, welche man wider seine königliche Hoheit, und wider die päpstliche Ehre sowohl mündlich als schriftlich immer mehr und mehr häufet, und welche das politische Ministerium und dessen Anhänger, die zum allgemeinen Aergernisse von ganz Europa sich mit ihnen vereinigen, stets vermehren; so ist der Monarch genöthiget worden zu befehlen, daß der erwehnte gevollmächtigte Minister, und alle Unterthanen seiner Crone (und die andern, welche als solche die geistlichen Beneficien genießen) sogleich von einem Hofe sich wegbegeben, woselbst sie, ohne daß sie dem Papst einigen Dienst erweisen können, durch ihre Gegenwart die Rechte der königlichen Hoheit verletzen, als welche Se. allergetreueste Majestät unverletzt und im weltlichen unabhängig erhalten muß, da sie ihm seine durchlauchtigsten Vorfahren so überliefert haben, wofern er sich nicht allein gegen GOtt und die catholische Kirche, wovon er sein gehorsamer Sohn und standhafter Vertheidiger zu verbleiben wünschet; sondern auch gegen alle Monarchen in der Welt verschulden wollte.

 Dahero befiehlet Se. allergetreueste Majestät, daß sich alle Unterthanen am 3. des jetzigen Monaths Jul. um. 21. Uhr welschen Zeigers bey dem gevollmächtigten Minister um deßwillen einfinden sollen, damit man von allen Personen ein genaues Verzeichniß verfertigen könne. Und damit die erwehnte königliche und nothwendige Entschlüßungen

gen Sr. allergetreuesten Majestät allen Unterthanen dieses Herrn bekannt werden mögen; so habe ich gegenwärtiges Edict ausfertigen lassen, als welches von mir unterschrieben an der königlichen Sacristey des H. Antonius von eben dieser Nation wird angeheftet werden, damit niemand von den Unterthanen sich mit der Unwissenheit entschuldigen könne.

Gegeben in Unserer Residenz am 2. Jul. 1760.

Franciscus d'Almada e Mendozza
auf Befehl Sr. allergetreuesten Majestät.

P. Antonio Rodriguez.   Secretarius.

D.

Franciscus d'Almada e Mendozza Sr. allergetreuesten Majestät Geheimder Rath und gevollmächtigter Minister bey dem H. apostolischen Stuhle.

Thue kund allen Unterthanen des Königes Unsers Herrn, daß nachdem Se. Heiligkeit nach seiner bekannten Gütigkeit erwogen, wie unmöglich es sey, daß der erwehnte gevollmächtigte Minister wider den ausdrücklichen Befehl des Königes Unsers Herrn mit dem politischen Ministerio Sr. Heiligkeit fernere Unterhandlungen pflegen könnte, als von welchem Se. allergetreueste Majestät so heftig ist beleidiget worden, so geruhet nunmehro der H. Vater mit gänzlicher Ausschlüßung des erwehnten politischen Ministerii Se. Eminenz den Herrn Cardinal Corsini als Protector der Crone Sr. allergetreuesten Majestät zu ernennen, damit er mit dem gevollmächtigten Minister in Unterredung tretten solle. Und gleichwie der erwehnte Minister vermittelst dieser Ernennung eines so würdigen und eifrigen Cardinals hoffet, daß man Sr. allerget. Majestät einen neuen und sichern Weg eröfnen wird,

Sammlung III. Theil.   Q   die

die gebührende Genugthuung und zwar mit derjenigen Geschwindigkeit zu erhalten, welche die dringende Nothwendigkeit der gegenwärtigen Umstände erfordert; so hat es eben der Minister vor gut befunden, die Verantwortung des Aufschubs eines Friedensbruchs, den man am 2. Jul. bekannt gemacht hatte, so lange über sich zu nehmen, biß man siehet, ob der H. Vater (in Betrachtung eines Monarchen, der an seinem eigenen Hofe durch die hinterlistige Nachstellungen mörderischer Weise ist angefallen worden; und endlich in Betrachtung eines Monarchen, der über ein ganzes Jahr an diesem Hofe als dem Haupte der catholischen Kirche durch solche Lästerungen ist beleidiget worden, die einer jeden Privatperson äußerst mißfällig seyn würden) sich werde bewegen lassen, Sr. allergetreuesten Majestät die wohlverdiente und nothwendige Genugthuung zu verschaffen, welche eben dieser Monarch von der unveränderlichen Gerechtigkeit Sr. Heiligkeit so sehnlich erwartet. Damit nun eine solche Nachricht allen Unterthanen von der Nation bekannt werde, so habe ich dieses Edict ausgehen lassen, welches man von mir unterschrieben an dem gewöhnlichen Orte anheften wird, wo das andere vom 2. Jul. befindlich ist.

Gegeben in dem Pallaste Unserer Residenz den 4. Jul. 1760.

Num. II.

Memoire

Sr. Eminenz des Herrn Cardinals Neri Corsini, des Protectors der Crone von Portugall an die Minister der auswärtigen Höfe, und an die Cardinäle wegen der Schutzschrift des römischen Hofes.

Im Pallaste den 4. Jul. 1760.

Nachdem der Cardinal Corsini als Protector der Crone von Portugall vernommen, daß ein Memoire, welches in den abgewichenen Tagen wegen der Sachen in Portugall heraus gekommen, in Ew.

Excel-

Excellenz Hände gefallen sey und nicht einsehen kann, wie dasjenige zu verstehen sey, was man darinn von seinem Verfahren gesaget hat, so nimmt er sich die Freyheit, es Ew. Excellenz in dem beygefügten Memoire mit der größten Aufrichtigkeit und Wahrheit zu erzehlen und zwar in der gewißen Versicherung, daß er in diesem Stücke den rechten Verstand von demjenigen treffen wird, was Unser Herr anbefohlen hat, daß man in Absicht auf die Person deßen, der dieses Memoire schreibet, bekannt mache, als welcher sich Ew. Excellenz gehorsamst empfiehlet, und Denenselben unterthänigst die Hand küßet.

Memoire.

Nachdem der Commendator d'Almada, die Audienz an der Mittwoche als dem 2. dieses Monaths verlanget und verwilliget bekommen hatte, und ihm noch an eben dem Tage wieder war abgeschlagen worden, so wollte er nach seinen Befehlen sogleich einen offenbahren Friedensbruch zwischen beyden Theilen bekannt machen. Der Cardinal Corsini als Protector der Crone von Portugall wünschte, dieses als eine dem H. Stuhl, der Kirche von Portugall, den Missionen und auch den weltlichen Händeln höchst schädliche Sache zu verhindern, und nahm es über sich, die Vorstellung zu thun, welche der Commendator d'Almada vortragen sollte, daß man ihm nemlich einen andern Minister des H. Stuhls ernennen möchte, mit welchem er die Sachen abhandeln könnte, indem er den gemeßensten Befehl hätte, mit dem politischen Ministerio Unsers Herrn nichts vorzunehmen. Er bat dahero Se. Heiligkeit am folgenden Donnerstage früh, einen Cardinal vom Pallaste zu ernennen; aber er vernahm, daß Unser Herr aufs gnädigste antwortete: Wir wollen niemand anders als Sie anhören. Hierauf überreichte er den Brief des Königes, in welchem man Sr. Heiligkeit die erfolgte Vermählung der königlichen Prinzeßin von Brasilien berichtet hatte, und gab sogleich dem königlichen Minister davon Nachricht, damit er den Friedensbruch aufschieben, und die Antwort

Unſers Herrn auf den bemeldten Brief des Königs abſchicken möchte, wie er auch würklich that.

Die Worte, womit er dem Miniſter das Wohlgefallen Unſers Herrn anzeigte, ſind folgende: Es hat Unſer Herr den Brief Sr. allergetreueſten Majeſtät mit dem gröſten Vergnügen empfangen, und hat die Vorſtellung angenommen, daß man einen Cardinal haben möchte, mit welchem man die Sache abhandeln könnte, er hat aber niemand anders anhören wollen, als den Cardinal, der dieſes ſchreibet. Als man nun hierauf am päpſtlichen Hofe das Edict oder die Anzeige geſehen, womit man die Abreiſe der Nationalen aufgeſchoben hatte, und Unſer Herr geglaubt hatte, daß man ſich allzuſehr damit brüſtete, oder ſich auf eine unſchuldige und gnädige Nachſicht allzuviel einbildete; ſo ließ Unſer Herr am Sonnabend Abends den Cardinal Corſini rufen, und kündigte ihm den Aufſchub der aufgetragenen Sache ſo lange an, als ſich der Commendator d'Almada in ſeinen Staaten aufhalten würde. Da aber der Cardinal Corſini ſahe, daß der Miniſter ſchon bereit war, von ſelbſt und aus eigenem Willen abzureiſen; ſo rieth er ihm vielmehr dazu, aber enthielt ſich dabey, ihm die Erklärung Unſers Herrn bekannt zu machen, indem er dadurch verhindern wollte, daß nicht noch ein größer Feuer angezündet würde, und gewiß glaubte durch dieſe Verſchwiegenheit die Pflichten eines Cardinals aufs beſte zu erfüllen, und dem H. Stuhl den größten Dienſt zu thun, wenn er ſich vorbehielte, auf Mittel zu denken, wie man dem portugieſiſchen Hofe die päpſtliche Entſchlüßung mit ſolchen Farben abmahlen möchte, wodurch eine Ausſöhnung am bequemſten erhalten würde. Und ſo glaubte er, daß ein jeder guter Miniſter und vornemlich ein geiſtlicher Miniſter verfahren ſollte.

Num.

Num. III.
Billet des portugiesischen Ministers,
in welchem er den fremden Ministern den Aufschub seiner Abreise von Rom wegen der zwischen Sr. Heiligkeit und dem Herrn Cardinal Corsini erfolgten Unterredung anzeiget.

Im Pallaste den 3. Jul. 1760.

Der gevollmächtigte Minister Sr. allergetreuesten Majestät muß heute zufolge dessen, was er Ew. Excellenz N. N. gestern zu berichten die Ehre gehabt, melden, wie seine Abreise von Rom wegen eines angefangenen Tractats, wovon man einen glücklichen Ausgang hoffet, ist aufgeschoben worden. Der Minister, welcher dieses schreibet, hat vor gut befunden, um Ew. Excellenz eine so wichtige Neuigkeit so geschwind als möglich wissen zu lassen, sich gegenwärtigen Billets zu bedienen, um hernach persönlich seine Schuldigkeit beobachten zu können. Er küsset Denenselben mit unveränderlicher Ergebenheit die Hand.

Num. IV.
Edict (1)
des portugiesischen Ministers, welches er bey seiner Abreise von Rom bekannt gemacht.

Franciscus d'Almada, e Mendozza.

Sr. allergetreuesten Majestät Geheimder Rath und gevollmächtigter Minister bey dem H. apostolischen Stuhle.

Die deutliche Erkentniß welche ich von der ausnehmenden Ergebenheit habe, die der König mein Herr allezeit gegen den H. apostolischen Stuhl geheget hat, und beständig noch unterhält, indem er nicht nur
seinen

---

(1) Es wird hoffentlich den Lesern nicht unangenehm seyn, wenn man hier zu besserer Einsicht des Zusammenhanges dieses Edicts mit dem ganzen Verlauf der Sache eine kurze historische Nachricht beyfüget, welche von Rom selbst herrühret.

Es wurde nemlich am 4. als am Sonnabend früh eine Congregation gehalten, welche die Sachen von Portugall betraf. Es kamen dazu die Herren Cardinäle Delci, Spinelli, Cavalchini, Merlino, Rezonico, Antonelli, Torreggiani und der Cardinal Tempi solte auch dabey seyn, er konnte sich aber wegen seines Podagra nicht einfinden. Außer diesen wurden noch die Herrn Ratta, Boschi, und der Graf Carampa dazu gelassen. Der Papst ließ gegen Abend den Herrn Cardinal Corsini rufen, und beschwehrte sich gegen ihn erstlich über den Fehler den er dadurch begangen, daß er es bekannt gemacht hätte, wie man ihm mit Ausschlüßung des politischen Ministeriums Sr. Heiligkeit die Sachen von
Portu-

seinen durchlauchtigsten Vorfahren nachahmet, sondern dieselben noch
übertrifft, bewog mich, die Verantwortung des Aufschubs eines Friedensbruchs über mich zu nehmen, welchen man am 2. Jul. förmlich angekündigt hatte, indem ich den erwehnten Aufschub auf die Deputation
gründete, welche Se. Heiligkeit mit so vieler Leutseligkeit in der Person
des Herrn Cardinals Corsini als Protectors verordnet hatte, damit
man die königliche Vorstellungen des Königs meines Herrn durch diesen
so eifrigen Cardinal aufrichtig und unverfälschet vor den H. Vater bringen könnte. Allein diese Deputation hat eine ganz widrige Würkung
gehabt, welche mich nöthiget, ohne den geringsten Zeitverlust und mit
dem äußersten Mißvergnügen, daß ich mich nicht zu den Füßen Sr.
Heiligkeit niederlegen, und den apostolischen Seegen empfangen kann,
von Rom abzureisen. Bey so gestalten Sachen thue also allen Unterthanen Sr. allergetreuesten Majestät kund, daß eben dieser mein Herr
mir

Portugall aufgetragen habe; und zweytens über das Edict des portugiesischen Ministers, welches er an die Nationalkirche habe anschlagen lassen.
Und darauf wurden alle Tractaten aufgehoben. Am 6. Jul. als am
Montag Abends erfolgte die Abreise des Ministers. Am 7. Jul. vercei-
sete auch sein Secretair nebst einem Theile seiner Familie, und in der
Nacht wurde das portuglesische Wappen von dem Pallaste des Ministers
abgenommen.

Am 7. als am Dienstage war auch ein Courier abgegangen, welchen der Staatssecretarius an den Cardinal Acciajoli abgeschickt hatte,
und noch an eben dem Abend wurde noch die obengesetzte Schutzschrifft des
römischen Hofes allen fremden Ministern übergeben.

Die Trennung der beyden Höfe ist nunmehro erfolget, und es
scheinet keine Hoffnung eines Vergleichs möglich zu seyn. Es sind zwar
einige, welche sich noch mit einem Vergleiche schmeicheln, allein diejenigen hoffen es nicht, welche die Sachen genauer einsehen, und zugleich
bemerken, wie heftig der römische Hof das strafbare Verfahren der Jesuiten vertheidiget.

mir anbefohlen hat, mich nebst allen Unterthanen und Vasallen, auch nebst denen, welche als solche in seinen Reichen und Staaten Beneficien geniessen, von diesem Hofe und aus dem ganzen Kirchenstaate hinwegzubegeben. Jedoch in Betrachtung dessen, daß viele und vielleicht der größte Theil der Unterthanen diesen Befehl nicht so schleunig, als man es bey diesen Umständen verlangt, wegen der entsetzlichen Hitze dieser Jahrszeit ohne die größte Gefahr ihres Lebens vollziehen können, so erachte es zu gleicher Zeit, da ich es an Se. allergetreueste Majestät berichte, vor gut, die Vollziehung dieses Befehls biß auf den ganzen Monath September zu verlängern, und hoffe, daß Unser Herr, der ein eifriger Liebhaber des Wohls seiner Unterthanen ist, die Gnade haben wird, mein Gutachten genehm zu halten.

Gegeben im Pallaste meiner Residenz am 6. Jul. 1760.

Franciscus d'Almada e Mendozza.
Auf Befehl des Königes meines Herrn.

D. Antonio Joseph Rodriguez. Sec.

Num. IV.
Billet
des portugiesischen Ministers
Womit er den Ministern der auswärtigen Höfe seine Abreise von Rom bekannt macht.

Im Pallaste den 7. Jul. 1760.

Der gevollmächtigte Minister Sr. allergetreuesten Majestät befindet sich in der unangenehmen Nothwendigkeit, Ew. Excellenz dem Herrn N. N. zu melden, wie gleich nach der Ernennung des
Herrn

Herrn Cardinal Corsini, um mit dem Schreiber dieses sich zu unterreden, ganz unvermuthet neue Ursachen entstanden sind, um welcher willen er von Rom abreisen muß, und weil er wegen Kürze der Zeit nicht persönlich seine Schuldigkeit beobachten kann, so erfüllet er seine Pflichten mit dem gegenwärtigen Billet, und küsset Euer Excellenz mit unveränderlicher Ergebenheit die Hand.

Num. V.

Memoire des portugiesischen Ministers, worinn die Ursache angezeigt wird, warum er seine Abreise von Rom beschleunigen müße.

Ju eben der Zeit, als der Minister Sr. allergetr. Majestät befohlen hatte, das oben angeführte Gegen-Edict wegen seiner Abreise anzuschlagen, schickte er auch einen Courier an den Hof zu Lisabon mit den Billetten des Cardinals Corsini, und mit dem Bericht von dem neuen Mittel, welches ihm der erwehnte Cardinal zur fernern Abwendung des vorher schon angekündigten Friedensbruches an die Hand gegeben hatte, indem er sich schmeichelte, daß derselbe durch die Vermittelung des neuen Ministers, welchen Se. Heiligkeit ernennet hatte, könnte gänzlich vermieden werden.

Jedoch diese wohlgegründete Hoffnung war von kurzer Dauer, indem sie nicht einmal 24. Stunden währete. Denn der Cardinal Torreggiani, welcher durch die Ausschließung, so der H. Vater in seiner Person gemacht hatte, äußerst aufgebracht war, verfügte sich zu Sr. Heiligkeit, und brachte es nach einer von 6. Uhr des Nachts biß 10. Uhr des Morgens am vergangenen 4. Jul. gehaltenen Unterredung dahin, daß man am folgenden Morgen eine Congregation mit Ausschließung des Cardinals Corsini zusammen berief.

Man erfuhr hierauf durch sichere Nachrichten, daß der größte Theil der Cardinäle und Prälaten nicht nur in Gegenwart Sr. Heiligkeit,

keit, sondern auch ausserdem der Meynung gewesen, und nach reiflicher Ueberlegung und mit apostolischen Gesinnungen der Redlichkeit, Gerechtigkeit, und Klugheit, welche an einem Hofe, so das Haupt der Kirche ist, niemals fehlen können, behauptet haben, „daß man das „vorgeschlagene Mittel einer Deputation, welches Se. Heiligkeit dem „Cardinal Corsini aufgetragen habe, um mit dem gevollmächtigten „Minister Sr. allergetr. Majestät Unterhandlung zu pflegen, nicht wie„derrufen könne, weil es in dem Schreiben ausgedruckt sey, welches „der erwehnte Cardinal dieserwegen an den portugiesischen Minister ge„schrieben hätte; daß der besagte Minister im völligen Vertrauen auf „diese schriftlichen Versicherungen die Gefahr des Aufschubs der Befehle „seines Hofes auf sich genommen, und gesuchet hätte, Se. allergetr. Maj. „durch einen abgeschickten Courier von der gütigen Gesinnung Sr. „Heiligkeit zu benachrichtigen; und daß es endlich bey diesen Umständ„en mit dem Ansehn Sr. Heiligkeit nicht bestehen könne, daß man „während dieses abgefertigten Couriers die erwehnte Deputation ver„ändern, oder durch eine schleunige und unerwartete widrige Verord„nung fernere Entschließungen fassen wollte.„

Demungeachtet behielt doch der erbitterte Cardinal Torreggiani dergestalt die Oberhand, daß er noch an eben dem Tage nemlich am 4. Jul. nach vorhergegangenen vielen unanständigen und unüberlegten Ausdrücken den Cardinal Corsini durch eine Anzeige aus der Staats-Canzley zu sich rufen ließ, damit er sich nebst ihme zu Sr. Heiligkeit verfügen möchte, woselbst er hernach die neue Zeitung vernehmen muste, daß ihm Se. Heiligkeit die aufgetragene Commission wieder genommen hätte, und daß Se. Heiligkeit den Cardinal Torreggiani von den portugiesischen Sachen nicht ausschließen, noch Sr. allergetr. Majestät die verlangte Genugthuung verschaffen könne.

Bey dieser Verfassung sahe sich also der erwehnte Minister genöthiget von Rom abzureisen, und nachdem er diesen Entschluß sowohl den Unterthanen Sr. allergetr. Majestät am 6. Jul. und den auswärtigen Gesandten und Ministern am 7. Jul. bekannt gemacht hatte, so reiste

sete er auch noch an eben dem Tag als den 7. Jul. mit seinen eigenen Pferden und Kutschen von Rom ab, um auf diese Weise den Leuten das kindische Verfahren zu zeigen, welches man gegen ihn dadurch bewiesen, daß man ihm sogar wegen der Post-Pferde Schwürigkeiten gemacht hatte.

Num. VI

Schreiben des portugiesischen Ministers in Rom an den Herrn Cardinal Corsini.

Der gevollmächtigte Minister Sr. allergetr. Majestät ist genöthiget mit seinen eigenen Pferden von Rom abzureisen, indem man ihm die Post-Pferde versaget, welches eine ganz unerhörte Sache ist, wie Ew. Eminenz wohl wissen, da nicht einmal Privat-Personen von der Staats-Canzley Erlaubniß suchen dürfen, um Post-Pferde zu nehmen: eine Verordnung, welcher nur die Minister zur Abfertigung der Couriers unterworfen sind.

Diese abschlägliche Antwort wird dadurch noch merkwürdiger, wenn man erweget, daß der Schreiber dieses vorher zu dem Postmeister geschickt habe, damit er diesen Abend noch acht Post-Pferde bereit halten möchte; und weil er bereits einen unglücklichen Vorfall voraus gesehen hatte, ihn zugleich dabey fragen lassen, ob die Erlaubniß der Staats-Canzley dazu nöthig wäre? eine Frage, welche dem Postmeister so seltsam geschienen, daß er geantwortet: „will der Minister viel„leicht acht Courier auf einmal wegschicken, oder will er die Post„Pferde vor seine Person.„ Woraus also deutlich erhellet, daß er nachhero erstlich aus der Staats-Canzley diesen Befehl erhalten hat.

Der erwehnte Minister hat es vor seine Schuldigkeit geachtet, Ew. Eminenz von einem jeden Vorfalle zu benachrichtigen, damit Dieselben von der feindseligen Gesinnung der Minister Sr. Heiligkeit desto mehr überzeugt werden, als welche sich bis auf die letzte Stunde bemühen, ihre ärgerliche Treulosigkeit gegen Se. allergetr. Majestät an den Tag zu legen. Der besagte Minister bedauret, daß er vermöge seines Amts verbunden ist, seinem Könige dieses letzte Verfahren des Cardinals Torreggiani zu berichten, indem er wohl weiß, wie weit es von den redlichsten Gesinnungen Sr. Heiligkeit entfernet ist, und wie unerwartet es dem erwehnten Minister begegnet, als welcher Ew. Eminenz die Hand küsset.

Sr. Eminenz dem Herrn Cardinal Neri Corsini.

Im Pallaste den 7. Jul. 1760.

Num. VII.
Erstes Decret Seiner allergetreuesten Majestät.

Der König mein Herr und Vater (dessen Andenken wegen seiner Vertheidigung, die er auf die anständigste Weise gethan hat, und wegen der Aufrechthaltung seiner königl. Ehre und Hoheit allezeit im Seegen bleiben wird,) hat am 5. Jul. folgendes Decret bekannt gemacht.

Nachdem die Ursachen so bekannt und gerecht sind, welche mich bewogen haben anzubefehlen, daß meine in Rom befindlichen Minister von dem römischen Hofe und aus den Staaten des Papsts sich wegbegeben sollten; so sehe ich es um der erwehnten Ursachen willen vor gut an, daß alle meine Unterthanen sowohl geistliche als weltliche, wes Standes oder Würden sie auch immer seyn mögen, und sich in eben der Stadt oder Lande befinden, oder künftig dahin gehen wollen, ebenfals von dem besagten Hofe und aus dem Lande innerhalb 6. Monathen, welche von dem Tage der Publication dieses Decrets an zu rechnen sind, sich hinwegverfügen sollen; und daß alle, welche sich nicht entschließen wollen, dieses zu vollziehen, wofern sie weltliche sind, des Landes verwiesen werden, und aller ihrer Güter, welche sie in diesen Reichen haben möchten, verlustig seyn, und wofern es Geistliche oder Religiosen sind,

des

des Landes verwiesen werden sollen. Ueberdieses befehle ich, daß alle Unterthanen des Papsts sowohl weltliche als geistliche, die sich in diesen Reichen aufhalten, sogleich innerhalb zween Monathen, welche von dem Tage der Publication dieses Decrets an zu rechnen sind, vom Hofe, und aus den Provinzen, und Königreiche Algarbien, und angränzenden Insuln, wo man dieses Edict an den gewöhnlichen Orten bekannt machen wird, sich weg begeben sollen. Was aber die entfernte Länder anbetrift, wo sie sich niedergelassen haben; so verordne ich, daß sie in der Zeit, welche ich dem Rathe jenseits des Meeres bestimmen werde, ebenfalls abreisen sollen; und wofern sie in der gesetzten Frist aus meinen Reichen nicht abreisen werden; so sollen sie nach meinem gerechten Verfahren des Landes verwiesen werden; und die Weltlichen sollen zugleich aller ihrer Güter verlustig seyn. Und ist ferner dieses mein Wille und Meinung, daß man diese Verordnung bey allen geistlichen und weltlichen Personen, wie auch Religiosen, weß Standes oder Würden sie seyn mögen, die sich in diesen Reichen und Staaten aufhalten, oder künftig dahin kommen wollten, oder auf einige Art dahin schrieben, oder sonst Verbindlichkeiten und Geschäfte hätten, die zum Dienst des Papsts und seiner Länder, oder seines Hofes gehören, schleunig und aufs genaueste vollziehe. Was aber meine Unterthanen sowohl weltliche als geistliche, oder Religiosen, weß Standes und Würden sie seyn mögen, anbetrift, bey welchen einige von den erwehnten Umständen vorhanden; so sollen die Weltlichen in die Strafe der Landes Verweisung und Confiscirung aller ihrer Güter verfallen; und die Geistlichen oder Religiosen sollen, wofern sie nicht gleich nach dieser Verordnung abreisen, eben sowohl als diejenigen verwiesen werden, die sich in Handelsplätzen aufhalten, und die oben angezeigten Geschäfte nicht unterlassen, oder wohl gar künftig noch fortsetzen und befördern werden.

Jedoch finde ich vor gut hierbey zu erklären, daß alle Unterthanen des Papsts, weß Standes und Würden sie seyn mögen, die in diesen Reichen und Staaten nach der Publication dieses Edicts anlangten, auf keine Weise sollen eingelassen werden; und wofern man sie wirklich
darinn

darinn finden würde, so soll man bey solchen alles dasjenige vollziehen, was in diesen Decreten auf den gegenwärtigen Fall in meinen Reichen und Staaten geschieht.

Das Tribunal del Passo sey also hiervon benachrichtiget, und lasse es nach Maaßgebung dieses aufs schleunigste vollziehen, und schicke die Edicte an diesen Hof und in das ganze Reich und alle angränzende Insuln, damit man wieder die Uebertretter mit den Strafen, die ich gesetzt habe, verfahre: was aber die eroberten Provinzen anbetrift; so werde ich dem Rath jenseit des Meeres dasjenige, was er thun soll, anbefehlen.

Lissabon den 5. Jul. 1728.

Mit der Namens-Unterschrift Seiner allergetreuesten Majestät.

Und wegen der betrübten Vorfallenheiten, die sich gegenwärtig zu meinem größten Leidwesen nicht nur in der erwehnten Sache ereignen, sondern auch wegen anderer weit größern und dringender Ursachen, welche mich zu diesen nothwendigen Erklärungen bewogen haben, befehle ich eine schleunige Vollziehung derselben; und verordne, daß man die Edicte an den gewöhnlichen Orten nach dem Inhalt des angeführten Decrets bekannt mache, und zwar ohne die geringste andere Einschränkung, als welche die Personen, die von dem römischen Hofe sich hinwegbegeben sollen, betreffen möchten, die bis auf den letzten Tag des künftigen Monaths Septemb. verbunden sind, sich auf die vorgeschriebene Art von demselben zu entfernen.

Das Tribunal del Passo lasse dieses genau vollziehen, und fertige die Edicte aus, welchen auch dieses noch soll beygefüget werden.

Im Pallaste U. L. F. von der Hülfe den 4. Augusti 1760.

Mit der Namens-Unterschrift Seiner allergetreuesten Majestät.

Num. VIII.

Num. VIII.
Zweytes Decret Seiner allergetreuesten Majestät.

Der König mein Herr und Vater, dessen Ehre und Ruhm wegen der angeführten Ursachen seiner Vertheidigung und Aufrechthaltung seiner königl. Hohheit allezeit im Seegen bleiben wird, hat ebenfals am 5. Jul. 1728. ein Decret ausgehen lassen, dessen Inhalt also lautet, wie folget:

Es ist nöthig, und billig, daß keiner von meinen Unterthanen sich an den römischen Hof, noch auch in die Staaten des Papsts begebe, noch an den bemeldten Hof Gelder übermache, oder von dem Papst selbst, oder seinen Ministern und Tribunalen Bullen, Breven, Beneficien, oder sonst etwas ohne meine ausdrückliche Erlaubniß suche; und es ist mein Wille und Befehl, daß ohne vorher verlangte Erlaubniß von der Staats-Camley sich keine weltliche, geistliche, oder Ordens-Person, weß Standes und Würden sie auch immer seyn mag, sich an den Hof zu Rom, oder in das Gebiete des Papsts begeben könne; und daß ferner keine von den erwehnten Personen ohne eine solche Erlaubniß an den besagten Hof schicke und eine Bulle, Breve, oder andere Gnadenbezeigung verlange; noch auch an den erwehnten Hof, oder dessen Lande einiges Geld schicke; oder aus diesen Reichen und Staaten das Gold und Silber entweder in Natur, oder durch Wechselbriefe unmittelbar nach Rom, oder auf andere Plätze ziehe, von welchen es nach Rom oder in das Gebiete des Papstes gehen solte; sonst werden alle diejenigen, welche nach der Publication dieses Decrets dar-wieder handeln, in die Strafen der Confiscirung aller ihrer Güter verfallen, und sollen so wohl weltliche als geistliche, weß Standes oder Würden sie seyn mögen, aus meinen Reichen oder Staaten vertrieben werden, und wofern es ganze Brüderschaften und Orden so wohl weltliche als geistliche betreffen würde, soll es mir vorbehalten seyn anzubefehlen, daß man wider die Personen derselben auf die angezigte Weise verfahre,

verfahre, wie mir es gefallen wird. Ueber dieses erachte es vor dienlich anzuverordnen, daß keine von den erwehnten Orden, oder geistliche und weltliche Personen, wes Standes und Würden sie seyn mögen, die Bullen, Breven, und andere Gnadenbezeugungen des Papstes oder seiner Tribunale annehmen, ohne sie vorhero in der Staatscanzley vorzuzeigen, damit man sie untersuchen, und mir überreichen, und die schrifftliche Antwort von dem Secretario erhalten könne, sonst sollen diejenigen, welche darwider handeln würden, und wenn es auch die Richter selbst wären, welche dergleichen Bullen, Breven ꝛc. vollziehen wollten, ohne sie vorher in der Canzley aufzuweisen, wofern es weltliche sind, in die Strafe der Confiscirung ihrer Güter fallen, und des Landes verwiesen werden; und die Geistlichen oder Religiosen das Land räumen.

Eben so sehe es vor gut an, daß dieses Decret und die darinn festgesetzten Strafen sich auch auf die geistlichen und weltlichen Personen eines jeden Standes und Würden, welche in meinen Reichen und Staaten leben oder dahin kommen, erstrecke: sonst sollen diejenigen, welche diese Verordnung übertreten, sowohl geistliche als weltliche aus meinen Reichen vertrieben werden; und die weltlichen sollen noch außer der Landesverweisung aller ihrer Güter verlustig seyn.

Es ist ferner mein Wille, daß man auch unter dieser Verordnung alle Religiosen meiner Reiche sowohl einheimische als fremde begreife, damit keiner von denselben sich auf einige Weise an ihre Obern, Prälaten, die sich in Rom, oder in dem Gebiete des Papstes aufhalten, noch an ihre verordnete Commissarien ohne meine besondere Erlaubniß wende; noch einige Befehle, Verordnungen oder Schrifften annehme, ohne sie vorhero in der Staatscanzley aufzuweisen, damit man auf die oben angezeigte Weise damit verfahre; sonst sollen diejenigen, Geistlichen und Religiosen, welche dergleichen Bullen, Befehle ꝛc. diesem Decret zuwider vollziehen, welches ich auch vor die Ordensleute festgesetzt habe, die sich ohne meine besondere Erlaubniß nach Rom wenden

den würden, auf eben die Weise, wie oben schon gemeldet worden, bestrafet werden.

Das Tribunal bel Passo lasse die Publication dieses Decrets vollziehen und schicke die Edicte an den Hof und an alle gehörige Orte des Reiches und dero angränzenden Insuln, damit es jedermann erfahre, und unverbrüchlich halte, und damit man wider die Uebertretter mit den angezeigten Strafen verfahre. Was aber die eroberten Provinzen anbetrift, so werde ich dem Rathe jenseit des Meeres anbefehlen, daß er die oben angeführte Verfügung nebst der gänzlichen Vollziehung derselben bekannt machen lasse.

Lissabon den 5. Jul. 1728. (a)

Mit der Nahmensunterschrifft Sr. allergetreuesten Majestät.

Da nun zu meinem größten Mißfallen nicht nur in der erwehnten Sache, sondern auch wegen anderer weit wichtigerer Ursachen so viele

---

(a) Diese unterschriebene Jahrzahl, welche falsch und irrig zu seyn scheinen möchte, ist kein Fehler, sondern eine Erneuerung der drey Decrete, welche der König Johannes der V. mein Vater im Jahr 1728. wegen der Streitigkeiten gegeben hatte, die auch damahls zwischen diesem und dem römischen Hof unter dem Papst Benedict dem XIII. wegen des Nuntius Bichi obschwebeten, indem der Hof nicht zugeben wollte, daß dieser von Lissabon ohne den Cardinals Huthe weggehen sollte, wie es in Frankreich, Spanien und Wien gebräuchlich ist; biß endlich nach vielen Streitigkeiten auch der Hof zu Lissabon zu dem Rechte des Cardinals Huths, wie Frankreich, Spanien, und Wien zugelassen wurde; dahero bleiben diese Decrete unter der Unterschrifft des Jahrs 1728. stehen, die Bestätigung aber und die Publication derselben ist auf den 4. Aug. 1760. gesetzet worden.

Sammlung III. Theil. S

viele Mißhelligkeiten zusammen kommen; so verordne ich, daß man augenblicklich die Edicte nach dem Innhalt des angeführten Decrets ausfertigen solle, und zwar ohne alle andere Einschränkung als welche die Personen, so sich von dem römischen Hofe hinwegbegeben sollen, betreffen möchte, die biß auf den letzten Tag des nächstfolgenden Monaths Sept. verbunden sind, sich auf die vorgeschriebene Art von Rom zu entfernen.

Das Tribunal del Passo lasse dahero die Ausfertigung der Edicte, in welche das angeführte Decret soll eingerückt werden, vollziehen.

Im Pallaste U. L. F. von der Hülfe d. 4. Aug. 1760.

Mit der Nahmensunterschrifft Sr. allergetreuesten Majestät.

Num. IX.
Drittes Decret Sr. allerget. Majestät.

Der König mein Herr und Vater (dessen Andenken wegen seiner gerechten und christlichen Vertheidigung und Aufrechthaltung seiner königlichen Crone stets im Seegen bleiben wird) hat auch folgendes Decret am 5. Jul. 1728. ausfertigen lassen, dessen Innhalt also lautet.

Ich habe endlich beschlossen, daß alle Unterthanen des Papstes, welche sich gegenwärtig in meinen Staaten befinden, in der Zeit, die ich ihnen vorzuschreiben befohlen habe, daraus sich hinwegbegeben sollen; und daß sie künftig eben so wenig als diejenigen, welche von neuem hineinkommen wollen, darinn nicht mehr sollen gebuldet werden. Auf gleiche Weise erfordert es meine Ehre, daß man keine Waaren, oder andere Sachen von Rom, oder aus dem Lande des Papstes einführen lasse. Ueberdieses ist mein Wille, daß von dem Tage der Publication dieses Decrets an alle Geschäffte und alle Arten von Waaren verbotten seyn sollen, welche im Nahmen der Unterthanen des Papsts von einer jeden Nation hereingebracht würden, gesetzt auch, daß sie im Nahmen meiner Unterthanen ankommen sollten, wofern man mit ihnen den Brief-

wechsel

wechsel in Handelssachen, womit man einen Schleichhandel treiben
würde, fortsetzen wolte. Und daß man alle Waaren, welche schon in
den Zollhäusern in Verwahrung liegen, sogleich überliefere, ohne sie an
diejenigen Personen zu schicken, denen sie zugehören, indem die Zeit gesetzt ist, sie innerhalb sechs Monathen abzuschiffen und aus dem Reiche
zu schaffen; sonst werden sie, nach Verlauf dieser bestimmten Zeit dem
Fisco anheimfallen; was aber diejenigen Waaren anbetrifft, welche bereits abgefertiget, und aus den Zollhäusern in die Verwahrung der
Privatpersonen gegeben sind, so sollen diese letztere verbunden seyn, dieselben den gehörigen Tribunalen innerhalb 10. Tagen von der Publication dieses Edicts an bekannt zu machen, und ein Verzeichniß davon
zu verfertigen, und diese aufgezeichneten Waaren und Güter binnen
Jahresfrist verschlüßen; im Fall aber, daß man diese Waaren nicht
anzeigte, oder unterließe innerhalb 10. Tagen ein Inventarium davon
zu machen, so sollen dieselben dem Fisco gleich anheim fallen, als welcher demjenigen, der es entdecket, den dritten Theil davon geben wird;
auf gleiche Weise sollen auch alle aufgezeichnete Güter und Waaren,
welche man nach Verlauf des gesetzten Jahres noch in den Händen der
Privatpersonen finden wird, verlohren seyn und der Angeber soll ebenfalls den dritten Theil davon bekommen. Der Commercien Rath lasse
diese Verordnung im ganzen Reiche und in allen angränzenden Insuln
bekannt machen und vollziehen. Was endlich die eroberten Provinzen
anbetrifft, so werde ich es dem Rathe jenseit des Meeres kund thun lassen, damit man daselbst dieses Edict schleunigst vollziehe.

Lissabon den 5. Jul. 1728.

Mit der Nahmensunterschrifft Sr. allergetreuesten Majestät.

Und um dieses willen, was gegenwärtig nicht nur bey der erwehnten Sache, sondern auch bey andern noch wichtigern und dringen-
dern Ursachen sich ereignet, welche nunmehro nothwendig bekannt gemacht zu werden verdienen, befehle ich eine schleunige Vollziehung derselben;

selben; und verordne hiernächst, daß man gleich nach Maaßgebung des angeführten Decrets die Edicte ohne Einschränkung ausfertige, und der Commercien-Rath lasse dieselben genau vollziehen

Im Pallaste U. l. Fr. von der Hülfe den 4. Aug. 1760.

Mit der Nahmensunterschrifft Sr. allergetreuesten Majestät.

Da sich nun endlich die Sachen von Rom in solchen Umständen befanden, wie aus den bißhero zusammen getragenen Schrifften deutlich erhellen; so erschien ganz unvermuthet an dem Hofe zu Lissabon ein Courier von dem Cardinal Corsini. Man hätte hierbey glauben sollen, daß der besagte Courier abgeschickt wäre, um die Nachricht von einer nützlichen und dienlichen Bemühung dieses Cardinals zu überbringen, allein man fand vielmehr das Gegentheil davon, nemlich die überschickten Schrifften bestunden in zween Briefen, und einem Memoire, deren wesentlicher Innhalt aus der Antwort des Staatssecretarius D. Ludwig da Cunha, die man hier ebenfalls beygefüget hat, deutlich zu ersehen ist.

Num. X.
Schreiben des Cardinals Corsini an D. Ludwig da Cunha den Staatssecretarius nebst einem Memoire, welches mit einem vorgesetzten Billet begleitet ist.

Excellenz.

Nachdem die Deputirten dieser königl. Kirche des H. Antonius es vor ihre Schuldigkeit geachtet haben, sich zu dem Throne Sr. allergetreuesten Majestät mit einer unterthänigsten Bittschrifft zu nahen; so habe ich es vor gut angesehen dieselbe in dem beygefügten Schreiben Derselben durch einen Courier zu überschicken; und gleichwie ich dieselbe der gnädigsten Betrachtung Sr. allergetreuesten Majestät, würdig zu seyn geachtet habe; so empfehle ich auch Dieselben dem mächtigen Schutz des Königs aufs geflissentlichste.

Bey

Bey dieser Gelegenheit, füge ich auch ein Memoire bey, welches ich nebst einem vorgesetzten Billet an alle auswärtige Minister geschickt habe, um dadurch einem jeden Argwohne zuvorzukommen, welchen vielleicht eine Schrifft erwecken könnte, die von unserm Ministerio bey den letzten Vorfallenheiten allen auswärtigen Ministern ist ausgetheilet worden, und die ich auch gleich nebst meinem Memoire an den Herrn Commendator d'Almada nach Florenz gesandt habe.

Ich bitte GOtt, daß er doch bald die erwünschte Ruhe wieder herstellen möge, und wünsche daß mir Ew. Excellenz Gelegenheiten verschaffen mögen, Denenselben zu dienen.

Ew. Excellenz

Rom,   ergebenster Diener
den Jul. 1760.   Cardinal Corsini.

Num. XI.
Antwortschreiben des Staatssecretarius D. Ludwig da Cunha an Se. Eminenz den Herrn Cardinal Corsini.

1.) Durch einen Courier, welchen Ew. Eminenz nebst der Bittschrifft des Gouverneurs und der Deputirten von der Kirche des H. Antonius abgeschickt, habe ich ohne Dato Dero geehrtestes Schreiben, welches Ew. Eminenz mir zu schicken beliebet haben, nebst den Abschrifften von dem Memoire und beygefügten Billet erhalten, welches Ew. Eminenz am 12. Jul. denen am römischen Hofe befindlichen Gesandten ausgetheilet haben.

2.) Ich habe sogleich Se. Majestät von allem benachrichtiget, ob ich mir gleich bey den verwirrten Umständen, worinn ich die Schrifften Ew. Eminenz erhielt, nicht die geringste Hoffnung machen konnte, einen glücklichen Erfolg davon zu versprechen, wie ich allezeit bey der Vollziehung der Befehle Ew. Eminenz gewünschet habe.

3.) In Ansehung der Bittschrifft des erwehnten Gouverneurs und der Deputirten darf ich nur Ew. Eminenz so viel anzeigen, daß sie eben zu der Zeit anlangte, wo Se. Majestät Dero königl. Verordnung bekannt gemacht hatte, daß alle ihre Unterthanen ohne Ausnahm von Rom abreisen sollten; indem es der durchlauchtigste Vater des Königs eben so 1728. gehalten hatte, und zwar um so vielmehr, da gegenwärtig so viel wichtige und starke Bewegungsgründe zusammen kommen, welche die erwehnte Verordnung ganz nothwendig erforderten.

4.) Was ferner das angeführte Billet und Memoire anbetrift, so hat es bey Sr. Majestät die größte Verwunderung verursachet, da Sie gesehen haben, daß Ew. Eminenz ohne die geringste Anleitung, welche Dieselben berechtiget hätte einen solchen Schritt zu thun, und als Protector der portugiesischen Sachen unter Dero Nahmen eine solche Schrifft bekannt gemacht haben, dergleichen das angezeigte Memoire bey genauer Betrachtung würklich zu seyn erhellet.

5.) Ueber dieses haben sich Ew. Eminenz in diesem Memoire damit begnügt, die eigenen Worte des ersten Billets anzuführen, welches Dieselben im Nahmen Sr. Heiligkeit an den gevollmächtigten Minister geschrieben haben, und sich anfängt: Unser Herr hat mit dem größten Vergnügen ꝛc. und haben dargegen das zweyte Billet an den gevollmächtigten Minister, welches viel nachdrücklicher ist, und sich anfängt: Der Cardinal Corsini hat das Vergnügen ꝛc. weggelassen.

6.) Durch diese Abkürzung ist es hernach nothwendig geschehn, daß die Gesandten in der Ungewißheit bleiben müssen, wem Ew. Eminenz das besagte Memoire ausgetheilet hatten, da Dieselben doch in dem zweyten Billet im Nahmen Sr. Heiligkeit mit ausdrücklichen Worten sich also erklären: „Der Cardinal Corsini hat das Vergnügen dem „Hochwürdigsten Herrn Commendator anzuzeigen, wie Unser Herr „diesen Morgen geruhet habe, ihm aufzutragen, daß er mit Denensel„ben wegen der jetzigen Streitigkeiten Dero Hofes sich unterreden soll. „Unser Herr hoffet, daß er dadurch ein sehr deutliches Zeichen seines „wahren Verlangens die Einigkeit mit Sr. allergel. Maj. zu erhalten „gegeben habe; indem er ungeachtet der großen Verwunderung, wel-
„che

„che ihm die Vertreibung unsers Nuntius verursachet hat, doch den
„Protector dieser Crone dazu ernennet hat.

7.) Dieses sind die nachdrücklichen Worte, welche den gevollmächtigten Minister zur Abfertigung des Couriers bewogen haben, welchen er sogleich abschickte und mit demselben getreulich berichtete, daß er die erste öffentliche Genugthuung erlangt hätte, welche er sich von seinem Hofe ausgegeben hatte, und in der Ausschlüßung des Cardinals Staatssecretarius bestund, ohne welche er seine Abreise nicht würde aufgeschoben haben, indem er sich der Gefahr ausgesetzet hätte, als ein Uebertretter der königl. Befehle unterm 29. des verflossenen Monaths May gestraft zu werden.

8.) Die Verwunderung Sr. Majestät wuchs dadurch noch mehr, als Sie sahen, daß man in dem zweyten Theile des erwehnten Memoirs zwo so seltsame, und den vorhergegangenen Begebenheiten ganz widersprechende Clauseln gesetzt hatte, welche ich Ew. Eminenz jetzt anzeigen will.

9.) Die erste ist, daß Se. Heiligkeit sey bewogen worden, die oben angezeigte Verfügung zu widerrufen, weil sie der erwehnte Minister in Rom bekannt gemacht hätte.

10.) Und zwar nicht anders, als ob Se. Majestät nicht gleich vom Anfange erkläret hätte, daß bloß diese öffentliche Genugthuung den besagten gevollmächtigten Minister in den Stand setzen könnte, die Unterhandlungen fortzusetzen; und ferner, als ob hernach, da der Cardinal Staatssecretarius außer so vielen ganz unerwarteten Beleidigungen dem erwehnten Herrn in seinem Schreiben vom 28. Nov. des vergangenen Jahres den Friedensbruch deutlich angekündigt hatte, zur Heilung so gefährlicher und öffentlicher Wunden bloß zwey höfl'che und gnädige Worte zureichend wären; oder als wenn die Sache nur auf liebliche und angenehme Worte beruhete; und als ob die zwey erwehnten Schreiben Ew. Eminenz nicht offenbar das Gegentheil von dem enthielten, was man in dieser Clausel hat sagen wollen; indem der besagte Cardinal Staatssecretarius als ausgeschlossen und Ew. Eminenz als ernennet angegeben wird, um mit dem königl. Minister die Unterredungen fortzusetzen.

11.) Die

11.) Die zweyte Clausel ist diese, da in dem Memoire gesagt wird, daß es Ew. Eminenz sey aufgetragen worden, dem erwehnten gevollmächtigten Minister anzuzeigen, daß man die Geschäffte nicht eher fortsetzen würde, als biß derselbe nicht aus den Staaten Sr. Heiligkeit abgereiset wäre; nicht anders als ob der besagte Minister sich nicht schon am 2. Jul. durch das Edict beurlaubet hätte, welches er öffentlich angeschlagen hatte; und als wenn eben dieser Minister andere Befehle erhalten hätte, seine Abreise aufzuschieben, und ihn nicht bloß die angeführten zwey Billette Ew. Eminenz dazu bewogen hätten, und ob ihm nach Aufhebung der angezeigten Schreiben, und nach Ausschlüßung Ew. Eminenz, von den Unterhandlungen mit dem königl. Minister, wäre vorbehalten gewesen, noch ferner in der Sache zu verfahren; hierbey ist eine sehr verwegere Beleidigung.

12.) Endlich haben Se. Majestät durch eine biß auf den höchsten Grad der Billigkeit gebrauchte Mäßigung und Gedult ein deutliches Zeugniß ihrer kindlichen Ehrfurcht gegen den Papst an den Tag geleget. Man fand allezeit die Weege zu Unterhandlungen besetzet, und man kündigte sogar in Rom einen ordentlichen Friedensbruch an; da nun dieses einmal geschehn ist, so stehet es GOtt alleine zu, ihn wieder aufzuheben, wenn und wie es ihm gefallen wird. Soviel ist gewiß, Se. Maj. haben bey der Regierung dieses Hofes nicht das geringste zu thun, indem sich die Sachen in den Händen solcher Minister befinden, welche die unglückliche Trennung durch ein so seltsames Betragen befördert, und dabey die schuldige Hochachtung gegen Se. allergel. Maj. gänzlich außer Augen gesetzet, und seine gottselige Nachsicht gemißbrauchet haben, um ihn nicht nur an der Ehre seiner Crone anzugreifen, sondern auch die gute Eintracht und öffentliche Ruhe dieser Reichen zu stöhren.

Ich verharre allezeit Ew. Eminenz mit schuldigster Ergebenheit zu dienen, und schätze mich glücklich zu seyn

Belem den 9. Aug. 1760.   Ew. Eminenz

Sr. Eminenz dem Hrn. Cardinal
    Corsini in Rom.   gehorsamster und verbundenster Diener

D. Ludwig da Cunha.

Antwort.

Antwortschreiben
eines Italiäners,

der

in Diensten des allergetreuesten Königes

ist,

an einen

Prälaten des römischen Hofes,

über

die gegenwärtige Streitigkeiten

des

Portugiesischen Hofes mit den Jesuiten.

Lissabon den 7. August 1759.

Kurz, mein Herr, ich habe Ihren Zweifel schon gemerket, und ich glaube, daß ich nach der langen Vorrede, worinn Sie sich über die verschiedene Gesinnungen jenes Hofes und über die Antworten der Jesuiten auf die Berichte, Edicte und gerichtlichen Urtheile unsers Hofes weitläuftig erklären, endlich Ihren Sinn in den wenigen Zeilen ausgefunden habe, in welchen Sie dem - - - die Bewegungsgründe in den Mund legen, die Ihrer Meinung nach jene Herren abhalten, demjenigen beyzupflichten, was man verlanget. Gottlob ich habe endlich Ihren Zweifelsknoten aufgelöset. Wir wollen aber verständlicher mit einander reden, und zwar nicht als politische Schmeichler, sondern als unpartheyische Personen. Ihr Zweifel besteht also darinn: Daß die Jesuiten öffentlich und beständig in Rom behaupten, daß alles, was in dem Bericht von Paraguai erzehlet wird, wie auch das Urtheil wider die eilf Mitschuldige der beleidigten Majestät, und die Irrthümer der Jesuiten, welche unser Hof zu besserer Belehrung der Unterthanen öffentlich bekannt gemacht hat, insgesammt falsche und mit Fleiß erdichtete Dinge sind, um die Gesellschaft aus einer geheimen Rache verhaßt zu machen. Ist dieses nicht der Inhalt Ihrer ganzen Rede? Allerdings. Wofern ich Ihnen nun mit dem Zeugniße des apostolischen Stuhls und der berühmtesten Jesuiten selbst beweisen werde, daß die Jesuiten, wo nicht schlimmere, doch wenigstens solche sind, wie sie in den öffentlichen Schriften unsers Hofes abgemahlet werden, was wollen Sie hernach noch einwenden? Gewiß wenn Sie bey so deutlichen und unleugbaren Wahrheiten nicht vorsetzlich die Augen zuschließen wollen, so müßen Sie bekennen, daß, so bald ich ihren stärksten Grund wiederlege, Sie gar sehr Unrecht haben, und wir hingegen dergestalt Recht behalten, daß es auch durch keinen von Ihren unrichtigen Schlüssen kann wiederleget werden. Nun hoffe ich, daß ich Ihnen meinen Satz leicht werde beweisen können, ohne daß ich nöthig hätte viele Bücher abzuschreiben, oder zu Handschriften meine Zuflucht zu nehmen. Vor allen Dingen aber wollen wir die Frage selbst erst festsetzen und genau bestimmen.

Es sind drey Hauptschriften in Portugall auf Befehl unsers Hofes wider die Jesuiten gedruckt worden. 1.) Die Republik der Jesuiten in Paraguai (S. Sammlung zweyter Theil) 2.) Der Auszug des Todes Urtheils wider die Königsmörder. (S.Sammlung erster Theil) 3.) Die Irrthümer der Jesuiten, welche sie in Portugall ausgestreuet haben. (S.Sammlung erster Theil.)

In

In der ersten Schrift wird gesagt, daß sich die Jesuiten in Paraguai und Maragnon empöret haben, indem sie die Einwohner aufgewiegelt haben, sich mit gewaffneter Hand wider die Uebergabe der sieben Bevölkerungen zwischen Brasilien und Paraguai, und auch desjenigen Landes an den Gränzen von Maragnon zu setzen; welches alles Spanien gegen die Insul S. Gabriel (worauf die Colonie del Sacramento liegt) und gegen das Recht, welches es auf den im Utrechter Tractat 1713. abgetrettenen Ort von Monte Vidio hatte, an Portugall abgetretten hat. In der zweyten Schrift wird behauptet, daß aus dem Bekentniß der meisten Mitschuldigen und aus den Zeugnißen der Augenzeugen erhelle, daß die Jesuiten wegen ihrer listigen Anschläge eines von den vornehmsten Häuptern der Verschwörung wider das Leben des Königes gewesen sind. In der dritten Schrift werden endlich einige Irrthümer vorgetragen, welche die Jesuiten in der Lehre von der Verleumbung des Mordes, der Lügen, ausgestreuet haben, und also mit dem, was in der zweyten Schrift gesaget worden, aufs genaueste übereinstimmen. Dieses ist der wesentliche Inhalt der Schriften, aus welchen diese zween Haupt-Puncte erhellen, deren die Jesuiten in Portugall beschuldiget werden. 1.) **Die Empörung wider ihren König.** 2.) **Die Anschläge wider das Leben des Königes.** Und dieses sind auch die zwey Haupt-Puncte, wovon ich reden will. Ich werde noch den dritten Punct hinzufügen, welcher **die Rechtmäßigkeit des Processes** betrift. In Ansehung der ersten zwey Stücke, werde ich Ihnen deutlich zeigen, daß man in jenen Schriften nichts saget, was nicht von dem hl. Stuhle, und von den berühmtesten Jesuiten selbst bestätiget wird.

§. I.

Die Empörung.

Worüber beschweren sich denn, mein Herr, die Jesuiten in diesem Stücke? daß man sie einer Empörung wider ihre Fürsten beschuldiget? wie? Ist dieses vielleicht ein ganz neues und unerhörtes Verbrechen

chen in der Gesellschaft? Sind nicht hundert Exempel vorhanden die es bestättigen? Wir wollen aber die weltlichen Begebenheiten bey Seite setzen, und nur diejenigen betrachten, welche die Kirche betreffen. Wir wollen von dem apostolischen Stuhle den Anfang machen. Sie wissen bereits die heftigen Streitigkeiten, welche die Jesuiten seit hundert Jahren in China und Malabar wegen der Ceremonien jener Völker erreget haben. Sie wissen, daß die Jesuiten behauptet haben, daß die besagten Kirchen-Gebräuche erlaubt wären, und daß alle andere Missionarien so wohl weltliche als Ordens-Geistliche und der heilige Stuhl sie verworfen haben. Sie wissen, daß das erste Verbot der besagten Gebräuche 1645. nebst dem Decrete der hl. Congregation de Propaganda heraus gekommen ist, welches Innocentius der X. mit dem Banne bestättiget hat. Sie wissen endlich, daß die letzten beyden Verbote von Benedict dem XIV. herrühren, davon das eine 1742. wider die Chinesischen Gebräuche mit dem Anfange Ex quo singulari ausgefertiget ist; und das andere von 1744. wider die Malabarischen Ceremonien mit den Worten Omnium Sollicitudinum sich anfängt.

Es ist nicht nöthig, daß ich Ihnen jetzt diese lange Historie erzehle, welche ohnedem jedermann bekannt ist. Ich will nur dasjenige davon anführen, was zu meinem Vorhaben dienet. Lesen Sie diese beyden Verordnungen; so werden Sie darinn die betrübte Geschichten jener Unruhen mit solchen merkwürdigen Umständen finden, die sich sehr wohl zu unserer Frage schicken. Hier giebt der Papst alle nöthige Antwort auf einen jeden falschen Schluß der Jesuiten. Er erzehlet uns, daß die Jesuiten die Decrete des Cardinal di Tournon als apostolischen Legaten im Orient nicht vollzogen hätten. Ferner daß Clemens der XI. mehr als einmal und sonderlich 1715. seye genöthiget worden, diese Verordnungen mit der Bulle Ex illa die zu bestättigen. (*a*) Ingleichem

---

(*a*) CLEMENS der XI. saget in dem Breve *Ex illa die* wider die ungehorsamen Missionarien folgendes: *non sine gravi Pontificiae nostrae auctoritatis injuria, Christi fidelium scandalo, ac salutis animarum detrimento satis diu multumque eludatur.* - Und weiter unten nennt er ihre Ausflüchten: *tergiversationes, subterfugia, et praetextus* etc.

chem daß man unter Innocentius dem XII. und Clemens dem XI. und unter den folgenden Päpsten die Jesuiten mit ihren widersprechenden Dingen angehöret habe, aber es niemals dahin gebracht habe, daß sie den Verordnungen von Rom, die wider sie sind, gehorchet hätten. Und endlich daß sich **Benedict** der XIV. genöthiget gesehen habe, diese Uneinigkeit durch erwehnte Constitutionen auf einmal zu endigen. Er nennet die widerspenstigen Missionarien nemlich die Jesuiten contumaces, perditos, refractarios, und an einem andern Orte inobedientes et captiosos homines. Und endlich beschließt er die letzte Bulle mit diesen Worten: daß wofern der General der Jesuiten dem hl. Stuhle in fünf den Gehorsam gegen die erwehnten Bullen nicht darthun werde, und wofern die Jesuiten in zehen Jahren nicht zeigen würden, daß sie sich alle Mühe gegeben haben, die Neubekehrten von den erforderlichen Stücken zu überzeugen; er so gleich verbieten wolle, daß sie keine Missionarien mehr seyn sollten: er befiehlet, daß diejenigen nach Europa zurück kommen sollen, welche in Indien sind: und daß er Missionarien von andern Orden dahin schicken wolle, ꝛc. der erwehnte Papst erkläret überdieses, daß er von dieser Streitigkeit vollkommen unterrichtet seye, indem er sie schon vor vielen Jahren als Prälat unter Händen gehabt habe; folglich hat er auch in diesem Stücke einen Vorzug vor einer jeden einzeln Untersuchung der Sache um einem jeden Worte oder Satze der besagten Bullen ein desto größeres Gewicht zu geben. Dieses ist alles die unleugbare Wahrheit, welche in den erwehnten Bullen enthalten ist.

Wofern ich Ihnen nun, mein Herr, aus den erwehnten Bullen alle die Folgen ziehen wollte, die natürlicher Weise daraus herzuleiten sind; so könnte ich Ihnen ein großes Buch schreiben, ohne etwas überflüßiges hinzuzusetzen; allein gleichwie ich mir vorgenommen habe, nur die nöthigsten Puncte zu berühren; so will ich mich in folgende Schranken einschließen. Die erste Folge also ist; daß der apostolische Stuhl die Jesuiten als Verderber der catholischen Religion erkläret, die sie durch ihre Nachsicht schändeten, indem sie eine halb christliche und halb heidnische Religion einführten. Zweytens daß er sie vor Rebellen wider die Schlüsse des apostolischen Stuhls erkläret, und zwar wider solche Schlüsse, an welchen ihm so viel gelegen ist, dergleichen diejenige sind, welche die Reinigkeit der Religion betreffen. Drittens, daß er sie nicht vor unwissende sondern vor boßhafte Rebellen hält, welches aus den Worten in den Bullen captiosi, contumaces, perditi, refractarii deutlich erhellet; indem dieselben solche Leute abbilden, die betrügerisch, ungehorsam, halsstarrig, und lasterhaft sind. Viertens erkläret er sie um so viel mehr vor Rebellen, als er sie allen andern Missionarien entgegen setzet, als welche ungeachtet ihrer verschiedenen Ordens-Reguln und Meinungen, dem ungeachtet mit einer bewundernswürdigen Uebereinstimmung die Verordnungen des apostolischen Stuhls vollzogen haben. Fünftens erkläret er sie als doppelte Rebellen, und zwar in Ansehung ihres besondern Gelübdes, welches sie wegen des ausserordentlichen Gehorsams bey den Missionen gegen den apostolischen Stuhl haben.

Was sagen Sie nun, mein Herr, zu dieser schönen Reihe von Folgen? Glauben Sie, daß dieselben aus den Worten des Oberhaupts der Kirche herfließen; oder daß es nur Beschuldigungen der Feinde sind, um den Glanz der Gesellschaft zu verdunkeln? Ich wolte wetten, daß ihre besten Vernunftlehrer nicht im Stande sind hierwider einen tüchtigen Einwurf zu machen. Hier findet keine Mittelstraße statt, mein Herr, entweder man muß mir die Unrichtigkeit der erwehnten Schlüsse zeigen; oder man muß einräumen, daß dieses die lebhafteste Beschreibung des Ungehorsams und der Empörung der Jesuiten wider die apostolischen Verordnungen seye. Nun zeigen Sie mir doch, mein Herr, in der Kirchen-Historie ein einziges Exempel, nicht von Arianern oder andern Ketzern; sondern von einem Orden catholischer Religiosen, welche über hundert Jahre nicht nur mit falschen Schlüssen, sondern auch mit offenbarer Gewalt und mit den Waffen der Heyden den deutlichsten Bullen des apostolischen Stuhls und den fürchterlichen Bannstrahlen des Vaticans sich wiedersetzet haben; welcher drey apostolische Legaten als den Tournon, Mezzabarba und Lasseaume so gemißhandelt, und sie

an

an der Ausübung ihres Amts gehindert hätte; welcher so viele Jahre einen Bischof und apostolischen Vicarius als den Herrn Maigrot in Ketten und Banden gehalten hätte, weil er die Verordnungen von Rom vertheidiget hatte; welcher einen Cardinal Legaten aus China verbannet, und ihn mit Gift zu vergeben gesucht hätte (*b*) und ihn endlich in dem Hause der Jesuiten zu Macao als einen Gefangenen hätte sterben lassen, wie es dem Cardinal Tournon wiederfahren ist. Hieraus werden Sie nun vollkommen einsehen, daß nach dem Ausspruche des hl. apostolischen Stuhls dieser einzige Orden von Religiosen den hl. Stuhl mehr verachtet, seine schrecklichen Bannstrahlen mehr verspottet, und überhaupt den Statthaltern Christi durch ihre Rebellion im Orient mehr zu schaffen gemacht hat, als alle andere Missionarien. Sie brauchen mir hierbey auch nicht die von den Jesuiten auf dergleichen Begebenheiten gegebene Antworten vorzubringen; indem sie mir alle sehr wohl bekannt sind, und so wenig bedeuten, daß man sie bald widerlegen kann. Die meisten Antworten der Jesuiten gehen endlich dahin aus: „Daß die ganze Vorsicht der Kirche nicht zureichend ist, „um von Rom aus dasjenige zu erfahren, was in China geschehe: und „daß der Papst selbst in Person dahin gehen müßte, um alle diese Or„te, Gebräuche und Gewohnheiten zu untersuchen; sonst haben so vie„le eifrige und verständige Prälaten und so viele gelehrte und fromme „Missionarien, die man von Rom so oft dahin geschickt hat, um diese „wichtige Sache zu untersuchen, entweder aus Boßheit, oder aus „Unwissenheit die Päpste hintergangen, so daß Rom niemals die „Wahrheit hat wissen können, und also sind so viele Bullen und Ver„bote bloß auf diese ungewisse Nachrichten gebauet worden.„ Diese Antwort findet man in allen ihren Schutzschriften. Und eben dieselbe erhellet auch aus ihren vielfältigen Vorstellungen, die Sachen entweder von neuem wieder zu untersuchen, oder gelindere Urtheile, oder Erklärun-

gen,

(*b*) Von dieser betrübten Geschichte kann man nachlesen, was der Canonicus ANGELETA in seinem Bericht als ein Gefehrte dieses Cardinals ausführlicher erzehlet, und in dem Memoire des P. NORBERTS T. IV. L.L. n. 49. befindlich ist.

gen, oder Verzögerung zu erlangen, als welche die Jesuiten verschiedene mahl gegen den hl. Stuhl auch nach den deutlichsten Verordnungen der Päpste und Benedicts des XIV. selbst wegen der verworffenen Ceremonien vorgebracht haben. Eben diese Antwort wird auch durch die Reisebeschreibung des Herrn Mezzabarba bestätiget, welche sein Beichtvater der P. Viani ein Servite aufgesetzt hat.

Ueber dieses dienet diese Antwort bloß dazu, um Einfältige und Unwissende zu überreden, und man kann sie gleich mit wenigen Worten und zwar nicht ihrer Feinde sondern der Päpste selbst widerlegen. Clemens der XI. sagt in der Bulle Ex illa die, daß er beyde Theile über den Verstand der Worte Tien und Xang-Ti, die man verboten, angehöret habe. Und Benedict der XIV. wiederleget alle diese Ausflüchte in seinen Constitutionen und saget deutlich: daß die Jesuiten ihre Gründe zu verschiedenenmahlen wider andere Missionarien, welche der Sprache des Landes kundig gewesen; und auch wider einige Chinesen selbst, die sich in Rom aufgehalten, vorgebracht hätten; und weil sie nichts mehr mit Grund der Wahrheit sagen können, so wäre von den Päpsten das Urtheil gefället worden, daß sie Unrecht hätten.

Durch diese Bullen wird auch der Bericht des P. Castorano eines Minoriten, der 1744. zuerst heraus gekommen und nachhero vielmals wieder gedruckt ist, bestättiget. (c) Dieser Religiose, welcher bloß deswegen nach Rom war geschickt worden, um Benedict dem XIV. die erwehnten Bullen zu erhalten, wie es auch wirklich geschahe, war so erfahren in der Chinesischen Sprache, daß er ein Wörterbuch darinn verfertigte, wovon eine Abschrift im Orient geblieben ist, und eine andere sich in Rom befindet; und er selbst führte diese Sache mündlich und schriftlich wider die Jesuiten in Rom. Seine große Erkenntniß dieser Sprache, die er bey seinem Aufenthalt in China

in

(c) Der ausführliche Titul dieses Buchs heißt: kurze Nachricht oder Bericht der verschiedenen Reisen, Arbeiten und Leiden des P. CARLI HORATIUS da CASTORANO apostolischen Delegaten in China. Die neueste Ausgabe im Italiänischen ist unter der Aufschrift Livorno 1759. herausgekommen.

in 33. Jahren sich erworben hatte, war so bekannt in Rom, daß ihm der Papst Clemens der XII. auftrug ein Verzeichniß von allen chinesischen Büchern zu machen, welche durch den Tod des Herrn Nicolai zuruckgeblieben waren, (als welcher auch ein Franciscaner war und die chinesische Sprache verstund, und deßwegen 1700. nach Rom gekommen war, um das Verbot der chinesischen Gebräuche zu befördern) und einen Auszug daraus zu verfertigen, welches er würklich gethan hat, und noch in der Propaganda vorhanden ist. Folglich sind schon Leute in Rom gewesen, deren sich die Päpste wegen ihrer großen Einsicht in die chinesische Sprache bey der Untersuchung dieser Sache bedienet haben.

In Ansehung des zweyten Puncts aber ist es augenscheinlich, daß die Beantwortung desselben nichts gilt. Denn die Jesuiten mögen sich auch von den Aussprüchen des apostolischen Stuhls bey den Missionen einen Begriff machen, welchen sie wollen; so hilft es ihnen bey den gegenwärtigen Streitigkeiten mit Portugall gar nichts. Denn ob sie gleich bey den jetzigen Unruhen sich mit dem Ansehn von Rom beschützen und zeigen wollen, daß der römische Hof nichts von allem, was man hier gethan, billige; so müßen sie doch die römischen Aussprüche in solchen Sachen, welche nicht die geringste Verbindung mit Portugall haben, gelten laßen. Und zwar um so vielmehr, da der portugiesische Hof damahls nicht den geringsten Einfluß in jene Verbote hatte, und vielmehr die Jesuiten aus allzu großer Ergebenheit gegen dieselben aufs nachdrücklichste vertheidigte. Folglich müßen sie auch um dieser Ursache willen die Aussprüche des H. apostolischen Stuhls zulaßen, und bekennen, daß sie derselbe nicht aus einer geheimen Rachbegierde ꝛc. sondern aus deutlicher Ueberzeugung vor Rebellen erkennet, und allen denen zum Trutz, die es leugnen wollen, davor öffentlich erkläret. Es bleibt den Jesuiten also nichts mehr übrig, als daß sie in Ansehung des H. Stuhls zweyerley Antworten zu geben pflegen, nemlich daß er alsdann nur unfehlbar sey, wenn er die Aussprüche zu ihrem Vortheil machet: hingegen aber zu der Zeit, wenn er etwas wider sie thut, in allen Stücken gleich fehlen könne.

Allein

Allein auch diese Ausflucht dienet ihnen zu nichts anders, als daß sie ihre Unbeständigkeit und Unrecht dadurch an den Tag legen.

Ich glaube also, mein Herr, daß ich Ihnen mit den Worten des Statthalters Christi deutlich gezeiget habe, daß die Jesuiten in der wichtigsten Angelegenheit nemlich in einer Materie der catholischen Religion in China ꝛc. eine offenbare Empörung wider ihren rechtmäßigen Oberherrn nemlich den Statthalter Christi, wider seine apostolischen Legaten, wider die Bischöffe als apostolische Visitatores und wider seine untern Minister nemlich wider alle andere Missionarien angefangen haben; und sich in dieser Sache als captiosi, perditi, und refractarii aufgeführet haben. Jedoch ich weiß schon, daß Sie mir sagen werden: Diese Verbrechen müßte man nur den Jesuiten in China, und Malabar, und nicht den Jesuiten in Europa und also noch vielweniger dem ganzen Orden beymessen. Hierauf habe ich schon lange gewartet, damit ich Ihnen die Augen einmal öfnen kann.

Sie berühren hier eine Frage, mein Herr, welche man nach den Grundsätzen einer guten Vernunftlehre entscheiden muß, nemlich: **Ob man den Jesuiten in Europa glauben müße, wenn sie sagen, daß sie nichts mit der Empörung der Jesuiten in China ꝛc. zu thun hätten**; und ich habe das Vertrauen zu ihrer Gelehrsamkeit und Einsicht, daß ich kein Bedenken trage, Sie selbst zum Richter in dieser Sache zu ernennen. Man hat diese Frage schon in sehr vielen Büchern untersuchet, und dieselbe noch vor kurzem in dem **Sendschreiben eines Portugiesen** vortreflich wiederleget; so daß ich Sie darauf nur verweisen darf, und weiter nichts nöthig habe, als daß ich Ihnen nur die Beweise hiervon anzeige.

Sie wissen wohl, was der P. General der Jesuiten vor eine unumschränkte Gewalt in einem jeden Closter seines Ordens über alle und jede Mitglieder von dem Provincial an biß auf den geringsten Layen in der Küche hat; und was vor einen blinden Gehorsam ihm alle zu leisten verbun-

verbunden sind (d). Sie wissen daß der General in einem jeden Closter einen heimlichen Spion hält, der ihm alles berichtet, und daß alle Rectores, Präpositi und Provincialen alle Jahr ein genaues Verzeichniß ihrer Untergebenen nach Rom schicken, worinn man sogar die Gaben der Natur, und die Neigungen eines jeden Mitgliedes beschreibet. Sie wissen über dieses, daß alle die Missionarien der Jesuiten im Orient, über welche sich die Päpste beklagen, aus den Provinzen von Europa und insonderheit aus Portugall genommen sind, und daß sie eine nothwendige Verbindung mit ihrer jedesmaligen Provinz unterhalten müßen. Ferner daß alle drey Jahre Missionarien aus jenen Weltgegenden kommen, um dem General den Zustand jener Provinzen zu berichten (ich übergehe jetzt andere Ursachen, warum sie geschickt werden) und daß diese Missionarien wiederum dahin geschickt werden, und folglich eine vollkommene Gemeinschafft zwischen dem Haupte und den Mitgliedern der Gesellschafft fortdauret. Sie haben in den Bullen der Päpste gelesen, daß der General und seine Gehülfen in den Provinzen die Gründe ihrer Missionarien in der Propaganda vorgebracht haben; und daß alle Forderungen der Jesuiten im Orient und die dem H. Stuhle übergebene Bittschrifften durch die Hände der römischen Jesuiten gegangen, und von ihnen beschützet worden sind, wie es auch wegen der unmittelbaren Unterwürfigkeit, welche sie alle gegen den General insonderheit in ihren Ordenssachen hegen, nicht anders möglich ist. Sie haben ferner vernommen, daß sich in solchen Dingen, welche den Jesuiten im Orient vortheilhaft waren z. E. die mit Gewalt von dem Herrn Mezzabarba erschlichene Erlaubniß, die Benedict der XIV. hernach verworfen hat, jene Missionarien sich mit den Jesuiten in Rom vereiniget haben;

und

(d) *Obedientia tum in executione tum in voluntate, tum in intellectu sit in nobis semper omni ex parte perfecta.* Constit. Soc. Jesu part. 6. c. 1. edit. Rom. 1593. Und an einem andern Orte: *Cum magna celeritate, spirituali gaudio, & perseverantia quicquid nobis injunctum fuerit obeundo, omnia juxta esse nobis persuadendo, omnem sententiam ac judicium nostrum contrarium caeca quadam obedientia abnegando.*

und hingegen in solchen, welche dem Interesse der Gesellschafft zuwider war, nicht nur die römischen Jesuiten sich mit den Missionarien im Orient vereiniget haben, sondern auch sogar Empörungen wider die Verordnungen von Rom im Orient entstanden sind. Endlich haben Sie in dem erwehnten Sendschreiben die vielfältigen eidlichen Versicherungen gelesen, welche verschiedene Generals gegen den H. Stuhl schrifftlich abgeleget haben, die apostolischen Decrete ohne Verzug in Indien vollziehen zu lassen; und keiner von solchen Eyden ist jemals gehalten worden; wie man aus den letztern apostolischen Bullen siehet, welche sie von neuem zum Gehorsam anhalten.

Nun will ich Ihnen jetzt die Begebenheit mit dem erwehnten Herrn Nicolai Ertzbischoff von Mira und apostolischen Vicarius in Orient, welcher unter Clemens dem XII. in Rom gestorben, nicht weitläuftig erzehlen, sondern nur soviel sagen, daß der besagte Prälat bey seiner Zurückkunft dem Papst Clemens dem XI. die erstaunliche Widersetzlichkeit berichtet, welche die Jesuiten wider die Bulle ex illa die bewiesen und zwar insonderheit, nachdem der P. General Tamburini am 11. Oct. 1710. an den P. Grimaldi den Visitator in China geschrieben hatte, daß der Papst die Verordnung widerrufen habe: Modo hactenus habemus Decretum, quo sanctissimus Pontifex iisdem (ritibus) favet. (e) Der Papst schickte ihn auf diese Nachricht sogleich in das Professhauß der Jesuiten, um von dem General die Wahrheit dieser Sache selbst zu erfahren. Der erwehnte Herr Nicolai hielt hierauf dem P. General den Brief vor, welcher seiner im Jahr 1710. und 1711. gethanen Versicherung zu gehorchen gantz entgegen stünde; und der General antwortete hierauf: „Ich glaube nicht, daß ich auf diese „Weise geschrieben habe;„ Es wurde ihm nochmals versichert, daß die Sache sich also verhielte, worauf er sich ausbat in dem Briefbuche nachzusehen, ob sich dergleichen Briefe darinn befänden, und man fand
es würk-

(e) Der Brief des General Tamburini an Grimaldi, und die Geschichte von dem Hr. Nicolai nebst der Antwort des Tamburini ist in des P. Norberts Memoirs befindlich.

es würklich so, wie es in den Briefen an den Herrn Nicolai befindlich war. Der General antwortete deßwegen: „er habe so geschrieben, „um die Ehre der Gesellschafft Jesu aufrecht zu erhalten, welche er bey „solchen Umständen wegen des großen Lermens, so die Feinde derselben „gemacht hätten, in großer Gefahr zu seyn geglaubt habe. . . . Allein „er würde ein gutes Mittel dabey brauchen, und ließe deßwegen Sr. „Heiligkeit die größte Versicherung davon geben.„ Jedoch ich enthalte mich aller solcher Beweise, weil sie zu weitläuftig sind. Und weil noch viele Personen daselbst leben, die es gehöret haben, so können Sie davon weitere Nachricht bey denenselben finden.

Ich will Ihnen doch noch die Worte des erwehnten P. Castorano anführen, welcher eben derjenige war, der als Generalvicarius des Herrn Bischofs von Pekin des Fra. Bernardino Cardenas, Befehl erhalten hatte, die Decrete von Rom in der Stadt Pekin bekannt zu machen. Er sagt; „daß die Jesuiten in Pekin ihren Chinesischen Chri- „sten gewöhnliche Ceremonien nicht nur erlaubten, sondern dieselben „auch vertheidigten ꝛc. und daß sie keinen Verordnungen des H. Stuhls „gehorchten, und über dieses noch wider allen Wohlstand und ohne Ur- „sache die Streitigkeit wegen der Ceremonien bey dem heydnischen „Kayser von China mit Nahmen Kanghi zur Entscheidung übergeben „hätten. Nachdem ich nun, fährt Castorano fort, zu Pekin ankam, „und zu der Ankündigung der erwehnten Decrete des Papsts von 1704. „und 1710. schreiten wollte, so wollten sie dieselben auf keine Weise „annehmen; sondern droheten ausdrücklich, daß sie dem chinesischen „Kayser als ihrem Beschützer gleich davon Nachricht geben würden, „und zeigten mir auch würklich den Aufsatz eines solchen Berichts „oder Anklage; worauf gewiß eine allgemeine Verfolgung wider die „gehorsamen Missionarien erfolget seyn würde.„ Noch schlimmer aber gieng es ihm als er die Bulle ex illa die bekannt machen wollte, wie er in folgendem erzehlet: „ich wurde auf ausdrücklichen Befehl des „chinesischen Kaysers in der Kirche der Jesuiten gegriffen, und in Ge- „genwart der Jesuiten mit neuen Ketten drey am Halse, drey an Hän-

„den

„den und drey an Füßen gebunden, und in das öffentliche Gefängniß
„der ärgsten Missethäter geführet.„ Eben dieser Pater, welcher die
grausamen Verfolgungen, so die Jesuiten in Pekin errichtet, berich,
tet hat, erzehlet auch noch, daß er bey seiner Ankunft in Rom den
Cardinal Petra und den Cardinal Davia von den Jesuiten ganz eingenommen angetroffen hätte. „Und in Wahrheit, sagt er, anfänglich
„wurde ich von dem Cardinal Petra dem Präfectus der Propaganda
„übel gehalten, worüber ich mich sehr wunderte, indem ich einzig und
„allein zur Ehre GOttes, um die Reinigkeit der christl. Religion und
„um die Erhaltung der H. Gesetze und Verordnungen des H. Stuhls
„eiferte. Jedoch mit der Zeit erfuhr ich die Ursache dieses Verfahrens,
„indem der Cardinal Petra nach genauer Ueberlegung der Absicht
„meiner Ankunft in Rom und der Wichtigkeit der Sache, mir selbst
„entdeckte, daß die Jesuiten zu Rom als Liebhaber und Vertheidi-
„ger der heidnischen Gebräuche mich vor meiner Ankunft zu Rom
„verleumdet hätten. Hierauf veränderte dieser Cardinal seine Mey-
„nung und liebte mich hernach recht zärtlich. Er wußte auch, daß
„mich die Jesuiten bey dem Cardinal Davia angeschwärzet hatten.„
Dieses einzige Zeugniß kann Ihnen, mein Herr, vor vielen andern genug
seyn, indem es von einem eifrigen Missionario und tugendhaften Religiosen herrühret, der es kurz vor seinem Tode geschrieben hat.

Verlangen Sie aber noch mehr, so belieben Sie nur die Historie der Gesellschafft vom P. Jouvency zu lesen, so werden Sie
finden, daß dieser Jesuite unter den Augen des P. Generals und aller
seiner Gehülfen, ja auch so gar mit ihrer Erlaubniß diese Ceremonien
im B. 18. und 19. vertheidiget hat. Und dieses geschah noch in eben
dem Jahre, da Clemens der XI. mit seinem Decrete die Verordnungen des Cardinals von Tournon bestätigte; ja in eben dem Jahre, da
der P. Tamburini der General der Jesuiten an den Herrn Beysitzer
des H. Officiums schrieb, daß er Sr. Heiligkeit gehorchen wollte, und
das folgende Jahr darauf ein beschwornes Zeugniß überreichte, worinn
er ei-

er einen vollkommenen Gehorsam, und Bestrafung aller widerspenstigen Missionarien versprach.

Ja lesen Sie das gottlose Buch, welches den Titul führet: **Betrachtungen über die Streitigkeit von China**, welches die Jesuiten heimlich in Rom gedruckt und in ganz Italien ausgestreuet haben. Lesen Sie die **Vertheidigung der chinesischen Missionarien von der Gesellschafft Jesu**, und die andere abscheuliche Schrifft: **Brief des Jesuiten Antonio Thomas wider den Cardinal von Tournon**. Und was Malabar anbetrifft, lesen Sie das Werk des portugiesischen Jesuiten **Franciscus Lainez**, welcher 1707. aus Malabar nach Rom gekommen war, unter dem Titul: **Vertheidigung der indianischen Missionen**. Lesen Sie das Werk des P. Broglia, Antonio Brandolini des Jesuiten, unter dem Titul: **Rechtfertigung der Missionen von Madurey** ꝛc. worauf der Cardinal Lucini ein Dominicaner, in der Untersuchung und Vertheidigung des Decrets des Cardinals von Tournon geantwortet hat; alsdenn werden Sie sehen, daß die Jesuiten selbst in Rom mit Hülfe ihres Generals jene Ceremonien, die so oft von der Kirche verdammt waren, vertheidiget, und daß die Generals selbst Memoirs und Summarien dem Papst zur Vertheidigung jener Gebräuche übergeben haben.

Erwegen Sie ferner, daß der P. Norbert, welcher seine Historischen Memoirs wider diese Gebräuche bekannt gemacht hat, deßwegen von den römischen Jesuiten dergestalt ist verfolget worden, daß er weder in Rom noch in ganz Italien und Frankreich des Lebens sicher war, und mit Erlaubniß der Obern genöthiget wurde zu den römisch Catholischen in England zu fliehen.

Erinnern Sie sich, daß die beyden jesuitischen Bischöffe der Herr Visdelov und Fouquet sich von den andern Jesuiten im Orient trenneten, und ihre Empörung wider den H. Stuhl verdammten. Worauf der Herr Fouquet aus China vertrieben wurde, und der Herr Visdelov von den Jesuiten viel leyden mußte. Aus diesen Exempeln werden Sie nunmehro zur Genüge ersehen und urtheilen können,

nen, ob die Jesuiten in Europa mit denen im Orient verbunden sind oder nicht.

Wir haben also auf unserer Seite alle mögliche Gründe, um mit einer moralischen Gewißheit die Verbindung der römischen Jesuiten mit denen im Orient zu beweisen. Und was haben wir auf Seiten der Jesuiten? Ich sehe nichts anders, als daß man die Begebenheiten leugnet, und sich auf die Briefe der Jesuiten im Orient, und auf die eidlichen Versicherungen berufet, welche der General dem Papst übergeben und niemals vollzogen hat. Sagen Sie mir einmal, mein Herr, nach welcher Regul der Vernunftlehre muß man den Missethätern Glauben beymessen, die wider tausend augenscheinliche Beweise eine Sache leugnen? welcher vernünftiger Mensch wird dem P. General glauben, wenn er nichts thut als leugnen; und wird nicht vielmehr so vielen Begebenheiten und Gründen Beyfall geben, die ihn überzeugen?

Gesetzt nun der P. General hätte alle Spitzfindigkeiten im Kopfe, welche die Schriftsteller der Gesellschafft seit zwey hundert Jahren in tausend Büchern vorgebracht haben, so getraue ich mir doch diesem großen Philosophen mit einer kleinen Rede das Maul zu stopfen. Stellen Sie sich vor, wir wären jetzt in dem Falle! Ich würde ungefehr also reden. „Sie werden, mein Herr General, nebst ihrer ganzen Gesell-
„schafft beschuldiget, daß sie die restrictiones mentales nicht nur in
„Büchern vertheidigen; sondern auch in der That ausüben: und außer-
„dem befiehlet ihnen der H. Stuhl, daß sie doch endlich ihre Missiona-
„rien zum Gehorsam bringen mögen; und sie überreichen dem Papste
„eine eidliche Versicherung, daß man von ihrer Seite gehorchen will.
„Glauben sie es nun noch nicht, daß ihre Untergebenen im Orient Re-
„bellen und abtrünnige sind; so wiedersprechen sie hiermit so vielen
„päpstlichen Bullen und Decreten, und sie sind selbst weit abtrünniger
„als jene. Glauben sie aber, daß sie solche sind, wie sie in Rom be-
„schrieben werden; so ist es ihre Schuldigkeit, diese widerspenstigen
„Leute zu unterdrücken und dieses Aergerniß aus der Kirche Gottes
„wegzunehmen. Und hierzu sind die bloßen Worte nicht genug, sondern
„es muß

„es muß die unleugbare That dazu kommen. Schreiben sie also in
„den Orient, und gebieten ihnen zu gehorchen. Will man aber nicht
„Gehorsam leisten, so müßen sie solche Missionarien als doppelte Re-
„bellen sowohl gegen den H. Stuhl als auch gegen ihre Person selbst
„ansehen. Folglich müßen sie alle Mittel anwenden um jene aus dem
„Orient heraus ziehen. Sie haben nach ihren Ordensregeln die unum-
„schränkte Macht die alte Verfassung aufzuheben, und wo es nöthig
„ist, eine neue zu machen. Bedienen sie sich also derselben in diesem
„Falle. Jagen sie jene boßhafte Missionarien von der Gesellschafft weg;
„und befehlen sie allen Superioren, daß sich niemand unterstehe, mit
„ihnen zu reden. Ist dieses noch nicht genug, so nehmen sie ihre Zu-
„flucht zur Macht des Papsts und des Königs von Portugall, damit
„jener sie durch Hülfe seiner Bischöffe und dieser durch seine weltliche
„Minister aus dem Orient vertreibe. Kurz er zerstöhre alle Semina-
„rien seiner Missionarien, und verbiete allen seinen Untergebenen in die
„bekannten Missionen zu gehen, so wird das Aergerniß auf einmal ge-
„hoben seyn. Sie sind sowohl wegen ihres Ordens als auch wegen
„ihrer Ehre verbunden dieses zu thun; indem sie bey der häufigen An-
„fechtung von Erdichtung und Ausflüchten verbunden sind ganz unge-
„zweifelte Beweise ihrer Aufrichtigkeit zu geben.

„Sie dürfen mir auch hier nicht einwenden, daß sie der Eifer
„vor den catholischen Glauben abhalte, einen solchen Schritt zu thun,
„woraus der Untergang der Missionen in jenen Gegenden zu befürchten
„wäre. Diese alte Antwort, die mir schon ein anderer Jesuite gege-
„ben hat, ist eine bloße Ausflucht, und ein anderer deutlicher Beweiß
„wie sehr die Herren Jesuiten über alle andere erhaben und in der Kirche
„GOttes unentbehrlich zu seyn glauben. (f) Denn erstlich bilden sie
„sich

(f) Wie groß der Hochmuth der Jesuiten in diesem Stücke sey, ist in verschiedenen Büchern deutlich gezeiget worden. Man lese nur hierüber ihr so hochge-
schätztes Buch: Imago primi Sæculi Soc. Iesu Antwerp. 1642. S. 410. wo
sich

„sich ein, daß im ganzen Orient keine andere geschickte Missionärien als
„Jesuiten wären. Und dieses ist eine offenbare Lügen; indem man
„schon, ehe noch Jesuiten in der Welt waren, die Ungläubigen bekeh-
„ret hat. Zweytens wenn auch die Mission verlohren gienge (wie es
„auch nicht die erste ist, welche durch die Schuld der Jesuiten einge-
„gangen ist, wie in Japan) so haben sie sich darum nicht zu beküm-
„mern. Rom verlangt Gehorsam, und ein reines Christenthum; die-
„ses aber kann man nicht durch Jesuitische Missionarien erlangen; folg-
„lich muß man sie fortjagen. Erfolgt etwas übels daraus, so muß
„der Papst GOtt Rechenschafft geben, und nicht der P. General, als
„welchem GOtt die Auffsicht über die catholische Kirche nicht anver-
„trauet hat. Folglich sind sie mein Herr General verbunden, dem
„Papste und der ganzen catholischen Welt einen feyerlichen Beweiß ih-
„res aufrichtigen Gehorsams zu geben. Kein Jesuitischer General hat
„dieses in hundert Jahren gethan, und niemals ist ein Missionarius ge-
„straft worden, es sey denn, daß er etwas wider die Grundgesetze der
„Gesellschafft begangen hätte: Folglich sind auch alle ihre widerholten
„Eidschwüre nur bloße Worte und dienen zu nichts anders, als daß sie
„ihren heimlichen Vorbehalt bestätigen; Nun können sie zwar durch
„diese scheinbare Unterwerfung einen von ihren unwissenden Seminari-
„sten oder einen alten abgelebten Priester hintergehen; aber niemals
„werden sie einen vernünftigen Menschen dadurch blenden, und die
„Welt

---

sich die Jesuiten nennen, *Ecelesiæ præsidia, tutelares, ac vindices.* Und S. 411.
Currus ille Israelis ab Elisæo invocatus. Ferner S. 622. *Rationale affixum
pectori summi pontificis.* Ingleichen S. 704. *Domus Sapientiæ, Societas Ange-
lorum. In Societate omnes aquilæ sunt ingenio u. s. w.* Allein wer noch etwas
ärtigers sehen will, der lese des Jesuiten *JACOB KELLER* sein Buch: *Cave
mecum,* wo er insonderheit E. II. mit aller Demuth sagt: *Societas plus cæte-
tis religionibus laborat. In cæteris ordinibus non adeo promti, felices, & periti
animarum medici reperiuntur. Apostolici gregis Pastoribus non est de aliis vi-
nea operariis prospiciendum, ubi Jesuitarum viget sanguis, ardor, ac pietas:
quorum studia, & sudores nemo facilé æquare potest.* Kurz es ist genug, wenn
man weiß, was *KELLER* sagt; *quod Societati licet, nemo non nisi permis-
sum; & sacrum existimat.*

„Welt wird vielmehr über ihre Art zu denken und ihre Beweise vorzu-
„bringen lachen. Sie selbst geben uns bey ihrer Zucht einen Beweiß
„von dem, was sie würklich thun können, wenn sie wollen, denn wenn
„ein Jesuit etwas versiehet, oder aus der Gesellschafft tretten will ꝛc.
„so schreibt man es geschwind nach Rom, und sie, mein Herr General
„lassen ihn gleich ins Gefängniß werfen, und befehlen, daß man ihm
„am Leibe wehe thue, das heißt, sie lassen ihn mit Brodt und Wasser
„auf acht, zehn und mehr Monathe speisen, und zwar mit solcher
„Schärfe, daß schon viele darüber gestorben sind. Dieses sind ganz
„gewiße Dinge, welche von Jesuiten selbst, die entweder in der Ge-
„sellschafft geblieben oder daraus getreten sind, erzehlet werden. (g)
„Ist es nicht etwa jedermann bekannt, daß der P. Tirso Gonzales
„nicht nur als ein bloßer Missionarius keine Erlaubniß hat erlangen
„können, sein Buch wider den Probabilismus als der Jesuiten ihre
„liebste Lehre zu drucken; sondern auch als General schon von seinen Ge-
„hülfen und von der ganzen Gesellschafft so vielen Widerstand erlitte,
„daß man ihn so gar vom Generalat absetzen wollte, und es auch würk-
„lich erfolget seyn würde, wofern nicht das Ansehn des Innocentius
„des XII. und der Schutz von Spanien es verhindert hätten. (h)
„Gleichwie man nun dieses wider den P. General selbst thun konnte,
„warum verfährt denn der Herr General nicht eben so wider einzelne
„Jesuiten und zwar in einer Sache von so großer Wichtigkeit?

Diese Rede, mein Herr, ist gewiß nach aller Betrachtung so
nachdrücklich, daß der General gewiß nichts darauf antworten könnte.
Jedoch mögen die Jesuiten sagen, was sie wollen, so werden sie doch
allezeit

(g) Eben dieses bekennet auch Mariana in seinem Buche de Morbis Soc. c. 14.
*In Societate, quod miserrimum est, boni aut fine ulla causa, aut saltem levi de
causa affliguntur, atque etiam morte afficiuntur, quoniam non videntur obiecu-
turi, vel restituri, cujus rei luctuosa afferri possent exempla.*

(h) Man kann diese Historie und die dahin gehörigen Urkunden weitläuftiger
nachsehen in den Briefen des P. Patuzzi unter dem Nahmen Eusebio Eras-
miste, und in dessen Osservazioni Th. 2. und 6.

allezeit durch die That selbst widerleget, welcher man mehr Glauben beymessen muß, als den bloßen Worten solcher Leute, die schon so oft von
dem apostolischen Stuhle einer Untreue in ihrem Verfahren bey den
Missionen im Orient sind beschuldiget worden, wie die angeführten Bullen und Verordnungen der Päpste beweisen. Hieraus folgt also, daß
ein jeder, der nur ein wenig mit Vernunft überleget, daß die heiligsten
Versprechen der Jesuiten durch ihre Thaten widerlegt werden, nothwendig bekennen muß, daß sie nicht die geringste Entschuldigung haben
ihre Vergehungen zu leugnen.

Ich sehe schon voraus, mein Herr, daß Sie mir eben das einwenden werden, was Sie mir bereits zu anderer Zeit schon gesaget haben, daß man einem P. General nicht ohne große Beleidigung vorwerfen könne, daß seinen Versicherungen und noch weniger seinen Eyd-
schwüren zu trauen sey. Aber, mein Herr, lassen Sie uns die Wahrheit der Sache genau untersuchen. Gleichwie es nun den Jesuiten erlaubt ist, alle ihre Gegner auf die ungebührlichste Weise Verleumder
zu nennen; so wird es uns noch vielmehr erlaubt seyn, da wir so viele
Gründe in Händen haben, mit apostolischer Freyheit zu sagen, daß wir
ihren Eyden, weil sie mit den Thaten nicht übereinstimmen, gar nicht
glauben. Und über dieses stellt hier der P. General einen Missethäter
vor, der von Rom und von der ganzen vernünftigen Welt angeklagt
ist; und Sie wissen wohl, daß man den Missethätern auf ihr Leugnen
nicht glaubt, sondern auf Beweise siehet, welche keine bloßen Worte
sondern unleugbare Thaten sind.

Nunmehro aber will ich Ihnen diesen Satz auch beweisen. Ich
übergehe aber hier die alten Begebenheiten, womit ich Ihnen in chrono-
logischer Ordnung zeigen könnte, daß diese Art zu verfahren schon seit
zwey hundert Jahren bey der Gesellschaft im Gebrauch gewesen ist; und
halte mich bloß an gewiße neuere, und hieher sich schickende Geschichte.

Als der P. Harduin ein Französischer Jesuit gegen das Ende
des vergangenen Jahrhunderts seine Chronologiam ex nummis anti-
quis restitutam bekannt machte, so behauptete er, unter andern Unge-
reimt-

reimtheiten auch diese, daß alle die Schriften, welche man den alten Kirchenlehrern zueignete, untergeschoben, und im dreyzehnten Jahrhundert von einer Gesellschaft gottloser Leute verfertiget wären; er fand so gar die Atheisterey in den Schriften der Väter, und warf folglich die gantze Lehre von der Tradition über den Hauffen. Keiner von seinen Mitbrüdern beklagte sich in 14. Jahren darüber. Und nur alsdann, da die Jesuiten sahen, daß nicht allein die Catholicken überlaut schrien, und ihn die gelehrtesten Protestanten selbst widerlegten, (i) fingen die Jesuiten von Trevoux 1709. an zu bekennen, daß die Hauptpuncte der Beschuldigungen wider den Harduin gegründet wären, und nöthigten ihn zur Wiederrufung. Aber hören Sie nur, wie aufrichtig diese Wiederrufung war. Bald darauf vertheidigte Harduin eben diese thörichte Meinung in seinem Buche: athei delecti, welches nach seinem Tode gedruckt wurde. Sie werden mir zwar einwenden, daß auch diese Ausgabe von dem Provincial sey gemißbilliget worden. Dieses ist wahr, aber es ist auch eben so gewiß, daß man den Irrthum von den untergeschobenen Schriften der alten Kirchen Lehrer in dem Commentario des Harduins über das N. T. antrift, welchen die Jesuiten 1741. drucken ließen, und dem Cardinal Tencin dem Erzbischof von Lion ihrem großen Beschützer zuschrieben.

Wir kommen nun zu dem P. Berruyer dem treuen Schüler des Harduins, der ihn nicht nur in andern Dingen sondern auch vornehmlich in dem System von der Dreyeinigkeit von Wort zu Wort abgeschrieben hat. Dieser Jesuit ließ seine Historie des Volks GOttes drucken, welche mit den abscheulichsten Irrthümern angefüllet war, und deßwegen so gleich in Rom 1734. verdammet wurde. Ließen es aber die Jesuiten hierbey bewenden? Nein, mein Herr, sie übersetzten dieses Buch ins

---

(i) Dergleichen sind J. E. *LA CROZE Dissertations Historiques sur divers sujets* Roterdam 1707. ingleichem *Vindiciae veterum codicum contra Joannem Harduinum* 1708. und *THOMAS ITTIGIUS, Observationes Miscellaneae ad H.E. Ecclef. et Patrologiam spectantes.*

ins Italiänische und streueten es in Italien aus, und führten es in den Nonnen-Clöstern so häufig ein, daß man wohl in einem Closter in der Lombardie über 37. Exemplare gefunden hat. Aber auch diese Uebersetzung wurde in Rom 1757. verboten. Hiernächst gab Berruyer den zweyten Theil seiner Historie heraus: und auch dieser wurde in Rom 1755. verboten. Solte man nicht glauben, daß sich die Jesuiten nach so vielen Bannstrahlen des Vaticans, und auf das Geschrey der gelehrten Männer würden beruhiget, und sich geschämet haben, daß sie einen solchen Menschen geliebkoset hatten? Allein nichts weniger: man druckte diesen zweyten Theil aus dem französischen übersetzt von einem Religiosen der Gesellschaft, zu Venedig 1756. bey Remoudini aufs neue wieder; und fügte demselben eine Sammlung von lateinischen Dissertationen des Berruyers bey, die er zu seiner Vertheidigung geschrieben hatte; und außerdem noch ein ander Buch unter dem Titul: Vertheidigung des zweyten Theils der Historie des Volks GOttes wieder die Lästerungen eines Buchs unter dem Titul: Entwurf einer Pastoral-Instruction. Aber auch diese drey Italiänische Stücke wurden von Benedict dem XIV. mit dem Breve Cum ad Congregationem 1758. verboten, worinn der Papst nach bestrafter Verwegenheit des Uebersetzers dieses Werk verbietet, und zwar mit diesen Ausdrücken: Saepe dictum opus tam Gallico quam Italico, aliove quolibet idiomate conscriptum --- nec non Dissertationes et Apologiam, propterea quod in illo et in illis continentur propositiones respective falsae temerariae, scandalosae, faventes haeresi, atque haeresi proximae, et a communi et unamini SS. PP. et Ecclesiae sensu in divinarum scripturarum interpretatione alienae.

Hierbey würde nun ein jeder rechtschaffener Mensch denken, daß gar nichts mehr einzuwenden sey. Allerdings, Sie haben es mein Herr, mit Ihren eigenen Augen gesehen, wie die Jesuiten gleich Gehorsam geleistet haben. Denn kaum war Berruyer 1758. gestorben, so gaben die Jesuiten den dritten Theil der Historie, oder die

Buch-

Buchstäbliche Umschreibung der Episteln der Apostel aus dem lateinischen Commentario des P. Harduins durch den P. Berruyer heraus, welcher mit eben dem Gifte angefüllet war, der in seinen andern Werken angetroffen wird, oder deutlicher zu reden, eben die entsetzlichen Lästerungen wider das große Geheimniß der Hl. Dreyeinigkeit und der Menschwerdung enthält. Dahero auch Clemens der XIII. in dem Breve; Universi Domini gregis 1758. bey der Verdammung dieses Buch saget: quod quidem ob doctrinae fallaciam et contortas sacrarum litterarum interpretationes, effusis etiam tenebris super eos articulos, quos christiani populi Fides ac pietas praecipue profitetur, scandali mensuram implevit. Allein auch dadurch wurde die Sache noch nicht beygeleget. Denn in diesem Jahre 1759. und also nach dem Verbot des dritten Theils wurde die Vertheidigung des P. Berruyers in Nancy zum Zeichen des Gehorsams von den Jesuiten gedruckt.

Ich habe Ihnen nun zwey Exempel angeführet, aber hören Sie auch das dritte von dem Cardinal Noris. Sie wissen bereits die unerhörten Verfolgungen, welche die Jesuiten wider diesen großen Cardinal, und große Licht der Kirche sowohl zu der Zeit, als er noch ein Religiose war, als auch da er schon den Cardinals-Huth erhalten hatte, erregten; und zwar aus keiner andern Ursache, als aus einem bloßen Neide gegen seine große Gelehrsamkeit, und wegen der tapfern Vertheidigung, welche er von der Lehre des großen Augustins verfertigte, und den Jesuiten ganz und gar zuwider war. Diese Verfolgungen aber hörten nicht mit dem Tode des Noris auf, sondern dauren auch nach seinem Tode noch immer fort. Und doch war jedermann bekannt, daß unter andern unverwerflichen Zeugnissen der wahren Lehre dieses großen Mannes, das Zeugniß des Innocentius des XII. befindlich war, zu welchen wir noch als ein ganz neues das Urtheil Benedicts des XIV. hinzusetzen können, welches er in seinem Breve Inter maximas 1745. an das General Capitul der Augustinianer in Bologna von ihm fället; der Papst saget: nachdem er zur Beschämung der

Jesuiten

Jesuiten die Augustinianer gelobet hatte: Maximi enim omni tempore fecimus infignem huiusmodi familiam (Auguftinianam) tum propter eiusmodi S. Auguftini tutiffima atque inconcuffa dogmata, ab illius Alumnis tradita, ac fervata; tum propter eximios viros, quos edidit pietate et doctrina praeftantes. Und ſetzet hernach hinzu: quorum inftar omnium bonae memoriae Henricus, dum vixit S. R. E. praedictae Presbyter Cardinalis Norifius nuncupatus, cuius olim in minoribus conftituti, amicitia fruebamur, licet quarumcumque gentium linguis celebretur, a Nobis tamen fine fpeciali laude, tanquam Romanae ecclefiae praedictae fplendidiffimum lumen, nunquam eft nominandus. Was thaten aber die Jeſuiten wider dieſen groſſen Cardinal? Sie ließen in Lion unter der Aufſchrift von Brüſſel 1744. die Janſeniſtiſche Bibliothek des Jeſuiten de Colonia wieder drucken, und ſetzten unter andern auch den Noris unter die Zahl der Janſeniſten, zu welchen ſie noch hinzufügten den Cardinal Bona von S. Bernhard-Orden, den Belleli und Berti Auguſtinianer und römiſche Theologen; den Serry Dominicaner Rector in Padua, und noch andere, welche der H. Stuhl allezeit vor gute Catholicken erkläret hat. Rom verwunderte ſich freylich über dieſe Verwegenheit, und verbot das Buch 1749. allein es iſt doch gewiß, daß die Jeſuiten dieſes Werk nach einem veränderten Titul im Jahr 1750. wieder drucken ließen unter dem Titul: Wörterbuch der janſeniſtiſchen Schriften, allein es iſt auch dieſes Buch zu Rom 1754. um eben der Urſachen willen verboten. Gut: und die Jeſuiten bezeigten ihre Unterwerfung in zween lateiniſchen Briefen, davon der eine den Titul hat. Epiftola Doctoris Sarbonici ad Arricum Belgam, Parifiis 12. Kal. Dec. 1749. und der andere: Sarbonici Doctoris ad Reverendiff. Richinium Sacrae Congr. Indicis Secretarium Gratiarum actio, quod Epiftolam, Sarbonicam nomine S. Congregationis profcribendo, egregie confirmaverit: fine loco impreffionis. Dieſe zween verwegene Briefe geben die Geſinnungen

gen der Jesuiten deutlich zu erkennen. Sie sind aber beyde verboten worden.

Jedoch ließen es unsere hochwürdigen Patres hierbey bewenden? Nein: Sie wagten noch einen andern tödlichen Streich unter einem viel scheinbarern Vorwand. Ein gewisser Jesuit mißbrauchte die Vertraulichkeit des General-Inquisitors von Spanien, des Bischofs von Teruel, und hintergieng seine und seines Tribunals Wachsamkeit, und ließ ohne vorhergegangene scharfe Untersuchung, wie es in dergleichen Fällen gewöhnlich ist, von neuem in den Spanischen Index der verbotenen Bücher, welcher 1747. in Madrit gedruckt worden, die Pelagianische Historie und die *Dissertation* des Noris über das V. allgemeine Concilium setzen; indem er sich einbildete, daß wenn dieses einmahl hineingeschoben seye, so würde es die Inquisition um ihrer Ehre willen darinn stehen lassen. Und damit diese Verwegenheit recht vollzogen würde, so kamen von Seiten der Jesuiten wieder einige Schutzschriften vor diesen Cardinal, der schon so oft von dem H. Stuhle vor einen rechtglaubigen war erkannt worden, einige andere Schriften heraus, in welchen der alte Vorwurf wegen des Jansenismus erneuret wurde; damit die reine Lehre des Noris immer zweifelhaft bleiben möchte, um dadurch das Ansehn des H. Augustins herunter zu setzen. Aber auch hier betrogen sich die guten Jesuiten; indem nicht nur Benedict der XIV. in einem Briefe vom 31. Jul. 1748. die Unachtsamkeit des General-Inquisitors tadelte, und den Noris vertheidigte, sondern auch D. Manuel Guintano Bonifaz der Nachfolger des bemeldten Inquisitors dachte besser, und ließ durch ein öffentliches Edict vom 28. Jan. 1758. das erwehnte Werk aus dem Indice herausnehmen, und verbot alle Schriften, die wider daßelbe heraus gekommen waren, aufs nachdrücklichste. Und damit Sie die Boßheit und Verwegenheit der Jesuiten noch besser erkennen, so müssen Sie merken, daß eben diese Werke des Noris in Spanien mit Erlaubniß der H. Inquisition, und mit großen Lobeserhebungen waren gedruckt worden.

Samml. III. Th.   Y   Das

Das vierte Exempel ist endlich der P. Franciscus Antonius Zachieri oder Zaccaria ein Venetianischer Jesuit, welcher die Gelehrte Historie von Italien zu schreiben unternahm, darinn er seinem Vorgeben nach ein fürchterliches Tribunal aufrichtete um die größten Leute von Italien darhin durch zu ziehen; und in der That er erhob auch nach dem Bekenntniß von ganz Europa ein solches Tribunal, von welchem er aber selbst verurtheilet wurde, und zugleich zeigte, wie weit es die Unwissenheit, wenn sie mit der Unverschämtheit verbunden ist, bringen kann. Dieser P. Zaccaria also, welcher nichts als ein wenig Schulweißheit besitzet, ließ sich in Kopf kommen, über alle Materien zu reden, die er nicht verstund; seine Einbildung brachte ihn gar so weit, daß er glaubte den höchsten Gipfel der Gelehrsamkeit erreichet zu haben. Es ist gewiß höchst lächerlich, wenn man siehet, daß er über Sachen urtheilet, die er nicht gesehen hat. Kurz er ist der berühmteste Pedante, der jemahls auf dem Gelehrten Theater erschienen ist, oder in zwey Worten noch deutlicher zu sagen, er ist der wahrhafte Don Quichotte in der Italiänischen Litteratur, der alle wunderliche und seltsame Begebenheiten in der Welt sammlet, jedermann heraus fordert, und doch überall geschlagen wird.

Dieses Abentheuer nun hatte einsmahls unter so vielen Gelehrten in Italien eine gewisse vornehme Person theils selbst theils durch Hülfe anderer, auf die entsetzlichste Weise durchgezogen; und als diese es vor unanständig hielt, sich mit einem solchen Menschen einzulassen; so wendete sie sich zu dem P. General der Jesuiten und bat ihn, er möchte doch diesem gelehrten Geschichtschreiber anbefehlen, daß er einmahl zu schmähen aufhörte, und sich als ein wahrhafter Religiose bezeigte. Aber was sagte der P. General zu einer so klugen und christlichen Bitte? Er antwortete, daß dieser Religiose unter dem Schutz eines mächtigen Fürsten stünde, und daß er keine Macht hätte ihm ein Stillschweigen aufzulegen. Unterdessen wuste doch jedermann, daß dieser Fürst, von welchem die Rede ist, eben so gerecht, und from ist;

ist; und wofern er den wahren Character des P. Zaccaria erfahren hätte, ihn gewiß zu erst würde fortgejaget haben.

Aus diesen vier Exempeln erhellet also deutlich, daß die Regierung von der Gesellschaft mit allen ihren Provinzen und einzeln Mitgliedern nicht nur in solchen Dingen, die ihr Interesse betreffen, sondern auch in solchen, die ihnen zum Nutzen und zur Ehre der Gesellschaft zu gereichen scheinen, aufs beste miteinander übereinstimmen. Warum bestraft sonst der P. General den Harduin, Berruyer, den Spanischen Jesuiten und den Zaccaria nicht? warum vertheidigt man in Rom diese Jesuiten wider diejenigen, welche um die Bestrafung derselben baten? warum bestrafte man nicht die andern Italiänischen Jesuiten, welche den Berruyer nach einem so scharfen Verbot übersetzten? warum stieß man diejenigen Jesuiten nicht aus der Gesellschaft, welche in Italien herum giengen, und den Berruyer in den Nonnen-Clöstern einführten? und warum sagte man den Jesuiten nichts, welche in Rom selbst unter den Augen der Tribunale von der Inquisition und vom Indice, und im Angesicht der Päpste selbst, den Berruyer nicht nur in die Clöster der Damen trugen; sondern ihn auch noch gegenwärtig unterm Mantel verkauften? warum duldete man denn die Jesuiten, welche ihn in Nancy vertheidigt hatten? Heißt dieses nicht die Verachtung deutlich zeigen, welche die Jesuiten gegen die H. Decrete der Päpste, die ihnen nicht gefallen, spüren lassen? Ist dieses nicht ein deutlicher Beweiß von dem Beystande, welchen der P. General allen seinen Untergebenen in diesen Dingen leistet? Ist es nicht ein gewisses Zeugniß, daß der P. General die Ehre des H. Stuhls, und die reine Lehre des Evangelii einem so schlechten Puncte der Ehre aufopfert, indem er vier verwegene Jesuiten, die nicht würdig sind, die Kleidung des H. Ignatii zu tragen, vertheidigte.

Ich würde noch einiger maßen Mitleiden mit ihm haben, wofern er aus Unachtsamkeit sündigte, allein er ist mehr als zu oft von diesen Aergernissen benachrichtiget worden; er hat das Geschrey gehöret, welches die ganze Welt wider diese Art zu verfahren von den Superioren

rioren der Geſellſchaft gemacht hat: er iſt inſonderheit in Italien durch den P. Patuzzi unter dem Nahmen Euſebio Eraniſle in dem 31. und 32. Briefe ermahnet worden, eine gerechte und ſchuldige Genugthuung vor die Beleidigungen zu geben, welche man dem P. Concina mit den zwey gottloſen Büchern die Vertheidigung und die Wiederrufung angethan hat; und gleichwohl iſt nichts erfolget, und der P. Zaccaria und andere Jeſuiten fahren vielmehr fort den Concina, Patuzzi und andere Dominicaner zu beleidigen, und zwar in einer Sache, wobey der H. Stuhl die Unſchuld der Dominicaner feyerlich erkläret hat. Was ſollen nun vernünftige Leute in dieſem Falle ſagen? Gewiß es iſt ein bloßer Eigenſinn, wenn man die genaue Verbindung zwiſchen dem Haupte der Geſellſchaft und ihrer Mitglieder in dieſen Materien nicht erkennen will.

Denn ſogar diejenigen, welche der Geſellſchaft von ganzem Herzen zugethan ſind, bekennen bey der Berührung dieſes Puncts, daß ſie nicht wiſſen, was ſie antworten ſollen. Ich kann Ihnen hier keinen redlichern und beßern Jeſuiten anführen, als den Herrn Touquet den Biſchof von Eleutheropolis. Dieſer Prälat bekennet in ſeinem bekannten Briefe an den Jeſuiten Gouville, wo er ſeine wunderbahre Bekehrung von den abgöttiſchen Gebräuchen zu den Ceremonien der Catholiſchen Kirche beſchreibt, in dieſer Sache ſeine Unwiſſenheit. Jedermann aber ſiehet wohl, daß die Urſache, warum er es nicht deutlich ſagen wollen, keine andere iſt, als das Intereſſe der Geſellſchaft, und der Nutzen, welchen er daraus zog.

Jedoch wir wollen unſere Augen auch auf andere Orden richten. Verfahren ſie vielleicht eben ſo, wenn man von ähnlichen Begebenheiten redet? Ein einzig Exempel vom Dominicaner-Orden kann genug ſeyn uns in dieſem Stücke zu belehren. Als der P. Candido der Magiſter des H. apoſtoliſchen Pallaſtes eine Moral-Theologie heraus gab, welche den Thomiſtiſchen Grundſätzen zuwider war; und ihr P. General der P. Turca ein Mann von apoſtoliſchem Geiſte ſahe, daß er dieſen Religioſen, weil er unmittelbar unter dem Papſt ſtund, nicht zwingen

konnte,

konnte, so machte er an seinen gantzen Orden ein Circular-Schreiben bekannt, und verbot unter der Strafe des Bannes ein solches Buch zu lesen, oder bey sich zu behalten, und rettete auf diese Weise seine und seines gantzen Ordens Ehre. Sehen Sie, mein Herr, was die Menschen machen, wenn sie wahrhaftig um die Ehre eines Ordens eifern; aber dieses hat niemahls ein Jesuitischer General gethan. Ich könnte Ihnen hierbey die ältere und neuere Begebenheiten von dieser Art anführen; es ist aber überflüssig. Lesen Sie nur selbst die vielen Bücher, welche diese Dinge mit Fleiß untersuchet haben; so werden Sie augenscheinlich finden, daß das Haupt und die Glieder aufs genaueste zusammenstimmen.

Ich bin versichert, der apostolische Stuhl denket in diesem Puncte eben so; indem ich bemerke, daß man allezeit, wenn man die Jesuiten wegen der abscheulichen Abgötterey im Orient hat bestrafen wollen, die Strafe nicht denen im Orient sondern dem General in Rom angekündiget hat. So machte es Innocentius der XI. als er 1680. den Jesuiten wegen ihres Ungehorsams verbot, Novizen zu machen, und sie in Orient zu schicken; welches Verbot hernach 1723. von Innocentius dem XIII. und 1724. von Benedict dem XIII. wieder aufgehoben wurde. Alle diese Päpste setzen in ihren Decreten die Generale zum Grunde, daß sie an dieser Widerspenstigkeit schuldig sind, und sie drücken sich auf solche Art aus, daß man nicht mehr daran zweifeln kann.

Nach dieser nothwendigen Weitläuftigkeit, welche ich wegen Ihrer vorgebrachten Zweifel habe machen müssen, indem ich Ihnen mit den unwiedersprechlichen Worten des Statthalters Christi gezeiget habe, daß die Jesuiten im Orient Rebellen gegen die Päpste und gegen das Gesetz Christi gewesen sind; sehe ich mich nunmehro verbunden zu dem zweyten Stücke meines Satzes wegen der Empörung der Jesuiten zurück zu kehren, und Ihnen auch das Zeugniß der berühmtesten Schriftsteller der Gesellschaft vorzubringen. Wir wollen den Anfang mit den Geschichtschreibern machen.

Ich übergehe hier den Ribadeneira, Orlandini, Sachini, und andere alte Geschichtschreiber der Gesellschaft, in welchen man ebenfalls verschiedene hieher gehörige Dinge findet; und begnüge mich mit dem neuen Helden der Gesellschaft dem berühmten P. Jouvency, einem Franzosen, welcher 1710. in Rom die Historie der Gesellschaft Jesu von 1591. bis 1616. in Fol. drucken ließ. Schlagen Sie diesen Theil auf, überlesen Sie den Inhalt der Bücher, so werden Sie dasjenige deutlich bewiesen finden, was ich gesagt habe. Unterdessen erlauben Sie mir, daß ich Ihnen hier einige Sachen anführe. Gleich im Anfange dieses Theils siehet man, daß verschiedene Provinzen von Portugall, Spanien ꝛc. so viel innerliche Unruhen haben, daß es kaum glaublich ist. Der König von Spanien, und der Papst Clemens der VIII. müssen sich ins Mittel schlagen, und die fünfte allgemeine Congregation anstellen, um diese unruhigen Köpfe zu stillen, wie der General Acquaviva selbst bekennet. (k) Ja der General selbst war in Gefahr abgesetzt zu werden. Wenn man von diesen privat-Streitigkeiten weg geht, so findet man gleich ein ansehnliches Verzeichniß von öffentlichen Unruhen. Hier siehet man den Jouvency, wie er die Empörung der Gesellschaft wider die Königin Elisabeth in England vertheidiget und die Verräther zu Heiligen erhebet. Dort erblickt man ihn, wie er die Verschwörung wider Heinrich den VI. in Franckreich, und auch wider Heinrich den IV. vertheidiget. Hiernächst bringt er eine Schutzrede auf den Jesuiten Guignard vor, den man in Paris gehangen hat, weil er schriftlich behauptet hat, daß der Heinrich der III. mit Recht sey umgebracht worden; und daß man es mit Heinrich dem IV. eben so machen solte. Hierauf erzehlet er weitläuftig alle die Helden der Gesell-

---

(k) *Ut ratio iniretur, qua reduci ad quietem possent aliquot Societatis Provinciae, quibus id magnopere necessarium esse intelligebatur: tum imprimis ut summo Pontifici Clementi VIII. id ipsum ob eandem causam pro sua erga Soc. nostram paterna providentia, volenti satisfieret.* Dieses sind die eigenen Worte des General Acquaviva bey dem Jouvency B. XI. N. 8.

Gesellschaft, welche den Satz angenommen haben, die bekanntesten Schandthaten der Jesuiten aufs unverschämteste zu leugnen, als z. E. den P. Cotton, Richeaume und andere. Endlich giebt er einem eifrigen Parlaments-Gliede, welches die Ruhe des Reichs und das Leben des Königes zu erhalten suchte, den Titul eines Ketzers: er greift das ganze Parlament an: alle Mitglieder desselben sind ungerecht und offenbahre Feinde der Jesuiten, sonst würden sie die Unschuld der Gesellschaft nicht angreiffen. Diese Exempel von Empörung mögen genug seyn, um Ihnen einen Begriff von dem Werthe des Werks und den Verdiensten dieser Hochehrwürdigen Väter zu machen.

Sie werden mir hierauf antworten, daß der Jouvency recht habe, indem er ja diese Dinge erzehle, und dabey seine Jesuiten vertheidige, und sie von dem Schandfleck der Empörung befreye. Ich sage Ihnen aber, daß nur derjenige, so reden kann, der die Gründe und die von andern erzehlten Begebenheiten nicht genau untersuchet hat. Es ist genug, daß einer nur bloß den Jouvency lese, so wird er bey einer mäßigen Einsicht in die Kirchen-Geschichte der letzt verflossenen zwey Jahrhundert augenscheinlich überzeugt werden, daß Jouvency alle die Fehler seiner Mitbrüder besitze, und also gar keinen Glauben verdiene. Solte man wohl glauben, daß ein Jesuit, der in diesem Jahrhundert die Historie der Gesellschaft schreibt, nicht nur nach so vielen Bullen und Decreten des verwichenen Jahrhunderts wider die Chinesischen und Malabarischen Gebräuche, sondern auch nach den Decreten des Cardinals von Tournon von 1704. und nach den zwey Verordnungen der H. Inquisition von Rom, im Jahr 1704. und 1706. die Verwegenheit haben solte, einem Nobili und Ricci und andern dergleichen Jesuiten, welche zuerst diese abgöttischen Gebräuche ausübten, zu vertheidigen? die Sachen ganz anders auszulegen, als sie von der Kirche entschieden sind? die Gebräuche mit Hülfe des Erzbischofs von Cranganor und des Erzbischofs von Goa und 130. Brachmaner zu vertheidigen, als welche alle versicherten, daß diese Gebräuche solche wären, wie sie der Nobili behauptete. Ist es glaublich, daß ein Jesuit,

suit, welcher von dieser Materie im Jahr 1710. handelt, die von der Kirche verdammte Streitigkeiten erzehlen könne, als wenn es noch eine unausgemachte Sache wäre, ohne daß er jemahls dabey hinzufügte, daß sie ungültig wären, weil man sie verbotten hätte? (l) Und endlich der in aller Gelassenheit dem Confucius eine Lobrede hielte, damit er uns zeigen möchte, daß er vernünftig dächte? Und gleichwohl hat Jouvency dieses alles gethan, da er die Historie der erwehnten Missionen schreibet. Er verwandelt alle seine Jesuiten in Heilige; und alle sind bey ihm die nützlichsten Mitglieder der Kirche gewesen. Kurz auch die bösen Geister mußten durch den Mund der Besessenen seine Jesuiten loben. Der arme Mann aber merkte nicht, daß dergleichen Gebräuche bey niemand anders als bey den bösen Geistern Beyfall finden konnten?

Diese Art eine Historie zu schreiben, wo das Unrecht offenbar ist, zeigt deutlich, was man von ihm hoffen kann, wenn er von den Rebellionen in Frankreich und England redet. Und in Wahrheit ist wohl etwas widersprechenders und einfältigeres als wenn man den Jesuiten Guignard vor unschuldig erkläret, zumal, da der Jouvency selbst bekennet, daß man seine Meynungen eigenhändig geschrieben würklich gefunden habe, und daß er es aus bloßer Unachtsamkeit vergessen habe dieselben zu verbrennen, wie es in dem königlichen Edict anbefohlen war. (m) Der König vergab es allen denjenigen, welche etwas wider ihn geredet oder geschrieben hatten, jedoch mit der Bedingung, daß sie künftig bey Lebens Strafe nichts mehr schreiben, und alle ihre

widri-

(l) *Annis consequentibus facta ingens rerum inclinatio: nec Romae solum sed etiam in India certantibus hinc inde sententiis, agitata controversia: epistolis, voluminibus, Synodis acerrime pugnatum.* JOUV ENCT B. 18. S. 506.

(m) *Quod si ferales chartas penes se habuisse; non, ut aequum erat, lacerasse; aut in ignem proiecisse, quemadmodum edicto praescriptum erat, arguitur: (hoc enim uno defendi sententia contra eum lata potest) licebat tamen clarissimis Senatoribus regiam imitari clementiam, et incuriae culpam vel condonare vel poena saltem leviori mulctare* JOUV ENCT B. 12. n. 27. S. 52.

widrigen Schriften verbrennen sollten. Guignard hat seine Schriften nicht verbrandt, und einige Jahre darnach hat man sie in seiner Hand gefunden. Muß man ihn nun deßwegen vor unschuldig erklären? War er denn ein kleines Kind oder schwacher Greiß, daß er die Worte des königlichen Edicts nicht verstanden, und gewußt hätte, was er geschrieben? Waren vielleicht seine Superioren, welche ihm, wie Jouvency bezeuget, so zu schreiben befohlen hatten, und wußten, was ihre Untergebenen öffentlich geredet und geschrieben hatten, so einfältig, daß sie nicht in dem Collegio genau nachgesucht hätten, damit nicht eine Zeile bey einer so bedenklichen Materie übrig bleiben möchte; zumal da man sie schon vorhero beschuldiget hatte, daß sie diese Lehre behaupteten? Dieses einzige zeiget schon zur Genüge den Jesuitischen Character.

Ueberlegen Sie endlich noch die erstaunliche Unverschämtheit, womit Jouvency leugnet, daß man in den Schulen der Gesellschafft den Königsmord lehre. Kann man sich etwas verwegeners vorstellen als daß er leugnet, was tausend Schrifftsteller der Gesellschafft in ihren Büchern behauptet haben, wie ich unterm §. 2. zeigen will. Wie? Ist dieses etwa zweyerley, eine Sache in Büchern oder in der Schule vortragen? war es nicht vielleicht ein Porthois und viele andere, welche es zu Ende des vorigen Jahrhunderts ihren Schülern vortrugen? Die Ursache aber, welche Jouvency angiebt, ist recht canonisch: nemlich daß Guignard so denken konnte und nicht andere. Es ist wahr: aber wenn man siehet, daß Mariana den Jacob Clement den Mörder Heinrich des III. mit nachdrücklichen Worten erhebet; (n) wenn man unzehlige andere Schrifftsteller liefet, die eben dieses behaup-

---

(n) *Caeso rege ingens sibi nomen fecit, caede caedes expiata, ac manibus Guisii perfido peremti Regio sanguine est parentatum. Sic Clemens ille periit,* 24. *annos natus, simplicis juvenis ingenio, neque robusto corpore. Sed major vis vires et animum confirmabat.* MARIANA de Rege c. 6. p. 54.

behaupten, und sich die vorhergehenden Jesuiten auf den Guignard berufen, so muß man sagen, daß sie alle eben so denken.

Ist aber nicht, mein Herr, der Jouvency selbst ein Beweiß von dem, was ich sage? Hören sie nur wie er den Mariana, Suarez, Becanus und andere Jesuitische Vertheidiger des Königsmords, und die andern lobet, welche sich in die Verschwörung wider Heinrich den IV. eingelassen; so werden sie alsdenn einsehen, was er, und jene dachten, und was wir von der Lehre der Gesellschafft denken müßen.

Ueberhaupt aber, wenn man von Jesuiten handelt, so muß man diese Vorsichtigkeit dabey anwenden, daß das Interesse der Gesellschafft das Maaß ist, wornach sie ihren Beyfall jedesmal abmessen. Denn so viel andere ihr Interesse vermehren, eben so viel suchen sie dieselben zu erheben; und wofern sie dieses Interesse vermindern, so fällt auch hernach ihr Verdienst; und endlich, wenn sie es ganz verabsäumen; so werden sie Jansenisten oder Tyrannen. Wir haben ein neues Beyspiel hiervon an den Päpsten, welche in diesem Jahrhundert gelebet haben. Clemens der XI. wurde anfänglich von den Jesuiten gar sehr gelobet. Als er aber den Cardinal von Tournon nach Indien schickte, so fiel sein Ruhm gar sehr bey den Jesuiten. Da er aber endlich 1715. die Bulle Ex illa die bekannt machte, so wurde er als ein Verbannter und als ein Tyrann gemißhandelt. Jedoch eben dieser Papst erlangte wieder ein großes Ansehn in Frankreich, weil er die Bulle Unigenitus ausgehen ließ. Die Ursache hiervon ist leicht zu begreifen. Die erste Bulle war gerade wider die Jesuiten, und die letzte war auf gewiße Weise zu ihrem Vortheil, oder wenigstens diente ihnen dieselbe zu einem guten Vorwand ihre Absichten zu erreichen. Eben so ist es andern Päpsten und am allerschlimmsten dem Papst Benedict dem XIV. ergangen, welcher wegen seiner zwo Bullen Ex quo singulari, & omnium sollicitudinum bey den Jesuiten alles Ansehn verlohr, und von ihnen als ein Feind und ein Jansenist gehalten wurde.

Jedoch ich will Sie, mein Herr, nicht länger mehr mit dem Jouvency unterhalten. Lesen Sie nur das schöne Werk, welches den

Titul

Titul führt: Sammlung aller urkundlichen Schrifften, welche die Historie der Gesellschafft Jesu betreffen, die der Pater Jouvency geschrieben hat. Paris 1713. so werden Sie daselbst eine Abhandlung von den schädlichen Meynungen der Jesuiten in Ansehung der Ehre und des Lebens der Fürsten antreffen, und daraus wahrnehmen, daß die Jesuiten von 1562. fast von Jahr zu Jahr biß auf unsere Zeiten die Lehre, welche die Empörung wider die Fürsten betrifft, vorgetragen haben. Soviel ist gewiß, daß man die Historie des Jouvency in Paris beschuldiget hat, daß sie die Rebellion beförderte; daß das Parlament die Jesuiten genöthiget habe, die Irrthümer des Jouvency abzuschwören; und daß der Verfasser um deßwillen nicht gehörig bestraft wurde, weil die Jesuiten durch ihre listigen Kunstgriffe den Proceß verhinderten, und der Jouvency sich auf einige Zeit nach Rom verfügte.

Wir gehen nunmehro zu den andern Jesuitischen Schriftstellern fort. Diese vertheidigten offenbar eine solche Lehre, welche zur Rebellion abzielete. Dieses ist ganz gewiß und ausgemacht. Man darf nur die Bücher ihrer berühmten Lehrer aufschlagen, so findet man schöne Stellen darinn, womit man diesen Satz beweisen kann. Ich will Ihnen nur einen oder den andern Portugiesen anführen. Emanuel Sa vertheidigte im 16. Jahrhunderte, daß die Religiosen, wenn sie sich wider ihre Fürsten empören, keine Verbrecher der beleidigten Majestät sind, weil sie nicht ihre Unterthanen sind. (o) Der P. Cosimo Magalhaens ist nicht nur eben dieser Meynung, sondern verlangt auch noch überdieses, daß die Fürsten dazu stille sitzen sollen, wenn sie sehen daß die Geistlichen die Weltlichen umbringen, nicht anders als ob sie keine Mitglieder der Republick wären. (p) Aber noch schöner ist

der

(o) *Clerici rebellio in Regem non est crimen laesae Majestatis, quia non est subditus Regi.* SA Aphor. 15.

(p) *Nullum jus occidendi Sacerdotes aut alios ecclesiasticos Ministros, etiamsi crimen morte dignum admiserint, habent laici principes.* MAGALHAENS, Comment. in Josuae c. 3.

der Gedanke des Antonio Fernandes, der ein neues Syſtem er dachte, wobey ſogleich alle dieſe unnützigen Fragen wegfallen, und alle Zweifel auf einmal gehoben werden. Der Begriff eines Königes iſt nach dem Vorgeben dieſes Jeſuiten ein metaphyſiſcher und erdichteter Begriff, welcher bloß in der Einbildung des Volks beſteht, und von dem Willen deſſelben abhänget. (q) Folglich kann man dieſen Begrif nach Gutbefinden des Volks aufrichten und auch wieder vernichten, und ein Religioſe kann z. E. tödten, wenn er will, und wider ſeinen König Empörung erregen, ohne daß er Gefahr läuft das Verbrechen der beleidigten Majeſtät zu begehen, und ohne daß er von Layen deßwegen könnte beſtraft werden. Und gleichwie geiſtliche Richter noch weniger am Leben ſtraffen können; ſo wird ein geiſtlicher Rebelle und Königsmörder ganz ruhig dabey ſeyn und das Unvermögen ſeines Fürſten auslachen können. Was deucht Ihnen mein Herr von dieſer Lehre, iſt ſie geſchickt den Frieden in den Republicken zu erhalten?

Erlauben Sie nunmehro, daß ich Ihnen nach Vorausſetzung dieſer Grundſätze einen kurzen Schluß darüber vorlege. Die Jeſuiten lehren, daß alle die Sätze erlaubt ſind, welche die Völker wider ihre Fürſten aufwiegeln können. Der bloße Unterricht von dieſer Lehre iſt noch weit ſchlimmer, als die würkliche Ausübung. Folglich machen es die Jeſuitiſchen Schriftſteller noch ſchlimmer, als was in den Portugieſiſchen Erzehlungen enthalten iſt. Der Oberſatz dieſes Schluſſes wird durch die That bewieſen; der Unterſatz aber iſt leicht zu beweiſen. Wer da lehret, daß die Begehung einer Sünde erlaubt ſey, der handelt ärger, als wer ſie aus Schwachheit begehet. Jenes thun die Jeſuiten; folglich iſt dieſe Handlung weit ſchlimmer. Der Grund hiervon iſt ganz deutlich; denn wer eine ſolche Lehre als erlaubt vorträgt,

der

(q) *Regalem praeeminentiam re vera non eſſe realem, ſed vere fictitiam -- quia revera nemo dicitur Rex per aliquid in ſe inventum re ipſa, ſed per aeſtimationem, qua illum ſibi populus praeelegit: totum referri debet ad beneplacitum populare.* FERNANDES Comment. in Viſiones Script. in c. 12. Danielis.

der verführet viele Personen zur Sünde; und wer sie bloß begehet, der kann sein Vergehen völlig einsehen, es bekennen, und es bloß entweder aus Leidenschafft oder aus menschlicher Schwachheit verrichten. Eben dieses bestätiget der Gebrauch sowohl in den gesittetesten Reichen als auch in der Kirche; denn wer eine Sünde begehet z. E. einen Todtschlag oder Ehebruch, der wird bloß nach dem Verbrechen bestraft; wer es aber als erlaubt vertheidiget, der wird nach den bürgerlichen und Kirchengesetz als ein Ketzer bestraft. (r)

Wollen sie aber, mein Herr, noch etwas ausführlichers hiervon lesen, und wünschen Sie alle die Stellen der Jesuiten wegen des Königsmords und wegen der Rebellion zu sehen, so belieben Sie die Schrifften nachzuschlagen, welche dieselben zusammen getragen haben. Die Anzahl solcher Schrifften aber ist bereits so groß, daß ich Ihnen ein ganzes Bücherverzeichniß liefern würde, wenn ich nur die Namen und die Titul hieher setzen wollte. Dieses aber ist ganz wider meine Absicht, und also völlig überflüssig.

Jedoch ich merke schon, daß Sie mir hierbey die gewöhnliche Antwort der Jesuiten vorbringen werden, welche sie ihren Anhängern als einen unwiederleglichen Beweiß vortragen, daß ich Sie nemlich hier auf einige Bücher verwiesen habe, welche der H. Stuhl verboten hat, und also keinen Glauben verdienen. Gut, mein Herr. Diese Antwort schickt sich sehr wohl vor den P. Daniel, welcher so auf die Apologie der Provincialbriefe antwortete, weil er nichts bessers zu sagen wußte. Allein ich will bitten, daß Sie sich dieser Ausflucht ja nicht bedienen, denn Sie würden sich sonst lächerlich machen. Ich will Ihnen gleich einen solchen Gegenbeweiß vorbringen, der Sie völlig überzeugen wird. Hier ist er. Wenn alle Bücher, welche der H. Stuhl ver-

---

(r) *Quicumque enim dicit non esse peccatum id, quod est contra praeceptum Dei; haereticus judicatur: sicut haereticus judicaretur, quicumque diceret, quod fornicatio simpliciter non sit peccatum; est enim contra hoc praeceptum. Non moechaberis, ut sancti exponunt.* D. THOMAS Quodlib. 3. art. 12.

verbotten hat lauter Lügen enthalten, und keinen Glauben verdienen; so folget, daß man eben dieses von den verbottenen Büchern der Jesuiten sagen müßte. Es werden also die Bücher eines Emanuel Sa, Pet. Halloir, Papebroch, Baunio, Cellot, Franc. Suares de Censuris, Extrix, Harduins, Pichon, Decolonia, Cordara, Benzi, Berruyer, und vieler andern Jesuiten, welche von dem H. Stuhle verbotten sind, voller Lügen seyn. Eben so müßen Pirot, Moya, Tellier, und Fabri, welche die Jesuitischen Casuisten wider die Provincialbriefe, in vielen Schrifften vertheidiget haben, die man verbotten hat, keinen Glauben verdienen, und muß dasjenige, was die Provincialbriefe in diesem Stücke sagen, wahr seyn. Sehen Sie, mein Herr, wie man nach dem Urtheile der Jesuiten zeigen kann, daß sie die rechten Lügner sind, und keinen Glauben verdienen.

Hieraus erhellet also, daß der Beweiß der Jesuiten, wenn man ihn auf allen Seiten betrachtet, nichts beweiset. Sie wißen selbst, mein Herr, daß es zweyerley Arten böser Bücher giebt, einige betreffen die Lehre, und andere die guten Sitten. Ein jedes Buch nun, welches entweder mittelbar oder unmittelbarer Weise wider einen von diesen Hauptpuncten gerichtet ist, wird durch das Gesetz der Natur, und des Evangelii gleich verbotten; und zu dieser Claße gehören die Schmähschrifften rc. Wenn nun die Kirche in einem Buche von diesen beyden Arten etwas antrifft, so zeiget sie es an, und warnet uns, daß wir uns davor als vor einer an sich bösen Sache hüten sollen. Allein gleichwie ein jeder Fürst in seinen Staaten ein Buch verbieten kann, um dadurch alle Unruhen zu vermeiden, und die öffentliche Ruhe zu erhalten; so verbietet auch oft die H. Kirche, welche als eine liebreiche Mutter alle Mittel anwendet, um mit Liebe den Frieden und die christliche Eintracht unter ihren Kindern zu erhalten, einige Bücher und wenn sie auch nichts an sich böses enthalten, entweder aus Haß gegen den Verfaßer, der schon anderer Bücher wegen verdammt ist, oder weil sie gewiße Sachen berühren, die zwar an sich wahr sind, aber

nichts

nichts destoweniger Unruhen in den Schulen und Universitäten, insonderheit unter den Orden und unter den Geistlichen erregen, und bey den Unwissenden Aergerniß anrichten können. In diesen Fällen nimmt die H. Kirche ihren Kindern die Waffen aus den Händen, womit sie sich schaden können, und leget den Streitigkeiten ein Stillschweigen auf. Folglich muß man wissen, um welcher Ursache willen die Kirche etwas verbotten hat. Soviel ich nun von denen erfahren, welche die Hände in dieser Sache haben, so sind die Provincialbriefe verbotten worden, weil man in einigen gewiße Dinge wieder aufs neue vorbrachte, welche den Jansenismus betreffen. Aber niemals hat die Kirche gesagt, daß die angeführten Stellen aus den Casuisten, welche in diesen Briefen beurtheilet werden, falsch wären; und noch weniger hat es die Kirche von dem größten Theil der andern Bücher wider die Jesuiten gesagt. Ich glaube also, daß außer der Ethica Amoris, in welcher einige von den 200. Meynungen der Jesuiten nicht wohl untersuchet sind, alle andere angeführte Stellen aus den Schrifften der Jesuiten richtig sind. Denn was die Provincialbriefe anbetrifft so wurde die Richtigkeit der angeführten Stellen aus den Jesuitischen Schrifften nicht nur von sehr vielen Pfarrern und Bischöffen in Frankreich, sondern auch von dem Parlamente zu Bourdeaux, und ferner von den italiänischen Theologen z.E. vom P. Concina und Patuzzi erkannt. Und endlich, was diesen Streit sogleich endigen kann, ist dieses, daß die von den Päpsten Alexander dem VII. und Innocentius dem XI. verdammten Sätze eben diejenigen sind, welche in den Provincialbriefen als irrig erkläret werden. Jedoch ist dieses noch übrig, was die Jesuiten am meisten schamroth machen sollte, daß die Jesuiten selbst die angeführten Stellen als richtig und unverfälscht befunden haben. Die Jesuiten beantworteten die Werke des Hallier und die Provincialbriefe auf zweyerley Art. Die Jesuiten le Moyne, Caussin, Pinthereau, Annato und andere bedienten sich ihrer gewöhnlichen Antwort, daß sie gerade zu leugneten, daß ihre Schriftsteller solche schädliche Meynungen vertheidiget hätten. Hingegen die Jesuiten Pirot, Moya, Fabri, Daniel,

niel, und andere suchten zu behaupten, daß sich zwar die angeführten Meynungen in ihren Verfassern befänden, daß sie aber gut wären, und nichts enthielten, was nicht andere Lehrer vorhero schon vertheidiget hätten. Aus beyden Arten erhellet also, daß sich die angeführten Meynungen in den Schrifften der Jesuiten befinden, und daß sie sehr schädlich sind. Und dieses hat der Herr Petit-Didier in seiner Apologie der Provincialbriefe so deutlich gezeiget, daß die Jesuiten noch nichts haben darauf antworten können. Sehen Sie nun, mein Herr, was vor Ursache ihr Jesuite Nocetti hat, diese Materie von neuem zu berühren, und dem P. Concina die Unrichtigkeit der Provincialbriefe vorzuwerfen. Nicht anders als ob dasjenige, was diese Briefe sagen, nicht eben sowohl andere catholische Schrifftsteller behaupteten, die gar nicht verbotten sind.

Ich habe Ihnen bißhero die berühmtesten Jesuiten gezeiget, welche uns zu erkennen geben, daß sie noch schlimmer sind als sie in den Manifesten von Portugall abgemahlet werden. Jetzt will ich Ihnen noch das Zeugniß ihrer eigenen Generale anführen. Der H. Franciscus Borgia der dritte General erzehlet uns in einem Briefe an die Jesuiten das vergangene, und zeigt zugleich das zukünftige in diesen Worten: Si nulla habita ratione vocationis, et spiritus, quo quisque impulsus accedit, litteras modo spectemus, et alia exteriora talenta ac dona, veniet tempus, quo se Societas multis quidem occupatam litteris, sed sine ullo virtutis studio intuebitur: in qua tunc vigebit *ambitio*, et sese efferet solutis habenis *superbia*; nec a quo contineatur, et supprimatur habebit: quippe si animum converterint ad opes - - intelligent illi se quidem - - opibus affluentes, sed omnino virtutum copiis destitutos - - - - Atque utinam jam non ante hoc totum experientia ipsa saepius testata docuisset. Sehen Sie, dieser Heilige lehret uns, daß man schon zu seiner Zeit den Geitz und Hochmuth der Gesellschafft nicht mehr bändigen konnte, welche die zwo Ursachen der Rebellion sind.

Clau-

Claudius Acquaviva der fünfte General der Jesuiten gieng zu dem Papst Paul dem V. als er gehöret hatte, daß er die Bulle wider die Scientiam Mediam bekannt machen wollte; und deutete ihm mit wenigen Worten an: Se quidem, si forte Sanctitas sua eam infamiae notam Societati inureret, dena Jesuitarum millia praestare non posse, qui contumeliosa et indecora apostolicae Sedis auctoritati non scriberent. Sehen Sie, mein Herr, also waren nach dem eigenen Bekenntniß dieses Generals 10000. Jesuiten bereit eine Empörung wider das Haupt der Kirche wegen eines Lehrpuncts zu erregen. Und der Papst Clemens der VIII. der Vorgänger des Papsts Paul des V. sagte zu dem General der Dominicaner, welcher ihn bey der Streitigkeit de Auxiliis in Ansehung einer jeden Entscheidung eines blinden Gehorsams versicherte: Eandem se obsequii fidem in Jesuitis vehementer desiderare. - - - Sat clare perspectum habere, PP. Jesuitas velle huic negotio moras injicere, conantes mihi timorem injicere de magnis turbis inde orituris, si censuram adversus Molinam emittam &c.

Ich komme noch zu einem andern General, welches der Muzio Vitelleschi ist, der viele Dinge von seinen Jesuiten sagt, und viele Anschläge zu einer nöthigen Reformation giebt. Allein ich will nur einige Worte von ihm anführen, die er in einem Briefe vom 4. Jan. 1617. brauchet: Ne quaeso nobis - - blandiamur: non pauci hoc in genere valido freno egent: nemini parcunt: nimia agunt libertate et licentia: non sine gravi charitatis, justitiaeque interdum injuria, dum aliena seu dicta seu facta nunc amplificata augent, modo ultro citroque renuntiant, nunc in deteriorem partem accipiunt: - - haud scio, an dicendum sit, res neque gestas unquam, neque per somnium quidem oblatas comminiscuntur et jactant. - - Hoc vitium latius, quam opus esset, serpere per Societatem, deploramus omnes. Sehen Sie, dieser General zeigt uns, daß die Jesuiten überhaupt wider die Liebe und Gerechtigkeit sündigen, und also Verleumder und Lästerer sind.

Außer diesen Zeugnissen der Generale könnte ich Ihnen noch so viele würdige Bischöffe und Missionarien anführen, welche um des Glaubens willen den Tod erlitten haben: ich könnte Ihnen insonderheit die nachdrücklichen Worte eines Palafox und eines Fouquet vorbringen, welche gewiß allen Glauben verdienen; allein ich halte dieses vor überflüssig, weil die Schrifften jener Männer jetzt wieder in Italien gedruckt und fleißig gelesen werden.

Erlauben Sie also, daß ich diesen ersten Punct mit einer merkwürdigen Anmerkung beschlüße. Der erste Jesuit, welcher nach Portugall kam und von Johanne dem III. dahin berufen wurde, und also der Stifter der Jesuiten in Portugall kann genennet werden, war der P. Simon Rodriguez. Und dieser treue Knecht GOttes verhielt sich sowohl daselbst, daß er auch der erste war, den man wieder wegjagte. Indem er bey dem H. Ignatio angeklaget war, der ihn nach Rom zurückberufte, Richter über ihn bestellte, und ihn strafte, so daß er auch in Italien starb. Der erste Beichtvater, welcher an dem königlichen Hof zu Lissabon angenommen wurde, war der P. Michael di Torres, erwehlter Beichtvater von der Königin D. Catharina der Wittwe Johannis des III. und auch dieser führte sich so wohl auf, daß er auch als der erste von der Königin wieder abgedankt wurde, welche ihn nach Coimbra schickte, und einen Dominicaner zum Beichtvater erwehlte. Was aber mit den andern Jesuiten sich zugetragen hat, die sich in den königlichen Pallast eingeschlichen haben, erzehlen die Historien der Nation, wo man findet, daß bald darauf unter dem Könige Sebastian die Stände des Reichs verlangt haben, daß man die Jesuiten fortschaffen sollte. Von dieser Art waren die ersten Jesuitischen Beichtvater. Die letztern nun als Joseph Moreira, und seine Mitbrüder wurden, wie Sie wissen im September 1757. von Hofe weggejaget, weil sie in Brasilien einen offenbaren Krieg wider den allergetreuesten König, und viele andere Empörungen in Portugall erreget hatten.

Beschluß

Beschluß des ersten Puncts.

Sehen Sie, mein Herr, nunmehro bin ich bey dem Schluffe des ersten Stückes meiner Rede. Ich habe Ihnen mit den Zeugnissen der päpstlichen Bullen, der Jesuitischen Geschichtschreiber, und anderer berühmten Schrifftsteller der Gesellschafft, und endlich der Jesuitischen Generale selbst bewiesen, daß die Jesuiten Rebellen sind, und der Geist der Empörung in der Gesellschafft herrsche. Nun schlüße ich so: Die Jesuiten sind von den Päpsten als Rebellen wider den H. Stuhl, ꝛc. erkläret worden. Der König von Portugall saget bloß, daß die Jesuiten wider ihn in Paraguay und Maragnon, und wider den Bischoff von Para eine Rebellion angestiftet haben, indem sie die Vollziehung der Bulle des Papsts Benedict des XIV. verhindert. Folglich saget der König von Portugall viel weniger als was der H. Stuhl wider die Jesuiten behauptet, und hat also alle Zeichen der Wahrscheinlichkeit vor sich.

Jedoch ich sehe schon, Sie nehmen wieder die Parthey der Jesuiten und wenden hierbey ein: Der Schluß ist nicht richtig, es fehlet das wesentliche, indem man erstlich beweisen muß, daß würklich solche Dinge in Paraguay und Maragnon geschehen sind: und dieses hat man noch nicht bewiesen. Die jesuitischen Procuratores jener Provinzen, welche der P. General nach Rom kommen lassen um die höchsten Tribunale recht zu belehren, bezeugen das Gegentheil. Gesetzt aber, es wäre auch würklich, so bewiese dieses nur soviel, daß die Jesuiten in vergangenen Zeiten Rebellen gewesen sind, aber es beweiset nicht, daß sie es gegenwärtig sind. Es sey aber, wie ihm wolle, die Jesuiten in Rom werfen durch ihr erbauliches Exempel alle solche Schlüsse zu Boden. Sie unterrichten ihre Schüler in guten Sitten. Sie predigen den Unwissenden alle Sonntage auf öffentlichem Platze. Sie sitzen fleißig Beichte. Sie gehen oft in die Gefängnisse und Hospitäler um die Betrübten zu trösten und zu beichten. Sie geben im Noviziat und auch im Oratorio al Corso die geistlichen Uebungen. Sie verrichten alle

Wochen die nützliche Uebung des guten Todes. Und zum Beschluße des Jahres fingen sie bey einem großen Zulauf von Vornehmen und Geringen das Te Deum. Sie gehen in Rom mit einer bewundernswürdigen Demuth herum: bißweilen bitten die Novitzen zur größten Erbauung des Volks um Almoßen; und hernach theilen sie alle Freytage das Brod unter die Armen; und verrichten tausend andere gute Werke, die gar nicht mit Rebellionen ꝛc. bestehen können. Dieses sind ganz gewiße Dinge, die einen jeden überzeugen; hingegen die Beschuldigungen wegen der Rebellion sind unwahrscheinliche Dinge und Erdichtungen.

Es thut mir leyd, mein Herr, daß Sie in den jesuitischen Schlüßen so erfahren sind, und hingegen in der wahren Vernunftlehre so wenig wißen. Denn Ihr Beweiß gilt gar nichts. Sagen Sie mir doch ums Himmelswillen, als Innocentius der XII., Clemens der XI., Innocentius der XIII., Benedict der XIII., und Benedict der XIV. jene fürchterliche Cannonaden wider die Jesuiten in Indien wegen der chinesischen Gebräuche losdonnerten ꝛc. verrichteten die Jesuiten in Rom nicht ebenfals diese guten Werke, die Sie angeführet haben? Allerdings. Ferner als die erwehnten Päpste den Jesuitischen Generalen ankündigten, daß sie ihrer Schuldigkeit gemäß den Decreten von Rom gehorchen, und ihre Untergebenen in Indien zum Gehorsam anhalten sollten, sonst würden die Generale dem H. Stuhle müßen Rechenschaft geben, und die Generale überreichten hierauf eidliche Versicherungen des Gehorsams ꝛc. wurden nicht zu der Zeit ebenfals in Rom die Uebungen der Gottseligkeit getrieben? Ja freylich. Endlich als die Jesuiten in Italien die von der Kirche verdammten Gebräuche in gedruckten Schrifften vertheidigten, als sie das verbottene Buch des Benzi vertheidigten; und die Werke des Berruyer, welche die Kirche sovielmal verbotten hatte, übersetzten, und überall ausstreueten; sahe man in Rom nicht auch diese andächtigen, und blendende Werke? Ganz gewiß. Folglich wenn die Päpste, unter deren Augen man alle diese schöne Sachen machte, sich durch die äußerliche Andacht

nicht

nicht bleiben ließen, und die Jesuiten unter diesem Deckmantel wohl erkannten; so können wir zur Nachahmung so großer Päpste eben dieses Urtheil fällen. Ueberdieses aber zeigen Sie, mein Herr, daß Sie die Welt wenig kennen, wenn Sie nach dem äußerlichen Schein urtheilen wollen. Verlangen Sie etwa, daß es die Jesuiten in Europa eben so machen müßten, wie jene in Indien? Wieviel würden alsdann noch am Leben geblieben seyn? Sehen Sie nicht, daß die Entfernung und auch der Schutz der Heiden den Jesuiten Gelegenheit gab, etwas in Indien zu thun, wo sie es ungescheuet thun konnten; und es hernach in Europa zu leugnen, wo man es Ihnen nicht verstattet haben würde.

Das zweyte Stück Ihrer Antwort ist zwar sehr artig; aber es beweiset ebenfalls nichts. Denn man hat eine gewiße alte Regul, welche so heißt: qui semel est malus, semper praesumitur malus in eodem genere mali; und wenn dieses in geringen Dingen eintrift; so muß es noch vielmehr in wichtigern Dingen gelten, dergleichen die Rebellionen sind, welche die Jesuiten bereits über hundert Jahre fortführen.

Das übrige in ihrem Schluße ist ebenfalls sehr leicht zu beantworten. Sie, mein Herr, sind selbst in Rom, können Sie nicht untersuchen, was die Procuratores der Missionen antworteten, als sie unter Clemens dem XI. und Benedict dem XIV. verhöret wurden? Was sagte der General Tamburini, und andere Jesuiten, als sie von den Päpsten neue Untersuchungen über ausgemachte Sachen verlangten? Sagten Sie nicht einmüthig, daß alles, was die gehorsamen Missionarien angeführet hatten, falsch wäre? Wurden nicht in Italien eine ganze Menge von Schutzschrifften vor die verdammten Gebräuche gedruckt? Waren nicht andere, welche den Benzi, Harduin und Berruyer auch nach dem Verbot des Papst Benedicts vertheidigten? Verkauften sie nicht in Rom die erdichtete Wiederrufung des P. Concina auch noch zu der Zeit als es der Papst vor ein gottloses und verleumberisches Buch erkläret hatte. Dieses, mein Herr, sind ganz gewiße Begebenheiten, und keine Schwätzereyen. Folglich sollte sich kein Römer dieser Antwort bedienen, da er das Exempel so vieler Päpste vor Augen hat, die in dergleichen Fällen niemahls den Jesuiten glaubten, die sie vor betrüglich hielten. Jedoch ich gehe nunmehro meiner Absicht nach weiter zu der zweyten Abtheilung meiner Rede, welche den Königsmord betrift.

§. II.
Der Königsmord.

Ich habe Ihnen, mein Herr, bißhero gezeiget, daß die Jesuiten fähig sind, Rebellionen zu erregen; jetzt aber will ich Ihnen handgreiflich zeigen, daß eben diese ehrwürdigen Patres auch geschickt sind, einen König umzubringen: Fürchten Sie sich aber nicht, als ob ich Sie hier mit diesen und jenen Mordgeschichten unterhalten wolte. Nein, mein Herr, ich will hier nur einen kleinen Beweiß führen, der sonderlich auf zween wichtigen Gründen beruhet.

Warum leugnen die Jesuiten die That des Königmords? vielleicht deßwegen weil sie Priester, Religiosen, und gelehrte und tugendhafte Leute sind, welche folglich ein Verbrechen, so wider alle göttliche und menschliche Gesetze ist, nicht begehen könnten? ist es nicht also? Ich habe wenigstens in allen ihren Antworten und Schutzschriften keinen andern Grund finden können. Gut, wofern ich Ihnen nun beweisen werde, daß diese Priester, Religiosen, und gelehrten und tugendhaften Männer fähig sind, einen Königsmord zu begehen, was werden Sie mir alsdann darauf antworten? Ich glaube, Sie werden sich ergeben, das Haupt neigen, und endlich bekennen müssen, daß Sie aller Jesuitischen Ueberredungen ungeachtet erkannt haben, daß ihr Anschlag wider das Leben des allergetr. Königes wahr ist. Aber hier höre ich Sie schon entgegen rufen: wie? die Jesuiten einen König tödten! Sie haben Recht, mein Herr: ich hätte sagen sollen, alle Könige tödten.

Jedermann

Jedermann weiß, daß die allgemeine Lehre, welche die Könige betrift, diese ist, daß so bald ein König um einer Ursache willen kann ein Tyrann genennet werden, so kann man ihn tödten. Jedoch mit dieser Bedingung, daß wenn er rechtmäßiger Fürst wäre, und seine Macht mißbrauchte, so könnte er in solchem Falle nach vorhergegangener Absetzung von einer jeden Privat Person getödtet werden; wofern er sich aber unrechtmässiger Weise der Regierung bemächtiget hätte, so könnte er ohne alle Umstände von einem jeden umgebracht werden. So urtheilten jene große Lichter der Gesellschaft, Valentia (s) und Suares. (t) Und eben so vertheidigten nachhero alle andere Jesuiten eben diese Lehre. Martin del Rio (in seinem Tractat über das Recht Tyrannen zu tödten Antwerpen 1593.) Carl Scribanius (unter dem Nahmen Clarus Bonarsius Amphitheatrum honoris L. I. c. 12.) Azor. (Instit. Moral. T. III. L 2. c. 2.) Lorin (in Psalm. 105.) Konink (de Censuris) Santarello (Tract. de haeresi etc. 1625.) Tanner (in c. 3. Judicum) Hereau (in V. praeceptum decal. qu. 9.) Escobar (Tract. I. in V. Praec. decal. exam. I.) Busenbaum (in V. et VI. Praec. decal. c. I. dub. 3. n. 8.) so daß Becanus (v) und Gretser (x) versichern, daß dieses die allgemeine Lehre der Gesellschaft seye.

Niemand

(s) *Utrum liceat privato cuilibet civi occidere Tyrannum? Vel est Tyrannus per pravum et communitati exitiosam legitimae alioquin auctoritatis usum in gubernando aut est Tyrannus per arrogatam potestatem, quam vi obtineat. Primo modo nulli particulari licet eum occidere: nam eum tunc coercere pertinet ad rempublicam, quae sola possit jure oppugnare illum, et vocare in subsidium cives. Secundo modo quilibet eum potest occidere. VALENTIA T. 3. disp. 5. quaest. 8.*

(t) *Postquam rex legitime depositus est, ex tunc poterit tanquam omnino Tyrannus tractari, et consequenter a quocunque privato poterit interfici. SUAREZ Defens. lib. 6. c. 4.*

(v) *Atque haec est expressa sententia Johannis Marianae, et aliorum Jesuitarum, qui hac de re scripserunt. BECANUS in Aphor. doctrinae Calvinianorum.*

(x) *Quid vero Mariana et alii Theologi sentiant, erudite explicatum invenies in refutatione Aphor. Calvin. GRETSER in Vespertil. Haeretico Politico 1610.*

Niemand aber handelte von der Materie die Könige umzubringen so deutlich, als der Jesuit Mariana, so daß sich die andern Jesuiten auf ihn als das Orakel in dieser Sache berufen. Das Publicum sagt Mariana kann nicht nur einen König und Tyrannen, der sich nicht beßern will, umbringen, sondern auch eine jede Privat Person. (y) Und was sollen wir alsdann sagen, wenn keine öffentliche Landtäge in einem Reiche können gemacht werden. Die Antwort ist sehr leichte: eine jede Privát Person kann ihn tödten. (z) Allein wofern man ihn nicht so frey umbringen kann, was ist hernach zu thun? man muß ihn mit List und durch Verrätherey tödten. (a) Solte aber übrigens noch eine erhebliche Schwürigkeit übrig bleiben, so kann man dieselbe durch den Rath gelehrter und angesehener Männer leicht heben. (b) Und damit sich die Fürsten ihrer Macht nicht überheben, und auf Ausschweifungen gerathen mögen; so lässet ihnen Mariana wissen, daß wenn sie nicht nach dem Sinn der Jesuiten handeln, können sie auf die gerechteste Weise und zum großen Ruhm des Mörders umgebracht werden. (c) Kurz es sind so viel Umstände, bey welchen Mariana erlaubt die Könige

---

(y) *Si medicinam respuat - - - neque aliter se respublica tueri posset, eodem defensionis jure, et vero potiori, auctoritate ei propria principem publicum hostem declaratum, ferro perimere. Eademque est facultas cuicunque privato, qui, spe immunitatis abjecta, neglecta salute in conatum juvandi rempublicam ingredi voluerit. MARIANA de Rege, et Regis institut.*

(z) *Reges quid faciendum, si publici conventus facultas erit sublata, quod saepe potest contingere. Par profecto, mea quidem sententia, judicium erit. Qui votis Publici favens eum principem perimere tentaverit, haudquaquam inique eum fecisse existimabo. ibid. c. 6.*

(a) *Sed non minoris prudentiae fraudi et insidiis locum captare, quo sine motu contingat, minore certe periculo publico, atque privato. ibid. c. 7.*

(b) *Neque enim est periculum, ut multi eo exemplo in principum vitam saeviant, quasi Tyranni sint: neque enim id, in cuiusquam arbitrio ponimus, non in multorum, nisi publica vox adsit. Viri eruditi et graves in consilium adhibeantur. ibid. c. 6.*

(c) *Est tamen salutaris cogitatio, ut sit principibus persuasum, si rempublicam oppresserint, si vitiis et foeditate intolerandi erunt, ea conditione vivere, ut non jure tantum sed cum laude et gloria perimi possint. ibid. c 6.*

nige zu tödten, daß kein Monarch dabey eine Stunde des Lebens sicher ist.

Der Jesuit Sebastian Steiß, welcher ein großer Lehrer in Dillingen war, und den Mariana zu vertheidigen suchte, sagt uns zweyerley in dieser Sache. Das erste ist, daß es nicht geschehen werde, daß Völker ihre Regenten ungerechter Weise umbringen würden; indem man in zweifelhaften Fällen, und wenn die Klage wider den König nicht allgemein ist, gelehrte und angesehene Männer, als die Jesuiten um Rath fragen müsse. (d) Kann man aber bey dieser Gelegenheit nicht andere, als Dominicaner, Franciscaner, und weltliche Priester um Rath fragen? Keinesweges, es müssen Jesuiten seyn, welche nach dem jure Gentium Jesuitico das Recht dazu alleine haben. Das andere, was er uns lehret, bestehet darinn, daß Mariana allzu strenge ist, wenn er nicht will, daß man einen vergiften soll; indem man denjenigen, welcher durchs Schwerdt kann umgebracht werden, auch durch einen Becher Gift aus der Welt schaffen darf. (e) Und auf diese Weise hebet Steiß alle Zweifel und beruhiget die Gewissen.

Solte Ihnen aber noch ein Zweifel übrig bleiben, in Ansehung der Worte des Mariana: Viri eruditi et graves in consilium adhibeantur; und sie wolten mit der Erklärung des Steiß noch nicht zufrieden seyn, sondern wünschten zu wissen, ob alle Jesuiten so gesinnet wären;

(d) *Habes communem Jesuitarum sententiam: ac proinde nihil principibus periculi imminet, quando totius populi consensu pro Tyrannis habentur, si populus sequatur doctorum et gravium virorum (quod Mariana exigit) consilium: iisque Jesuitae sint. STEISSIUS in Declarat. Apologetica ad Aphor. Jesuit. etc. Ingolstadii 1609. In 12. c. 3. Aph. I.*

(e) *Quaeritur, an eum, quem fas est ferro trucidare, liceat porrecto veneno tollere. Negat Mariana, persuasus nunquam licere, quantum vis morte digno offerri venenum ab ipso reo seu gnaro, seu inscio epotandum. Quae sententia siquid vitii habet, nimia lenitas est; neque enim tam aperte constat illicite venenatum pocalum latentis pestis ignaro praeberi, ut haufta pereat, cui jugulum transfigi poterat.* Ibid. n. 105. p. 174.

wären; so dürfen Sie sich nun der Worte des Buchs Imago primi saeculi Soc. Jesu erinnern, woselbst es heißt, daß die Jesuiten den Beystand der göttlichen Weißheit haben, und also nicht nur gelehrt sind, sondern daß auch ein jeder Jesuit so viel als eine gantze Menge anderer Lehrer vorstellt: (f) und daß derjenige, welcher ein Buch von den Jesuiten lieset, nicht nöthig hat ein anderes in dieser Materie zu lesen. (g)

Wir haben es also, mein Herr, aus dem Munde der Jesuiten selbst gehöret, daß sie nicht nur übereinstimmen, wenn man die Könige umbringen solle; sondern sich auch rühmen, daß die Bestimmung der Zeit und der übrigen Umstände ein Vorrecht der Jesuiten seye. Allein so viel wuste Portugall nicht, oder man sagte es wenigstens nicht so deutlich, und in dem Urtheil des Königs wird es nicht erwehnet, sondern man erzehlet nur ihren Anschlag, den sie den Missethätern gegeben haben.

Wir wollen nun hieraus einen Schluß machen: Die Jesuiten sagen nicht nur, daß man die Könige umbringen solle, und zwar durch eine jede Privat Person; sondern sie rühmen sich auch, daß sie die Urheber dieser blutdürstigen Lehre sind. Das Urtheil von Portugall saget nur so viel, daß die Jesuiten mit ihren Rathschlägen die Urheber, und vornehmsten Häupter der Verschwörung gewesen sind. Folglich saget die Sentenz von Portugall noch weniger, als was die Jesuiten selbst behaupten, und hat also alle Kennzeichen der Glaubwürdigkeit. Die Jesuiten behaupten ferner, daß ein König wegen des Verbrechens der Ketzerey ipso facto seiner Herrschaft verlustig wird: dieses saget Valentia:

(f) *Societas Jesu est Domus Sapientiae: in qua Jesuitas omnes divina regit Sapientia* p. 704. *Omnes Socios ajo esse senes* p. 36. *Quorum singuli in viros summis rebus pares formati, audeo dicere pro acie censentur.* p. 410.

(g) *Qui unum de Societate volumen legerit, jam reliquos universos de eodem argumento Doctores admirabili compendio se perlegisse existimet, atque exultet.* JAC. KETTER Cavea Turturis c. II.

tentia: (h) Und so bald er die Herrschaft verlohren hat, kann er so gleich von einer jeden Privat-Person umgebracht werden: dieses ist die Meinung des Suarez. Die Jesuiten haben überdieses durch ihren Rocetti, Favre, Zaccaria, und tausend andere in verschiedenen gedruckten Schriften in Italien bekandt gemacht, daß die Rebellion in Paraguai und Maragnon, so viel man wüste, daher enstanden wäre, weil die Regierung in Lissabon die catholische Religion in jenen Gegenden durch den Einlaß der Engländer, und in Portugall durch die den Engländern verstattete Gewissens-Freyheit hätte beflecken wollen. Folglich urtheilten die Jesuiten der allergrößt. König sey ein Freund der Ketzer; und habe also die in der Bulle In coena gesetzten Strafen verdienet, und könnte also nach dem Urtheile der vornehmsten Jesuiten umgebracht werden.

Wollen Sie aber, mein Herr, auch sehen, daß diese blutdürstige Lehre mehr als einmal seye ausgeübet worden; so kann ich Ihnen viele zum Tode verdammte Jesuiten anführen, die wider das Leben der Fürsten ihre Anschläge gerichtet haben. Die Jesuiten Campian Skervin, und Briant, sind 1581. in London gehangen worden, weil sie der Königin Elisabeth nach dem Leben gestanden und Rebellion angefangen haben. (i) Die Jesuiten Garnet und Hall sonst Oldecorne genannt sind 1605. in London hingerichtet worden, weil sie die Urheber der Pulver Verschwörung waren. (k) Der Jesuit Joh. Guignard wurde

---

(h) *Si crimen barresis, aut apostasiae a fide ita sit notorium, ut nulla possit tergiversatione celari, etiam ante judicis sententiam incurritur ex parte praedicta sententia, nimirum eatenus ut subditi possint negare obsequium domino haeretico, aut apostatae a fide; non tamen ita, ut etiam teneantur id ei negare.* VALENTIA ibid. punct. 2.

(i) De THOU Histoire T. 8. p. 541. RAPIN DE THOIRAS Hist. tom. p. 300.

(k) Hiervon kann man nachlesen die schöne Schrift des Cavalier Jo. unter dem Titul Actio in proditores; als welcher bey diesem P. gewesen, und alles umständlich erzehlet. Am Ende dieses Werks ist Proceß selbst, und das aufrichtige Bekenntniß des Garnet selbst bef

wurde 1595. in Paris gehangen, weil man in seiner Cammer eigenhändige Schriften gefunden hatte, worinn er die Ermordung Heinrichs des III. gelobet, und Heinrich dem IV. den Tod gedrohet hatte. (l) Der Jesuit Mourao ein Mandarin in China wurde 1722. erdrosselt, weil er wider den rechtmäßigen Kayser einen Aufruhr hatte erregen wollen. (m)

Ich könnte Ihnen noch sehr viele von solchen ganz gewissen Begebenheiten anführen, um die mörderische Lehre der Jesuiten daraus zu erläutern; allein ich begnüge mich nur damit, daß ich Ihnen die Zeugen hiervon angezeiget habe, welche entweder Richter in den Processen selbst, oder Augen-Zeugen, oder sonst wohlunterrichtete und wahrhaftige Leute waren. Die Jesuiten mögen wider dieselben sagen, was sie wollen, indem es schon eine bekandte Sache ist, daß sie einen jeden, der ihre Verbrechen erzehlet und beweiset, einen Ketzer oder Jansenisten heissen.

Es ist übrigens noch eine andere berühmte Lehre in der Gesellschaft, welche dasjenige, was ich bishero gesagt, vortreflich bestätiget, und uns Materie genug verschaffet, dasjenige zu bekräftigen, was in dem Auszuge des Processes, wider die Jesüiten ist gesagt worden. Es ist nemlich eine allgemeine Meinung der Jesuiten, daß es erlaubt seye, denjenigen zu tödten, der uns unsere Güter, und noch mehr unsere erworbene Ehre rauben will, zumahl wenn es gar eine angesehene Gesellschaft betrifft. Sie dürffen hierbey auch nicht dencken, daß dieses nur den Weltlichen erlaubt seye. Nein; Lessius (Lib. 2. c. 9. dub. 12.) Becanus (in 2. Tom. 2. qu. 7. de homic.) Tanner (n), Ami-

co,

(l) S. Mr. DE L'ETOILE Journal Haye 1741. ingleichem NICOL. PASQUIER d. Catechisme.

(m) S. Mr. FAURE Provisitators des Bischofs von Halicarnas in seinen Briefen, gedruckt in Venedig 1746. Br 9 S. 98.

(n) Licitum est Clericis imo Religiosis occidere ad defensionem non modo vitae sed etiam bonorum aut suorum, aut suae Societatis. Tom. 2. disp. 4. qu. 8.

co, (o) und andere erstrecken, diese Erlaubniß auch auf Priester und Religiosen. Und Sie wissen bereits, daß es nach dem Vorgeben des großen Molina hinreichend ist, einen Menschen umzubringen, welcher uns nur eine Summe von einer Ducaten entwendet hat. (p) Das artigste hierbey aber ist noch, daß einer der die Mordthat nicht selbst begehen will, einen Straffenräuber dazu bestellen kann, welcher bey der wirklichen Vollziehung ein verdienstliches Werk thut. Nun setze ich hinzu, der allergetr. König hatte den Jesuiten große Geld Summen, die sie durch den Handel in Paraguai und Maragnon erworben hatten, weggenommen: er hatte ihnen den großen Nutzen entzogen, welchen sie aus der Sclaverey der armen Neubekehrten in jenen Provinzen hatten: er hatte sie der Ehre beraubet, die sie bey dem Beichtvateramt der Königl. Familie hatten: er hatte endlich ihr Ansehen und ihre Macht zernichtet, so sie seit zweyhundert Jahren in Portugall gehabt hatten ꝛc. Folglich muste er nach den Gesetzen der Gesellschaft als ein angenehmes Opfer der Ehre und dem Nutzen der gantzen Gesellschaft aufgeopfert werden. Sehen Sie also, mein Herr, wie durch den Mund des gantzen Jesuiter-Ordens der Tod dieses Monarchen beschlossen worden.

Jedoch ich sehe schon, Sie fangen an den Kopf zu schütteln, und Ihre Zuflucht zu der gewöhnlichen Antwort zu nehmen. Die Jesuiten, sagen Sie, reden nicht von Fürsten sondern von Privat Personen; und es folge über dieses gar nicht, die Jesuiten lehren, daß man Fürsten

---

(o) *Unde licebit Clerico vel Religioso calumniatorem gravia crimina de se, vel de sua religione spargere minantem, occidere, quando alius defendendi modus non suppetit. - - - Quo jure licitum est saeculari in tali casu calumniatorem occidere eo jure videtur Clero aut Religioso, immo majus, quanto major est professio Sapientiae et virtutis, ex qua hic honor Clerico aut Religioso progignitur, quam sit valor, et dexteritas armorum, ex qua honor saecularis nascitur.* Tom 5. disp. 36

(p) *Quando quis injuste aggrederetur usurpare rem etiam valoris unius aurei, vel minoris adhuc valoris resistente domino, aut custode illius; certe neque ad culpam, neque ad poenam auderem condemnare, qui illum defendendo interfecerit etc.* Tom. 4. tract. 3. disp. 16.

Fürsten umbringen könne, wenn sie uns Ehre und Güter nehmen. Folglich haben sie es würklich bey dem Könige in Portugall so gemacht. Welcher Anfänger in der Vernunftlehre weiß nicht, daß man von der Möglichkeit auf die Würklichkeit nicht schlüßen könne? Hier ist die Hauptschwürigkeit, und dieses ist es auch, was die Jesuiten leugnen.

Es ist wahr, mein Herr, man kann nicht von der Möglichkeit auf die Würklichkeit schlüßen; aber es ist auch wieder eben so gewiß, daß dieser erwehnte Grundsatz von allen in unserm Falle eingeschränkt wird; indem wir hier nicht von einer bloßen Möglichkeit, sondern von einer solchen reden, die schon verschiedenemale zur Würklichkeit gekommen ist, und also eine Präsumtion des Rechts wider die Jesuiten vor sich hat. Allein ehe ich weiter gehe, so will ich noch folgendes vorher erinnern. Erstlich ist es falsch, daß die jesuitische Lehre sich nur bloß auf Privatpersonen erstrecke; und man wird das Gegentheil niemals erweißlich machen. Vielmehr erhellet daraus, daß man diese Lehre auf die Priester und Religiosen ausdehnet, zur Genüge, daß man von dem, was heilig und verehrungswürdig in der Welt ist, redet. Zweytens ist es falsch, daß die Jesuiten nicht ausdrücklich von Monarchen reden ꝛc.

Dieses vorausgesetzt, so mache ich nunmehro folgenden Schluß: Die Jesuiten behaupten, daß, wer einem die Ehre und Vermögen nimmt, der kann von dem Beleidigten getödtet werden. Die Jesuiten sagen, daß der allergetreueste König Joseph I. ihnen diese beyde Stücke genommen habe. Folglich behaupten sie auch, daß er kann getödtet werden. Die Richtigkeit dieses Schlusses ist außer allen Streit gesetzt. Den Obersatz werden Sie mir von selbst einräumen, weil er von den Jesuiten entlehnet ist, und in Ansehung des Untersatzes haben wir die unverwerflichsten Beweise in Händen. Dieses sind die gedruckten Briefe des P. Rocetti, Favre, Zaccaria, ꝛc. und so viele andere ganz unverschämte Lästerschrifften, welche die Jesuiten in ganz Italien ausgestreuet haben, um dadurch ihre Rebellion in Paraguay soviel möglich zu bedecken, und dem Könige Joseph I. und seiner

ner Regierung, die Verleumbung, die Rache und Tyranney wider die Jesuiten beyzumessen: Zweytens beweisen es auch die öffentlichen Klagen, welche die Jesuiten um dieser Ursache willen in ganz Europa und insonderheit in Rom führen. Gesetzt aber man wollte hierbey diese Unterscheidung machen, und vorgeben, die Jesuiten beklagten sich nur über die Regierung und nicht über den König; so bleibt die Sache noch immer eben dieselbige; indem die Regierung eine so wichtige und in Portugall ganz unerhörte Entschlüßung ohne Einwilligung des Königs nicht ergreifen kann; und folglich der König auch schuldig seyn muß.

Gut: sagen Sie, ich gebe es endlich zu, daß die Jesuiten den Königsmord gelehret haben, und daß sie in vergangenen Zeiten solcher Verbrechen schuldig gewesen sind; aber niemals wird man beweisen können, daß sie es jetzt sind. Diese Lehre ist von der Kirche durch den Mund Alexanders des VII. und Innocentius des XI. verbotten worden, und die Jesuiten haben sich gleich bequemet zu gehorchen; folglich muß man nicht mehr auf dasjenige achten, was die alten, sondern was die neuern Jesuiten davon sagen.

Nun hören Sie, mein Herr, ob ich darauf antworten kann. Sagen Sie mir doch einmal, ist es wahr, daß alle Verbotte wegen der abgöttischen Gebräuche, die in Rom von 1645. biß 1744. herausgekommen sind, die Strafe des höchsten Bannes mit sich führten? Allerdings. Ferner ist es wahr, daß ungeachtet des erwehnten Bannes die Jesuiten im Orient das Gegentheil ausübten und vertheidigten? Ohne Zweifel, denn es sagt uns dieses Benedict der XIV. in seinen Bullen selbst. Nun schlüße ich so: entweder die Jesuiten glaubten verbunden zu seyn jenen Verboten, und gedroheten Banne zu gehorchen oder nicht. Hielten sie sich nicht verbunden dazu, so siehet man nicht, warum sie jetzt es vor ihre Pflicht erkennen sollten, den von Alexander dem VII. und Innocentius dem XI. verdammten Sätzen zu gehorchen? Antworten Sie aber, daß sich zwar die Jesuiten verbunden geachtet zu gehorchen, aber in ihrer Moral ein Mittel gefunden hätten, sich von der erwehnten Pflicht loß zu machen; so werde ich antworten, daß sie nach

eben

eben dieſer Moral ſich von den verbottenen Sätzen losmachten. Scheint Ihnen dieſes verſchieden zu ſeyn? ich ſehe keinen Unterſchied.

Was? ſetzen Sie hinzu, eine Moral haben, die ſie von einem ſo deutlichen Banne befreyen könne? Ich bedaure Ihre Denkungsart, mein Herr; indem es ſcheint, daß ſie in dem probabiliſtiſchen Syſtem noch ein Anfänger ſind. Die ganze Geſellſchafft behauptet (auſſer dem Comitolo, Rebello, Elizalda, Camargo, Munieſſa, Alfaro, Blanco, Antoine, und einigen andern Anhängern des Tirſo Gonzales) daß obgleich die Kirche einige probabiliſtiſche Sätze verdammt habe, doch niemals ihr Syſtem verdammt ſey; und weil die Kirche nicht mit deutlichen Worten ſagt, daß ſie das Syſtem verdamme, ſo bleibt es auch immer noch in ſeinem Anſehn. Nun ſind die Grundſätze des Probabilismus dieſe 1. ich kann von zwoen widrigen Meynungen, die beyde wahrſcheinlich ſind, diejenige erwählen, welche mir am beſten gefällt. (q) 2. ich kann von zwoen Meynungen, davon die eine weniger wahrſcheinlich und ſicher iſt, und die andere weit wahrſcheinlicher und ſicherer iſt, die weniger wahrſcheinliche und ſichere erwählen (r) Es iſt genug, daß eine Meynung wahrſcheinlich ſey, wenn ſie nur ein Lehrer omni exceptione major vertheidiget. So erkläret es der Jeſuit Viva nach dem Verbot des Papſts Alexanders VII. (s) und der Jeſuit La Croix (t). Geſchicht es nun, daß

drey

(q) *Ut quamcunque duarum viarum primo diverſarum homines inierint, recta tendant ad ſuperos.* ESCOBAR Theolog. Mor. t. I. c 3.

(r) *Abſque peccato licet ſequi opinionem probabilem, etiam alienam & minus tutam (hoc eſt quae minus remota videatur ab omni ſpecie peccati, quam altera) reliſta probabiliore, et tutiore propria, ſecluſa tamen omni injuria et periculo proximi; dummodo opinio, quae eligitur, adhuc ſit probabilis. Eſt communis Doctorum etc.* BUSENBAUM de conſcient. dub. 2. n. 92.

(s) *VASQUEZ, et AZORIUS, et alii apud* Tamburinum l. 1. in decal. §. 3. *docent ad probabilitatem extrinſecam non requiri Doctorum multitudinem, ſed ſufficere unum contra innumeros, dummodo ſit doctus, et pius, et rem tractaverit ex profeſſo, firmamque rationem pro ſe habeat, nec appareat contra ipſum aliquid convincens. Quia ex tali auctore bis dotibus munito prudens judicium naſcitur.* VIVA in Propoſ. Damn. 27.

(t) *Unicus Auctor, ſi ſit omni exceptione major, aſſeratque rationem, quam alii*

(nempe

drey oder vier Lehrer einerley Meynung haben, so ist es gewiß wahrscheinlich; und obgleich einer etwas vor falsch hielte, so kann er doch seine Meynung fahren laßen, und nach der falschen Vorstellung handeln, indem er allezeit die artige Betrachtung dabey anstellen muß: siehe ich kann mich irren, und derjenige, welcher die Sache als wahrscheinlich behauptet, kann es besser wissen, als ich. (v)

Sehen Sie, mein Herr, auf diese Weise kann man mit Hülfe des Probabilismus alle nur mögliche Widersprüche retten. Und wofern man zu dieser Lehre noch einige andere Nebensätze hinzufüget, als da sind; die restrictiones mentales, die Zweydeutigkeit, die unüberwindliche Unwissenheit, und die philosophische Sünde, welche die Jesuiten aus allen Kräfften vertheidiget haben; so hat man den Hauptkunstgriff die schönsten Figuren in der Welt zu spielen. Man kann den Confuzius in China vertheidigen und in Rom verabscheuen; man kann dem Papst in Rom den Gehorsam versprechen und in China ungehorsam seyn: man kann in Neapel und Spanien auf den Tod Heinrichs des IV. bringen; und in Paris schwören, daß man niemals daran gedacht habe: man kann wider den allergetreuesten König in Paraquay und Maragnon sich empören, und es in Lissabon leugnen: man kann in Lissabon dem Könige nach dem Leben stehen, und sich in Italien beklagen, daß man uns Unrecht thut, daß man uns verleumdet, und tyrannisch gegen uns verfähret.

Beschluß

(nempe adversantes) non consideraverint, vel non satis solverint, ipse autem aliorum rationes commode solvat, quamvis doceat contra communem, poterit reddere opinionem suam probabilem. *LA CROIX* l. 1. de Consc. qu. 25. n. 155.

(v) *Si quis judicet opinionem alienam esse probabilem, quamvis videatur falsa ... valde probabile est, quod ex principiis reflexis possit sibi formare prudens dictamen, et secundum eam opinionem operari, dicendo: judicio quidem opinionem illorum esse falsam, quia tamen hoc mihi incertum est, et Auctores me sapientiores, qui opinionem possunt reddere certo probabilem, dicunt illam esse veram; ego quoad hanc opinionem me accommodabo illis, et interea praescindam a directa opinione mea.* LA CROIX l. 1. de Conscient. qu. 49. n. 377.

Beschluß des zweyten Puncts.

Es erhellet also deutlich aus dem, was bißhero ist gesagt worden, daß weil die Lehre von dem Königsmorde fast von allen Jesuiten ist vertheidiget worden, und sie sich selbst gerühmt haben, daß es ihre eigene Lehre sey; und weil über dieses die Jesuiten wegen verübtem Königsmorde sind bestraft worden, und selbst unter dem Galgen ihr Verbrechen bekannt haben, daß, sage ich, die Jesuiten sich wegen dieser mörderischen Lehre selbst schuldig erkennen; und sich also niemals entschuldigen können. Gleichwie nun der Hof von Portugall in dem Auszuge der Sentenz nichts anders gesagt hat, als daß die Jesuiten durch ihre Anschläge die Missethäter verleitet hätten dem Könige nach dem Leben zu stehen; so folget daraus, daß der Hof in seinem Auszuge vielweniger sagt, als was die Jesuiten selbst behaupten, und durch ihre Thaten bestätigen.

§. III.
Die Form des Processes.

Endlich muß ich noch etwas von dem Processe reden, dessen Form weder den jungen Herrn Abbaten, so die Caffee in Rom fleißig besuchen, noch auch den Prälaten gefält, die sich nach einem angehörten Collegio über die Institutionen so gleich zu Doctoren haben machen lassen. Es sind sonderlich zween Gründe, auf welchen der Proceß wider die Jesuiten beruhet. Den ersten Grund findet man in dem Bericht von der Republik der Jesuiten in Paraguai; und der andere wird in dem Auszuge des Processes wider die eilf Missethäter angegeben. Der erste ist aus den Briefen der Spanischen und Portugiesischen Generale hergenommen, die sich in jenen Gegenden aufhalten, und an die Staats-Canzley zu Lissabon deßwegen geschrieben haben; ferner aus den Schriften, welche man bey den Jesuiten gefunden, die in den vorgefallenen Gefechten zu Gefangenen gemacht worden; und drittens

tens aus den Briefen des Gouverneurs von Maragnon und der Bischöffe, wie auch aus andern Urkunden, die in der Staats-Canzley verwahret werden, dieser Bericht wurde auf Befehl des Hofes bekannt gemacht, um dabey den Unterthanen die schönen Sachen vor Augen zu legen, welche die Jesuiten in Paraguai und Maragnon machen.

Was bringen nun unsere hochehrwürdigen Herrn Patres wieder diese Urkunden vor? nichts als Lügen. O nein, mein Herr, antworten Sie mir ganz im Zorne, sie bringen große und wichtige Dinge vor, die man in den gedruckten und geschriebenen Briefen von Lissabon und Madrit antrift. Und was sind denn dieses vor wichtige Dinge? Hier sind sie. Sie sagen, daß alles falsch sey, weil die Jesuiten nicht fähig wären Rebellion anzustiften. Daß es die Einwohner von Paraguai gewesen wären, welche sich nicht unter die portugiesische Herrschaft begeben wollen, und deßwegen die Waffen ergriffen hätten. Daß die übrigen Erzehlungen lauter Erdichtungen des Grafen d'Oeyras wären, der ihr abgesagtester Feind, und hingegen der beste Freund der Engländer und Juden seye. Daß dieser der englischen und jüdischen Nation die öffentliche Uebung ihrer Religion in Portugall habe verstatten, und deßwegen die Princessin von Brasilien mit dem Herzog von Cumberland vermählen wollen. Und wie die Jesuiten gesucht hätten den König von diesen schädlichen Meinungen abzubringen; so habe um deswillen der Graf Oeyras sich vorgenommen, die Jesuiten mit Feuer und Schwerdt zu verfolgen. Folglich daß der Graf wegen des catholischen Glaubens, und wegen aller Sachen verdächtig seye, welche er wider die Jesuiten bekannt gemacht habe. Sehen Sie also, wie dieses Manifest selbst verdächtig ist, und wie die Jesuiten vor unschuldig sind erkläret worden.

Gut, mein Herr, nun habe ich zur Genüge vernommen, worinn die wichtigen Sachen bestehen. Haben Sie die Gütigkeit und hören Sie mich nunmehro auch ein wenig an. Die ganze Sache also kommt meiner Einsicht nach darauf an, daß man untersuchet, welches glaub-

glaubwürdiger, das Manifest des Königs, oder die Verneinung der Jesuiten.

Die Gründe von Seiten des Hofes sind diese: 1.) Die Jesuiten sind von dem H. Stuhl wegen der Rebellion im Orient überführet worden, und haben diese Empörungen wider die Päpste über hundert Jahr mit den Waffen der Heiden fortgesetzet. 2.) Die Jesuiten sind ebenfalls von dem H. apostolischen Stuhle als Lügner, Verleumder und Meineidige erkläret worden. 3.) Die Jesuiten sind mehr als einmahl von den Päpsten beschuldiget worden, daß Sie in verschiedenen Reichen Aufstand erreget haben. 4.) Die Jesuiten sind in Franckreich von Parlamenten und Universitäten, insonderheit von der Sorbonne zu vielen mahlen überwiesen worden, daß sie die Urheber der Empörungen sind. 5.) Die Jesuiten haben sich selbst unter dem Galgen als Aufrührer erkläret.

6.) Man hat in Paraguai gefunden, daß sie die Rebellen zusammen geführet haben; welche hernach bey angestalter Untersuchung geantwortet haben, daß ihre heiligen Patres sie zum Aufruhr verleitet hätten. 7.) Der Hof von Portugall versichert uns, daß er die Rebellion der Jesuiten aus den gewissesten Urkunden erkannt habe. Der allergrt. König ist ein frommer, gerechter, und leutseliger Monarch; er hat von Jugend auf jesuitische Lehrmeister und Beichtväter gehabt, er besitzt Hochachtung und Liebe vor sie, und hat ihnen durch verschiedene Wohlthaten seine königl. Gnade zu erkennen gegeben. Eben dieses muß man von der königl. Familie sagen, welche ganz vor die Jesuiten eingenommen war. Der Graf d'Oeyras erster Staats-Minister ist auch niemahls ein Feind der Jesuiten gewesen; und die Jesuiten haben, ob sie gleich nach ihrer Verbannung aus dem königl. Pallaste tausend Lästerungen erdichtet haben, niemahls eine einzige That vorbringen können, die er wider sie vor der Errichtung der Handlungs-Compagnie von Maragnon vorgenommen hätte. Diese Compagnie aber wurde von den Jesuiten als ein rechter Donnerschlag angesehn, wodurch ihr Handel auf einmahl aufgehoben wurde. Ja dieser Minister hatte sich vielmehr

vielmehr in vergangenen Zeiten sehr geneigt gegen die Jesuiten bezeiget, so daß er gar zween von seinen Söhnen auf ein Jahr bey den Jesuiten eingekleidet hatte. Ueber dieses hat eben dieser Minister bey seinem Auffenthalt in London und Wien deutliche Proben von seiner Gottseligkeit, Weißheit und Treue gegen seinen Monarchen gegeben; und in Lissabon, wo man sonst in Religions-Sachen sehr vorsichtig ist, und ein Mensch wegen einer üblen That sehr leicht bey der H. Inquisition kann angeklaget werden, hat man niemahls ein Wort wider die Religion des Grafen geredet. Folglich kann man diesen Minister weder vor einen Feind der Jesuiten halten, noch auch seine Religion in Verdacht ziehen, oder an seiner Redlichkeit zweifeln.

8.) Hingegen behaupten die Jesuiten, daß man ohne Tod-Sünde einen jeden verleumden könne, der uns ungerechter Weise verfolget; und daß man demjenigen seine Ehre rauben kann, der uns dieselbe genommen hat, und sie nicht wieder ersetzen will. Dieses ist eine so alte Lehre in der Gesellschaft, daß sie schon im 16. Jahrhunderte vom Lessius (de Just. c. 11. dub. 25.) vertheidiget wurde.

Auf Seiten der Jesuiten haben wir dasjenige, was Sie oben bereits zu ihrer Entschuldigung vorgebracht haben. Aber ich frage Sie, beweiset man vielleicht in den angeführten Schriften etwas von dem, was man sowohl vom Grafen als von seinem Vorhaben die Jesuiten zu unterdrücken behauptet? Nein, man saget es nur. Und wer sagt es? eben diejenigen, welche angeklaget sind, und es vor erlaubt halten, einen jeden zu verleumden, der nicht gleiche Gesinnungen mit ihnen hat.

Nun haben Sie, mein Herr, die Gründe von beyden Theilen gehöret: Belieben Sie dahero selbst das Urtheil zu sprechen; aber sehen Sie wohl zu, daß Sie sich nicht durch die Leidenschaft hinreißen lassen, sonst sind Sie verlohren.

Wir kommen nunmehro zu der zweyten Urkunde von dem Königsmorde. Auf Seiten des Hofes sind dabey folgende Gründe. 1.) Die Jesuiten vertheidigen in ihren Büchern die Lehre vom Königsmorde. 2.) Die Jesuiten sagen in ihren Schriften, daß die Entscheidung des Falles, wenn man die Könige absetzen und tödten könne, bloß vor die Jesuiten gehöre. 3.) Man hat die Jesuiten überführet, daß sie die Königin Elisabeth und den König Jacob den I. haben tödten wollen; welches der Jesuit Garnet öffentlich unter dem Galgen bekannt. 4.) Man hat die Jesuiten überwiesen, daß sie an der Ermordung Heinrich des III. und des IV. in Frankreich Antheil gehabt. 5.) Man hat die Jesuiten überführt, daß sie dem Kayser von China nach seinem Reiche und Leben getrachtet. 6.) Eben so sind die Jesuiten von den hingerichteten Missethätern beschuldiget worden, daß sie 1584. den Prinzen von Oranien haben umbringen lassen, und es auch bey seinem Sohne dem Prinzen Mauritius zu thun gesucht haben. 7.) Die Jesuiten behaupten, daß man einen jeden umbringen könne, der uns unsere Ehre und Vermögen nimmt; und sie beklagen sich ja darüber aufs heftigste, daß ihnen der König Joseph der I. beydes genommen habe, indem er sie von Maragnon, Paraguai, und vom Hofe in Lissabon weggejaget.

Wenn man ferner die Sentenz von Portugall betrachtet, welche die Jesuiten das Manifest von Portugall zu nennen pflegen, so wird darinn behauptet; 1.) Daß aus dem Bekenntnisse der meisten Missethäter, und aus der Aussage der Augenzeugen selbst erhelle, daß die Jesuiten die Urheber und die vornehmsten Häupter des unternommenen Königsmords gewesen sind. 2.) Daß sie ihre treulosen Anschläge zu der Zeit angefangen, da sie vom königl. Hofe vertrieben worden; und daß sie sich deswegen mit dem Herzoge d' Aveyro, mit welchem sie vorher in Feindschaft gelebet, wieder ausgesöhnet haben. 3.) Daß die verfluchten Wirkungen dieser Aussöhnung darinn bestanden, daß sie sich vor offenbahre Feinde Sr. allergetr. Majestät und seiner Regierung erkläret; und ferner daß sie in ihren Häusern von S. Antonio und S. Roccho den Anschlag errichtet, den König umzubringen, und dem Herzog bey erfolgter Ermordung alle Schadloßhaltung versprochen, und ihm versichert haben, daß er nicht die geringste Sünde begehe. 4.) Daß die Jesuiten zugleich mit dem Herzoge die Marquisin D. Eleonora de Tavora in dieses abscheuliche Verbrechen gezogen. 5.) Daß

die

die Jesuiten bey der erwehnten Marquisin die Heiligkeit des P. Gabriel Malagrida so hoch erhoben, daß sie unter seiner Anführung die geistlichen Uebungen abgewartet, und sich seinen Rathschlägen ganz ergeben hat. 6.) Daß sich die erwehnte Marquisin durch Hülfe des P. Malagrida mit den Jesuiten Joh. de Mathos, Joh Alexander und andern vereiniget, und durch diese Verbindung verschiedene von ihren nächsten Anverwandten in die Verschwörung verwickelt. 7.) Endlich daß bey allen Zusammenkünften, welche man entweder in dem Hause des Herzogs d'Aveyro, oder der Marquisin di Tavora angestellet, Jesuiten zugegen gewesen, welche die Verschwornen zur Vollziehung des erschrecklichen Vorhabens ermahnet, und ihnen den Zweifel wegen einer Erlaß-Sünde benommen haben. Alles dieses erhellet, und ist offenbar aus den deutlichen Beweisen, welche in dem Processe befindlich sind. Ueber dieses werden noch in der Sentenz verschiedene rechtliche Präsumtionen hinzugefüget, die man aus dem Character und der Lehre der Jesuiten; ferner aus dem Haupt-Interesse, welches sie bey der Veränderung der Regierung hatten; ingleichem aus der Rebellion in Brasilien; aus ihren eigenen Reden von dem Königsmorde in Lissabon; und endlich aus andern Umständen, und Urkunden hergenommen hat; und alle zusammen eine große Beweißkraft haben, und zur Bestätigung der unmittelbaren Beweise dienen, so in dem Processe liegen.

Auf Seiten der Jesuiten aber haben wir keine andere Entschuldigungen, als die oben angeführten, welche sich auf drey Hauptpuncte bringen lassen. 1.) Daß die Jesuiten nicht fähig sind ein solches Verbrechen zu begehen, 2.) daß der Graf d'Oeyras ein Ketzer ist, 3.) daß er diese Fabel erdacht hat, um die Gesellschaft zu beschimpfen, und sich ihrer Güter zu bemächtigen. - - - Allein hier frage ich ebenfals wieder: hat man diese drey Stücke vielleicht bewiesen? O nein, man sagt es nur. Und wer sagt es? die Angeklagten, die Mitschuldigen, die Jesuiten, ja diejenigen selbst, von welchen der General Vitelleschi saget: Res neque gestas unquam, neque per somnium quidem oblatas comminiscuntur et jactant.

Jedoch

Jedoch ich sehe schon, es bleiben Ihnen, mein Herr, hierbey noch einige Zweifel übrig, ohne deren Auflösung Sie sich nicht getrauen ein Urtheil zu sprechen. Der eine betrift den Beweiß, und der andere die Form des Processes. In Ansehung des Beweises sagen Sie, ist es nicht wahrscheinlich, daß nach einem so deutlichen Verbot der Verleumdung, welches **Innocentius** der XI. ergehen lassen, die Jesuiten eine solche Lehre noch vertheidigen, oder gar darnach handeln sollten. Bey der Form des Processes aber sind folgende Bedenklichkeiten. 1.) Die Sentenz handelt sehr weitläuftig von den rechtlichen Präsumtionen, welche nur zur Bestättigung einer schon bewiesenen Sache dienen; folglich hat man keine unmittelbare deutliche Beweise wider die Jesuiten gehabt. 2.) Die Sentenz beziehet sich auf den Inhalt der Acten, und auf das Bekenntniß der Missethäter; folglich müßen alle diejenigen, welche die Acten nicht nachsehen können, dieselbe vor verdächtig halten. 3.) Die Sentenz saget nicht, welche Missethäter bekannt haben und überwiesen sind; folglich ist der Proceß ungültig. 4.) Man hat die Jesuiten nicht mit den Delinquenten zugleich gehöret; folglich ist der Proceß nicht richtig. 5.) Die Jesuiten sind wegen der Rebellion in Maragnon nicht gleich bestrafet worden; folglich sind sie weder an der Rebellion noch Königmord schuldig. 6.) Man hat endlich die Jesuiten nicht vorgeladen, um auf das Manifest von Paraguai zu antworten; folglich ist der Proceß wegen der Rebellion ungültig.

Nun, mein Herr, belieben Sie mich auch anzuhören. Ich werde Ihnen auf diese Zweifel so zu antworten suchen, daß Sie damit zu frieden seyn können. Denn was erstlich die Verleumdung anbetrift; so ist dabey zu merken, daß dieselbe keine Sache sey, die erst in neuern Zeiten zur Sünde geworden seye, sondern es ist eine sehr alte Sünde, welche schon im Decalogo und vornehmlich im Evangelio verboten ist. Haben nun die Probabilisten Mittel gefunden, das Evangelium auf ihre Weise auszulegen; so werden sie noch weniger Bedenken tragen die Sätze des **Innocentius** des XI. nach ihrem Gutdenken auszulegen. Ein Probabilist wird Ihnen also gerade heraus sagen, daß

Inno-

Innocentius der XI., ein crimen falsum verstehe; oder wenn auch das entgegen gesetzte Verbrechen wahr seye, so könne man doch ohne die geringste Gefahr einen jeden verleumden, um sich dadurch von einer wahren Beschimpfung zu befreyen. Man darf also in diesem Falle nur untersuchen, ob der allergetr. König und der Graf d'Oeyras diejenigen Titul verdienen, welche ihnen die Jesuiten beylegen. Und hierzu ist genug, daß man ein wahrscheinliches Urtheil vor sich habe. Zu demselben aber gehöret nur ein Jesuit, der die Theologie gelehret habe.

Jedoch es ist nicht nöthig, daß ich Sie hier weitläuftig auf die Grundsätze der Jesuiten führe, was sie thun können oder nicht. Wir haben einen viel kürzern Weg um uns zu überzeugen, daß die Jesuiten diese Lehre von der Verleumbung hegen. Wir dürfen nur die öffentlichen, ganz gewissen und unleugbaren Begebenheiten betrachten, welche in Italien und selbst unter den Augen der Päpste in diesem Stücke geschehen sind. Sie wissen, daß Innocentius der XI. 1689. starb. Nach dessen Tode verleumdeten die Jesuiten nicht nur die apostolischen Legaten, und andere Missionarien, sondern auch Bischöffe, Cardinäle, ja die Päpste selbst, wie wir oben in so vielen Exempeln gezeiget haben. Wir wollen hier nur das einzige Beyspiel des Jesuiten Patouillet und Zaccaria hinzusetzen. Wer weiß nicht, wie der erstere in den Briefen wider den P. Norbert den Papst Benedict den XIV. wegen seiner Bullen wider die Chinesischen Gebräuche aufs unverschämteste verspottet? Und wie erschrecklich ist es nicht, was die letztern selbst in Italien in einem Briefe an einen Marquis von Ferrara wider eben diesen Papst wegen der erwehnten Bullen lästert?

Nun ziehe ich hieraus folgenden Schluß, ist es möglich, daß die Jesuiten in der Hauptstadt der Welt, wider die Verordnungen der Päpste, ihre Gegner in unleugbaren Dingen vor Gerichte so abscheulich verleumden, und so verwegen seyn können, daß sie die Päpste selbst angreiffen und beschuldigen; was werden sie nicht wider den Hof von Lissabon thun, der weit entfernt ist, und ihnen ihre Ehre und Güter genommen, und allen Fürsten von Europa gezeiget hat, wie man mit diesen treflichen Religiosen verfahren müße. Ich glaube, daß diese Art e Majori ad Minus zu schlüßen ihre völlige Richtigkeit hat.

Wir kommen nunmehro zu den Schwürigkeiten bey dem Processe. 1.) Verstehen Sie wohl, mein Herr, was dieses sagen wolle: es erhellet ꝛc.? Es heißt so viel, als man hat solche Beweise, daß man sie gleich lebendig könnte hinrichten laßen. Wißen sie ferner, was rechtliche Präsumtionen sind? Sie gelten eben so viel, als die Beweise selbst. Wie nun in ihrem Urtheile in der Nota die zweyten, dritten und vierten Gründe, und auch die Antworten auf die entgegen gesetzten Gründe, die Beweise nicht schwächen, sondern vielmehr bestätigen; eben so dienen auch diese Präsumtionen dazu, daß man dabey die große Behutsamkeit, Genauigkeit, und Gelindigkeit wahrnimmt, womit man in diesem Processe verfahren hat.

2. Und wo sind jemahls diejenigen, welche keinen Zutritt zu den Acten haben, rechtmäßige Richter von dem Werthe der Acten selbst gewesen? Wie? läßet man vielleicht in Rom bey den Proceßen, die geheim gehalten werden, die Acten jedermann lesen? Zeiget vielleicht das H. Officium, oder ein ander Tribunal daselbst dem Volke die Acten? Nein, mein Herr, so verfähret man weder in Rom, noch in einem jeden andern Tribunal in Europa. Der Richter verdammet, und das Volk muß dasjenige annehmen, was die Richter sagen, und die gelehrten Leute verstehen aus wenigen Worten des Urtheils die Gerechtigkeit und Billigkeit deßelben.

Gewiß wenn dieses gelten solte, was Sie sagen, so würde alle moralische Gewißheit, das Amt der höhern Obrigkeit, das System der Republiken, und mit einem Worte alle bürgerliche Gesellschaft aufhören müßen. (a)

Gesetzt

(a) S. Die Vorrede zum ersten Bande dieser Sammlung der neuesten Schriften, woselbst dieser Umstand noch ausführlicher ist erläutert worden. Uebers.

Gesetzt aber Sie könnten daselbst den Proceß selbst zu sehen bekommen, ohne daß Sie an der Verfertigung desselben Antheil gehabt hätten. Was würden Sie damit ausrichten? Glauben Sie vielleicht, daß man alsdann den ehrwürdigen Vätern das Maul damit stopfen könnte? Gewiß nicht. Sie würden gleich antworten, daß man die Notarien dazu erkauffet hätte, und daß die Richter alle an den Graf d'Oeyras verkauffet wären; und folglich der Proceß vom Anfange bis zu Ende nichts bewiese. Wenn man dahero nicht einen guten Jesuiten zum Notarius: alle Richter von Jesuiten, und alle Staats-Secretarien von den Provincialen derselben erwehlte, so würde sonst niemand in der Welt im Stande seyn einen Proceß wider die Jesuiten zu machen. Was würde aber ein solcher Proceß enthalten? Er würde nichts anders als eine beständige Lobrede auf die Gesellschaft seyn. Gleichwie man nun in Rom sich solcher Notarien und Richter bedienet, die öffentlich dazu gesetzet sind; so darf man sich auch nicht wundern, daß wir es in Portugall eben so machen, und dergleichen Processen und Urtheilen völligen Glauben beymessen.

3.) Wo findet man denn geschrieben, daß die Sentenz anzeigen müße, wer überführet seye, und wer etwas bekannt habe. Man macht das Urtheil bekant, um dem Volke das Verbrechen anzuzeigen, um welches willen der Missethäter ist verurtheilet worden; wie man es aber entdeckt habe, braucht das Volck nicht zu wissen, und ist genug, daß es den Richtern bekant ist. Ferner wer hat jemahls gesagt, daß ein Missethäter ohne Bekenntniß nicht kann am Leben gestraft werden? Was? verlangen Sie vielleicht, daß man die Delinquenten in Portugall auf römischen Fuß verurtheilen soll? Oder glauben Sie etwa, daß Processe, die nicht so geführet werden, ungerecht und ungültig sind? Hier in Portugall urtheilet man nach dem allgemeinen Gesetze, nach welchem das Bekenntniß des Missethäters, der durch Zeugen überführet ist, nicht erfordert wird. Hierzu kommt noch, daß das durch Martern erzwungene Bekenntniß der Delinquenten von den verständigen Juristen verworfen wird; und allerdings wohl wahr bleibt, was man zu sagen pfleget:

Mentie-

Mentietur, qui ferre poterit: Mentietur, qui ferre non poterit. Allein ihre ganze Anmerkung ist auch unnütze; indem in dem Auszuge des Urtheils, und in dem Memoire an Clemens den XIII. ausdrücklich gesagt wird, daß nur der Marquis di Tavora der Sohn und l' A-
tayde nicht bekant haben.

4.) Wer hat Ihnen gesagt, daß man die Jesuiten niemahls mit den Delinquenten verhöret habe? Und daß ohne diesen Umstand weder die Missethäter noch die Jesuiten wären überführet worden? Ach, mein Herr, ich habe auch einige von ihren berühmten Rechtsgelehrten, als den Farinaccio, Ursaja und andere gelesen; und finde nicht, daß sie die Gegeneinanderhaltung der Missethäter, oder das Bekänntniß derselben, in unserm gegenwärtigen Falle verlangten. Ja ich finde vielmehr, daß sie bey öffentlichen und offenbahren Verbrechen nicht einmahl besondere Beweise von Zeugen verlangen, (b) und die Vergleichung der Missethäter dem Gutdünken des Richters überlassen. (c)

5.) Die Jesuiten sind nicht gleich wegen des Verbrechens der Treulosigkeit bestrafet worden; folglich sind sie unschuldig. Dieser Schluß, mein Herr, streitet wider einige Criminal-Richter, welche bisweilen nach zwey oder drey Jahren einen armen Gefangenen erst hinrichten lassen. Hingegen zeiget diese Verzögerung unsers Hofes die Klugheit unserer Regierung, und die Hartnäckigkeit der Jesuiten an, indem der allergetr. König, so lange er geglaubt hat, daß die Jesuiten noch könnten gebessert werden, mit einer bewundernswürdigen Behutsamkeit verfahren hat. Man hatte die Jesuiten aufs deutlichste überzeuget, daß sie in Brasilien Rebellen wären; und der König begnügte sich,

---

(b) *Dicitur rei dubiae ad attendendum, quod probatio respicere debeat ea, quae dubia sunt; quia illa, quae judici aperta sunt, nulla indigent probatione.* UR-SAJA nstit. Criminal. l. 4. tit. 9. n. 5.

(c) *Quantum attinet ad viam extraordinariam, seu ad testium confrontationem, hoc in a titrio judicij repositum est, vel scilicet illos formaliter repetere, ut supra diximus; vel coram reo confrontare, prout sibi opportunius videtur.* FARI-NAC. qu. 72. n. 139. Ursaia ibid. n. 94.

sich, sie zu vermahnen, an den P. General schreiben zu lassen, und andere Schritte zu thun, welche man in dem Sendschreiben eines Portugiesen ausführlich beschrieben findet. Da nun der König sahe, daß sich das Uebel immer vermehrte, und daß die Jesuiten ausser diesem suchten das Reich aufzuwiegeln, und daß sie die Urheber des Aufstandes in der Stadt Porto waren; so befahl er doch, daß der Proceß, aus welchem das Verbrechen der Jesuiten erhellete, geheim gehalten würde, und daß man nichts von Jesuiten reden solte, und er nahm nur in geheim seine Zuflucht zu Benedict dem XIV. und zeigte ihm die Verbrechen an. Der Papst überlegte die Sache mit seinen Ministern und Nuntien; und ließ darauf unterm 1. April 1758. das Breve, In specula Supremae dignitatis an den Cardinal Saldanha zur Reformation der Jesuiten ergehen. Als endlich der König handgreiflich gesehen hatte, daß die Verwegenheit aufs höchste gestiegen war, indem sie ihm nach dem Leben trachteten; so ließ er unterdessen nur die schuldigsten Jesuiten ins Gefängniß setzen, und einige Monathe hernach ließ er aus andern Ursachen alle in Verhaft nehmen. Kann man wohl eine klügere, und ordentlichere Aufführung finden? Und kann man dieses Betragen, welches die Liebe des Königes gegen die Jesuiten beweiset, indem er durch die Noth gedrungen worden, nach und nach so strenge gegen sie zu seyn, bey einem so frommen und gnädigen Könige zu einem Verbrechen machen? Ueberlegen Sie es nur selbst.

6.) Und mit was vor Gründen kann man behaupten, daß man die Jesuiten nicht vorgeladen hätte, sich wegen der That in Paraguai und Maragnon zu verantworten? Was? Sind die Klagen des Königes an die Jesuiten in Brasilien, und an den General Centurione in Rom, welche man in dem Bericht von der Republik Paraguai und auch in dem Sendschreiben eines Portugiesen findet, nicht eben so viele Erinnerungen und Einladungen zur Besserung? War die Verbannung von dem Pallaste nicht eine sehr schöne und gute Warnung? Oder verlangten vielleicht die Jesuiten, daß die Regierung zu Lissabon sich in einen öffentlichen Streit mit ihnen einlassen und erlauben solte, wider die Puncte des

Manifests Einwendungen zu machen? Und wenn würde diese Disputation jemahls seyn geendiget worden? Hat der apostolische Stuhl, welcher doch durch Hülfe des Bannes alle wahrhaftig gehorsame Catholicken in der ganzen Welt zum Gehorsam bringen kann, niemahls die Jesuiten weder im Orient noch in Europa zum Stillschweigen bringen können; wie würde denn der König von Portugall einen Streit mit den Jesuiten haben endigen, und durch Schriften entwickeln können? Freylich möchten die Jesuiten diesen Weg gerne gehen; allein unser Hof ist durch das Beyspiel der Päpste und anderer Könige in Europa eines bessern belehret worden, und hat sich dieses Mittels weißlich enthalten, weil er wohl vorher sahe, daß die Jesuiten die offenbarsten Dinge leugnen würden. Ja man wuste schon in Lissabon, daß den Jesuiten die eidlichen Versprechungen nichts kosten, und daß es ihnen noch leichter ist, dieselben zu übertretten. Denn mehr als tausend Versicherungen des Gehorsams, welche die Jesuiten den Päpsten gegeben, haben niemahls so viel vermocht, daß sie dem H. Stuhle gehorchet hätten! eben dieses sahe man in Frankreich bey der mörderischen Lehre wider die Könige. Unter Heinrich dem III. und IV. verabscheuten sie diese Lehre, und der P. General Acquaviva verbot 1614. bey Strafe des Bannes dieselbe zu vertheidigen; (d) und doch kam nach der Zeit ein Schwarm von Jesuiten, welche in ihren Büchern diese verdammte Lehre vertheidigten. Unter Ludewig dem XIII. und XIV. haben sie sich

mehr

(d) *PRAECIPITUR in virtute Sanctae obedientiae, sub poena excommunicationis et inhabilitatis ad quaevis officia, suspensionis a divinis et aliis praepositi generalis arbitrio reservatis: ne quis nostrae Societatis publice vel privatim, praelegendo seu consulendo; nullo etiam minus libros conscribendo, affirmare praesumat, licitum esse cuique personae, quocumque praetextu tyrannidis Leges aut principes occidere, seu mortem eis machinari. Provinciales autem, qui aliquid eodem resciverint, nec emendarint, aut non praevenerint incommoda, quae ex contrario sequi possent, efficiendo, ut hoc decretum sancte observetur; non modo praedictas poenas incurrere, sed etiam officio privari volait.* P. CLAUDIUS ACQUAVIVA epist. 1. Aug. anno 1614.

mehr als einmahl von dieser Lehre losgesaget, und doch stets beybehalten, dieses sind ganz bekannte Dinge. Wer wolte nun bey so vielen Exempeln den Jesuiten glauben? Wer wolte sich wohl auf ihre Versicherungen des Gehorsams verlassen? Der König von Portugall erfuhr es nur mehr als zu wohl; indem er dadurch, daß er auf ihre Besserung gewartet, und so lange verzogen hatte, sie gehörig zu bestrafen, Gefahr lief, sein Leben durch ihre Rathschläge zu verliehren, wofern es nicht GOtt wunderbahrer Weise verhütet hätte.

Kurz, mein Herr, der allergetr. König hat den Jesuiten eben diejenigen Materien noch gelehret, in welchen sie glaubten Meister zu seyn. Ein jeder Jesuit bildete sich ein, daß die Kunst zu schlüssen der Gesellschaft allein vorbehalten seye. Und doch hat der König nicht nur den Jesuiten, sondern auch den Römern gelernet, wie man mit dieser Art von Leuten verfahren muß. Diese machen Schlüsse mit Worten; jener aber beweiset alles mit der That. Diese wiederlegen die deutlichsten Beweise mit spitzfindigen Apologien, der allergetr. König mit dem Gefängnisse. Diese unterdrücken ihre Gegner mit Verleumdungen; der König aber mit Galgen, Rad und Feuer. Sehen Sie, mein Herr, dieses ist das rechte Mittel zu beweisen, wenn man mit solchen Gegnern zu thun hat.

Jedoch es scheint die Jesuitische Denkungsart ist Ihnen ganz ins Herz eingegraben, und Sie wollen sich noch nicht überwunden ergeben, sondern rufen immer von neuem wieder aus: „Aber wie hätten denn die Jesuiten, wenn sie so vieler Verbrechen schuldig wären, „beynahe zweyhundert Jahre nacheinander die Welt hintergehen kön„nen? Dieses ist eine Aufgabe, welche man nicht auflösen kann, ohne „die Jesuiten vor unschuldig zu erklären.„

Allein ihre Aufgabe, mein Herr, lässet sich bald auflösen. Die Jesuiten haben die Welt durch vier Dinge hintergangen. 1.) Durch den äusserlichen Schein der Heiligkeit. 2.) Durch die Beichtstühle. 3.) Durch die Schulen. 4.) Durch die Missionen.

Diese

Diese vier Stücke, wofern sie künstlich gebraucht werden, müssen nothwendig eine solche Würkung hervorbringen.

1.) Der äusserliche Schein betrüget das unwissende Volk, und vornemlich das weibliche Geschlechte. Nun wissen Sie selbst, daß hierunter der größte Theil der hohen und niebrigen in der Republik begriffen ist; indem die Vornehmen, wenn sie nichts gelernet haben, oder mit vernünftigen Leuten umgegangen sind, höchst unwissend und einfältig sind. Man darf also nur dieser Art von Leuten hundert päpstliche Bullen vorlegen, welche versichern, daß die Jesuiten an der Abgötterey im Orient schuldig sind, daß sie Rebellen sind, und daß man sie in Bann gethan hat, so werden sie alles dieses verlachen. Eine einzige Predigt eines Jesuiten auf den öffentlichen Plätzen wirft alle päpstliche Bullen über den Hauffen. Diese sind also insgesammt betrogen und glauben die verdienstlichsten Handlungen zu thun, wenn sie ihnen ihr Gewissen und ihre Familien anvertrauen.

2.) Die Beichtstühle bringen diesen schon gefaßten Begriff vollkommen zu Stande. Denn eben die Jesuiten, welche in China und Malabar durch ihre Nachsicht die Gunst und die Schätze der Abgötter zu gewinnen wusten; ziehen auch nach eben diesem System die armen unwissenden Europäer an sich, und bemächtigen sich ihrer Gewogenheit. Man versuche es nur einem Cavalier, einer Dame, oder einem jeden andern reichen und einfältigen Herrn, die bey den Jesuiten beichten, zu überreden, daß fast alle verbottene Sätze in der Moral aus jesuitischen Schriftstellern genommen sind; und noch viele andere falsche übrig sind, welche eine sehr verdorbene und gefährliche Sittenlehre anzeigen: so werden sie bald antworten, daß es Verleumdungen der Religiosen insonderheit des Concina, Patuzzi, und anderer sind, die nichts anders suchen, als die Gesellschaft in übeln Ruf zu bringen. Sehen Sie, diese werden ebenfalls durch ihre Rathschläge überwunden; und sind bereit, sich ihnen anzuvertrauen, sie zu bereichern, und sich von ihnen beherrschen zu lassen.

3.) Die

3.) Die Schulen sind das Netz, worinn sie die Jugend fangen, und sie unvermerkt in Jesuitische Verwahrung bringen. Die jungen Kinder saugen in den Schulen und vornemlich in den Seminarien der Vornehmen alle Grundsätze der Jesuiten ein, als z. E. eine große Hochachtung vor die Geselschaft, und eine eben so große Verachtung aller andern Religiosen, sowohl in den Wissenschafften, als in den Sitten. Die Jesuiten tragen der Jugend nichts als Grillen vor, die gar keinen Nutzen haben, und bemühen sich dieselbe in beständiger Unwissenheit zu erhalten. Finden sie aber einen witzigen Kopf, so suchen sie denselben vor die Geselschafft zu gewinnen, damit er durch Hülfe seiner Anverwandten das Interesse der Geselschafft befördere. Aus diesen Seminarien kommen hernach Prälaten, Cardinäle, Marquis, Herzoge, ꝛc. welche alle in ihren Häusern und Familien die Liebe gegen die Geselschafft fortpflantzen, und hernach den Jesuiten ihre Enkel oder Söhne wieder anvertrauen.

4.) Endlich sind die Missionen allezeit eine unerschöpfliche Quelle unglaublicher Vortheile vor die Jesuiten gewesen. Denn wer kann es wohl tadeln, daß die Jesuiten unter diesem heiligen Vorwand ihre Schüler einladen in Orient zu gehen? daß sie dahin eine große Anzahl von Gemählden, Müntzen, Crucifixen, und tausend andern Sachen schicken, die zur Beförderung der H. Missionen vor nothwendig gehalten werden? Wer sollte wohl so verwegen seyn, daß er die Fortpflanzung des Evangelii verhindern wollte? Unterdessen treibt man unter dem Vorwand der Missionen einen so großen Handel vor die Geselschafft, daß man ihn schon vor hundert Jahren mit Bullen verbieten muste. Sie wissen selbst, was man in den Nachrichten von Portugall wegen des Handels schreibet, den die Jesuiten in neuern Zeiten in America getrieben haben. Hier pflegten die Procuratores jener Provintzen alle drey Jahre zu kommen, welche nach dem Vorrechte der Geselschafft den Untersuchungen in den Zollhäusern von Portugall nicht unterworffen waren, und also viele Edelgesteine und Geld heraus brachten, welche guten Theils nach Rom giengen.

Sie haben selbst vor wenig Jahren gesehen, wie der Jesuit Dorigni ein Venetianer, welcher mit Edelgesteinen und Geld beladen von Goa nach Rom kam, so viele Gemählde, Bücher, Buchdruckereyen, gekaufet, und auch so viele Künstler vor die Jesuiten angenommen hat, um sie nach Goa zu führen, daß alle Römer sich darüber verwundert haben. Und wofern nicht unser wachsamer Hof, da er kaum nach Lissabon zurück gekommen war, ihm anbefohlen hätte, daß er alle Künstler abdanken, und das Geräthe verkauffen sollte; so würden wir in Goa und in ganz Orient eine geistliche und weltliche Trennung gehabt haben. Sie können sich in Rom nur erkundigen, wie viel große Kisten von Gemählden, Crystall, Crucifixen, und dergleichen Sachen die Jesuiten seit vielen Jahren nach Indien unter dem Nahmen der Missionen abschicken; so werden sie finden, daß man ganze Provinzen damit anfüllen könnte. Wir haben mit den neuesten Briefen von Rom erfahren, daß der einzige Kaufmann Pericoli in diesem Jahre 1759, vor die Jesuiten mehr als 60. große Kisten mit solchen Waaren abgeschickt hat. Ja, Sie wissen selbst, daß Carvalho der Laye und Procurator von Portugall daselbst allezeit eine unglaubliche Menge von Indianischen Waaren, als Cacao, Zucker, rc. unter dem Nahmen der Missionen verkauft hat.

Durch diese Beyspiele führte man die Gewohnheit ein, daß die Jesuiten von der Provinz von Portugall unter dem Vorwand einigen Freunden in Lissabon zu dienen, anfiengen vor sich zu handeln, und in Rom die Handels-Agenten von Portugall zu machen. Der Procurator Antonio Cambral gewann so viel mit seinem Handel, den er theils mit dem Gelde der Provinz, theils mit dem Gelde des Hofes machte, daß er ausser den erstaunlichen Geschenken, die er einigen machte, ein prächtiges Denkmahl hinterließ, welches ihn mehr als 10000. Scudi kostete, da er nichts von den seinigen hatte. Ein anderer Jesuit Emanuel Azevedo war Agent von den Bischöffen von Lamego, Coimbra rc. worüber er endlich auch von Rom fortgeschickt wurde. Der Biagio Furtado und Antonio di Torres waren öffentliche

che Agenten des Erzbischofs von Braga. Ja der Laye des Assistenten mit Nahmen Giovacchino treibt vor sich Handel. Kurz es ist niemand in Lissabon, der nicht wisse, daß die Jesuiten in Lissabon einen so großen Handel getrieben haben, daß die wichtigsten Geschäfte des Hofes durch ihre Hände gegangen sind.

Da nun die Jesuiten in Rom in Gegenwart derer, die auf sie Achtung gaben, auf eine so unverschämte Art Handel trieben, daß ein jeder vor sich viel Geld verdiente, was ist es vor ein Wunder, daß die ganze Gesellschafft unter dem heiligen Nahmen der Missionen einen unermeßlichen Handel trieb. Und dieser große Gewinst der Missionen, den die arme Gesellschafft in Rom so nothwendig brauchte, ist die einzige Ursache, um welcher willen die Generale niemahls ihre Untergebenen, die ihnen so nützlich waren, straften, und wenn sie auch wider alle Bullen von Rom sich vergangen hätten.

Jedoch ich habe Ihnen nunmehro, mein Herr, ihre Zweifel zur Genüge aufgelöset; indem es schon hinlänglich gewesen wäre, wenn ich Ihnen nur dasjenige geleugnet hätte, was Sie bey allen Ihren Einwürfen als eine offenbar falsche Sache zum Grunde setzen. Das Endurtheil wider die eilf Missethäter ist eigentlich gar keine Sentenz wider die Jesuiten. Es ist wahr, man findet sie darinn berühret, damit man eine vollständige Liste von den Häuptern der Zusammenverschwörung haben möchte; sie sind aber darinn noch nicht verurtheilet, obgleich dasjenige, was von ihnen dabey zufälligerweise erwehnet wird, hinlänglich wäre, diesen Jesuiten den Proceß zu machen, und zum Tode zu verurtheilen. Ueber dieses ist es falsch, daß der Hof von Portugall sein Edict und seinen Bericht von der Republik, weder andern es nach zu thun, oder zu gefallen öffentlich bekandt gemacht habe. Dieses ist eine von den Jesuiten erdichtete Sache, damit sie wider den Hof lästern können. Der König giebt niemand Rechenschafft von seinen Handlungen. Er lässet nur hiermit seinen Unterthanen die Verbrechen der Missethäter wissen, damit sie sich vor dergleichen Dingen hüten, und dieselben verabscheuen sollen. Der König ist es, welcher in allen diesen Schrifften zu seinen Unterthanen redet, und zwar in der Sprache eines Monarchen. Es ist also nichts daran gelegen, ob denen Herren in Rom dieses gefalle oder nicht. Und so viel ist auch überhaupt genug zur Beantwortung aller Ihrer nur möglichen Einwendungen.

Beschluß des dritten Puncts.

Endlich sind wir nunmehro zum Schlusse unserer Rede gekommen, und finden uns nun genöthiget einen Ausspruch zu thun, ob der Hof, oder die Jesuiten Recht haben. Untersuchen Sie selbst die Gründe, welche ich bißhero angeführet habe, und erwegen Sie alle Nachrichten und Erzehlungen unpartheyisch, und alsbann machen Sie selbst die Entschuldigung. Lassen Sie sich aber durch den äusserlichen Schein der Jesuiten einnehmen; so sind Sie nicht mehr im Stande zu urtheilen. Folgen Sie dem Exempel des H. Stuhls nach, welcher die Jesuiten trutz allem äusserlichen Wesen, in seinen Bullen so abmahlet, wie sie würklich sind.

Glauben Sie aber nicht, daß es schon genug sey, wenn Sie alleine eines bessern nunmehro überzeugt sind. Nein, mein Herr, Sie müssen alle andere Verführte zu erleuchten suchen, von welchen der römische Hof ganz angefüllet ist. Denn wir wissen aus glaubwürdigen Nachrichten, wie sehr sich die Jesuiten bemühen, den Hof zu Rom wegen der Begebenheiten, die in andern Theilen der Welt geschehn in der Unwissenheit zu erhalten. Sie suchen durch Hülfe ihrer Anhänger wo möglich alle Exemplare von dem Sendschreiben eines Portugiesen zu sammlen, und aus der Welt zu schaffen. Sie überreden die vornehmsten Personen in Rom, daß die Lesung dieser und anderer Schriften des portugiesischen Hofes wider die Jesuiten eine schwere Sünde sey, deren Vergebung den Jesuiten allein vorbehalten seye, und auf diese Weise verhindern sie es, daß diejenigen, welchen am meisten daran gelegen seyn sollte, die Wahrheit nicht entdecken können.

Es

Es ist in der That eine bejammernswürdige Sache, daß der römische Hof so sehr von den Jesuiten eingenommen ist: Dieser Hof, welcher doch so oft ihre List, Betrügerey, Meineide ꝛc. erfahren hat; ja daß dieser Hof, welcher durch die neuesten Beweise ihrer verfluchten Unternehmungen ist erleuchtet worden, dem ungeachtet nicht einmal die Augen recht aufthun will, und sich vielmehr durch die schon so oft wiederlegten Vorwendungen der Jesuiten von neuem hintergehen lässet. Rom ist es, welches am meisten suchen sollte, erleuchtet zu werden; und Rom ist es, welches alle Belehrung, die ihm gegeben wird, mit Gewalt von sich stösset. Sie und alle andere Herren Prälaten sind verbunden alle Bücher zu lesen, welche in dieser Sache ans Licht kommen, und die Gründe zu erwegen, welche man darinn anführet; die Zeugnisse zu vergleichen, auf welche man sich beruffet; und alles wohl zu prüfen, was dabey gesagt wird. Heute sind Sie Prälaten, morgen Cardinäle, und allezeit entweder mittelbar oder unmittelbar Richter in solchen Dingen, die in der Welt vorgehen. Wenn Sie nun nicht gehörig von den Sachen unterrichtet sind, mit was vor einem Gewissen wollen Sie denn Ihr Urtheil in einer Sache fällen, die Sie nicht recht gelernet haben?

Wir wissen hier alle gar wohl, daß der jetzt regierende Papst Clemens der XIII. ein gerechter, frommer, verständiger, und gegen catholische Monarchen gütiger Papst ist. Daß der Cardinal und Enkel des Papsts ein tugendhafter und redlicher Herr ist. Und daß die andere Cardinäle des Pallastes wegen ihrer Weißheit, und Tugend verehrungswürdig sind. Folglich zweifelt man gar nicht an der guten Gesinnung und geneigten Bereitwilligkeit, welche einem wahren Christen, und rechtschaffenen Manne geziemen. Dasjenige aber, was man befürchtet, sind die Jesuitischen Kunstgriffe, welche so oft zum Nutzen der Gesellschafft und zum Schaden der Kirche sind gebraucht worden. Denn die allzu große Gütigkeit und Gnade der Fürsten ist gar oft sehr schädlich; indem sie bey ihrer eigenen Redlichkeit nicht geneigt sind, böses von andern zu vermuthen, und sich dahero oft hintergehen lassen.

Hiervon

Des
Anhangs
zu dem
Sendschreiben eines Portugiesen ꝛc.
Zweyter Theil

Zuschrifft
an den P. Zaccaria.

Sehen Sie, mein liebster P. Bibliothecarius, hier ist eine vortrefliche Urkunde über die Boßheiten Ihrer Mitbrüder in Paraguai. Es ist aus dem Archiv der H. Inquisition in Madrit genommen, woselbst sich das Original befindet. Es ist im Jahr 1731. mit eigener Hand von dem D. Matthia de Angles geschrieben, welchen der Vice-Re als Commissarius abgeschickt hatte, um die eingerissenen Unordnungen abzuschaffen, und dem Hofe davon getreulich Bericht zu erstatten. Der Commissarius hatte eine große Hochachtung gegen die Gesellschafft Jesu, welche aber mit einer ausnehmenden Redlichkeit begleitet war. Er entdeckte so gleich, daß das System der Jesuiten in Paraguai eine rechte Kette von Betrügereyen ware; und wurde dadurch in seinem Gemüthe ganz bestürzet. Sollte er die Augen zuschließen, und sich stellen, als sähe er nicht, was er doch sahe, so fühlte er hierbey einen heimlichen Gewissens-Biß, welches ihm wegen einer Verrätherey wider seinen König die heftigsten Vorwürfe machte. Sollte er die Wahrheit entdecken, und sein Herz ausschütten; so sahe er sich zu seinem größten Leidwesen genöthiget, die schrecklichsten und schändlichsten Vergehungen eines ihm so werthen geistlichen Ordens

dens zu entdecken; und sich selbst und seine Familie in die größte Gefahr und Schaden zu stürzen, wider welche die guten Patres ihre mächtige Rache gewiß würden gewendet haben. Damit er nun weder in Ansehung der Pflichten gegen seinen König, noch wider sein Gewissen, noch auch wegen der Sicherheit seiner Person und seiner Familie etwas versehen möchte; so ergrif er das Mittel, seinen aufrichtigen Bericht dem Tribunal der H. Inquisition zu Lima anzuvertrauen, damit es auf diese Weise in die Inquisition von Spanien, und hernach in die Hände des Königs kommen möchte. Ich weiß nicht, ob diese Urkunde so glücklich gewesen ist, ihre ganze Reise zurückzulegen. Es scheinet mir aber nicht glaublich zu seyn, daß sie Sr. catholischen Majestät jemahls zu Gesichte gekommen seye; weil in diesem Falle meiner Einsicht nach das Original nicht würde in dem Archiv der Inquisition von Madrit liegen geblieben seyn. Es sey nun, wie es wolle, ich widme Ihnen, mein Hochgelahrter P. Bibliothecarius, ein solches Document, in welchem Sie nach den Regeln der schärfsten Critik die deutlichsten Züge der Wahrheit finden werden. Sie können es in dem dritten Theile Ihrer apologetischen Briefe zu Ihrem daselbst beygebrachten dritten Document hinzufügen, welches ohnedem daselbst ganz überflüßig stehet, und nur zur Ausfüllung mehrerer Seiten dienet. Nehmen Sie es wohl auf, und fahren Sie fort mich zu lieben.

Abschrifft des Berichts,

welchen

der General Don Matthia de Angles e Gortari als Gouverneur der Stadt Potosi über diejenigen Puncte gemacht hat, welche die in der Stadt dell' Assunzione in der Provinz Paraguai erfolgten Unruhen verursachet haben; nebst der Abschrifft des Briefes, welchen der P. Laur. Rillo von der Gesellschafft Jesu Provincial der Heil. Provinz Paraguai mit der Unterschrifft dal Rio del Pasage den 24. Februr. 1729. geschrieben hat, wie auch des Briefes, den ebenfalls Don Joh. Thom. de Araoz vom 13. Jan. des erwehnten Jahres aus Paraguai geschrieben.

Aus dem Spanischen übersetzt.

Hochwürdige Herren und apostolische Inquisitores des H. Officiums in der Stadt Lima.

Bey der wichtigen Commission, welche Se. Excellenz der Herr Marquis di Castelfuerte als Vice-Re dieser Reiche, meiner geringen Person in der Provinz Paraguai aufgetragen hat, und von mir durch göttliche Hülfe gänzlich ist geendiget worden, indem ich die schweren Hindernisse überwunden, welche auch den erfahrnsten Männern, und den natürlichen Einwohnern jenes entfernten Landes unmöglich schienen, habe ich nicht

nur

nur dasjenige gesehen, und genau untersuchet, was in den Original-
Acten, die ich Sr. Excellenz übergeben habe, enthalten ist; sondern
habe auch bey meinem langen Aufenthalt in jener Provinz mit aller Gewißheit und unpartheyischer Ueberlegung so viele wichtige und erhebliche
Dinge erfahren, welche mir bey ihrer Entdeckung den heftigsten Schmer-
zen erreget haben, indem mich die Betrachtung derselben in eine so vielfältige Betrübniß und innerliche Bekümmerniß setzte, daß ich auch dasjenige, was ich erduldet, mit den lebhaftesten und gewissesten Ausdrücken nicht glaublich zu machen im Stande seyn würde.

Da ich aber beständig in meinem Gewissen beunruhiget wurde,
und die Gefahr wohl einsahe, in welche man sich bey Entdeckung der
Wahrheit stürzte, und zugleich das Verbrechen überlegte, welches ich
bey Verschweigung derselben begehen würde; so entschloß ich mich zur Beruhigung meines Gewissens mein Stillschweigen zu brechen, und meine Worte und die Wahrheit der Sachen an dieses heilige, weise, eifrige und
ehrwürdige Tribunal der H. Inquisition zu richten, unter dessen geheimer Verwahrung so viele wichtige Materien die ganze Zeit über aufbehalten werden, als wo es nothwendig ist, und wo selbst so viele Sachen,
die es verdienen, anheim gethan werden, und hingegen andere, die es
nicht werth sind, dem Volke bekandt gemacht werden. Ob ich nun
gleich glauben sollte, daß man bey weltlichen Gerichten eben diese gerechte Mäßigung und Redlichkeit beobachten würde; so giebt uns doch dem
ungeachtet die Erfahrung so viele ungezweifelte Proben von der kurzen
Beharrung in der Gerechtigkeit, und von der großen Geneigtheit an
die Hand, womit die wichtigsten Geheimnisse entdecket und überall bekandt werden.

Und weil man in diesen erwehnten Tribunalen die stärksten Var-
urtheile weder verhindert, noch aus dem Wege zu räumen suchet; so
pflegen sich dieselben immer noch zu vermehren, und derjenige wird gewiß verleumdet und verfolget, der etwas mit einem redlichen und catholischen

tischen Eifer vorstellet. (1) Ich verfahre in dieser meiner wahrhaftigen Erzehlung, wie ich eifrigst versichern kann, mit aller Treue und Redlichkeit, damit man die wirklich geschehene Dinge einsehe und wisse, und damit man diejenigen zu verbessern, oder zu verhindern suche, welche mir einer Verbesserung werth zu seyn scheinen, indem ich hierbey die Beförderung der Ehre und des Dienstes GOttes zur Absicht habe, damit das Verderben in den catholischen Gebräuchen, und in der Kirchen-Verfassung nicht weiter überhand nehme, noch auch die Gesetze einer guten Regierung und Politik verletzet werden mögen, als welche zum Besten der Völker und zur Erhaltung der Unterthanen abzielen; und ohne daß ich mich durch den geringsten menschlichen Affect, noch einen besondern Haße, Interesse, oder Neide einnehmen lasse, sondern alles um der Wahrheit, Vernunft, Gerechtigkeit, und catholischen Stärke willen schreibe, welche ich als ein treuer Spanier und Minister beständig bekenne.

Die spanischen Einwohner der Provinz Paraguai sind nicht nur mit den andern getreuesten Unterthanen unsers unüberwindlichen Monarchen in Vergleichung zu setzen; sondern sie übertreffen diese noch ohne Beleidigung vieler edlen und getreuen Provinzen seiner weitläuftigen Staaten an Standhafftigkeit, womit sie Sr. Majestät in einem beständig fortdaurenden und höchst beschwerlichen Kriege dienen, indem sie die Gränzen wider verschiedene unglaubige und grausame Feinde unaufhörlich vertheidigen, und Tag und Nacht dreyzehn königl. Besatzungen unterhalten, welche zu einem Zaum und Bolwerke wider die beständigen Einfälle der Feinde dienen, und alles in einer so guten Ordnung und

---

(1) Wenn nicht die Furcht vor dem Nasen und listigen Kunstgriffen der Jesuiten an den Höfen und in den Tribunalen gewesen wäre, welche die Wahrheit in den Herzen so vieler unterdrücket hätte, so würde die mit Heucheley überkleidete Bosheit weniger Glauben und Beystand gefunden haben, und die Jesuiten würden viel behutsamer, die Könige viel sicherer, die Republik viel ruhiger, und die Kirche viel reiner geblieben seyn.

und Mannszucht verrichten, daß man in den Festungen und Waffen-Plätzen von Europa keine größere Ordnung, Wachsamkeit, und Gehorsam sehen kann, (2) und zwar so, daß weder die Officiers noch Soldaten nicht den geringsten Sold haben, noch ihnen von Seiten Sr. Majestät die geringste Beyhülfe an Kleidung, Pferden, Lebensunterhalt noch Gewehr auffer einem geringen Beytrag an Pulver im höchsten Nothfall gereichet wird, weil sie alles in ihrem eigenen Hause aufrichten, und mit großer Mühe und Arbeit sich erwerben, damit sie unserm König und Herrn, dessen königl. Nahmen sie aufs tiefste verehren, auf die anständigste Weise dienen können.

Der catholische Glaube ist ihnen so tief in ihr Herz eingepflanzet, daß der große Eifer, womit sie ihn bekennen, eine von den vornehmsten Ursachen des Neides und tödlichen Hasses ist, womit sie die ungläubigen Nationen verabscheuen. Die Erziehung, welche sie gemeiniglich den Kindern zu geben pflegen, ist demjenigen Wohlstande, den unsere Vorfahren beobachteten, so gemäß, daß ich gewiß versichert bin, die Paraguaische Einwohner haben denselben noch bey dem großen Verderben unserer Zeiten alleine aufgehalten, indem sie ihre Kinder dergestalt zum Gehorsam, Unterwürfigkeit, und zur Arbeit anhalten, daß mir es bißweilen selbst etwas zu hart zu seyn schien. Daher rühret es nun, daß sie in aller Arbeit und Mühe, in Hunger und andern Trübsalen so gedultig, und zugleich so fest und standhaft sind, das Land und ihre gute Sache zu vertheidigen, ob sie gleich so arm sind, daß sie nicht Mittel genug haben, die nöthigen Unkosten bey den höhern Tribunalen, die von jener Provinz so weit entfernet sind, zu bestreiten; und man dahero die rechte Beschaffenheit der Sachen nicht erfähret, noch auch die

Bedrän-

---

(2) Hieraus siehet man, woher die Rebellion in Paraguai ihren Ursprung genommen, und was der Zunder gewesen seye, wodurch der Krieg wider die bepden Könige von Spanien und Portugall angeflammet worden, und was vor ein Blasebalg schon verschiedene Jahre her dieses Feuer angeblasen, und mit diesen treuen Unterthanen die Waffen in die Hände gegeben habe.

Bedrückungen bekandt werden, welche sie von ihren nelbischen Nacheiferern erdulden müßen, als welche durch ihre große Macht und Ansehen die Sachen und die Fälle übel auslegen, und nach ihrem Belieben vorstellen, um dadurch die Einwohner verhaßt zu machen, und alle ihre übertriebene Absichten zu erreichen, damit sie in ihrer ungerechten Vergrößerung desto besser fortfahren können; woraus folglich die gänzliche Unterdrückung jener Provinz entstehen muß, und der Untergang jener zahlreichen Christenheit noch zu befürchten ist. (3.)

Ehe ich aber zu der ausführlichern Erzehlung fortgehe, so muß ich als ganz gewiß vorher erinnern, daß ich gleich bey meiner Ankunft in der Stadt dell' Assunzione als der Hauptstadt in der Provinz Paraguai, mit solcher Aufrichtigkeit, Unpartheylichkeit, und Unabhängigkeit verfahren habe, daß ich dasjenige, was unmöglich schien, zu Stande gebracht habe, und mich alle Einwohner jener Provinz insgesammt so wohl aufgenommen haben, daß ich davon viele merkwürdige Umstände anführen könnte, die zu meinem Ruhm dienen, welche ich aber mit Stillschweigen übergehe, weil es weder die Bescheidenheit, so ich beobachten will, noch auch die Absicht, um welcher willen ich die Feder ergriffen habe, erlaubet. Dieses einzige kann ich hier nur noch versichern, daß diejenigen, welche meine Handlungen in jener Provinz am meisten gerühmet haben, die Hochehrwürdigen Patres von der Gesellschafft gewesen sind, indem ich sie durch meine Hochachtung und besondere Zuneigung, die ich gegen diese ehrwürdigen Väter hege, so sehr eingenommen habe, daß sie nicht unterlassen haben, es bey vielen Gelegenheiten so wohl schrifftlich als mündlich bekannt zu machen, als wovon ich viele ansehnliche Zeugnisse bey mir aufbehalte, und haben es auch Sr. Excellenz dem Herrn Vice-Re dieser Reiche durch den P. Antonio

---

(3) Man muß dem guten Geschmacke der Jesuiten Gerechtigkeit wiederfahren lassen. Man sehe nur ob sie ein zu ihren Absichten so bequemes Land nicht gerochen hatten?

mio Garrigo ebenfalls angezeiget, und haben mir es alle Prälaten und
Vornehme Personen ihrer Collegien mit dem größten Vergnügen bezeuget, und Ew. Herrlichkeiten werden es noch deutlicher aus der Abschrifft wahrnehmen, welche ich hier von dem Original Briefe beygefüget habe, den ich in Paraguai von dem P. Lorenzo Rillo dem Provincial der Gesellschafft empfangen habe, und mehr in sich hält, als ich
hier sagen kann. Diese Vorerinnerung scheint mir bestimmt genug zu
seyn, und rechtfertiget meine fleißige Bemühung, womit ich jenen Hochehrwürdigen Vätern in Paraguai und ihren heiligen Orden zu dienen,
und mich gefällig zu machen gesucht habe; und theils aus Liebe, und
theils aus großer Ehrfurcht, welche ich gegen die erwehnten Patres hege, meine Absicht dahin gerichtet habe, sie nicht zu beleidigen und zu
beschimpfen, welches ohne Zweifel würde geschehen seyn, wofern ich
nicht so vielen Fleiß und Klugheit angewendet hätte, sie zu ehren und
ihnen zu dienen.

    Jedoch ungeachtet dieses, und ungeachtet der großen Dankbar-
keit der erwehnten Religiosen gegen mich, ist die wahre Einsicht, die
ich mir von den Sachen in jener Provinz erworben habe, bey mir nicht
verändert worden, und ich halte mich allerdings vor verbunden, die
entsetzlichen Ausschweiffungen nicht zu verschweigen, welche mir einer
Mäßigung oder gänzlichen Unterdrückung werth zu seyn scheinen, ob ich
gleich von Personen handele, die so hoch von mir geachtet werden. Ja
die beständigen Gewissens Bisse lassen mich nicht ruhen, so daß ich mich
aus gerechter Furcht vor der Strafe, welche mir der göttliche Richter
und Vater der Wahrheit anthun kann, genöthiget sehe, Ew. Herrlichkeiten deutlich, aufrichtig, und vorzüglich zu entdecken, daß die Herren Patres von der Gesellschaft die einzigen Beneider von der Provinz
Paraguai sind, (4.) und folglich allen denjenigen Einwohnern sich wie-
derseten,

---

(4) Was vor ein trefflicher Hüter der Schaafe ist doch der Wolf? Die Jesuiten
wollten uns überreden, als wenn sie die einzigen Stützen jener Länder wären.

derſetzen, welche mit einem ſpaniſchen und gerechten Eifer geſucht haben, die Provinz um ihrer guten Regierung willen, und damit die Einwohner dasjenige genießen mögen, was ihre Vorfahren erworben haben, und was ſie gegenwärtig mit unglaublicher Mühe und ſteter Lebensgefahr vertheidigen, in ihrem vorigen Zuſtande zu erhalten.

Die Patres von der Geſellſchafft haben an den Ufern der zween große Flüße del Parana und dell' Uraguai 26. Feſtungen, oder Doctrinä genannt, mit einer großen Anzahl Indianer beſetzt, nebſt vier andern Feſtungen, welche mitten in dem erwehnten Parana und an dem Fluße Tebiguari liegen; und man ſagt gemeiniglich, daß ſie auſſer dieſen angeführten noch vier oder ſechs andere Feſtungen haben, welche ſie den Spaniern nicht bekandt werden laſſen, und in den Regiſtern auslaſſen. Jedoch die angeführten dreyßig Feſtungen ſind ſolche, welche man nicht ableugnen kann, und mir vollkommen bekandt ſind; wie ich auch ebenfalls von der erſtaunlichen Menge der Indianer in den angezeigten Doctrinen wohl unterrichtet bin, als welche über 80000. Männer, und eben ſo viel Weiber enthalten, indem allein in dem Orte von S. Giovanni dell' Uraguai über 15000. erwachſene Indianer, und eine gleiche oder wenig geringere Anzahl von Indianerinnen ſeyn werden, indem in einigen von dieſen Feſtungen mehrere männlichen als weiblichen Geſchlechts gebohren werden, welches etwas ganz beſonders iſt, wie ich aus einer Liſte oder Verzeichniſſe aller Seelen, welches die Pfarrer alle Jahr verfertigen, ſelbſt erſehen und geleſen habe. Und obgleich jene ehrwürdigen Patres ſo höflich ſind, das bemeldte Buch einigen Perſonen zu zeigen, und aus demſelben erhellete, daß in allen Doctrinen 125000. Seelen ſind; ſo iſt doch dem ungeachtet ganz gewiß, daß dieſes erwehnte Regiſter unächt und falſch iſt, und es nur aus Liſt und Betrug geſchicht (s.), wenn man

---

(s.) Und was thun dieſe hochgebenedeyten Patres nicht aus Liſt, und Falſchheit um ihres Intereſſe, und ihrer vortheilhaften Abſichten willen.

man es in vorkommendem Falle vorzeiget, indem darinn viele tausend Indianer, die nur den Jesuiten allein bekandt bleiben, ausgelassen sind.

Eine jede von diesen dreyßig Festungen oder Doctrinen, welche die besagten Patres die Missionen von Paraguai nennen, hat einen solchen Ueberfluß an Gütern und Schätzen, daß ein einziges allein im Stande wäre, sechs andere Festungen, und ein Collegium unzehlicher Jesuiten mit allem nöthigen zu versorgen; indem eine weniger reiche Festung derselben doch dreyßig bis vierzig tausend Kühe, nebst einer gleichmäßigen Anzahl von Ochsen zur Vermehrung, und viele fruchtbare Felder zur Erbauung aller Arten von Getreyde und insonderheit sehr viele Baumwolle haben wird, wovon sie eine erstaunliche Menge sammlen, welche die Indianerinnen spinnen und weben. Eben so pflanzen sie auch sehr viele Rohre zum Zucker und andere zum Toback, welche sehr hochgeachtet werden, und starken Abgang haben. Ueberdieses hat auch eine jede von diesen Festungen eine große Zucht von Stuten, Hengsten, Eseln, Schaafen, und Hammeln, welche nach tausenden gezehlet werden. Und wenn eine von diesen Festungen etwa keinen großen Vorrath von den erwehnten Stücken hat, so bemühet man sich darum bey den Jesuiten in den andern Festungen, wo die Erndte entweder wegen des Erdreichs, oder weil die Weiden schöner und besser sind, viel reichlicher und beträchtlicher ist; indem der große Fleiß der besagten Jesuiten, und die Menge der Indianer, welche sie in beständiger Arbeit und Sclaverey erhalten, und der fruchtbare Boden, und die Felder, welche sie besitzen, so viel hervor bringen, als man sich nur einbilden, und wünschen kann. (6)

In allen diesen Orten und in einigen mehr als in andern sind Werkstäte von Indianern, die im Gold und Silber arbeiten, und Meister, die im Gießen, oder mit dem Hammer, oder in andern Arten von

---

(6) Die armen Leute! Ich bedaure den vielen Schweiß dieser Missionarien, indem sie auf so viele Waaren Achtung geben müßen.

Sammlung III. Theil.

von Arbeit vortrefflich sind. Es giebt auch daselbst Werkstätte von Schmiede, Schlösser, und Fabriquen von Gewehr von aller Art, welche denen von Sevilien, und Barcelona nichts nachgeben. Sie giessen und machen ebenfalls Canonen, Mörser und alle andere Waffen, wie auch Werkzeuge von Eisen, Stahl, Ertz, Zinn, und Kupfer, die sie zu den Kriegen, welche sie führen (jedoch allezeit zur Ehre GOttes) und zu ihrem eigenen Nutzen, oder vor diejenigen brauchen, welche es zu kauffen verlangen. Es sind daselbst Bildhauer, Holtzschnitzer, Kupferstecher, und vortreflich Mahler, und alle diese Werkstätte, ihre Instrumente, oder Eisenwerk, und alles was die Indianer arbeiten, welche es durch Hülfe der berühmtesten Jesuitischen Meister, welche dahin von Europa zu dem Ende geschickt werden, es in diesen Künsten sehr weit gebracht haben, stehen in einem großen Hofe vor der Wohnung des P. Pfarrers und seines Gehülfen, und unter seiner Verwahrung. (7)

Die erwehnten Patres unterhalten über dieses einen großen Theil der Indianer vor ihrer Festung auf den Bergen zur Wartung des Krauts (welches in Europa das Kraut von Paraguai genennet wird); und gleichwie dieses daselbst in großem Ueberfluß ist, und ihnen die Unterhaltung des Volks nichts kostet, so sammlen sie eine beträchtliche Menge von dem Kraute di Palos, und an dem Orte U. L. F. von Loretto, ingleichem von S. Anna und in andern zween oder dreyen erbauet man noch mehr, und füllet das auserlesenste Kraut (welches Camini di Loreto heißt, in lederne Beutel, und so viel als man von dieser Art in diesem Reiche verbraucht, erbauen die Jesuiten mit ihren Indianern, ohne daß ein einziger Spanier von Paraguai nur ein Blatt von diesem so genannten Kraute von Loretto einsammlen könne. Hierauf schicken diese Patres einen solchen ansehnlichen Vorrath auf ihren eigenen

---

(7) Die ersten Apostel J. C. hatten die Gabe der Sprachen; diese besitzen die Gabe der Hände.

nen Schiffen an das Collegium in der Stadt di Santa Fede, und der Procurator von dem Officio der Missionen verkaufft die Waare, und ziehet das Geld davor ein, und eine Verwaltung von Einnahme und Ausgabe, nebst dem ansehnlichen Gewinste, und Handelsgeschäften, übertrifft alle andere, welche die Weltlichen im gantzen Reiche zu ihrer Beschwerde führen. Uber dieses schicken die erwehnten Patres noch einen ansehnlichen Theil von Waaren an das Collegium in der Stadt Buenos-Aires, woselbst sie einen andern Procurator der Missionen unterhalten; und alle diese bemeldten PP. Procuratores verkauffen die Waaren um baares Geld, oder nehmen wohl an statt des Geldes einige Arten von Waaren, die sie nothwendig brauchen; und besitzen so viel Erkanntniß von allen Waaren, der Contratte, der Käuffe und Verkauffe, daß man im gantzen Reich schwerlich einen Kaufmann finden wird, der ihnen gleich käme. (Ey, das glaube ich. Dieses ist der rechte Geist des Jesuitischen Apostelamts)

Das Kraut von Palos hat nach Beschaffenheit der Zeit, und des Ueberflusses verschiedene Preiße gehabt: zu gewißen Zeiten hat man davor zwey Stück von Achten vor ein jedes Maaß bezahlet, welches man Arroba nennet, (8) und ist hernach der Preiß biß auf 14. Realen oder etwas mehr oder weniger gefallen, und im vergangenen Jahre hat es der Procurator Joseph Astorga bey meiner Anwesenheit in der Stadt von S. Fede zu neun Realen eine jede Arroba vor baares Geld verkauft; und ich habe gantz gewisse Nachricht gehabt, daß es hernach im Preiße gestiegen ist. Will man nun eine mäßige und ordentliche Berechnung von dem Kraut Palos, so die Jesuiten jährlich verkauffen, machen; so wird man finden, daß es sich über 80000. Arrobe beläuft, und was das allerfeinste und beste Kraut anbetrifft, welches Camini di Loreto heißt; so ist es schon lange Zeit her zu vier Stück von Achten

vor

---

(8) Eine Arroba enthält 32. Pfund spanischen Gewichts, wo 16. Untzen auf ein Pfund gehen.

vor jede Arroba und zwar vor baares Geld verkauft worden, und der
P. Astorga hat jetzt die Arroba zu drey und ein halb Stück von Achten
verhandelt; folglich wenn auch aus den bemeldten Missionen weniger
heraus kommt, so wird es sich doch jährlich auf drepßig bis vierzig tausend Arrobe belauffen.

Ferner führen die Jesuiten aus den besagten Missionen jährlich
mit ihren eigenen Schiffen über 60. biß 80. tausend Ellen Baumwollen
Zeug heraus, und verkauffen davon zu fünf biß sechs Realen die Elle.
Ingleichem schicken sie sehr viel Toback, Zucker, Felle, Statuen der
Heiligen und viele andere Sachen heraus, welches sie alles verkauffen,
und ein ansehnliches am Gelde gewinnen, ohne daß sie weder einigen
Zoll oder Abgaben bezahlen, welche man zur Vertheidigung der Stadt
von S. Fede aufgeleget hat, die doch so sehr vom Feinde beunruhiget und gedrücket wird.

Das erwehnte Officium der Missionen, welches einen erstaunlichen Umfang hat, besteht aus Magazinen vor alle Arten von Waaren
aus Spanien und aus dem Lande selbst, und vor die Tücher von Quito, welche sie öffentlich in S. Fede verkauffen, und davon in keinem Laden oder Magazin so viele und so gute sind, als welche die PP. Procuratores haben. Zugleicher Zeit schicken sie auch eine beträchtliche Anzahl von Waaren, die sie theuer verkauffen, und im Ueberfluß sammlen
und im Lande wachsen, an das Collegium in der Stadt de las Corrientes, und an das Collegium in der Stadt Paraguai an dem Flusse gleiches Nahmens. Und eben so schicken sie sehr viele von diesen Waaren
an die Pfarrer der vier Festungen von S. Ignatio S. Giacomo
Guazic, Santa Rosa, und von S. Maria oder U. L. F. della
Fede, welche zwischen dem Fluß Parana und Tebiguari näher an Paraguai liegen. In einer jeden von diesen Festungen ist ein Magazin befindlich, welches mit allem sehr wohl angefüllet ist, was man in jenen
Ländern verschlüßen kann, und die bemeldten Patres halten einen beständigen Jahrmarkt mit den Guairegni, welche die Einwohner von
Villa Ricca sind, denen sie schicken, was sie brauchen, und dargegen

an statt des Geldes das Kraut von Paraguai von ihnen nehmen, so sie beständig auf ihren schwer beladenen Thieren bringen; und weil die erwehnten Guairegni ihr Kraut auf diese Weise verkauffen können, so kommen sie damit nicht weiter hinunter in die Stadt dell' Assunzione und suchen auch daselbst nicht mehr sich mit andern Waaren zu versorgen, wie sie vorher zu thun pflegten. Hieraus entsteht also ein großer Schaden vor alle und insonderheit vor die Kaufleute, und die Armen müssen das erwehnte Kraut entbehren, nicht anders als ob es eine Waare aus fremden Reichen wäre; und über dieses verliehren hierbey die königl. Abgaben, und der Zoll auf den Toback sehr viel, als welcher in Parguai errichtet ist, um dadurch die Unkosten zum Kriege, und vor öffentliche Gebäude zu bestreiten, als wozu bloß die Spanier von dem wenigen beytragen, was sie handeln, und bey dem so genannten Kraute gewinnen.

Alle diese erstaunlichen Geldsummen, welche die Jesuiten daselbst gewinnen, werden von den angeführten Officien der Missionen verwahret, damit sie durch die General Procuratores, welche dieselben von sechs zu sechs Jahren ausser den vielen Wechseln verschicken, durch die Engländer und Portugiesen abgehen, nach Spanien und Rom kommen können. Denn es weiß die ganze Stadt Buenos Aires (ob man gleich schwerlich einen finden wird, der es aus Hochachtung und Furcht vor die Jesuiten öffentlich sagen möchte) daß sich daselbst im Jahr 1725. der P. Procurator Hieronymus Rau und sein Zweyter Gehülfe der P. Joh. de Arzola auf einem englischen Schiffe nach Europa begeben, und mehr als 400000. Stück von Achten mit sich fortgetragen haben, welches, wie ich glaube, der Don Salvator Garcia Pesse als Oberauffeher über die Zollbücher jenes Hafens wohl wissen wird. Dasjenige aber, was ich mit völliger Gewißheit bezeugen und versichern kann, besteht darinn, daß mir bey meinem Aufenthalt in Cordoba im Monath Jun. des Jahrs 1725., und bey meinem häufigen Umgange mit dem P. Joseph de Aguirre, der jetzt sein Provincialat geendiget hat, und nunmehro Rector in jenem großen Collegio ist, dieser sagte, als

als er einstmahls von den vielerley Bedenklichkeiten und Sorgen redete, die sie hätten, daß ihnen die Abschickung der erwehnten zween Procuratoren große Bekümmerniß verursache, so wohl wegen vielen Sachen, die man schriebe, als auch wegen der 170000. Stück von Achten, die sie den erwehnten Procuratoren in diesem Jahre zum Handel, und zu Bedürfnissen, und zu einer guten Aufnahm an den Höfen zu Madrit und Rom eingehändiget hätten. Und hier ist es eben, wo man den grösten Theil dieser erstaunlichen Schätze zusammen fliessen lässet, um die wichtigen Absichten zu erreichen, welche die besagten Patres haben, und durch diese Hülfe und mit solchen schweren Vorstellungen allen Verdacht, und die gerechtesten Klagen, die man wider die Regierung der Jesuiten führen kann, zu unterdrücken, oder zu verdrehen.

In einer jeden Festung, oder Doctrina sind zween Jesuiten und nicht mehr; einer ist der Pfarrer, und der andere ist sein Gehülfe. Sie halten ihre Indianer so unterwürfig, daß man ihre Gedult bewundern muß. Denn ob es gleich gantz gewiß ist, daß alle Einkünften Vieh, Aecker, Wiesen, und alles andere, was sie arbeiten und machen, den Indianern eigenthümlich gehöret; so haben sie doch nicht den geringsten Theil daran, und die besagten Indianer dürffen nichts vor sich brauchen, indem die PP. Pfarrer alles, was die Indianer mit ihren sauren Schweiß erwerben und bearbeiten, einsammlen, zu sich nehmen, und vor sich brauchen, und diesen armen Indianern nichts als ihre Speisen und Kleider reichen, und zwar sehr sparsamlich und kärglich, ohne daß jenen Indianern erlaubt ist, sich weder ein Pferd noch Schaaf, noch eine Elle Leinwand als eines Eigenthums anzumassen; und die Schärfe der Jesuiten gegen diese elende Leute ist so groß, daß ihre Sclaverey und Elend, worinn sie dieselben erhalten, alle Gräntzen der Sclaverey überschreitet; so, daß nichts vermögend seyn würde, sie von einer so unerhörten Unterdrückung, Mühseligkeit und Unglück zu befreyen, als wenn sie ihre Kleinmüthigkeit und Freyheit, die sie unter den Indianern in jenem Lande allein besitzen, ablegten. Es ist keine Nation so reich als sie, und gleichwohl ist keine so arm als sie. Es sind keine andere Indianer,

dianer, die mehrere Freyheiten und Vorrechte zu genießen hätten, als diese, aber es sind doch keine andere, die so unglücklich wären, als diese, indem die Jesuiten den Reichthum und die Fruchtbarkeit ihrer fetten Länder allein genießen, und bey ihrem starken Handel zu ihrem eigenen Nutzen anwenden.

Eine jede Festung liefert nicht nur das Nothwendige zur Unterhaltung in Ansehung der Speise und Kleidung aller Indianer, und der zween Jesuiten, sondern bringt auch noch dieses hervor, was der P. Pfarrer an Kühen, Pferden, Eseln, Leder, und allen Arten von Getrayde in großer Menge verkaufft, woraus er viele Schätze ziehet, welche die Indianer nicht sehen, und wenn sie es auch wissen, die Augen zuschließen, indem ihnen das geringste Wort, so sie hierüber vorbringen wollten, gewiß eine lange Strafe und vielleicht wohl gar den Verlust des Lebens zuziehen würde. (9)

Die Kleidung der Pfarrer ist wollenes und schwarz gefärbtes Zeug, welches die Indianerinnen in den Festungen selbst spinnen und würken, und wofern auch bißweilen einer von den Pfarrern einen Ueberrock oder Mantel vom spanischem Tuch hat; so wird derselbe von einem biß auf den andern getragen und aufgehoben, und dauret sehr lange Zeit. Die Indianerinnen und Indianer werden alle ebenfalls von weißem Baumwollenem Zeuge gekleidet, so sie selbst arbeiten, und man giebt es ihnen mit großer Sparsamkeit; ob sie gleich viele tausend Ellen zum verkauffen übrig behalten, ohne daß sie die vielen Arten von Waaren

---

(9) Ist nicht das erschreckliche Elend dieser Völker mitleidens würdig? Da der Hof zu Lißabon solche Nachrichten bekandt machte, so wurden sie vor Fabeln und Verleumdungen ausgeschrien. Gottlob; ein Minister, dem der spanische Hof die Untersuchung dieser Sache aufgetragen hatte, rechtfertiget schon vorher die Redlichkeit und Wahrhaftigkeit Josephs des I. und seines Ministers Carvalho Er unterrichtet uns von der Macht Sr. Hoheit des P. Generals der Gesellschafft, und stellet uns die großen Arbeiten und Beschäfftigungen der heiligen Jesuitischen Mißionarien vor Augen.

ren aus Spanien und aus dem Lande selbst verbrauchen, oder nur eine Elle davon vor ihre Leute anwenden, und nur allein den Indianischen Magnaten des geheimen Raths, die es nur den Nahmen nach sind, davon etwas austheilen, indem sie ihnen gewisse Gala-Kleider bey Gelegenheit gewisser Feste, oder Ceremonien geben; sobald aber die Feyerlichkeit geendiget ist, müßen die erwehnten Magnaten solche Kleider den Pfarrern wieder überliefern, die sie hernach in ihrer Wohnung aufbehalten; so, daß die Patres keinen andern Unkosten als vor den Wein haben, den sie an Feyertagen oder zu ihrem eigenen Gebrauch anwenden. Ueber dieses sind einige Plätze, wo sie Weinberge angeleget haben, woraus sie so viel Wein lesen, daß ihnen noch die Unkosten von einigen vierzig Stück von Achten übrig bleiben, weil sie den Wein von S. Fe, de um den ordentlichen Preiß schicken, und das Geld davor von den ansehnlichen Geldsummen abziehen, die aus den andern Waaren, so ein jeder Pfarrer an das besagte Missions-Officium schicket, genommen werden. Eben dieses geschicht auch bey den Auszierungen, und andern Sachen die zum Dienste des Altars gehören, als welche man mit großem Fleiß bewahret. Bey dem Bau der Kirchen, ob sie gleich groß und schön sind, ist gar kein Aufwand, indem es die Indianer selbst thun, und alles dabey arbeiten, ohne daß sie weder davor, noch vor andere Handarbeit etwas bekommen, oder einen Tagelohn erhalten; folglich die Patres nichts als die Aufsicht und Anordnung bey dem bauen haben.

Ich mache diese umständliche Erzehlung deßwegen, damit man gantz augenscheinlich sehen möge, daß die bemeldten Paters von allem, was sie mit dem erstaunlichen Handel gewinnen, nichts nöthig haben, indem sie dasjenige, was sie nur erdenken können, in Ueberfluß besitzen, und nicht das geringste zur Unterhaltung ihrer Doctrinen anwenden, als welche ihnen vielmehr die erstaunlichen Summen, die ich ihnen oben angezeigt habe, noch einbringen. Und diese Patres vergrößern und erheben nichts mehr, als den ehrwürdigen Nahmen der Missionen an den Höfen und in den Theilen der Welt, wo man keine Känntniß von den-

selben

selben hat, damit sie nur ihren großen Nutzen und Vortheil heraus ziehen, und schützen sich mit einem so vorzüglichen und apostolischen Nahmen; da es doch ganz gewiß ist, daß die Doctrinen oder Missionen von Paraguai das rechte Indien, und die größte Goldgrube vor die Gesellschafft ist. (10)

Es sind keine Pfarrer in der Christenheit, welche eine so große Bequemlichkeit und bessere Bedienung genießen, als wie diese von den erwehnten Doctrinen. Denn gleichwie sie die Indianer fest überzeugt haben, daß der P. Provincial von der Gesellschafft der oberste Herr in den Missionen seye, und daß die Pfarrer ihre einzige Herren und Obrigkeiten sind; so legen es diese Patres auch bey der Regierung, bey der Strafe, und bey andern Einrichtungen ihrer Völker genugsam an den Tag, ohne daß man bey einem von diesen Dingen den Nahmen des Königes unsers Herrn erwehnen hörte, noch der Gouverneur von der Provinz, noch die weltlichen Richter dabey zugegen wären. (Was vor Gouverneurs? Was vor Richter? Was vor ein König? Es ist schon gerecht genug, daß Jesus der Herr von allem seye.) Hieraus folgt also, daß alles was die PP. Pfarrer nur gedenken, das suchen die Indianer mit einem blinden Gehorsam zu vollziehen, (gewiß eine große christliche Vollkommenheit, welche die heiligen Pfarrer diesen Leuten einflößen!) und thun es ebenfalls in solchen Dingen, welche zu der besondern Aufwartung, Ergötzlichkeit, und Wohlgefallen des P. Pfarrers dienen; dahero auch die angesehensten Mitglieder der Collegien in den dreyen Provinzien zur Ruhe, und zur menschlichen Glückseligkeit eine von den besagten Doctrinen zu erhalten wünschen, (vielleicht irret sich hier der Verfasser, indem er nicht weiß, daß

---

(10) Der Verfasser des Sendschreibens und des Anhangs, welche eben diese Wahrheit gesagt hatten, küssen dem Verfasser dieser Erzehlung die Hand, und wünschen ihm tausend Jahre, wann er noch am Leben ist; und die ewige Ruhe, wenn er schon todt ist.

daß sie sich darnach aus großer Begierde zu dem Märtyrer
Tod sehnen); und dieses ist so gewiß, und offenbar, daß sie es frey und
ohne Verstellung sagen, und es die Jesuiten selbst bekennen.

Die Doctrinen oder Festungen der besagten Indianer sind sehr
wohl angeleget, indem die Strassen und Wohnungen gerade und ordent-
lich gebauet, bequem abgetheilet, und mit Ziegeln bedeckt sind. Die
Kirchen sind durchgängig hoch, helle, und an allen Orten schön. Das
Collegium oder die Wohnung des P. Pfarrers, und die Wohnung seines Gehülfen ist sehr bequem, und geräumlich. Es hat einen sehr weiten Hof nebst einer wohlgemachten Gallerey, und besteht aus vier Flü-
geln, und in dem vornehmsten ist das Zimmer des P. Pfarrers, welches sehr schön und mit Stühlen, Schränken, Schreibtischen, und
andern artigen Meublen ausgezieret ist, nebst einer andern Fenster-Thür,
welche in eine andere Gallerie von einem schönen und fruchtbaren Garten
führet, der mit fruchttragenden Bäumen, und allen Arten von Saamen
sowohl aus Europa als auch aus dem Lande selbst angefüllet ist, um den
Geschmack zu vergnügen, und das Auge und die Einbildungskrafft zu
ergötzen, (so denkt man auf das Paradieß!)

In dem großen Hofe selbst sind die obenangezeigten Magazine
von dem Kraute von Paraguay, Zucker, Toback, und andern spanischen und inländischen Waaren, und im innern Gebäude sind andere
weitläuftige Höfe vor Butiquen von Silbersachen, und andern schon
erwehnte Manufacturen, wie auch Behältnisse, wo man Wagen und
Karren verfertiget; ferner sind daselbst vielerley Weberstühle, und Fabriquen zu Hüten, welche man vor keinen Indianer braucht, sondern in den
Städten verkauffet. Es giebt auch daselbst Wollkämmer, Eisenschmie-
de rc. Zinngieser, welche Teller, Schüßeln und alle andere nothwendige
Gefäße machen; und man hält deßwegen daselbst so viele Meister und
Künstler, als man nur in einer großen Stadt in Europa finden kann. Alles
dieses nun stehet, wie ich bereits erinnert habe, unter der genauen Aufsicht
und Verwahrung des P. Pfarrers, der alles wegen des Handels besorget und verwaltet, ohne daß die Indianer das geringste dabey gewinnen,

und

und nichts anders als die Mühe und Arbeit davon haben. (Ey, was vor gute Leute!)

Die Hauptbemühung und sorgfältige Wachsamkeit des P. Pfarrers ist auf die Beförderung dieser Fabriquen und Manufacturen gerichtet; er beobachtet und betrachtet alles genau, was man arbeitet; und nimmt alle Stücken, die man verfertiget, in Empfang, und sorget vor alles, was bey dem Einkauff und Verkauffe vorfället und erfordert wird. Und gleichwie die Mühe dabey groß ist, und einer nicht hinlänglich ist, um auf so viele Sachen achtung zu geben; so dienet ihm bey diesem Amte der P. Gehülfe zu einer großen Erleichterung und Stütze, und einer ist wegen der Beschuldigungen der Nachläßigkeit, der Zerstreuung, oder Unachtsamkeit, die er in Handelssachen, und in der Vermehrung der Einkünfte, und des Nutzens hat, des andern Fiscal; und hierinn besteht wahrhaftig das vornehmste Augenmerk, die Absicht und der Grund der erwehnten Missionen und Missionarien.

Die Indianer dieser Missionen, welche man gemeiniglich Tapesi oder Guarianesi nennet, sind in der Glaubens Lehre und im Christenthum die nachläßigsten und unwissendsten unter allen in jenen Ländern, (wissen sie auch gleich nicht an Gott zu glauben, so wissen sie doch an den P. Pfarrer zu glauben. Ist dieses nicht genug?) denn gleichwie man sie meistentheils, ich will nicht sagen das ganze Jahr hindurch, auf den Bergen bey der Arbeit mit dem Kraut, ingleichem bey dem Bau der großen und kleinen Schiffe; auf den langen Reisen, die sie auf dem Parana und dem Flusse Uraguai, biß an die Städte S. Fede und Buenos-aires, machen, und die oben erzehlten Waaren und Güter hinführen; auf welcher Schiffarth sie viele Monathe zubringen; ingleichem bey den beständigen und langen Märschen, die man mit einem Corps von vier biß fünf tausend bewafneten Indianern anstellt, um ausser der großen Anzahl von Kühen, die sie schon haben, noch mehrere zu fangen; ferner bey dem Schlachten der Ochsen, und bey dem Leder machen, und hin und her lauffen in den weitläuftigen Ländern, die von den hohen Bergen von S. Paolo an biß an die Colonia der Portugiesen diesen auf der andern Seite von Buenos-aires sind, und biß an Maldonado und Castillos an der Küste des Nordmeeres, oder biß an den Ausfluß des Parana fortgehen, und bey andern Diensten abhält; so bleibt den Indianern keine Zeit übrig die Christliche Lehre zu lernen, und haben keine Gelegenheit dieselbe zu bekennen; indem sie kaum so viel Zeit übrig behalten, als zu ihrer Ruhe nöthig ist. (Der P. Pfarrer wird eine solche Unwissenheit als eine große Wohlthat GOttes ansehn: indem sie vermöge derselben von der Gefahr entfernet sind, Jansenisten zu werden.) Und aus dieser Lebens-Art, die sie auf den Bergen, und auf den Feldern in den angezeigten Diensten führen, ohne daß sie die Kirchen besuchen, oder das Wort des Evangelii hören könnten, und aus der Freyheit, Kaltsinnigkeit, und Nachläßigkeit, welche sich in dergleichen Fällen natürlicher Weise auch bey den gesittesten Völkern einschleicht, rühret es her, daß die Zerstreuung diese Indianer dergestalt verderbet, und daß die Laster, die Unflätherey und andere Verbrechen sich in ihren Gemüthern so festsetzen, daß es in der That bejammernswürdig ist mit anzusehen, und ist gewiß niemand, der mit ihnen Umgang hat, und es nicht wissen sollte. Die Jesuiten allein bemühen sich, sie zu loben, und ihnen gewisse Tugenden und Vollkommenheiten zuzuschreiben, die sie niemahls gekannt noch ausgeübt haben, indem sie die besondere Geschicklichkeit besitzen den Jesuiten durch ihre beständigen Arbeiten so viel Nutzen und Gewinnst ein zu bringen. (Dieses ist auch die wahre heldenmäßige Tugend, die viel edler ist als die Liebe gegen Gott.) Mich deucht, ich kann wohl mit Wahrheit sagen, daß ihre Indianer so weit von dem Bekenntniß des Christenthums entfernet sind, als diese Missionen von den wahren und apostolischen Missionen unterschieden sind. (Was thut dieses zur Sache, denn sind es gleich keine apostolischen Missionen, so sind es doch Jesuitische.)

Die Spanier haben keine ärgere Feinde und Verräther als die besagten Indianer in den Missionen; und giebt so viele Exempel der Verrätherey und der Ermordung, welche sie an denen, die sie unbereitet het antreffen, wie auch an den Reisenden ausüben, und die Diebstähle und Gewaltthätigkeiten, die sie an den Einwohnern von Paraguai und von der Stadt de los Corrientes ausüben, sind so häuffig, daß gewiß viel Zeit erfordert würde ihre Boßheit und Grausamkeit zu erzehlen. Jedoch sind diese Dinge allen Spaniern in jenem Lande so bekannt, daß der allgemeine Begriff, der Haß und das Entsetzen, welches sie vor den bemeldten Indianern haben, die Erzehlung ersetzet, die ich über diesen Punct machen könnte, und jetzt nur dieses noch hinzusetzen will, daß sie in der Zeit, als ich in jenem Lande gewesen bin, gegen die Spanier drey oder vier Dinge von der größten Grausamkeit, Verwegenheit, und Strenge ausgeübet haben. (11)

Eben so giebt es auch in diesen Festungen der Jesuiten viele Indianer, welche entweder wegen allzu schwerer Arbeit, die sie vor die Patres verrichten müssen, oder aus eigener und natürlicher Boßheit aus den erwehnten Festungen entlauffen, und gemeiniglich Weiber und Pferde mit sich nehmen, die sie aus den Bauerhöfen stehlen können, und sich in die dicken Wälder der Berge begeben, welche sich in den unbewohnten Gegenden der Stadt de los Corrientes auf dem Wege nach S. Fede zu befinden, und ihre ganze Lebenszeit daselbst bleiben, wie die Heyden leben, und den Spaniern so viel Schaden und Abbruch thun, als sie können; indem sie bewafnet auf allen Feldern und Strassen herum lauffen, und alle, die sie wehrloß antreffen, umbringen, und die Bauerhöfe und das Vieh der Spanier verderben und fortschleppen, weil sie bey ihrer großen Menge verwegen und grausam sind, welches die rechte Eigenschafft und die Tapferkeit der Furchtsamen ist.

Und obgleich in den drey Provinzen einige Indianer Guaraniesi sind, die von den Missionen als ihrem Vaterlande entlauffen sind, und

Hh 3 den

---

(11) Die Patres von der Gesellschafft lernen diesen Völkern, wie man siehet, nicht den Christlichen Catechismus; und die hintergangenen Könige von Spanien, welche durch Abschickung solcher Missionarien nach Paraguai christliche Unterthanen zu erhalten glauben, bekommen eben so viele Rebellen, eben so viele Feinde, und eben so viele Verfolger.

den Spaniern dienen; so wollen diese doch nicht bekennen, daß sie aus den erwehnten Doctrinen herkommen, und sagen nur so viel, daß sie aus Paraguai sind, (wie ich selbst in S. Fede und Cordoba erfahren habe) indem sie wohl wissen, wie schlecht jene angeschrieben stehen; und obgleich die Spanier diese List und Betrügerey einsehen, so dulden sie dieselben doch, und erhalten sie so lange, biß sie ihnen zuletzt den Dank davor geben, die Flucht ergreiffen, und soviel als sie können entwenden, und gar oft ihren eigenen Herren umbringen. (In diesem Stücke bezeigen sie sich allerdings als rechte Schüler der Jesuiten.)

Es leben aber nicht allein eine große Menge von diesen Indianern in dem Unglauben, sondern sie vermischen sich auch, und machen Bündnisse mit den ungläubigen Charvanesi, wie ich selbst gesehen habe, und mit den Payaguesi, welchen sie immer neue Boßheiten lernen, (auch diese Indianer selbst treiben die Mission, wie ihre PP. Pfarrer) und verführen sie zu neuen Unternehmungen wider die Christen, wie ich ebenfalls gesehen habe, und gewiß weiß, und dahero allerdings glaube, daß diese bekannte Wahrheit in diesem Falle vieles dazu beytragen könne, um die böse Gesinnung dieser Leute daraus zu beweisen, und zu zeigen, wie wenig sie in unserm H. catholischen Glauben gegründet sind. Hingegen hat man kein Exempel eines Indianers von denen in Paraguai, die unter der Auffsicht ihrer Priester und Religiosen des H. Franciscus leben, daß sie dergleichen Dinge ausgeübet hätten, (der Catechismus der Priester und Franciscaner ist freylich sehr unterschieden von dem Unterrichte der PP. Jesuiten,) indem zwar einige von denen, die auf Schiffen von Paraguai zu Bootsknechten herunter kommen gegen die Stadt von S. Fede und Buenosaires entlauffen, aber es ist doch keiner, der in die Wälder fliehet, ob sie es gleich sehr leichte thun könnten, und lieber das spanische Gebiete suchet, und darinn treu dienet, in bewohnten Ländern lebet, und unsere heilige Religion so eifrig und beständig bekennet, daß es tröstlich anzusehen ist, und von dem guten Unterricht ihrer Pfarrer deutlich zeuget. Und obgleich alle Indianer von Paraguai redlich und gut gesinnet sind, und

dem

dem Könige sowohl bey den Streiffereyen zu Lande als auch bey dem beständigen Rudern, auf den Schiffen, welche die Ufer des Flußes rein halten, und den Feind verfolgen, vortrefliche Dienste leisten; so kann ich doch nicht unterlassen der Indianer in dem Orte oder Doctrina de Yta, welche der Aufsicht der Religiosen vom H. Franciscus anvertrauet ist, noch besonders zu erwehnen, indem sie so eifrige und getreue Gehülfen der Spanier in der Gefahr des Krieges sind, und solche lobenswürdige Handlungen verrichten; und eine so seltene Beständigkeit in dem Vertrauen, so man auf sie setzet, beobachten, daß sie mit allem Recht diejenige Hochachtung verdienen, die man gegen sie hat, obgleich dieser und andere Orte, oder Festungen, welche den erwehnten Religiosen und Priestern anvertrauet sind, durch die vielen Dienste und schweren Arbeiten ganz geschwächet und ausgesogen sind, welches überhaupt ein großer Schade ist, den die Provinz Paraguai und die Kaufleute daselbst leiden.

Von den dreyßig Festungen, welche die Jesuiten in ihren Missionen mit so vielen Indianern besetzt haben, ist nur ein Theil von den Einwohnern der Festung von S. Ignatio Guazu als eine Commende den Einwohnern von Paraguai gegeben worden, und gehorchen, wiewohl mit vieler Mühe ihren Commendatoren; und wenn die Patres wollen, so heben sie eine solche Commende gänzlich auf, und die Commendatoren sind ihrem Dienste unterworfen, wie es in den letztern Jahren geschehen ist; und es ist von allen andern Festungen, die sie besitzen, keine einzige, welche mit einem Indianer, weder als eine Commende, noch auch zum Dienste des Königes und der Provinz Gemeinschafft habe. Und ob man gleich die drey Festungen von S. Rosa, S. Maria, oder U. L. F. della Fede, und von S. Giacomo, welche die nächsten an Paraguai sind, vor Alters als eine Commende gegeben hat; so wird es doch gegenwärtig nicht mehr so gehalten, und man hat verschiedene Verordnungen Sr. Majestät gar nicht vollzogen, in welchen anbefohlen war, daß man die Indianer in den Missionen aufzeichnen, und daß man eine hinlängliche Anzahl derselben als eine Commende den wohlverdienten
Einwoh-

248

Einwohnern von Paraguai geben, und daß sie Sr. Majestät einen Tribut bezahlen sollten. Ein Verzeichniß, welches der Gouverneur Don Diego de los Reies verfertiget hatte, ist nach dem Geschmack der Jesuiten so unbillig und mangelhafft, daß es allerdings betrübt ist, wenn man die wenige Treue, und Redlichkeit sehen muß, welche die Minister beobachten, so die ungerechten Absichten zum Nachtheil ihrer Verbindlichkeit und des Gewissens befördern.

Ich habe bereits erinnert, daß Sr. Majestät mit nachdrücklichen Worten und Befehlen angeordnet hat, daß die besagten Indianer den Tribut bezahlen sollen. Allein gleichwie aus der schuldigen Vollziehung dieses Befehls die wahre Anzahl der Indianer würde seyn entdeckt worden; und gleichwie sich darnach die großen Einkünfte eines solchen Tributs hätten verhalten müßen, und dieses mit dem Interesse und dem Nutzen der Jesuiten nicht übereinstimmte, und sich deßwegen heftig widersetzten; so erhielten sie sehr leicht, daß der erwehnte Gouverneur in die Mißionen kam, um den Befehl Sr. Majestät zu vollziehen, und alsdann wusten sich die besagten Patres so bey ihm einzuschmeicheln, daß er nichts anders thun konnte, als dasjenige blindlings zu vollziehen, was sie ihm sagten, und sich bey der Musterung der Indianer begnügte, diejenigen zu zehlen, welche die Patres wollten und aufschrieben, und nicht diese mit rechneten, die er doch selbst gesehen hatte.

Diese Art zu verfahren hat man hernach bey vielen folgenden Gouverneurs in Paraguai beybehalten; und ich glaube, daß es im ganzen Reiche gemeiniglich in solchen Dingen geschicht, welche die Jesuiten betreffen; und es ist kein Gouverneur noch Richter, welcher das Herz habe, in solchen Sachen aufrichtig und unpartheyisch zu verfahren, weil sie sich alle vor der erschrecklichen Gefahr fürchten, sie zu Feinden oder Anklägern zu haben. (12) Insonderheit aber ist in den drey

---

(12) Der Verfasser berühret hier einen starken und in der Wahrheit gegründeten Punct. Wer einen unaufhörlichen Schaden haben will, der rede nur aufrichtig wider die Jesuiten. Der einzige König von Portugall hat seine Minister von dieser grausamen Marter des Geistes befreyet.

drey Provinzen von Paraguai, Buenos-aires, und Tucuman die Herrschaft der Jesuiten auf einen ausserordentlich hohen Grad gestiegen; und dahero rühret es auch, daß die Gouverneurs, Räthe und Richter schweigen, wenn sie reden sollten, ja sie geben wohl gar den Jesuiten alle nur mögliche Nachrichten, und machen die gerichtlichen Acten auf die Weise, wie es diese verlangen, ob sie gleich von der Wahrheit weit entfernet oder derselben gar entgegen sind. (13)

Eine von den wahren Ursachen, woher der schlechte Unterricht, welchen die Indianer in diesen Missionen haben, und der geringe Wachsthum, welchen sie im Christenthum zeigen, entstehet, lieget gewiß darinn, daß man gemeiniglich Personen aus Spanien zu Pfarrern in jenen Missionen bestimmt, welche dahin als schon geweyhete Priester gehen, und also niemahls die Guaranische Sprache mit mäßiger Vollkommenheit reden können, indem diese Sprache so viele und so schwere Worte hat, welche durch den Halß gesprochen werden, und derjenige allein gut aussprechen kann, der in dem Lande gebohren ist, wo man eine solche Sprache redet; und ob gleich diese Sprache in ganz Paraguai allgemein ist, so bekennen doch selbst ursprüngliche Einwohner, daß sie viele Worte nicht so vollkommen als die Indianer aussprechen können, und daß die Worte nach der geringsten Veränderung in der Aussprache in der Bedeutung gleich gar sehr unterschieden sind. Ist nun die Aussprache den Spaniern so schwer zu lernen, wie vielmehr wird es den Teutschen, Italiänern, Niederländern, Irrländern, und Franzo-

---

(13) Hier ist nun der lächerliche Beweiß auf einmahl wiederleget, dessen sich der P. Zaccaria bedienet, (im 1. Th. der Jesuitischen Schutzschriften, S. die Vorrede zu dem 2. B. der Sammlung) um die Jesuiten wegen der in jenem Lande gegen die Crone von Spanien ausgeübten gewaltthätigen Eroberungen zu rechtfertigen. Die Fürsten werden niemahls aufrichtige Berichte von ihren Ministern erhalten, so lange die Jesuiten an den Höfen noch eine große Macht haben werden.

Franzosen seyn, von welchen doch die Missionen ganz voll sind, und von welchen viele das Amt eines Pfarrers verrichten? Folglich wenn nun der größte Theil derselben, nach dem sie auch in den Collegien von Spanien Studenten gewesen sind, und nach dem sie in dieses Reich mit jesuitischen Procuratoren, und spanischen Gehülfen kommen, und sich in diesen Collegien aufhalten, wo man nichts als spanisch redet, es doch nicht anders aussprechen können, als mit gewissen merklichen Fehlern, welche die Zuhörer zum Lachen bewegen; wie werden nun dergleichen Personen in der erwehnten Guaranischen Sprache fortkommen, welche ungleich schwerer ist, und vor die Europäer einen so wunderlichen Accent hat? Und was wird bey denen geschehen, welche man in einem Alter von dreyßig oder vierzig Jahren ganz unvermuthet aus Norden kommen lässet, und sie ebenfalls so nach Spanien und Paraguai schicket, und sie daselbst zu Pfarrern setzet, wie man es allezeit machet, und insonderheit gegenwärtig mit denen geschehen ist, die nach dem letzten Verzeichniß vom April des vergangenen Jahres zu Buenos-aires angelangt sind? Gesetzt nun die Indianer in den besagten Festungen haben einen Zweifel, oder verstehen dasjenige nicht, was ihnen der Pfarrer sagt, und können sich nicht von dem Pfarrer unterrichten lassen, wohin sollen sie ihre Zuflucht nehmen? Sie haben keine Gemeinschafft mit andern Priestern oder Spaniern, als mit dem Pfarrer und seinen Gehülfen, und dem P. Provinzial und Superior, wenn er sie besuchet, indem ja sogar den Indianern die Gemeinschafft mit einer andern Festung aufs schärffste verboten, und nur dahin gehen, wenn sie von den Pfarrern geschickt oder gerufen werden. Es wird gewiß kein Indianer, ob er gleich die Fehler weiß, das Herz haben seinen Pfarrer, vor dessen Gegenwart sie alle zittern, eines bessern zu belehren, indem es ihrer Neigung viel gemäßer ist, sich in der Unwissenheit und in dem wilden Wesen zu erhalten, als welche die Dinge sind, wozu sie die meiste Lust haben, und wobey sie nicht Gefahr lauffen, eine gewisse und schleunige Strafe zu leiden.

Alles

Alles dieses, was ich oben schon gesaget habe, geschicht mit einer solchen Beständigkeit, daß es die Erfahrung täglich in Spanien und Lima bestätiget, woselbst viele Frembde auf lange Zeit sich niederlassen, und niemahls anders als mit großer Mühe das spanische Reden lernen, und wenn sie auch noch so geschickte, gelehrte, und angesehene Personen sind. Was werden also die fremden Patres ausrichten, die man bloß zur Belehrung einfältiger Indianer von so wunderlichen Nationen abschickt, mit denen sie keinen Umgang haben können, noch mit ihnen jemahls reden, auffer wenn sie ihnen dasjenige befehlen und auflegen, was nöthig ist? Und gesetzt auch die Jesuiten sagen, daß sie die Guaranische Sprache durch die Kunst und nach einem Wörterbuch lernen, welches sie in den Missionen gedruckt haben; so werden doch alle unpartheyische und verständige Leute die große Schwürigkeit oder Unmöglichkeit einsehen, daß man eine Sprache und wenn sie auch die leichteste wäre, bloß mit Hülfe eines guten Wörterbuchs verstehen, und vollkommen reden zu lernen nicht vermögend ist. Nun überlege man also, was bey der guaranischen Sprache wird geschehen können.

Gleichwie aber der gröste Theil der PP. Pfarrer dieser Missionen Ausländer sind, welche unserer spanischen Nation im Herzen gram sind; so entsteht hieraus die Verachtung, welche sie gegen unsere Sachen erwecken, und die große Bemühung, die sie anwenden, um uns bey den Indianern verhaßt zu machen, denen die erwehnten Patres einen solchen Abscheu gegen den spanischen Nahmen beybringen, wie es in jenen Gegenden ganz bekandt ist, und ich auch selbst nicht glauben würde, wofern ich es nicht gewiß wüste, indem ich von den Jesuiten daselbst viele Dinge gehöret habe, die wider alle Vernunft und Ehrbarkeit sind.

Hierzu kommt noch dieses, daß die meisten von diesen fremden Pfarrern von gemeiner Herkunfft und rauher Lebensart sind, und eher Soldaten als Religiosen, und eher Kaufleute als Jesuiten vorstellen,

ken, (14) und auch so gar diejenigen, welche aus Spanien gebürtig sind, und eben solche Gesinnungen haben, sind unter ihnen die angesehensten und vorzüglichsten.

Der Befehl Sr. Majestät, nach welchem verboten ist, daß keine fremden und ausländischen Jesuiten nach Indien gehen sollen, ist niemahls beobachtet worden, (15) und man hat es hernach vielmehr ärger gemacht, indem bey der letztern Mission, welche die PP. Procuratores Hieronymus Ran und Joh. de Arzola im vergangenen Jahre gebracht haben, von 69. oder 70. Personen über 50. Ausländer, und nur allein aus den Provinzen von Deutschland 20. Personen gewesen sind, wie mir einer von ihnen zu Cordoba aufrichtig bekannt hat, der zum Apotheker in jenem Collegio bestimt war, und daß der größte Theil derselben nichts anders als Gehülfen, gute Meister und Künstler in Silber Eisen, und Holz-Arbeit sind, und in vielen andern Handwerken und mechanischen Künsten erfahren sind, womit sie sich gleich von dem ersten Tage an, als sie einen Fuß in die Missionen setzen beschäfftigen, und die geschicktesten Indianer unterrichten müssen, damit sie alle die erwehnten Künste, auf welche man den größten Fleiß wendet, lernen mögen.

Ob es nun gleich vielen von diesen fremden Personen sehr seltsam vorkommt, und ihnen höchst mißfällig ist, wenn sie sehen müssen, daß man sie aus so weit entfernten Ländern bloß dahin gebracht habe, um den Indianern die erwehnten Künste zu lernen, und daß dadurch der Beruf, den sie hatten, in dem Amte einer wahren und eifrigen Mission zu dienen, ganz eitel und vergeblich seye; dem ungeachtet, weil sie

---

(14) Rein, Kaufmann und Jesuitischer Missionarius ist einerley. Man kann gar nicht mehr daran zweifeln.

(15) Der Befehl Seiner Catholischen Majestät kann nach dem System und den Absichten der Jesuiten nicht vollzogen werden. Wenn man den Indianern einen tödlichen Haß wider die spanische Nation beybringen will, so muß man nur ausländische Jesuiten dahin schicken.

sie sich durch diesen seltsamen Streich in einer Einsamkeit befinden, wo sie sowohl wegen der weiten Entfernung, als auch wegen der darzwischen liegenden wüsten Länder unmöglich wegkommen können, haben sie niemand, gegen den sie sich beklagen, noch zu dem sie sich wenden können, indem die Patres selbst, die ihnen helfen könnten, diejenigen sind, die sie zu dem Ende herein führen, und ihnen die wahre Absicht verhelen, wozu man sie bestimmt hat. Sie sehen sich also mit Gewalt verbunden zu schweigen, und durch vorsetzliche Bezwingung ihrer natürlichen Neigung und Gewissens, und unter Anrufung des wahren GOttes wegen der Bedrückung, die sie erfahren, und wegen der gewaltsamen und listigen Sclaverey, in welche sie versetzet sind, zu gehorchen. (Diese verfluchen gewiß die Stunde, in welcher sie sich haben von den Jesuiten hintergehen lassen.)

Es ist nicht nöthig, daß ich hier dasjenige, was ich von einigen derselben gehöret habe, noch auch die vielen würklichen Fälle, noch die Folgen oder andere Gründe weitläuftig erzehle, indem es gewiß ist, und jedermann weiß, daß die erwehnten Personen in den Missionen ihr ganzes Leben hindurch in den Werkstätten und Fabriquen arbeiten müssen; und also nicht glaublich ist, daß sie nach empfangenem Ordens-Kleide in ihren Ländern ihr Vaterland verlassen würden, um unter der Benennung der Missionarien dahin zu gehen, und persöhnlich mit den Werkzeugen zu arbeiten, deren sie sich bedienten, da sie noch ausser dem Orden waren, und ohne daß man ihnen vor die beständige Arbeit, und mühsamen Fleiß einige Hülfe, oder Bezahlung, oder die geringste Vergeltung leistet. Dahero kann man ganz sicher schlüßen, daß das Mißvergnügen wahr ist, welches sie empfinden, wenn sie sich zu den besagten Künsten oder Handwerkern bequemen müßen, oder daß der Beruf, den sie als Missionarien zu haben glaubten, nicht wahr und gewiß gewesen ist.

Eben diese Verwandelung erfolget auch bey den andern Religiosen, die sie aus Europa als Studenten, oder als Priester dahin ziehen, indem sie sich ebenfalls in der grösten Verwirrung befinden, und sich von den reinen Einwilligungen ihrer Neigung und ihres Gemüths ent-

fernet

fernet sehen; und sich auf solche Dienste legen müssen, die von denjenigen ganz unterschieden sind, die sie mit einem festen Entschluß, und aus einem wahren Eifer gefaßt hatten, den Ungläubigen zu predigen, und das H. Evangelium mit dem Munde und mit ihrem Wandel (16) in verschiedene Länder zu tragen, und alles dasjenige zu fliehen, was einige Verbindung mit der Erlangung menschlicher Vortheile, und mit den Gedanken von Contracten und Handel haben konnte, und nur darnach zu trachten, was zur Bekehrung der Seelen zu ihrem Schöpffer gehörte, um dadurch das Paradieß zu vermehren, und mit dem Blute eines Märtyrer Todes einen so würdigen und apostolischen Lauf zu vollenden.

Dieses ist gewiß die Absicht, welche die erwehnten Patres bey ihrer Einschiffung haben, und was wir wenigstens glauben müßen, und die hochehrwürdigen Patres bekannt machen, und in ihren öffentlichen Reden bezeugen, die sie bey ihrer Ankunft in Cadix, und sonderlich an dem Tage halten, da sie sich bey einer zahlreichen Versammlung des Volks zu Schiffe begeben. Ich habe selbst gesehen, wie viele Männer und andächtige Weiber die zärtlichsten Thränen geweinet, und sie biß an den Hafen begleitet, und ihnen mit den Worten: ihr Söhne meines Herzens, und Märtyrer Jesu Christi, und mit andern heylichen Ausdrücken unsers catholischen Glaubens zugerufen haben; weil sie alle in Spanien glauben, daß die erwehnten Patres bloß nach Indien gehen, um Märtyrer und Missionarien zu seyn.

Uber dieses ist es auch ganz gewiß, daß kein jesuitischer Priester und Arbeiter in einem Collegio in Spanien, oder in andern Theilen von Europa sein Vaterland, seine Anverwandten, und seine Mitschüler verlassen, und sich in die große Gefahr auf dem Meere begeben würde, um

---

(16) Die armen Leute! Sie wusten nicht, daß das Evangelium der jesuitischen Missionarien von dem Evangelio Christi unterschieden ist, und daß es die Regel enthält, welche der H. Matthäus noch als Zöllner aufgeschrieben hat.

um nur als Gehülfe und Mitarbeiter in ein Collegium dieser Reiche zu kommen; indem sie ja durch Beichten in den Kirchen der Städte, und durch predigen oder Studiren und Lehren auf dem Catheder eben dieses mit einem größern Vergnügen und mehrerm Ansehn verrichten, und in den berühmten Städten und auf den Universitäten ihres Vaterlandes erlangen könnten, indem die Jesuiten in diesen Aemtern viele unterhalten, welche sich in ihrem ganzen Leben nicht mit den Missionen beschäftigen, und sie nicht anders als dem Nahmen nach kennen. Diese so eingewurzelte und feste Meinung, welche man in Europa und in vielen Theilen dieses Reichs hat, daß alle Jesuiten hieher kommen, um vollkommene Missionarien und eifrige Märtyrer zu seyn, setzet ein wahres catholisches Herz in eine so schmerzliche Betrübniß, daß es keine Überlegung noch Deutlichkeit finden kann, welche durch einen Trost die große Unruhe und Bekümmerniß, darinn es sich befindet, zerstreuen könnte.

Suchten die Patres der Gesellschaft nicht durch ihre heftigen Bemühungen ihre eigene unmäßige Bequemlichkeit und Vortheile zu befördern; und hätten sie die größere Ehre GOttes, und das Bekenntniß und die Beobachtung ihrer H. Ordens-Regeln zur Absicht; so würden sie in diesen drey Provinzen einheimische Personen, und gelehrte, fromme und tugendhafte Männer genug finden, welche geschickt wären, diesen Collegien vorzustehen, und die besagten Doctrinen zu versorgen, und alle Pflichten ihrer Regel zu erfüllen; indem ich zur Ehre der Wahrheit bekennen muß, daß sie viele würdige Mitglieder ihres Ordens haben, welche von spanischen Eltern in Indien gebohren sind. Allein gleichwie man bey diesen nicht eine starke, unverschämte, und verwegene Begierde findet, ungerechte, und den H. Regeln ihres Ordens und der Missionen gerade entgegenstehende Dinge zu unternehmen und auszuführen, und ihnen ferner die Treulosigkeit und Verwegenheit fehlet, die Pflichten und die Ungerechtigkeiten mit einander zu verwirren, oder nicht zu überlegen, ob ihre Schritte und Handlungen gut oder böse sind; so haben die Superioren um deßwillen wenig Hochachtung vor sie, und schließen sie von der Regierung und von den Prälaturen aus, welches Verfahren gewiß sehr

strafbar

strafbar ist, und mit derjenigen Politik gar nicht übereinstimmt, welche die Jesuiten sonst zu beobachten pflegen, um den Fehler der Partheylichkeit und Unterscheidung der Nationen zu verbergen; und die Regierung bey ihnen befindet sich nicht in den Händen derer in Paraguai gebohrnen, sondern der Spanischen, und anderer, vornehmlich der teutschen Jesuiten. Diese letztern sind in so großer Anzahl daselbst, daß ob gleich der meiste Theil derselben geringere Gaben hat, als zur Erbauung der Gläubigen erfordert werden, wenn man auch dieses nicht siehet, was ihnen in diesem Stücke fehlet, und nur die großen Vortheile betrachtet, welche sie den andern in Ansehung der Vermehrung ihres Vermögens, ihres Interesses, Handels, und Manufacturen verschaffen. (Alle Psalmen endigen sich bey ihnen in Gloria.)

Die Pfarrer dieser Doctrinen und die andern Jesuiten daselbst verrichten keinesweges das Amt der Missionarien in den angränzenden Gegenden und Ländern, ob gleich viele ungläubige Indianer alda sich aufhalten, und sie gehen niemahls aus, das Evangelium nach Maaßgebung dessen zu predigen, was ihnen von den Päpsten (17) und Concilien anbefohlen ist; sondern sie thun vielmehr alles, was die Bekehrung derselben verhindern kann. Uber dieses ist der Abscheu, welche die erwehnten Ungläubigen vor die Jesuiten haben, so groß, daß sie von den Christen ein übles Urtheil fällen, und sich immer mehr wegen der Ungerechtigkeiten und Gewaltthätigkeiten, welche die erwehnten Patres gegen sie brauchen, wider unsere H. Religion verhärten. (18) Denn wenn die Leute von der Caruanesischen Nation ruhig und stille in ihrem

Lande

---

(17) Die Jesuiten sind schon zu frieden, daß sie von den Päpsten eine große Menge von Privilegien unter dem Titul der Missionen erhalten haben. Da sie dieselben nunmehro besitzen, so ist die Verkündigung des Evangelii überflüßig.

(18) Dieses sind aber die rechten Bekehrungen, welche diese neumodischen Apostel in jenen Gegenden machen. Hätte man dem H. Bischoff Palafox zu seiner Zeit in Madrid und Rom Gehör gegeben; so würde Spanien weniger Rebellen, und Rom weniger Feinde haben.

Lande und Wohnungen gewesen sind, und den Jesuiten, weder an ihren Doctrinen noch Indianern den geringsten Schaden gethan haben; so sind die Patres zu verschiedenen mahlen mit den Armeen ihrer Guaraneser als Generals zu Felde gezogen, (die Wahrheit sieget in dem Munde des Verfassers des Anhangs,) und sind unvermuthet mit Gewalt der Waffen in das innerste Gebiete dieser Ungläubigen eingedrungen, und haben alles so viel möglich verheeret, ihnen Weiber und Kinder entführet, und mit ihnen viele blutige Schlachten gehalten; obgleich allezeit, oder das meistemahl zum Vortheil der Caruaneser, ungeachtet diese an der Zahl viel geringer, als die von den Jesuiten angeführte Guaraneser gewesen sind.

Eben so machen es die erwehnten Patres mit den Nationen Minuanesi, Boranesi, mit den Indianern Montesi, Torumani, und mit den Papaguesi, welche auf dem Flusse mit gewissen geschwinden Barken fechten. Diese letztere Nation ist wegen ihrer Stärke unüberwindlich, und lebet mit den Jesuiten in einer so großen Feindschafft, daß unerachtet sie mit der Provinz Paraguai im Friede leben, so wollen sie doch weder mit den Jesuiten noch mit ihren Indianern wegen des beträchtlichen Schadens, den sie ihnen zugefüget haben, Friede machen. Ich habe im Anfange des Jahrs 1729. einen Brief von dem P. Superior der Doctrinen, an den P. Rector des Collegii von Paraguai gesehen, worinn er berichtet, daß die besagten Papaguesi in der Doctrina de Itaqua, welche der Hafen von Parana ist, sechs Indianer getödtet hatten, und daß sie zu Ende des Jahrs 1728. und zu Anfange des Jahrs 1729. ein kleines Fahrzeug verbrannt, und bey zwoen andern Gelegenheiten verschiedene Feindseligkeiten ausgeübet hätten.

Die Jesuiten erregen nicht nur eigenmächtig und ohne Erlaubniß Sr. Maj. und seiner Gouverneurs wider alle Ungläubigen den Krieg, (19)
sondern

---

(19) Die guten Patres, welche nach ihrer Theologie die christl. Könige tödten können, dürfen sich auch kein Bedenken machen, die Waffen wider die Ungläubigen zu ergreifen.

sondern sie wiegeln auch noch die Minister und andere Spanier dazu auf, daß sie ihnen in diesen Verrichtungen beystehen, und mithelfen, die besagten Indianer durch offenbahre Gewalt, oder Verrätherey zu vertilgen, wie es im Jahr 1717. mit dem Don Diego de los Reies dem Gouverneur in Paraguai ergangen ist, da sich verschiedene Zelter oder Hütten der Indianer Payagueſi an dem Ufer des Flußes nahe bey der Stadt dell' Aſſunzione befanden, welche guten Frieden und Handel mit den Spaniern hatten, und ihm darauf die Jesuiten den Rath gaben, alle Soldaten unvermuthet auszuschicken, und die besagten Indianer anzugreiffen. (Was vor eine leichte und artige Theologie haben doch unsere lieben Patres!) Der Gouverneur Don Diego de los Reies nahm diesen Rath mit einer so großen Uebereilung und Grausamkeit an, daß, als er die Soldaten und Officier hatte lassen zusammen kommen, er ihnen die Ursache hiervon boßhafter Weise verborgen hielt, und nicht eher als eine Stunde vor dem Angriffe entdeckte. Da nun die erwehnten Payagueſi nebst ihren Weibern und Kindern ohne Sorgen und unter der Versicherung und dem Worte, welches man ihnen im Nahmen des Königes gegeben hatte, daselbst lebten, und sich von ungefehr auf diese Seiten begaben; so sahen sie sich plötzlich bey Anbruch des Tages von einer großen Anzahl bewafneter Soldaten zu Wasser und zu Lande umringet, und weil sie wegen der Flinten-Schüsse und wegen der Todten, die man bey ihnen machte, voller Furcht aus ihren Zelten und Hütten heraus liefen, so suchten sie das Wasser und die Berge zu erreichen, indem alle diejenigen, welche sich wehren wollten, von der Menge der Soldaten getödtet wurden. Die Weiber der Payagueſi nahmen in der größten Angst ihre zarten und unschuldigen Kinder auf den Arm, und wurfen sich plötzlich in den Fluß, der sehr tief ist, und viele kamen bey dem beschwerlichen Schwimmen um, da sie ihren Kindern das Leben hatten erretten wollen. (Alsdann haben gewiß die heiligen Missionarien nach Europa geschrieben, daß sie eine große Anzahl der Heyden getauffet. Es war aber eine Tauffe durch das Untertauchen.) Das Ende

de dieser Strenge und Grausamkeit war dieses, daß als die unglücklichen Weiber, und betrübten Mütter in der grösten Verwirrung dastunden, die Soldaten zu Lande häufig auf sie Feuer gaben; und zu gleicher Zeit die Soldaten, welche ihnen zu dem Ende auf den Schiffen zuvorgekommen waren, dieselben durch rudern verfolgten, und so viele von diesen unglücklichen Personen, als sie erreichen konnten, tödteten. Und obgleich bey dieser grausamen Unternehmung viele kriegerische Indianer Papaguesi umkamen, so war doch die Anzahl der Weiber und unschuldigen Kinder, die sich ersäuften, oder erschossen und erstochen wurden, viel grösser; gewiß eine so schreckliche und betrübte und nach allen ihren Umständen so gottlose und abscheuliche That, daß auch das Gedächtniß bey der Einnerung einer so niederträchtigen Handlung beleidiget wird, und daß man hierbey diese catholische Betrachtung anstellen muß, daß unsere spanische Nation einen grossen Schandflecken dadurch erhalten habe, und daß es gewiß dieses seye, was uns mit Recht den Zorn des Himmels zugezogen habe.

Diese unmenschliche Unternehmung oder besser zu reden unser Unglück, welches ich nur ganz kurz erzehlet, und viele Umstände weggelassen habe, um in der Erzehlung nicht weitläuftig zu werden, ist so gewiß, und jedermann so bekandt, daß auch die besten Freunde der Jesuiten dieselbe beweinen und beklagen. Dem ungeachtet haben die hochehrwürdigen Patres diese That nicht nur verhelen wollen, sondern sie haben dieselbe unserm catholischen Monarchen, und seinem königl. Rathe von Indien so verändert und verkehrt vorgestellt, daß man eine königliche Verordnung schickte, und darinn alles dasjenige billigte, was der Don Diego de los Reies gethan hatte. (20) Dieser Gouverneur,

---

(20) Wo ist nun jener fanatische Zaccaria, jener würdige Jesuit, der da verdiente als Missionarius nach Paraquai geschickt zu werden, um daselbst eine grosse Figur zu machen? Er lese nur, was hier stehet, und schäme sich doch seines Geschwäsches, was er im 1. Theil der apologetischen Briefe geschrieben hat.

neur, den man wegen dieser und anderer Thaten und ungerechten und verwegenen Handlungen bey seiner Regierung hätte gehörig bestrafen sollen, damit die Gerechtigkeit Genugthuung erhalten hätte, und sein grausames Verfahren wäre verhindert worden, wurde von den erwehnten Religiosen so sehr geliebkoset, daß er eben die vornehmste Ursache u den gerechten Klagen der Einwohner von Paraguai, und die erste Gelegenheit zu den Unruhen dieser Provinz gegeben hat. (21)

Nach dieser erwehnten Schlacht fiengen die Soldaten ungefehr 60. Weiber und Mägdlein der Payagueser, welche sich zwischen dem Gebüsche und Gräben des Flußes versteckt hatten; der Gouverneur Don Diego de los Reies übergab sie alle den Jesuiten, welche sie wider ihren Willen und mit Gewalt in ihre Doctrinen schickten, ohne daß sie dieselben jemahls wieder haben hergeben wollen, worüber sich die Payagueser erstaunlich betrübet haben, wie sie mir selbst mehr als einmahl in der Stadt dell' Assunzione gesagt haben.

Hieraus entstund hernach der grausame Krieg, welchen die besagten Payaguest wider die Provinz Paraguai führeten, woselbst sie viele Mordthaten und Feindseligkeiten ausübten. Sie führten diesen Krieg insonderheit wider die Jesuiten, und wider ihre Indianer Guaraniest, weil sie wusten, daß Don Diego de los Reies es nur den Jesuiten zu gefallen gethan hatte, und weil sie gehöret hatten, daß man die erwehnten Weiber, die zur Beute geblieben waren, mit Gewalt in die Doctrinen geführet hatte. Uber dieses geriethen die Indianer in einen tödlichen Haß, oder wurden vielmehr von dem Allerhöchsten als Diener seiner Gerechtigkeit gebraucht, und tödteten innerhalb wenig Monathen den P. Blassus de Silva den Vetter von der Frau des Gouverneurs, und Exprovincial der Gesellschafft, und wie auch den P. Matthäus Sanchez, welcher Rector war in dem Collegio der Stadt dell' Assunzione,

---

(21) Wehe dem Lande, welches das Unglück hat, von den Jesuiten abzuhangen.

tione, und den P. Joseph Mazon den Pfarrer des Orts von S. Jgnatio de Guazu, und den Coadjutor Barthol. de Niebla, welche die erste gewesen waren, die durch ihre Vorstellung, und Anschlag den Don Diego de los Reies bewogen hatten, die Ermordung der besagten Indianer zu vollziehen. Sie verübten diese Mordthaten, da die bemeldten Patres über den Parana auf verschiedenen Fahrzeugen mit Waaren beladen schifften, die sie in die Stadt S. Febe zu verkauffen brachten, und auch auf dem Wege waren, ihre Gelübde in der Congregation zu Cordoba abzulegen. Die besagten Papaguesi tödteten auch verschiedene Spanier, die mit den Jesuiten giengen, und machten andere zu Gefangenen, und brachten alle Indianer Guaraniesi oder Tapesi um, die sie erstlich mit sich fortführten, und etwas seltenes war, wenn einer wieder entwischen konnte. Uber dieses so leben sie noch biß auf den heutigen Tag mit den Jesuiten und ihren Indianern in Feindschafft, ob sie gleich mit den Spaniern im Friede leben, und offt herunter kommen in der Stadt dell'Assunzione zu handeln, wie ich sie vielmahls selbst gesehen, mit ihnen gesprochen, und in meinem Hause mit den Papaguesi Umgang gehabt habe.

Vor acht oder neun Jahren brauchten die P. Joseph Pons und der P. Felice Villa Garcia eine gewiße List, und brachten aus verschiedenen Bergen über 400. Familien der Indianer Tarumani oder Montesi heraus, und als sie dieselben wider ihren Willen auf die Festung von S. Maria oder U. L. F. della Fede geführet hatten, und diese Indianer das üble Betragen, und die Strenge der erwehnten Jesuiten erkannten; so liefen die meisten davon, und leben nunmehro wieder bey ihren Landsleuten, und wollen weder den Nahmen der Jesuiten noch der Christen mehr hören. Diese Eroberung nun, welche von so kurzer Dauer war, ist doch, so viel ich weiß, von den Jesuiten gar sehr erhoben, und in Madrit und Rom sehr wohl aufgenommen worden. (22)

Kk 3   Gleichwie

---

(22) Das schlimmste dabey ist, wenn ihre Lügen daselbst noch Beyfall finden.

Gleichwie nun die erwehnten Patres auf den großen Flüßen Parana, Paraguai, und Uraguai mit Kriegsschiffen ohne eine andere Erlaubniß, als ihre eigene herumfahren, so machten sie sich auch vor ungefehr zwölf Jahren zu einer neuen Unternehmung fertig, und giengen mit zwey wohlausgerüsteten Schiffen an der obern Seite von Paraguai den Fluß hinauf, um dadurch den Weg zu den andern Missionen der Chiquiti zu entdecken, und alle diejenigen spanischen Soldaten, welche sich nebst den Jesuiten auf diesen Schiffen befanden, kamen nebst ihren Indianern alle ums Leben, ohne das nur ein einziger davon kam, und biß auf den heutigen Tag der eigentliche Ort ihres Untergangs unbekannt ist.

Dem ungeachtet beharreten sie mit Gewalt auf diesen Entdeckungen, und fiengen von neuem an zwey andere Schiffe mit einer hinlänglichen Anzahl spanischer Soldaten, und mit vielen von ihren Indianern Tapesi auszurüsten, und der P. Gabriel Patigno, und der bemeldte Coadjutor Bartholomäus de Niebla giengen als Commendanten auf diese Schiffe, und fuhren auf dem großen Fluß Pilcomajo, welcher sich in den Paraguai ergießet, und kamen auf demselben biß nahe zu seinem Ursprung, und fanden daselbst gewisse Indianische Nationen Pilcomajesi, von weißer Farbe, und sowohl Männer als Weiber von Ansehen und Größe sehr schön, aber dabey sehr unschuldig, und einfältig, (diese schicken sich eben recht vor unsere lieben Patres) indem sie niemahls weder Schiffe noch Spanier gesehen hatten. Allein kaum waren die Picomajesi wegen einer so neuen Sache an das Ufer gekommen, und hatten einige Tage mit den Spaniern Umgang gehabt; so entstund eine Uneinigkeit oder Mißverständniß zwischen einem Indianer Tapese, und einem andern Picomajese, und weil sich viele von denselben an dem Ufer versammlet hatten, so begaben sich alle diejenigen, welche an das Land gestiegen waren, in die Schiffe und schoßen auf einmahl alles Gewehr gegen dem Haufen der Indianer ab, welche aus Mangel der Erkenntniß von Schießgewehr stehen blieben; und also viele Picomajesi getöhtet wurden. Es ist diese Begebenheit überall bekannt und
offenbahr,

offenbar, und der P. Gabriel Patigno hat mir es selbst erzehlet, und es ist ebenfalls ganz gewiß, daß der Coadjutor Niebla durch die rechte Richtung des Geschützes, worinn er sehr geschickt war, die gröste Niederlage unter den Indianern angerichtet hat, (diese sind eben Missionarien, welche mit Feuer tauffen) und insonderheit durch eine Canone, welche mit Cartetschen geladen war, mehr als hundert auf einmahl getödtet hat, wie sich der Niebla selbst in Paraguai oft damit rühmete. Nach dieser That, kehrten sie wieder zurück, und verließen diese wider die Christen äusserst erbitterte Nationen.

Mit den Portugiesen von S. Paolo und mit der Colonia, und ihren christlichen Indianern Tupes haben die Patres ebenfalls verschiedene Scharmützel gehabt; und es ist eine ganz bekannte und gewisse Sache, daß die Portugiesen in einem solchen Vorfall einen fremden Jesuiten, der verwundet worden und der Anführer seiner Indianer gewesen war, gefangen bekommen haben. (Es ist viel, daß man ihn nicht auf sein Ehrenwort wieder losgelassen hat.)

Die Kriege und Schlachten, welche die besagten Jesuiten mit den Indianern Caruanesi geführet haben, sind bloß zu dem Ende erreget worden, damit sie sich der Aecker, welche diese besitzen, (diese sind ihre evangelischen Aecker) und der wenigen Kühe, die sie darauf halten, bemächtigen könnten. Denn obgleich die bemeldten Patres eigenmächtig und mit Gewalt Kühe mit dem grösten Schaden der spanischen Einwohner zu Buenos-aires, S. Fede, und de los Corrientes von den Weiden wegnehmen, und durch die Menge ihrer Tapes die stärksten Heerden Kühe, welche in jenen weiten Feldern waren, die sich von der Stadt de los Corrientes biß nach Malbonado und Castillos erstrecken, entführet, und mitten in ihre Missionen gebracht haben, wo sie ausser den vielen tausenden, so eine jede Festung vor sich hat, in einer weitläuftigen Gegend, wozu man wegen der Berge bey S. Paolo nicht kommen kann, mehr als 400000. Kühe

nebst

nebst ihren Ochsen zur Zucht unterhalten, (23) und obgleich die Patres auf diesen Reisen, und in diesen Schlachten viele tausend Indianer verliehren; so sind sie doch darüber keinesweges mißvergnügt, und man kann wohl ohne Verwegenheit sagen, daß es scheint, weil sie so viele Indianer haben, daß sie dieselben in diese Gefahr setzen, um derselben loß zu werden, und ihrer weniger zu unterhalten. (Wenn nur die Heerden wachsen, so hat es nichts zu bedeuten, daß die Menschen

---

(23) Der ehrwürdige Palafox schreibet in seinem ersten Briefe an Innocentius den X. §. 6. also: „Ich habe, H. Vater, in den Händen der Jesuiten „fast alle Schätze, alle Ländereyen, und alle Güter dieser Provinzen des mit„ternächtlichen Amerika gefunden, und sie besitzen dieselben noch biß auf den „heutigen Tag, denn zwey von ihren Collegien besitzen gegenwärtig 300000. „Böcke ohne die kleinern Heerden zu rechnen.„ Dieser Brief ist im Jahr 1647. geschrieben. Und in einem andern Briefe an den P. Horatius Carocchi dem Präpositus des Profeß-Hauses, schreibt er in eben dem Jahre also: „Meine „Kirche weiß es, daß das Collegium von S. Petro, von S. Paolo, und das „Noviciat von Tepozotlan, mehr als 60000. Stück Vieh besessen, und mich „deucht, daß diese Erzehlung in Absicht auf die streitige Sache hinlänglich wä„re, sonst aber wenn ich die reine Wahrheit hätte sagen wollen, müste ich „300000. Stück mehr oder weniger sagen. Und damit Ew. Hochehrw. sehen, „daß es meine Kirche weiß, und mit welcher Mäßigung ich rede, so will ich „die Heerden und die junge Zucht des vergangenen Jahres 1646. im Monath „December herzehlen. Eine Heerde Schaafe nahe bey Desague, welche „34000. schwarze Stücke hält. Ein anderes Erbgut, S. Agnese genannt, „welche 10000. weiße Stücke hält: eine andere Heerde an dem Orte Tebeaca „genannt von 17000. weißen Stücken, eine andere Tecomate genannt, von „16000. Stücken. Uber dieses hält das Collegium von Tepozotlan noch 14000. „Stück Hammel, und mehr als 12000. Stück Lämmer von einem Jahre, das „Collegium von S. Petro, und von S. Paolo, hält an dem Orte S. Lucia „folgende Besitzungen. Eine Heerde weisser Schaafen mit 35000. Stücken, „eine andere von schwarzen Schaafen mit 35000. Stücken, eine andere von „schwarzen und weisen Schaafen mit 25000. Stücken; und an eben diesem „Orte noch 5000 Ziegen. Noch mehr: Eine andere Heerde Hammel von 2000. „Stücken. Drey Ställe von mehr als 70. oder 80. Esel in einem jeden. Eine „Mühle. Besäete Felder mit Korn, Haber, und andern Saamen, und auch „eine Zucht von Schweinen, welche einen sehr großen Gewinst bringen. Umß „Himmels willen, was machen sie doch mit allen diesen Sachen!

Menschen abnehmen. Den guten Pfarrern hilft die Anzahl der Hörner mehr als der Seelen.)

Da ich bereits oben der vier Jesuiten gedacht habe, welche von den Papagueſi umgebracht worden, so kann ich nicht unterlaſſen noch eine Betrachtung dabey zu machen, welche mir oft in Sinn kommen iſt, und darinn beſteht, daß man mir bey meiner Ankunfft in der Stadt Cordoba in Tucuman im Jahr 1725. und bey meinem häufigen Umgange mit den Jesuiten in jenem großen Collegio den Tod jener vier Jesuiten oft erzehlet, und ausserordentlich gerühmet hat, nicht anders als ob es vier berühmte Märtyrer und apoſtoliſche Miſſionarien geweſen wären, (24) so daß ich es mit der zärtlichſten Rührung angehöret, und so ſtandhaft geglaubt habe, daß ich meine Wege dem Schutze ſolcher ſeligen Seelen eben ſo empfohlen habe, als ich gegen den H. Franciscus Xaverius nur hätte thun können. (25) Eben dieſes habe ich auch

---

(24) Wäre der Rector der Jesuiten von Fabriano, welcher im vergangenen Jahre umgebracht worden, jenſeit des Meeres getödtet worden, ſo würden die Jeſuiten gewiß einen Märtyrer aus ihm machen. Ich wundere mich über gewiſſe einfältige Leute, welche ſich einen vortheilhaften Begriff von Garnet, Oldecorne, Guignard, und andern Böſewichtern machen, weil ſie von den Jeſuiten Märtyrer genennet werden. Bald werden wir an dem Malagrida, wenn ich nicht irre, einen neuen Märtyrer haben.

(25) Eine große Lehre vor die Conſultoren, und vor die Congregation der Gebräuche bey der Unterſuchung der Canoniſations Sache der Jeſuiten. Unter ſo vielen weiſen Decreten welche die Päpſte in dieſer Materie gemacht haben, ſollte man auch eine höchſt nothwendige Verordnung machen, wodurch die Jeſuiten ausgeſchloſſen würden Zeugen zu ſeyn, wenn man die Sache ihres Mitgliedes unterſuchet; und zwar um ſo viel mehr, weil ſie nach ihren Moraliſten auch das Falſche mit einem Eide ohne meineidig zu werden, oder mit der Zweydeutigkeit, oder heimlichen Vorbehalt, oder mit der unmittelbaren Wiſſenſchafft, oder durch Veränderung der Bedeutung des Ausdrucks beſtättigen können. Und auch dieſes würde noch nicht genug ſeyn, indem die Jeſuiten unter den Anhängern ihrer Lehre hundert falſche Zeugen finden würden; folglich muß man auch dieſe um der Sicherheit willen ausſchließen.

Sammlung III. Theil.   L l

auch bey verschiedenen Gelegenheiten von andern aufrichtigen und einfältigen Anhängern der Jesuiten erzehlen hören, welche wegen ihrer großen Unwissenheit alles glauben, was ihnen diese Patres sagen, und die Sachen nicht unterscheiden können, oder nicht wollen, und ihren Verstand auf nichts anders richten, als daß sie alles dasjenige, was ihnen die Jesuiten sagen oder rathen, blindlings annehmen. (26) Und gleichwie ich vorher alle diese Begebenheiten nicht gewußt hatte, so war ich auch, wie ich aufrichtig bekennen muß, so lange in der gottseligen Meinung geblieben, biß ich mich unumgänglich verbunden sahe, mich in die Provinz Paraguai zu verfügen, um die wichtige und schwere Commission zu vollziehen, wovon ich im Anfange geredet habe, und also in die Stadt von S. Fede kam, und alsdann nach de los Corientes fortgieng, und endlich in der Stadt dell' Assunzione in Paraguai anlangte, in welchen Städten ich wegen der Gemeinschaft, die ich mit den angesehnsten Einwohnern hatte, und bey Gelegenheit verschiedener Reden, die in den Gesellschafften, und sonderlich in dem Umgange mit den Jesuiten in den Collegien vorfielen, ganz gewiß und ohne Partheylichkeit erfuhr, daß der P. Blasius de Silva aus Paraguai gebürtig und ein Vetter von der Frau des Gouverneurs Don Diego de los Rios einer der berühmtesten Kaußleute, und der listigste und geschickteste Kopf gewesen seye, die Handelsgeschäffte zu vermehren, und die Einkünffte zu vergrößern, und daß man ihn in Betrachtung der Vortheile, die er auf diese Weise den andern verschaffte, zum Provinzial der Gesellschafft gemacht hatte. (Dieser war gewiß ein Held vom ersten Range unter seinen Mitbrüdern, und eines ewigen

Anden-

---

(16) Man findet gegenwärtig auch viele von solcher Art in Europa, und ob es gleich nach den göttlichen und menschlichen Rechten erfordert wird, die andere Parthey auch ohne Vorurtheil anzuhören; so glauben sie doch, wenn von Jesuiten die Rede ist, alle demjenigen, was diese sagen, und wollen nicht, oder unterstehen sich nicht, die Sachen zu unterscheiden, sondern hassen vielmehr diejenigen, welche alles aufrichtig untersuchen wollen.

Andenkens würdig,) und ich glaube, daß er auch der einzige in jenem Lande gebohrne Sohn eines Spaniers gewesen ist, der diese Würde erhalten hat; und zwar um so viel mehr, da er in den Wissenschaften sehr wenig sich umgesehen hatte. (Dieses thut nichts zur Sache: er ist ein Heiliger, weil er die Kunst zu handeln wohl versteht.) Dieser erwehnte Pater war eben derjenige gewesen, welcher den Don Diego de los Reies am meisten angetrieben hatte, die unmenschliche Niederlage der Indianer Payaguesi, wovon ich schon geredet habe, zu unternehmen. (Großer Mann!)

Der P. Matthäus Sanchez aus Spanien gebürtig, welcher in dem Collegio zu Cordoba und hernach in dem Collegio zu Assunzione in Paraguai Rector war, hatte ein so ausserordentlich heftiges Temperament, daß die Jesuiten selbst von seinem zornigen und hartnäckigen Wesen erschreckliche Dinge erzehlen. Er regierte, und gieng als General an der Spitze der Armee seiner Indianer Tapeß oder Guaraneß wider die Caruani zu Felde, und fochte selbst mit solcher Wuth gegen diese letztern, daß er sein Gewehr abschoß, und mit dem Säbel in der Faust einhieb, und so viel verwundete und tödtete als er konnte, und bey einer gewissen Gelegenheit, da die Caruani Gandulest abwesend waren, that der bemeldte Pater mit seiner Armee einen Angriff auf die Wohnung der Weiber, und Kinder, und führte nach einer großen Niederlage, eine große Menge derselben gefangen in seine Missionen, wo man sie mit Gewalt aufgehalten hat. (Dieser verdiente eine Lobrede von dem P. Lagomarsini, und ein Heldengedicht von dem P. Cordara.) Diese grausame Feindseligkeiten, welche die Jesuiten wider diese Nation ausgeübt haben, sind geschehen, ohne daß die Caruani ihnen die geringste Ursache dazu gegeben hätten, indem sie ruhig und im Friede in ihrem Gebiethe gelebet haben, und ganz unvermuthet durch die Kriege sind angegriffen worden, welche die Patres wider sie erreget haben, um sie zu vertilgen und zu verderben, und sich mit Gewalt jener größten Länder zu bemächtigen, (O der Eifer der um die Kirche sowohl verdienten!) und alle Heerden Kühe zu entführen, damit den Spaniern ihre Einkünfte benommen würden, welche sie in den bemeldten Ländern hatten, indem sie nach Gutdenken, und auch mit Hülfe uud Beystande der Caruani die Kühe herausgezogen.

Der erwehnte P. Matthäus Sanchez, welcher sich in Paragual befand, da die greuliche Niederlage der Payagueß erfolgete, war eben derjenige, welcher mit der grösten Heftigkeit und Hitze den Gouverneur Don Diego de los Reies dazu zu bewegen suchte. Der P. Joseph Mazon war Pfarrer zu S. Ignatio Guzau, und bezeigte sich allezeit sehr feindselig gegen die Spanier (wiewohl diese Feindseligkeit allen Jesuiten in den Doctrinen gemein ist,) und verlohr sein Leben durch seine thörichte Verwegenheit. (Die Märtyrer müssen beherzt seyn.) Denn als er mit seinem beladenen Fahrzeug nahe bey dem Hafen de Yati, welcher den Franciscanern gehöret, zwey Tage nacher vorbey fuhr, da die Indianer den P. Blasius de Silva oben am Flusse getödtet hatten, und ihm einige, die am Ufer stunden zuriefen, und ihn von diesem Vorfall benachrichtigten, und ihm sagten, er sollte sich unterdessen in diesen Hafen begeben; so wollte er diesen Rath nicht annehmen, sondern antwortete vielmehr auf die übermüthigste Weise, daß er sich schon gegen dergleichen Canaillen wehren wollte, und Indianer und Gewehr genug bey sich hätte, und sich davor nicht fürchtete. Er setzte also seine Reise fort, und als er kaum zwo oder drey Meilen weiter hinunter gekommen war, so stellen sich ihm die besagten Payagueß entgegen, erstiegen das Schiff, und tödteten ihn nebst allen seinen Tapes ausser einem oder zween, welche durch schwimmen sehr verwundet entflohen.

Der Coadjutor Bartholomäus de Niebla aus Andalusien gebürtig, war einige Jahre in einer Compagnie der Küstenbewahrer, oder in der Armee Soldat gewesen, und hatte dabey einen hochmüthigen und verwegenen Geist behalten, (wer würde nicht sagen, daß er der Bruder des P. Favre wäre,) daß er bey vielen Gelegenheiten die angesehensten weltlichen Personen beschämete, und in den Gesellschafften von nichts anders redete als von Schlägereyen, und Zankereyen, die er

gehabt

gehabt hatte; von schießen und pralen, daß er es besser als alle verstunde, und von den vielen Heldenthaten, die er gethan hätte. Er diente in den Kriegen, welche die Jesuiten mit den Caruani, und andern Nationen führeten; und erwarb sich darinn den Ruhm eines tapfern und verwegenen, und er schätzte diesen Begriff, den man von ihm hatte, höher als einen jeden andern weit größerer Ehre. (Wäre er in Italien gewesen, so würde er sich mit dem P. Favre vereiniget haben, um wider die Encyclica des Papsts Benedicts des XIV. zu schreiben.)

Wenige Monathe nach der Niederlage, welche wie ich oben bereits gemeldet, der Don Diego de los Reies unter den Papaguesi errichtete, und worüber diese gegen die Jesuiten einen tödlichen Haß faßeten, machten sich die PP. Matthäus Sanchez, und der erwehnte Coadjutor Niebla fertig, auf einem großen und mit vielen Waaren beladenen Schiffe, die sie in das Officium der Missionen zu S. Fede abliefern wollten, nach der Stadt dell' Assunzione abzureisen. Ob nun gleich viele Personen in Paraguai, welche gut gesinnet waren, dem besagten Niebla die Gefahr vorstelleten, welche er wegen der Papaguesi haben würde, und ihm den Rath ertheilten, daß er und seine Bedeckung das Gewehr stets in Händen haben sollte; so nahm er doch diesen Rath nicht an, und verspottete sie öffentlich, und lachete über die Papaguesi; und sagte, daß er allein im Stande wäre, sie durch Stockschläge zu zerstreuen. Da er nun seine thörichte Verwegenheit noch höher treiben wollte, so nöthigte er bey seiner Abfahrt alle spanische Soldaten, welche sich auf dem Schiffe befanden, ihr Gewehr abzulegen, und es in die Cammer zusammen zubinden, wo er das seinige auch hatte, und als sie dieses gethan hatten, und auf solche Weise ihre Reise fortsetzten; so fuhren sie bey der Stadt de los Corrientes vorbey, und wurden nicht weit davon so unvermuthet von den Papaguesi überfallen, daß indem sie sich zur Gegenwehr fertig machen wollten; der Feind schon auf dem Schiffe stunde; und als der Coadjutor Niebla eben im Begriff war ein Feuer-Gewehr loßzubinden, so durchstach ihn ein Papagueser mit ei-

nöthig und gesund wäre. Ihre übrige Speisung und Kleidung wird ebenfalls mit der schärffsten und genauesten Sparsamkeit eingerichtet, weil das Grundgesetz und die Politik der Jesuiten jener Provinz, welche die von Paraguai Buenos-aires und Tucuman in sich begreifft, darauf beruhet, daß sie viel erwerben, und sehr wenig aufwenden. (28)

Es ist dieses ganz unleugbar, und erhellet aufs deutlichste aus den fetten, reichen und beträchtlichen Bauerhöfen, Gütern und Ländereyen, die sie besitzen, und aus den vielen Kühen, Hengsten, Stuten, Schaafen, Hammeln, Eseln, Ochsen, und aus den häufigen Aeckern vor alle Arten von Saamen, welche die Patres des besagten Collegii in Paraguai einerndten, und behalten, so, daß man allerdings mit Wahrheit sagen kann, daß diese wenigen Personen des erwehnten Collegii in dem Gebiete von Paraguai ungleich mehr besitzen, als was alle Einwohner von Paraguai zu genießen haben, welche doch aus 10000. streitbaren Spaniern, und wenigstens aus 50000. Spanierinnen bestehen; und ferner alles dasjenige weit übersteigt, was alle Geistlichen, Präbendaten, Priester, und andere Orden besitzen; indem es ganz gewiß ist, daß das Collegium della Mercede bey meiner Abreise aus jener Stadt 25. Religiosen unterhielt, und das Collegium des H. Franciscus aus 27. Personen, und das Collegium des H. Dominicus aus fünf oder sechs Religiosen bestunden, welche alle sehr wohl gehalten wurden.

Die Jesuiten haben in der Meyerey von Yarigua oder von Pariguari drey verschiedene Heerden Kühe, davon eine jede wenigstens aus neun biß zehn tausend Kühen mit denen zur Vermehrung nöthigen Ochsen bestehen. Der P. Rector verkaufft beständig diejenigen Stücke, welche man von ihm unter dem Titul des Kauffs verlangt, und der P. Minister

(28) Diese Patres heben vielleicht das Geld auf, um wider den Antichrist Krieg zu führen, wie einstens ein P. Magister im römischen Collegio zu seinen Schülern sagte, indem er die Gesellschafft wegen des niederträchtigen Geitzes bey ihrem leiblichen Unterhalt entschuldigen wollte.

ser dieser Meyerey weiset den Käuffern die Stücken an, wenn sie den Kauffzettel vom Rector bringen. Die erwehnten Kühe sind in Paraguai die beste Waare, welche am meisten gesuchet wird, indem nach Maaßgebung der großen Menge, die zur Erhaltung so vieler Menschen erfordert wird, eher ein Mangel daran ist, und die Jesuiten verkauffen eine Kuh um vier Stück von Achten, und lassen sich an statt des Geldes, mit eben so viel Kraut, Toback, Zucker, und andern auserlesenen Sachen, die man daselbst hat, bezahlen, und die Einwohner von Paraguai, denen die Fleischwaare so nöthig ist, geben gerne alles andere davor hin, was sie haben. Der P. Rector Antonio Alonso verfügte sich 1729. dahin um die besagte Meyerey in Augenschein zu nehmen, und das Vieh zu zehlen, und bey seiner Zuruckkunfft in das Collegium sagte er mir, daß er keine Kühe mehr weggeben wollte, weil er in den letztern Monathen so viel verkaufft hatte, daß die Zahl der verkaufften Kühe sich über 12000. Stücke belief. Und andere Patres haben mich versichert, daß die noch übrige Anzahl noch weit größer wäre, als was man verkaufft hätte. Will man nun einen Uberschlag machen, und eine Kuhe zu vier Stück von Achten rechnen; so wird ein jeder bald begreiffen können, wie viel den Jesuiten dieser einzige Artikel allein einträgt.

Die erwehnten Patres verkauffen ebenfalls eine große Anzahl von Eseln, um das Kraut darauf fortzubringen, welches man auf den Bergen sammlet, und andere zum reiten, und der Preiß dieser Esel richtet sich nach ihrer guten Eigenschafften. Eben so machen sie es auch bey den Hengsten, Stuten, Ochsen, Hammeln, Schaafen, ꝛc. weil sie von allen diesen Thieren eine erstaunliche Menge besitzen. Ueber dieses bringet ihnen das türckische Korn sehr viel ein, als wovon sie in verschiedenen Gegenden einen ausserordentlichen Vorrath haben, und ein jeder laufft dahin, um es zu kauffen, weil man diese Speise gar nicht entbehren kann.

Sie säen ferner und erndten sehr viel anderes Korn, und verkauffen es sowol in Körnern als im Mehle, und lassen es auf ihrer eigenen Mühle mahlen, die sie vor diejenigen in ihrem Collegio haben, welche

Sammlung III. Theil.   M m   darinn

darinn mahlen laſſen, und mit dem guten Antheil des Mehls, welches ſie vor das mahlen verlangen, erhalten ſie ſich das ganze Jahr hindurch im Brodte. Sie pflanzen viele ſüße Röhren, woraus ſie den Zucker ziehen, den ſie zu S. Fede und zu Buenos-aires verkauffen laſſen, und eben ſo verfahren ſie auch bey dem Toback, den ſie ſammlen.

Bey der beſagten Meyerey zu Yarigua ſtehet ſeit vielen Jahren her der P. Hilarius Vasquez als Aufſeher, welcher der feinſte Gallicier iſt, und wegen ſeines großen Geitzes, üblen Betragens, und wegen der Strenge und geringen Achtung, womit er den Spaniern begegnet, überall bekandt iſt. Allein gleichwie dieſes vorzügliche Eigenſchafften ſind, womit die Jeſuiten in Paraguai begabet ſeyn können, (ich würde lieber ſagen, ſollen) und die man in den Miſſionen erfordert; ſo haben ihn ſeine Prälaten in dem Amte eines Aufſehers über dieſe Meyerey viele Jahre hindurch erhalten, ob ſich gleich jene Einwohner verſchiedene mahl über ſein hartes Verfahren beklaget haben.

Dieſer beſagte Vater hat allezeit in ſeiner Meyerey ein Magazin von ſpaniſchen und inländiſchen Waaren dabey gehalten, welche er beſtändig verkaufft, und dargegen das Kraut, Leinwand, und andere Waaren anſtatt der Bezahlung annimt. Er ſammlet ferner den größten Theil des Tobacks, welchen die benachbarten Spanier in jenen Gegenden pflanzen, und ſchickt eine Perſon, auf welche er ſich wohl verlaſſen kann, mit Kühen und andern Waaren in die weit entlegenen Thäler, um damit den größten Theil der Früchten, welche die Provinz hervor bringet, einzuhandeln.

Dieſe Meyerey zu Yarigua hat mehr als dreyßig Meilen in die Breite, und noch einmahl ſo viel in die Länge, und dieſe ſind die einzigen und beſten Ländereyen, die recht in der Mitte von Paraguai liegen, und nicht die geringſte Gefahr von Feinden haben, und die übrigen Einwohner beſitzen keine andere Felder als auf den Bergen, oder an den Grenzen, welche ſie beſtändig wider einen ſo ungläubigen Feind mit Gefahr ihres Lebens auf eigene Unkoſten vertheidigen, und dadurch alſo auch dieſe Meyerey zu Yarigua und andere, welche die Jeſuiten in Ruhe

und

und ohne den geringsten Schaden besitzen, und ohne daß die erwehnten Patres einige Hülfe leisteten, oder den Soldaten der Einwohner nur eine Pfeife Toback davor geben, beschützet, und vor allem Angriff bewahret werden. Ueber dieses muß man bedenken, daß der gröste Theil der Ländereyen, welche diese spanischen Soldaten besitzen, ebenfalls den Jesuiten gehöret, insonderheit in dem Gebiete von Tacumbu, zu S. Lorenzo, und andere, wovor sie jährlich einen hohen Zinß zahlen, den die Patres mit aller Schärfe, und in solchen Waaren, die sie selbst verlangen, und die man ihnen nothwendig geben muß, eintreiben.

Der erste Ankauff, welchen die Jesuiten mit dieser Meyerey machten, enthielt nicht mehr als zwo Meilen im Umkreiß, und hernach haben sie durch ihre Macht oder gewaltsamen Kauffe dieselbe dergestalt erweitert, daß sie jetzt so viele Meilen, wie ich oben gemeldet, groß ist. Ausserdem aber haben die Jesuiten die Einwohner, welche diese Ländereyen besitzen, so oft weggejagt und vertrieben, als es ihnen beliebt hat, und die meisten Gouverneurs und Richter in jener Provinz haben den Jesuiten mit mehrern Eifer als GOtt, dem Könige und der Gerechtigkeit gedienet. Und wofern einer von den erwehnten Richtern sich geweigert hat, dasjenige blindlings zu vollziehen, was sie verlangt haben, so haben es die Patres selbst gethan, und haben die Einwohner, welche ihre Güter mit Recht besassen, (29) durch ihre Mohren vertrieben, und die Richter haben wegen der großen Furcht vor der erstaunlichen Macht und schleunigen Verfolgung sich nicht getrauet, die geringste Versuchung dargegen zu machen. Diese Raubereyen und gewaltsame Besitznehmungen sind in Paragual ganz bekandt und offenbar, und erhellen ganz deutlich aus den Acten, welche ich Sr. Excellenz überschickt habe.

---

(29) Wenn die Jesuiten in unsern Ländern diese Macht und Gewalt hätten, die sie in Ost- und West-Indien besitzen, so würden wir schon längst von Haus und Hof vertrieben, und aller unserer Güter beraubet seyn. Jedoch hier vor stehen sie die Kunst, wider uns vermittelst betrüglicher Testamente rc. Krieg zu führen.

276

In dem Collegio der Stadt dell Assunzione halten die Jesuiten zwey öffentliche Magazine, wovon das eine der Procurator des Collegii verwaltet, welcher zu meiner Zeit der P. Sebastian Toledano war, und das andere hatte der P. Davila, der die Aufsicht über die Missionen führte. In diesen Magazinen werden alle Arten von spanischen Zeugen verkaufft, die man nur in der Stadt verbrauchen kann, und auch die inländischen Zeuge und die Tücher von Quito werden Ellenweise, wie es gefordert wird, verkaufft. Gleichwie nun die Jesuiten diese Waaren von Buenos-aires, und aus der Colonie durch ihre Indianer ohne die geringste Unkosten auf ihren Schiffen herbeyschaffen, und weder Lohn, noch Zoll, noch Gewicht bezahlen; so verringern sie um deßwillen den gewöhnlichen Preiß, wovor es die Kaufleute, die alle diese Unkosten und Abgaben bezahlen, verkauffen können. Auf diese Weise verkauffen die Jesuiten eine erstaunliche Menge Waaren zum merklichen Nachtheil der königl. Einkünfte, und zum großen Schaden der Kaufleute, welche dasjenige niemahls verkauffen, was sie mitbringen, und ordentlicher Weise in ihrem Handel ein schlechtes Ende nehmen, und entweder mit einem großen Verluste im Lande bleiben, oder sich anderwärts hinbegeben müssen.

Die Jesuiten haben alles oder doch den meisten Handel von der Provinz an sich gezogen, und sammlen (als eifrige und fleißige Missionarien) das Beste vor sich, was das Land hervor bringt; oder haben doch wenigstens mehr davon, als was alle andere Einwohner sowohl weltliche als geistliche besitzen. Und sie haben es in allem, was nur einen Nutzen, oder Vortheil bringen kann, so weit gebracht, und ihre Meyereyen sind so reich, und ihre Verkauffe so ansehnlich, daß fast alle Einwohner von den Jesuiten abhangen, und mit Betrübniß sehen müssen, daß diese alles genießen, was doch eigentlich den Spaniern gehöret, welche oft die nöthigsten Dinge vor baares Geld nicht bekommen können; und das diejenigen, welche nicht mit geschloßenen Augen die Partheylichkeit und die Sclaverey der Jesuiten annehmen, und sich gefallen

fallen laſſen, genöthiget ſind, vielen Verdruß und abſchägliche Antworten zu erdulden.

Im vergangenem Jahre 1729. waren die Magazine des Collegii ſo voll von Kraut, Zucker, und Toback, daß nicht alles darinn ſtehen konnte, und alſo der zweyte Gang des zweyten Hofes mit dieſen Waaren angefüllet wurde, wie ich ſelbſt zwey oder dreymahl geſehen habe; und die Jeſuiten ließen auf den Schiffen der Einwohner von Paraguai, welche nach S. Fede und Buenos-aires abreiſeten, 11300. Ballen Kraut abgehen, ohne was ihnen in dem Collegio noch übrig blieb, und was ſie in der Meyerey von Yarigua hatten, und ohne diejenigen Ballen, welche die Landleute auf Rechnung des Collegii aus den Bergen bringen, und in die vier erſten Feſtungen der Jeſuiten, wovon ich oben geredet habe, abliefern, um ſie von dorten zu dem Hafen Ytapua in Parana abzuführen, von wannen ſie es auf ihren Schiffen nach S. Fede und Buenos-aires bringen, und zwar ohne Beſichtigung oder Erlaubniß eines Gouverneurs, und ohne den geringſten Zoll und andere Abgabe zu bezahlen. (30) Hieraus erhellet alſo, daß die Jeſuiten in den beyden Häfen von S. Fede, und Buenos-aires ihre Waaren ſchleunig verkauffen können; und hingegen die Spanier in Paraguai und andere Kaufleute müſſen lange warten, ehe ſie dasjenige verſchließen können, was ſie dahin bringen; weil ſie alle königl. Abgaben unausbleiblich bezahlen, und über dieſes noch die vielen Unkoſten des Transports haben, und es hernach aufs Glück müſſen ankommen laſſen; ob ſie ſich mit ſchwerer Mühe und ohne den geringſten Gewinn erhalten können, und hingegen die Patres einzig und allein den größten Vortheil haben. (Der Gewinnſt gehöret auch allerdings vor ſie allein, denn ſie arbeiten bloß zu größerer Ehre Gottes.)

Die Jeſuiten in dem beſagten Collegio haben eine ſo erſtaunliche Anzahl von Mohren, Sclaven, ſowohl in ihren Meyereyen als auch in den

---

(30) Die Jeſuiten bedienen ſich oftermahlen ihrer Freyheiten zum größten Schaden anderer.

den Zimmern ihres Collegii, daß sie zu den Arbeiten von vier Collegien hinreichend seyn würden, und ich bin gewiß versichert, daß ein jeder Pater in dem Collegio wenigstens 50. Sclaven zu seiner Bedienung hat.

Eben so bekandt ist es, wie viel Mühe sich die Jesuiten geben, die Einwohner in Paraguai in üblen Ruf zu bringen, daß es alle, die sich in jenen Gegenden aufhalten, vollkommen wissen. Und damit sie diese unschuldigen Leute bey Sr. Majestät, bey Sr. Excellenz dem Vice Re, und bey andern Tribunalen recht anschwärzen können; so bedienen sie sich hierbey unzehliger Erdichtungen, und schreiben ihnen solche Fehler und Verbrechen zu, die sie niemahls an sich gehabt haben, (31) und unterstützen dieses Vorgeben mit vielen Schmähschrifften, mit ungerechten und falschen Zeugnissen, und mit den schmeichelhaftesten Empfehlungen und Lobeserhebungen der angesehnsten Personen, (32) indem man in den höhern Tribunalen keine andere Vorstellungen, wodurch jene Unwahrheiten wiederleget würden, weder siehet noch höret, oder zulässet; und die armen Leute, welche in Paraguai am meisten gedruckt werden, sind nicht vermögend die zu Klagen nöthige Unkosten zu bestreiten; hingegen den Jesuiten ist es leichte ihre Sachen bey den Höfen anzubringen, und dahero kommt es auch, daß die Obrigkeiten, welche von einem ganzen ungeheuren Haufen von Betrügereyen wider Paraguai eingenommen sind, auch den Nahmen dieser Provinz verabscheuen, (33) und die Jesuiten erreichen durch diese listigen Kunstgriffe, und durch das Ansehn, und den Ruhm der Tugend, der Gelehrsamkeit, und erbaulichen Wandels, der viele Jesuiten bey den Höfen in Europa,

und

---

(31) Eben so machen es die Jesuiten nach ihrer Moral mit gutem Gewissen wider alle, die ihre Absichten nicht in allen Dingen unterstützen, und so haben sie es bißhero mit dem Könige von Portugall selbst gemacht.

(32) Jedoch die Welt kann viele solche Exempel darzeigen.

(33) So wird in Rom von einigen der Nahme von Portugall verabscheuet.

und in Lima und andern großen Städten, die von Paraguai weit entfernet sind, mit Recht behaupten, alle Absichten, die sie verlangen, und man verwilliget ihnen alles, was sie in Vorschlag bringen; und der Schaden, die Ausschweifungen und Aergernisse werden zu großer Betrübniß eifriger, gerechter und gottesfürchtiger Leute, die in jener Provinz wohnen, immer vermehret.

Aus dieser hartnäckigen Treulosigkeit rühret es also, daß die Jesuiten in jenem Collegio, und in den Missionen bey verschiedenen Gelegenheiten gesucht haben, die Einwohner der Provinz Paraguai zu unterdrücken und zu verderben, indem sie mit den Armeen ihrer bewafneten Indianer Guaraniesi viele feindliche Einfälle in diese Provinz gethan haben, wie sie es unter andern zur Zeit des Hochehrwürdigen Bischoffs Don Fr. Bernardino de Cordenas (34) mit der großen Heftigkeit und Wuth thaten, wobey sie das Ansehn und die Würde dieses heiligen Prälaten so sehr verletzten, und die abscheulichen Indianer wider die Familien der unterdrückten Spanier die entsetzlichsten Boßheiten, und unmenschlichsten Proben der Grausamkeit ausübeten, daß noch biß diese Stunde die schrecklichen Niederlagen bey jenen Einwohnern im frischen Andencken sind.

Aus diesen wahren Ursachen rühret auch der Haß, und der große Abscheu her, welchen man dort gegen die Jesuiten hat, als welche auch zur Zeit des Friedens und der Ruhe die Provinz unterdrücken, und sie durch Hunger zur Verstellung zwingen, und sich aller ihrer Kühe bemächti-

---

(34) Dieser ist jener heilige und zugleich unglückliche Prälat, welcher von den Jesuiten in Paraguai so viele Beleidigungen, und Grausamkeiten erlitten hat, daß man in der Kirchen-Geschichte wenig Exempel von H. Märtyrern lesen wird, die von ihren grausamen Verfolgern wären so entsetzlich gemißhandelt worden, als dieser. Wenn eine catholische Feder die Geschichte der von Jesuiten gemißhandelten Bischöffen aufsetzen wollte, so würde er viel zu schreiben haben. Jedoch wenn er nur dasjenige in ein Buch allein zusammenfassen wollte, was in vielen zerstreuet angetroffen wird, so würde er die Hochachtung besser zeigen können, welche die um die Kirche so Hochverdienten gegen das Bischöfliche Amt haben.

bemächtigen, und sie in den vier erwehnten Festungen aufbehalten, wodurch die Heerden von diesen Thieren gehen müßen, die man von los Corrientes zur Unterhaltung und Verpflegung der Provinz abführet, indem sie die Wege versperren, und den unglücklichen Unterthanen alle Hülfe und Trost versagen, und sich bemühen, ihnen allen Schaden zuzufügen, den sie nur erdenken können.

Aus eben diesen angeführten Ursachen geschicht es auch, daß die Predigten, welche diese Patres halten, wenig oder nichts bey den Zuhörern würken, weil der Prediger, so bald er von der Canzel kommt, sich in das Magazin begiebt, um abzuwiegen, und Waaren zu verkaufen, so daß die Einwohner sich einen schlechten Begriff von diesen Religiosen machen, (35) zumahl da viele gelehrte Personen, die sich in jener Provinz aufhalten, die Pflicht der Religiosen wohl wißen, die sie als Missionarien ausüben sollen, und deßwegen erstaunen, wenn sie sehen, daß die Bullen der Päpste, die Satzungen der H. Concilien, und alles dasjenige frey und öffentlich verachtet wird, was die H. Kirchen-Väter und die berühmtesten und besten Schriftsteller anbefehlen und erinnern. (36)

Die drey Orden des H. Dominicus, des H. Franciscus, und U. L. Fr. della Mercede dienen jenen Einwohnern noch zum großen Troste, (37) indem sie gleich von ihrer Stiftung an in jener Stadt ein gutes Leben, die Mildthätigkeit und Ordnung in ihren Orden beobachtet

---

(35) Predigen die Jesuiten, so sind sie also die um die Kirche Hochverdiensten. Es ist eine Kleinigkeit, wenn man auf dasjenige sehen will, was sie vor oder nach der Predigt thun. Die Magazine stehen mit der Canzel in keiner Verbindung

(36) Ich befürchte der Verfaßer dieses Berichts ist noch ein wenig einfältig. Er wirft den Jesuiten die Bullen der Päpste, die Canones der Concilien, und die Aussprüche der Kirchen-Väter vor! Einfalt! Einfalt!

(37) Und gleichwohl sind diese drey Orden keine um die Kirche Hochverdiente.

tet haben, ohne daß sie jemahls dem gemeinen Wesen das geringste Mißvergnügen oder Schaden verursachet hätten. Hingegen die Jesuiten haben alle Unruhen, öffentliche Verfolgungen, Kriege und Gewaltthätigkeiten, welche in jener Provinz gewesen sind, erreget. (deßwegen rühmen sie sich auch, daß sie Söhne eines Soldaten sind.)

Ich kann hier zwar dasjenige nicht weitläuftig anführen, was ich in dem Collegio zu los Corrientes, zu St. Fede und zu Cordoba gesehen; jedoch muß ich soviel mit Wahrheit sagen, daß sich die Jesuiten auf eben die Weise, wie sie es in dem Collegio in Paraguay machen, in diesen Städten allen oder wenigstens des grösten Theils der Früchte des Landes zum Nachtheil der Unterthanen bemächtigen, welche sie zum grösten Schaden der Haupt-Kirchen der Präbenden, und der Priester zu unterdrücken suchen, indem sie von den vielen Eseln, Kühen, Pferden, Schaafen und Hammeln, wie auch von dem Getrayde, so sie zum verkauffen einsammlen, (38) nicht den geringsten Zehnden bezahlen. Die beyden P. Procuratores des Collegii zu Cordoba, und zu Calamustta verkauften im Jahr 1725. allein 1500. Esel von drey oder vier Jahren, einen jeden zu fünf Stück von Achten, und verhandelten gleich drey Heerden Kühe von 9000. Stücken, wobey wenigstens eine jede zu drey Stück von Achten ist verkauft worden, und dieses wird alle Jahre so fortgehen, wo nicht gar erhöhet werden. Ob nun gleich die Bischöffe alles dieses wissen, so unterstehen sie sich doch nicht ein Wort zu sagen oder es Seiner Majestät zu berichten, (39) sondern begnügen sich viel lieber, dasjenige zu verliehren, was ihnen von Rechtswegen gehöret, und den Mangel und den Schaden ihrer Kirchen zu leiden, als die Jesuiten nur im geringe

---

(38) Man sehe hiervon die Briefe des hochw. Palafox, welche fast alle davon handeln, daß die Jesuiten den Kirchen keine Zehnden bezahlen. Und doch sind sie um die Kirchen hochverdient.

(39) Es haben nicht alle Bischöffe den Geist GOttes, womit der hochw. Palafox begabet war, und können so viele Unruhen, Beschimpfungen, Verfolgungen, Trübsaale und Drohungen des Todes mit Gelassenheit ertragen.

ringsten zu erzürnen, indem alle Bischöffe und Prábendaten durch ihren guten Vorspruch bessere Stellen und höhere Aemter zu erlangen hoffen. Um dieser Ursache willen begnügte sich der Herr Bischoff von Tucuman, oder von der Haupt-Kirche zu Cordoba fünf oder sechshundert Stück von Achten anzunehmen, welche die Jesuiten vor den Zehnden jährlich zu geben sich erboten, und nach ihrem Gefallen auch bezahlen. Hieraus erhellet also, daß wofern die Jesuiten der Kirche den Zehnden von dem bezahleten, was sie einsammlen, und als blossen Gewinst verkauffen, ohne zu rechnen, was zu ihrer bequemen und herrlichen Unterhaltung in den Collegien erfordert wird, die Herren Bischöffe von Paraguay und Tucumann ansehnliche und reichliche Einkünfte haben würden, und eben dieses würde auch verhältnißmäßig bey den Prábendaten und Capellanen erfolgen, und würde nicht nöthig seyn, daß ihnen Se. Majestät mit den königlichen Einkünften zu Hülfe käme, da man sich vorstellet, daß ihre Diöcesen und sonderlich von Paraguay, welche die reichste seyn könte, höchst arm und bedürftig sind.

Aus den beträchtlichen Reichthümern und Schäzen, welche die erwehnte Patres erwerben, entstehen folgende Schaden, welche ich jezt erzehlen kann. Der erste Schaden ist, daß jene Provinzien von allen solchen Reichthümern nichts geniessen und brauchen können. Der zweyte besteht darinn, daß den Einwohnern ihr Vermögen entzogen wird. Der dritte; daß jene Ländereyen, welche die Jesuiten unter dem Titul eines Pfandes kauffen, und welche vorhero den Zehnden, und andere dazu gehörige Abgaben bezahlten, dieselben nun nicht mehr entrichten, noch den Zehnden oder andere Abgaben bezahlen, ungeachtet die besagten Güter in den Händen der Jesuiten viel mehr eintragen. Der vierte, daß von allen diesen grossen Schäzen weder das Reich noch der König das geringste geniesset. (40) Der fünfte, daß Se. Majestät die grossen

---

(40) Ja wenn Se. Majestät nicht ihre königliche Aufmerksamkeit brauchen, so, werden die Jesuiten noch den Scepter, die Crone, den Mantel und den Thron verschlingen.

sen Summen entbehren muß, welche durch den Zoll vor dasjenige ein-
kommen würden, was die Jesuiten bey ihrem weitläuftigen Handel verkauffen, und womit man jene Provinzen beschützen könte, in welchen der
ungläubige Feind wegen Mangel der Macht und der Hülfe so schrekliche
Verwüstungen und Niederlagen anrichtet. Der sechste, daß Spanien
von allen diesen grossen Capitalien ausser einer geringen Summe, welche
man in dem heimlichen Handel bey Hofe aufwendet, (41) weiter keinen
Nutzen hat. Und endlich der siebende Schaden ist, daß alle, oder der
gröste Theil dieser erstaunlichen Summen, welche die Jesuiten aus ihrem
Handel lösen, aus dem Reiche gezogen, und von den Jesuiten in fremde Reiche und insonderheit nach Rom (42) vor ihre wichtigen Unterhandlungen und vor Bullen und Privilegien gebracht werden, welche
hernach die PP. Procuratores wieder zurück bringen, indem sie von
sechs zu sechs Jahren aus diesen Provinzen abreisen, um ihren grossen
Schatz herauszuziehen. Und hierinn besteht auch die Haupt-Absicht ihrer Reise und Pilgerschaft; (43) und die erwehnten Procuratores werden wegen eines so wichtigen Gehorsams und Diensten bey den Misionen
von ihrem General so wohl empfangen und aufgenommen, daß sie gemeiniglich als Provinziale wieder zurück kommen, wie es jetzt mit dem
P. Hieronymus Ran geschehen ist, welcher wie ich schon oben gesagt,
im Jahr 1725. nach Rom reisete (aus grosser Begierde das Ju-
biläum zu feyren) und im Monath April 1729 in den Hafen von Buenos

---

(41) In dergleichen Gelegenheiten sparen die Jesuiten nichts, sondern sie sind vielmehr freygebig. Allein sie säen eines um tausend zu erndten.

(42) Hier irret sich der Verfasser. Die Jesuiten zu Rom sind so arm, daß sie
zur Unterhaltung ihrer aus der portugiesischen Mißion hier angekommenen Mitbrüder sind genöthiget gewesen Almosen zu begehren, und man hat gar gesagt,
daß sie das Silber in den Kirchen haben verkauffen wollen, und daß sie 50000.
Scudi auf Zins angenommen haben.

(43) Alles dieses stimmet mit dem überein, was der P. Caspar de Aguilar
der Jesuit im vergangenen Jahrhundert von Ost Judien schrieb, wie ich im ersten Theil des Anhangs gesagt und den Brief desselben an den Pabst Innocentius den X. angeführt habe.

Buenos-aires wieder zurückkam, und sogleich als Provincial angenommen worden, welches auch er noch gegenwärtig bekleidet. In Ansehung desjenigen aber, was die erwehnten Procuratores mitzubringen pflegen, wird alles bestättiget, was ich bereits erzehlet habe, und man kann von dem, was mir der P. Rector Joseph de Aguirre in Cordoba versicherte, gewiß glauben, daß er nicht den völligen Betrag der Sachen angegeben hatte, weil die hochwürdigen Patres in dergleichen Puncten ihr ganzes Herz nicht auszuschütten pflegen. (**Was vor ein guter Christ ist dieser doch! Er möchte gerne die Geheimnisse der Jesuiten wissen!**) Verschiedene Patres haben mir vor gewiß gesagt, daß sie nur allein bey den Vorfällen und bey dem Aufwande, den sie bey den letzern Begebenheiten in Paraguay gehabt, über 30000. Stück von Achten gebraucht haben. (**Sie mögen also zusehen, wie sie sich wieder erholen.**)

Was ferner die letzern Vorfallenheiten in Paraguay anbetrift, so sehe ich mich in meinem Gewissen verbunden Ew. Herrlichk. zu entdecken, daß sie von den Jesuiten wegen ihrer alten Begierde jene Provinz zu verderben sind verursachet worden, (**o! was vor eine entsetzliche Verleumdung der lieben Unschuld**) indem sie zu dem Ende die Rückkunft des Don Diego de los Reies zur Regierung von Paraguay zum Vorwand gebraucht, und ihn dazu verleitet haben. Und hier fügte sichs eben, daß diese Person ausser dem, was ich bereits von ihm gesagt habe, ein seltsames und abscheuliches hitziges und verwegenes Temperament hatte, und sich nur willig und bereit erzeigte, wenn er die ungerechten Absichten der Jesuiten befördern konnte, (**er verdienet also von allen übrigen Dingen loßgesprochen zu werden**) welche der Erhaltung der Einwohner und der Provinz ganz entgegen stehen.

Das erstemal als der Obrister Don Balthasar Garzia Ros sich mit den Briefen Sr. Excellenz des Vice-Re und Erz-Bischofs Morcillo in die Provinz Paraguay verfügte, um den Don Diego de los Reies in den Besitz seiner Regierung zu setzen, so kam er nun zu Ende des Jahres 1723. an den Fluß Tepiquari, woselbst er die Beantwortung

wortung der Briefe und der Urkunden erwartete, welche er dem
Don Joseph de Antequera an den Rath oder Magistrat jener Stadt und an andere Personen überschickt hatte, und der Magistrat fertigte bey Erblickung derselben den Capitain Gondisalva
Ferreira mit der Abschrift der Acten eines gehaltenen Raths ab, nebst
einem königl. Befehle, und insonderheit mit einem königl. Decret von
der Audienza di Cuquisaca, welches man wenige Monathe vorher in jener
Stadt erhalten hatte, worinn Se. Hoheit bey Erblickung der Beschuldi-
gungs-Acten wider den bemeldten Gouverneur Don Diego de los Reies,
und wegen der Wichtigkeit derselben zu befehlen geruhete, daß man jenes
kurze Zeugniß, wie es die Zeit erlaubt, an Se. Excellenz den Vice-Re
schicken sollte, damit Se. Excellenz von den Verbrechen und Ausschweifungen des besagten Gouverneurs Don Diego benachrichtiget würde,
und unterdessen befahl die Audienza jenem Magistrat und allen Einwohnern der Provinz bey Strafe von 10000. Stück von Achten und bey
Strafe der Verräther, daß man in der Regierung des Don Joseph
de Antequera nicht die geringste Aenderung machen sollte, biß Se.
Excellenz die gerechten Ursachen erfahren, und die Verfügung getroffen
hätte, die ihm belieben würde, und biß es die königl. Audienz der Provinz bekannt gemacht haben würde.

Dieses ist der wesentliche Inhalt des königl. Decrets, wie aus
dem Originale, welches ich gesehen und gelesen habe, und aus der Abschrift erhellet, welche ich davon gemacht habe, und in den Acten mit
befindlich ist; welches Decret auch seine Vollziehung in jener Stadt verdienet, und als ein Edict öffentlich bekannt gemacht wurde. Da nun in
den Verhaltungs-Befehlen, welche der Don Balthasar bey sich hatte,
der Umstand nicht ausgedrukt war, daß er dieselben der königl. Audienz
mittheilen sollte, noch auch daß Se. Excellenz der Vice-Re von den
Ausschweiffungen des Don Diego de los Reies unterrichtet sey, so
ließ man ihm dasselbe durch den erwehnten Gondisalva Ferreira anzeigen; und darauf ließ auch Don Balthasar seine Brieffschaften bekannt werden, und gab dem Gondisalva Ferreira die Abschrift derselben

selben, und sezte am Ende die Bewegungs-Gründe hinzu, welche ihm der Don Rocco da Herrera gesagt hatte, der sie hernach auch von dem Gondisalvo Ferreira listiger und boshafter Weise bestättigen ließ. Ehe der besagte Ferreira aber von jenem Orte wegreisete, so kehrte der Don Balthasar freywillig wieder zurük und sagte, daß er nach Buenos aires wieder gienge und beurlaubte sich mit aller Anständigkeit und Höflichkeit bey dem Commissarius Ferreira. Und in der That der erwehnte Don Balthasar begab sich hinweg, und gieng gegen die nahe gelegenen Festungen der Jesuiten, woselbst in der Festung von St. Rosa ein ausführlicher Bericht mit offenbar partheyischen Zeugnissen vor die Jesuiten anlangte, worinn so viele Unwahrheiten, als man nur erdenken kann, zusammengefaßt waren, welche der Don Rocco de Herrera den Jesuiten zu Gefallen, und die Einwohner in Paraguay anzuschwärzen aufgesezt hatte. Don Balthasar erstattete hierauf an Se. Excellenz den Vice-Re Bericht, woraus man die Bosheit leicht erkennen kann, womit diese Person bey der Erzehlung der Sachen verfahren hat. Denn er berichtete zwar dem Vice-Re den vornehmsten Inhalt des besagten königl. Decrets, aber er verbarg und übergieng die in demselben ausdrüklich gesezte Clausel, daß die Verfügung, welche Se. Excellenz nach den Acten treffen würde, von der königl. Audienza der ganzen Provinz angezeiget werden sollte, und daß man unterdessen nicht die geringste Neuerung machen sollte; ferner verschwieg er die wichtigsten Ausdrücke, welche in dem königlichen Decrete enthalten waren, wie dieses alles aus den Acten erhellet, die ich Sr. Excellenz dem Vice-Re überschikt habe, indem Don Balthasar nur darauf bedacht war, die Aufmerksamkeit des Herrn Vice-Re auf den Punkt zu führen, welcher von dem Ungehorsam der Einwohner in Paraguay handelt.

Es sind überdieses in dem besagten Bericht und Erzehlung des Don Balthasars viele Dinge enthalten, welche von der Wahrheit weit entfernet sind, weil der Don Rocco di Herrera die Verfertigung dieser Schriften besorgte, welcher ein solcher unruhiger, ungerechter, verläumderischer und gewissenloser Mann ist, daß ich auch noch bey

einer

einer noch weitläuftigern Beschreibung seines Characters noch viel zu
wenig sagen würde in Vergleichung dessen, was sein verhaßtes Verfahren, und der Begriff verdienen, den die Städte in Paraguay de los
Cerrientes und S. Fede von ihm haben, woraus er als ein Lügner,
Verläumder und Aufwiegler ist vertrieben worden, wie es Don Balthasar wohl weiß, welcher als Gouverneur von Buenos-aires das Urtheil der Landes-Verweisung bestättigte, so ein ordentlicher Richter von
de los Corrientes wider den besagten Herrera wegen einer entsetzlichen
Verfälschung, die von ihm herrührte, ausgesprochen hatte. (Jedoch
wer weiß, ob er nicht vorher bereits bey dem P. Pfarrer gebeichtet hatte.)

Nach der Verfertigung dieses umständlichen Berichts mit allen
Zeugnissen, welche ihm die Jesuiten von S. Rosa verschaffet hatten
und nach der Abschickung des Herrn Vice Re, kehrte der besagte
Don Balthasar nach Buenos-aires zurük, und wenige Tage nach
seiner Ankunft in jener Stadt kamen neue Verfügungen an, welche
Se. Excellenz nach Maasgebung dieses und anderer solcher Berichte ertheilet hatte.

Ich habe das Memoire, welches man 1722. Se. Excellenz dem
Vice-Re im Namen des bemeldten Don Diego de los Reies ohne
Unterschrift und ohne Nahmen seines Procurators übergeben hatte, ge-
sehen, und wenigstens den meisten Inhalt desselben in Paraguay gelesen. Es
enthält gewiße widrige Begebenheiten, die so verändert und boshafter
Weise verstellet sind, daß man kein ander Beyspiel der willkührlichsten
Beschuldigungen finden wird als dieses. Die Erklärungen und Urkunden, welche dem besagten Memoire beygefüget waren, sind ebenfals
ganz unrichtig, ungerecht und partheyisch. Und man muß hierbey das
Empfehlungs Schreiben des Herrn D. Joseph Taxardo Bischofs von
Buenos-aires, mit welchem diese Schriften begleitet waren, nur als eine
politische Sache ansehen, welche er der inständigen Bitte der Jesuiten
nicht abschlagen kunte. Denn obgleich der Herr Bischof noch immer
fortfuhr, die Firmelung in Paraguay zu verrichten, welches zu der Zeit
geschahe,

geschahe, da die leztern Unruhen bereits entstanden waren, so blieb er doch eine kurze Zeit in der Provinz, indem er sich die meiste Zeit in den Doctrinen und Mißionen der Jesuiten aufhielt, woselbst sie ihn nach ihrem Gefallen lenkten; und der Herr Bischoff mischte sich nach seiner natürlichen Gleichgültigkeit in keine Sache, und that nichts, als was die Jesuiten verlangten.

Se. Excellenz der Vice-Re verordnete nach dem Memoire, welches die Patres von ihrer Seite eingegeben hatten, daß Don Diego de los Reies bey vielen Strafen und Drohungen wieder in seine Regierung in Paraguay eingesezt werden sollte, und trug die Vollziehung dieses Befehls dem Herrn D. Bruno Maurizio de Zavala auf, und befahl den Gouverneurs und Tribunalen von Tucumann und Buenosaires, daß sie ihm alle nöthige Hülfe und Beystand leisten sollten. Weil aber der Herr D. Bruno diese Commißion wegen der grossen Hinderniße, die er noch hatte, nicht persönlich verrichten konnte, so wurde die Ausführung dieser Sache dem königl. Obristen zu Buenos-aires Don Balthasar Garzia Ros aufgetragen, (wie mir dieses der Herr Don Bruno selbst gesagt hat) und er vollzog auch diese Commißon in der That. Gleichwie aber diese Person nicht nur die Jesuiten liebet, und ihnen dienet, sondern dieselben recht anbetet, indem diese grosse Liebe auch mit den Banden des Interesse verknüpfet war (dieses ist das Band vieler Jesuiter Schüler. Reisset dieses, so hat die Freundschaft ein Ende) und nichts thut, was ihm nicht diese Religiosen eingaben; so willigte dieser gleich darein und nahm sich fest vor, die Absichten zu befördern, welche die Jesuiten hatten mit ihren Indianern durch Gewalt der Waffen in die Provinz Paraguay einzubringen; und als er sich so bereitwillig finden ließ den General bey dieser Armee vorzustellen; so gaben die Jesuiten die nöthigen Befehle, daß man in den Festungen der Mißionen ein ansehnliches Corps Indianer mit Gewehr, Munition, Lebens-Mitteln und Schiffen versehen sollte; und mit dieser Kriegs-Rüstung gieng der bemeldte D. Balthasar wider eine der treuesten Provinzen zu Schiffe, und kam zum zweytenmale nach Paraguay

Paraguay zurük, brachte eine hinlängliche Menge von Pulver und Kugeln mit, und wurde von einigen Jesuiten, wie auch von dem Bischoffe Don Joseph Palos begleitet, welcher in seine Diöces von Paraguay zurük gieng, und denenjenigen den Seegen ertheilete, welche diese Kriegsrüstung wider seine eigene Schaafe machten, und auf dem Flusse Uraguai auf den Schiffen der Jesuiten biß an die Festung und den Hafen von Yapeiu schiffeten, welche der erste Paß von den Doctrinen ist, den die Spanier so oft versaget hatten und sie nun bey dieser Gelegenheit durchfahren liessen, weil alle diejenigen, welche schiffeten, Jesuiten waren.

Alle diese Kriegs-Anstalten wurden von den Jesuiten und von dem Don Balthasar Garzia Ros wider den ausbrüklichen Befehl des Herrn Vice-Re gemacht, welcher auf keine Weise verlangte, daß man sich der Indianer Tapesi oder Guaraniesi bedienen sollte, noch auch die Jesuiten dazu ernannte, daß sie einige Hülfe leisten sollten, wie aus dem Befehl Sr. Excellenz selbst erhellet, und überdieses gar nicht glaublich ist, daß sich der Herr Vice-Re, da er so viele spanische Gouverneurs, Tribunal und Unterthanen Sr. Majestät hat zur Erfüllung seiner höhern Befehle der unerhörten und ungewöhnlichen Hülfe der Tapeß bedienen sollte. Man muß also bedenken, daß weil Se. Excellenz in dem besagten Decreten die nöthige Hülfe dem Gouverneur von Tucuman anbefohlen hatte, dieser darum nicht war ersucht worden, weil die Jesuiten es nicht so meynten, sondern vielmehr gesonnen waren mit ihren Indianern gewaltsamer Weise die Provinz Paraguay zu verwüsten und zu verheeren, und die Spanier darin auszurotten, wie sie es auch wirklich zu thun anfiengen. Ungeachtet nun die bemeldten Patres die seltsame Ausschweiffung wohl einsahen, welche sie wider den Befehl des Herrn Vice-Re unternahmen, so hielten sie sich doch bey diesen Ueberlegungen nicht lange auf, indem sie ganz versichert sind, daß sie durch ihr grosses Ansehen, und durch ihre schleunigen Vorkehrungen eine jede Ausschweiffung bald wieder gut machen können, weil sie die Sachen abmahlen und verstellen wie sie wollen, und gewiß wissen, daß kein einziges Tribunal (auſſer das heilige und rechte Gerichte Ew. Herrlichk.) ſich unterſtehet die Jeſuiten auch nur mittelbarer Weiſe zu tadeln.

Bey ſo geſtalten Sachen waren die Mißionen voll von Zurüſtungen zum Kriege und man ſahe nichts anders, als daß die bewafneten Indianer von einem Ort zum andern marſchirten, und von den Jeſuiten in Waffen geübet würden (44) als welche den Indianern durch groſſe Verſprechungen von Belohnungen, und von Beute, die ſie von den Spaniern und geſchlagenen Einwohnern in Paraguay machen würden, Muth zu machen ſuchten. Ob nun gleich der Herr Biſchoff in den beſagten Mißionen dieſe Anſtalten ſahe, ſo that er doch nicht, als ob er etwas wüßte, und verlohr alſo hierbey die herrliche Gelegenheit ſeinen biſchöflichen Eifer zu zeigen, und dieſe kriegeriſchen Zubereitungen, welche nichts als Blut und Mord vorher verkündigten, zu verhindern; oder ſchleunigſt nach Paraguay zu gehen, und es bey ſeinen anvertrauten Schaafen den Einwohnern eben ſo zu machen, welche bereits von allen dieſen gewaltſamen Anſtalten Nachricht bekommen hatten. Gleichwie ihm aber nichts mehr am Herzen lag, als nur den Jeſuiten ſich gefällig zu machen, ungeachtet hieraus die deutlichſten Vorurtheile erwuchſen; ſo achtete er auch auf dasjenige nicht, was ihm ſein groſſer Eifer, die Menſchenliebe und ſein durchdringender Verſtand gewiß werden eingegeben haben, und gab den Vorſtellungen kein Gehör, welche ihm einige kluge und eifrige Prälaten in Paraguay durch Briefe gethan hatten.

Es verſammlete ſich die zahlreiche Armee in den Veſtungen der Jeſuiten von St. Roſa, und St. Maria und an den Colonien der Spanier in Paraguay, und brach zu Anfang des Auguſts 1724. auf, um bey der Nacht über den Fluß Tebiquari zu ſetzen. Da nun die Soldaten von der Wache, welche nicht weit davon war, den Lerm höreten, ſo giengen einige Spanier zur unrechten Zeit aus, die wahre Beſchaffenheit davon zu erfahren; ſie waren aber kaum in die Büſche und Hecken

---

(44) Iſt es nicht eine Verwegenheit, wenn man läugnen will, daß die Jeſuiten in Paraguay Feldmarſchallsſtellen vertreten?

am Ufer gegangen; so schossen die Indianer, welche auf der andern Seite versteckt stunden, ganz unvermuthet auf sie, worauf diese Soldaten mit grosser Furcht eiligst zurükliefen, ohne daß jemand von ihnen wäre verwundet worden, und es dem Don Raimondo de los Clanas anzeigten, welcher mit 100. Mann zwo oder drey Meilen von diesem Posten stund, und den Herrn Bischoff erwartete, indem er wußte, daß dieser Herr, dem er entgegen gegangen war, um ihn als Abgeordneter der Weltlichen zu empfangen, nicht lange mehr aussenbleiben könnte, ob es gleich vergeblich war, indem der Herr Bischoff nicht erschien.

Den folgenden Tag marschirte die ganze Armee der Indianer gegen die Meyerey des Generals Don Sebastian Fernandez Montiel, welche nur eine kleine Meile von dem Flusse entfernt ist, und als sie dieselbe leer antrafen (indem die Leute bey Erblickung so vieler Indianer alles verlassen hatten) so stürmeten die Indianer mit einer erschreklichen Wuth auf die Thore, zerbrochen die Riegel und plünderten aufs unbarmherzigste, und schlugen die Bilder in Stücken und wurfen sie auf die Erde (jedoch alles unter Anführung der um die Kirche so hochverdienten) und tödteten sehr viele Kühe, und führten die übrigen lebendig in ihr Lager.

Der Don Raimondo de los Clanas hielt hierauf dem D. Balthasar eine Vermahnung und stellte ihm vor, warum er die Indianer von seiner Armee nicht im Zaum hielte; und warum er im Fall er einige höhere Befehle bekannt zu machen hätte, dieselben der Stadt vorgezeiget hätte, woselbst man ihn sehr wohl würde empfangen, und seinen Befehlen Gehorsam geleistet haben; worauf der besagte Don Balthasar, eine sehr unanständige, stolze und verwegene mündliche Antwort ertheilte.

Da nun die Nachricht von dieser ersten Verwüstung, welche die Indianer von der Armee des Don Balthasar angerichtet, in der Stadt dell Assunzione anlangte, und jedermann wohl wußte, daß sie die Absicht hatten, die ganze Provinz mit Feuer und Schwerdt zu verheeren; so rüsteten sich alle Einwohner zur Vertheidigung ihres Lebens,

und

und ihrer Ehre und giengen mit dem Don Joseph de Antequera (45)
und mit dem Magistrat aus und setzten sich ungefehr 3000. Spanier,
Indianer und Mohren in Marsch, und kamen dm 12. Aug. beyde Armeen
sehr nahe aneinander. Weil nun die Indianer mit zween Batterien wohl
verschanzt waren, so fiengen sie an auf die Armee von Paraguay einige Ca-
nonenschüsse zu thun, welche von diesen mit eben so vielen Schüssen beantwortet wurden, worauf sie sich schleunigst in die Meyerey des Don
Philipp Cabanas zurückzogen, welche ungefehr eine Meile von dem
Lager des Don Balthasar entfernt war, und die Armee von der Provinz erhielte sich biß zum 24. Aug. in ihrem bißherigen Posten. Währender Zeit aber, da ein grosser Theil der Soldaten bey der Errichtung
eines neuen Gebäudes beschäftiget war, weil in der Meyerey viele Kranke lagen, und sich der meiste Hauffen von dem Lager abgesondert hatte,
so thaten die Indianer in verschiedenen Reihen einen verwegenen Ausfal,
und giengen auf die Spanier loß, thaten viele Schüsse, und forderten
sie mit vielen anzüglichen und stolzen Worten heraus zum Treffen. Die
Spanier wurden gleich bey ihrer Annäherung einig, sich an der
Zahl 700. zu vereinigen und den Angriff gegen mehr als 6000. Indianer zu wagen, worauf das Treffen sich bald auf die eine, bald auf die
andere Seite lenkte, biß endlich die Guaranieß die Flucht ergriffen, und
sich bey dem starken Nachsetzen der Spanier in den Fluß Tebiquari wurf-
fen, worinn mehr als in dem Treffen selbst ums Leben kamen.

  Dieses ist die Art und Weise, womit Don Balthasar Garzia
Ros in Paraguay einfiel und dieses ist auch der Erfolg des Treffens,
welches ich hier überhaupt nur kürzlich anführe, damit Euer Herrlichkeit von der Würklichkeit desselben völlig überzeugt werden,
und die Hülfe erkennen mögen, welche der Himmel diesen unglücklichen und unterdrükten Spaniern wiederfahren ließ. Ja selbst die
Anhänger der Jesuiten und des Don Diego de los Reies, welche
sich

---

(45) Hier fiengen die Verbrechen jenes Antequera an, wovon ich im ersten Theil
des Anhangs geredet habe.

sich bey dieser Sache befunden haben, bekennen die Wahrheit dieser Erzehlung und billigen dieselbe. Dem ungeachtet haben die Jesuiten diese Begebenheit in ihren Berichten und Schriften, die sie nach Cima und Europa geschikt, dergestalt verändert, und gewisse ganz unerhörte Dinge, mit solchen falschen Farben abgemahlet, daß ich bey Lesung einiger von solchen Nachrichten ein solches Entsetzen empfunden habe, wie es die Redlichkeit empfindet, wenn sie die Vernunft unterdrücket und die Wahrheit und Gerechtigkeit beleidigen siehet. (47)

Die Verwegenheit, welche die Jesuiten bey Lieferung dieses Treffens gehabt haben, wird durch die eigenen Originalbriefe derselben noch deutlicher bestättiget, die man an jenem Abend nebst andern Schriften genommen hat, so in der Brieftasche des besagten Don Balthasars und in dem weggenommenen Bagagewagen der Jesuiten befindlich gewesen. Die Eilfertigkeit der Jesuiten, das Treffen anzufangen, ist so groß gewesen, daß sie nicht einmahl die zween hundert Spanier haben erwarten wollen, welche auf Befehl des Don Mauritius de Zavala des Gouverneurs von Buenos-aires abgeschikt waren, um sich mit ihnen zu vereinigen, und dem Don Balthasar Hülfe zu leisten. Denn gleichwie der P. Policarp Duffo der Pfarrer von St. Maria, und der P. Antonio Ribera Pfarrer von St. Giacomo, welche in der Armee waren, eigentlich die Kriegsanstalten machten (alles zur grössern Ehre GOttes und um sich den Titel der um die Kirche so hochverdienten zu erwerben) und die Indianer anführten, so mischte sich Don Balthasar in keine Sache, indem er nur General dem Nahmen nach war. Eben dieses geschah auch bey dem Obersten Franciscus Duarte und bey dem Oberstlieutenant Stephan de Mora den Einwohnern von Villa Ricca; welche leztern mir in einer geheimen Unterredung selbst gesagt haben, daß die Indianer ohne Vorwissen des Don Bal-

---

(47) Wer von den Jesuiten eine wahrhaftige Erzehlung in einer Sache erwartet, worinn ihr Interesse mit begriffen ist, der kömt mir eben so vor, als ein Jude zu unserer Zeit, der auf den Meßias wartet.

Balthasars, und auf den bloßen Befehl der Jesuiten aus ihrem Lager ausgerükt waren, um ein Treffen liefern.

Da ich hernach selbst durch die Gegend kam, wo das Treffen gewesen war; so sahe ich kleine Gräben, die nach Art der Gräber von einander abgetheilt waren, und zur Befestigung des Lagers von Don Balthasar gedienet hatten. Ich glaube aber nicht, daß jemand der in europäischen Armeen gedienet hat, oder noch jezt zu Buenos-aires in Kriegsdiensten stehet, eine solche einfältige Anstalt angegeben, oder verfertiget habe, und gewiß nur von den Jesuiten und den Indianern, welche in ihrer Armee zu befehlen haben, herrühret. Gewiß ich empfand bey Erblickung jener Gegend ein grosses Mißvergnügen darüber, daß sich Don Balthasar als ein so angesehener Mann so sehr hatte verblenden und mißbrauchen lassen.

Der erwehnte Don Balthasar Garzia Ros empfieng drey ausführliche Berichte, einen in dem Hafen von S. Rosa, einen andern am Fluß Tebiquari, und den dritten in der Stadt de los Corrientes, und er stellte sie alle Sr. Excellenz dem Vice-Re zu, und ich muß bekennen, daß alle Zeugnisse, welche darinn enthalten waren, offenbar von den Jesuiten und von dem Don Diego de los Reies abgeleget waren, und daß einige von den Zeugen aus der Provinz geflohen waren, und sich schwerer Processe wegen, die man in der Stadt deß' Assunzione wider sie angestellet hatte, in die Festungen der Jesuiten sich begeben hatten. Die besagten Berichte hatten nicht nur diesen groben Fehler an sich, sondern ihre Unbilligkeit wurde auch dadurch noch vermehret, daß die Zeugen ihre Aussagen nach demjenigen einrichteten, was ihnen Don Rocco Hrrera vorsagte; (als welcher stets bey dem besagten Don Balthasar war) Man erkennet dieses deutlich aus der gleichen Schreibart und aus der Gleichförmigkeit der Clauseln, welche die Fähigkeit und die Schreibart der Personen sehr weit übersteigen, die sie unterzeichnet haben, und mir aus dem Umgange mit ihnen sehr wohl bekannt sind. Denn obgleich diejenige, welche erschienen sind, bekennen, daß die bemelten Aussagen von ihnen herrühren, und daß sie dieselben unterzeichnet haben; so ist doch nichts destowe-

destoweniger gewiß, daß ich bey den Fragen, die ich ihnen an Eidesstatt vorlegte, das Unvermögen und die Unwissenheit der meisten von ihnen wohl erkannte, und daß sie sich unmöglich auf diejenige Art können ausgedrücket und erkläret haben, wie es in den besagten Aussagen bey den Berichten stehet. Jedoch diese Sache wird dadurch noch vielmehr bestättiget, daß der Don Rocco de Hrrera bey seiner Zurückkunft in die Stadt de los Corrientes, mir in einigen Unterredungen mit aller Freymüthigkeit gesagt hat, daß er den schlechten Verstand und die geringe Einsicht des besagten Don Balthasars gleich bey der ersten Gelegenheit erkannt habe, da er sich nach Paraguai begeben, um den Don Diego de los Reies in die Regierung wieder einzusetzen, und nicht weiter auf dem Flusse Tebiquari hinaufgefahren seye, und als er die Bestürzung wahrgenommen, worinn er sich befunden, zu ihm gesagt habe: Mein Herr, machen Sie sich keine Sorgen, und betrüben Sie sich nicht, ich will Sie auf einmal von allem befreyen, und die Sache so einrichten, daß sich der Herr Vice-Re einmal wird bewegen lassen, alle diese Bösewichter von Paraguai zu vernichten; und daß er hierauf in sein Zelt gegangen seye, und ein langes Decret aufgesetzt habe, welches hernach von dem besagten Don Balthasar seye bestättiget worden, und daß er nach Maaßgebung desselben die Auflagen aufgesetzet habe, welche die Zeugen alsdann bekräftiget hätten; und daß, wofern er sich nicht ins Mittel geschlagen, Don Balthasar nichts würde unternommen haben. Diese Worte sind gewiß von dem Don Rocco, und sind ihm so eigen und natürlich, daß niemand, der ihn kennet, daran zweifeln wird. Es ist ferner gewiß, daß alle, oder die meisten von diesen Zeugen sich durch die Gunst der Jesuiten erhalten, als welche ihnen erlauben, in ihre Festungen zu kommen, und ihnen einige Güter anvertrauen, womit sie sich helfen und erhalten, und den Jesuiten so unterwürfig sind, daß sie, denselben zu gefallen, wohl Ketzereyen unterschreiben, und ganz sicher davor sind, daß ihnen bey diesen und andern ungerechten Dingen kein Schade wiederfahren kann. Ausserdem habe ich bey einigen Anhängern der Jesuiten gewisse ausserordentordentliche Boßheiten und verderbte Gesinnungen wahrgenommen und erfahren. Die Jesuiten haben gegen die Personen, welche diese Vorzüge an sich haben, alle nur mögliche Hochachtung, und bemühen sich auf alle Weise dieselben zu beschützen, weil sie wissen, daß sich diese nicht schämen, oder ein Gewissen daraus machen, ihnen mit ihren Personen und eigenen Zeugnissen in allen Ungerechtigkeiten, welche die Jesuiten vorhaben, zu dienen. Um dieser Ursache willen muß man auch die drey Zeugenverhöre verwerfen, und sie als falsche, ungerechte, und nichtswürdige Urkunden ansehen, und zwar so, daß die Tribunale und die Richter, welche ihre Handlungen, so wie es GOtt gefällt, nach der Gerechtigkeit abmessen wollen, nicht nach demselben verfahren oder etwas beschließen dürfen. Dieses ist meine Meinung, und so bekenne ich es mit einer standhaften und catholischen Gewißheit. (48)

Don Martin de Chavarri e Vallezo der Conservator in jener Stadt, und würcklicher General ließ von dem H. Bischoff Don Fr. Joseph Palos ein Zeugniß machen, welches in den Acten befindlich ist. Die Ueberredungen hierzu waren so lebhafft, daß der H. Bischoff viele Tage zubringen muste, ehe er ihn dazu bereden konnte, bis er es endlich wider seinen Willen that, und es so machte, wie es dem H. Bischoff gefiel; und es auch vermöge eben dieser Vorstellungen unterzeichnete, welches wohl vornemlich deswegen geschah, weil der besagte Don Martin de Chavarri gar sehr die Ruhe liebt; folglich wenn man ihm eine Klippe vormahlet, woran er scheitern könnte; so wird

---

(48) So ist es auch. Man sollte die Anhänger und Devoten der Jesuiten nach dem Völker-Recht anschlägen Zeugen zu seyn, und sie in keinem Gerichte, oder Processe verhören. Allein ihre guten Freunde thun das Gegentheil: sie glauben weder den Berichten, noch Erzehlungen der glaubwürdigsten Personen, noch den Processen, noch Urtheilen der Magistraten, und der rechtmäßigen Richter, noch auch den Fürsten selbst, und nehmen nichts vor wahr an, als was die Jesuiten sagen, nicht anders als ob sie Evangelisten wären. Dem ungeachtet verschaffen sie dadurch den Jesuiten kein Ansehen, sondern verringern es vielmehr; deswegen man sie auch abhalten solle, Zeugnisse zu geben.

wird ihn die Vorstellung davon schon in Furcht setzen, und er wird sich leicht in einen Abgrund werfen lassen, und dabey glauben, daß dieses Uebel noch kleiner sey, als dasjenige, was er sich vorgestellet hatte.

Don Joh. Caballero de Anasco ein anderer Conservator der Stadt deŭ Assunzione legte ein anders Zeugniß ab. Allein über diesen wundere ich mich gar nicht, weil er ein sehr fauler, verleumderischer, und liederlicher Mann in allen seinen Sachen, und ein blinder und thörichter Anhänger der Jesuiten ist, indem er ihnen bisweilen Gefälligkeiten thun will, und ihnen durch seine große Unachtsamkeit nachtheilig wird. Dem ungeachtet ist er allein nicht im Stande, das geringste Zeugniß aufzusetzen, noch eine jede andere Schrifft oder Sache mit der gehörigen Anständigkeit zu machen. Er besitzt aber die große Gelehrigkeit sich zu verführen, und zu allem bereden zu lassen, was unrecht und schädlich ist.

Don Dionysius de Otazu der königl. Fähnrich ist sehr einfältig, und träge. Seinem Character nach ist er sehr veränderlich; obgleich diese Unbeständigkeit keine Bosheit, sondern vielmehr eine Ergebenheit gegen demjenigen ist, der ihn beherrschet. Er glaubt, daß die Leute nicht irren können, die mehr wissen als er, und hält es vor eine Tugend dasjenige zu vollziehen, was sie ihm vorschlagen, ohne daß er sich die Mühe nehmen sollte, die Gesinnung zu entdecken, die sie dabey haben, und die Absicht zu erforschen, worauf die Handlung gerichtet ist, so daß er bey der Vollziehung dessen, was er nicht begreiffen kann, und ihm von andern ist gerathen worden, eine völlige Ruhe und Zufriedenheit behält.

Der getreue Diener Don Andrea Benitz ist eine rechte Tiefe der Einfalt, und das rechte non plus ultra einer treuherzigen Kaltsinnigkeit. Er ist nicht nur von Natur gelehrig und von gutem Verstande, sondern besitzet auch noch überdieses eine so seltene Annehmlichkeit, daß er sich mit Recht vor einen vernünftigen aber unschmackhaften Kürbiß halten könnte. Er wird eher zwanzig Versicherungen aufs Ungewiße machen, als sich auf eine einschränken, welche ihm eini zur Verantwortung kostet, oder welche einige Bedenklichkeit bey denen verursachen könnte, welche der Eifer und die Redlichkeit belebet, wenn sie die Materien genauer untersuchen wollen, um ihren Ausspruch mit Sicherheit darnach einzurichten.

Diese sind die vier Conservatoren, welche ohne einiges Nachdenken alle Wege betreten, welche ihnen von den Jesuiten angewiesen sind, und die mit verbundenen Augen bey dem Anfang des Gebets schon Amen sagen. Gleichwie nun der H. Bischoff Palos sich mit so großem Eifer der Vertheidigung der jesuitischen Händel unterzogen hat, ob er wohl selbst von vielen Dingen die Unbilligkeit einsiehet, wie er mir selbst bekannt hat, so hält er diese vier Conservatoren in einer besondern Unterwürfigkeit, und beweget sie und lenket sie, wie es ihm gefällt; und sie sind deswegen auch bey Sr. Excellenz dem Vice-Re sehr wohl angeschrieben, wie aus den Briefen erhellet, die sie von Sr. Excellenz erhalten, und die sie mir selbst gezeiget haben, welches aber ganz natürlich zugeht, und aus den häufigen Berichten herrühret, welche die Jesuiten und der H. Bischoff von ihnen überschickt haben. Da aber Se. Excellenz so weit von Paraguai entfernt ist, und gewisse Dinge von den Jesuiten nicht vermuthet, die so wenig miteinander übereinstimmen; ob man gleich gesucht hat eine Nachricht davon zu übergeben, der man aber keinen Zugang verstattet hat; so beziehet sich hierauf auch die Vorstellung, welche man an beyden Höfen von den vier Conservatoren, und von der Provinz Paraguai gemacht hat, obgleich diese so künstliche eingerichtete Vorstellung, und die angeführten Berichte der Jesuiten und des H. Bischoffs so weit von der Wahrheit entfernet sind, als die Wahrheit von der Lügen unterschieden ist.

Der Conservator Don Joseph de Urunaga, welcher wenige Tage nach meiner Abreise von Assunzione starb, ist am heftigsten verleumdet worden und die Jesuiten und der H. Bischoff haben wider ihn das ganze Geschütz der Ungerechtigkeit, und des Neides gerichtet gehabt. Dahero hatte ich mir auch wegen der entsetzlichen Beschreibungen, welche mir die Jesuiten in dem Collegio zu Cordoba von dieser

Person

Person machten, da sie von der mir aufgetragenen Commission gehöret hatten, und mir andere Patres des Collegii zu S. Fede und de los Corrientes durch Briefe beybrachten, von diesem besagten Urunaga einen solchen Begriff gefasset, welcher demjenigen ähnlich ist, den ich mir hätte von einem Luther oder Friedensstöhrer machen können; so daß ich, ohne ihn zu kennen, seine Person verhaßt und verabscheuet habe. Hingegen kann ich Ew. Herrlichkeiten versichern, daß ungeachtet der besagte Urunaga einer von denen war, mit welchen ich den wenigsten Umgang hatte, indem ich ihn mit den andern nach meinen empfangenen Befehlen des Landes Verwiesenen abreisen ließ, ich doch seine seltene Gaben aufs deutlichste erkannt habe, welche mit einer solchen Klugheit, Mäsigung, guten Aufführung, und löblichen Standhaftigkeit begleitet waren, daß ich in Betrachtung seines großen Verstandes, und Gerechtigkeit, mit Wahrheit sagen muß, daß er den ersten Platz unter den berühmtesten von seinen Landsleuten behaupten, und sich auch den Ruhm der Weißheit unter den angesehnsten in großen Städten erwerben konnte. Endlich schien er mir ein Seneca mit dem Schwerdt zu seyn.

Don Antonio Ruiz de Arellano, Don Franciscus de Roxas, und Don Michael de Garai, welche ebenfalls als vertriebene weggiengen, sind die drey Conservatoren, welche nebst dem Urunaga die Gerechtigkeit und die gute Parthey der Provinz vertheidigten, und diese letztern sind ebenfalls redliche, ehrliebende, und gerechte Männer, welche wohl wissen, was sie thun, und was zur Erfüllung ihrer Pflicht erfordert wird. Da nun dieses ganz gewiß ist; so hat man sie deßwegen durch eine abscheuliche Lästerung in die niedrigste und schlechteste Classe von Leuten zu setzen gesucht.

Ich empfieng zugleich mit der Ernennung zum Richter über die Provinz Paraguai, und nebst andern Briefen, welche mir Se. Excellenz der Herr Vice-Re Marquis di Castelfuerte zu schicken beliebt hatte, auch einen Brief von Sr. Excellenz an den H. Bischoff Palos, welchen ich ihm noch an eben dem Tage in seine eigene Hände überlieferte, da ich in der Stadt dell'Assunzione ankam, und als er den Brief gelesen hatte, sagte er zu mir, daß ihm der Herr Vice-Re meine Person sehr empfohlen habe, und daß er ihn ersuchte, alle Achtung gegen mich zu haben, und mich nach seinem großem Eifer und Geschicklichkeit in allen Stücken zu unterrichten, was zur glücklichen Ausführung meiner Commission dienlich seyn könnte; hierauf wollte mir der H. Bischoff nach diesen und andern Ausdrücken, die in dem Briefe Sr. Excellenz stehen sollten, den Brief selbst zu lesen geben, damit ich desto besser davon versichert würde, allein ich sahe die Verwegenheit ein, welche ich bey Lesung des Briefes begehen würde, da mir der H. Bischoff den Inhalt desselben bereits gesaget hatte, und entschuldigte mich also gegen ihn, daß es mir zu meiner Belehrung und völligen Ueberzeugung schon genug seye, daß ich den Inhalt des Briefes von dem H. Bischoffe vernommen hätte.

Damahls und noch lange Zeit nach meiner Ankunft in jener Stadt wuste ich nichts von allem, was ich hier in diesem Berichte erzehlet habe, indem ich es erstlich mit der Zeit und durch die Erfahrung und bey der genauen Untersuchung der Sachen einsahe, und deutlich, umständlich und unpartheyisch erfuhr. Hiernächst hatte ich auch nicht die geringste Ursache ein Mißtrauen in den H. Bischoff zu setzen, noch zu glauben, daß er bey seinem ehrwürdigen Amte so viele Leidenschaften besitzen würde; und zwar um so viel mehr, da ich mich nach demjenigen richten muste, was Se. Excellenz der Vice-Re in seinem Briefe sagte, und bey meiner Ankunfft nicht so gleich Gelegenheit hatte, die unpartheyischen Personen kennen zu lernen, indem die meisten von ihnen in ihren Häusern und Meyerhöfen von der Stadt entfernet leben, und nur dahin kommen, wenn sie etwas nöthig haben. Nun war mir nach den erwehnten Briefen anbefohlen, daß ich mich sogleich bemühen sollte dreyßig unpartheyische Zeugen nach dem Inhalt der Artickel zu verhören, welche der H. Fiscal dieser königl. Audienz aufgesetzt hatte, und daß ich hernach zur Untersuchung anderer weitläuftiger und langwieriger Beweise fortgehen sollte, indem allein in dem Beweise, den man von Seiten des Don Joseph de Antequera gegeben hatte, 214. Artickel

ckel enthalten waren, und 185. aus solchen bestunden, welche der Procurator von dem Don Joh. de Mena vor sich überreichet hatte. Dieses alles sollte nun in einer Zeit von zwey Jahren vollendet werden, und als ich nach Paraguai kam, war bereits die Hälfte dieser bestimten Zeit verflossen, so daß ich meine Bemühung verdoppeln muste, damit mir es nicht an der Zeit fehlen möchte.

Unterdessen wünschte ich nichts mehr, als daß ich meine Pflicht vollkommen erfüllen, und mein Gewissen beruhigen möchte. Da ich aber sahe, daß ich diejenigen unmöglich würde kennen lernen, welche wahrhaftig bey den Vorfallenheiten der Provinz unpartheyisch seyn möchten; so wurde ich genöthiget (und zwar zu meiner jetzigen großen Beruhigung) diesen starken Zweifel wegen der angeführten Ursachen dem H. Bischoffe zu entdecken. Kaum hatte er mich angehöret, so sagte er, daß dieses, was man mir aufgetragen hätte, unmöglich sey; denn, setzte er hinzu, wie wollen Sie bey ihrer Ankunft sogleich die Einwohner dieser weitläuftigen Provinz kennen lernen, da ich es bey meinem langen Auffenthalte in diesem Lande nicht habe dahin bringen können? Der H. Bischoff war hierauf gleich bereit mir unpartheyische Personen zu nennen, damit ich sie durch den General Don Martino de Chavarri, den er besonders lobte, möchte vorrufen lassen; allein ich stellte dem H. Bischoff mit allem Eifer und nach meiner Verbindlichkeit vor, daß er doch belieben möchte, noch zu warten und die Wichtigkeit der Sache zu betrachten, und daß er bey einer so schweren Sache bedenken sollte, daß ich ihm mein Gewissen übergeben hätte, und auf ihn mein Vertrauen setzte, welches Se. Excellenz der Vice. Re zu ihm hätte, und daß er als Fürst, Bischoff, Consultor und mein Gönner mich in diesen Stücken auf sichere, reine und gerechte Wege führen würde, als welche ich in allen meinen Handlungen, und insonderheit bey der Wahl der dreyßig unpartheyischen Zeugen, die man verhören sollte, zu betreten wünschte.

Diese und andere nachdrückliche Vorstellungen legte ich dem H. Bischoffe mit solchem Eifer und Heftigkeit vor, daß er sie ausnehmend rühmte,

rühmte, und mir zu wiederholtenmahlen andere Dinge vorsagte, welche ebenfalls auf meine Vorstellungen abzieleten, und mir versprach, daß er hierbey mit aller Aufrichtigkeit, Redlichkeit und Unpartheylichkeit, welche bey einer so wichtigen Sache erfordert würde, verfahren wollte; worauf mir der H. Bischoff auch sogleich zehn bis zwölf Personen nennete, die mir nicht einmal dem Nahmen nach bekannt waren, und auch würcklich ihre Erklärung über die von dem H. Fiscal zu Lima Don Caspar Perez Buelta aufgesetzte Artikel, nebst andern Personen ablegten, die mit Genehmhaltung des H. Bischoffs bis auf dreyßig erschienen.

Jedoch ungeachtet meiner inständigen Bitte, welche ich dem H. Bischoff gethan hatte, sahe ich hernach gar wohl ein, daß unter diesen Zeugen, welche unpartheyisch seyn sollten, viele sehr rachgierig und partheyisch waren, sowohl von den Einwohnern in Paraguai, als auch von den Einwohnern von Villa Ricca, die größtentheils wegen der oben angezeigten Ursachen öffentliche Anhänger der Jesuiten sind. Allein es war damals, als ich dieses erfuhr, nicht mehr Zeit dem Uebel abzuhelfen, und blieb mir nichts übrig, als daß ich mit dem äussersten Mißvergnügen sehen muste, daß meine Absicht durch dieses Mittel, welches mir das sicherste und beste zu seyn schien, vereitelt worden.

Da ich nun die gerichtliche Untersuchung geendiget hatte, welche ich wider den Don Raimondo de los Planas angefangen hatte, und auch diese bald zu Ende gieng, welche man wider den General Don Sebastian Ferdinandez Montiel fortsetzte, und bereits anfieng den Beweiß der dreyßig unpartheyischen Zeugen zu untersuchen, welche nach den von dem H. Fiscal aufgesetzten Articuln ihre Erklärung thun sollten; so verfügte ich mich zu dem H. Bischoff, und als wir von verschiedenen Sachen geredet hatten, sagte er mir, wie er vor gewiß glaubte, daß in den erwehnten Artickeln einer oder mehrere seyn möchten, nach welchen die Zeugen den Schaden und Verlust hätten anzeigen sollen, den die Jesuiten an ihrem Collegio, und an ihren Gütern nach ihrer darüber geführten Klage erlitten hätten. Wie ich nun merkte,

te, daß der H. Bischoff und die Jesuiten von den erwehnten Articfeln bereits durch Briefe unterrichtet waren, die sie von Lima erhalten hatten, so sagte ich ihm, wiewohl etwas zweifelhafft, daß ich es auch davor hielte, und in der Meinung stünde, daß dieses darinn enthalten seye, was der H. Bischoff gesagt hatte. Hierauf sagte er ferner mit großem Nachdruck, daß es eine sehr wichtige Sache seye, diese Articfel zu unterdrücken, und den Zeugen nur die darauf folgende vorzulegen. (1) Ich versichere Ew. Herrlichkeiten, daß mir diese Zumuthung eine ganz unerwartete Neuigkeit war. Nichts destoweniger antwortete ich dem H. Bischoff unverzüglich, daß ich nicht wüste, wie ich dieses thun könnte, indem ich es als eine offenbare Uebertrettung meiner Befehle ansehen müste, und daß ich nicht unterlassen könnte, den Zeugen alle Articfel vorzulesen, und daß der Minister, der sie aufgesetzt hätte, die Wichtigkeit derselben wüste. Nach diesen und andern Vorstellungen, die ich ihm that, fieng er aufs neue an, darauf zu beharren, indem er mir sagte, daß wegen des Ansehens der Jesuiten sehr viel daran gelegen seye, diese Articfel unberührt zu lassen, (2) weil dieselben dem Herrn Vice-Re geschrieben hätten, daß sie bey Gelegenheit der erwehnten Vertreibung einen beträchtlichen Schaden erlitten hätten, ob es gleich nicht so gewesen wäre. Und es war in der That ganz gewiß, daß sie keinen Schaden, oder Verlust erlitten hatten, der sich über drey oder vier hundert Stück von Achten hätte belauffen können, und überdieses ein groß Aufsehen würde gemacht haben, wofern die Zeugen die wahre Beschaffenheit dieser Begebenheit gesagt hätten, und diese Erzehlung

---

(1) War dieses nicht ein offenbares Zeichen der bösen Sache der Jesuiten? Man bemerke unterdessen, wie die Anhänger der Jesuiten alles zu thun pflegen, um nur der Gesellschafft zu dienen.

(2) Hier ist die rechte Schwärmerey, oder so zu sagen die Ketzerey, wenn man den Credit erhalten will; sich durch ihr reden, durch ihr schreiben, und durch ihr ganzes thun beständig verliebren. Dieses heißt wohl recht, etwas versuchen, was unmöglich ist, und das Haus des Nachbarn unterstützen, der es doch selbst öffentlich einreißet.

gehlung nicht mit dem Berichte der Jesuiten übereinstimmig gewesen wäre; welches gewiß so viel zuwegengebracht hätte, daß man auf die Klagen und Vorstellungen der Jesuiten gar keine Rechnung mehr gemacht haben würde. Ich verwunderte mich hierüber von neuem, daß ich aus dem Munde eines Prälaten dergleichen Ursachen hörte, bey welchem sich doch die Liebe zur Wahrheit und Gerechtigkeit finden soll. Jedoch ungeachtet aller dieser Ueberredungen des Herrn Bischoffs blieb ich auf meinem Vorhaben unbeweglich, daß ich die besagten Artickel weder verhelen noch verändern könnte, und suchte mich mit aller Ergebenheit und möglichen Hochachtung dabey zu verhalten, und durch andere Gegenstände diese Rede abzubrechen, welche mir in Wahrheit sehr verdrüßlich fiel, und dabey sehen muste, daß der Herr Bischoff auf keine Weise mit meiner Entschuldigung sich zufrieden stellen wollte, und mich durch dergleichen Vorschläge immer mehr in erstaunen setzte.

Drey Tage hernach besuchte mich der Herr Bischoff in meinem Hause, und sagte mir nach den gewöhnlichen Ceremonien ohne etwas anders zu reden, folgendes: Ich habe auf eine sichere Manier gedacht, damit Sie die erwehnten Artickel nicht berühren, oder erwehnen dürfen, und sich doch dabey in einem guten Credit erhalten. Ich wunderte mich zwar wiederum zu meinem großen Mißvergnügen über die erstaunliche Widersetzlichkeit des Herrn Bischoffs; doch fragte ich ihn, was dieses vor ein Mittel wäre. Er sagte mir hierauf, daß er an Se. Excellenz den Herrn Vice-Re schreiben, und ihm die mir schon erzehlten Gründe mittheilen, und seiner Excellenz deutlich vorstellen würde, daß alle Schuld oder Tadel, welcher hieraus entstehen könnte, dem Herrn Bischoffe zuzuschreiben seye, und daß er es auf sich nehmen wollte, und daß ich von den Jesuiten noch über dieses vollkommen würde befriediget werden. (3)

---

(3) Dieses sind die gewöhnlichen Mittel die Gerechtigkeit zu blenden. Fallen sie nicht auf gewisse Minister, welche die Redlichkeit und die Wahrheit höher als das Gold schätzen, so haben sie ihre Sachen gewonnen, sie unterdrücken die Unschuld, und bahnen sich die Strasse ihre Bosheit fortzusetzen.

Ich verfichere Ew. Herrlichk. mit der vollkommensten Aufrichtigkeit und reinsten Wahrheit, daß ich bey Anhörung solcher Dinge dergestalt in Verwirrung gerieth, daß ich mich innerlich recht darüber ärgerte. Ich unterdrükte aber doch soviel möglich meinen Unwillen und antwortete ihm mit der grösten Mäßigung und Ehrfurcht, und entschuldigte mich, daß ich dasjenige, was mir der Herr Bischoff vorgeschlagen hätte, nicht thun könnte, biß er mir endlich einen neuen Vorschlag thate und sagte: Ob es nicht genug sey, daß der Herr Bischoff alles über sich nehmen wollte? Ich antwortete ihm hierauf: Mein Herr, ich zweifle gar nicht, daß Se. Excellenz der Herr Vice-Re alles dasjenige hochschäzen wird, was ihm der Herr Bischoff mittheilet, und bin versichert, daß Se. Excellenz dem Herrn Bischoff mit derjenigen grossen Achtung und Höflichkeit begegnen wird, welche er gegen alle Bischöffe heget; da ich aber kein solches Ansehen und Character habe, welcher mich vor dem Unwillen Sr. Excellenz sicher stellen könnte; so wird er mich tadeln, und mir einen beißenden Brief schreiben, und alles mit mir vornehmen, was ihm gefallen wird, weil ich kein Gutachten in solchen Materien einholen darf, wobey gar keine Schwürigkeit ist, wie bey dieser. Hierauf schwieg ich stille. Und obgleich der Herr Bischoff noch einige Worte hinzusezte, und sich über die Schwürigkeit wunderte, die ich dabey machte, so antwortete ich ihm doch nichts mehr, und suchte nur die grosse Verlegenheit zu verbergen, in welcher ich mich befand, und endigte auf diese Weise die Unterredung, worauf er sich bald bey mir beurlaubte und fortgieng.

Dieses ist der erste Fall gewesen, wobey ich den Eifer erkannte, womit der Herr Bischoff sich bemühete, den Jesuiten eine Gefälligkeit zu erweisen. Jedoch getrauete ich mir keinesweges noch über eine so unbillige Forderung ein Urtheil zu fällen, und entschuldigte ihn vielmehr selbst, indem ich es der allgemeinen Neigung eines jeden zuschrieb, der einmahl eine Sache zu beschützen suchet, biß ich hernach von dem Herrn Bischoff viele Handlungen gesehen habe, bey welchen ich sagen muß, daß er in Ansehung der Vorfallenheiten in Paraguay, und der Dinge, welche die Jesuiten angehen, wider eben das verfähret, was er selbst weiß und erkennet, und daß er durch seine Lebhaftigkeit, und seinen Verstand alles dasjenige zu Stande zu bringen suchet, was den Einwohnern von Paraguay nachtheilig seyn kann, damit er sich nur die Jesuiten verbindlich machen möge, und deßwegen ihren Schmähreden und Beschuldigungen allen Glauben beymisset, und noch dasjenige hinzusetzet, was zur Erreichung ihrer Absichten dienlich seyn kann. (O die blinde Welt!)

Eine Sache, welche dieses bestättiget, bestehet darinn, daß, bey Erscheinung der Zeugen nach dieser dringenden Vorstellung des Herrn Bischoffs, viele derselben aussagten, daß die Jesuiten einen beträchtlichen Verlust und grossen Schaden in ihren Meyereyen und an ihren Schaafen und Kühen gehabt hätten. Nun mögen Ew. Herrlichkeiten dasjenige selbst erwegen, was man bey sogestalten Sachen Dero Betrachtung und vollkommenen Erkenntniß vorstellet.

Ich muß endlich zur Beförderung der Wahrheit und zur Rettung meiner Pflicht und meines Gewissens sagen, daß alles oder doch das meiste von dem, was die dreyßig Zeugen über die Artickel des H. Fiscals ausgesagt haben, eben so unbillig und ungegründet als dasjenige ist, was die Zeugen bey den ausführlichen Berichten des Obristen Don Balthasar Garzia Ros angegeben und unterzeichnet haben; indem sowohl die erstern als auch die letztern partheyisch und boshaft dabey gewesen sind, und sich durch die Ueberredungen anderer haben verführen lassen. Die andern Zeugen, welche von dem Procurator des Don Joseph de Antequera zum Beweis, den dieser gab, vorgestellet, und auch ebenfalls wegen des Don Joh. de Mena e Velasco sind verhöret worden, haben noch am meisten die Wahrheit der Begebenheiten ausgesagt, weil viele von diesen Dingen, die sie bekannt haben, offenbar sind, und nicht nur der Himmel, sondern auch die Menschen wissen, die ihre Augen nicht von einer blinden, boshaften und verderbten Leidenschaft gebunden haben. Diese Zeugen der letztern Beweise lieben und suchen die Gerechtigkeit, und beklagen sich und schreyen über die Bedrückungen,

ſungen, Beleidungen, Schaden und Läſterungen, welche ſie wegen des tödtlichen Haſſes und wegen der ungerechten Verfolgung der Jeſuiten und ihrer Anhänger (4) erlitten haben.

In einer von den letzten Unterredungen, welche ich in Paraguay mit dem bemeldten Herrn Biſchoff Palos hatte, ſagte er mir noch mit groſſer Standhaftigkeit, daß Don Joſeph de Antequera ſich durch ſeine eigene Schuld unglücklich gemacht hätte, und daß er ſeine gute Einſicht nicht wohl angewendet habe, weil er dem Don Balthaſar Garzia Ros nicht nachgefolget ſey, da er noch Gouverneur in Paraguay war und ſich in allem den Jeſuiten unterwarf und daraus einen groſſen Reichthum zog. (5) Denn ſo bald er in der Stadt von St. Fede anlangte, übergab er dem P. Procurator alle die Waaren, die er mit ſich führte und der beſagte P. Procurator ſchifte ſie auf den Schiffen der Mißionen in jene Doctrinen und inſonderheit in die erwehnten vier Veſtungen, welche am nächſten bey Paraguay liegen, wo man dieſe Waaren mit andern Gütern zuſammen that, welche man auf Rechnung der Jeſuiten vor ihren Handel abführte, den ſie mit den Einwohnern von Villa Ricca und von Curugati haben, und die Jeſuiten verkauften dieſe Waaren mit den ihrigen, und führten ſie ſelbſt auf ihren Schiffen zu dem Procurator der Mißionen in dem Collegio zu St. Fede, der ſie hernach um baares Geld verkauft, und ſchiften hernach dem Don Balthaſar nach Abzug der Unkoſten ſeinen Antheil, womit er machen konte, was er vor gut befand. Auf dieſe Weiſe giengen die Güter und Waaren vor den Don Balthaſar insgeſamt durch die Hände der Jeſuiten und vornehmlich zu der Zeit als er Gouverneur von der Provinz Paraguay war. Der Herr Biſchoff ſetzte noch hinzu, daß er ſich in der kurzen Zeit ſeiner Regierung durch dieſes Mittel mehr Schätze erworben hätte

---

(4) Dieſe Anhänger ſind viel verderbter und ſchädlicher als ihre Principalen ſelbſt, denn ſie thun dem menſchlichen Geſchlechte unmittelbar mehr Schaden, und richten mehr Böſes an als die Jeſuiten ſelbſt.

(5) Man hoffet zu dem gerechten GOtt, daß dieſe Kette einmal brechen wird.

hätte, als wenn er in diesem Amte viele Jahre geblieben wäre, (6) denn da die Procuratoren und Pfarrer der besagten Mißionen sehr geschikte Kaufleute sind, so suchten sie dasjenige, was sie verkauften, immer mehr zu erhöhen, und arbeiteten also vor seine Rechnung. Hierauf beschloß der Herr Bischoff diese Rede, und sagte, daß, wenn der Don Joseph de Antequera es eben so gemacht hätte, so würde er viel reicher und angesehener geworden seyn, und die Patres würden ihn geliebet haben, und er würde sich nicht in der Noth befinden, die er jetzt ausstehen muß, weil er andern Maasregeln gefolget ist, und die Jesuiten beleidiget hat. (7)

Ich hörte mit grosser Gedult zu, und war auf diese Erzehlung des Herrn Bischofs sehr aufmerksam, ohne daß ich sie unterbrach oder ihm im geringsten widersprach; ob ich mich gleich ausserordentlich wunderte, daß ich hören muste, wie ein Prälat diesen Handel und das Gewerbe der Pfarrer Mißionarien (8) so erheben und genehmhalten konnte, und dabey noch andere Betrachtungen machte, die daraus herflossen, und sich meinem schwachen Verstande darstellten, um dasjenige zu rechtfertigen, was ich von den Jesuiten und von der blinden Sclaverey des guten Cavaliers und gehorsamen Don Balthasars gesagt habe.

Mit dieser leichten Mühe also, welche die Jesuiten anwenden, um ihren Handel in guten Stand zu setzen, beherrschen sie die Gouverneurs, Richter und insonderheit die Bischoffe, als welche ihre Capitalien durch die Hände der Jesuiten nach Spanien schicken, und durch ihre gute Vorsprache hoffen, die besten Aemter zu bekommen. Damit sie nun diese so sehnlich gewünschte Absicht erreichen, (die bey den meisten Bischöffen anzutreffen ist) so tragen sie kein Bedenken, den Jesuiten in allem,

---

(6) Ich zweifle im geringsten nicht, daß einer, der in wichtigen Aemtern stehet, und der Gesellschaft dienen kann, Mangel am Geld leiden dürfe.

(7) Die guten Patres waren nicht eher zufrieden, als biß sie ihn durch ihre Verleumdungen zum Tode verdammt haben. Jedoch sein Blut schreyet noch um Rache zu GOtt wider die treulosen Verfolger. Ich ermahne sie Busse zu thun, wenn es noch Zeit ist.

(8) Die verblendeten Anhänger der Jesuiten sind verbunden alle Bosheiten ihrer Principalen zu vertheidigen und anzupreisen. O eine wunderliche Sache!

sem, was sie nur erdenken können, zu Gefallen zu leben. (9) Ob nun gleich viele von diesen Dingen, die sie suchen, schädlich sind, und alle Vernunft und Gerechtigkeit beleidigen; (10) so lassen sich doch dem ungeachtet die Bischöffe, die nicht Macht noch Muth genug haben, demselben zu widersprechen, von dem Strome mit fortreißen, billigen dergleichen Dinge und suchen sie zu befördern, wie es der Herr Bischof Don F. Joseph Palos bey verschiedenen Berichten und insonderheit in einem zu Lima und Madrit gedrukten Briefe gemacht hat, den er als eine Antwort an den Don Joseph de Antequera geschrieben, worinn der Herr Bischof in der That seiner Feder freyen Lauf gelassen hat; aber auch sich so weit von der Wahrheit der Begebenheiten entfernet hat, daß ein vernünftiger Mensch sich ärgern muß, wenn er siehet, daß man darinn gewisse Fälle besonders bestättiget hat, welche keinen andern Grund haben, als den ihm die Erfinder davon, die es dem Herrn Bischof erzehlet, oder eingegeben haben, geben wollen.

Damit aber Ew. Herrlichkeiten diese so deutliche Beschreibung entschuldigen mögen, welche wider alle Wohlanständigkeit, und Ehrerbietung zu seyn scheinet, womit man den Herrn Bischöffen begegnen muß, und welche ich in der That mit der allerlebhafftesten Rührung aufgesetzet habe; und damit ferner Dieselben erkennen, wie weit sich die Leidenschafft erstrecken könne; so sehe ich mich genöthiget zu sagen, daß der Herr Bischoff Don Fr. Joseph Palos im Jahr 1724. bey seinem Aufenthalt in der Stadt von Paraguai an den P. Joseph Aguirre den Rector des großen Collegii zu Cordoba in Tucuman schrieb, und demselben vier oder fünf unterschriebene weise Bogen Pappier überschickte,

damit

---

(9) Es fällt mir oft die unveränderliche Redlichkeit des Herrn Casali ein, der sich niemahls von den Jesuiten hat verführen lassen, obgleich sein Bruder der Jesuit die Hand ausstrekte, um ihm die Augen zu verbinden.
(10) Ich arbeite jezt würklich an einer Sammlung der ungerechten und schädlichen Processe, welche die Jesuiten in den Gerichten des Kirchen-Staats in den neuesten Zeiten erreget und geführet haben. Ich werde sie hernach bey der ersten Gelegenheit, welche mir die Jesuiten darzu geben werden, bekannt machen.

damit der erwehnte P. de Aguirre, welcher der Urheber aller Unruhen in Paraguai gewesen war, dieselben ausfüllen und alles darauf setzen möchte, was er vor dienlich erachtete, und sie hernach an Se. Majestät und an Se. Excellenz den Herrn Vice-Re mit der Unterschrifft von Paraguai überschicken möchte. (11) Und in Wahrheit der P. Aguirre machte es so, und fügte noch zu diesen Bogen verschiedene andere mit langen Erzehlungen und ungegründeten Muthmassungen hinzu; welches alles wieder die Einwohner von Paraguai gerichtet war, und sowohl in Lima als auch in Madrit einen grossen Eindruck machte, indem man diesen Berichten des Herrn Bischoffs vollkommen glaubte, bey welchen doch nichts als die Unterschrifft von ihm herrührte, die er 500. Meilen weit geschickt, und seine Meinung und sein Gewissen ohne alle Ueberlegung der unmäßigen Leidenschafft einer so rachgierigen Person, wie der besagte P. Aguirre in diesen Dingen war, übergeben hatte.

Dieses vielleicht unerhörte Beyspiel eines Bischoffs ist ganz unfehlbar gewiß, und in der Wahrheit gegründet, und wurde mir zu meiner grösten Betrübniß im Jahr 1729. von dem P. Thomas de Araoz dem Jesuiten selbst erzehlet, welcher die bemeldten Berichte, so wie es ihm der P. de Aguirre sein Vetter in dem Collegio zu Cordoba 1725. vorgesagt, hatte abschreiben müßen; worauf er hernach im Jahr 1726. in das Collegium zu Buenos-aires kam, woselbst ich mit diesem P. Araoz fleißige Unterredungen und vertrauten Umgang gehalten habe.

Der Character im schreiben von dem P. Araoz ist sehr bekannt; und ich habe noch verschiedene Briefe und Schrifften bey mir, die er eigenhändig geschrieben hat, wovon ich Ew. Herrlichkeiten einige überschicken werde, damit Dieselben selbst auf diese Weise eine Vergleichung der geschriebenen Berichte des Herrn Bischoffs anstellen können, (12) welche

---

(11) Hier si.het man, wie weit die Blindheit der jesuitischen Anhänger und vornehmlich derer gehet, welche es um des Interesse willen sind.
(12) Kann man wohl deutlichere Beweise von der erstaunlichen Boßheit des Bischoffs und der Jesuiten verlangen?

welche in den Händen Sr. Excellenz des Vice-Re seyn werden, wofern man sie nicht schon Sr. Majestät überschickt hat; und damit die Wahrheit dessen, was ich gesagt habe, uud das aufrichtige Bekenntniß des P. Araoz noch mehr bestättiget werden möge.

Ich könnte noch viele andere Fälle und Begebenheiten, die ich selbst erfahren habe, und mit demjenigen, was ich oben angeführt habe, genau übereinstimmen, bey dieser Gelegenheit erzehlen. Allein die wichtigen Geschäffte, worinn ich mich befinde, erlauben mir dasjenige nicht, was ich wünschte, um die Wahrheit dessen, was geschicht, und was die Jesuiten in den Missionen und in Paraguai vornehmen, noch mehr an Tag zu bringen; welches alles jedoch demjenigen, was ihr Orden und die H. Regel der Missionarien erfordert, (der Titul der um die Kirche so hochverdienten erfordert) gerade entgegen stehet, und doch von den Herrn Bischöffen, Gouverneurs und andern Richtern mit so vieler Mühe und mit so großer Gewalt vertheidiget und geschützet wird, weil sie alle überhaupt der blinden Sclaverey unterworfen sind, den Jesuiten zu gefallen, und ihnen auch in ungerechten, und dem Dienste des Königes entgegenstehenden Dingen zum Nachtheil seiner spanischen Unterthanen zu dienen, damit sie nicht die Beförderungen verliehren, die sie durch die Vorbitte der Jesuiten gewiß erlangen, oder damit sie nicht in das große Elend und in die Verspottung gerathen mögen, welche alle diejenigen erdulden müßen, (13) die nicht unter dieser allgemeinen, obgleich ungerechten und abscheulichen Unterwerfung leben wollen.

Ich will nur bloß dieses hinzusetzen, daß die Jesuiten über die großen und fruchtbaren Ländereyen der Missionen in Paraguai, und über diejenigen, welche unter der Gerichtsbarkeit von Buenos-aires liegen, und von den Spaniern mit erstaunlicher Mühe erworben sind, unumschränkte Gewalt haben. Es ist eine gewisse und unleugbare Tradition, daß die Religiosen vom H. Franciscus und insonderheit der H. Franciscus Solanus und sein Gehülfe Fr. Ludwig de Bolanos

die

---

(13) Dulden sie etwas, so geschicht es ihnen ja recht.

die ersten gewesen sind, welche diese zahlreiche Menge der Ungläubigen zu unserm heil. Glauben bekehret, und sich so lange bey ihnen erhalten haben, biß sich die Jesuiten durch ihre Politik und List lange nach der Eroberung in jenen Gegenden eingefunden, und sich nach und nach der Plätze und der Nationen bemeistert haben, die man bereits zum christlichen Glauben gebracht hatte, und nunmehro die Jesuiten die ansehnliche Schätze geniessen und besitzen, welche jene fruchtbare Länder hervorbringen, ohne daß Se. Majestät einigen Antheil daran habe. Und dem ungeachtet leisten die Jesuiten in den Kriegen und Anfällen, welche die spanischen Einwohner von der Stadt de los Corrientes, und von der Provinz Paraguay haben, nicht die geringste Hülfe, oder stehen ihnen mit Volk und Schiffen bey, ob sie gleich viele tausend Indianer und andern Vorrath im Ueberfluß haben. Jedoch unterlassen die Jesuiten keinesweges ganze Armeen ihrer Indianer Guaraniesi ins Feld zu stellen, und als Generale an der Spitze derselben in unnöthige und blutige Kriege sich einzulassen, die sie bey vielen Gelegenheiten wider die ungläubigen Nationen erreget haben. Ja ungeachtet die Jesuiten bey Gelegenheit der häuffigen Treffen viele tausend Indianer verlohren haben, so hat man doch niemahls davon geredet, und es ist weder Sr. Majestät (14) noch auch dem Pabst (15) jemahls angezeiget worden. Unterdessen suchten die Jesuiten immer wieder mit Gewalt der Waffen in die Colonien der Spanier in Paraguay ohne Ursache, ohne einige Gerechtigkeit, und wider den ausdrüklichen Befehl Sr. Excellenz des Vice-Re einzudringen. Und weil die erwehnten Spanier sahen, daß sie ungerechter Weise

---

(14) Um deswillen haben auch die Monarchen keine bequeme Maaßregeln ergreiffen können um die Rechte der Crone zu erhalten, und der Noth und den Unterdrückungen der Unterthanen abzuhelfen.

(15) Es kam die Nachricht von den Unordnungen und Grausamkeiten der Jesuiten dem P. Benedict dem XIV. zu Ohren; daherro suchte er durch seine starke Bulle Immensa pastorum von 1741. etwas zu helfen. Portugall fügte dieser Bulle einen königl. Befehl bey; aber Spanien blieb immer noch unentschlossen. Jedoch was fragten die um die Kirche so hochverdienten nach dieser Bulle? Man sehe nur den 1. Theil des Anhangs davon nach.

ſe angegriffen wurden, und ſich wider die ſchändlichen Guaranieſi vertheidigten und in der Schlacht bey Tebiquari im Monath Auguſt 1724.
über drey oder vierhundert von denſelben tödteten; ſo wurde dieſe Handlung, welche bloß zur natürlichen Vertheidigung geſchah, und wozu die
Spanier gezwungen waren, von den Jeſuiten dergeſtalt vergröſſert,
und die unglüklichen Einwohner ſo heftig angeklaget und durch viele Berichte, und gottloſe Unterſuchungen der Richter dergeſtalt verleumdet,
daß die That dieſer armen Einwohner bey den vornehmſten Tribunalen
des Hofes unter dem ſchändlichen Titul der Unanſtändigkeit, der Verrätherey und des Ungehorſams angeſehen wurde.

Dieſe Art zu verfahren iſt in jenen Gegenden ſo allgemein, daß
ſich die Jeſuiten nicht begnügen es vor ſich zu thun und den Spaniern
zu ſchaden; ſondern ſie nöthigen und zwingen auch ſolche Perſonen, die
ſonſt ganz ausgenommen ſind, dergleichen Dinge zu ſchreiben, vorzuſtellen und zu beſtätigen, von denen ſie doch ganz gewiß wiſſen, daß ſie offenbar wider die Wahrheit ſind, wie man dieſes auſſer vielen andern
Exempeln, mit dem Schreiben beweiſen kann, welches das geiſtliche Capitul von Paraguay unter dem 18. Jul. 1711. an Sr. Majeſtät ab-
ſchifte, und darin vorſtellte, daß die Indianer der Jeſuiten ſo arm wären, daß ſie mit ſchwerer Mühe Sr. Majeſtät ein Stük von Achten bezahlen könten, daß ſie an den Grenzen wohnten und beſtändig Krieg wider den Feind führen müſten, und daß dieſes groſſe Volk bereit und willig wäre, ſich den Feinden und inſonderheit den Engländern und Hollän-
dern zu widerſetzen, welche durch Uraguai und Parana nach Peru kommen könnten, und endlich noch den Rath hinzufügte, daß man keine ſpaniſchen Gouverneurs dahin ſchicken möchte. (16)

Dieſes

(16) Hätte man ſpaniſche Gouverneurs dahin geſchikt, ſo wäre es leicht geweſen,
einige ihren Monarchen treue Perſonen zu finden, die ſich weder durch die Jeſuitiſchen Marimen noch auch durch das Geld hätten verführen laſſen.

Dieses ist der wesentliche Innhalt des erwehnten Schreibens des ehrwürdigen Decanus und Capituls in der Stadt dell Assunzione, und ist so ungegründet und wider alle Wahrheit, daß es eben so viel sagen würde als wenn die Europäer den Leuten in America bereden wollten, daß Madrit in Italien und Rom in England läge.

Nun dieses einzige, was man von der Armuth der Indianer saget, hat wiewohl in einem ganz andern Verstande als es in dem besagten Schreiben genommen wird, seine vollkommene Richtigkeit. Denn die Armuth, worin sich die Indianer befinden, rühret nicht von den schweren Abgaben her, die ihnen Se. Majestät aufgelegt hätte, noch auch daher, daß ihnen etwas fehle, was dazu erfordert wird reich zu seyn, und wohl zu stehen; sondern daher, weil die PP. Pfarrer alles, was die Indianer haben, arbeiten, und mit ihrem sauren Schweisse erwerben, allein besitzen und geniessen, ohne daß sie ihnen den geringsten Gebrauch davon verstatten, oder etwas von sich selbst zu machen erlaubten, und ohne daß sie den Indianern nur die allerleichteste Hülfe oder Nutzen davon lassen solten. (17)

Was aber die schweren Abgaben anbetrift, welche die Indianer diesem Vorgeben nach an Se. Majestät bezahlen; so muß man merken, daß, wenn eine Festung zwey tausend Indianer hält, nur hundert gezehlet

---

(17) Der unglükliche Zustand jener armen Indianer wurde von Benedict dem XIV. in der Bulle Immensa Pastorum und von dem portugiesischen Hofe in dem Berichte von der Jesuitischen Republik in dem spanischen und portugiesischen Amerika deutlich abgemahlet. Allein weil beyde die Tyranney und unglaubliche Bosheiten der Jesuites aufdekten; so behaupteten diese und ihre Anhänger entweder aus Blindheit oder aus Bosheit, daß Benedict übel unterrichtet sey, und daß der portugisische Hof die Gesellschaft JEsu um unanständiger Absichten willen verleumdete. Gerechte Gerichte GOttes! Jezt tritt dieser Bericht eines spanischen Ministers ans Licht, der in jenen Gegenden selbst aufgesezt worden, und bishero im dunkeln eines Archivs gelegen hat, und vorhero sowohl Benedict als dem portugiesischen Hofe unbekannt gewesen ist, und eben dasjenige bestätiget, was der Pabst und der Hof gesagt hat, und die Blinden erleuchtet, die Thörichte aufwekket, die Lügner zu Schanden macht und die gottlosen Tyrannen beschämet. O GOtt du Beschützer der Wahrheit ich bete dich an, und danke dir von ganzem Herzen!

gezehlet und aufgeschrieben werden, wie man aus der Erfahrung weiß, und die übrigen werden bey den Abgaben von Sr. Majestät, aber nicht in Ansehung der Sclaverey und der Arbeiten, die sie vor die Jesuiten thun musten, gänzlich ausgelassen und verschwiegen. Uberdieses ist das Vorgeben wegen der Abgaben nur eine Einbildung, die man mit andern erdichteten Dingen ausstreuet, die Indianer in den Mißionen wissen und verstehen nicht einmahl den Nahmen einer Abgabe vor den König, und wofern sie es auch erfahren sollten, so sind sie ja nicht im Stande den geringsten Antheil dabey zu haben, und diejenige Summe, wovon man die Rechnung macht, und daraus herkommt, bleibt in der Hand des P. Pfarrers vor die Rechnung seines Synodus, und wenn man auch etwas unter dem Titel als Abgaben an die königl. Cammer zahlet, so beträgt es vor jede Festung nicht über 14. oder 16. Stück von Achten, welches eine ganz bekannte Sache ist, und mir der königl. Minister von Paraguay Don Stephanus Salas selbst bezeuget hat.

Dieser Synodus ist nichts anders als ein leeres Wort, und stimmet mit dem überein, was ich von den Abgaben gesagt habe. Denn weil die PP. Pfarrer einen so erstaunlichen Reichthum verwalten, und in allem einen so ausnehmenden Ueberfluß haben, so legen sie bloß ihren Provinzialen die Rechnungen ab, und der Synodus dienet nur dazu, daß sie ihn mit weltlichen in Gesellschaft bringen.

Was aber die in den besagten Schreiben gethane Versicherung anbetrift, daß die Indianer an den Grenzen wohneten, und beständig wider die Feinde Krieg führen, und daß diese Menge Volks willig ist sich den Europäern und insonderheit den Engelländern zu widersetzen, welche durch Uraguai und Parana nach Peru kommen können; so hat man hierinn der Feder so fälschlich freyen Lauf gelassen, daß eine solche fabelhafte Erfindung Lachen erwecken könnte, wofern nicht zu gleicher Zeit die Vernunft sich wider die offenbare Beleidigung der Wahrheit entrüstete, indem es ganz gewiß ist, daß die bemeldten Indianer weder an den Grenzen wohnen, noch auch während der Zeit, da sie unter der Aufsicht und Gewalt der Jesuiten stehen, den geringsten Krieg gehabt,

habt, noch in ihren Ländern einen Einfall erlitten haben, weil die Spanier in Paraguay allein an den Grenzen wohnen, und beständig mit verschiedenen ungläubigen Nationen kämpfen müssen, und mit der größten Lebensgefahr alle Doctrinen und Mißionen der Jesuiten vertheidigen; hingegen sind die besagten Indianer diejenige Menge Volks, welche nebst ihren Pfarrern bereit sind, in zahlreichen Heeren auszuziehen, und wider die Nationen, die ihnen keinen Schaden thun, und ruhig in ihren Ländern leben, Krieg zu führen und weit entlegene Gegenden zu durchstreiffen, und durch viele Schlachten und Niederlagen sowohl von der einen als der andern Seite hinein zu dringen. Ja es ist gewiß und jedermann bekannt, daß die Indianer in den Mißionen und die Jesuiten keine andere Kriege als solche gehabt haben, die sie selbst oft angefangen, und zu Wasser und zu Lande geführet haben.

Endlich ist es eine offenbare Thorheit, wenn es in den angeführten Schreiben heißt, daß die Indianer bereit wären, sich den europäischen Feinden und insonderheit den Engeländern zu widersetzen. Da man biß diese Stunde noch nicht die geringste Nachricht hat, daß europäische Feinde den Hafen zu Buenos-aires angegriffen hätten, welches doch der erste Paß und der Schlüßel zu jenen Provinzen, und ein sehr wohl befestigter Waffenplaz ist, der an dem Ufer des Flusses Parana liegt, wie kann es also möglich seyn, daß die Feinde den Strom dieses breiten Flusses hinauffahren, und die so bevölkerte Stadt Buenos-aires und weiter hinauf die Stadt St. Fede, und in noch weiterer Entfernung die Stadt de los Corrientes, welche der Hafen von Parana selbst ist, hinter sich lassen? Diese ganze Weite und die drey erwehnten Städte liegen voran, ehe man in das mittägige Gebiete der Mißionen kommt, welche nebst einigen Ländern in dem Flusse Parana selbst gegen seinen Ursprung sehr abgesondert und in das Land hineinwärts liegen, daß die Europäer noch niemahls gesucht haben, diese unüberwindliche Schwürigkeit zu überwinden, und auch nicht der geringste Grund zu muthmassen ist, daß sie es jemahls versuchen werden.

Der

Der Fluß Uraguay, welcher mehr gegen Norden fliesset, ergiesset sich ungefehr dreißig Meilen über Buenos-aires zwischen dieser Stadt und zwischen St. Febe und in den Parana und das Wasser desselben fliesset zu, entweder in die Tieffe, oder fällt von den hohen und unersteiglichen Gebürgen von St. Paolo und andern Ländern der Portugiesen, und scheidet sich also dieser Fluß in einer grossen Entfernung von Parana, und von dem ganzen festen Lande, welches sehr viele Meilen von Peru entfernet und abgesondert ist; und also eben so schwer oder unmöglich ist, daß die europäischen Feinde auf diesen beyden Flüssen nach Peru kommen können, als es den Einwohnern von Grönland oder Novazembla seyn würde, wenn sie von den hohen Nordmeeren herunter schiffen und auf den Fluß Tajo hinaufgehen wollten, um das Reich von Persien zu erobern. (18)

Das erwehnte Schreiben schlüsset sich endlich mit der Vorstellung, daß man ja den Indianern in den Mißionen und in ihren Festungen keine spanischen Gouverneurs schicke. Hierdurch suchet man also schon im voraus vorzubauen, daß man dasjenige nicht vollziehe, was man nach allen Umständen zur guten Regierung der Indianer thun sollte, damit auf diese Weise St. Majestät von ihnen erkannt und verehret würde. Allein weil es den Jesuiten nicht vortheilhaft seyn kann, daß sich ihre Völker demjenigen unterwerfen, was die Gesetze von Indien anbefehlen,

noch

---

(18) Auch der einfältige Brief, welchen die Jesuiten in Rom und in ganz Italien unter der Aufschrift von Lissabon den 15. Jan. 1759. herumgeben liessen, enthielte diese unglükliche Prophezeyhung. Indien, sagt der eifrige Verfasser, wird der Handel der Engelländer werden; und die Indianer werden dasjenige theurer kauffen müssen, was ihnen die Vorsicht der PP. Pfarrer sehr leicht verschafe. Ey, wie väterlich doch die guten Patres vor das Best der Völker sorgen! Sie thun wohl, daß sie in Rom ihr Banco, und den Handel mit Wachs, Oel, Tüchern und Specereyen beybehalten; denn vielleicht würde Rom wohl gar, wenn sie es aufgeben wollten, der Handel von den Engelländern werden; und die Römer würden dasjenige theuer bezahlen müssen, was sie durch die Vorsicht der Jesuiten so wohlfeil haben können. O abgeschmaktes Zeug!

noch auch daß ordentliche Gouverneurs dahin gesetzet werden; so kommen sie schon durch ihre falsche Berichte zuvor, um Sr. Majestät und den Ministern diese Verfügung der guten Regierung, Gerechtigkeit, und Oberherrschaft zu widerrathen.

Man siehet also wohl, daß dieser Bericht ungereimt ist, und sich auch nicht vor das Amt der Geistlichen und Präbendaten jenes Capituls schicket, welche das Gegentheil davon wissen und handgreiflich einsehen. Da sie aber nicht das Herz haben, den Jesuiten mißfällig zu seyn, so schreiben sie was man ihnen vorsaget oder bestättigen dasjenige, was diese verlangen und ihnen vorlegen, und hernach erlangen die Jesuiten durch solche bey Hofe wohl unterstützte Berichte alle die Verfügungen, die sie nur erdenken können. Unterdessen da in dem hohen Rath von Indien kein Minister ist, der eine Erkenntniß von diesen Provinzen, oder von den wichtigen Dingen hat, die darinn befindlich sind; so lassen sie sich durch eine gewöhnliche Leichtgläubigkeit verführen, und verursachen mit aller Gewalt den grösten Schaden und Aergerniß in der Religion und in der Regierung, wie man dieses an dem Befehle siehet, welchen Se. Majestät dem erwehnten Berichte des geistlichen Capituls von Paraguay zu Folge in Pardo unter dem 28. Jun. 1716. abschikten und in demselben anzuordnen geruheten, daß man nicht die geringste Neuerung mit den Gouverneurs mache, und daß man die Indianer der Mißionen wegen der in dem besagten Berichte enthaltenen Ursachen sehr hoch schätze und ihrer schone.

Man hatte in dem Rathe beschlossen, daß die Indianer in den Festungen der Mißionen, die unter der Gerichtsbarkeit von Paraguay liegen, aufgezeichnet würden, und den Tribut und Zehnden bezahlen sollten, wie aus dem Befehle Sr. Majestät vom 24. Aug. 1718. erhellet, welches eben derjenige ist, der so wenig von dem Gouverneur Don Diego de los Reies beobachtet wurde. Nun weiß ich gewiß, daß Se. Majestät in dem erwehnten königl. Befehle zu erkennen giebt,

daß

daß die Jesuiten in der besagten Gerichtsbarkeit sieben Festungen hätten. Und in einem andern königlichen Befehle, den Se. Majestät 1726. ab, schikten, und bey meiner Anwesenheit in Paraguay dem Herrn Bischoff in die Hände kam, geruhen Se. Majestät zu befehlen, daß die dreißig Festungen, welche unter der Aufsicht der Jesuiten zu der Gerichtsbarkeit von Paraguay gehören, der Regierung und dem allgemeinen Capitaniat von Buenos-aires einverleibet werden sollen. Folglich entdecket man in einer kurzen Zeit von acht Jahren bey den Jesuiten eine sehr merkliche Verwirrung. Denn als man 1718. im Rathe beschloße, daß die Indianer den Tribut und Zehnden bezahlen sollten; so stellten die Jesuiten vor, daß sie in der besagten Gerichtsbarkeit nicht mehr als sieben Plätze hätten und verschwiegen die übrigen, damit Se. Majestät geringere Einkünfte daraus ziehen möchte. Und da sich hernach die Jesuiten von der Regierung in Paraguay trennen wollten, so gaben sie vor, daß sie dreißig Festungen in jenem Gebiete hätten; (19) als welche Anzahl von Sr. Majestät in dem königlichen Befehle von 1726. ausdrüklich angezeiget wird.

Gleichwie nun im Jahr 1718. in den Mißionen eben die Festungen und Doctrinen waren, die im Jahr 1726. vorhanden waren, und diese so seltsame Ungleichheit und Verwirrung der Jesuiten in ihren Berichten oder in den Berichten ihrer Anhänger noch deutlicher durch das königliche Insiegel Sr. Majestät bestättiget wird; so scheinet es unnöthig zu seyn, mehr davon zu sagen, damit man die schlechte Aufrichtigkeit und die falschen Vorwendungen einsehe, deren sich die Jesuiten bedienen, um dadurch das königl. und gottseelige Gemüth Sr. Majestät unbilliger Weise zu hintergehen. (20)

Was

(19) Kann man wohl eine handgreißlichere und abscheulichere Lügen erdenken? Jedoch hieraus lerne ich einsehen, daß die Lügen gegen Könige den Jesuiten sehr wohl gefallen. Sie bilden sich ein, daß diese Lügen sowohl wegen der Folgen der Betrügerey als auch wegen des betrogenen Gegenstandes und wegen der Großmuth des Betrügers etwas erhabenes und prächtiges an sich hätten.
(20) Der P. Zaccaria wird gebeten diese zween kurze Abschnitte aufmerksam zu lesen

Was ich bishero erzehlet, und was aus den Originalen und Abschriften der königlichen Befehle deutlich erhellet, die ich gesehn und gelesen habe, kann meiner Meinung nach genug seyn, um sich von der Unzulänglichkeit, und gänzlichen Unrichtigkeit der Jesuitischen Berichte, und derer, welche die Herren Bischöffe, geistl. Capitul, Gouverneurs und weltliche Richter nach ihrem Gefallen verfertigen, einen deutlichen Begriff zu machen. Denn das Verlangen des einen sich empor zu schwingen, und das Interesse und die Furcht des andern erhalten sie alle in einer solchen Unterwürfigkeit und Ergebenheit in dem Willen der Jesuiten, daß sie sich noch damit rühmen, denenselben auch in ungerechten Dingen zu dienen. Zu gleicher Zeit ist auch der Hochmuth und Stolz der Jesuiten und die Verspottung, welche sie den königl. Ministern und den weltlichen Superioren erweisen, die ihren Worten nicht folgen wollen, so groß, daß bey meinem Aufenthalt in der Stadt del Assunzione 1728. den Tag vor dem Feste des Indianischen Apostels des heil. Franciscus Xaverius zween Jesuiten herumgiengen und alle Mitglieder des Magistrats einluden, der feyerlichen Begehung dieses Festes in der Kirche des Collegii beyzuwohnen, und hingegen zu dem Gouverneur, und General Don Martin de Barua nicht giengen. Ob nun gleich diese zween Patres, welche herumgegangen waren, den P. Antonius Alonso ihren Rector davon benachrichtigten, daß er verbunden sey, den Gouverneur persönlich einzuladen, wie es alle Prälaten zu thun pflegten; so antwortete dieser doch im Zorn und sagte, daß er dieses nicht thun wollte, und daß er es in keinem Stücke zu thun verbunden wäre. Dieses war die Antwort, welche der P. Rector gab, und darauf beharrete, daß er weder selbst noch durch einen andern Jesuiten den erwehnten Gouverneur einladen wollte. Da ich nun merkte, daß dieses Unternehmen von statten gieng, und dabey befürchtete, es mögte eine öffentliche Uneinigkeit entstehen; so verfügte ich mich noch an eben dem

Tage

---

lesen und mit dem zu vergleichen, was er in dem 1. Theil seiner apologetischen Brie.fe auf eine höchst lächerliche Weise davon schreibet.

Tage gegen Abend zu dem Gouverneur, welcher mir mit einer besondern Verwunderung die schlechte Achtung und Nachläßigkeit des besagten P. Rectors erzehlte, und mir vor ganz gewiß sagte, daß man ihn nicht eingeladen hätte, und daß er wohl wüßte, wie man diesen Gebrauch gegen alle Glieder des Magistrats beobachtet hätte, und man es bey ihm unterlassen hätte, um ihm einen öffentlichen Schimpf anzuthun. Ich suchte den Gouverneur zu besänftigen, und bat ihn, diesen Fehler des P. Rectors zu übersehen, damit man keine Gelegenheit zu einem Unwillen geben möchte, dadurch etwa eine öffentliche Unruhe, oder Zerrüttung in der Republik entstehen könnte, und ersuchte ihn, mir zu Gefallen, seinen gerechten Unwillen zu mäßigen. Und in der That am folgenden Tage wohnte er auch mit dem ganzen Magistrate in der Kirche dem Feste des H. Franciscus Xaverius bey. Da sich aber der Gouverneur bey dieser Gelegenheit gegen jedermann über die Grobheit und Dummheit des P. Rectors heftig beklagete; so giengen einige zu dem P. Rector und berichteten ihm das gerechte Mißvergnügen des Gouverneurs, worauf sich der P. Rector Nachmittags zu dem Gouverneur verfügte, und sich durch allerhand nichtige Vorwendungen zu entschuldigen suchte.

Dieses that der besagte P. Rector zu meiner Zeit, und unter meinen Augen gegen den Gouverneur und General von Paraguai, und zwar zu einer bedenklichen Zeit, und ohne einige andere Ursache, als daß er sich diese Gelegenheit bedienen wollte, um die weltkündige und öffentliche Oberherrschafft, welche die Jesuiten haben, und die schlechte Hochachtung zu zeigen, die sie gegen die Minister des Königs, und auch gegen diejenigen hegen, die wegen ihres höhern Amtes die Person des Königs vorstellen, und die Verwaltung der Herrschafft und Regierung besitzen; und ferner, daß er wünschte, den Gouverneur zu beschimpfen und zu kränken, weil er sich nicht dem Willen und Eigensinn der Jesuiten blindlings unterworfen hatte, und sich als ein redlicher und kluger Cavalier durch seine vernünftige und gerechte Regierung bey den Jesuiten, und bey dem Herrn Bischoff (ein deutliches Zeichen des Geistes ihrer Redlichkeit) verhaßt gemacht hatte, die alle insgesamt die Minister und Richter gar sehr verabscheuet, welche diese Eigenschafften an sich haben, und mit aller Treue verfahren.

Hieraus wird man nun leicht den Schluß auf die schlechte Achtung und Verwegenheit machen können, womit die Jesuiten gegen andere niedere Richter, und einzelne Einwohner verfahren werden, denen sie mit einer unglaublichen Verachtung begegnen, (so pflegt es die demüthige Gesellschafft Jesu zu machen) wie ich selbst weiß und viele Exempel davon anführen könnte, wofern ich nicht genöthiget wäre, zum Beschluß zu eilen, indem mir die Sorgen und die beständigen Geschäffte meines Amtes, darinn ich mich befinde, alle Zeit wegnehmen. Allein ich will nur dieses anführen, daß sich die Jesuiten aufferordentlich rühmen, und es an den Höfen zu Madrit und Lima haben ausposaunen lassen, wie die Indianer ihrer Missionen bey der Eroberung der Insul von S. Gabriel einer portugiesischen Colonie so viele Hülfe geleistet hätten. Jedoch man muß hierbey merken, daß die Indianer bey dieser Gelegenheit nicht aus Gehorsam gegen den König ihren Herrn, noch auf Befehl des Gouverneurs von Buenos-aires und von Paraguai, sondern allein auf Veranstaltung und Befehl des P. Provincials der Gesellschafft marschirten, als welcher an seine untergebene PP. Pfarrer schrieb, und ihnen befahl, was sie thun sollten, und es auch mit eben der Gewalt und Macht thaten, womit sie die Armeen ihrer Indianer in den Kriegen anzuführen pflegen, die sie eigenmächtig führen; und der Gouverneur von Buenos-aires bediente sich nun bey dieser Expedition auf S. Gabriel des Mittels an den besagten P. Provincial zu schreiben, daß er die nöthigen Befehle ertheilen möchte, ohne daß man in den Mißionen die geringste Verordnung vom General gegeben hätte, und ohne daß sich ein spanischer Officier oder Minister dahin begeben hätte, den Befehl bekannt zu machen oder zu vollziehen. (21) Die Indianer

---

(21) Mit einem Worte die Indianer, welche von den Jesuiten abhängen, ergreiffen die Waffen nicht als Unterthanen, sondern als Bundsgenossen des Königs von Spanien, und zwar unter dem Commando Sr. Excellenz des Hochwürdigen P. Provincials.

dianer begiengen hernach in der Expedition selbst so viele Boßheiten und Raubereyen, daß es nicht genugsam zu beschreiben ist, (22) und verspotteten den General Don Balthasar Garzia Ros und gehorchten ihm nicht, weil die Indianer, wie bekannt ist, keine andere Oberherren sowohl im Frieden als im Kriege ausser den Jesuiten erkennen, und dahero die erwehnte Beschimpfung des Don Balthasar Garzia Ros so offenbar wurde, daß es alle Spanier, welche bey dieser kriegerischen Unternehmung zugegen gewesen sind, bekennen.

Aus dieser ganzen Erzehlung und aus dem, was ich in jenen Ländern erfahren, habe ich endlich in der That erkennen lernen, daß die Jesuiten die grösten Wiedersprüche miteinander vereinigen wollen, dergleichen sind: Religiosen zu seyn, und zugleicher Zeit auch hohe und regierende Herren vorzustellen: Den Nahmen und das Amt der Missionarien zu führen, und auch Kaufleute dabey zu seyn, sich arm zu stellen, und doch erstaunliche Reichthümer und Schätze in Händen zu haben: Den ehrwürdigen Titul der Jesuiten zu führen, und sich zugleich zum Soldatenstande zu bekennen; grosses Blutvergießen anzurichten, und die Ungläubigen durch die fürchterlichen Kriege und Niederlagen mit Schrecken zu erfüllen: sich reich und mächtig zu machen, und die Spanier zu verderben und aufzureiben: alles im Ueberfluß zu haben, was man sich nur wünschen kann, und sich doch des wenigen, was den Einwohnern noch übrig bleibt, bemächtigen zu wollen: Vasallen zu seyn, und den König nicht anzunehmen, und sich seinen Gesetzen, ausser in vortheilhaften Dingen, nicht zu unterwerfen: Unterthanen zu seyn, und als Fürsten zu leben: dem Handel aufzuhelfen, und die rechtmäßigen Vortheile dem Könige und den Unterthanen ohne einige Beysteure zu den Abgaben, und ohne einige Erkenntlichkeit zu nehmen; sich den Ruhm kluge und liebreicher Menschen zu erwerben, und sich zu gleicher Zeit mit aller Schärfe und Grausamkeit furchtbar zu machen; die Begeben-

S s 2 heiten

---

(22) Die einfältigen Indianer kriegten mit dem Geiste ihrer Generals und Herren.

heiten vorzustellen und zu beschreiben, und sich doch in der Erzehlung von der Wahrheit zu entfernen: und sich endlich bey dem Gebrauche unerlaubter und ungerechter Mittel nicht zu schämen. (Und dem ungeachtet den Ruhm der um die Kirche so hochverdienten zu behalten.)

Dieses ist der Character und die Verfassung der Jesuiten in jenen drey Provinzen, (man kann noch zur besserer Ausfüllung dieses Perioden hinzusetzen, in jenen drey Provinzen, und in den übrigen Reichen der Welt, denn der Jesuit bleibt zu allen Zeiten und an allen Orten ein Jesuit) und insonderheit in Paraguai, und in den Missionen. Ob ich nun gleich versichert bin, daß die höhern Tribunale bey so gestalten Sachen nicht unterlassen werden, dienliche Verfügungen dargegen zu machen; so habe ich doch vor nöthig geachtet, weil ich das meiste von den erzehlten Sachen mit meinen Augen gesehen und gehört, und meine ganze Aufmerksamkeit und Bemühung darauf gerichtet habe, um die besten Hülfs-Mittel zur Erlangung dieser Absicht vorher zu gebrauchen, noch folgendes hinzuzusetzen:

1) Erstlich, daß man den Jesuiten nicht erlaube, eine so grosse Anzahl von Jesuiten zur Mission aus Spanien zu ziehen, die sie innerhalb sechs Jahren nach Buenos-Aires führen, sondern daß man eine längere Zeit vorbeystreichen lasse, und ihnen nur erlaube, zehn oder zwölf spanische Religiosen und Priester von vierzig Jahren und von bekannter und geprüfter Tugend und Gelehrsamkeit herüber zu führen, und also die Fremden gänzlich ausschlüße.

2) Daß man aus den besagten drey Provinzen keine Procuratores an den Hof zu Madrit und zu Rom abreißen lasse, wie sie jetzt alle sechs Jahre zu thun pflegen, und ferner anbefehle, daß man diese Einrichtung der Jesuiten gänzlich aufhebe, und unterdrücke, und alles was dieselben anbetrifft, schrifftlich aufsetzen und vortragen lasse. Und weil nun der P. General der Gesellschafft durch Briefe an die Provincialen und Rectores seine Befehle auch in die entferntesten Provinzen verschickt,

anguazu zu fahren; und hingegen daß man sie dazu anhalte, daß sie ihren Handel mit der Stadt deß Assunzione treiben, und alles Kraut, welches sie bauen, dahin bringen, und Contracte mit den Einwohnern und Kaufleuten dieser Stadt schließen müßen.

6) Die vier nähesten Festungen, deren ich bereits Meldung gethan, sind die Ursache vieler Unruhen und Unordnungen in Paraguai gewesen; denn ihre Lage, welche so beschaffen ist, daß man durch diese Plätze nothwendig durchkommen muß, wenn man nach Paraguai reisen will, hat den Einwohnern schon viele Verdrüßlichkeiten verursachet, weil die Jesuiten die Reisenden nach ihrem Belieben angehalten, und ihnen vielen Schaden zugefüget haben. Ja sie haben oft ganze Heerden Kühe, die man aus der Stadt de los Corrientes zur Unterhaltung von Paraguai zuführet, angehalten, und nicht weiter gehen laßen. Und obgleich die Jesuiten derselben nicht bedürfen, so zwingen sie doch die Leute, welchen die Kühe gehören, sie ihnen zu verkauffen; und sie kauffen dieselben bloß zu dem Ende, damit sie den Einwohnern Schaden thun können, als welche hernach gezwungen sind, dieselben den Jesuiten wieder sehr theuer abzukauffen. Hierzu kommt noch, daß die Indianer der vier besagten Festungen viele Mordthaten und Raubereyen in den ersten Meyerhöfen der Spanier in Paraguai begehen, und wenn sie sich einmal wieder in ihre Festungen gezogen haben; so ist kein Richter, oder Minister, der sich unterstünde, sie heraus zu ziehen, und wenn sie auch deswegen von dem Gouverneur dahin abgeschickt würden; weil die Jesuiten mit großer Hartnäckigkeit diese Thaten beschützen, und die Missethäter niemals ausliefern, noch erlauben, daß königl. Richter weder in ihren Festungen noch auch wider ihre Indianer einige Gerechtigkeit ausüben können, so daß um dieses großen Schutzes willen, die Frechheit und Boßheit der Indianer immer zu nimmt. Ich habe dahero um dieser und anderer wichtiger Gründe willen geglaubt, daß es zur Ruhe dieser Provinz sehr dienlich seyn würde, wenn die erwehnten vier Festungen sich unter die Aufsicht der in Paraguai gebohrnen Priester begäben, damit sie diese künftig als Parochien, die unter dem Bischoff stehen,

stehen, besitzen könnten, so würden sie sich mit eben der Bereitwilligkeit und mit dem Gehorsam bezeigen, welche alle andere gegen ihren Prälaten, und gegen die königl. Gerichtsbarkeit haben, und würde der grosse Schaden, den man bishero erfahren hat, gänzlich aufhören.

7) Daß die Jesuiten in dem Collegio der Stadt deß Assunzione in Paraguai innerhalb zween Tagen die Original Verzeichnisse und Schrifften, die sie von ihren Meyerhöfen Aeckern und Gütern haben, übergeben sollen, und daß man die besagten Schrifften bey offenem Magistrate untersuche, damit es jedermann erfahre; und endlich daß man diese Länder, Meyerhöfe und Güter, welche die Jesuiten als kein rechtmäßiges Eigenthum unter dem Titul eines willkührlichen Kaufs von Seiten der Verkäuffer besitzen, den rechtmäßigen Herren, Erben oder Nachkommen nach vorhergegangener nöthigen Rechtfertigung wieder übergeben, und daß man die Jesuiten derselben beraube, vor welche es sehr gut seyn wird, wenn man sie in Absicht auf ihre fetten und reichen Ländereyen, die sie in einer so kleinen Anzahl von Religiosen besitzen, ein wenig einschränket, und ihnen nur so viel lässet, als sie zu ihrer nöthigen und bequemen Unterhaltung brauchen. (24)

Diese sieben Puncte oder Mittel solte man meiner Meinung nach zu denjenigen Verfügungen noch hinzuthun, welche mit einer bessern Wahl, und mehrerer Klugheit die höhern Tribunale vor dienlich erachten werden, denen es obliget, dergleichen zur guten Regierung und zur Erhaltung der Ruhe in jener Provinz und zum Troste ihrer treuesten Unterthanen anzubefehlen, damit einmal das Verderben und die Aergernisse, welche wider die Religion und den Staat sind, aufhören mögen.

Ich

---

(24) Dieser Königliche Commissarius lässet überall sowohl seinen Eifer gegen den König und vor das Beste der Unterthanen als auch Billigkeit, Mäßigung und Liebe gegen die Gesellschafft blicken.

Ich habe es vor nöthig erachtet, Ew. Herrlichkeiten alles dasjenige zu berichten, was die Jesuiten in der Provinz Paraguai, in ihren Missionen und in der Gerichtsbarkeit von Buenos-aires, wie auch in ihren angeführten Collegien vornehmen. Ich will jetzt nur noch dieses hinzufügen, daß ich im vergangenem Jahre, da ich von Corboba in diese Stadt kam, um die aufgetragene Commission zu vollziehen, von den Einwohnern der Stadt von S. Giacomo dell'Estero, von S. Michael dell Tucuman, Salta, und Justey einmüthig vernahm, daß die Indianer in dem Thale von Miraflores, (wenige Meilen von Salta) welche unter der Aufsicht und geistlichen Pflege der Jesuiten gewesen waren, und sich von dieser Seite her empöret, und sich in die Berge begeben hatten, und nunmehro als Heiden leben, dieses bloß deswegen gethan hatten, weil die besagten Indianer die Gewaltthätigkeit und Unterdrückung von den erwehnten Religiosen, die sie eben so, wie ihre Indianer in den Missionen von Paraguai hatten unterwürfig machen, und ihnen den Handel und den Umgang mit den Spaniern nicht hatten erlauben wollen, nicht hatten erdulden können. Der Gouverneur von Tucuman Don Balthasar de Albarca und sein Secretarius Don Michael de Sela Ligui erzehlten mir im verwichenen Jahre in der Stadt Salta, daß als der besagte Gouverneur die Besatzung von Balbuena in Augenschein genommen, und die rebellischen Indianer von Miraflores dieses erfahren hatten, einige von denselben auf dem Wege zu ihm gekommen, und in Gegenwart vieler, die ihre Sprache verstanden, mit wehmüthigen Bitten gesagt hätten, daß sie gerne Christen seyn wollten, und daß alle Familien in dem Gebiete von Miraflores zurückkehren, und gehorsame Unterthanen seyn wollten, wofern man ihnen nur keinen Jesuiten zum Pfarrer geben würde, (25) sondern ihnen einige

---

(25) Diese Völker, welche durch das Exempel der armen Guarianiesi und Taues sind klüger worden, wünschten dem Jesu zu dienen, der sie freundlich aufnimt, und nicht ihrer Güter beraubet, aber sie verabscheueten diejenige Gesellschafft Jesu, welche sie unterdrücket, und des ihrigen beraubet. Sie verlangten die Taufe, welche tröstet, und nicht die Beschneidung, welche betrübet.

Sammlung III.Theil.   Tt

einige Priester oder Religiosen vom H. Franciscus verstatten wollte; indem sie von ihren Vätern her noch wüsten, daß ein heiliger Mann in in einem grauen Kleide (dieses war der H. Franciscus Solanus gewesen) sie bekehret und getauffet hätte, und daß sie alle wünschten, einen andern Religiosen in eben dieser Kleidung zu ihrem Pfarrer zu haben. (26) Dieses war es, was die Indianer von Miraflores dem Gouverneur Don Balthasar vorstelleten, und worauf er ihnen antwortete, daß er bey seiner Zurückkunft nach Salta die nöthige Verfügung treffen, und ihr Anbringen untersuchen wollte, unterdessen kehrten sie in ihre Berge wieder zurück, wo sie noch ohne die geringste Bekenntniß des christlichen Glaubens sich aufhalten. (Gewiß, wird der P. Zaccaria sagen, diese werden niemals die christliche Religion bekennen, wenn sie die Jesuiten als die einige Stütze und als die um die Kirche so hochverdienten wegjagen.)

Da nun der erwehnte Gouverneur es nicht waget, diesen Indianern aus Furcht vor den Jesuiten einen andern Pfarrer zu geben, und besorget, daß sie sich wider ihn empören, und den entsetzlichsten Schaden und Verfolgung zuziehen möchten; so fährt diese Indianische Nation in ihrem Unglauben fort, und wird allezeit zum Nachtheil ihrer Seelen und unsers Gewissens so bleiben, weil dieser Umstand den Jesuiten zu gefallen in allen Dingen den Vorzug hat. (27)

Die Indianer Chiriguani, welche sich ebenfalls vor zwey oder drey Jahren empöreten, und viele Mordthaten verübten, und die Stadt von Chuquisaca und die Provinz von Tarifa in großen Schrecken setzten, wurden von ihrem Pfarrer dem P. Ferdinando Negroß einem Jesuiten und Bruder eines andern Pfarrers zu Miraflores sehr hart gehalten, und begaben sich endlich auch aus Verzweiflung auf die Flucht, wie

(26) So einfältig diese Indianer auch waren, so erkannten sie doch den Unterschied gar wohl, der zwischen den jesuitischen und franciscanischen Missionarien ist, und eben so beschaffen ist, als der Unterschied zwischen Kauffleuten und evangelischen Lehrern.

(27) Ach wie viele werden es dereinstens zum Nachtheil ihrer Seelen und Gewissens sehen, daß sie den Jesuiten nicht haben mißfallen wollen!

wie jedermann bekannt ist, und mir der Doctor **Don Joseph Taba-
lina** Pfarrer von Casavindi und Cochinoca, wie auch Gehülfe des besagten Gouverneurs **Don Balthasar Albarca** in Salta nach allen Umständen mit Erstaunen erzehlet hat. Eben dieses sagte mir auch der Doctor **Don Ignatius de Herrera** der Pfarrer in Hamaguaca und eine
Compagnie Soldaten, nebst ihrem Hauptmanne, welche ich in der erwehnten Festung, so die letzte unter der Gerichtsbarkeit von Tucuman ist,
antraf, und von Pusui herunter kommen, sagten mir öffentlich, daß die
Jesuiten an der Rebellion der Indianer Chiriguani, und an dem Schaden, so sie angerichtet haben, und an dem Kriege, so man mit so vielen Unkosten geführt hat, Schuld wären. Das unangenehmste und
ärgerlichste hierbey ist nur dieses, daß wir hören müssen, wie die besagten Indianer unsere heilige Religion verlassen haben, und zu ihrem Hei-
denthum wieder zurückgekehret sind, worin sie jetzt zu jedermanns Betrübniß leben (dieses sind die herrlichen Eroberungen der um die Kirche so hochverdienten.)

  Jedoch dieses ist wohl nicht weniger gewiß, und ich bin ganz ü-
berzeugt davon, daß Se. Majestät hiervon nichts weiß, und Se. Excellenz der Vice-Re nicht erfahren hat; oder so verschiedene Nachrichten davon bekommen hatten, welche von der Wahrheit weit entfernet
seyn werden. Ueberdieses haben mich die gewisse Ueberzeugung von dem,
was ich in diesem Berichte erzehlet habe und die beständigen unruhigen
Gedanken, und innerliches Herzklopfen, so ich hierüber nach meinem
zarten Gewissen gehabt habe, genöthiget, diese Nachricht mit vieler
Mühe aufzusetzen und eigenhändig abzuschreiben, wobey ich mich vieler
Stunden der nöthigen Ruhe des Nachts beraubet habe, damit es ungeachtet des vielen Volks, so ich im Hause habe und bey den vielen
Geschäften, so ich in meinem Amte habe, niemand erfahren, und es
nicht einmahl muthmassen möchte, wie ich denn auch versichert bin, daß
meine vertrautesten Freunde nichts von dem, was in diesem Berichte stehet, erfahren haben. Um dieser Ursache willen habe ich so lange verzogen, um diese Nachricht zu endigen, und habe nicht einmahl Zeit ge-

habt, sie wieder durchzulesen und die Schreibart darin zu ändern, denn der ganze Gegenstand meiner Absicht ist darauf gerichtet gewesen, die Wahrheit zu schreiben, nicht anders als ob ich in der strengen und ehrfurchtsvollen Gegenwart Ew. Herrlichkeiten stünde, und nicht die geringste Gelegenheit zu geben, daß jemand diese Dinge erfahre, noch daß sie öffentlich bekannt würden oder dem so berühmten Orden, den ich zärtlich liebe und hochschätze (28) die geringste Schande hieraus zuwachse. Es geschicht dieses ferner bloß zu dem Ende, daß das heilige und gerechte Tribunal Ew. Herrlichkeiten vollkommen von diesem Inhalt benachrichtiget werde, und das Original oder die Abschrift davon an die General-Inquisition in Madrit überschicken möge, als welchem hohen Tribunale ich in vergangenem Jahre bereits gemeldet habe, daß ich einen wichtigen Bericht machte und daß ich ihn durch Ew. Herrlichkeit überschicken würde, damit er durch so vorzügliche und ehrwürdige Personen Sr. Majestät selbst übergeben, und dadurch der hohe Rath von Indien gerechtfertiget werde.

Gleichwie es nun auch sehr nützlich seyn könte, daß der Herr Vice-Re und die Herren Minister jener königlichen Audienz einige Nachricht von den Dingen bekämen, welche in diesem Berichte enthalten sind, um dadurch desto glücklicher in den Verfügungen zu seyn, die sie vor die Provinz Paraguay, und insonderheit zur Endigung und Entscheidung der von mir in jener Provinz zusammengetragenen Acten und Processe treffen möchten; so könten Ew. Herrlichkeiten denselben

diesen

---

(28) Wer siehet nicht in diesen Ausdrücken und behutsamen Verfahren den Character eines frommen, eifrigen, wahrhaftigen und redlichen Mannes? Ich bewundre dieses Mannes Zärtlichkeit und Behutsamkeit, ob ich ihn gleich nicht wegen der Liebe zur Wahrheit beneiden darf. Ich erkenne es, daß ich mehr Feuer habe als er, und mich dahero oft von der Hitze dahin reissen lasse. Aber in Wahrheit mich deucht, ich habe auch die Unordnungen der Gesellschaft näher vor meinen Augen, mich deucht, ich habe vielmehr Ursache an der Verbesserung der Jesuiten meiner Brüder in Christo zu zweifeln, und rufe dahero auch mit mehrerem Ernst und Eifer aus: Hier brenne, hier schneide, o Herr, hier schone nicht, auf daß du dereinst ewig schonen könntest.

dießen Bericht übergeben, und diejenigen Puncte mittheilen, die ihnen zu einem bessern Ausgange der Sache und zur Rechtfertigung ihrer genommenen Entschlüßungen nützlich und nöthig seyn würden; jedoch müste dieses alles unter dem Siegel geschehen, welches man niemahls bricht, und welches dieses heilige und gerechte Tribunal vollkommen und unverletzet bewahret.

Endlich versichere ich noch Ew. Herrlichkeit mit meinem gantzen Gewissen, und mit der heiligen Furcht GOttes, die ich allezeit bey der Verfertigung dieses Berichts vor Augen gehabt habe, daß ich nicht die geringste Leidenschaft, Haß oder Rachbegierde gegen die Jesuiten hege, denen ich vor viele Gefälligkeiten Zeitlebens verbunden bin; sondern ich habe hierbey in der Absicht gehandelt, meine Verbindlichkeit in Ansehung der richtigen und catholischen Wahrheit zu erfüllen, und die Bewegungen und Unruhen meines Gemüths zu stillen, und damit mein Richter und göttlicher Schöpfer mich nicht bestrafen möge, daß ich geschwiegen hätte, da ich reden solte, und meinen Mund verschlossen, da ich ihn zum Besten der Wahrheit, der Vernunft, und der Gerechtigkeit hätte aufthun sollen. (29) Unser HErr und GOtt erhalte Ew. Herrlichkeiten noch viele Jahre zum Schutz unsers heiligen Glaubens.

Potosi den 10. May, 1731.

Matthias de Angles, e. Gortari.

---

(29) O was vor ein redlicher Mann! o was vor eine Christliche Aufrichtigkeit! und was vor ein rechtschaffener Minister! Liebster P. Jaccaria, ich werde sowohl vor mich, als vor sie schamroth. Ich werde von diesem Manne die Sanftmuth lernen; und Sie müssen von ihm die Sanftmuth und die Aufrichtigkeit lernen.

Anhang

I.)

Abschrift des Briefes von P. Laurentius Rillo dem Jesuiten und Provincial der Provinz Paraguay an den General D. Matthias de Angles.

Insonders hochzuverehrender Herr.

Ich habe mit besonderm Vergnügen und Zufriedenheit auf dem Wege nach Salta Dero werthestes Schreiben vom 8. Oct. empfangen, und daraus Dero grosse Erkenntniß und Liebe gegen die Gesellschaft ersehen, (30) wovor wir denselben unendlich verbunden sind, und ich werde deßwegen an den P. Garriga schreiben, und ihn sowohl wegen dieses Umstandes als auch wegen der Standhaftigkeit und Redlichkeit benachrichtigen, womit Dieselben so schwere und wichtige Materien, die seit hundert Jahren vorzufallen pflegen, entwikeln und entscheiden. Ich freue mich gar sehr, mit denenselben über den glüklichen Fortgang, welchen die Sachen Dero Commißion haben, und bitte GOtt unsern HErrn sowohl vor dieses Unternehmen als auch vor die Beständigkeit Dero fernern hohen Wohlseyns, welches in diesen Materien so nothwendig erfordert wird, und hoffe zu der göttlichen Majestät, daß wir noch das Vergnügen haben werden, dieselben in Cordoba von diesen verdrießlichen Geschäften befreyet zu sehen. Der P. Rector und die andern Patres dieses heil. Collegii schreiben und reden auf gleiche Weise von denenselben und von der Verbindlichkeit, die sie gegen Dero Person haben, und ich habe die Briefe mit ausnehmenden Vergnügen gelesen.

---

(30) Das Zeugniß, welches der P. Provinzial von der Liebe des Don Matthias de Angles gegen die Gesellschaft ableget, ist ein deutlicher Beweiß von der Redlichkeit, womit dieser Minister dem König zum Nachtheil der Jesuiten benachrichtigen wollte.

fen. Die Briefe, welche dieselben meiner Sorgfalt anvertrauet, werden unverzüglich nach Potosi abgehen. Unser Herr erhalte Dieselbe, wie ich wünsche, noch viele Jahre.

Rio del Pasage,
den 24. Febr. 1729.

Laurentius Rillo.

An den Herrn General Don Matthias de Angles.

Bestättigung dieser Abschrift.

Die Abschrift stimmet mit dem Original-Briefe des P. Laurent. Rillo des Jesuiten und Provincials dieser heil. Provinz Paraguay an den Herrn General Don Matthias de Angles, ersten Richter und Kriegs-Hauptmann der Stadt Cordoba, und von Sr. Excellenz dem Vice-Re ernannten Richter dieser Reiche zur Vollziehung und Erfüllung der anbefohlenen Untersuchungen in dem Processe, welchen man auf Befehl Sr. Majestät wider Don Joseph de Antequera und seine andere Mitschuldigen in den Beunruhigungen dieser Provinz anstellet, überein. Und der erwehnte Herr Don Matthias hat mir Endsunterschriebenen öffentlichen Notarius den besagten Original Brief vorgezeiget, damit ich diese Abschrift davon verfertigen möchte, welche nach wiederholter Vergleichung in allem mit dem Original übereinkommt, welches ich dem erwehnten Herrn wieder gegeben habe, worauf ich mich beziehe, und auf sein Verlangen gebe ich gegenwärtiges Zeugniß in der Stadt dell' Assunzione in Paraguay am 18. May 1729, und bekräftige es mit meinem Siegel.

Zum Zeugniß der Wahrheit
Franciscus Ludwig de la Guerra, e Estrada. Notar.

Zweyte

Zweyte Bestätigung.

Gegenwärtige Abschrift stimmt mit dem Inhalt des Originals überein, woraus sie genommen ist, zu welchem Ende sie mir der Herr General Don Matthias de Angles der Gouverneur und erster Richter der Stadt Potosi überreichete und hernach wieder zu sich nahm, worauf ich mich beziehe. Und damit dieses bestättiget werde, so gebe ich auf Verlangen des bemeldten Herrn gegenwärtiges Zeugniß in der Stadt Potosi am 10. May 1731. in Beyseyn der Zeugen Patrizio de Bracamonte, und Diego Gil Negrate. Zum Zeugniß dieses unterschreibe ich mich.

Zur Bestätigung der Wahrheit
Anton Martinez de Mozega. Notar.

II.)
Schreiben des Don Joh. Thomas Araoz an den Herrn General Don Matthias de Angles.

Hochzuverehrender Herr, Freund und Landsmann.

Ich habe vorgestern Dero Schreiben nebst einem Beyschluß an Don Emanuel Caneta, nebst einem offenen Briefe an den P. Franciscus Robles empfangen. Ich habe diese beyde Briefe durch Umschlag an den P. Anselmus geschikt. Ich zweifle nicht, daß sie jezt schon in den Händen des P. Anselmus seyn werden. Sie kamen eben zu einer guten Stunde an, indem noch an eben dem Tage eine sehr bequeme Gelegenheit sie zu verschicken sich ereignete. Das oben erwehnte Schreiben an mich wurde mir durch einen Bootsknecht überbracht. GOtt gebe, daß alles glüklich ankommen möge. Gestern Abend langte ein Karren von St. Maria an, auf welchem zween Säcke Meel befindlich waren, und ich bin gesonnen, es künftige Woche auf einen Karren,

den

den wir nebst andern Kleinigkeiten vor das Collegium abfertigen, an den P. Procurator zu senden, welcher hernach schon Gelegenheit finden wird, es an dieselben mit aller Sicherheit gelangen zu lassen. Jedoch wird dieses mit der Bedingung geschehen, wenn es Dieselben verlangen, sonst aber wird er davon Nachricht geben, was Ew. Hochedl. vor gut befinden werden, indem man so viel und nicht mehr thun wird, damit Dieselben über uns nicht ungehalten seyn mögen, weil wir uns sowohl in Ansehung des P. Hilarius, der sich Denenselben bestens empfehlen lässet, als auch wegen meiner Person glüklich schätzen, Ew. Hochedl. zu dienen.

Es gehet hier das Gerüchte, daß die Indianer von Loretto diesesmahl bey ihrer Fahrt von los Corrientes einen grossen Sturm gehabt, der ihnen die Barke weggeführet, und als sie dieselbe den folgenden Tag gesucht, und wieder gefunden haben, und im Begriff gewesen sind ihre Reise fortzusetzen, sind ihnen die Pajagueß unvermuthet über den Hals gekommen, haben alle Indianer getödtet, und die Barke verbrannt. Es war ein grosses Glück, daß der P. Benitez nicht dabey gewesen war. Hieraus können Dieselben auf den Frieden schlüssen, den sie oft gemacht haben. Ich würde ihnen den Frieden bald verschaffen, wenn man mir erlauben wolte, ihr schönes Gesichte mit einer Barke und einigem Volke, auf welches man sich verlassen könte, zu sehen. Ich will Denenselben mit diesem meinem Schreiben nicht länger beschwehrlich fallen, indem ich nichts mehr wünsche, als daß sich Dieselben erinnern mögen, mir Dero Befehle mitzutheilen, und daß GOtt unser HErr Dieselben noch lange in gutem Wohlseyn erhalten möge.

Paraguay den 13. Jan. 1729.

D. Joh. Thomas Araoz.

Und auf dem Rande dieses Briefes stehet noch folgendes: Die erwehnten Säcke Mehl kommen vor Dieselben mit, obgleich kein Brief angekommen ist. Es schicket sie der P. Polycarpus.

Sammlung III. Theil   Uu   Ander-

Anderweitige Bestätigung.

Dasjenige, was hier geschrieben ist, stimmet mit dem Original-Berichte überein, welchen der General Don Matthias de Angles e Gortari als würklicher Gouverneur von Potoß in dieser Stadt am 10. May 1731. schrieb und den Herren apostolischen Inquisitoren der heil. Inquisition in den Reichen von Peru, die in der Stadt de los Reies sich aufhalten, übergab, und sie von den Umständen benachrichtigte, welche zu den entstandenen Unruhen in der Stadt dell' Assunzione Gelegenheit gegeben haben; wie auch mit der Abschrift des Briefes, welchen der P. Laurent Rillo Provincial der heil. Provinz Paraguay an den erwehnten Herrn General von Rio del Pasage am 24. Febr. 1729. geschrieben hat; ingleichem auch mit dem Original-Briefe, den der Herr General ebenfals mit den besagten Berichten übergeben, und versichert hat, daß er von dem P. Joh. Thomas Araoz von Paraguay den 13. Jan. 1729. geschrieben sey. Alle diese erwehnte Original-Schriften sind in dem geheimen Archiv der heil. Inquisition befindlich, worauf ich mich beziehe.

       Don Andrea Garzia Calvo. Secret.

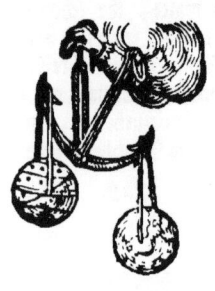

Antwortschreiben
auf den Brief eines Jesuiten
über
die Entdeckung der Zusammenverschwörung
wider
den König in Portugal.

Wohlehrwürdiger Pater.

Ob sie gleich ihren Nahmen nicht vor den Brief gesetzt haben, welchen sie zur Rechtfertigung ihrer Mitbrüder wegen des Anschlages in Lissabon haben drucken lassen, so haben sie sich doch auf eine solche Art darinn ausgedruckt, daß man sie leicht erkennen kann. Sie reden oft von den Jesuiten, als wenn sie eine gemeinschaftliche Sache mit ihnen hätten. Dieses ist genug, daß man sie vor einen Jesuiten halte, und ich als zu einem solchen meine Antwort frey richten könne, welche ich auf ihren bekanntgemachten Brief verfertigen, und auch da, wo es nöthig seyn wird, ihren Mitbrüdern zusprechen will. Sie sind in der That ein wenig zu weitläuftig, und vielleicht auch zu eckelhaft. Dem ungeachtet will ich ihnen Schritt vor Schritt nachgehen, ob ich sie gleich nur in den allgemeinen Stellen, wobey sie sich zu lange aufhalten, sehr wenig berühren, und nur vornemlich bey demjenigen allein stehen bleiben werde, was gerade zu unserer Sache gehöret.

9

Erstlich muß man die Ehrenbezeigung wohl merken, welche sie gleich im Anfange der wesentlichen Wahrheit, wovon die Rede ist, anthun: Daß der Anschlag wider das Leben der Könige das größte von allen Verbrechen ist, die ein Mensch nur begehen kann. Es ist nicht leicht diesen Satz so rein und mit so bestimmten Worten in vielen von ihren Casuisten zu finden. Der größte Theil derselben, man mag die alten oder neuern ansehen, heget eine ganz widrige Meinung. Ich habe nicht nöthig, daß ich ihnen hier ihre Stellen anführe; denn außerdem, daß sie selbige auswendig wissen, und ins Herz geschrieben haben, so ist das Publicum davon vor kurzem völlig unterrichtet worden, und hat sie nicht ohne große Verwunderung alle vereiniget gesehen. Verdammen sie also jener ihre Lehre? Wir danken GOtt davor, wenn sie es von Herzensgrunde thun. Allein sagen sie mir doch ums Himmelswillen, was nützet denn das Gutachten eines unbekannten Jesuiten, in Vergleichung der Meinungen so vieler angesehenen Lehrer in seiner Gesellschaft, welche kein Bedenken tragen, ihr Gesicht zu zeigen und sich zu nennen?

Ich weiß nicht, woher sie dieses her genommen haben, daß es die Gerechtigkeit der Fürsten erfordere, daß die Unterthanen von allen Umständen der Wahrheit unterrichtet würden, welche die Verschwörungen von einer so verhaßten Art, wie diese in Portugal ist, begleiten. Ich finde es in keiner neuern Historie, daß man geglaubt habe, die Höfe wären verbunden, die Processacten wider die Urheber einer Verschwörung bekannt zu machen, ja ich finde nicht einmal, daß man es von den Haupterzehlungen solcher Begebenheiten behauptete. Der erste Proceß, welcher von dieser Art ist ans Licht gestellt worden, ist der Proceß des gottlosen Damiens, und dieses ist nicht geschehen, wie sie glauben, um der Nachwelt keinen Zweifel von der Würklichkeit solcher Verschwörungen übrig zu lassen; sondern ich würde vielmehr sagen, um dem Volke den Wahn zu benehmen, daß es nicht glauben solle, als sey der Anschlag vom 5. Jan. 1757. eine Folge eines gewißen Complots oder einer Verschwörung gewesen.

wesen. Ju den vergangenen Zeiten wurde keine urkundliche Beschreibung von der Ermordung Heinrichs des III. und Heinrichs des IV. von Jac. Clement, von Barriere, von Joh. Chatel und von Ravaillac aus Licht gestellt.

Sind sie aber nicht derjenige, welcher wünschet, daß der Tod Heinrichs des IV. unter einer undurchsichtigen Decke verborgen bleiben möge? Wie können sie nun sagen, daß es die Gerechtigkeit der Fürsten erfordere, daß die Unterthanen von allen Umständen der Wahrheit unterrichtet werden, welche die Verschwörungen einer so verhaßten Art begleiten? Nehmen sie sich in Acht, Pater, daß sie nicht allzusehr auf diese Regul bringen. Wer weiß, ob es ihnen nicht am Ende gereuen möchte, daß sie selbige aufgesetzt haben.

Sie reden viel vernünftiger, wenn sie sagen: Daß keine Vorsicht sey, die man vor überflüssig halten könne, und deren man sich nicht zur Entdeckung solcher Verschwörungen bedienen müsse. Hierbey bewundern sie (und es scheint, daß sie es im Ernst sagen) die Klugheit und Weißheit, welche der König und sein geheimer Rath bey der Entdeckung des Vorfalls vom 3. Sept. 1758. gebrauchet haben, und machen daraus den Schluß, daß diejenigen, welche unschuldig sind, sich nicht fürchten dürfen, daß man sie unter die Mitschuldigen rechnen werde. Alles dieses läßt sich sehr wohl hören. Die Lobeserhebungen, welche sie dem Fürsten und seinen Ministern beylegen, sind gerecht, und eben so billig ist auch die Folge, welche sie daraus ziehen.

Allein, mein lieber Pater, warum haben sie sich denn wenige Zeilen darauf einfallen lassen zu schreiben, was folget? Wenn ich von unschuldigen rede, so begreifen sie wohl, daß ich von den ehrwürdigen Jesuiten reden will, die sich unglücklicher Weise in dieser Sache verwickelt befinden. Wenn denn also derjenige, an welchen sie ihren Brief geschrieben, so neue und fremd in der Welt, daß er das Urtheil von Lissabon unter dem 12. Jan. dieses Jahrs noch nicht gelesen

gelesen hatte. Wenn er es aber gelesen oder doch wenigstens davon gehöret hatte, glauben sie denn, daß er es so gleich verstehen könnte, daß sie unter dem Nahmen der Unschuldigen von den Jesuiten reden wollten? Und nicht nur von den Jesuiten überhaupt, sondern von solchen, welche sich in dieser Sache verwickelt befinden. Was? gleich bey dem ersten Worte reden sie von Unschuldigen, und setzen es voraus, daß es der Leser schon verstehen müße, wer diese Unschuldigen sind, ohne daß man sie vorhero nennen dürfte; da es doch aus allen Proceßacten, und fast aus allen Artikeln des Urtheils erhellet, daß der Orden dieser Religiosen sich zu einem von den drey vornehmsten Häuptern dieser abscheulichen Verschwörung gemacht hat. Mit diesen Worten drücket sich der König von Portugal in seinen Briefen am 19. Jan. selbst aus. Wissen sie dieses wohl, und weiß es von ihnen jetzt ganz Europa ja die ganze Welt? Und sie können noch sagen, daß, wenn man von Unschuldigen rede, es schon ausgemacht sey, daß man von Jesuiten reden wolle! Ich übergehe diesen Punct, ein jeder Leser mag selbst nach seiner Einsicht von ihrer Einfalt urtheilen.

Das folgende in ihrem Briefe wiederspricht offenbar dem vorhergehenden. Diejenigen, sagen sie, welche man unter ihnen als Mitschuldige befinden wird, müßen nach aller Schärfe der Gesetze gestrafet werden. Sie halten also davor, daß man Mitschuldige unter ihnen finden wird. Und doch gaben sie dieselben kurz vorher mit einer solchen Freymüthigkeit vor unschuldig aus, daß sie verlangten, die Leser hätten ihnen sollen zuvor kommen, da sie kaum dieses Wort Unschuldige ausgesprochen hatten. Wollen wir denn sagen, daß, wenn sie schuldige Jesuiten setzen, willens sind einen Satz de impossibili zu machen? Wenn dieses wäre, so glaube ich, sie würden jenen so ungekünstelten Ausdruck nicht gebraucht und in so deutlichen Worten nicht hinzugesetzet haben: Wir werden uns über ihre Verurtheilung freuen.

Die Verlegenheit in ihren Ausdrücken rühret von zween Grundsätzen her, welche einander wiedersprechen. Sie haben sich auf der
einen

einen Secte anheischig gemacht die Jesuiten überhaupt von aller Verschuldung und Theilnehmung bey dem bekannten Anschlage frey zu sprechen; und dahero reden sie, wenn sie ihre Unschuld behaupten wollen, in dem Tone der Sicherheit und der Freymüthigkeit. Gleichwie aber auf der andern Seite der ganze Innhalt des Urtheils von Lissabon einige Furcht wegen der würklichen Unschuld und wegen des Schicksals so die Gefangenen betreffen möchte in ihrem Herzen zurückbleibt; so sind sie darauf bedacht gewesen, sich auf alle Fälle eine Ausflucht vorzubehalten, um die ganze Gesellschaft in Sicherheit zu stellen, im Fall sie diejenigen stinkenden Mitglieder derselben verlassen müßten, die man aller ihrer Bemühung ungeachtet zur Strafe verurtheilen sollte.

Wir werden uns, sagen sie, über ihre Verurtheilung freuen. Allein in Wahrheit diese gezwungenen Mienen einer Billigkeit, welche sie in vielen Stellen annehmen, scheinen bloß darauf gerichtet zu seyn, um ihre Leser zu hintergehen. Der Beweiß hiervon ist meiner Meinung nach dieser, weil sie oft einer Sache wiedersprechen, welche doch nicht vorhanden ist. Denn in der That, was vor eine große Billigkeit ist es, daß sie erkennen, ihre Mitbrüder verdienen gestraft zu werden, wenn sie an dem Königsmorde und der großen Verrätherey schuldig sind, und zu gleicher Zeit sich stellen, als ob sie nicht wüßten, daß sie wegen dieser schrecklichen Verbrechen überführet sind, und unter einem lächerlichen Vorwand ihre Verschuldung in Zweifel ziehen; und also die Richter, die sie vor schuldig erkläret haben, einer gottlosen Betrügerey beschuldigen, und sich nicht darum bekümmern, daß diese Beschuldigung auf den König selbst zurück fällt, ob gleich nicht ein Schatten eines Beweises da ist, worauf sie dieselbe gründen könnten? Die Billigkeit besteht nicht darinn, daß man das Verbrechen überhaupt verdammt, sondern daß man es an denen verdammet, welche es begehen; daß man sich bey gerichtlichen Beweisen, die es bestätigen, beruhiget; und daß man endlich die Entscheidung der Richter, die es als bewiesen anzeigen, ohne Tadel annimmt und verehret. Nun ist ihr Brief vom Anfange bis zum Ende diesen Regeln gerade entgegen gesetzet, als welche da-

che darinn abscheulich verletzet sind. Man braucht auch hierzu keine
große Erläuterung, es ist genug, daß man ihn nur lieset.

Allein wir wollen doch hier ein wenig bey der Verwunderung
stehen bleiben, welche ihnen der Anblick einer allgemeinen Vereinigung
wider ihre Gesellschaft verursachet hat, als das Publicum das Urtheil
von Lissabon gelesen hat. Ich glaube wahrhaftig, daß diese ihre Verwunderung nur eine schöne Verstellung ist; denn es scheint mir unmöglich zu seyn, daß sie so einfältig wären, und nicht merken sollten, daß
der Innhalt jenes Urthils, welches das meiste dabey ihren Mitbrüdern
aufbürdet, nothwendiger Weise einen allgemeinen Unwillen und Abscheu
wider sie erwecken müßte. Und wer könnte auch wohl an sich halten,
und nicht gerührt werden, wenn er siehet, daß ihre Patres nebst
dem Herzog d'Aveiro sich zugleich in gewiße gemeinschaftliche
Berathschlagungen einlassen, wovon der Entschluß dieser
war, daß dieses das einzige Mittel sey, wie man zur Veränderung der Regierung kommen könnte, wenn man den König
umbrächte; ingleichem daß sie diesem Herzog eine vortheil-
hafte Schadloshaltung vor die Vollziehung dieses höllischen
Mordes versprechen; und dabey behaupten, daß der Mörder, welcher Se. Majestät umbringen würde, nicht einmal
eine Erlaßsünde begienge; ferner daß sie sich bemühen die
Marquisin von Tavora in diese Verschwörung zu ziehen, und
sich dieser Dame bedienen, um ihre Familie unter die Aufsicht zu bekommen und verschiedene Glieder derselben durch
ihre entsetzlichen Lehren zu verführen? Kann man wohl ähnliche
Bosheiten sehen und hören, ohne dabey zu zittern und sich zu ärgern?

Wofern man nach der Bekanntmachung des Urtheils verschiedene Neuigkeiten, die ihnen eben nicht anstehen, aber vor das Publicum desto wichtiger sind, ausgebreitet hat, so dürfen sie sich darüber
eben nicht wundern. Sie wissen, wie leicht man die Neubegierde der
Menschen durch große Begebenheiten erreget, und mit was vor einem
Wohlgefallen sie als Anecdoten aufsammlen, die einige Verbindung

damit

damit haben. Es ist möglich, daß unter so vielen Neuigkeiten, die man ausgebreitet hat, vielleicht eine oder die andere zu voreilig ist; allein was wollen sie machen? Es ist dieses bey den menschlichen Begebenheiten eine gemeine und folglich zu entschuldigende Sache, und derjenige würde meiner Meinung nach unrecht thun, der sich im Ernst darüber betrüben wollte. Ich vor meine Person nehme dergleichen Neuigkeiten davor an, was sie sind. Hingegen streite ich heftig vor das Urtheil vom 12. Jan., vor das Circularschreiben des Königes vom 16. Jan. an alle Bischöffe seines Reiches; ferner vor das Manifest, welches bey diesem Briefe befindlich ist, und endlich vor das Decret oder königliches Schreiben vom 19. Jan. Diese Blätter sind Urkunden, und von unläugbarer Gültigkeit, sie sind so wichtig und schwer, daß sie davon unterdrücket werden. Auf diese hätten sie antworten sollen. Sie hätten suchen sollen, wo möglich, sich wider den starken Eindruck zu vertheidigen, welchen sie nicht nur wider ihre Patres Malagrida, Matos Alexander, und andere, die sich unmittelbar in die Verschwörung eingelassen haben, sondern auch wider die ganze Gesellschaft gemacht haben. Sie bemühen sich es zu thun; allein ihre Bemühungen sind vergeblich.

Die Jesuiten, sagen sie, welche man beschuldiget hat, als ob sie an dieser Verschwörung Antheil hätten, sind noch nicht, wie es scheint, überführet. Nicht? Reden sie im Ernste? Der König von Portugal schreibt an die Bischöffe seines Reichs, und schickt ihnen die Abschrift von dem Urtheil des 12. Jan. und spricht, daß sie daraus ersehen würden, wie der verdorbene Orden der Religiosen von der Gesellschaft Jesu nicht nur an dem entsetzlichen Verbrechen der beleidigten Majestät, der Verrätherey und Königsmordes Antheil genommen, sondern sich so gar zum Haupt derselben gemacht habe, wie man laut des besagten Urtheils erkläret hat: Und sie sagen, sie sind noch nicht, wie es scheint, überführet. Wer sind sie denn, daß sie mit einer solchen Un-

verschämt-

verschämtheit und Verwegenheit einen König belügen, ja einen König, der zu allen Bischöffen seines Reichs redet?

Und worauf gründen sie eine so grobe und schändliche Lügen? Denn wofern, ihrem Vorgeben nach, die Jesuiten wären überführet worden, so würden sie auch mit den andern auf gleiche Weise seyn bestrafet worden. Gewiß eine schwache Vermuthung, welche sie bald darauf selbst wiederlegen, indem sie hinzusetzen, daß der geheimde Rath Sr. Majestät wohl könnte vor gut befunden haben ihre Strafe auf einige Zeit aufzuschieben.

Ich aber gehe noch weiter und behaupte, daß, wenn man auch um dieser oder jener Ursachen willen bey den gefangenen Jesuiten in Lissabon die Todesstrafe ersparen wollte, man doch nicht sagen könnte, daß sie nicht überführet wären, und an der Verschwörung keinen Antheil gehabt hätten. Das Urtheil erkläret dieses an zehn Orten. Es ist ja nach dem Innhalt der Processacten, und auf die Aussage der meisten Mitschuldigen, und auf andere Zeugniße, die bey dem Processe befindlich sind, gemacht worden. Der erste Artickel dieses Urtheils fängt gleich mit diesen entscheidenden Worten an. Es ist vollkommen bewiesen. Alle andere Artickel fangen sich so an: es erhellet. Dieses sind Ausdrücke, welche man bey Gerichten braucht, wenn man einen Angeklagten vor überführet erklären will. Gewiß man findet in dem Urtheil keine stärkere Ausdrücke wider den Herzog d'Aveiro und die andern Mitschuldigen, welche dadurch verurtheilet werden. Die Redensarten, welche darinn vorkommen, wenn man von dem Antheil redet, welchen ihre Patres an dem Verbrechen genommen haben, sind eben dieselbigen, deren man sich bedienet, um den Antheil auszudrucken, welchen die andern verurtheilten Häupter und Mitschuldige dabey gehabt haben. Wollen sie vielleicht sagen, man finde doch diese Worte Ueberführung und überführet nicht darinn? Ich werde ihnen antworten, erstlich daß sie in Portugal bey den Gerichten nicht so gebräuchlich seyn müssen, als in Italien, und in andern Ländern; indem sie auch nicht einmal bey denen gebraucht sind, die man doch hingerichtet hat:

zwey-

zweytens, man hat dieses durch gleichlautende Worte erſetzet: und drittens, wenn ſie dieſelben vor weſentlich halten, ſo daß ohne dergleichen Worte nichts entſcheidendes ſeyn könne? ſo werden ſie dieſelben in dem Manifeſt des Königs an alle Biſchöffe des Reichs bey ihren Mitbrüdern gebraucht finden: Nun findet man bey dieſem Proceſſe, daß ſie völlig und unleugbar wegen ihrer abſcheulichen Bosheiten überführet ſind. Und wegen welcher Bosheiten? Weil ſie den Königsmord vom 3. Sept. gerathen, angeſtiftet und zur Vollziehung gebracht haben.

Wofern nun ihre Patres nach ſolchen nachdrücklichen, feyerlichen und ſo oft wiederholten Erklärungen ihres begangenen Verbrechens jemals ſollten losgeſprochen werden, ſo könnte es nichts anders ſeyn, als eine Gnade, und zwar eine ſolche Gnade, worüber die ganze Welt erſtaunen würde, ohne daß ſie deswegen denken dürften, als ob dadurch der Schandfleck abgewaſchen werde, welchen ihnen das Urtheil vom 12. Jan. das Schreiben und das Manifeſt vom 16. und endlich das Decret oder die königliche Briefe vom 19. Jan. beygebracht haben.

Sie ſind darinn noch mehr zu entſchuldigen, wenn ſie ſich bemühen die ganze Geſellſchaft von der Schande zu befreyen, womit ſie dieſe ſchändliche That überhäuffet hat, ſie können nichts anders thun als ihre Zuflucht zu allgemeinen Sätzen nehmen. Ich bedaure ſie; das ſchlimmſte aber dabey iſt, daß die Anwendung davon meiſtens falſch, und folglich von keinem großen Nutzen vor ſie iſt. Z. E. Ob es gleich wahr iſt, daß die Miſſethaten einiger Böſewichter, welche ſich in einer zahlreichen Geſellſchaft befinden, kein Merkmal der Schändlichkeit auf die ganze Verſammlung bringen müſſen; ſo kann ihnen doch dieſe allgemeine Regel im gegenwärtigen Fall gar nichts helfen. Sie geben zu, daß faſt jedermann die Jeſuiten überhaupt hat zu Urhebern dieſer Verſchwörung angeben wollen. Glauben ſie, daß dieſes eben daher gerühret, weil man gewußt hat, daß die Patres **Malagrida**, **Matos**, **Alexander** und andere Mitſchuldige von ihrer Geſellſchaft ſind? Sie würden ſich irren, wenn ſie dieſes glaubten. Es ſind zwey Dinge, welche dem Publico diese Meynung von ihren Mitbrüdern beygebracht haben, und vortreflich bestätigen. Das erste ist die große Menge verschiedener Umstände dieses Vorfalls, welche eben so viele Anzeigen wider die Häupter der Gesellschaft und folglich wider die ganze Gesellschaft sind. Sie können dieselben in einem Büchlein ausgeführet und erkläret finden, welches den Titul führet: Betrachtungen über die am 3. Sept. begangene That, dieses Buch, welches einen Monath vor der Bekanntmachung ihres Briefes zum Vorschein gekommen ist, mußte ihnen bekant seyn, indem sie ja die Vertheidigung ihres Ordens unternehmen wollten. Das zweyte, welches bey dem Publico so großen Eindruck gemacht hat, und wobey sie sich nicht beruhigen können, ist die Frechheit und der vordorbene Zustand ihrer Gesellschaft. Denn man hat in der That ein Recht zu vermuthen, und zwar ohne einen jeden andern Beweiß, daß sie fähig sind, dasjenige zu thun, was sie rechtmäßig zu seyn erachten.

Wenn sie sagen, daß der Anschlag wider das Leben des Königs, das größte Verbrechen sey, welches man nur begehen könne; so sind sie bloß ein ungenannter ohne weitere Folge. Allein ihre unzählige Theologen, welche das Gegentheil lehren, und ihre blutgierigen Bücher mit dem Titul theologische und moralische Decisiones ausgeschmückt haben; ihr P. Busenbaum; sein Ausleger la Croix; ihre Journalisten von Trevoux, die ihn gelobt haben; ihr P. Zaccharia, welcher die Vertheidigung davon übernommen hat, und jedermann wissen lässet, daß die Wiederrufungen, welche vor kurzem einige Jesuiten in Frankreich wegen seiner Lehre gethan hatten, erzwungene Handlungen gewesen wären, welche der allgemeinen Anhänglichkeit der Gesellschaft an den großen Busenbaum nicht nachtheilig seyn; ferner ihr P. di Dessus le pont, der so unverschämt gewesen ist, und sich vor diesen elenden Theologen erkläret hat, nachdem die Lehre desselben kurz vorhero von dem Parlament von Bretagne war verworfen worden: alle diese sind eben so viel untadelhafte Zeugen, welche gerade heraus, und auf eine Art, daß man nicht daran zweifeln kann, vorgeben, daß die Lehre, welche die

Anschläge

Anschläge wider das Leben der Könige auch nur des zeitlichen Interesse willen vor erlaubt hält, die eigene und allgemeine Lehre ihrer Gesellschaft sey. Welches so wahr ist, daß man so gar vor kurzem in den Händen ihrer Mitbrüder einen heimlichen Brief eines Jesuiten gesehen hat, worinn er mit derjenigen Aufrichtigkeit seines Herzens redet, welche man unter Freunden brauchet, und den Herzog d'Aveiro als einen berühmten Unglücklichen vorstellet, sein Unternehmen mit einer erdichteten Ursache von der Ehre entschuldiget, und es als eine Aufgabe ansiehet, ob es diesem Herzog erlaubt gewesen sey, den König umzubringen.

Dieser Lehrpunct ist ohne Zweifel das rechte Ziel der Ausschweifungen ihrer Gesellschaft in der Moral. Jedoch ob gleich ihre andere Irrthümer diesen nicht gleich sind, so haben sie gewiß einen nicht viel geringern Grad der Abscheulichkeit und Schändlichkeit. Ich entferne mich nicht von meinem Vorhaben, um etwas davon anzuführen, da sie selbst davon reden um sich zu rechtfertigen. Der König von Portugal hat in dem Manifest an alle Bischöffe seines Reichs einen Auszug ihrer Lehren gegeben, worüber ein jeder, der nicht ein Jesuit wäre, erröthen würde. Allein sie, der sie einer sind und sich nicht schämen es zu seyn, glauben diesem Uebel durch ihre gewöhnliche Unverschämtheit abzuhelfen. Wir sind die ersten, sagen sie, welche alle diese schädliche Lehren verabscheuen und verdammen. Sollte man hierbey nicht sagen, daß sie vor die Leute in Monomolapa schreiben? Denn in Europa weiß man das Gegentheil gewiß, und es ist nicht nur so öffentlich bekannt, sondern auch durch unzehlige glaubwürdige Proceßacten bewiesen. Wenn es mir erlaubt wäre der Sache ein wenig weiter nachzugehen, so würde ich sie fragen, ob denn zu der Zeit als der Herr Pascal vor den Augen von ganz Frankreich und Europa ihre verdorbene Moral aufdeckte, ihre Vorfahren würklich die ersten gewesen sind, welche dieselbe verabscheuet und verdammet haben? oder ob man sich nur durch die Klagen der Clerisey und die Censuren der Bischöffe hat einnehmen lassen? Sie werden es gar wohl wissen, daß ihre Patres anstatt diesen Censuren sich zu unterwerfen, vielmehr darauf bedacht waren, Vertheidigungen von dieser ihrer schändlichen Moral bekannt zu machen, und zwar solche abscheuliche Vertheidigungen, welche sowohl von den Bischöffen in Frankreich, als auch von dem H. Stuhle verdammet wurden. Allein wir wollen jetzt die alten Sachen bey Seite setzen, und vielmehr auf unsere Zeiten kommen. Sind sie die ersten gewesen, welche die unglaubliche Gelindigkeit des P. Pichon verabscheuet und verworfen haben? Sind sie die ersten gewesen, welche die Irrthümer verabscheuet haben, die in dem zweyten und dritten Theile der Historie des Volks GOttes von ihrem P. Berruyer ausgestreuet sind? Sind sie die ersten gewesen, welche die schädlichen Lehren ihres Busenbaum, und seiner Herausgeber und Ausleger verabscheuet und verworfen haben? Sind ihnen nicht bey diesen drey Gelegenheiten die Bischöffe und weltliche Obrigkeiten zuvorgekommen? Sind es nicht jener dieser ihre Klagen gewesen, welche ihnen mehr aus ihren Händen als aus ihrem Herzen die so späten und blos aus Gewohnheit gethanen Erklärungen heraus gewunden haben, womit sie die Ausschweifungen dieser Schriftsteller wiederrufen und verwerfen: Erklärungen, welche nicht geschehen sind, um der Macht der Wahrheit nachzugeben oder den Haß der Welt zu vermeiden; sondern entweder aus Furcht, um nicht zur Rede gestellt zu werden, oder aus einem Verlangen, bey ihren Beschützern den wankenden Credit zu erhalten? Es ist dieses nicht etwa meine Vermuthung. Nein, die Thaten selbst beweisen die erste Wahrheit, und ihr P. Zacharia kam hernach um sie ausdrücklich zu bestätigen. Und doch sind sie, da sie alles dieses und vielleicht noch mehr wissen, so verwegen und sagen, daß sie die ersten gewesen sind, welche diese schädliche Lehren verabscheuet und verworfen haben! Und warum erstarrte ihnen denn die Hand nicht, und die Feder versagte ihnen nicht ihren Dienst, da sie eine so unverschämte und offenbare Lügen aufzeichnen wollten?

Allein sie setzen hinzu, daß alle diese Lehren, welche man den Jesuiten beymisset zuerst von Schriftstellern der andern Orden und nach der Stiftung ihrer Gesellschaft sind gelehret worden. Sehen sie, Pater, es heißt viel zu sagen alle. Ich überlasse es ihrem Gewissen. Man

müßte

müßte ganze Bibliothecken durchgelesen haben, wenn man sie bey diesem Puncte Lügen strafen wollte; und ich muß bekennen, ich reiche mit meiner Gelehrsamkeit nicht weit. Was ich aber weiß, ist dieses: daß die andern Orden alle diesen Lehren entsaget haben, so bald als sie von dem H. Stuhl und den Bischöffen sind verworfen worden; und wofern nachhero einzelne Personen unglücklicher Weise etwas irriges gelehret hätten, so ist dieses wieder die allgemeine Lehre ihres Ordens geschehen. Man hat es niemals gesehen, was man nur allzusehr in ihrer Gesellschaft findet, daß die Obern die Vertheidigung oder Beschützung der Uebelthäter übernehmen. Es ist niemals geschehen, daß die Ausschweifungen eines einzelnen Menschen zu Staatesachen geworden wären; wie sie sich erinnern werden, was der Bischoff von S. Pons, der sonst ihr Freund war, bey Gelegenheit der vielen Händel wegen der Lehre des Pichon sagte.

Es ist viel, mein lieber Pater, daß sie sich nicht vorstellen können, wie aus der Betrachtung, die man über die gottlosen Lehren und ihren Nutzen anstellt, welches ihre Politick am rechten Ort und zu rechter Zeit nicht thut, die große Bewegung des Publici entsteht. Es ist so: Diese Betrachtungen sind es, welche der Begebenheit in Lissabon einen Grad von Wichtigkeit geben, welches nicht geschehen seyn würde, wenn die Urheber davon niemand anders als der Herzog d'Aveiro und das Hauß von Tavora ohne ihre Brüder gewesen wären. Dieses ist auch die Ursache warum der König von Portugal die ganze Christenheit hat wollen an dieser Begebenheit Theil nehmen lassen, indem er das Urtheil wieder die Angeklagten, wie auch das Manifest, in welcher die aufrührischen Irrthümer und gottlosen Lehren ihrer Mitbrüder angezeiget sind, bekannt gemacht hat. Dieses Verfahren scheint ihnen ein wenig wunderlich zu seyn. Sie bemerken, daß die Fürsten keine Manifeste ausstreuen, als blos zu dem Ende um andern Potentaten die Kriege wissen zu lassen, die sie anfangen, ingleichem die Gerechtigkeit der Sache, die sie vertheidigen und die Regelmäsigkeit ihrer Aufführung anzuzeigen; hingegen daß sie

wegen

wegen ihrer besondern Privatangelegenheiten nicht verbunden sind von ihrem Thun Rechenschaft zu geben. Dieses hat seine seine vollkommene Richtigkeit. Nun warum will denn der König von Portugal ganz Europa mit der Betrachtung des Anschlags wider sein Leben beschäftigen? Warum ist er nicht zufrieden, die Urheber davon zu entdecken und zu bestrafen? Warum ist es geschehen, daß man eine Sammlung von alten Irrthümern der Gesellschaft in Ansehung des Rechts, welches sie hat ihre Gegner auch durch die abscheulichsten Verläumdungen in üblen Ruf zu bringen, ingleichem in Ansehung der Lügen, des Meineydes und insonderheit des Königmords bekannt zu machen? Ist es würklich nöthig, daß ich ihnen die Ursache davon sage? Ja wir wollen es sagen, weil sie es verlangen. Nun es ist deswegen, weil die Uebelthat, wovon die Rede ist, nicht von einem einzelnen Einsiedler herrühret, sondern die natürliche Folge aus den Grundsätzen und dem System ihrer Gesellschaft ist; das heißt, einer solchen Menge von Menschen, welche in allen catholischen Staaten ausgebreitet sind, und alle von einerley Geist belebet werden, deren aufrührische Lehre die Sicherheit aller Fürsten angreifet, und deren Kunstgriffe so beschaffen sind, daß sie unter dem besten Schein der Liebe und Leutseligkeit ein barbarisches und blutgieriges Herz, und einen viel verwegenern Stolz und Uebermuth verborgen, als jemals ein Monarch sich angemaßet hat. Es war nöthig alle Höfe davon zu überzeugen, denn dieses erforderte das gemeinschaftliche Interesse der Könige. Es war nöthig alle catholische Völker davon zu benachrichtigen, denn dieses erforderte das Interesse der Religion. Es war nöthig ihren Anschlag überall bekannt zu machen, und ihren Credit, wo möglich, zu verringern, denn dieses erforderte das persönliche Interesse des Königs in Portugal. Wofern sich ihre Gesellschaft bey andern Staaten im Credit erhält, so ist er wegen seines eigenen nicht sicher, und er wird über kurz oder lang ihren listigen Ränken nachgeben, und sich entweder ihrem Ehrgeiz unterwerfen, oder ihren Verrätherepen unterliegen müssen. Machen sie dahero einmal mit ihrer großen Verwunderung ein Ende; daß wenn der geheimde Rath

Sr. al=

Sr. allergel. Majestät sich hat über die Begebenheit vom 3. Sept. wundern wollen, tausend Ursachen sind, die es rechtfertigen. Denn außerdem bin ich gewiß versichert, daß es von der göttlichen Vorsehung herrühret, welche alles regieret, und gewollt hat, daß ihre Schande vor den Augen derer aufgedeckt werden, die sie so lange hatten verführen wollen, und ihnen nur allzusehr gelungen war. Gewiß es würde ein großes Unglück seyn, wenn dieser letzte Streich ihres verkehrten Wesens nicht hinlänglich wäre die Bezauberung wegzuschaffen, welche sie durch ihre Heucheley verursacht haben.

Es ist vergeblich, daß sie zur Aufhebung des Eindrucks, welchen die im Manifest gesammleten Lehren ihrer Gesellschaft machen, vorgeben wollen, daß der Verfasser an der Würklichkeit der Beschuldigungen wider die Jesuiten gezweifelt habe, und deswegen einen so weit hergeholten Beweiß suche, um sie zu überführen. Dieser Schluß ist sehr unbillig und ungerecht. Der Verfasser führet ihre Lehren nicht als einen Beweiß an, daß ihre Patres an dem Unternehmen Antheil gehabt hätten. Er weiß und bekräftiget es auf die gültigste Art, daß es erhelle . . . Wie die Jesuiten behaupten, daß der Mörder, welcher einen König umbrächte nicht einmal eine Erlaßsünde begehe, . . . und wie sie viele Mitschuldige durch ihre Aussprüche und abscheuliche Lehren verführet und in die Verschwörung gezogen haben. Sehen sie die Thaten, wovon sie überführet sind, und da die Beweise in dem Processe stehen. Die Sammlung ihrer gottlosen Irrthümer hat etwas anders zur Absicht, nemlich, daß man zeige, auf welchen Grundsätzen diese ihre Aussprüche und abscheulichen Lehren gegründet waren. Sie wollten uns also wohl die Charten in der Hand austauschen? Sie würden zufrieden seyn, wenn wir diese Sammlung als eine Ausfüllung annähmen, welches man uns in Ermangelung überzeugender Beweise von der Verschuldung ihrer Mitbrüder geben wolte, und zwar als eine Ausfüllung von schlechtem Werthe, indem die daselbst angeführten Verfasser lange vor dem Anschlage geschrieben haben. Allein ich habe ihnen bereits

reits gesagt, was die wahre Absicht dieses Auszugs aus ihrer Moral ist. Uebrigens ist es allerdings mehr als zu gewiß, daß die angeführten Verfasser vor dem gefaßten Anschlage geschrieben haben; allein es ist doch auch eben so gewiß, daß dieser ihre Nachfolger ihre Grundsätze angenommen, und bey dieser Gelegenheit mehr in Ausübung gebracht haben. Dieses ist eine in den Proceßacten bewiesene und gerechtfertigte Sache. Alle ihre Rednerkunst wird nicht hinlänglich seyn diese Ueberzeugung wegzubringen, und den Eindruck zu vermindern, welchen das Manifest machet, so sie überführet, daß die Lehre von dem Königsmorde, so ihre Vorfahrer vorgetragen haben, auch heut zu Tage noch die beständige Lehre der Gesellschaft sey, welche niemals weder diesen noch irgend einen andern Artickel ihrer verdorbenen Moral abgeschaffet hat.

Ich will nicht eher weiter gehen, als bis ich nicht vorhero erst die Anmerkung angesehen habe, die sie darunter gesetzet haben. Die Provincialbriefe sind ein Dorn in den Augen oder vielmehr in dem Herzen ihrer würdigen Mitbrüder. Sie wissen es; allein sie suchen die Sache zu bemänteln, und glauben daß sie dadurch am besten wegkommen können, wenn sie eine Stelle aus dem Voltaire anführen, der ihrer Meinung nach mit der größten Unpartheylichkeit und besten Beurtheilungskraft geschrieben habe. Ja damit sie ihre Leser noch besser überreden, so bemerken sie noch, daß man diesen Poeten keiner Anhänglichkeit gegen die Jesuiten beschuldigen könne Allein mit ihrer gütigen Erlaubniß, ich bemerke im Gegentheil, daß Voltaire schon dadurch ihr Freund geworden sey, und ihre Lobeserhebungen verdiene, weil er den Pascal gescholten hat. Uebrigens glaube ich, daß sie bey Lesung seiner Historie (1) woraus sie diese Stelle genommen haben, werden zugleich bemerket haben, daß die vielen Satyren, womit der Verfasser dieselbe ausgeschmückt hat, allezeit auf Leute von Verdiensten zielen; ferner daß er sich bemühet hat, alle große Leute von jeder Art zu unterdrücken, und zwar nicht sowohl um die menschliche Natur zu verkleinern (welches sonst kein gleichgültiger Gegenstand vor einen Philosophen

(1) Das Jahrhundert Ludwig des XIV.

sophen von seinem Character ist) sondern sich selbst zu erheben, und mit seinem großen Verstande und vorzüglichem Witze, den er zu besitzen glaubt, und mit der vortreflichen Scharffsinnigkeit, wodurch er in den Gaben und Kräften aller andern Fehler entdeckt, zu pralen. Man darf nur ein wenig mit Aufmerksamkeit seine Schriften lesen, womit er das Publicum überhäuft, und anstecket; so wird man erkennen, daß er würklich einen Abgott aus sich selbst machet, und daß er sowohl in gebundener als ungebundener Rede die Menschen nicht unterrichten, sondern von sich unterhalten, und bey ihnen diese Verwunderung erwecken will, die er von seinen eigenen Gaben heget. Nun ist meiner Meinung nach ein solches Urtheil wider den Herrn Pascal von sehr weniger ja von gar keiner Erheblichkeit. Der Herr Pascal war ein Mann von einem erhabenen Verstande, und von einer großen Frömmigkeit, der zum Vortheil der Religion wider die Ungläubigen geschrieben hatte. Folglich konnte Voltaire nicht weniger thun als ihn angreifen, wie er es auch würklich that. Wollen sie einen Beweiß, daß er nicht wußte, was man sagte, als er von den Provincialbriefen redete? Sehen sie hier ist er: Man schrieb, sagt er an dem von ihnen angeführten Orte, die ausschweifenden Meinungen einiger spanischen und niederländischen Jesuiten der ganzen Gesellschaft zu. Man darf nur die Provincialbriefe aufschlagen, so findet man auf allen Seiten französische Jesuiten, ohne der andern zu gedenken, welche eben die Lehren ihrer Mitbrüder eingesogen hatten, und auf gleiche Weise von dem Probabilismus eingenommen waren, welches die allgemeine Quelle alles Verderbens in der Moral ist. Lassen sie dahero mein lieber Pater den Herrn Voltaire gehen, er ist nicht vor sie. Ja es würde ihnen mehr Ehre machen, wenn er sie tadelte als vertheidigte und insonderheit in Materien, welche die Religion betreffen.

Nunmehro wollen wir wieder zu ihrem Brief zurückkehren. Sie bemühen sich mit aller Gewalt ihre Gesellschaft von der Schande zu befreyen, die sie sich durch ihre verdorbene Moral seit hundert Jahren her zugezogen hat. Allein alle ihre Bemühungen dienen zu nichts anders, als daß sie die Schmach vermehren, denn sie bringen die Leute dahin, daß sie nur dem Publico neue Beweise von der halsstarrigen Neigung vor Augen legen, welche die Gesellschaft vor die Vertheidigung der einmal angenommenen verderbten Lehre heget. Ich habe es ihnen in Ansehung der Lehren, welche die Sicherheit der Könige betreffen, handgreiflich gezeiget. Es ist eine ganz gewisse Sache, daß sie ihre Gesellschaft niemals verlassen hat, und noch immer glaubt, wie sie ehemals es glaubte, daß es einem Unterthanen erlaubt sey, seinen Fürsten am Leben anzugreifen, wenn auch von nichts anders als von der Erhaltung eines Fingers an der Hand die Rede seyn sollte, und folglich um eines jeden Interesse willen. Nun wer weiß nicht, daß ihnen viel daran gelegen war den König von Portugal aus dem Wege zu räumen? Die ganze Welt kann es bezeugen. Und bey diesen Umständen ist er vermittelst einer Verschwörung angegriffen worden; wobey die Obern der Jesuiten als die vornehmsten Häupter verwickelt waren. Was braucht man mehr zur Entscheidung um die Handlung der Glieder dem ganzen Cörper beyzumessen? Wenn es noch nicht genug bewiesen ist, daß diese Handlung nach den Grundsätzen der Gesellschaft um des Interesse willen und auf Anstiften ihrer Obern geschehn sey, so ist nichts, das uns eine Ueberzeugung geben könnte. Nun dieses ist jetzt ihr Fall bey der Sache von Lissabon. Alles ist bewiesen, und das Publicum ist mit seinem Urtheil dem Beweise noch zuvor gekommen, welchen man ihm davon gegeben hat. Sehen sie, mein lieber Pater, woher diese allgemeine Verbindung wider sie kommt, worüber sie sich beklagen, und wie es scheint, so sehr verwundern; aber in der That sich mehr darüber ärgern als verwundern.

Lassen sie uns weiter gehen. Ich weiß nicht, warum sie diese Einrichtung als ein falsches Vorurtheil tadeln, daß man gemeiniglich die Familien oder Gesellschaften wie unehrlich betrachtet, in welchen sich solche befinden, die es verdienet haben nach der Strenge der Gerechtigkeit bestrafet zu werden. Ich glaube es würde nicht schwer seyn zu zeigen, daß dieses Urtheil, wofern es in
gehö

gehörigen Schranken bleibt, gerecht, vernünftig, und auch in den H. Büchern gegründet sey. Allein gesetzt auch, es wäre ein bloßes Vorurtheil, so ist es doch allezeit wegen des Ursprungs, woher es kommt, nemlich aus dem Abscheu vor dem Verbrechen verehrungswürdig; ja es ist auch nützlich, denn es verbindet die Häupter der Familien oder Gesellschaften dazu, genauer auf ihre Untergebene Achtung zu geben, damit sie nicht einmal genöthiget sind, an der Schande Theil zu nehmen, die sich einige davon durch ihre schlechte Aufführung oder Verbrechen zuziehen könnten. Warum verlangen sie also, daß wir dieses Vorurtheil ablegen sollen? Natürlicher Weise ist es um des Interesse willen, daß sie wünschten, ingleichem weil die Ausschweifungen vieler von ihren Mitbrüdern ihrer ganzen Gesellschaft einen Schandfleck anhängen, wovon sie dieselbe gerne reinigen möchten. Unterdessen müssen sie wissen, daß sie sich vergeblich bemühen, und daß sie in diesem Stücke eben so wenig ausrichten werden, als es ihnen nicht gelungen ist, ihre überführten portugiesischen Patres zu rechtfertigen.

Gewiß sie reden wohl recht schön, wenn sie sagen, daß die vernünftigsten Personen und auch viele von denen, welche den Jesuiten zuwider sind, erkannt haben, daß das Urtheil keine Beweise von der Ueberführung der Jesuiten hat. Und wo sind denn diese Personen? Ich befürchte, daß sie das Verlangen und das Interesse, viele von ihrer Parthey zu sehen, hintergeht. Ich weiß, daß ich ihnen im Gegentheil gezeiget habe, daß ihre Patres auf eben die Weise wie der Herzog d'Aveiro und andere Missethäter vor schuldig sind erkläret worden. Ich habe ihnen noch mehr gezeiget, daß der Ausdruck Ueberführung, worauf sie sich als auf das einzige entscheidende Wort so sehr steifen, ihnen persönlich in dem Manifest, welches bey dem Circularschreiben an die Bischöffe vom 16. Jan. sich befindet, beygeleget ist, was haben sie nun vor Beweise dargegen zu setzen?

In criminal Sachen sind die Mittel, deren sich die Angeklagten und ihre Advocaten zu ihrer Vertheidigung bedienen können, von den Gesetzen und Statuten schon bestimmt. Sie bestehen gemeiniglich entweder

weder in gerechten Einwürfen wider die Zeugen, oder in vernünftigen Ursachen der Ausnahme wider die Richter, oder in überzeugenden Beweisen, welche entweder die Würklichkeit des Verbrechens wiederlegen, oder die von dem Angeklagten eingeschränkte Verneinung darthun. Alles was nur in einer blosen Möglichkeit, Muthmaßung und Schlusse bestehet, wird als unnütz und lächerlich verworfen. Die Billigkeit und Nothwendigkeit dieser Regul ist augenscheinlich. Nach diesem muß man von den Vertheidigungen urtheilen, die sie vor ihre Mitbrüder anführen.

Hier ist es, was sie sagen: Wenn die Häuser der Jesuiten besetzet sind, wenn sie aufs genaueste bewachet werden, wenn man niemand mit ihnen reden lässet, so ist dieses noch kein Zeichen der Ueberführung. Und wer saget ihnen denn etwas dargegen? Gewiß es geschicht nicht um deswillen, daß das Publicum den Jesuitenorden nicht nur als mitschuldig, sondern auch als das vornehmste Haupt von dem Anschlage des 3. Sept. überführet zu seyn glaubt. Man glaubs es um des Urtheils willen, welches es so erkläret. Man glaubet es auf das Wort des Königs von Portugal, der es in seinem Schreiben an die Bischöffe vermittelst eines Manifests, welches demselben beygefüget ist, und in seinem königl. Schreiben vom 19. Jan. bekräftiget.

Sie bilden sich ein, daß alles, was der 3. Artickel des Urtheils von der Wiederaussöhnung des Herzogs d'Aveiro mit ihren Mitbrüdern, und von den traurigen Wirkungen, die daraus entstanden sind, nichts anders als ein leeres Geschwätze und eine unnütze Erklärung sey, die nicht zum Beweise, daß die Jesuiten schuldig wären, dienen könne. Wenn sie von einer Anzeige oder Belangung vor Gerichten redeten, so könnte man diese ihre Frechheit im Urtheilen noch hingehen lassen. Aber leider! Sie erinnern sich nicht, daß hier die Rede von einem Urtheil ist. Ist es nöthig, daß man ihnen erst sagen muß, daß ein Urtheil in criminal Sachen die Beweise des Verbrechens nicht enthält, die es verdammt, sondern daß es blos und wesentlich darinn beste-

bestehet, daß angezeiget wird, es sey in den Proceßacten bewiesen? Dieses ist es auch, was insonderheit das Urtheil vom 12. Jan. enthält, und allen andern von dieser Art gleichförmig ist. Wenn sie also sagen, daß es keinen Beweiß wider die Mitschuldigen ausmache, so zeiget es an, daß sie nicht einmal die gemeinsten gerichtlichen Verfassungen wissen.

Dieses nun voraus gesetzt, so hätte ich gar nicht nöthig daraus etwas zu machen, was sie sagen, um die Wiederaussöhnung des Herzogs d'Aveiro mit den Jesuiten zu erklären, und um zu zeigen, daß sie auf ihrer Seite ganz unschuldig können gewesen seyn. Nichts desto weniger wird es nützlich seyn, daß ich ihnen auch hier beyzeige, wie falsch sie urtheilen. Wenn man sie selbst anhöret, so war die Wiederaussöhnung des Herzogs d'Aveiro mit den Jesuiten unmöglich, außer wenn dieser Herr die Decke der Heucheley angenommen hätte, um sie zu hintergehen, indem er seine gottlose Aufführung vor ihren Augen so verborgen gehalten hätte. Und auch in diesem Falle glauben sie, die Jesuiten würden sich in einen gewissen Stand des Mißtrauens gesetzet, und bey ihm äußerlich auf eine erlaubte Art an sich gehalten, und keinen Antheil an seinen Verschwörungen genommen haben. Ich räume es ihnen gerne ein, daß ein lasterhafter so lange er ein solcher ist, sich nicht anders mit einem ehrlichen und tugendhaften Menschen, dessen Feind er ist, versöhnen könne, als wenn er sich in die Masque der Heucheley verbirget. Allein die Sache verhält sich gar nicht so, wenn man von zween lasterhaften redet, die sich mit einander vereinigen wollen. Es ist dieses schon genug, warum sich diese vereinigen und die vertrautesten Freunde werden, welche ein gemeinschaftlicher Haß wider einen dritten belebet, dessen Untergang sie wünschen, ob sie gleich von ganz verschiedenen Bewegungsgründen oder Interesse angetrieben werden. Wenn dieser Haß ihre herrschende Leidenschaft wird, so werden sie, so bald als sie nur Gelegenheit bekommen, dieselbe einander zu entdecken, sich ihre entgegen stehende persönlichen Neigungen einander aufopfern, und sich leicht wider denjenigen verbinden, welchem sie

Schaden

Schaden thun wollen. Nun dieses ist der Fall bey dem Herzog d'Aveiro und ihren Mitbrüdern in Portugal. Die Proceßacten beweisen es und das Urtheil bestätiget es. Sagen sie mir also, wozu dienen ihre Muthmaßungen?

Sie sind nicht glücklicher in der Auslegung, welche sie dem Briefwechsel der Marquisin von Tavora mit ihrem Pater Gabriel Malagrida beylegen. Sie setzen zum Grunde, sie habe sich unter seine Aufsicht begeben, um das Ansehn einer tugendhaften Dame zu erlangen, und zu machen, daß man nicht auf sie sehen und ihre gottlose Aufführung bemerken möchte. Man könnte ihnen fast den Gefallen thun, es zu glauben; allein es ist nicht möglich; denn man weiß das Gegentheil gewiß. Und woher weiß man es? Aus dem Urtheil.

Sie fragen, ob die Marquisin von Tavora in ihrem Verhör angezeiget habe, daß sie gesuchet hätte den P. Malagrida in diese entsetzliche Verschwörung mit zu verwickeln; ob sie bey dem Gegenverhör, und Aussagen der Mitschuldigen dem P. Malagrida ins Angesicht den Briefwechsel behauptet habe, und machen daraus den Schluß, daß im Fall er ist überführet worden, der Obrigkeit müßte überliefert werden.

Ich antworte, ihre Forderungen sind übel angebracht und schicken sich nicht zu dem, was das Urtheil mit sich bringt, in welchem man nicht saget, daß die Marquisin sich bemühet habe den P. Malagrida in ihre Verschwörung zu ziehen. Ihre portugiesischen Mitbrüder, unter welchen der P. Malagrida die erste Stelle einnimmt, und die Marquisin auch, sind als Häupter der verschwornen Rotte erkläret worden. Ihr Haß gegen den König und seine Regierung, ungeachtet er aus ganz verschiedenen Ursachen herrührte, hat es verursachet, daß sie sich auf eine so einmüthige Art, oder wie es wahrscheinlicher ist, durch die teuflische List, als welche die heftigen Leidenschaften auszuüben und zur Erlangung ihrer Absichten zu richten wissen, mit einander vereiniget haben. Nachdem sich nun der P. Malagrida und die Marquisin auf

einer-

einerley Gegenstand zusammen verbunden hatten, so haben sie beyderseits einander die Hand geboten um in ihrem Vorhaben glücklich zu seyn, und haben sich wechselsweise der Mittel bedienet, welche in dem Urtheil erzehlet sind. Allein sie sagen: Gleichwie es jetzt noch nicht erhellet, daß man die Beweise von dieser Verabredung vorgebracht habe, so kann man nicht weniger thun als zweifeln, daß dieser Jesuit ein Mitschuldiger sey. War es dahero wohl nöthig, damit ihnen ja dieser Zweifel nicht aufsteigen möchte, die Beweise, welche sie verlangen, in dem Urtheil anzuführen? Sehen sie nicht, daß ihre Spitzfindigkeiten sie endlich auf solche Ungereimtheiten bringen, wodurch sie sich nur bey den Leuten lächerlich machen. Führen sie mir ein einziges Todesurtheil an, in welchem der Beweiß von dem Verbrechen eines Missethäters enthalten wäre? Haben sie einen in dem vor kurzem bekanntgemachten Urtheil wider den gottlosen Damiens gefunden? Lesen sie es, wenn sie es noch nicht gelesen haben, so werden sie sehen, daß man sich so einschränkt, wie es in allen Gerichten von dieser Art gebräuchlich, und ihn nur vor schuldig an dem Morde vom 5. Jan. erkläret. Wo sind dahero, werden sie wieder zu mir sagen, die Beweise von der Criminalübereinstimmung, wovon man so viel zwischen dem P. Malagrida und der Marquisin redet? Sie sind an ihrem Orte, sie sind bey dem Tribunal von der Inconfidenza. Gehen sie nur hin, wenn es ihnen beliebt, und ich versichere ihnen, sie werden dieselben daselbst finden, und anderswo suchen sie dieselben vergeblich.

Sie halten sich sehr lange bey einer Anmerkung auf, welche man in der Pariser Ausgabe des Urtheils von Lissabon über die Reise des P. Malagrida von Italien nach Portugal gemacht hat. Gleichwie nun diese Note nicht in dem Originalurtheil stehet, so hätte ich nicht nöthig, ihnen auf ihre critische Anmerkungen darüber zu antworten. Allein ich habe versprechen, ihnen nachzugehen, und überall hinzufolgen; daher antworte ich ihnen, daß es eine sehr gleichgültige Sache sey, ob man den P. Malagrida mit Fleiß habe aus Italien kommen lassen, um einen Propheten vorzustellen oder ob er bey seinem Aufenthalt in Lissabon

in das

in das Complot getreten sey, und seine Rolle dabey gespielet habe.
Wollen sie davon überzeugt seyn? Lesen sie nochmals den 26. Artickel
des Urtheils, und sie werden finden, daß ihre Patres in Person und
durch Hülfe ihrer Anhänger bis zu Ende des Monats August ausstreueten, daß das Leben Sr. Majestät von kurzer Dauer seyn würde; ferner
daß sie mit allen Couriern in alle Ländern von Europa die Nachricht ertheilten, daß der Monat September der letzte von dem theuren und
schätzbaren Leben des Königs seyn würde; daß zu gleicher Zeit Gabriel
Malagrida diese schrecklichen Vorhersehungen als ein Prophet an verschiedene Personen dieser Haupstadt schrieb. Nun sind dieses keine
Stellen, welche man erst beweisen und bestätigen muß. Hier handelt
man von Richtern, welche den Ausspruch thun, nachdem sie den Proceß gesehen, und die Aussagen der Zeugen abgehöret haben.

Was haben sie noch zu antworten? Reden sie nur, mein lieber Pater. Es ist eine sehr seltsame Sache, sagen sie, daß man
sollte diesen italiänischen Jesuiten haben mit Fleiß kommen lassen, der wahrscheinlicher Weise den Hof von Portugal und
das verschiedene Interesse der portugiesischen Herrn wenig
kannte, um diejenige Figur zu machen, welche er gemacht zu
haben beschuldiget wird. Ach warum scheint ihnen diese Sache,
welche man anführet, so seltsam zu seyn, ist sie deswegen falsch? O sie
wissen die Vernunftlehre! Und wie? halten sie denn ihre Leser vor lauter
kleine Knaben? Wir wollen ihnen zugeben, daß der italiänische Jesuit
keine Känntniß von dem Hofe in Portugal, und von dem Interesse der
portugiesischen Herren gehabt habe, was folgt daraus? Vielleicht daß
ihre Mitbrüder der Johannes di Matos, Johannes Alexander
und andere, und diese vornemlich, welche Beichtväter des Hofes gewesen waren, ihn nicht gut davon unterrichten konnten?

Es scheint, daß sie sich selbst besonnen haben, daß diese ihre Anmerkung ein Kinderspiel sey, weil sie gleich darüber hingehen, allein sie
setzen, an ihrer Stelle, eine andere Vermuthung, welche nicht weniger
lächerlich ist. Hier ist sie: Die Verschwornen haben vielleicht die
gute

gute Meinung, welche man von der Heiligkeit dieses Jesuiten hatte, dadurch mißbrauchen wollen, daß sie sich unter seine Führung begaben, damit sie ihre gottlosen Anschläge möchten verschwiegen halten: und in diesem Falle würde er nicht so schuldig seyn, als man vorgiebt. Er konnte selbst seyn hintergangen worden. Begnügen sie sich damit, mein lieber Pater, daß ich ihnen sage, daß ihre Vermuthung eine Ungereimtheit ist. Die PP. Jesuiten waren bereits bey Hofe in Ungnade gefallen. Man hielt zu Rom mit allem Eifer um ihre Verbesserung an. Würden denn die Verschwornen, die ihre gottlosen Absichten hätten heimlich halten wollen, einen Jesuiten zu ihrem Führer angenommen haben? Sie waren nicht so einfältig, daß sie hätten glauben sollen, die Meinung von der vermeinten Heiligkeit des P. Malagrida sey eine Decke, welche sie vor den Augen eines Hofes verborgen hielte, der die Jesuiten vor ganz andere Leute als Heilige ansahe. Sie wußten wohl, daß es eben so viel sey, einen vertrauten Umgang mit ihren Mitbrüdern zu haben, als sich in Verdacht zu setzen. Und eben um deswillen schärfte es der Herzog d'Aveiro seinen Bedienten so sehr ein, daß sie das Geheimniß bey sich behalten, und nichts von den häuffigen Besuchen, welche ihm die Jesuiten machten, sagen sollten. Folglich begaben sich die Verschwornen nicht unter die Führung ihres heiligen P. Malagrida aus Verstellung, und Betrügerey, sondern diese Führung war die Seele des Complots, welches man machen wollte.

Ich will mich hierbey nicht aufhalten, ihnen zu sagen, daß sie, ohne es gewahr zu werden, die ganze Ordnung der Sachen verdrehen. Der größte Theil der Mitschuldigen hatte sich nicht eher in die Verschwörung eingelassen, als bis sie vorher unter die Führung des P. Malagrida waren gebracht worden: Dieser Jesuite ist es gewesen, der geglaubt hat, er könne sein Amt mißbrauchen, um sich dabey einzulassen. Die Marquisin von Tavora überredete ihre Familie kraft seiner Rathschläge und nachdrücklichen Vermahnungen, wovon die Briefe voll sind, welche er ihr geschrieben hatte, daß sie sich der Führung dieses Jesuiten überlassen sollte, ſolte, ohne daß ſie denen ſagte, die ſie zu ihm wieß, was eigentlich ihre gemeinſchaftlichen Abſichten wären. Malagrida fieng an ſich ihrer Vertraulichkeit zu verſichern, ehe er ſie von dem Geheimniſſe unterrichtete. Er brachte es endlich nebſt ſeinen andern Mitbrüdern dahin, daß er den jungen Marquis von Tavora, Joſeph Maria von Tavora ſeinen Bruder, und den Grafen d'Atouguia und ſeine Gemahlin anführte. Dieſes iſt der wahre Verlauf der Sachen, wie er in dem Urtheil erkläret, und aus den Proceßacten bewieſen iſt. Sehen ſie nunmehro, ob ſie das Herz haben zu ſagen, daß Malagrida nicht ſo ſchuldig ſey, als man vorgiebt, und daß er vielleicht von den Verſchwornen ſey hintergangen worden.

Es thut ihnen weh, daß er bey dieſer traurigen Scene die Perſon eines Propheten und zwar eines falſchen Propheten ſpielet, und daher ſehen ſie es gerne, daß wir an dieſer Wahrheit zweifeln möchten, blos weil es ihnen ungereimt zu ſeyn ſcheinet, wenn man es glaube. Und man würde, ſagen ſie, eine ſchlechte Meinung von den Portugieſen haben, wenn man ſich vorſtellen wollte, daß ſie ſo gut geweſen wären, ſich auf eine ſo grobe Art fangen zu laſſen, und auf die Art, wie man ſaget, eine Verſchwörung gebilliget hätten, die man wider die Perſon des Fürſten machen wollte. Die Portugieſen ſind mehr als zu erleuchtet, als daß ſie glauben ſollten, GOtt ſchenke die Gabe der Weiſſagung, um die Menſchen zur Begehung ſolcher Boßheiten anzulocken; und es iſt keiner von den Verſchwornen, der überführet zu ſeyn ſcheinet, daß er in die Verſchwörung aus der Abſicht getretten ſey, um zu der Erfüllung dieſer Prophezeyungen etwas beyzutragen.

Es iſt ſehr leicht die Begebenheiten ſo zu verdrehen, daß ſie ſich wenig mehr ähnlich ſehen; nemlich wenn ſich jemand die Freyheit nimmt, ſie zu verändern und zu verwechſeln; welches eben dasjenige iſt, was ſie in der ſeltſamen Einkleidung dieſes Articels gethan haben. Das Urtheil ſagt an keinem Orte, daß Malagrida in Abſicht auf die Verſchwoschwornen einen Propheten abgegeben hätte, noch auch, daß ihn dieses Mittel in die Verschwörung gezogen habe; es saget nicht einmal, daß man sie überführet habe, als wären sie aus der Absicht in diese Verbindung getreten, um etwas zur Erfüllung der Prophezeyungen beyzutragen. Die Wahrsagungen des Malagrida waren dazu bestimmt, um die Gemüther auf den Tod des Königs zu bereiten, und sie zu überreden, es sey, im Fall es geschehn würde, eine Strafe des Himmels, welche vorläufig einem heiligen Menschen offenbaret sey. Malagrida schrieb diese entsetzlichen Prophezeyungen, sagt das Urtheil, an verschiedene Personen in Lissabon und streuete es als ein Prophet aus. Es sagt aber nicht, daß diese Personen wären Mitglieder von der Verschwörung gewesen. Wenn es von der Person dieses Heuchlers in Absicht auf die Verschwornen redet, so misset es ihm nichts anders bey als Entscheidungen und abscheuliche Lehren; und redet nicht ein Wort von Prophezeyungen. Sehen sie also, daß ihr Schluß darnieder liegt, indem er der Sache eine andere Gestalt giebt. Ich sage ihnen hiernächst, daß es gar nichts seltsames wäre, daß ihre Patres nach der Verführung der Verschwornen durch ihre Lehren, sie auch zur Vollziehung der Verschwörung durch das Versprechen eines glücklichen Ausganges angereitzet hätten, welche sich auf eine vermeinte Offenbarung ihres Propheten bey diesem Trauerspiele gründe. Uebrigens ist es gewiß, daß die Procefacten als bewiesen darlegen, daß der P. Malagrida auf den Tod des Königs den Propheten machte; und mir scheinet es eine nicht weniger lächerliche als unanständige Sache zu seyn, daß man ein so genaues und feyerliches Urtheil durch Muthmaßungen und falsche Schlüsse angreifen will.

Allein sie führen ihre Rechnung noch weiter, und fallen bey dem 10. Artikel des Urtheils in eben den Irthum, allwo es heißt. Daß es bewiesen sey, wie der Marquis von Tavora (sie hätten sagen sollen der Graf d'Atouguia) ist von seiner Schwiegermutter verführet worden, so daß er den abscheulichen Eingebungen dieser Frau, und den gottlosen Lehren der Jesuiten, welche

ihm

ihm von den PP. Gabriel Malagrida, Johannes de Matos und Johannes Alexander waren beygebracht worden, in allem gefolget ist, und einen sehr großen Haß gegen die königl. Person Sr. Majestät gefaßt hat. Wenn dieses bewiesen ist, setzen sie hinzu, so kann man nichts antworten. Ach schweigen sie doch einmal, wohlehrwürdiger Herr Pater; denn das Tribunal erkläret, daß dieses bewiesen sey und daß die Beweise davon in den Proceß-acten stehen, wo sie einzig und allein hingehören, und im Urtheil am unrechten Orte stehen würden.

Wozu dienet nun ferner ihre Forderung, daß sie verlangen, man müße zwischen dem erwehnten Uebelthäter und ihren Mitbrüdern einen Unterschied machen, weil jener hingerichtet, und ihre Patres nicht verurtheilet sind? Und wer siehet nicht, daß weder der Aufschub der Todesstrafe noch auch die völlige Aufhebung derselben jemals ein Beweiß von der Unschuld der Uebelthäter gewesen, die durch ein feyerliches Urtheil vor solche erkläret und überführet sind? In diesem Falle befinden sich ihre portugiesischen Patres. Der Text des Urtheils ist nicht nachdrücklicher und entscheidender, wenn er von den hingerichteten Missethätern, als wenn er von ihrem Malagrida, und andern Mitbrüdern redet.

Und hier möchte ich doch wohl vorher, ehe ich zu den Anmerkungen fortgehe, die sie den in dem Urtheil untersuchten Rechtspräsumtionen entgegen setzen, mit ihrer gütigen Erlaubniß wissen, warum sie dasjenige, was im 4. Artickel des Urtheils stehet, mit Stillschweigen übergehen. Man liset daselbst, daß der Herzog d'Aveiro mit ihren Mitbrüdern gemeinschaftliche Berathschlagungen anstellte, wovon der Schluß war, daß es das einzige Mittel sey, die Regierung zu verändern, wenn man dem König nach dem Leben trachtete, . . . daß eben diese Religiosen den Ausspruch thäten, daß der Mörder, welcher den König umbrächte, nicht einmal eine Erlaßsünde begienge. Der 9. 10. und 11. Artickel fügen hinzu, daß durch diese Aussprüche der Marquis

Ludwig

Ludwig Bernhard von Tavora, der Graf d'Atouguia und Joseph Maria von Tavora wären verführet worden. Ein so wesentlicher Umstand verdiente doch wenigstens einen Augenblick ihre Aufmerksamkeit. Allein sie haben ihn ganz sauber ausgelassen, weil sie ihre Leser nicht haben mit einem Ausspruche unterhalten wollen, welcher mit den Grundsätzen ihrer Gesellschaft in Ansehung des Rechts die Fürsten auch um eines schlechten Interesse willen zu tödten, vortreflich übereinstimmet. Sie wußten, daß eben dieses die Gemüther mehr abwendig machet, und ihre Mitbrüder dadurch nur noch mehr verabscheuungswürdig werden. Es ist wahr, der Anschlag wider das Leben des Königs von Portugal ist ein einzelnes Verbrechen, welches durch die Bestrafung derer, die daran Theil gehabt haben, schon zur Genüge würde gerochen seyn. Allein gleichwie die Lehre ihrer Gesellschaft von dem Königsmorde ein allgemeines Uebel ist; welche alle andere vergiftet, und nothwendig in allen Ständen nichts als bittere Früchten hervorbringen kann; so erfordert es auch eine allgemeine Arzeney, welche eben die Reformation, oder die gänzliche Unterdrückung dieses schädlichen Ordens ist.

Es ist zwar wahr, und ich bekenne es auch, sie erwehnen diesen Ausspruch ganz am Ende, allein es ist allzu späte, und ganz am unrechten Orte. Außerdem daß sie auch nichts anders thun, als fragen, ob dieses wahr sey? Sie zeigen, daß sie es nicht glauben und gründen sich auf den Zweifel, welchen das Manifest angiebt nach dem Auszug, den sie davon geben, daß die Missethäter mit der unveränderlichsten Hartnäckigkeit sowohl, was sie selbst, als ihre Mitschuldige anbetrift, sich aufs Leugnen geleget haben. Sachte Pater. Dieses ist die größte und unanständigste Betrügerey, die sie nur machen konnten. Ich glaube verbunden zu seyn, ihren Kunstgrif zu entdecken. Ihre Frechheit ist gewiß sehr groß. Sie haben in dem Text ein unbestimmtes Geschlechtswort in ein anzeigendes Fürwort verwandelt, und auf diese Weise haben sie alles gut gemacht. Das Urtheil vom 12. Jan. in dem Auszug, welchen das Manifest davon enthält, redet von zween Missethätern, welche sind Franciscus d'Assis von Tavora und

und D. Hieronymus d'Ataida, von diesen allein saget das Manifest, daß diese Missethäter sich allezeit aufs Leugnen geleget haben. Dieser Ausdruck zeiget ausdrücklich, daß die andern Verschwornen viel aufrichtiger gewesen sind. Das Urtheil drückt es auch so aus, indem es daselbst heißet, daß es auf die Aussage und Bekenntnisse des größten Theils der Mitschuldigen ist verfertiget worden. Sie haben es gelesen, wie ich es gelesen habe; allein es fällt ihnen ein sich zu stellen, als sey es ihren Augen entwischet; und mit einer noch schändlichern Lügen (welche sobald man sie entdecket dem Urheber derselben Schande machet) verändern sie den Text, und wo man liefet diese Missethäter lesen sie, daß die Missethäter überhaupt sich hätten aufs Leugnen geleget, da man doch nur ausdrücklich von zweyen redet. Eine solche Art sich zu vertheidigen würde schon vor sich hinlänglich seyn, ihre böse Sache zu verrathen, wenn sie nicht in jeder andern Betrachtung verzweifelt schlecht stünde.

Wir wollen nunmehro den Leitfaden ihres Briefes wieder nehmen. Sie waren bey der Untersuchung stehen geblieben, welche sie von den Rechtspräsumtionen anstellen wollen, die man in dem Urtheil vom 12. Jan. wider ihre Mitbrüder angeführet hat. Sie sind ein wenig zu weitläuftig bey diesem Puncte, und es scheinet, daß sie ihre Rechnung dabey finden. Gewiß man kann nicht leugnen, nach dem, was sie bemerken, daß es stets Präsumtionen bleiben, und niemals keine Beweise werden, man mag sie auch noch so sehr vermehren, und vergrößern als man will. Aber aus was vor einem Grunde behaupten sie denn, daß dieser Unterschied zwischen den Präsumtionen sey, welche man wider die andern Verschwornen hatte, und welche man wider die Jesuiten hat, daß die erstern von solchen überzeugenden Beweisen begleitet worden, daß sie nicht den geringsten Zweifel wegen der Würklichkeit ihres Verbrechens übrig gelassen haben, daß sie sind bestrafet worden, wohingegen die andern in dem Stande der blosen Präsumtionen geblieben sind. Sie sagen dieses, und führen nicht den geringsten Beweiß

weiß davon an. Mir scheint es augenscheinlich zu seyn, daß sie keinen andern Grund haben können, solche Forderungen zu thun, als nur wegen des Unterschiedes, der gegenwärtig noch zwischen dem Schicksal der einen, und der andern Parthey dauret. Allein sie sind doch derjenige, der von sich selbst erkannt hat, daß es der geheimde Rath Sr. Majestät kann vor dienlich erachtet haben die Strafe des einen Theils der Missethäter auf einige Zeit aufzuschieben. Folglich beweiset dieser ihr Beweiß gar nichts.

Es scheint, daß sie sich hiernächst darüber weitläuftig aufhalten, daß man die Präsumtionen nach den Beweisen gesetzt habe, nicht anders als ob man sie habe zu Hülfe rufen wollen. Es ist also nicht, sagen sie, deutlich und natürlich bewiesen, daß die Jesuiten schuldig sind, indem man vermög dieser angeführten Präsumtionen verlangt, daß man richtige Beweise gebe, daß außer denselben die Schuld auf andere falle, und zeige, daß sie die Urheber dieses Anschlags gewesen sind. Ey, dieses würde eine schöne Sache seyn, daß ein Urtheil seine Kraft verlieren, und ungültig werden sollte, weil derjenige, der es aufgesetzet, nicht die größte Genauigkeit beobachtet, und aus einer Unachtsamkeit dasjenige nach den Beweisen gesetzet hat, was er denselben hätte vorsetzen sollen!

Ich trage in der That kein Bedenken zu gestehen, daß in dem Aufsatz des Urtheils ein wenig Unordnung ist; welches auch Leser bemerket haben, welche in Criminalprocessen erfahren sind. Der Fehler besteht darinn, daß die Präsumtionen nach den Beweisen von der Sache gesetzet sind. Die natürliche Ordnung erforderte es, daß man den Anfang von den erstern gemacht hätte. Und wahrscheinlicher Weise haben die Präsumtionen, oder die Thaten, aus welchen dieselben entstehen, zu den ersten Anzeigen gedienet, die Verschwörung zu entdecken. Sobald als der König von den Mördern war angefallen worden, so mußte der Verdacht natürlicher Weise am ersten auf diese fallen, von welchen man wußte, daß sie mit dem Hofe nicht wohl zufrieden wären. Alle Nachfragen mußten folglich auf diese Seite gerichtet seyn, um diejenigen Nachrichten und Beweise von der That zu erlangen, welche man in dem Processe angeführet hat; und auf diese Weise würden die Präsumtionen, wenn man in dem Processe eben dieser Methode gefolget wäre, deren man sich zur Entdeckung der Verschwörung unfehlbar bedienet hat, ihre Stärke im Anfange gehabt, und die Beweise würden sich alsdenn von sich selbst dargestellet haben, und zwar mit aller dieser Unabhänglichkeit, die ihnen zukommt. Uebrigens verändert ein Fehler, der bloß in der äußerlichen Art der Erzehlung besteht, in der Hauptsache nichts. Denn ob gleich die Präsumtionen nicht an ihrem rechten Orte in dem Urtheile gesetzet sind, so sind doch nicht weniger die Beweise gewiß, welche man zur Anstellung des Processes erlanget hat, und in dem Urtheile der Richter vor überführend erkläret sind. Wollen sie einen Beweiß ohne alle mögliche Einwendung? Der Verfasser des Urtheils hat in Ansehung der hingerichteten Missethäter sowohl als ihrer Mitbrüder einerley Methode beobachtet. Er saget sowohl von dem einen als dem andern Theile, daß die Beweise von der Sache in dem Processe an sich vollkommen hinlänglich und entscheidend sind, und zwar ohne Absicht auf die Stärke der Präsumtionen, welche er nicht untersuchet. Es ist also ein Mißbrauch eines blosen Fehlers in der Einrichtung des Urtheils, wenn sie vorgeben, daß man ihnen einen schwachen Schluß entgegen setzen wolle, der ganz und gar auf dieser kleinen Unordnung gebauet ist; nicht anders, als ob eine kleine Spitzfindigkeit zureichte, die gerichtlich dargethanen Beweise umzustoßen.

Sie bedauren ferner, daß diese Präsumtionen auf eine solche Art vorgetragen sind, welche eine heftige Leidenschaft zum Grunde hat. Ihre Mitbrüder sind darinn als verkehrte Religiosen vorgestellet. Kann man dieses ohne Haß und Neid sagen? Diese beißende Ausdrücke, welche sie bald darauf auch Anzüglichkeiten nennen, stehen ihrer Meinung nach, einem Geschichtschreiber nicht wohl an. Ey dieses ist mir etwas ganz neues! Ich wußte nicht, daß diejenigen, welche in dem Urtheile reden, Geschichtschreiber waren, ich hielt sie vor Richter. Ist also ihrem Vorgeben nach die Erklärung, daß ein Missethäſeſthäter überführet ſey, er habe boßhafter und verkehrter Weiſe dieſes oder jenes Verbrechen begangen, ein beißender Ausdruck oder eine Anzüglichkeit, welche nicht wohl anſtändig iſt? Ich habe allezeit ſagen hören, daß die Abſchilderungen eines Verbrechens einen Theil des Gerichts ausmachen, und eine eigene Handlung der Richter ſind.

Es gefält ihnen überdieſes nicht, daß man die Macht unumſchränkt nenne, welche ihre Patres vorhero genoſſen, und deren ſie ſich an dem portugieſiſchen Hofe auf eine unanſtändige Art gemißbrauchet haben. Haben ſie Gedult, mein lieber Pater, wenn ich es ihnen ſage, wie ichs meine? Dieſes heißt man, über Worte ſtreiten, anſtatt auf die Sachen zu antworten, und zwar ſolche Sachen, welche bis ans Leben gehen. Wofern ſich ihre Patres begnüget hätten, die Seelſorge des Königs und der königlichen Familie abzuwarten, und in den Schranken geblieben wären, (wie ſie vorgeben, daß es geſchehen ſey, in der That aber nicht geſchehen iſt) welche den Beichtvätern zukommen, ſo würden ſie ſich den Vorwürfen nicht ausgeſetzt haben, die man ihnen hier mit Recht machet. Man kann dieſe Sache, ſagen ſie, gerade zu als erdichtet leugnen. Es iſt wahr, ſie können es leugnen, aber niemand wird ſie von dem Tadel frey ſprechen, daß ſie ein verwegener ſind, der ſich mit ſeinen eigenen Schlüſſen verdammet. Die Weißheit und Klugheit Sr. portugieſiſchen Majeſtät (dieſes ſind ihre eigene Worte) überreden mich zu glauben, daß er ſeine höchſte Herrſchaft ſo wenigen Religioſen an ſeinem Hofe nicht würde überlaſſen haben. Bis hieher haben ſie recht. Allein ſie müßen bedenken, daß Se. Majeſtät ſelbſt es nicht gleich haben gewahr werden können, und in der That dieſe Weißheit und Klugheit, womit er ſeine Staaten regieret, haben ihn bewogen, ihre Patres ſogleich vom Hofe zu entfernen, als er den entſetzlichen Mißbrauch geſehen hat, welchen ſie von ſeinem königlichen Zutrauen machten. Nun leugnen ſie dieſen Misbrauch unter dem Vorwand, daß er würde ſeyn unterdrückt worden. Er iſt endlich abgeſchaft und beſtrafet worden. Folglich müßen ſie ſchlüßen, daß er würklich vorhanden geweſen iſt.

Sie nennen dasjenige eine Beschuldigung, was das Urtheil von den Gewaltthätigkeiten, welche ihre Patres gegen die Crone Portugal in Africa, America und Asia ausgeübet haben, und von dem offenbaren Kriege anführet, den sie durch Hülfe einer Rebellion in den mitternächtlichen und mittäglichen Gegenden von Brasilien erreget haben. Sie erinnern sich jedoch dabey, daß diese Beschuldigungen sehr schwehr sind, und bekennen, daß sie sehr verlegen sind darauf zu antworten. Allein das schlimmste dabey wäre noch, daß sie die Zeit verderben würden, wenn sie es auch thun wolten. Es ist hier gar nicht die Rede von Leuten, die Beschuldigungen anbringen; man hat mit Richtern zu thun, welche einen Ausspruch thun, und verurtheilen. Da man weiß, daß alles, was sie von dieser Sache sagen, bereits bekannt und bestätiget war. Der König selbst hatte schon bey Benedict dem XIV. seine Klagen angebracht, und in seinem königlichen Schreiben vom 19. Jan. bezeuget er, daß er diesem Papst habe überreichen lassen: einen kurzen Bericht von der Republik, welche die Religiosen Jesuiten in den Provinzen von Portugal und Spanien in den Ländern der beyden Reiche jenseit des Meers errichtet haben, wie auch von dem Kriege, den sie daselbst angefangen und wider die spanischen und portugiesischen Armeen fortgeführet haben ꝛc. Dieser Bericht ist urkundlich und glaubwürdig. Sie bekennen, daß sie alle schuldige Hochachtung und Ehrerbietung gegen die Person des Königs haben. Sie sind geneigt mit völligem Vertrauen alles dasjenige einzuräumen, was von dem geheimden Rath in Portugal herrühret. Folglich dürfen sie nicht den geringsten Zweifel gegen die Genauigkeit dieses Beweises haben. Nun sehen sie einmal ein wenig, ob dasjenige, was man von den Besitzungen der Jesuiten in Paraguay und von der Art, wie sie darinn regieren, saget, mit den Besitzungen, welche andere Religiosen in den Colonien von America, und mit der Art, wie sie dieselben einrichten, übereinstimmet. Ich glaube es, sagen sie. Ach gehen sie doch weg, sie würden es gewiß nicht mehr glauben; sobald sie diesen kurzen Bericht werden gelesen haben, und im Fall,

daß

daß sie nach Lesung desselben es noch fernerhin glauben wolten, so seynd sie versichert, daß sie der einzige sind. Allein sie fahren fort und sprechen: Diese Besitzungen sind Bewilligungen, welche die Jesuiten durch die Freygebigkeit der König erhalten haben. Nehmen sie sich in Acht, die Sache wird gewiß nicht so seyn, wie sie sagen. Gesetzt aber es wäre auch so; die Fürsten haben ihnen gewiß diese Besitzungen nicht gegeben, daß sie dieselben der königlichen Herrschaft entziehen, noch auch daß sie dieselben durch Gewaltthätigkeiten erweitern, noch mit bewafneter Hand wider ihre Officier und Armeen vertheidigen solten. Und doch ist dieses der Gebrauch, welchen ihre Patres davon gemacht haben. Lesen sie den angeführten Bericht; so werden sie davon überzeugt werden.

Wer eine genaue Nachricht von allem haben will, was in Paraguay vorgehet, der nehme seine Zuflucht zu der Historie des Muratori, und zu dem was der Abt Prevost davon saget. Ich lasse mich nicht darauf ein, das Ansehen dieser Schriftsteller zu untersuchen, vor welche mehr als einer schwören würde, daß sie von Paraguay nach den Erzehlungen ihrer Mitbrüder geredet haben; allein gesetzt dieses Ansehen sey so groß als es wolle, so verliehret es doch so viel, wenn man es mit einem Bericht eines Königes an einen Papst zusammen hält, daß es nichts mehr zu seyn scheinet. Sie machen unterdessen so viel Wesens aus diesen beyden Schriftstellern in dieser Sache, daß sie noch über einen Vorwurfe scherzen, welchen man dem Herrn Abt Prevost gemacht hat, daß er sich nicht bey der Erzehlung von Paraguay dasjenige zu nutz gemacht hat, was der Herr Arnauld in seiner practischen Moral davon gesagt hatte. Sie haben es wohl recht Ursache zu scherzen, da nunmehro alles, was dieser berühmte Lehrer vor 60. Jahren bereits gesagt hatte, erfüllet und bestätiget, und von Sr. allergl. Majestät als gewiß erkannt wird, welche bezeiget, daß er unzehlige Beweise davon in Händen hätte.

Man beschuldiget, sagen sie, die Jesuiten, daß sie Anschläge gefaßt hätten einen Aufstand in dem innersten der

Hauptstadt zu erregen, und die Ruthe des Krieges über das Reich und über die Unterthanen seiner Majestät zu ziehen. Nein Pater; man beschuldiget sie nicht; man erkläret sie als Missethäter; und dieses ist eine Handlung, welche von königlichen Richtern herrühret. Ja es ist der König selbst, der es in seinem Schreiben vom 19. Jan. auf eine sehr deutliche Art wiederholet. Der Unterschied, wie sie sehen, ist erstaunlich groß; und ich kann nicht glauben, daß sie nicht sowohl dieses als vielmehr die lächerliche Figur gewahr werden solten, die sie in ihrem Briefe machen. Da sie kein ander Mittel als den Witz ihres Geistes finden, um die Gesellschaft zu vertheidigen, bey welcher sie ein großes Interesse haben; so winden sie sich, schlagen um sich herum und thun alles, was sie können, um die Stärke eines Urtheils zu schwächen, welches mit allen gehörigen Umständen abgefaßt, und aus den geheimen und öffentlichen Erkundigungen und Nachfragen erwachsen ist, bey denen man solche Vorsicht gebraucht hat, daß sie selbst sagen, es sey ein Meisterstück der Weißheit und der Klugheit des Fürsten und seines geheimden Raths. Ist wohl einer vor sie gewesen, der die Verwegenheit gehabt hätte, die in einem Urtheil enthaltenen gerichtlichen Versicherungen in Beschuldigungen zu verwandeln, die man noch in Zweifel ziehen könne und eines Beweißes nöthig haben? Jedoch wir wollen ihre Zweifel und Gründe dazu untersuchen.

Die Minister Sr. Majestät, fahren sie fort, sind so erleuchtet und so wachsam, daß es nicht wahrscheinlich ist, daß sie nicht von jeder kleinen Bewegung solten seyn unterrichtet worden, die der öffentlichen Ruhe hätte schädlich seyn können; sie würden dieselbe gewiß hernach so gleich unterdrücket haben. Ihre Anmerkung würde einigen Schein haben, wenn es wahr wäre, daß man nichts gethan hätte, um ihre Patres im Zaum zu halten; allein sie wird matt und abgeschmackt, da es bekannt ist, daß der geheime Rath von Portugal viele Monate vor der That, keinen andern Gegenstand als diesen hatte. Es ist wahr, daß die Patres Jesuiten nicht sind bestraft worden, welche die Urheber dieser Unruhen waren,

wer

wer kann dieses leugnen? Sie glauben, es rühre dieses von der Unzulänglichkeit der Beweise her. Allein dieses heißt ihre Leser vorsetzlich betrügen wollen, indem ihnen die wahre Ursache davon bekannt ist. Ganz Europa weiß, daß der König von Portugal bey den ersten Vergehungen ihrer Mitbrüder, anstatt sie zu!bestrafen, wie sie es verdienten, und wie er es hätte thun können, doch vor besser erachtet hat, sich an den H. Stuhl zu wenden, und sich begnüget hat eine Verbesserung zu begehren. Ihre Patres haben sich gegen diese Handlung der Hochachtung, welche der König gegen sie bewiesen hatte, sehr erkenntlich erzeiget. Sie haben sich an die Spitze einer Verschwörung wider sein Leben gestellet: und der Monarch hat sich zum zweytenmale an den H. Stuhl gewendet, ehe er die Jesuiten, welche schuldig sind, bestrafen wolte, wie sie gleich den andern Missethätern verdienten. Diese zwo Ansuchungen des Königs bey dem H. Stuhle sind gewiß. Die Reformationsbulle ist die Frucht der erstern. Die zweyte ist in bem königlichen Schreiben vom 19. Jan. enthalten. Beyde gründen sich auf die Vergehungen ihrer Mitbrüder, Vergehungen, die an sich eben so schwehr als gewiß, offenbar und bewiesen sind. Wofern ein Monarch sich entschlüßet seine Klagen wider einen Orden von Religiosen bey dem Heil. Stuhl anzubringen, und die Beyhülfe der päpstlichen Macht zur Einschränkung desselben verlangt; so thut er es gewiß nicht auf eine verwegene Art, und ohne daß er vorhero von der Würklichkeit und Größe der Beleidigungen, darüber er sich beklagt, vollkommen versichert ist: und ein solches Verfahren eines Königs ist gewiß keine bloße Beschuldigung, bey welcher er befürchten müßte, daß sie durch neue Untersuchungen, welche der H. Stuhl anordnen möchte, wiederleget werden solte, gleichwie es in einigen Tribunalen geschicht, daß man bey vermischten Sachen einen Vicarius zu Hülfe rufet, damit er mit ihnen in Beurtheilung eines Geistlichen, daß er schuldig sey, mit zusammen komme, ohne daß man deswegen dem Angeklagten nachsehen wollte, und ohne, daß sie aufhörten Richter zu seyn, und ohne daß man diesem Vicario weder die angestellte Erkundigung noch auch das Schicksal des Schuldigen, als welches man von der königlichen Macht erwartet, unterwerfen wolte. Dieses voraus gesetzet, so sehen sie, daß die Ansuchung des Königs von Portugal bey dem H. Stuhl, anstatt das Verbrechen ihrer Mitbrüder ungewiß zu machen, vielmehr zu einem überzeugenden Beweiß wider sie dienet. Sie haben dieses auch würklich gemerket, und übergehen es dahero dergestalt, daß sie auch nicht einmal ein Wort über dieses Verfahren des Königes sagen, welches doch, wie ich bereits gesagt habe, in dem königlichen Schreiben vom 19. Jan. ist bestätiget worden. Sie haben dieselben gelesen. Ist es also nicht eine von den niederträchtigsten Handlungen, daß sie dasjenige, was sie wissen, verschweigen, und unterdessen den Auffchub der Strafe, von welchem es ihnen bekannt ist, daß er von einer ganz entgegen stehenden Ursache herrühret, zum Beweise der Unschuld anführen wollen?

Sie machen sich auch wenig Ehre damit, daß sie die Regul und Rechtspräsumtion, welche man wider ihre Patres anwendet, verlachen, semel malus semper præsumitur malus in eodem genere mali. Es wäre nöthig, sagen sie, wenn man diese Regul wieder die Jesuiten gebrauchen wolte, daß man sie von einer andern Verschwörung wider ihren Fürsten vorhero überführet hätte. Ist es also noch nicht genug, daß sie es gewesen sind, welche die Unruhen in Portugal erreget, welche Antheil an dem Aufruhr zu Porto gehabt, und welche einen offenbaren Krieg wider die Armeen zweyer Könige geführet haben? Ich glaube, und ein jeder anderer vernünftiger Mensch wird meiner Meinung seyn, daß Leute, die solcher Unternehmungen fähig gewesen sind, und sehen müßen, daß der Nutzen verschwindet, den sie daraus zu ziehen hoften, (gesetzt man müßte auch noch zu eben der Absicht eine schrecklichere That begehen) nur allzu billig in den Verdacht fallen, daß sie die vornehmsten Urheber und Beförderer davon gewesen sind. Ueber dieses wissen sie wohl, daß sich ihre Gesellschaft niemals von der Ermordung Heinrichs des IV. gereiniget hat. Der letzte mörderische Angrif bey demselben wurde von ihren Mitbrüdern vorhergesaget, und die zween erstern wurden durch ihre Schüler vollzogen.

Sie

Sie bemühen sich ihre Patres in diesem Stücke zu rechtfertigen; allein wir werden bald sehen, wie es ihnen gelungen ist. Jetzt möchte ich nur wissen, warum man nicht glauben könnte, daß sie bey der Ermordung der Könige Antheil zu haben fähig wären; da ihre alten und neuen Theologen den Ausspruch thun, daß der Mord in vielen Fällen gerecht sey? Was hat man noch dabey zu sagen, wenn die Zurechnung einer solchen Uebelthat, die zu ihrem Vortheil ausschlagen kann, eben so angesehen wird, als ob man ihnen eine unschuldige Handlung ja nach der schönen Bestimmung ihres Busenbaums ein Werk der Liebe zuschriebe?

Sie fragen, was die Jesuiten durch den Tod des Königes in Portugal vor einen Nutzen würden erlangt haben? Die Frage ist würklich lächerlich; ich will ihnen aber antworten, als ob sie dieselbe im Ernst gethan hätten. Ich glaube gewiß nicht, daß sie die Absicht hatten, einen von ihren Mitbrüdern auf den Thron zu setzen. Alleine wofern jemals der Herzog d'Aveiro sich darauf geschwungen hätte; so hätte er nichts geringers vor sie thun können, als sie wieder nach Hofe zu rufen, von welchem sie zu ihrer größten Betrübniß ausgeschlossen waren; und ferner die Reformation aufhalten, welche sie alle zusammen in Verzweifelung setzet, und wovon sie in ihrem Briefe nicht ein Wort erwehnen; und sie endlich in dem ruhigen Besitze ihrer Eroberungen in den verschiedenen Theilen des portugiesischen Reichs zu lassen. Sind dieses vielleicht geringe Gegenstände vor den Jesuitischen Geiz und Hochmuth? Sie dürfen mir nicht sagen, daß der Herzog d'Aveiro als ein böser Mann, im Fall er auch wäre auf den Thron gekommen, doch nicht würde diejenige Achtung vor die Jesuiten gehabt haben, welche ihre vorhergegangene Verbindung verdienet hätte. Denn wenn er es auch nicht aus Erkenntlichkeit gethan hätte, so würde er sie doch aus Noth beybehalten haben. Sie können wohl Exempel von Verräthern anführen, die von eben denjenigen sind aufgeopfert worden, welchen sie zum Werkzeuge gedienet hatten; allein dieses waren einzelne verlassene Personen, die niemand hatten, der sie hätte rächen können. Wir befinden uns aber nicht in eben diesem Falle. Wer keine Achtung vor

diese

XI.

diese Jesuiten hätte hegen wollen, die in der Verschwörung mit begriffen gewesen waren, der würde sich den Haß der ganzen Gesellschaft zugezogen haben. Der Herzog d'Aveiro würde bey dieser Bedingung einen neuen persönlichen Beweiß von demjenigen gehabt haben, was ihre Gesellschaft bey dergleichen Vorfallenheiten zu thun vermögend ist. Er würde gewiß nicht so thöricht gewesen seyn, um sich dieselbe zum Feinde zu machen, zumal bey dem Anfange einer Regierung, welche er durch ihren Beystand erhalten hatte, und wobey er vielleicht ihrer listigen Streiche und Unterhandlungen fernerhin nöthig haben konnte. Die Belohnung, welche ihre Patres von diesem neuen Könige würden empfangen haben, würde, ihrer Meinung nach, die Ueberführung von der Verschuldung gewesen seyn, dadurch sie sich einen ewigen Schandfleck würden zugezogen haben. Dieses muste allerdings die gerechte Belohnung in den Augen aller verständigen und unpartheyischen Leute seyn. Würden sie es aber bekannt haben? Da sie jetzt mit so großer Verwegenheit die schlechtesten Muthmaßungen und das einfältigste Gewäsche der vielfältigen und entscheidenden Beweisen von der Sache, die in einem so feyerlichen Urtheil eines königlichen Tribunals angezeiget sind, entgegen setzen; was würden sie dieser Ueberführung, wie sie es nennen, entgegen gestellet haben, die gewiß nichts anders als eine bloße Präsumtion würde geblieben seyn? Sie fügen hinzu, daß diese Belohnung noch lange nicht genug Aufsehn in den Augen aller Menschen würde gemacht haben; indem sie zuletzt in nichts anders würde bestanden haben, als daß man ihre Patres auf den alten Fuß, und in diejenige Achtung würde gesetzet haben, worinn sie vor hundert Jahren schon gewesen waren. Und gesetzt auch sie wäre so beschaffen gewesen, daß man auf die allgemeine Hochachtung hätte rechnen können, so würde es leicht gewesen seyn, den wahren Bewegungsgrund zu verbergen, und einen andern an dessen statt anzugeben; indem man vielleicht vorgegeben hätte, daß der Tod des Königs ohne Zweifel eine Strafe des Himmels gewesen sey wegen der Verfolgung, die man ihre Gesellschaft hätte leiden lassen, und bereits von dem H. Jesuiten

Mala-

Malagrida wäre vorher offenbaret worden, der es mit einer prophetischen Gewißheit verschiedenen Personen entdecket habe, die hernach im Stande gewesen wären, seine Briefe aufzuweisen; und ferner, daß es zur Vergütung des von ihm angethanen Uebels nöthig wäre, daß man sie ohne Maaße erhube, da er sie hatte demüthigen wollen. Ja die Gewogenheit, welche sie würden unter dieser neuen Regierung genossen haben, würde einem jeden den Mund verstopfet und versiegelt haben. Welcher Portugiese würde es wohl bey solchen Umständen gewagt haben zu sagen, daß diese Gunst und diese Würkungen der Beweiß ihrer Verschuldung an dem Morde des Königs wären?

Jedoch sie kommen wieder auf die Briefe des Malagrida, und wünschen, daß man einige Abschriften davon aufweisen möchte, damit die Würklichkeit derselben an Tag käme. Würde es aber nicht genug seyn, wenn die Originalien bey den Acten befindlich wären? Würde es noch nicht hinreichen, um uns gewiß zu versichern, daß sie geschrieben sind, wenn man zeigte, daß die That von denen wäre angezeiget worden, die sie empfangen hatten, und daß eben dieselbigen den Innhalt davon ausgesaget hätten, vielleicht noch mit dem Zusatze, daß sie diese Briefe auf die erste Nachricht von der Mordthat verbrannt hätten, weil sie Gefahr liefen, daß man sie bey ihnen finden möchte? Was würden sie auf solche Zeugnisse antworten können? Es ist also kein Geheimniß, wenn man diese Briefe nicht bekannt machet. Es ist nicht die geringste Verstellung dabey daß man sie geheim halten wolle, und es ist folglich kein Grund vorhanden, warum man an ihrer Würklichkeit zweifeln solte. Mit was vor einem Rechte untersteht sich nun ein Ungenannter, wie sie sind, dieses zu thun und zwar wider die deutliche Erklärung der ansehnlichsten Richter?

Damit sie aber ja die angeführten Stellen aus dem am 19. December aufgefangenen Briefe verspotten können; so unterdrücken sie listiger Weise alles dasjenige, was in dem erwehnten Briefe die Verlegenheit und Verzweiflung ihrer Mitbrüder anzeiget. O gewiß dieses ist die rechte Manier, wie man sich aus dem verwirrten Handel heraus helfen kann!

Es ist mein Vorhaben nicht, sagen sie, die Jesuiten zu entschuldigen, die bloße Liebe zur Wahrheit bringet mich zum reden. Ach Pater, dieses heißt gar zu unverschämt mit dem Publico sein Gespötte treiben. Ihr Brief redet von sich selbst, und giebt zu kennen, daß er auf nichts anders gerichtet sey als ihre Mitbrüder zu vertheidigen, und die Wahrheit, die sie verfolget und drückt, gänzlich zu ersticken. Denn in der That, worinn besteht der ganze Innhalt ihres Briefes anders, als daß sie wohl auf tausenderley Art ihren kindischen Schluß drehen und wenden: Die Jesuiten sind nicht gestraft worden, also sind sie unschuldig? Und dieses ist die Frucht der Liebe, welche sie zur Wahrheit haben? Siehet man denn nicht deutlich, daß sie alles aus Liebe reden, die sie gegen eine Gesellschaft hegen, welche nicht leiden will, daß ein Missethäter unter ihren Mitbrüdern sey, und sich unterfängt dieselben zu rechtfertigen? Die portugiesischen Jesuiten sind mit eben den Beweisen und von eben den Richtern, welche den Herzog d'Aveiro und andere schon bestrafte Missethäter vor schuldig erkläret haben, als Rädelsführer der Verschwörung und der Mordthat erkant worden. Sie glauben, daß diese schuldig sind, weil sie keine Jesuiten sind; sie halten aber die andern vor unschuldig, weil sie von ihrer Gesellschaft sind. Und gleichwohl könnte man wohl bey der einen und andern Parthey einen Unterschied machen, und von den erstern weit vortheilhafter dencken, als von den letzern. Der Antheil, welchen ihre Patres an der That gehabt haben, ist nach dem königlichen Schreiben nichts anders als die äußerste Bosheit, welche nebst einer Menge vorhergegangener Beleidigungen das Maaß ihrer Sünden erfüllet hat. Es scheint nöthig zu seyn, daß man ihnen diese Schreiben vor Augen leget, damit man ihnen das Maul stopfen kann. Sie sind eine entscheidende Antwort auf die ihrige. Es ist der König selbst der jetzt redet:

Die

Die höchst gefährlichen Bemühungen, wodurch die Religiosen, welche die Regierung der Gesellschaft Jesu in diesen Reichen und Staaten ausmachen, die ärgerlichsten Empörungen, Revolutionen und offenbare Kriege erreget haben, sind die gerechten Bewegursachen gewesen, warum ich meinem Minister am römischen Hofe habe Befehl ertheilen lassen... Meine Absicht hierbey war, daß der H. Vater die Reformirung der besagten Geistlichen anordnen möge.... Ich hielte dieses vor ein gütiges und sanftmüthiges Mittel, den fernern Fortgang dieser großen Unordnungen zu verhindern und die öffentliche Ruhe meiner Unterthanen und Herrschaften zu erhalten und diese Geistlichen zu verbessern, ohne daß ich, um ihnen Einhalt zu thun genöthiget würde, zu den äußersten Mitteln zu schreiten, als welche ich nach meiner gottseligen Gnade weit hinaus zu setzen geneigt bin. Es hat aber diese meine gütige Mäßigung ganz andere und unserer Hofnung ganz entgegen gesetzte Würkungen gehabt. Sie haben die Verwegenheit gehabt, die in gedachtem Berichte an Se. Heiligkeit erwiesenen Unternehmungen zu leugnen.... Von diesen Ausschweifungen sind selbige noch weiter zu andern verwegenen und ehrlosen Thaten gegangen. Sie haben gesucht, meine getreue Unterthanen von der Liebe und Treue gegen meine königliche Person und Regierung abwendig zu machen.... Sie haben sich zu solchen abscheulichen Entzwecken ihres heiligen Amts gemißbrauchet und vermittelst desselben das ansteckende Gift ihrer gottesvergessenen Lästerungen wider mich und meine Regierung ausgebreitet. Endlich haben sie in meinem Hofe die greuliche Zusammenverschwörung angesponnen, wovon sich die Regierung dieser Geistlichen selbst zu einem von den drey Häuptern angestellet hat.... Die vermaledeyeten Umstände, sind in dem am 12. Jan. außgesprochenen Urtheil weitläuftig beschrieben...

Die besagten Geistlichen befinden sich auch unter den übrigen, so wegen des Verbrechens der beleidigten Majestät vom höchsten Grade, Aufruhr, Hochverraths und Königsmords angeklaget worden.

Lesen sie wohlehrwürdiger Pater, dieses Schreiben mehr als einmal, und alsdann schämen sie sich, daß sie die Verwegenheit haben darwider etwas einzuwenden, indem sie blos unverschämter Weise bey einer so feyerlichen und nachdrücklichen Erklärung alles leugnen, was diese lächerlichen Folgen im voraus deutlich wiederleget, die sie daraus ziehen, daß man ihre Mitbrüder nicht bestrafet hat. Schämen sie sich, daß sie die Verwegenheit gehabt haben den Worten eines Königs zu wiedersprechen, ohne daß sie die geringste Handlung zur Entschuldigung der Jesuiten, oder den geringsten Vorwurf entweder wider die Zeugen oder Richter angeführet hätten.

Sie haben länger als drey Monathe still geschwiegen. Die Schaam und die Verwirrung stopften ihnen das Maul. Ohne Zweifel hat ihnen eine verborgene Ursache wieder Muth gemacht, daß sie sich gewaget haben, eine Apologie, sie mag nun beschaffen seyn wie sie will in der Hofnung heraus zugeben, daß sie doch bey den wenigen Anhängern, die ihnen übrig geblieben sind, einigen Eingang finden werde. Sie haben diesen nicht ohne einige Vertheidigung und ohne Ueberreichung einiger Waffen sich zu wehren unter die Augen tretten wollen. Dieses ist die Ursache, warum sie in ihrem Briefe des traurigen Todes **Heinrichs des IV.** ingleichem der verfluchten Handlung des **Damiens**, und des Processes, welchen sie mit den Erben des **Ambrosius Guys** haben, Erwehnung thun. Sie hatten sich alle bey dem Vorfall in Lissabon der beyden ersten Begebenheiten wegen der vollkommnen Aehnlichkeit, die sie unter einander hatten, erinnert: und bey dieser Gelegenheit schien der Verdacht, welchen sie insonderheit 1757. wider ihre Gesellschaft gefaßt hatten, in aller seiner Stärke wieder aufzuleben. Die letztere Sache endlich, welche sie mit so großer Sorgfalt und während so langer Zeit eingeschläfert hatten, wurde bey diesen

Umstän-

Umständen, vielleicht in der Hofnung wieder rege gemacht, welche die Erben des Guths mochten gefaßt haben, daß ihr übler Ruf ihnen endlich das Urtheil verschaffen würde, welches sie bereits so lange Zeit her suchen. Diese Verbindung der Sachen hat zu verschiedenen Reden Anlaß gegeben, welche sie sehr geschmerzet haben. Dahero haben sie entschlossen davon zu reden, damit man ihr Stillschweigen nicht als ein Geständniß der Wahrheit ansehen möge. Allein, mein lieber Pater, sie haben gut schwatzen. Es gehört mehr dazu, sie zu rechtfertigen. Wir wollen, diese drey Begebenheiten kürzlich untersuchen.

Heinrich der IV. war der Wuth dreyer Mörder ausgesetzt. Der erste hieß Pet. Barriere. Dieser wurde ertappt, und noch vor der Ausführung der That ins Gefängniß gesetzet. Das Parlament redete einige Jahre hernach durch den Herrn de Harle dem ersten Präsidenten von ihm zu dem Könige in folgenden Worten: Dieser von der Gesellschaft der Jesuiten, deren gottlose Lehre den Anschlägen wieder die geheiligte Person der Könige günstig war, angeworbene, von Varade dem Rector des Jesuiten Collegii bewafnete, und von eben demselben mit der Absolution und dem theuren Leibe JEsu Christi versehene, hatte sich mit einem Eyde verbunden den Dolch in die Brust Sr. Majestät zu stoßen. Haben sie Gedult, Pater, dieses einzige Zeugniß gilt vor tausend. Dahero will ich auch keine andere mehr anführen.

Joh. Chatel ist der zweyte Bösewicht, welcher eben diesen Fürsten umzubringen trachtete. Zu gutem Glücke mißlung der tödliche Streich, und berührte nur eine Lippe; welches diesem guten Könige auch Gelegenheit gab, zu sagen, als er hörte, daß dieser grausame Mörder einer von ihren Schülern wäre: Ach ist es nöthig, daß die Jesuiten durch meinen eigenen Mund überführet werden? Sie haben sich nicht die Mühe gegeben, diese Rede des Königs noch auch den Umstand, auf welchen sie gegründet ist anzuführen, ob gleich die Sache nicht nur von den Geschichtschreibern, sondern auch durch die Aufschriften bestätiget wird, welche sich an der bey dieser Gelegenheit errichteten berühm-

berühmten S:atue, wie sie wissen, annoch bestunden. Joh. Chatel sagte aus, daß er von ihren Mitbrüdern gehöret habe, der Königsmord sey erlaubt. Eben dieses Urtheil, welches den zum Tode verurtheilten verdammte, legte es auch ihren Mitbrüdern auf, zur Strafe aus dem Reiche zu gehen. Sie bekennen es, aber sie verschweigen die Ursache davon, welche nach den Worten des Urtheils diese war; Als Verderber der Jugend, Friedensstörer, und Feinde des Königs und des Staats. Ihr P. Guignard wurde gehangen: und sein Verbrechen bestund nicht darinn, wie sie sagen, daß er die ärgerlichen Schriften verwahret habe, die man zur Zeit der Ligue verfertiget hatte. Sie setzen blos darinn seinen Fehler, und entschuldigen ihn und tadeln das Urtheil, vermöge welches er verdammt würde, als zu hart und folglich zu ungerecht. Sein Verbrechen bestund darinn, daß man in seiner Cammer von ihm selbst verfertigte und eigenhändig geschriebene Werke gefunden hätte, in welchen er die Ermordung Heinrichs des III. billigte und die Leute vermahnete den regierenden König ebenfals umzubringen. Welchem zufolge der Hof den besagten Guignard des Verbrechens der beleidigten Majestät überführet hat. So stehet es in dem Urtheil geschrieben.

Nun siehet man, wohlehrwürdiger Pater, warum sie diese beyden ersten Versuche nur so obenhin berühret haben, und warum sie sich bey dem dritten viel länger aufgehalten haben. So bald als sie auf diesen kommen, so erholen sie sich wieder, und fragen, ob man etwas aufweisen könne, welches anzeige, daß man wider die Jesuiten verfahren habe, und daß sie wären überführet worden als man dem Ravaillac den Proceß gemacht habe.

Ehe ich aber auf diese ihre Frage antworte, so ist nöthig, daß ich vorher den Geschmack ein wenig betrachte, in welchem ihr Brief geschrieben ist. Sie haben bereits oben gesagt, daß es ihr Vorhaben nicht sey, die Jesuiten zu entschuldigen. Hier ist ein Beweiß von ihren Versicherungen. Denn indem sie fragen, ob man zur Zeit des Ra-

vaillac

vaillac wider die Jesuiten verfahren habe, so wollen sie damit soviel sagen, daß wofern jemals dergleichen geschehn und sie gerichtlich als Mitschuldige erkannt wären, so würde man allen Grund haben den Tod Heinrichs des IV. auf ihre Rechnung zu schreiben. Nun jetzt ist die Rede von einem feyerlichen Verfahren wider ihre Mitbrüder in Lissabon. Ja wir haben noch mehr. Wir haben ein förmliches Tribunal, welches nicht nur ihre Verschuldung als bewiesen erkläret, sondern auch versichert, daß sie unter den vornehmsten Rädelsführern der Verschwörung begriffen sind. Und dem ungeachtet sagen sie, daß sie unschuldig sind, und verlangen, daß wir es ihnen zu Gefallen glauben sollen. Warum aber? Hier fehlt es an keinem Verfahren. Ja, sagen sie, allein wenn es nicht am Verfahren fehlet, so fehlet es an der Strafe: Folglich müßte man sie alsdenn vor schuldig erkennen, wenn sie wären bestrafet worden. Ihre Rede setzet dieses voraus, und sie können nicht wieder zurück ziehen. Ey was? Ihr P. Guignard wurde gehangen, und doch entschuldigen sie ihn, und suchen sein Verbrechen zu verringern.

Es ist eine wunderliche Sache: Sie halten sich bey jeder Begebenheit, die ihre Mitbrüder betrift, allezeit an einen Umstand, der da fehlet, und machen einen Hauptumstand daraus, dessen Ermangelung ihr Verbrechen zweifelhaft mache; ja sie sind hiermit noch nicht zufrieden, sondern verändern auch selbst diesen Umstand, so wie sie es vor nöthig erachten. Zur Zeit des Ravaillac war kein Verfahren wider die Jesuiten vorhanden. In Lissabon haben wir ein Verfahren, und ein Urtheil, aber keine Strafen. Dort war Verfahren, Urtheil und Strafe vor den P. Guignard: Ja, aber seine Schuld war zu entschuldigen, indem sie mit der Ruhe, die nach der bekannten Ligue kam, ausgelöschet wurde. Kurz die Jesuiten sind allezeit unschuldig. Vermuthlich werden sie uns ehestens auch noch sagen, daß alles, was man wider sie vornimmt, in blosen Satyren bestehet, die von ihren Feinden ausgestreuet werden. Und auf diese Weise zeigen sie uns, daß es ihr Vorhaben nicht sey die Jesuiten zu entschuldigen, sondern daß sie blos

aus

aus Liebe zur Wahrheit reden. Hat denn die Liebe zur Wahrheit so viel List nöthig, und braucht sie so viele Abwechselungen und Erdichtungen? Nein, gewiß nicht. Diese Dinge gehören nur vor die Partheylichkeit und Heucheley.

Nunmehro komme ich auf ihre Frage: ob man wider die Jesuiten verfahren habe, als man dem Ravaillac den Proceß machte: und ich antworte ihnen frey heraus, nein. Warum will man sie denn, sagen sie, vor schuldig erklären, nicht anders als ob die That ganz gewiß und bewiesen wäre? Warum? Aus eben der Ursache und mit eben dem Grunde, womit sie selbst sagen, daß man diese **Begebenheit mit einer undurchdringlichen Decke verbergen müsse**, aus Furcht man möchte sonst entsetzliche Geheimnisse entdecken, wodurch vielleicht solche Personen auf die Liste der **Mitschuldigen kämen**, vor welche man alle Hochachtung haben müsse, da denn die Gerechtigkeit dieser Zeit sie nicht verunehren will. Hiermit sagen sie so viel, daß sie, ob gleich kein anders Verfahren als wider den Ravaillac vorhanden war, doch Mitschuldige dieses Unglücklichen gewesen sind. Dahero fällt die Folge, welche sie aus der Ermangelung eines Verfahrens vor ihre Patres daraus ziehen, gänzlich zu Boden. Wenn aber Ravaillac Mitschuldige von einem ansehnlichen Orden hatte, kann man denn zweifeln, daß keine andern Mittel gewesen waren, wodurch man die erstern verbergen konnte? Sie haben keine andere Nachricht davon, als was man aus den Geschichtschreibern jener Zeit, und aus den Urkunden, die sie anführen, hernimmt. Nun sind diese Geschichtschreiber und diese Urkunden viel förmlicher wider ihre Patres als wider diejenige, welche sie anführen wollen.

Ich begnüge mich hierbey die Begebenheit des Capitains la Garde und die Erklärung der jungen Coman anzuführen. Wollen wir sagen, daß diese zwo Urkunden nicht bekannt sind? Suchen sie dieselben im Journale della Stella im vierten Theile nach der Ausgabe von 1741. so werden sie bey den ersten finden, wie ihr P. Alagona zu Nea-

zu Neapolis dem Capitain la Garde die lebhaftesten Vorstellungen that, den König umzubringen, und ihm eine große Belohnung versprach, und ihm zu gleicher Zeit im Vertrauen eröfnete, daß ein anderer (nemlich Ravaillac) bereits diese mörderische Commißion angenommen hätte. Aus der zwepten Urkunde aber werden sie ersehen, wie die junge Coman nach erhaltener Nachricht von der Verschwörung wider das Leben des Fürsten, sich alle mögliche Mühe gab, dem Könige diese Nachricht zu hinterbringen; und als ihr dieses nicht gelingen wolte, in das Haus der Jesuiten gieng und nach dem P. Coton dem Beichtvater Sr. Majestät fragte, worauf man ihr aber zur Antwort gab, er sey ausgegangen; und als man sie den folgenden Tag darauf unter gleichem Vorwand wieder wegschickte, so entdeckte sie dieses Geheimniß dem P. Procurator des Hauses und bat ihn inständig es dem P. Coton wissen zu lassen, wobey der P. Procurator ihr versprach es zu thun, was ihm GOtt eingeben würde, und auf das abermalige Anhalten dieser jungen Person antwortete, daß es sich gar nicht vor sie schickte sich in diese Sachen zu mischen, und einige Tage hernach ins Gefängniß gesetzt wurde, und dieses als die Frucht ihres Eifers zur Belohnung erhielt. Der König wurde unterdessen von eben dem Menschen ermordet, welchen diese junge Coman angezeiget hatte, und wider den man nicht die geringste Vorsicht gebraucht hatte.

Nun schlüßen sie, wie viel sie wollen, und fragen; ob man überzeugende Beweise habe, daß ihre Patres den geringsten Gebrauch von ihren Lehren gemacht haben, die man ihnen beymisset. Ja setzen sie immer hinzu, man habe wider sie nichts als satyrische Schriften, welche von ihren Feinden ausgestreuet würden, um sie verhaßt zu machen. Wir werden sie auf das Urtheil wider den Joh. Chatel, wider ihren P. Guignard und wider alle ihre Patres verweisen, die damals aus dem Reiche vertrieben wurden: wir werden ihnen die Vorstellungen, welche das Parlament nachhero gethan hat, um sich ihrer Zurückberufung zu wiedersetzen; ingleichem die merckwürdigen Erinnerungen zu lesen vorlegen, in

Samml. III. Th.

welchen diese ansehnliche Versammlung ein sicheres Zeugniß von dem Gebrauche ablegt, den sie von ihren aufrührischen Lehren gemacht haben. Wir werden sie auf die Geschichtschreiber verweisen, welche die Umstände des Todes von Heinrich dem IV. beschrieben haben, und auf die Schriften der hohen Schulen, und auf die Vertheidigungen zurückführen, die man zu ihrem Vortheil wider ihre Gesellschaft gemacht hat ꝛc. Mit was einem Gewissen, mein lieber Pater, können sie sagen, daß ihre Mitbrüder nichts als satyrische Schriften wider sich haben, die von ihren Feinden ausgestreuet worden. Diese Feinde, wovon sie stets in ihrem Briefe reden, waren zur Zeit Heinrichs des IV. noch gar nicht vorhanden. Sie sind nachhero entstanden. Und über dieses haben sie auch nicht die Geschichte, und Bücher verfertiget, in welchen ihre Gesellschaft eine so schlechte Figur machet. Sie haben nichts anders gethan, als daß sie entweder aus den Registern der Parlamente oder aus den Büchern angesehener Schriftsteller Auszüge gemacht, und auf diese Weise die Thaten mit ihren festgesetzten Lehren verglichen haben.

Sie fragen weiter, **was vor Nutzen die Jesuiten aus der Ermordung Heinrichs des IV. gezogen haben.** Allein sie hätten billig fragen sollen, was sie sich vor einen Nutzen daraus zu ziehen vorgesetzt haben; und auf diese Frage werde ich antworten, daß man nur ein wenig in der Geschichte der damaligen Zeit bewandert seyn darf, so wird man wissen, wie sehr ihre Gesellschaft dem spanischen Hofe zugethan war. Und dieses war nicht nur eine blose Zuneigung, die von einer großen Hochachtung herrührte, sondern es war eine Würkung der Erkenntlichkeit, welche ihre Mitbrüder wegen der unermeßlichen Schätze hegeten, die sie von diesem Hofe empfangen hatten, wie auch des heftigen Verlangens dieselben entweder zu erhalten, oder durch neue Eroberungen zu vermehren. Was sie damals in Frankreich besaßen, war nichts gegen dem, was sie in Spanien hatten. Sehen sie nun woher dieser unmäßige Eifer kam, mit welchem sie sich des Interesse dieses Hofes annahmen, und in alle seine übermüthigen Absichten willigten. Sehen

hen sie, woher diese großen Versprechungen von Reichthümern und Ehrenstellen herrührten, womit ihr P. Alagona der Vetter des Herzogs von Lerma des damaligen Ministers von Spanien die Treue des Capitain Lagarde zu Neapolis versuchte, und ihn überreden wolte den König zu tödten. Sie selbst schreiben diesen Tod der Eifersucht fremder Potenzen zu. Ich will einraumen, daß es wahr sey; allein es ist doch auch dieses gewiß, daß sie damals keine geneigtere und geschicktere Spionen haben konnten, es zu bewerkstelllgen, als ihre Patres. Schweigen sie also einmal, wohlehrwürdiger Pater; und beschweren sie sich nicht mehr, daß sie ohne Brweise wären angeklaget worden. Ihre Gesellschaft hat zu dieser einigen Begebenheit mehr als zu viel an die Hand gegeben. Wir wollen nunmehro zu der Geschichte von 1757. kommen.

Ich gebe es ihnen zu, daß die Jesulten bey der That des gottlosen Damiens nicht in Proceß mitgerathen sind, und daß man folglich nicht mit völliger Gewißheit sagen kann, daß sie an der Begebenheit vom 5. Jan. Antheil hatten. Allein deswegen sind sie noch nicht vor unschuldig erkläret. Wir haben kurz vorher bemerket, daß Ravaillac schien der einzige zu seyn, der an dem Tode Heinrichs des IV. schuldig war, und dem Laufe der Gerechtigkeit überlassen, und zum Tode verdammet wurde; und doch erkannten sie selbst, daß er Mitschuldige gehabt habe. Es würde also gar kein Wunder seyn, daß eben dieses, was bey dem Ravaillac geschah, bey dem Damiens erneuert worden sey. Man kann glauben, ohne daß man die Richter dieses letztern einer Betrügerey beschuldiget, daß er ein Werkzeug eines andern gewesen sey, indem sie es ja selbst bey dem Ravaillac so annehmen, und die Richter auf eben diese Weise entschuldigen. Es ist also gut, daß man seine Zuflucht zu Gründen nimmt, welche in jedem Falle vor und wider die Sache sind, und nicht über einen ausgelassenen Umstand in einem Urtheil etwas her schwatzet, der doch von einem höhern Befehle herrühren kann, den die Tribunale haben vollziehen müßen. Wenn man nun auf Gründe sehen will, so findet man deren nicht wenig, welche uns überreden, daß sie an dem Vorfall vom 5. Jan. Antheil gehabt haben. Man findet dieselben in den Grundsätzen ihrer Gesellschaft von dem Königsmorde, in dem Zeitpunct und in andern Umständen, dieses unglücklichen Zufalls, ferner in einer Menge ausgebreiteter und in dem gedruckten Processe des Damiens, bestätigter Reden und Handlungen, welche den alten und beständigen Briefwechsel, den dieser Bösewicht mit ihren Mitbrüdern hatte, die geheime Vertraulichkeit, durch welche er zu ihren verborgenen Unterhandlungen zugelassen wurde, den Geist der Trennung, welchen er in ihren Schulen eingesogen hatte, und endlich seine fanatische Unruhe über den Zustand der Kirchenstreitigkeiten, und ihren Folgen 2c. zu erkennen geben. Hierzu kommt noch, daß es nicht wahrscheinlich ist, daß ein Mensch von dem Stande und Character dieses Unglücklichen, sich ohne Eingebung anderer zu einer so entsetzlichen Handlung, wie diese vom 5. Jan. gewesen, eigenmächtig solte entschlossen haben; zumal da es offenbar gewiß ist, daß er sich nicht anders als durch einen fanatischen Eindruck hat verleiten lassen, welcher nicht von sich selbst entsteht, und von niemand anders als von ihren Mitbrüdern hat empfangen können; indem er blos mit ihnen im Briefwechsel stund. O wie hätten sie besser gethan, mein lieber Pater, wenn sie diese Sayte nicht berühret und stille geschwiegen hätten, wie sie es zu der Zeit thaten, als der unerhörte Streich geschah!

Was nun die bekannte Processache wegen der Nachlassenschaft des Ambrosius Guys anbetrift; so sind sie dabey so übermüthig, und bilden sich so viel auf das Urtheil ein, welches sie kürzlich von dem königlichen Rath erhalten haben, daß es scheinen möchte, als bliebe nichts weiter dabey zu erinnern übrig. Ich erstaune im Gegentheil darüber, daß unter ihren Mitbrüdern sich nicht einer findet, der so viel Verstand hat und es begreift, daß es ihrer Gesellschaft zur Schande gereiche, in dieser Sache schon ein Siegeslied anzustimmen, und nicht verhindert hat, diese kindische Prahlerey in die französische Zeitungen zu setzen, und so gar bey dem Papste davon zu reden. Denn in Wahrheit, was saget denn dieses Rechtsurtheil? Es erkläret, daß ein anderes vorgegebenes

benes Urtheil falsch sey, welches die Erben des Ambrosius Guys ihnen angezeiget hatten, woraus erhellen solte, daß diese den Proceß wider sie gewonnen hätten. Denken sie nun, daß sie dadurch von den neuen Instanzen und Forderungen dieser unglücklichen Erben losgesprochen sind? Denken sie, daß es nunmehro entschieden sey, daß sie sich der Erbschaft des Guys nicht angemaßet hätten? Ja dieser neue Rechtsspruch bestätiget vielmehr ihre unrechtmäßige Besitznehmungen, und setzet sie als wahr voraus, anstatt daß es zu ihrem Vortheil sprechen solte. Denn wofern sie nicht würkliche Schuldner von dieser erstaunlichen Erbschaft wären, solten wir wohl glauben, daß dieser im Jahr 1715. angefangene Proceß noch daurete? Solten sie in so langer Zeit nicht losgesprochen seyn? Es war dieses gewiß kein geringer Gegenstand vor sie um ein Endurtheil in dieser Sache anzuhalten; ja sie hätten sich ihres ganzen Credits bedienen sollen, um es zu erhalten. Allein sie haben im Gegentheil diese Sache von dem ordentlichen Laufe der Gerechtigkeit weg gezogen, und nach 40. Jahren frolocken sie über ein Urtheil, welches saget, daß diese Sache noch nicht abgethan sey. Sie füllen ihren Mund recht voll, wenn sie davon reden: Sie sind der vergnügteste Mensch von der Welt, und verlangen, daß jedermann mit ihnen den Schluß mache, daß die Jesuiten die Erbschaft des Guys nicht in ihrer Gewalt haben. Wie können sie aber jemals diese Folge daraus ziehen? Das Urtheil saget dergleichen nicht, und es ist gewiß, daß, wofern man nicht in den Registern des königlichen Raths eine Menge ihnen entgegenstehender Beweise gefunden hätte, ihnen ohne Zweifel ein Endurtheil würde ertheilet worden seyn. Allein man setzte diesem Verfahren die Gerechtigkeit entgegen, und sie sind noch immer in dem Grade als Schuldner geblieben, wie sie vorhero waren. Folglich haben sie nicht Ursache, wohlehrwürdiger Pater, so übermüthig zu seyn. Sie werden niemand finden, der ihnen Glauben beymesse, es müßte denn ein sehr einfältiger Mensch seyn. Uebrigens wird ein jeder vernünftiger gleich bey Lesung der urkundlichen Schriften, welche diese Begebenheit bis auf das letzte Urtheil betreffen, überzeugt bleiben, daß sie außer dem

Verbrechen einer ungerechten Besitznehmung dieser Erbschaft noch diese Bosheit hinzufügen, daß sie dieselbe mit der unverschämtesten Halsstarrigkeit zurück behalten, welches anzeigt, daß sie alle Gewissensbisse und Empfindung der Ehre verlohren.

Jedoch es ist Zeit, daß ich die Untersuchung ihres Briefes beschlüße. Ich glaube hinlänglich bewiesen zu haben, wie vergeblich alle ihre Bemühungen sind, ihre portugiesischen Mitbrüder von dem Verbrechen des Anschlags wider das Leben des Königs zu reinigen. Alle ihre Beweißgründe erstrecken sich auf leere Möglichkeiten, Voraussehungen und Muthmaßungen. Sie erwehnen nicht eine einzige Handlung, welche sie von dieser Schande loßspreche. Sie wissen sich bloß damit sehr viel, daß sie nicht sind bestrafet worden, und schlüßen daraus, daß sie nicht überführet sind. Ich muß sie doch noch einmal beschämen, wofern es nur immer möglich ist, daß sie über einen so elenden Schluße noch schamroth werden. Hören sie, was der König von Portugal zu den Bischöffen seines Reichs saget. Ich habe ihnen bereits ein Stück dieses Schreiben angeführet. Sie werden aber die Stärke und Nachdruck davon besser vernehmen, wenn sie es ganz in seinem Zusammenhange lesen.

Die diesem Schreiben beygefügte zwey Exemplare, wird sie von dem Urtheilsspruche unterrichten, welcher von dem Gerichte der Inconfidenza den 12ten dieses Monats Jan. wider die Schuldigen ausgesprochen worden, so die an meiner königlichen Person den 3. Sept. vorigen Jahres begangene barbarische und verdammliche Schmach ausgeübet haben. Sie werden ihnen außerdem von den Handlungen und dem Verfahren Nachricht geben, welche ich durch * * * * habe vollziehen lassen, um theils die Religiosen von der Gesellschaft Jesu zu bändigen, deren verdorbener Zustand sie nicht allein zu Mitschuldigen, sondern sogar zu den vornehmsten Anführern der groben Verbrechen der beleidigten Majestät, des Hochverraths und des Königsmords, die in bemeldetem Sentenz

tenz verurtheilet worden, gemacht hat. Eben dieſer Monarch redet am Ende des Manifeſts, welches dieſem Schreiben beygefüget iſt, folgendermaßen: Nachdem die Jeſuiten, durch den gedachten Proceſſe als an dieſen abſcheulichen Miſſethaten ſchuldige, weltkündig und offenbarlich überführet worden, ſo thun ſie auch noch jetzt eben das, was ſie allezeit in dergleichen Fällen gethan haben. Sie verſtellen ſich überall mit Sanftmuth, Unſchuld und äußerlichem geiſtlichen Weſen, um die einfältiger zu bereden, daß ſie bey allen Strafen, die man ihnen anthun würde, Märtyrer werden. . . . Allein dieſe Liſt, deren ſie ſich bedienen, iſt gegen die überzeugende und entſcheidende Beweiſe ganz vergeblich, wodurch in dem erwehnten Proceſſe bewieſen worden, daß die Jeſuiten, ungeachtet der guten Werken, deren ſie ſich rühmen, noch eben dieſelbigen ſind, welche den am 3. Sept. des nächſtverwichenen Jahres unternommenen mörderiſchen Ueberfall angerathen, verabredet und befördert haben.

Verſtehen ſie, wohlehrwürdiger Pater, dieſe Sprache? Hier iſt ein König, der redet, und jedermann weiß, daß die Rede des Königs Glauben verdienet. Nun wer ſind ſie denn, wenn ich fragen darf, daß ſie die Frechheit haben, ihn einer Lügen zu beſchuldigen, und am Ende ihres Briefes hinzu zu ſetzen, wir müßen wohl gar bald hören, daß die Jeſuiten gar keinen Antheil an der wider die Perſon Sr. allergetreueſten Majeſtät begangenen Frevelthat hätten? Alſo iſt ihrer Meinung nach dieſer Fürſt ein entſetzlicher Verleumder, und wird ihn denn die Zeit deſſen bald überführen? Gewiß man wird nicht leicht in den Hiſtorien ein ander Exempel von einer ſo unverſchämten Verwegenheit finden, welche an ſich ſelbſt betrachtet ein Verbrechen der beleidigten Majeſtät iſt.

Ehe ich ſie aber, mein lieber Pater, verlaſſe, ſo halte ich es vor nöthig dem Publico anzuzeigen, warum ſie die Verwegenheit gehabt haben, eine Vertheidigung ihrer portugieſiſchen Mitbrüder bekannt zu machen.

machen. Sie waren im Monath Februar und Merz viel bescheidener, allein zu Anfange des Aprils haben sie nach dem Ausdrucke eines ihrer Mitbrüder einen Anschein der Hofnung eines weniger stürmischen Wetters erhalten. Dieser Schein ist dergestalt gewachsen, daß sie sich große Dinge vorgestellet haben. Sie haben geglaubet, daß ihre Patres Malagrida, Matos und Alexander, und andere vielleicht der wohlverdienten Strafe entgehen möchten. Diese Hofnung rühret nicht aus Portugal, sondern sey, wie man unter ihnen sagt, bey andern zween Höfen hervorgebracht, welche, wofern man ihrem Mitbruder glauben kann, sie vor ganz andere Leute halten, als der Hof zu Lissabon. Der Hof zu Rom aber hat ihnen am meisten Muth gemacht, indem er ihnen bereits viele Proben seines Schutzes erwiesen hat. Der Tod des Cardinals Archinto, der eben zu der Zeit erfolgte oder auf geschehene Veranstaltung erfolgen mußte, da ihre Superiores die Nachricht erhielten, daß der Streich in Lissabon mißlungen sey, hat sie von einem Minister befreyet, der sie von Grund aus kannte, und nicht sehr geneigt war ihnen zu dienen. Er hat so viel man weiß einen Nachfolger an dem Cardinal Torreggiani bekommen, der gänzlich der ihrige ist, und allen seinen Credit und seine Gaben anwendet, um die Sachen in die Länge zu ziehen, und in dem Gemüthe des Papsts diese schreckliche Vorstellung auszulöschen, die er wider sie gefaßt hatte, als er die greuliche That von Lissabon hörte. Dahero nun rühret diese Veränderung, welche sich an dem römischen Hofe unter dem neuen Papste unvermerkt eingeschlichen hat: Dahero kommen die häufigen und geheimen Audienzen, welche man ihrem P. General zugestanden hat, ingleichem die Freyheit, die er hat, um sich wider den König in Portugal los zu machen, sogar daß man die schrecklichen Handlungen, worüber er sich beklaget, vor Verleumdungen ausschreyet und ihn beschuldiget, daß er sich aus keiner andern Ursache angelegen seyn lasse ihre Gesellschaft auszurotten, als aus Haß gegen die Religion, wovon ihre Patres die vornehmsten Stützen sind.

Sie

Sie sehen wohl, mein lieber Pater, daß ich dasjenige vollkommen weiß, womit sie sich schmeicheln, und daß ich sage, was ich weiß. Demungeachtet gebe ich diese hier angeführten Anecdoten nicht vor gewiß aus. Ja, damit ich ihnen sage, wie ichs meyne, so glaube ich, daß das meiste, was ihre Patres vorbringen, Erdichtungen sind, und daß sie dieselben mit aller Freymüthigkeit ausbreiten, um diejenigen damit zu überreden, welche ihnen mit offenem Munde zuhören. Und in der That es ist dieses auch nicht so übel ausgedacht, daß sie hin und her laufen und vorgeben, daß dieser und jener Cardinal sie bey dem Papste aufs heftigste vertheidige: Daß sie von zween mächtigen Höfen vor unschuldig geachtet werden: Und daß die Gesandten von diesen Höfen bey Sr. Heiligkeit zu ihrem Vortheil reden. Diejenigen, welchen sie es sagen, glauben es ihnen auf ihr Wort, und bilden sich ein, daß ihre Parthey in Rom zunehme. Dahero eilen sie um sich mit ihnen zu vereinigen, indem sie meynen, daß sie auf solche Weise den Ministern, die in Aemtern stehen, einen Dienst dadurch erweisen. Ja der glückliche Fortgang ihrer Betrügerey machet, daß sie nach und nach immer andere durch die erstern gewinnen. Ich würde mich deswegen gar nicht wundern, wenn sie sich in jeder Stadt einen ansehnlichen Anhang gemacht hätten. Und ich zweifle auch gar nicht daran, was man sagt, daß sie in Frankreich alle diejenigen Bischöffe, welche mit der Ruhe nicht zufrieden sind, so der König in seinem Reiche wieder herstellen will, auf ihre Seite gezogen und ihnen aufgeleget haben, an Clemens den XIII. zu schreiben und ihn zu bitten, daß er ihren unbilliger Weise verfolgten Mitbrüdern seinen Schutz angedeyen lasse.

Allein dieses kann ich nicht glauben, daß die Gesandten fremder Höfe bey Sr. Heiligkeit vor sie bitten sollten, oder daß die Minister des Papst, die nebst ihm in gewißer Maße ihre Richter sind, wegen der Anjuchung Sr. allergt. Majestät bey dem H. Stuhle ihre Advocaten geworden wären.

Was die Gesandten fremder Höfe anbetrifft, so ist es gewiß, daß sie dasjenige, was sie sagen, nicht thun könnten, wofern sie nicht von ihren jedesmaligen Fürsten und Herren dazu bevollmächtiget wären. Sie würden es auch bey einer so wichtigen Sache, die einen andern Monarchen anbetrift, vor erlaubt halten, ihren persönlichen Credit zur Unzeit und ohne Befehl ihrer Herren zu brauchen. Es ist unmöglich anzunehmen, daß es ihnen von ihren allerseitigen Königen und Fürsten solte aufgetragen seyn, ihre Sache bey Sr. Heiligkeit zu vertheidigen. Es müßte die Unschuld ihrer Mitbrüder bey allen diesen Höfen völlig bewiesen seyn, wenn sie sich zu ihrem Vortheil erklären solten. Verlangen sie denn, daß sie sich bey der Ungewißheit der Sachen zu dieser Parthey halten, und Gefahr laufen solten solche Religiosen zu vertheidigen, die durch ihren Rath die Ermordung eines Königs angestiftet hätten? Wo werden sie aber jemals die Beweise finden, wodurch ihre Unschuld könnte dargethan werden; indem sie in dieser Schutzschrift, die sie bekannt gemacht haben, nicht einen einzigen vorbringen? Gewiß man überredet die Minister der Fürsten nicht durch Muthmaßungen und Schlüsse, zumal, wenn sie von der Art sind, wie sie einige davon anführen. Glauben sie denn, daß man um der wenigen leeren Präsumtionen willen, wie die ihrigen sind, ihre Mitbrüder vor unschuldig halten soll, und zwar wider das Urtheil des Tribunals, welches sie verdammt hat, ferner wider den klaren Innhalt der Proceßacten, worauf sich diese Verurtheilung gründet, und endlich wider die nachdrücklichen und feyerlichen Erklärungen und Versicherungen des Königs in Portugal selbst? Würde man wohl jemals Verbrechen von dieser Art, welche durch ein rechtmäßiges Tribunal, und von einem Monarchen auf die in Gerichten übliche Weise verurtheilet sind, in der Person ihrer Mitbrüder anhören, und sie vor unschuldige und von andern Fürsten beschützte ansehen, blos weil sie so verwegen sind, und ihre Verbrechen auf das unverschämteste leugnen? Gewiß darüber würde das Publicum erstaunen; und die Verwunderung würde auch noch mehr zu nehmen, wenn man gar von Unterthanen redete, die nicht allein schuldig, sondern auch würklich überführt sind, daß sie wider das Leben ihres Monarchen sich verschworen haben, und Mitglieder einer Gesellschaft sind, die dergleichen Mordthaten vor erlaubt halten.

Es wäre gar nicht zu verwundern, wenn andere Höfe in Ansehung dieser besondern und eigenen Sache von Portugal, sich nicht darein mischen wolten. Allein wir wollen den Fall setzen, sie nähmen Antheil in dieser Sache; so werden sie entweder nach Vorurtheilen, oder nach Interesse, oder nach Ueberzeugung und nach den Gründen der Gerechtigkeit urtheilen müßen. Zu welchem von diesen drey Dingen verlangen sie, daß sie sich entschlüßen sollen? Vielleicht nach Vorurtheilen? Was ist dieses aber vor eine Vergleichung. Man redet auf der einen Seite von einem Könige, der zu eifrig vor seine Ehre ist, als daß er sie ohne die vollkommenste Gewißheit der Klagen, welche ganz Europa wider sie anstellet; und auf der andern Seite ist ihre Gesellschaft, welche zu ihrer Vertheidigung entweder läppische Mittel, wie ihre vorgebrachten sind, oder leere Gegenbeschuldigungen brauchet, welche nach dem Rechte bey den Verbrechern verdächtig sind, und um zwoer Ursachen willen bey Leuten, wie sie sind, Verdacht erwecken, die da lehren, daß die Lügen und Verläumdung nicht nur zu entschuldigen, sondern auch alsdann zu erlauben sind, wenn sie zur Rettung der falschen Ehre ihres Ordens erfordert werden. Sollen sie sich nach dem Interesse entschlüßen? Und worinn besteht wohl das größte Interesse der Fürsten? Besteht es darinn, daß sie eine in ihren Grundsätzen so verdorbene, in ihrer Politik so gefährliche und in ihrer Rache so fürchterliche Gesellschaft beschützen, oder ihrem wohl verdienten Schicksale überlassen solten; eine Gesellschaft, welche an keinem Orte etwas gutes gestiftet hat, und überall eine Quelle des Uebels gewesen ist, die Fürsten liebkoset, wenn sie ihren Ehrgeitz befriedigen; und hingegen suchet dieselben zu verderben, wenn sie ihnen zuwider sind, oder sie gar unterdrücken wollen? Werden sie endlich wohl nach Ueberzeugung und nach dem Geiste der Gerechtigkeit, welcher der Grund des Thrones ist, richten? Aber wer wird sie in diesem Falle überzeugen? Solten sich die Fürsten aus den Proceßacten nicht überzeugen, die man ihnen vor Augen legen könnte, und woraus erhellete, daß der Orden der portugiesischen Jesuiten überführet sey, daß sie durch diese Uebelthat das Maaß der Bosheit erfüllet haben, und daß eine Menge von eben so strafwürdigen Ausschweifungen mit dem königlichen Siegel bestätiget ist; oder solten sie sich vielmehr durch eine elende Schutzschrift bewegen lassen, die nichts als Ablehnungen, läppische Schlüsse, verwegene Muthmaßungen und bloße Möglichkeiten enthalten, und solche Sachen sind, die keine andre Würkung haben, als daß sie die unleugbare Gewißheit des Verbrechens und den unverbesserlichen Character derjenigen Gesellschaft noch mehr an den Tag legen, welche ausserdem noch die Verwegenheit hat solche verkehrte Mitglieder zu vertheidigen?

Diese Betrachtungen sind meiner Einsicht nach so wichtig und so natürlich, daß man sie ohne Zweifel an den Höfen der Fürsten eher machen wird, als daß man die Parthey ihrer Gesellschaft ergreifen solte. Bey dem römischen Hofe machen diese Betrachtungen nicht wenigern Eindruck. Es sind aber auch vor denselben noch andere und besondere. Ich will jetzt nichts von dem Eindruck erwehnen, welchen eine Beschützung, die der H. Stuhl den Religiosen Mördern ihrer Fürsten willkührlich walte angedeyen lassen, in ganz Europa und insonderheit bey unsern abgesonderten Brüdern machen würde. Ich sage auch nichts von dem Verdacht, welcher wegen der Beschaffenheit der Mittel entstehen könnte, die man zur Erlangung eines solchen Schutzes gebraucht hätte. Meine Gedanken gehen vielmehr dahin: daß wofern Clemens der XIII. sich gegenwärtig gewißermaßen im Stande befindet, der Richter ihrer portugiesischen Mitbrüder zu seyn, es von der Nachsicht herrühret, welche Se. allerget. Majestät hat gegen die Meynung des römischen Hofes in Ansehung der Kirchenfreyheiten beweisen wollen. Gewiß kein Gesetz verband ihn dazu, dieses zu thun; und es würde in der That eine wunderliche Sache seyn, daß ein von seinen geistlichen Unterthanen überfallener König es nicht in seiner Macht haben solte, gegen diejenigen das Schwerdt zu brauchen, welches ihm GOtt selbst zur Bestrafung derer in die Hand gegeben hat, die Böses thun. Frankreich,
ja was-

ja was sage ich Frankreich, die Republick Genua selbst, und andere Fürstenthümer, die nicht weniger catholisch sind als Portugal, haben im Fall der Noth durch ihre Tribunale die geistlichen Missethäter ohne die geringste Abhänglichkeit von Rom zur Strafe gezogen. Ich brauche ihnen nicht viel Exempel davon anzuführen. Eines kann vor alle genug seyn. Ihr P. Guignard wurde gehangen, ohne daß man sich vorher an den römischen Hof gewendet hätte. Sie müßen sich dessen wohl erinnern. Rom weiß es, und hat sich niemals darüber beklagt; denn es ist kein einziges Kirchengesetz, welches die Verwaltung der Gerechtigkeit in einem jeden Staate aufhalte, wenn man lasterhafte von aller Art zu bestrafen hat. Ein Unterthan eines Fürsten höret nicht auf ein Unterthan zu seyn, wenn er gleich aufhöret ein Mitglied der Geistlichkeit zu seyn, und es ist gewiß, daß das Christenthum niemals die höchste Gewalt der Obrigkeit in diesem Stücke eingeschränket hat.

Diese Grundsätze sind in Portugal mehr als zu bekannt; allein ein gewißes religioses Wesen machet es, daß man nicht, wie es an andern Orten geschicht, die entgegen stehenden Lehrsätze verwirft. Der Papst und seine Minister, die ihm zur Seiten sind, können nicht weniger thun, als dieses gottselige Betragen der Portugiesen zu loben. Sie müssen nothwendig voraus sehen, daß, wofern sie wider alle Vernunft und aus einer abgeschmackten Zuneigung gegen die Gesellschaft, die Jesuiten in Portugal ihres schrecklichen Verbrechens ungeachtet, welches sie an der Person ihres Königes begangen haben, vertheidigen wolten; sie dieser Monarchen in die Nothwendigkeit setzen würden ein Joch abzuwerfen, dessen Schwere ihm bey diesen bedenklichen Umständen unerträglich fallen, und dahin bringen würde, daß er sich der unumschränkten Rechte frey bediente, welche man in Frankreich und anderwärts ohne Nachtheil der catholischen Religion aufrecht erhalten hat.

Ich überlasse es ihnen jetzt, wohlehrwürdiger Pater, daß sie nach diesen meinen wenigen Anmerkungen selbst urtheilen mögen, ob es zu vermuthen sey, daß der Hof zu Rom in einer Sache, welche eben nicht seine Vorrechte und Ansprüche betrift, die Achtung und Ergebenheit,

heit, welche Se. allergt. Majestät gegen den H. Vater bewiesen hat, wenig schätzen, und vielmehr diesen gottseligen König soviel möglich nöthigen werden die Religiosen ungestraft zu lassen, welche man überführet hat, daß sie die unternommene Mordthat vom 3. Sept. an der königlichen Person gerathen, angesponnen und zur Volziehung gebracht haben. Urtheilen sie nur, ob es zu vermuthen sey, daß sich andere Fürsten als ihre Beschützer aufwerfen und erklären werden. Und hiermit schlüße ich auch meinen Brief.

P. S. Ich muß ihnen doch auch zum Gegengeschenke vor den schönen Anhang zu ihrem Briefe mit einem andern aufwarten, welcher eben so wichtig als der ihrige seyn wird: Es besteht dieser in zwern Briefen, welche ich beyläufig in meinem Antwortschreiben angeführet habe. Es soll ein kleines Geschenk seyn, welches ich nicht ihnen, denn sie haben es nicht nöthig, sondern dem Publico mache. Ich weiß gewiß, daß man diese Briefe nicht geschrieben hat, damit sie jedermann lesen solte; allein ich habe geglaubt, daß alle das Vergnügen haben können zu hören, wie ihre lieben Mitbrüder in geheim reden, wenn sie gelehrige Ohren antreffen, die zur Noth auch glauben, daß die Nacht Tag ist und der Tag Nacht. Ich versichere dahero nochmals, daß sowohl die Briefe als die kurzen Anmerkungen darüber an alle andere Leute, nur nicht an sie gerichtet seyn sollen; ob ich gleich sonst nicht ermangeln werde zu verharren ꝛc. ꝛc.

Brief von . . . . . über das Unternehmen vom 3. Sept. 1758.

Die Bewegursachen der vermeinten Verschwörung, welche so viele Unruhen in Portugal erreget hat, haben ihren Ursprung in einer unerlaubten Neigung des Königs gegen die junge Tochter jenes berühmten Unglücklichen des Herzogs d' Aveiro. Man weiß, daß diese tugendhafte Fräulein sich nicht von dem ungestümen und dringenden Anliegen des Königs hatte loßmachen können, und genöthiget gewesen war es ihren

Eltern

Eltern zu entdecken: Und es ist gewiß, daß ihr Vater, der auf die Ehre und Ansehn seiner Tochter eifrigst bedacht war, beschlossen hatte, sie nach Frankreich zu schicken, und daß der verliebte Monarch sie nicht hatte gehen lassen.

Es ist dahero wahrscheinlich, daß, indem eines Theils der König auf seinem Vorhaben beharrete, seiner verliebten Leidenschaft ein Genüge zu thun, und andern Theils die Eltern dieses jungen Frauenzimmers sahen, wie sehr es zu befürchten sey, daß ein so mächtiger Feind ihnen dasjenige mit Gewalt entreißen möchte, was er nicht durch seine verliebte Bemühungen erhalten könnte; es ist wahrscheinlich, sage ich, daß sie auf die Erhaltung der Ehre ihrer tugendhaften Tochter und berühmten Familie gedacht haben, und den Vorsatz gefaßt haben, Gewalt mit Gewalt zu vertreiben, und sich der letzten Mittel zu bedienen, welche die Verzweifelung in einer gerechten Sache nur an die Hand giebt. Vielleicht hat der Herzog d' Aveiro gesucht seine Ehre durch den Tod des Königs zu retten.

Ich will jetzt nicht untersuchen, ob es erlaubt sey oder nicht so weit zu gehen, wenn man von dergleichen Fällen redet. Das gewisseste hierbey ist, daß der Minister Carvalho mitten in den Unruhen einer so betrübten Begebenheit, wovon man wenig Exempel in der Geschichte finden wird, auf nichts anders gedacht hat, als seine besondern Leidenschaften und unversöhnlichen Haß zu befriedigen, welchen er wider die Jesuiten und wider den vornehmsten Adel von Portugal gefaßt hatte.

Dahero hat er gesucht die ganze Welt durch seine schlecht bewiesenen Manifeste und Rechtspräsumtionen zu betrügen; und zwar dergestalt, daß, wenn man darauf achten wolte, was er ausstreuet, man nothwendig glauben müßte, das ganze Reich sey wider seinen König verschworen; der ganze portugiesische Adel habe Theil an dieser Zusammenverschwörung; und die weisesten, eifrigsten und unsträflichsten Jesuiten wären die vornehmsten Beförderer eines solchen Unternehmens gewesen, und hätten sich endlich nach so vieljähriger Mühe und Arbeit in Madagaskar und ganz Indien wegen des Heils der Seelen nach Lissabon gewendet, um daselbst ihre Verdienste durch eine so schöne Heldenthat zu krönen. Ich erstaune darüber, wie sich vernünftige Leute dergleichen Dinge können überreden lassen, wenn man auch setzen wolte, daß Carvalho ein gerechter Minister wäre.

Allein was würde die Welt sagen, wenn sie wüßte, daß er ein vollkommner Machiavellist ist, und andern etwas beymisset, welches würklich sein eigen Verbrechen ist, da er in einem gewissen Blatte, so er öffentlich heraus gegeben hat, beweisen will, daß die Jesuiten dergleichen wären? Diejenigen, welche diesen Minister genau kennen, wissen wohl, daß er von seiner Jugend auf zu London ist erzogen worden, wo er gewiß nicht die reinste Milch der Religion und Moral wird eingesogen haben. Es giebt so gar einige, die ihn noch genauer kennen wollen, und versichern, daß er ein guter Jude sey, und von väterlicher Seite ununterbrochen davon herkomme; welches auch nicht unmöglich ist, wenn man von Portugal redet, ob ich gleich nicht im Stande bin es als gewiß zu behaupten.

Dieses ist unleugbar, daß der Herr Carvalho von Wien mit seiner Gemahlin der Gräfin Daun zurückkam. Gleichwie nun diese Dame von einer der angesehusten Familien in Deutschland ist, so verlangte sie, daß ihr die portuglesischen Damen den Titul Excellenz geben solten. Die Frau Marquisin von Tavora antwortete, daß wenn sie die Gräfin Daun betrachtete, was sie an sich selbst wäre, so würde sie nicht das geringste Bedenken getragen haben, sie Excellenz zu heißen, aber als der Frau von Carvalho könnte sie ihr diesen Titul nicht zugestehen. Alle vornehme portuglesische Damen vereinigten sich mit ihr, und die Frau Carvalho befand sich von der Unbequemlichkeit befreyet, Besuche zu geben und anzunehmen. Allein der Mann faßte von Stund an einen tödlichen Haß wider das Hauß von Tavora und den portuglesischen Adel, und nunmehro bedienet er sich dieser Gelegenheit, seinen Muth zu kühlen. Er ist stets blutdürstig, und es scheint, daß er auf nichts anders als auf den gänzlichen Untergang von Portugal und der Jesuiten denket.

Warum ist er nun den Jesuiten so sehr zuwider, da er vorhero den vertrautesten Briefwechsel mit ihnen unterhielt? Hier ist die Ursache.
Die

Die Völker von Sertaou, wo sein Bruder als Gouverneur hingeschickt wurde, hatten Commissarien nach Lissabon geschickt, um sich über die Ungerechtigkeiten und Raubereyen dieses Gouverneurs zu beschweren, und es war niemand, der es dem Könige vortragen, und ihn von der Wahrheit der Sachen unterrichten wolte, als der P. Joseph Moreira der Beichtvater des Königs. Dieses ist, mein Herr, die wesentliche Ursache dieses schrecklichen Zufalls. Ziehen sie nun selbst alle Folgen daraus, welche nur möglich sind.

Auszug

eines Briefes des Pater Cavallery des Jesuiten und Professors der Theologie auf der Universität zu Toulouse an den Herrn Lartigue, Priester des bischöflichen Pallasts zu Bajonne, der ihm die Abschrift des vorhergehenden Briefes geschickt hatte.

Toulouse vom 5. April 1759.

Sie haben ein sehr gutes Werk gethan, daß sie mir die Abschrift des Briefes von Madrit überschickt haben. Dieses ist ein Zeugniß, welches den betrübten Seelen zum Troste dienen wird, da sie von den Feinden der Religion so schreckliche Dinge sehen müssen. Es kommen von allen Orten her Strahlen der Hofnung eines weniger stürmischen Wetters. Die Höfe von Versailles und Madrit denken ganz anders als die Höfe zu Lissabon und London. Man schreibt auch, daß der Nuntius von Spanien von Sr. Heiligkeit Befehl empfangen habe, dem Hofe zu Madrit vorzustellen, daß es sehr befremdlich sey zu hören, daß man in einem so catholischen Reiche so viele Bücher ausstreue, welche einer um die Kirche so hochverdienten Gesellschaft so sehr zum Nachtheil gereichen; ferner soll er auch den Bischöffen von Spanien anzeigen, daß es Se. Heiligkeit verlange die Patres von der Gesellschaft in ihren evangelischen

Sammlung III. Theil.   (I)   Dien-

Diensten zu brauchen und ihnen zu gleicher Zeit zu versichern, daß Sie großes Mitleiden mit dem Zustande haben, worinn sich die Jesuiten in Portugal befinden; allein gleichwie jetzt keine Gemeinschaft mehr zwischen jenem Reiche und Rom, so kann auch Se. Heiligkeit dem Uebel nicht so wie sie es wünschen abhelfen. Jedoch wer weiß, wenn das Ungewitter in diesem Reiche aufhöret, ob es nicht an einem andern Orte wieder anfängt. Der Knecht ist nicht größer denn sein Herr. Haben sie mich verfolget, sie werden euch auch verfolgen. Joh. xv. 20.

Wie viel könnte man bey diesen zween Briefen erinnern! Man würde ein dickes Buch anfüllen. Allein ich lasse meinen Lesern die Freyheit solche Anmerkungen darüber zu machen, die sie vor gut befinden, und ich begnüge mich nur einige anzuführen, die sich meinem Gemüthe von selbst darstellen.

Erstlich. Die Jesuiten werden nicht leugnen, daß sie die Verfasser des ersten von diesen Briefen sind, ob er gleich ohne Nahmen ist; indem man weiß, daß er anfänglich mit großer Eilfertigkeit in Frankreich, und hernach in Italien und endlich in der ganzen Welt ist ausgestreuet worden, nicht anders als ob man ihn aus Spanien erhalten hätte und eine vollkommene Schutzschrift vor die Gesellschaft in Ansehung dessen, was den unternommenen Mord anbetrift, enthalte. Man siehet hier ferner, daß er von dem P. Cavallery einem der bekanntesten Jesuiten in seiner Provinz mit einem Freudengeschrey ist aufgenommen worden.

Zweytens. Wer da weiß, was die Meynungen der Jesuiten über das Recht diejenigen zu verleumden, die ihre vermeinte Ehre angreifen, enthalten, der zweifelt gar nicht, daß der Urheber nicht erdichtet sey, welcher man hier dem Hasse des Herzogs d' Aveiro wider den König beyleget. Die bloßen Umstände dieser Anecdote sind so beschaffen, daß sie es unglaublich machen.

Drit-

Drittens. Auf gleiche Weise muß man alle die schändlichen Beschuldigungen des Ministers Carvalho vor verleumderische Reden halten. Wer sich eine Vorstellung von den Grund-Sätzen machen will, nach welchen sich die Jesuiten in dergleichen Fällen zu richten pflegen, ingleichen von ihrer Geschicklichkeit im Lästern überhaupt machen will, der darf nur in dem 15. Provincial-Briefe die Historie von den Streitigkeiten, zwischen dem Herrn Puys Pfarrers zu Lion und dem P. Albi dem Jesuiten nebst den Betrachtungen über den Ausgang dieser Sache lesen.

Viertens. In dem Briefe, welchen die Jesuiten zur Rechtfertigung ihrer portugiesischen Mitbrüder haben drucken lassen, wird der Herzog d'Aveiro ein böser und lasterhafter Mensch genennet. Freylich musten sie in einem Briefe an das Publicum so reden; allein in einem heimlichen Briefe, der blos vor ihre Freunde verfertiget war, wird eben dieser Herzog, ob man es gleich nicht leugnet, daß er gesucht hat seinen König zu tödten, ein berühmter Unglüklicher genennet, der aus Ehrbegierde seine Zuflucht zu dem lezten Mittel genommen hat, welches die Verzweifelung in einer gerechten Sache an die Hand giebt. Ja er würde auch nach dem Ausdrucke des P. Mamachi des französischen Jesuiten ein Held gewesen seyn, wenn sein Verbrechen einen glüklichen Ausgang gehabt, und der König bey seinem Ueberfalle hätte unterliegen müssen.

Fünftens. Man leget es als eine Aufgabe zur Auflösung vor, ob es in dergleichen Fällen, wie dieser, worein man den Herzog d'Aveiro sezet, erlaubt sey, oder nicht, seinen König zu tödten. Der Verfasser, der jezt diese Frage nicht untersuchen will, behält es sich vor zu einer bequemern Zeit zu thun. Dieses heißt die Gemüther überreden, daß er den verfluchten Anschlag in einer solchen Verbindung, und in einer jeden andern, die dieser gleich ist, vor recht halte. Wenn er wäre geneigt gewesen, die Frage mit Nein zu beantworten, so konnte er es zu aller Zeit thun, und es ist nicht nöthig, weitläuftige Untersuchungen anzustellen, um zu beweisen, daß es niemahls erlaubt sey, den Königen

nach

nach dem Leben zu stellen. Man urtheile aus dem hier vorgebrachten Zweifel, ob es nicht wahr ist, daß die Jesuiten zu allen Zeiten und an allen Orten Jesuiten bleiben, und ob sie verdienen, daß man ihnen Glauben beymesse, da sie in jedem kritischen Umstande die Versicherung geben, daß sie dergleichen abentheuerliche Lehren, welche die Ruhe und Sicherheit der Fürsten stöhren, gänzlich verwerfen.

Sechstens. Man weiß nicht, wer der Verfasser des Briefes ist, welcher den Herzog d'Aveiro als einen berühmten Unglücklichen vorstellet, die Sache von der Verschwörung eine gerechte Sache nennet, und in Zweifel ziehet, ob es diesem Herzog erlaubt gewesen sey oder nicht seinem Könige das Leben zu nehmen. Allein der P. Cavallery, der diesen Brief billiget, und saget, man habe ein gutes Werk gethan ihn zu überschicken, und ihn vor sehr dienlich hält die betrübten Seelen damit zu trösten, dieser P. Cavallery, sage ich, ist eine sehr bekannte Person. Er ist ein Jesuitischer Professor der Theologie auf einer der vornehmsten und zahlreichsten Universitäten in Frankreich. Dahero schlüßet man, daß die angehenden Theologen dieser Provinz in sehr guten Händen sind.

Siebendens. Es ist sehr zu verwundern, daß der P. Cavallery, nach der guten Aufnahme des Briefes, die gerechte Strenge, welche seine portugiesische Mitbrüder erfahren haben, und die Demüthigung, welche seine Gesellschaft dabey empfindet, vor schreklich hält. Er thut dahero auch sehr wohl, daß er die Weissagungen, welche JEsus Christus zu seinen Jüngern sagte, auf sich deutet, diese waren würklich Schaafe, die mitten unter die Wölfe geschikt wurden. Sie thaten Gutes denen, die ihnen Uebels thaten. Sie wurden nicht verfolget, als Räuber noch als Todtschläger, sondern als allzustrenge Liebhaber der Wahrheit und Gerechtigkeit. Niemand leide unter euch als ein Mörder, sagt der H. Petrus (1. Ep. 4, 15.) oder Dieb, oder Uebelthäter oder der in ein fremd Amt greiffet. Leidet er aber

als

als ein Christ, so schäme er sich nicht. Zu welchen von diesen beyden Arten rechnet man das Leiden, welches die Jesuiten in Portugall erfahren? Die Schmach, welche die ganze Gesellschaft empfindet, ist es eine Schmach, deren sich ein Christ nicht schämen darf?

Achtens. Es ist nicht zu verwundern, daß die Jesuiten den Anschlag in Lissabon in Geheim entschuldigen, und in Zweifel ziehen, ob er recht oder unrecht gewesen sey. Was aber am meisten zum Erstaunen ist, besteht darinn, daß diese Patres so gar in Rom noch solche thörichte und blinde Anhänger finden, welche eine Schutz-Schrift mit Freuden aufnehmen, und eifrigst austheilen, welche die lebhaftesten Kennzeichen ihrer allerliebsten Lehre vom Königs-Morde enthält.

Ich habe nicht Zeit, noch weitläuftiger zu seyn, die Leser werden meine Kürze durch andere Anmerkungen ersetzen, die ihnen leicht bey Lesung dieser zween Briefe einfallen werden.

Fort=

Fortsetzung
der neuesten Denkwürdigkeiten
der Jesuiten.
In Briefen.

Drey und dreyßigster Brief.

Der Cardinal Saldanha wird als Patriarch von Lissabon bestätiget. Der Graf d'Oeyras wird erster Minister. Dessen Character. Widerlegung einiger Jesuitischen Beschuldigungen.

Lissabon, den 31. Jul. 1759.

Fragen Sie vielleicht, mein Freund, warum ich bißhero nicht geschrieben habe; so werde ich Ihnen gleich antworten müßen, daß ich noch nichts erhebliches erfahren habe, was ich Ihnen in der verfluchten Sache der Zusammenverschwörung wider unsern König hätte schreiben können. Ich weiß, Sie tragen ein großes Verlangen, den fernern Erfolg und Ausgang dieser erschrecklichen Begebenheit zu vernehmen. Sie können dahero auch versichert seyn, daß ich keine Gelegenheit vorbeylasse, Ihnen von dem, was in dieser Sache nach und nach vorfällt, die erste und sicherste Nachricht zu ertheilen. Jedoch ich sehe schon, Sie sind damit nicht zufrieden, wenn ich Ihnen sage, daß mir nichts merkwürdiges bekannt sey. Ich will Ihnen unterdessen dasjenige melden, was hier jedermann weiß. Unser Ministerium fähret noch immer in dem System einer unerforschlichen Verschwiegenheit mit gutem Erfolge fort. Man kann dieses Verfahren gewiß nicht genug loben, indem es der einzige Weg ist, in einer Sache glücklich zu seyn, wobey man

mit

mit Personen von so erstaunlicher List zu thun hat. Rom ist jetzt der Ort, wohin man alle Aufmerksamkeit richten muß um zu sehen, was dieser Hof auf die von Sr. Majestät gethane Vorstellungen vor einen Entschluß fassen wird. Man erwartet hier denselben täglich, und fähret unterdessen in der Einrichtung des Processes fort, der nunmehro, wie ich Ihnen versichern kann, gut von statten gehet, und vermuthlich nach der gänzlichen Vertreibung der Jesuiten aus allen portugiesischen Staaten sein völliges Ende erreichen wird. Ob nun gleich unser Hof die Erweiterung des ehemahligen Breve von Gregorius dem XIII. von Rom noch nicht erhalten hat; so sind doch wenigstens die Bullen angelangt, welche Se. Eminenz den Cardinal Saldanha betreffen, der von Sr. Majestät bereits zum Patriarchen von Lissabon ist ernennet worden. Es hat auch nunmehro der besagte Cardinal nach der angelangten Päpstl. Bestätigung seinen Einzug in diese Stadt gehalten, und von dem Bißthum, wozu er mit den gewöhnlichen Ceremonien war erwehlet worden, Besitz genommen. Die Clerisey und das Volk haben bey dieser Gelegenheit die herrlichsten Zeichen ihrer Liebe und Zuneigung gegen ihn an den Tag geleget. Sie können also hieraus leicht abnehmen, mein Freund, daß das Gerüchte, welches gewiße an die Jesuiten verkaufte Zeitungsschreiber in Frankreich und Italien ausgebreitet haben, ganz falsch und ungegründet ist, z. E. von der Ungnade, worein der erwehnte Cardinal sowohl bey unserm Hofe, der es entdecket hätte, daß er nicht alle seine Macht bey der Reformation der Jesuiten anwenden wollte, als auch bey dem römischen Hofe gefallen sey, der sich im Gegentheil darüber beklagen solle, daß er diese Macht mißbrauche. Ich kann Ihnen aber in Wahrheit versichern, daß er sich in dieser Sache mit so vieler Klugheit und Großmuth aufgeführt hat, daß beyde Höfe mit ihm zufrieden sind. Unser Monarch ist noch immer unermüdet, durch seine Gnadenbezeigungen gegen den Grafen von Oeyras zu zeigen, wie zufrieden er mit seinen Diensten, mit seiner Treue und mit seinem Heldenmuthe ist: Denn er hat ihn nach so vielen Geschenken an Gütern, Titeln und Ehrenstellen zu seinem ersten Minister in den inländischen Affairen des Reichs gemacht, und ihm dem Herrn Carvalho seinem Bruder und ehemaligen Gouverneur in Amerika unter dem Titul eines Staats-Secretairs zu seinem Gehülfen verordnet. Diese Zeichen der Achtung und des Vertrauens sind eben so viele Beweise von der großen Einsicht Sr. Majestät, und niemand beneidet die besagten Herren, sondern erhebet sie noch mehr. Jederman bekennet,

kennet, daß wir niemahls einen größern, uneigennützigern, und zur Ehre und Sicherheit seines Herrn und zur Glückseeligkeit und Ruhe der Unterthanen unermüdetern, und geschicktern Minister gehabt haben. Dieses ist die reine Wahrheit, mein Freund. Sie können also daraus sehen, wie gegründet dasjenige ist, was die Jesuiten von ihm ausstreuen, nemlich daß dieser Minister nach der erfolgten Ankündigung des Krieges wider die Gesellschaft von jedermann gehasset und verabscheuet werde. Ich versichere Ihnen vielmehr mit einem Eide, daß gegenwärtig die Gesellschaft selbst verabscheuet wird, und daß man nur den Minister deswegen tadelt, daß er es so lange aufschiebet, diese wunderlichen Religiosen aus dem Reiche zu jagen; indem wir nichts sehnlicher wünschen, als daß der Augenblick kommen möge, da wir auf ewig von denselben befreyet werden. Wir hoffen unterdessen, daß die Zeit bald erscheinen wird, wo man einige zum Gerichte führen, andere zu einer ewigen Gefangenschaft verdammen, und die übrigen nach Italien abschicken wird. 'Der Herr D. Ludwig da Cunha ist zum Staatssecretair der auswärtigen Affairen ernennet worden. Sobald als etwas neues vorfallen wird, werde es berichten. Ich bin rc.

Vier und dreyßigster Brief.
Einige erdichtete Briefe zur Vertheidigung der Jesuiten in Portugall.

Paris den 12. Aug. 1759.

Die Jesuiten in Italien, mein Freund, sind nicht die einzigen, welche allerhand Briefe und Schriften erdichten, um sich einigermaßen wegen der Verbrechen zu rechtfertigen, deren sie durch die entscheidensten Beweise sind überführet worden. Auch hier in Frankreich hegen die Jesuiten gleiche Gesinnungen, und schreiben dem großen Minister Carvalho das Ungewitter zu, welches jetzt in Portugall über sie schwebet. Man siehet hieraus, daß die ganze Gesellschaft überall gleiche Grundsätze hat, und sich in gegenwärtigem Falle auf einerley Art vertheidiget, die Abschrift zweener Briefe, welche hier beygefüget ist, wird Sie davon vollkommen überzeugen, und das Publicum wird daraus immer besser

beſſer erkennen lernen, daß die Lehre der Jeſuitiſchen Moraliſten, welche die Rache billiget, unter ihnen jetzt durchgängig angenommen iſt. Ich bin ꝛc.

Abſchrift eines Briefes aus Narbonne unter dem 10. May 1759.

Es iſt hier ein ehrwürdiger P. Jeſuit unter Begleitung eines Bedienten durchgereiſet. Er erkundigte ſich in dem Wirthshauſe, wo er eingekehret war, ob Jeſuiten in dieſer Stad: wären; gleichwie man aber ſeine Sprache, und ſeine Zeichen nicht verſtanden hatte, ſo wurde er in das Collegium geführet, wo die Patres della Dottrina wohnen, die faſt eben ſo wie die Jeſuiten gekleidet ſind. Er ließ den Superior rufen, und ſagte ihm auf lateiniſch, daß er nach Rom gehen müßte. Der Superior, welcher ihn nicht hintergehen wollte, ſagte ihm ſogleich, daß dieſes Hauß, worinn er ſich befände, nicht den Jeſuiten gehörte, und daß man dieſen Orden hier nicht hätte, ſetzte aber hinzu, daß man ihn nichts deſtoweniger mit aller Liebe empfangen werde, und daß er vor die Jeſuiten eine große Hochachtung hätte, und erzehlte ihm verſchiedene jeſuitiſche Schriftſteller her, die er mit Recht lobte. Der gute Pater faßte bey dieſen Worten wieder einen Muth, und war voller Freuden, und druckte dem Superior die Hand, um ſeine Freude darüber zu bezeigen, daß er ſich an einem ſichern Ort befinde. Der Superior ſelbſt freuete ſich herzlich, ließ ihn in das beſte Zimmer führen, und über zwo Stunden ausruhen. Alsdann wurde das Mittagsmahl bereitet, wobey ſich auch der Superior einfand, um dem Jeſuiten Geſellſchaft zu leiſten, und alle Zeichen einer vollkommenen Gaſtfreyheit zu bezeigen. Nach der Mahlzeit fiel das Geſpräch auf die Sachen von Portugall, wobey der Superior nach Neuigkeiten als ein Mann fragte, der vor die Jeſuiten ſehr beſorgt wäre. Nach einer kleinen Weile antwortete der Jeſuit: Ach! ich danke Gott, daß ich aus einem Reiche heraus bin, wo die Freygeiſterey und der Unglauben anfängt zu herrſchen, und wo ſelbſt die Atheiſterey überhand nimmt! Ja ich danke Gott. Denn es iſt mir ungeachtet aller Wachen, die unſere Häuſer und

Collegien in Portugall besetzt halten, gelungen, aus Lissabon zu entfliehen, und unter der Kleidung eines Franciscaners, welche ich an der Grenze abgeleget habe, aus dem Reiche zu kommen. Dieses Mittel meiner glücklichen Errettung verwahre ich noch in meinem Felleisen; und wenn ich an die augenscheinliche Gefahr zurückdenke, worein ich mich gesetzt, um meinen verfolgten und unschuldigen Mitbrüdern zu dienen, mit welchem ich die Art meiner Flucht überleget hatte, so schreibe ich den glücklichen Erfolg bloß einem Wunder der Vorsehung zu. Ich habe sehr viele urkundliche Schriften bey mir, welche die ganze Welt und insonderheit Rom überzeugen werden, daß uns der König von Portugall ungerechter Weise verfolget; daß Carvalho ein Sohn eines Juden ist; daß er in London ist auferzogen worden; daß er bey seinem Aufenthalt in Deutschland, wo er die Gräfin Daun geheyrathet, nach Nürnberg, Augsburg, Tübingen und Berlin gereiset, um daselbst mit verschiedenen lutherischen Ministern und Predigern Umgang zu haben, und sich mit solchen Leuten über die Art und Weise zu unterreden, wie man die Religion in Portugall verändern könnte. Er ist ein rechter Bösewicht. Denn außer seiner rachgierigen und grausamen Gemüthsart, wovon er bereits erschreckliche Proben abgeleget hat, indem er so viele unschuldige Herren zum Tode verdammt, hat er beschlossen, die Dominicaner in unsere Missionen in America und Africa zu schicken; allein sie mögen nur hingehen, so werden sie schon jemand finden, der ihnen antworten wird. Dominicaner, wo Jesuiten waren! Hilf ewiger Gott, was vor Zerrüttungen! Es ist mir nur leid, daß es unsere heilige Religion betrift, indem die Indianer gewiß wieder zur Abgötterey sich wenden werden, wenn sie unsere Zärtlichkeit und Freundlichkeit nicht mehr finden werden, wodurch wir so viele Menschen zu Jesu Christo geführet haben. Dominicaner! Sie mögen doch sagen, was sie in China, in Japan und an andern Orten ausgerichtet? Sie haben in kurzer Zeit alle das gute unterdrücket, was wir in jenen weitläuftigen Reichen gestiftet; sie haben uns einen erschrecklichen Krieg erreget, und sogar durch ihre Lästerungen von den Päpsten Breven und Bullen, wider unsere Art die Abgötter zu unterrichten, ausgewürket, und uns vor widerversprengtige Menschen gegen den H. Stuhl ausgeschrien. Sie haben aber doch nichts ausgerichtet. Der Kayser in China hat vor uns den Ausspruch gethan, und wir sind so sehr in Gnaden bey ihm, daß ich ihnen verschiedene von unsern Religiosen nennen könnte, die er zu Gouverneurs und Mandarinen erhoben hat. Ach es gehört mehr dazu als Schwätzereyen und Lügen in Rom zu machen. Unsere Feinde kommen endlich an Tag, und die so hochverdiente Gesellschaft, weil sie unschuldig ist, hat allezeit noch zur Ehre Gottes gesieget. Sie werden sehen, daß es eben so auch in Portugall geschehen wird. Wir haben zu Madrit, Paris, Rom, und in einigen andern Städten von Italien unsere mächtigen Beschützer. Carvalho muß es schon wieder bezahlen. Ich weiß was ich rede. Verzeihen Sie, daß ich bey diesem Punct nichts weiter hinzusetze.

Der P. Superior bat sich hierauf eine besondere Nachricht von dem P. Malagrida, Matos, und Alexander aus, worauf der Jesuite antwortete, daß der erstere ein heiliger, und unschuldig verlästerter sey, weil er augenscheinliche Wunder gethan, und daß die zween andere, welche zu den vornehmsten Familien von Portugall gehörten, wegen ihrer Gelehrsamkeit und Tugend höchst verehrungswürdige Personen wären. Sie werden zu seiner Zeit, fuhr er fort, hingerichtet werden, wie es ehemals, nach unserm Geschichtschreiber Jouvency dem Märtyrer P. Guignard und den heiligen Männern Garnet und Oldecorne ergangen ist. Der erste wurde beschuldiget, daß er durch seinen Unterricht an dem Königsmorde Heinrich des IV. Königs in Frankreich schuldig sey, und daß die andern in der Pulververschwörung wider Jacob den I. und das Parlament in England mit begriffen gewesen. Alle haben ihr eigen Leben zur Vertheidigung der catholischen Kirche willig aufgeopfert; Sollten Malagrida, Matos und Alexander eben dieses Schicksal erfahren, so wird ihnen Rom und mit demselben alle wahre und rechtgläubige Christen Gerechtigkeit widerfahren lassen.

Dieses war ungefehr der Innhalt der Rede des portugiesischen Jesuiten mit dem Superior des Collegii della Dottrina in dieser Stadt. Ein

Religiose, welcher dabey gewesen war, hat es mir erzehlet, und ich habe nicht unterlassen können, es Ihnen zu berichten, indem ich glaube, daß es Ihnen lieb seyn wird, da ich weiß, wie sehr Sie vor die Ehre der Gesellschaft und vor die Unschuld der Mitglieder derselben eingenommen sind.

Abschrift eines Briefes des P. Aymerie des Jesuiten und Procurators des Professhauses zu Toulouse im Monath April 1759.

Meine liebe Castelet, ich habe gestern die Mama zum drittenmahle besuchet, sie befindet sich sehr wohl. Es thut mir aber leid, daß mir es meine Geschäfte nicht erlauben, sie oft zu besuchen. Was machen Sie gutes in ihren Bergen? warum thun Sie nicht einmahl eine Spazierreise, um die liebe Mutter zu besuchen? Wir würden uns mit einander über das Unglück trösten können, welches jetzt der Gesellschaft zustößet. Allein lassen Sie den Muth nicht sinken; die Boßheit wird nicht allezeit siegen, und die Personen, welche gröblich verführet sind, werden sich endlich noch über ihre einfältige Leichtgläubigkeit schämen müssen. (1) Sie werden ohne Zweifel bereits von den vielen Millionen haben reden hören, die man von uns verlanget hat. Ich glaube, daß nunmehro derjenige, welcher sie verlangte, den Lohn seiner Thorheit schon empfangen hat. Die letztern Briefe berichten, daß er in die Bastille gesetzt sey. (2) Die Jesuiten hatten dem Ministerio eine Bittschrift überreichet; es ist darauf ein Befehl erfol-

---

(1) Man hat in der That Ursache zu hoffen, daß die Boßheit, die Heucheley und die Betrügerey der Jesuiten nicht allezeit siegen werden, und daß die von ihnen verführten Personen als die Mademoiselle Castelet sich endlich ihrer einfältigen Leichtgläubigkeit schämen werden.

(2) Die Gefangensetzung der Erben des Ambrosius Guis in der Bastille, wo sie sich nicht mehr verantworten noch ihre Klagen fortsetzen können, und zwar eines königl. Befehls zufolge, würde zwar ein Beweiß des grosen Ansehns der Jesuiten aber noch nicht ihrer Unschuld seyn.

erfolget, welchen der König schon unterschrieben hatte, als der letzte Courier von Paris abgereiset war, dessen Innhalt aber hier noch unbekannt ist. Die Gefangennehmung des Klägers lässet uns gar nicht zweifeln, daß der Befehl vor uns gut laute. (3) Wer nur ein wenig Verstand hat, wird nicht auf den Ausgang haben warten dürfen, um zu urtheilen, daß diese ganze Sache nichts anders als eine thörichte Betrügerey gewesen sey. Eben dieses Urtheil wird auch ein jeder, der nur ein wenig nachdenken will, über unsere vorgebliche Zusammenverschwörung fällen. Würden nicht die Jesuiten, welche so schon bey dem Ministerio in Portugall verhaßt waren, seyn gestrafet worden, wenn sie schuldig gewesen wären? (4) Sie müßen im Gegentheil viel weißer und reiner als der Schnee seyn, weil man sie aller angewandten Mühe ungeachtet, dieselben in diese verfluchte Sache zu verwickeln, nicht einmahl des Verbrechens, welches man ihnen schuld gab, verdächtig machen können. Ist es nicht gewiß, daß bey den jetzigen Umständen auch die leichteste Muthmaßung und Präsumtion würde vermögend gewesen seyn, sie ins Verderben zu stürzen? Ihre Feinde bemühen sich einen so starken Beweiß zu schwächen. Derjenige muß gewiß blind seyn, welcher diese Possen glaubet, die man ausstreuet; nichts zeiget die Ursache, welche sie dazu beweget, deutlicher an. Es mag nun seyn, wie es will, so ist es doch ganz ausgemacht und gewiß, daß wir nicht den geringsten Antheil an der Verschwörung haben. Der König und die

Köni-

---

(3) Alle diejenigen, welche den Werth der Worte eines Arrets verstehen, erblicken in dem Arret des geheimen Staatsraths, so hier von dem P. Aymerie angezeiget wird, einen neuen Beweiß, daß die Jesuiten an dem entsetzlichen Diebstahl, dessen sie beschuldiget werden, nur mehr als zu vielen Antheil haben.
(4) Sollten sie also gestrafet werden, so wird man doch wenigstens glauben können, daß sie schuldig sind. Gut: nur Geduld, sie werden befriediget werden. Je länger die Untersuchung des Processes dauren wird, desto weniger werden sie sich beklagen können, daß man sie gehasset oder nach blossem Verdacht verurtheilet habe. Der Proceß einzelner Personen würde in kurzer Zeit fertig werden; weil man aber Ursache hat zu glauben, daß Malagrida, Matos, mit der ganzen Gesellschaft übereinstimmig gehandelt haben, so ist es nöthig, dieses Geheimniß der Bosheit recht aufzudecken: folglich gehöret Zeit dazu um alles recht zu entwickeln.

Königin haben ihren Beichtvätern deswegen Glück gewünschet (5). Demungeachtet kann es seyn, daß wir in Portugall eine heßige Verfolgung erdulden müßen: Die Sachen von Paraguay sind der Vorwand, und die wahre Ursache davon ist diese: Carvalho der Jude von Geburt, und ein Engländer der Gesinnung, und vor seiner Erhebung ein bloßer Doctor der Universität, wollte in Portugall die Gewissensfreyheit aufrichten, den Herzog von Cumberland mit der Prinzessin von Brasilien verheyrathen, und in Lissabon eine protestantische Kirche aufbauen laßen. Unsere Jesuiten nebst allen guten Catholicken vereitelten dieses Vorhaben. Dieses war unser erstes Verbrechen. Hernach plagte Carvalho der Bruder und Gouverneur in Maragnon jene Völker dergestalt, daß sie einen Deputirten nach Lissabon schickten, der ihre Klagen Sr. Majestät vortragen sollte. Niemand unterstund sich diesen Deputirten vorzuführen. Der Beichtvater des Königs stellte ihn vor; und Carvalho wurde hierüber so erbittert, daß er uns den Untergang schwur, und alle seine Macht anwendete, seinen Schwur zu halten. (6) Uebrigens ist unsere Verfolgung, die wir jetzt erfahren, eben diejenige, welche viele andere Geistliche erdulden, die auf gleiche Weise ihren Eifer vor die catholische Religion an den Tag gelegt haben. (7)

Ich berichte Ihnen noch dieses, daß Nicolaus der I. durch Narbonne gegangen ist, der P. Lombard, der sich bey dem Erzbischoff befindet, hat ihn vorgestellet. Er kommt aus Paraguay und geht nach Rom, um sich mit allen nur möglichen Documenten zu rechtfertigen. Der Herr Erzbischoff hat ihm in Gegenwart von mehr als fünfzig Personen vom Stande viele

---

(5) Daß sich doch die Jesuiten niemals schämen den König und die Königin mit ins Spiel zu mischen! Dieses ist eine Hauptvergehung wider den Respect, der ihnen gebühret. Sie sind aber zu allem geschickt.

(6) Es ist niemand in der Welt als die Jesuiten, welche ihre Unverschämtheit so weit treiben und solche abscheuliche und einfältige Lästerungen, die schon längst widerlegt worden und sich von selbst widerlegen, so oft wiederholen können.

(7) Diese Erzehlung ist ganz falsch: und alle Briefe von Lissabon wie auch die königliche Schriften widersprechen derselben.

viele Fragen vorgelegt. Er hat darauf mit aller Richtigkeit geantwortet, und dabey solche allerliebste Züge von seinem Reiche mit eingestreuet, daß gewiße Personen sich des Lachens nicht haben enthalten können. (8)

Sonst

---

(8) Aus dem, was in dem Briefe von Narbonne erzehlet wird, erhellet deutlich, daß der daselbst angelangte Jesuit ein Flüchtling von Lissabon gewesen. Der P. Aymerie verwandelt ihn in Nicolaus den I. um dabey eine Fabel nochmals vorzustellen, deren Erfindung die Jesuiten den Appellanten zuschrieben, wodurch diese die Gesellschaft in üblen Ruf hätten bringen wollen, die doch von den Jesuiten selbst erdacht worden, um die Schuld auf die Appellanten zu schieben, und sie als Erfinder so lächerlicher und einfältiger Verleumdungen zu beschuldigen. Dieser Kunstgrif ist in der Gesellschaft gar nichts neues. Der Gebrauch, welchen die Jesuiten jetzt von dieser Fabel und von dem wider die Erben des Ambrosius Guis erlangten Arret des Staatsraths machen, zeiget deutlich, daß es diesen Religiosen sehr unanständig ist, ihre Gegner eines falschen Schlusses zu beschuldigen. Lieset man die apologetischen Schriften, die sie jetzt herausgeben, so findet man darinn, daß sie alle auf diese zween Schlüsse hinauslaufen. I. Das Reich des Nicolaus des I. in Paraguay ist eine Fabel; folglich sind alle Gewaltthätigkeiten, deren die Jesuiten von den Höfen zu Madrit und Lissabon in dem spanischen und portugießischen America beschuldiget werden, und der Krieg, welchen sie über acht Jahr wider die Armeen dieser beyden Monarchen führen, eben so viele Fabeln und Lästerungen; obgleich diese Begebenheiten in Gegenwart dreyer Armeen und aller Einwohner von Brasilien geschehen sind; und ob sie gleich durch die mündlichen Aussagen und Zeugnisse der Officier und Commissarien beyder Reiche sind bestätiget worden. II. Ein Arret des Staatsraths des Königs in Frankreich, welches 1759. ist herauskommen, saget (einzig und allein) daß dasjenige, was die Erben des Ambrosius Guis den Jesuiten angezeiget haben, im Jahr 1736. von dem Staatsrath nicht sey herausgegeben worden; folglich ist es falsch, daß die Jesuiten zu Marseille diesen berühmten Kaufmann haben sterben lassen, und sich seiner reichen Nachlassenschaft bemächtiget? Folglich ist alles dieses nichts anders als eine unverschämte Betrügerey? Folglich ist es ganz gewiß, daß die Jesuiten in Portugall keinen Antheil an der Verschwörung haben? Würde es nicht besser seyn, wenn man so wichtigen Beschuldigungen nichts anders als lächerliche und falsche Schlü[sse] entgegen setzen kann, lieber gar zu schweigen? Uebrigens schreiben die Jesu[iten] das neue Verfahren der Erben des Ambrosius Gu[is ebenf]alls den Appell[an]ten zu, nicht anders als ob nicht Millionen, welch[e sie] zu fordern hab[en] dringend genug wären, daß sie selbst und ohne fremde[n Antrieb] dieselben such[en] sollten. Ich wollte wohl wetten, daß vielleicht k[ein] Appellante [un]ter die rechtmäßigen Erben des Guis kennet. Ueb[rigens] sagen die J[e]suiten auch allezeit, wenn sie wegen der erschreckli[c]h[en Taten an sie] angeklag[t]

Sonst weiß ich nichts weiter zu sagen, als daß ich einer Ihrer besten Freunde bin.

Aymerie. Der Jesuit.

---

werden, daß sie wegen des Eifers für die Religion von Ketzern und Jansenisten verfolget würden. Ich bin versichert, sie werden ihnen noch den Banquerot, so sie zu Nevers unter dem Nahmen ihres P. Guerin gemacht haben, beymessen. Dieser gute Religiose war Superior Procurator und Professor der Theologie im Seminario. Er borgte mehr als 30000. Livres an Geld und Waaren; und als er hernach von seinem Provincial Befehl erhielt, sich nach Vannes zu begeben, so gieng er heimlich davon, ohne das Geborgte wieder zu geben. Nun ist die Gesellschaft nicht verbunden, die Schulden ihrer Mitglieder zu bezahlen, wofern sie nicht von dem P. General dazu Erlaubniß oder Vollmacht erhalten haben. Wie viele Summen hat die Gesellschaft nicht durch dieses Mittel entwendet?

Fünf und dreyßigster Brief.

Das Urtheil des Cardinals Portocarrero über die neue Congregation. Umständliche Erzehlung der neuesten Streitigkeiten des neapolitanischen Hofes mit dem römischen über die Ernennung eines päpstl. Nuntius.

Rom den 26. Jul. 1759.

Der Cardinal Portocarrero hat nach den von Sr. Sicilianischen Majestät gethanen Vorstellungen die Sprache verändert. Er mißbilligt es jetzt gar sehr, daß der Papst eine Congregation verordnet hat, um über die Antwort zu berathschlagen, welche Se. Heiligkeit dem Könige von Portugall geben soll. So große Hochachtung und Anhänglichkeit er auch gegen die Gesellschaft hat, so begreift er doch jetzt seinem Vorgeben nach nicht, wie der Papst darüber noch lange rathschlagen könne, ob man das Ansuchen gestatten müsse, nach welchem der König verlangt, daß man den Gewissensrath dazu bestimmen, die angeklagten Jesui

Jesuiten zu richten. Denn dieses heißt nichts anders, als zugestehen, daß das Recht die Geistlichen und Ordensleute zu richten dem Papst oder seinen Abgeordneten auszuüben zukommt; folglich wenn man die von dem Monarchen selbst verlangte Delegaten abschlagen wollte; so würde man das Interesse des H. Stuhls, woran dem Papst und seinen Ministern am meisten gelegen seyn muß, den Jesuiten aufopfern.

Uebrigens weiß ich nicht, ob Ihnen, mein Freund, die zwischen dem päpstlichen und neapolitanischen Hofe entstandene neue Streitigkeit bekannt ist. Der Cardinal Torreggiani der Staatssecretarius findet jetzt, daß seine Vorgänger die Rechte und das Ansehn des H. Stuhls gar merklich haben schwächen lassen, und er glaubt im Stande zu seyn, dieselben wieder in ihrer völligen Größe herzustellen. Ein Hauptpunct seines Vorhabens betrift die Nuntien an den catholischen Höfen. Der alten Gewohnheit nach ließ der Papst bey Ernennung neuer Nuntien einem jeden Hofe eine Liste von drey oder vier Personen überreichen, von welchen der Fürst denjenigen erwehlte, der ihm am besten gefiel. Die hohen Höfe von Versailles, Wien und Madrit verlangten wohl auch, daß man ihnen denjenigen schicken sollte, welchen sie haben wollten, wenn er auch nicht auf der Liste ernennet war, und es wurde ihnen zugestanden. Nun ist es den andern Reichen eben sowohl als Frankreich daran gelegen, sich in ihren Rechten zu erhalten; indem sonst ein übel erwehlter Nuntius, der sein eigen Tribunal und Gerichtbarkeit hatte, viele Unruhen verursachen könnte. Der Cardinal Torreggiani sahe dieses als einen Mißbrauch an, der wider die Ehre des H. Stuhls sey. Er ließ dahero eine besondere Congregation von den Cardinälen Delci, Cavalchini, Paolucci, Ferroni und Rezzonico anstellen, worinn man in Vorschlag brachte, diesen vermeinten Mißbrauch zu verbessern. Es wurde beschlossen, daß man künftighin nur den vornehmsten Höfen die Liste dreyer Personen überschicken wollte, von welchen sie einen erwehlen sollten, und die andern Höfe müßten es sich gefallen lassen, denjenigen Nuntius anzunehmen, welchen Se. Heiligkeit zu schicken vor gut befinden würden. Das sonderbarste hierbey ist noch, daß man nach einem solchen Schlusse, der alle Nuntiaturen verderben könnte, sich ferner über die Art und Weise berathschlagete, wie man die Nuntiatur zu Turin wieder aufrichten wollte, als welche durch gewiße Mißhelligkeiten zwischen beyden Höfen schon lange Zeit aufgehöret hatte. Und daher rühret es auch, daß alle Vorschläge, die man dem Könige von Sardinien gemacht hat, sind verworfen worden.

So bald als der Hof zu Neapel von diesem gefaßten Entschluß Nachricht erhielt; so schickte er dem Herzog Corizano seinem Gesandten bey dem Papste den Befehl zu, von Rom ohne Abschied zu nehmen sogleich abzureisen, wenn er hören würde, daß man nach Neapel ohne vorher gegangene Ueberschickung einer Liste einen Nuntius senden wollte, und dabey dem Papste wissen zu lassen, daß von Stund an die Nuntiatur zu Neapel aufhören sollte, und endlich keinen Vergleichsvorschlägen Gehör zu geben, wofern man nach solcher Erklärung einige thun wollte. Mit eben dem Courier wurde auch dem Cardinal Orsini angezeiget, daß er nicht mehr um einen Cardinalshut vor den Erzbischoff von Aversa anhalten sollte.

Kaum war dieser Courier von Neapel abgereiset, so erhielt die königliche Cammer Befehl, darauf zu denken, wie künftighin die von dem Nuntio bisher verwaltete Gerichtsbarkeit könnte besetzet werden. Und so viel man vernimmt, untersuchen jetzt die neapolitanischen Rechtsgelehrten diese Sache, und haben schon dem Hofe ihre Gedanken darüber mitgetheilet. Der Abgesandte hielt sich vor seiner Abreise von Rom verbunden, seinem Hofe die traurigen Folgen vorzustellen, welche dieser Bruch verursachen könnte, und zugleich die Vergleichsvorschläge zu überschicken, welche ihm der Cardinal Torreggiani gethan hätte. Das Ministerium zu Neapel hat diese Vorschläge verworfen, und dabey die Erklärung gethan, daß man einen Nuntium annehmen wolle, wenn sich der Papst nach der alten Gewohnheit bey der Ernennung eines Nuntius richten würde, man wollte aber nicht mehr gestatten, daß er ein Tribunal oder eigene Gerichtsbarkeit haben sollte.

Jemehr nun der römische Hof seine Rechte erweitern will; je mehr ist der Monarch von Neapel darauf bedacht, die seinigen zu erhalten. Er hat anbefohlen, in allen Archiven des Reichs nachzusuchen, und zu entdecken, wie viele Bißthümer und andere Beneficien von königl. Stiftung sind, damit er darüber das Recht des Patronats ausüben, das ist, seine Unterthanen zur Besetzung der ledigen Stellen vorstellen könne. Diese Aufmerksamkeit erstreckt sich nicht nur auf die beyden Sicilien, sondern auch auf die Reiche von Spanien, davon St. Majestät bald Besitz nehmen werden, indem nach den neuesten Briefen aus Spanien der jetzige Monarch in letzten Zügen liegt. Die Ernennung zu den vornehmnehmsten Beneficien in Spanien war schon lange Zeit eine streitige Sache mit dem römischen Hofe gewesen. Benedict der XIV. hatte sie durch eine Art eines Vergleichs mit dem jetzt regierenden Monarchen beygeleget, nach welchem Se. Heiligkeit dem Könige das Recht der Vorstellung zu allen diesen Beneficien einräumte. Der Cardinal Torreggiani hat den erwehnten Vergleich unter dem Vorwand vor ungültig erkläret, daß Benedict der XIV. die Rechte, welche seiner Meynung nach dem Heil. Stuhle gehören, nicht hätte vergeben können. Diesem zufolge hat er an den Bischoff von Murcia ein Breve geschickt, worinn ihm Clemens der XIII. aufträgt, ihm diejenigen unter den Geistlichen anzuzeigen, welche sich durch ihre Wissenschaft und Frömmigkeit zu der spanischen Kirche am meisten hervor thun, damit er sie mit Beneficien versorgen könne, wozu er allein das vollkommenste Recht habe. Se. Maj. beyder Sicilien gaben hierauf dem besagten Bischoff sogleich Befehl, das Breve unverzüglich wieder zurück zu schicken, und sich der aufgetragenen Commission zu entledigen. Der Bischoff von Murcia verdiente wohl dieses Zeichen des Vertrauens von Seiten des Cardinals Torreggiani. Denn er war derjenige, welcher als Präsident des Raths von Castilien auf einen Brief dieses Cardinals zum Besten der Jesuiten, einige Schriften, welche diesen Religiosen entgegen sind, verbrennen ließ.

Bey der nächsten Gelegenheit werde ich Ihnen verschiedenes berichten, welches die Affairen von Portugall betrifft. Ich bin 2c.

Sechs und dreyßigster Brief.

Von einer jesuitischen Schrift: Anmerkungen 2c. Neue Probe der Verwegenheit dieser Religiosen aus einem von ihnen verfertigten Kupferstiche bewiesen.

Rom, den 28. Jul. 1759.

Die Jesuiten sind jetzt nach der vom Heil. Vater angeordneten besondern Congregation, wegen der dem Könige von Portugall zu gebenden Antwort unglaublich geschäftiget, und halten sich beständig bey den Gliedern dieser Congregation auf. Man siehet sie immer in die Höser dieser Cardinäle lauffen, wo sie allerhand Schriften zu ihrer Vertheidigung mit großer Behutsamkeit austheilen.

Demungeachtet aber ist doch eine von diesen Schriften zum Vorschein gekommen, und von jedermann verabscheuet worden. Der Titul davon ist folgender: Anmerkungen der Jesuiten zu Rom über die berühmte Sentenz von Lissabon am 12. Jan. 1759. welche von ihnen das Manifest von Portugall genennet wird. Ich glaube nicht, daß man ein unverschämteres und gottloseres Buch lesen könne. Erlauben Sie, mein Freund, daß ich es so, wie es nebst verschiedenen Widerlegungsanmerkungen ist gedruckt worden, diesem Briefe beyfügen darf. Dergleichen Schriften schicken sich sehr gut dazu, die Vorstellung von der Verschuldung der ganzen Gesellschaft bey den Verbrechen der portugiesischen Jesuiten zu bestätigen. Unterdessen hält der Cardinal Torreggiani zum größten Mißvergnügen der vor die Ehre des Heil. Stuhls wahrhaftig eifrigen Personen, mit dem P. Ricci dem General der Gesellschaft täglich lange und geheime Unterredungen, und erkläret sich öffentlich vor die gefangenen Jesuiten in Lissabon, und wider die Richter, welche an ihrem Proceß arbeiten. Man muß wenigstens soviel sagen, daß dieser Cardinal der Stimme des Fleisches und Bluts mehr als der Gerechtigkeit Gehör giebt, indem er eben so wie der Cardinal Ferroni ein Anverwandter des P. Ricci ist. Dieser General stehet am päpstlichen Hofe in so großen Gnaden, daß man schon versichern will, er werde bey der ersten Gelegenheit Cardinal werden. Ich glaube das letztere nicht, indem ich mir nicht vorstellen kann, daß Clemens der XIII. den zweyten Theil von dem was Clemens der XI. that, verfertigen wolle, als welcher auf die Nachricht, daß die Jesuiten den Cardinal von Tournon aus dem Wege geräumet hätten, einen Jesuiten zum Cardinal machte.

Nachdem man nun den Cardinälen und Consultoren, welche die erwehnte besondere Congregation ausmachen, lange Zeit gegeben hatte, eine Materie, welche so wenig Untersuchung braucht, zu überlegen; so ließ St. Heiligkeit dieselbe in Dero Gegenwart am 22. Jun. versammlen. Man berathschlagete sich über zwo Stunden, und so viel man weiß, wurde diese Antwort auch beschlossen. Die ganze Stadt Rom wartet mit einer unglaublichen Ungedult, die wahre Beschaffenheit dieser Sache zu erfahren, welche aber so heimlich gehalten wird, daß auch nicht einmal der portugiesische Gesandte etwas davon weiß. Jedoch zweifle ich nicht,

daß

daß der General der Jesuiten davon benachrichtiget seyn werde: und wofern es erlaubt wäre, von dieser Antwort nach seinem Betragen zu urtheilen, so würde man sagen müssen, daß sie vollkommen nach seinem Verlangen sey, indem er sich nach der letzten Versammlung sehr vergnügt und zufrieden bezeiget. Allein das Ansehn kann betrügen, und Sie wissen wohl, daß er das Haupt einer Gesellschaft ist, welche die Kunst sich zu verstellen vollkommen verstehet.

Währender Zeit nun, da man auf den Entschluß dieser Congregation so begierig ist; werden auch hier täglich neue Satyren auf die Jesuiten geschmiedet. Sie können hieraus abnehmen, daß die Jesuiten in Rom eben wie in Frankreich solche gute Freunde haben; ja ich getraue mir fast zu behaupten, daß sie Verhältnißweise hier mehr haben als an andern Orten: indem sie keinen andern Anhänger haben, als diejenigen, welche sie durch Hülfe des päpstlichen Hofes und der Prälaten anwerben. Hingegen wie viele erleuchtete Männer in dem Heil. Collegio und der Clerisey und unter den Layen wünschen von Herzen, daß doch endlich die Monarchen ihre Augen aufthun, und die Gesellschaft wegen ihrer Schandthaten demüthigen oder gar ausrotten möchten. Sie haben bereits mein Freund, in den Schriften, welche die Jesuiten in ganz Europa ausfliegen lassen, Proben genug gelesen, daß diese Religiosen an statt sich der entsetzlichen Beschuldigungen zu schämen, welche ihnen von dem Könige in Portugall gemacht werden, sich wider diesen Monarchen mit einer solchen Unverschämtheit erheben, welche von allen Monarchen geahndet zu werden verdiente. Ich will Ihnen hier noch eine andere Probe ihrer Verwegenheit anführen.

Ohne Zweifel werden Sie sich noch der List und der Lügen erinnern, welche die Jesuiten bey den Bischöffen in Spanien anwendeten, um sie dahin zu bewegen, daß sie sich gegen den Papst über die Schriften wider die Gesellschaft, welche ungehindert in Spanien herumgiengen, durch Hülfe des Cardinals Torreggiani ihres öffentlichen Beschützers beklagen möchten, damit der Heil. Vater darein willigte, daß dieser Cardinal in seinem Nahmen einen Brief an den Nuntius in Madrid schreiben könnte, wodurch er von der Regierung auswürkte, daß man den Lauf dieser Schriften verhinderte, und zugleich dabey vorstellte, daß die Bischöffe von Spanien selbst sich über ein so großes Aergerniß beklagten, obgleich die guten Patres nur zween hatten bewegen können, diese Klage zu führen; und damit er es bey dem Bischoffe von Murcia dahin brächte, daß

der Rath von Castillen, wovon er Präsident ist, ein Decret herausgäbe, wodurch einige von diesen Schriften zum Feuer verdammt würden; ein Decret, dessen schlechte Würkung die Jesuiten so wohl bemerket haben, daß sie es endlich bey dem Großinquisitor dahin gebracht haben, ein anders wider eben diese Schriften zu erhalten. Nun mein Freund, die Jesuiten, welche durchaus verlangen, daß alle Menschen ihre Sclaven seyn sollen, fordern ausdrücklich, daß man dieses Decret des Raths von Castilien als eine vollkommene und siegreiche Antwort ohne Widerrede nicht nur gegen den Proceß, welchen man jetzt würklich in Portugall wieder sie führet, sondern auch gegen alle rechtliche Untersuchungen, welche man zu allen Zeiten wider ihre Missionarien in Asien und America angestellet hat, ansehen solle. Ich versichere Ihnen, daß die Jesuiten hier in Rom allen ihren Anhängern Abschriften davon mittheilen, und überall an ihre guten Freunde zum drucken überschicken. Kurz, dieses Decret scheint ihnen ein so herrlicher Triumph zu seyn, daß sie sich so gar erkühnet haben, demselben ein Denkmahl zu Ehren aufzurichten, damit es auch der spätesten Nachwelt noch bekannt werden möge. Dieses Denkmahl besteht in einem sehr saubern Kupferstiche, auf welchem man in der Mitte einen Mercur erblickt, zu dessen Füssen ein großer angezündeter Scheiterhaufen lieget. Er hält in der linken Hand ein Buch mit der Auffschrift: Lästerungen. Im Feuer siehet man zwey andere Bücher mit dem Titul, die entdeckte Wahrheit, und das andere, Palafox. Zur Rechten dieses Scheiterhaufens stehet ein Henker, welcher Holz zum Feuer träget: und zur Linken sind zween andere Henker, von welchen einer eine lange eiserne Gabel hält, und damit das Feuer auseinander ziehet, und der andere wirft ein Buch hinein, mit der Auffschrift: Sammlung verschiedener Schriften wider die Gesellschaft. Ueber dem Scheiterhaufen lieset man die Worte: Gott wird den Lästerer demüthigen, und über dem Mercur ist das Wappen der Gesellschaft befindlich: Zur rechten Seite des Mercurs siehet man den Papst nebst drey Cardinälen, wie er die Bannstrahlen gegen diese Bücher und insonderheit gegen das Buch mit dem Titul Palafox schießen lässet. Der Papst sitzet auf einem Thron, und zu seinen Füßen lieset man die Worte: Antwort des Papsts auf das Memoire des Generals der Gesellschaft Jesu. Zur linken Hand desselben bemerket man den König von Spanien ebenfalls auf einem Throne, und neben ihm den päpstlichen Nuntius und einen Grand von Spanien: unten an seinem Throne lieget das Buch mit dem
Titul:

Titul: Die Republic von Paraguay eine Fabel. Unten am Kupferstiche stehet eine grosse Menge Volks, welches Freudensbezeugungen machet, und viele Soldaten. Endlich lieset man auf gewissen beygefügten Blättern die Worte: Die Finsterniß ist wie das Licht bey ihm. Pf. 139. die unten gesetzte Schrift ist in folgenden Worten abgefasset: Nachdem seit dem Jahr 1757. durch ganz Europa auf eine höchst ärgerliche Art unzählige Schmähschriften und andere schändliche Aufsätze wider die ganze Gesellschaft Jesu, als wider einen solchen Orden ausgestreuet worden, dem die Bischöffe in Italien mit Genehmhaltung des H. Stuhls alle Verwaltung des Sacraments der Buße, und alle Seelsorge untersaget hätten: so hat Clemens der XIII. um seine Heerde von einem so grossen Aergernis der Lügen zu befreyen durch seinen Nuntius den Titus Spinola dem catholischen Könige so kräftige Vorstellungen thun lassen, daß auf Befehl des erwehnten Monarchen alle diese verfluchten Schriften, wie sie es verdienet, durch die Hand des Henckers in Madrit am 5. April 1759. sind verbrannt, und also die Lügenmäuler verstopft worden. Pf. 63.

Hier, mein Freund, muß ich Ihnen bekennen, daß mir vor Entsetzen über die Verwegenheit oder vielmehr Thorheit der Jesuiten beynahe die Feder aus der Hand fällt. 1.) Würden Sie sich wohl jemals vorgestellet haben, daß der Papst verlanget hatte, eine Antwort auf das Memoire des Generals der Jesuiten durch die Hand des Henkers in Madrit zu geben? Würden Sie wohl jemals geglaubet haben, am Throne des catholischen Monarchen diese Aufschrift zu lesen: die Republik von Paraguay eine Fabel, da eben dieser Monarch nebst Sr. allergetr. Majest. ganze Armeen abgeschickt hatte, die von den Jesuiten in jenem Lande erregte Rebellion zu dämpfen; da er seinen [je]sitischen Beichtvater Ravago weggejagt, und andere Zeichen eines [...] Mißvergnügens über die ganze Gesellschaft an den Tag geleget h[at ...]zu kommt noch, daß weder der Rath von Castilien noch das [...] er Inquisi[...] dem Verbot das Buch: [...] Bericht [...] vom p[...] sischen Hofe bekannt ge[...] riften mit [...]tte. 2 Gesellschaft stellet den röm[...] hor, w[...]dra die strahlen nicht blos wider d[...] [...]nder[...]en N[...] des so verehrungswürdigen [...]

rüchte der Heiligkeit gestorben, da er von den Jesuiten die grausamste Verfolgung wegen seiner Standhaftigkeit in der Vertheidigung der Moral des Evangelii, der Rechte des bischöfflichen Amts und der Kirchenzucht erduldet hatte. Die Briefe dieses ehrwürdigen Knechtes GOttes verwunden die Gesellschafft tödtlich, und sind ein immerwährendes Denkmahl, wodurch sie verdammt werden, und zwar um so vielmehr, da sie an diesem h. Bischof niemals haben etwas finden können, womit sie die Heiligkeit seines Lebens und Wandels verdächtig zu machen vermögend gewesen wären. Jedermann weiß, daß sie schon vor langer Zeit geläugnet haben, daß jener ehrwürdige Prälat die Briefe, und insonderheit die zween an Innocentius den X. geschrieben habe. Sie nenneten dieselben anfänglich Erdichtungen der Feinde von der Gesellschaft und eine Mißgeburt der Ketzer: da man aber die Originalien in der Propaganda gefunden hatte, so veränderten sie ihre Sprache, und fiengen an den Verfasser als einen Träumer auszuschreyen. So sind die Jesuiten. Ist nicht eine solche Aufführung die ärgerlichste Sache von der Welt? Ich kan mir nicht vorstellen, daß Clemens der XIII, dessen Gesinnungen gut sind, nicht einmal die Augen aufthun, und sehen sollte, daß die Jesuiten nichts anders suchen, als ihn zu hintergehen, seine päpstliche Regierung zu beschimpfen, und den H. Stuhl zu einem Gegenstand der Verspottung bey den Ketzern zu machen. 3.) Gesetzt nun auch, daß die Kirche in Sachen, welche man Lehrpuncte nennet, unfehlbar sey, so kann sie doch unmöglich ein glaubwürdiges Urtheil fällen, wofern sie nicht die Sachen untersuchet, und die Beweise davon angezeiget hat. Was kann man also von dem Urtheile eines Raths von Castilien und auch der Spanischen Inquisition halten, welche ohne vorhergegangene Untersuchung, und ohne alle Beweise über eine erstaunliche Menge alter und neuer persönlicher Begebenheiten in Europa, in America, und in andern Theilen der Welt einen Ausspruch gethan haben? Verlangt man nun, daß solche Urtheile vollkommen richtig und entscheidend sind, und will darüber so gar einen Triumph anstellen, so heißt dieses nichts anders, als alle Menschen vor höchst einfältig ansehen und verlangen, daß sie einen kindischen Triumph billigen sollen, welcher schlimmer ist als derjenige, den die Jesuiten nach geendigter Congregation de Auxiliis dem P. Molina zu Ehren anstellten. 4.) Wann die Jesuiten vorgeben, daß der Rath von Castilien dieses Urtheil auf ausdrücklichen Befehl des Catholischen Königes ausgegeben habe, so müsse es gewiß zu einer guten Stunde geschehen seyn. Allein

ganz

ganz Europa weiß den Zustand, worinn sich der Monarch damals schon als schwach am Cörper und am Geiste befand, und nicht besser war, als er den neuesten Nachrichten zufolge gegenwärtig ist, wo vor ihn gar keine Hofnung der Genesung übrig ist. Nun überlegen Sie einmal, mein Freund, ob die Jesuiten, oder die Verfasser jener Schriften vermögend sind das Maul zu stopfen. Jedoch Sie dörfen niemals erwarten, daß die Jesuiten schweigen. Es ist gewiß eine ungeheure Verblendung und Verstockung, wenn man bedenkt, daß eine Gesellschaft von Priestern, die von allen Seiten her beschuldiget wird, daß sie wider die Sitten, wider den Glauben, wider die Bischöffe und Monarchen sich verschworen habe, die jetzt würklich von einem mächtigen Monarchen wegen ihrer Verbrechen verfolget wird, und durch unzehlige unwiderlegliche Schriften bey der ganzen Welt davon überführet ist, daß diese Gesellschaft sich noch untersteht eine hohe und spöttische Mine anzunehmen, und ihre Ankläger, ihre Zeugen, ihre Richter und den Monarchen selbst anzugreiffen, zu mißhandeln und zu verläumden. Was vor eine abscheuliche Boßheit! Damien, der verfluchte Damien setzte die ganze Welt in Erstaunen, daß er so leichtsinnig und unerschrocken vor der ansehnlichen und fürchterlichen Versammlung, die ihn verurtheilte, erscheinen konnte. Das Verfahren dieser Religiosen ist noch viel erstaunlicher. Denn gesetzt auch, daß sie an allem unschuldig wären, was man ihnen beymisset, so sollte sie doch die blosse Beschuldigung, weil sie so wichtig ist, in der tiefsten Scham erhalten. Nein, sie sind schuldig und spotten über die ganze Welt, welche ihre Verbrechen verabscheuet, und mißhandeln dieselbe durch ihre Unverschämtheit, Frechheit und Uebermuth. Ich bin ic.

Anmerkungen der Jesuiten zu Rom über die Sentenz von Lissabon am 12. Jan. 1758. welche von ihnen das Manifest von Lissabon genennet wird, mit Noten darüber.

Vorbericht an die Leser.

Es ist eine ganz bekannte Sache, daß der Papst unser Herr eine besondere Congregation angeordnet hat, um dasjenige zu untersuchen, was man auf das Ansuchen antworten müsse, welches der König von Portu-

Portugall aus blosser Nachsicht gegen die vermehnten Rechte des römischen Hofes gethan hat, das Breve Gregorius des XIII. wodurch das Tribunal des Gewissens-Rath zu Lissabon zum Richter der Militar-Ritter dieses Reichs war, bestimmt worden, auch auf die geistliche Orden auszudehnen. Die Absicht Sr. Allergetr. Majest. bey dieser Bitte gieng dahin, daß dieses Tribunal von Clemens dem XIII. zur Ausübung der geistlichen Macht über die Ordensleute bevollmächtiget würde, und also nebst dem königl. Tribunal der Inconfidenza das Urtheil über die Jesuiten fällen mächte, die nach dem Processe, an welchem man schon beynahe ein Jahr mit allem Fleiße arbeitet, als schuldig erkannt würden. Auf diese Weise würde man die Mitschuldige haben bestrafen können, ohne daß man die wegen der persönlichen Unverletzlichkeit der Geistlichen, und bey der Unabhängigkeit der Religiosen von einer jeden andern Herrschaft als vom Pabst festgesetzte Grundsätze beleidiget hätte: ob es gleich solche Grundsätze sind, welche wider die Vernunft und wider die Religion sind, und an sich so beschaffen sind, daß sie eine jede wohleingerichtete bürgerliche Gesellschaft umstürzen können; aber doch in den Reichen Sr. allergetr. Majest. in so grossem Ansehen stehen, daß sich Se. Majest. vor verbunden geachtet haben, dieselbe einiger massen aufrecht zu erhalten. Wer ba weiß, worauf Rom seine Forderungen gründet, der muß erstaunen, wenn er siehet, wie ernstlich und lange es überleget wird, ob man der Bitte Sr. Majestät, welche jetzt eine deutliche Erklärung verlangen, Gehör geben solle. Allein die Verwunderung verschwindet, wenn man zugleich erwäget, daß es darauf ankommt, die Jesuiten zu verlassen, welche doch die stärksten Vertheidiger dieser vermeynten Vorrechte sind, oder, besser zu reden, seyn sollen. Das Gelübde des blinden Gehorsams, welches sie gegen den Papst ablegen, ist die Ursache, daß er sie als seine Soldaten betrachtet, die in ganz Europa zerstreuet und bereit sind, seine mittelbare und unmittelbare Macht über das weltliche Interesse, über die Krone, und über das Leben der Könige zu vertheidigen, und aufrecht zu erhalten. Nun ist es ganz natürlich, daß keiner wider sein eig'n Heer streitet. Sollte die Congregation dem Papst dahin vermögen, dem Könige von Portugall die Gerechtigkeit zu versagen, die er verlangt hat, ob er gleich von sich selbst die nöthige Macht hatte sich dieselbe zu verschaffen, so würde der H. Stuhl vor der ganzen Welt beschimpfet werden, er würde alle Monarchen beleidigen, denen an der gerechten Strafe solcher Verbrechen gleichfalls gelegen ist: es würde sie nöthigen, die Augen aufzuthun, und

und die Gefahr zu bemerken, denen sie durch die Neuerungen ausgesetzt sind, welche der römische Hof, seit einigen Jahrhunderten her aufbringen wollen, und die Nothwendigkeit einzusehen, die Gültigkeit der apostolischen Grundsätze wieder herzustellen, wovon jedoch Frankreich niemals abgewichen ist. Sollte man aber auf der andern Seite das Breve verwilligen, und sollte die päpstliche Macht sich mit der Königlichen verbinden, um über einen Proceß zu berathschlagen, welcher nicht nur einen Jesuiten insbesondere, sondern die Gesellschaft der Jesuiten, und den General eines Antheils an dem Königsmord überführen könnte, wie würde es hernach um diese Gesellschaft aussehen? Könnte alsdann Rom weniger thun, als sich nicht entschliessen, dieselben auszurotten? Es siehet diese Folgen wohl ein, und will sich zu nichts bewegen lassen. Dahero hat der Papst die Congregation der Cardinäle und der Consultoren berufen, die fast alle an die Jesuiten verkauffet sind. Die Gesetze und auch schon die gesunde Vernunft lehret es, daß man auf die Vorstellungen und Schriften der Missethäter und ihrer Vertheidiger nicht achten dürfe, die aufs höchste nur Stücke sind, so denn Processen beygefüget werden. Wie viel weniger verdienen also diejenigen Schriften, womit die Jesuiten gantz Rom vom Anfange dieser Sache her überschwemmet haben, in Betrachtung gezogen zu werden? Und was ist der Inhalt derselben? Sie empören sich mit einem unerträglichen Stolze wider alle Ordnungen des Reichs Portugall, und insonderheit wider ihre Richter, wider das Ministerium und wider den König selbst. Sie greiffen alle diese grosse Personen mit solchen entsetzlichen Lästerungen an, daß diese Schriften, anstatt das Verbrechen der Angeklagten zweifelhaft zu machen, vielmehr dazu dienen, daß man ihre Mitbrüder vor würckliche Mitschuldige halten muß, und die Verabscheuung des Publicums wider sich erwecken. Man hat bereits die Zergliederung einiger von diesen Schriften in den neuesten Denkwürdigkeiten geliefert, und folglich kan ein jeder leicht urtheilen, ob wir die Sache ungebührlich vergrössern. Und gleichwohl, wer hätte es jemals glauben? Man hat diese Schriften vielen Ca——— und römischen Prälaten ausgetheilet, und ——— noch mehr ist, ——— glücklich gewesen. Der General der ——— hat viele Unter-redungen mit dem H. Vater, mit dem ——— Secretario u——— ——— zur Untersuchung der Bitte des Kö——— ——— Prä——— ———. Se: Heiligkeit hat sich bey diesen Umstä——— ———gen seyn ——— Kirchen dieser Religiosen zu gehen, da ——— lesen, ———

General öffentliche Zeichen seiner Hochachtung und Wohlgewogenheit zu bezeugen. Man sagte über dieses noch, daß er ihm bey der ersten Gelegenheit einen Cardinalshut zugedacht hätte.

Die Zeitungen kündigen uns ein Decret an, worinn befohlen wird, zur Seeligsprechung eines Jesuiten zu schreiten, welcher in jenen Gegenden von America gestorben ist, wo die Höfe von Spanien und Portugall, denen Jesuiten Mißionarien die Schuld beymessen, daß sie alle Arten von Verbrechen und von Raubereyen ausgeübet, und einen abscheulichen und schändlichen Handel getrieben haben. Wer weiß, ob nicht ebenfalls dieser neue Heilige in allem mit seinen Mitbrüdern einig gewesen ist? Allein die Jesuiten, welche sich einmahl in Kopf gesetzt haben einen Heiligen zu machen, werden schon wissen ausführliche Processe und Berichte herbey zu schaffen, die sie nach ihrem Gutdüncken so gleich in jenen Zeiten werden haben verfertigen lassen, wo die Bischöffe und Gouverneurs selbst von den Jesuiten abhiengen, und vor ihrer Tyranney erzitterten; und unterdessen wird die Congregation nach diesen ihrer Natur nach ungewissen und verdächtigen Schriften den Ausspruch thun. Wer siehet aber nicht, daß diese Seeligsprechung aus keiner andern Ursache ist aufs Tapet gebracht worden, als die Klagen der beyden Höfe über die niederträchtige und ärgerliche Aufführung der vermeynten Mißionarien der Gesellschaft einigermassen zu widerlegen? Alles dieses dienet wenigstens dazu, daß man dabey das sehnliche Verlangen des römischen Hofes entdecket, die Gesellschaft aus der Noth zu ziehen, worinn sie sich jetzt befindet.

Der deutlichste Beweiß hiervon ist die gute Aufnahme der seltsamen Schriften, womit diese Patres täglich gantz Rom überschwemmen. Gesetzt aber auch, daß sie vermögend wären zu verführen; so darf man sie doch, wie ich bereits gesagt habe, nicht anders ansehen, als Documente, die man dem Proceß beyfügen kann. Und gleichwie nun dieser Proceß zu Lißabon und nicht zu Rom geführet wird, so wäre es nöthig, daß man diese Schriften dahin schickte; und so hätte es Rom auch billig machen sollen, wofern es einige Achtung vor einen Monarchen hätte brauchen wollen: und zwar um so vielmehr, da sich Rom keine Hofnung machen kann, daß dieser Proceß dahin werde gezogen werden, wenn man auch die ausschweiffendsten Rechte, die man dem H. Stuhl nur einräumen

men kann, genehm halten wolte. Denn so viel auch Rom nach seinen eigenen Grundsätzen verlangen kann, so muß es doch Commissarien zu Lißabon ernennen, damit sie mit den königl. Richtern gemeinschaftlich in der Sache verfahren. Warum nimmt es also die Schriften an, welche die Natur und das Wesen des Processes betreffen? Wozu kann dieses dienen? Man muß sich darüber wenigstens ärgern, wenn man siehet, daß einer die Beschaffenheit dieser Schriften untersuchen will. Die Römer selbst, von denen noch viele vernünftig denken, haben sich an den ersten Schriften geärgert, bey welchen sich die guten Patres nebst ihren Beschützern erkläret haben, daß sie vor niemand anders als ihre guten Freunde einige verfertigten, und zwar noch mit der Bedingung, daß man dieselbe nicht aus den Händen entwischen liesse. Und in Wahrheit man weiß, daß sie viele davon ausgetheilet haben, unter welchen sich sonderlich ein Band in Duodez befindet, der die Aufschrift Trient führet, und eine Sammlung von Briefen enthält, die in verschiedenen Ländern sollen geschrieben seyn, aber würklich in Rom gemacht sind. Ja die Behutsamkeit bey Austheilung dieses Buchs ist so groß gewesen, daß auch die aufmerksamste Personen kein Exemplar haben bekommen können.

Dem ungeachtet ist eine von diesen apologetischen Schriften aus den Bücherschränken entwischet, wo es stets vergraben bleiben sollte, und ist in Rom bekannt gemacht worden. Es ist eben dieses, so wir jetzt ans Licht treten lassen, damit ein jeder selbst urtheilen möge, wie die andern beschaffen seyn können. Ich bin versichert, daß ein jeder, der sich die Geduld nehmen wird, es zu lesen, bey sich selbst sagen wird: Ist es möglich, daß verständige Menschen, daß Religiosen, daß Priester so ausschweifend und unverschämt seyn können? Ist es möglich, daß dergleichen abscheuliche Bosheiten in den Gemüthern der Cardinälen und Prälaten einen solchen Eindruck machen, daß sie die Urheber derselben beschützen wollen. Wir würden es gewiß für ein untergeschobenes Buch gehalten haben, wofern es uns nicht eine höhere und über allen Verdacht erhabenere Person gegeben hätte. Die hier beygefügten Noten überheben uns der Mühe, etwas mehr hinzuzusetzen. Wir müssen hierbey nur noch erinnern, daß dasjenige, was den Verfassern dieser Anmerkungen gefallen hat, das Manifest von Lißabon zu nennen, nichts anders ist, als die Sentenz des Tribunals der Inconfidenza vom 12. Jan. 1759. wider die Urheber des am 3. Sept. an Sr. allergetr. Majest. unternommenen

Menge von Präsumtionen vor, und bemühet sich dieselben als gerecht zu beweisen, damit die Vortheile einer feinen Bosheit nicht in die Augen fallen (3). Es macht uns eine schändliche Beschreibung von den Jesuiten, die sich bey allen denen verdächtig machet, die nicht einen sehr niederträchtigen Begriff von diesen Religiosen hegen (4); eine ärgerliche Abbildung
von

---

von neuem durchzusehen, und zu verlangen, daß die Richter, welche die Entscheidung gemacht haben, alle Acten überschicken müssen, worauf sie sich bey Verfertigung dieses Urtheils gegründet haben? Und wie hat man sich jemals vorstellen können, daß sich der König von Portugall einer solchen neuen Untersuchung unterwerfen müsse?

(3) Diese Beschuldigungen treffen gerade die Person des Königes und der Richter, welchen er die Vollmacht dazu gegeben hat. Und sind diese Beleidigungen nicht schon an sich das abscheulichste Verbrechen? Wer ist wohl derjenige, welcher diesen Grad der Unverschämtheit und Verwegenheit erlangt hat, nicht fähig? Würde man nicht glauben, wenn man diese muthwilligen und stolzen Religiosen so reden hörct, daß sie es mit einer Privatperson zu thun hätten; und daß sie eher einen Ungenannten, als ein Urtheil eines Fürsten wiederlegten, der seine Meynung öffentlich bekannt gemacht, und sich äusserst bemühet hätte, dasjenige zu beweisen, was er behauptet? Wie können sie sich doch jemals so stellen, als verstünden und wüßten sie nicht, daß, wenn ein oder mehrere Richter ein Urtheil fällen und verdammen, die Präsumtion des Rechts vor sich haben, daß sie es nicht anders als auf rechtmäßige Beweise thun, wovon sie keine Rechnung abzulegen schuldig sind?

(4) Es ist wahr, das Urtheil vom 12. Jan. erkläret die Jesuiten vor schädliche Leute und verkehrte Religiosen, und der König von Portugall nennt sie in seinen königlichen Briefen und in dem Memoire an den Papst, schädliche Machiavellisten, verkehrte und abscheuliche Religiosen, und wirft ihnen vor, daß sie die Urheber der mörderischen Unternehmung gegen ihn, die Verderber der Gewissen, und die Friedensstöhrer seiner Staaten wären: Es ist wahr, die Bischöffe von Portugall beschreiben sie als Verführer und Wölfe, welche die Heerde des Herrn verderben. Allein dieses sehr natürliche Gemählde ist nichts anders, als der Schluß aus den verschiedenen Bosheiten, welche von Generals, Ministern, ganzen Armeen, Bischöffen und unzähligen Zeugen, und auch durch die Schriften der Jesuiten selbst, und durch unzählige andere Begebenheiten in America, Asien, Portugall, ꝛc. bestättiget sind. Die Unverschämtheit, der Stolz, die Verwegenheit, und die Verspottung der Majestät des Königs sind so hoch gestiegen, daß man darüber erstaunen muß, und zu nichts anders dienen, als daß sie einen überzeugenden Beweis ihrer Denkungsart abgeben.

von den Eigenschaften und Leidenschaften der Vornehmsten unter den Missethätern, von ihrem unglaublichen Neid, von ihrem ausserordentlichen Stolz, unersättlichen Geitz, unbändigen Ehrgeitz und tödtlichem Haße gegen den König (5); kurz es verlangt, daß wir glauben sollen, sie hätten keine andere Ursache dem König nachzustellen, als daß sie sich seines Zutrauens müsten beraubet sehen, und nicht so, wie sie wünschten, belohnet würden.

2.) Jedermann weiß, daß wo sich überzeugende Beweise wider die Urheber eines Verbrechens finden, da sind die weit hergeholten Muthmaßungen und Anzeigen überflüßig, die aufs höchste zu einem Verdacht dienen können, wofern die Missethäter unbekannt oder zweifelhaft sind. Denn wenn man aus der Betrachtung gemißhandelter vornehmer Personen; und aus der Entdeckung dieser noch ungewissen Beschuldigung, und aus der Wiederaussöhnung derselben untereinander in eben der Klage schlüßen wollte, daß sie unter sich eine verfluchte Verschwörung wider das Leben ihrer Monarchen verabredet hätten, welcher Edelmann und welcher Vasall würde wohl bey Erfolgung einer Zusammenverschwörung sicher seyn, daß man ihn nicht auch als einen Verbrecher der beleidigten Maj. vors Gerichte ziehen sollte? Dahero giebt das Manifest wegen der vielfältigen Lügen und Vergrößerung so entfernter und falscher Anzeigen Gelegenheit zu vermuthen, (6) daß in den Acten die überzeugenden Beweise
wider

---

(5) Man kann eben diesen Vorwurf allen Gerichten machen, welche Lasterhafte verurtheilen. Allein diejenigen, welche den König von Portugall haben ermorden wollen, sind der Gesellschaft so lieb, daß man sich nicht wundern darf, wenn sie ihren Zorn merken lässet, und alle ihre Wuth wider Se. allergetr. Majestät und wider die Richter derselben ausläßet.

(6) Kurz vorher haben die Jesuiten die Verwegenheit gehabt zu sagen, daß dieses Urtheil nichts als Präsumtionen enthält, und nunmehro setzen sie hinzu, daß es auf nichts als Muthmaßung und Verdacht gegründet sey. Die Betrügerey und die List, wendet alle ihre Kräfte wiewohl vergeblich an. Sagt diese Sentenz, welche den Jesuiten so sehr mißfällt, nicht ausdrücklich, daß sie auf die deutlichste Beweise, auf die Gesellschaft der Augenzeugen, auf die Briefe und andere Schriften der Missethäter, und endlich auf das Bekenntniß vieler von ihnen sey verfertiget worden? Ist wohl in diesem Urtheile ein einziges Wort befindlich, wodurch man auf die Gedanken gerathen könnte, daß es auf weit hergeholte Präsumtionen und Muthmaßungen gemachet sey? Ein jeder, der nur lesen kann, siehet wohl ein, daß man die Präsumtionen des Rechts aus keiner

Sammlung III. Theil. (n) an

wider die Angeklagten fehlen; oder es ist wenigstens, wenn sie nicht fehlen, ein großer Theil des Manifests vergeblich, ausschweiffend, und dem Eifer der öffentlichen Justitz sehr unanständig.

3.) Dieses schließet man aus dem Bekenntniß der Angeklagten. Dann stimmt das Bekenntniß mit dem Verbrechen überein, so gilt es mehr als alle andere Beweise, und man hätte die erdichteten gesetzlichen Präsumtionen, die abscheulichen Beschreibungen der Jesuiten, und die ärgerlichen Abbildungen der Mitschuldigen ersparen können. (7) Wäre aber das Bekenntniß nicht vollkommen, noch vollständig, noch allgemein, so hätte man dasjenige anzeigen sollen, was die Angeklagten bekennen, und was sie leugnen; sonst muß das Publicum nur rathen, in welchen Stücken sie überwiesen sind, oder ihr Verbrechen bekennet haben; welche von den Schuldigen es durch ihre Bekenntniß sind, oder nicht. (8)

Folg-

andern Ursache brauchet als um nur zu zeigen, daß, wofern man nicht alle die förmliche Beweise von den Verbrechen der Jesuiten und von ihren Mitschuldigen gehabt hätte, die man hier anführet, schon die starken und richtigen Präsumtionen, die sich einem jeden von selbst wider sie darstellen, mehr als zu hinreichend seyn würden darzuthun, daß sie nicht unschuldig seyn können.

(7) Diese Präsumtionen, diese Abbildungen und Gemählde haben die Absicht nicht, die Gerechtigkeit der Verurtheilung der Missethäter zu beweisen; indem kein Gerichte zumal das höchste Gerichte dem Publico einen Beweiß von der Gerechtigkeit seiner Urtheile zu geben verbunden ist. Man muß dieselbe voraus annehmen, und keiner hat das Recht es wieder zu beleuchten. Alle diese Dinge sind auch hier nur als überflüssig gesetzt worden. Denn der Verfasser des Urtheils fügte diese Präsumtionen, und Gemählde bloß deßwegen hinzu, um hierdurch den Character der Missethäter und der Jesuiten ihrer Anstifter desto deutlicher vor Augen zu legen. Und auch dieses kann man endlich keine ganz vergebliche Sache nennen, indem der ganzen Welt daran gelegen ist, daß die Lasterhaften, welche die Ruhe eines Landes stöhren, auf alle nur mögliche Art bekannt werden.

(8) Das Urtheil lässet dem vernünftigen und erleuchteten Publico nichts errathen. Es redet so deutlich, daß ein jeder wird überzeugt werden, daß eine aus dem höchsten Tribunale des Reichs erwehlte Versammlung der Richter ein höchst wichtiges und feyerliches Urtheil abgefasset hat. Ueber dieses so darf sich weder die Congregation zu Rom noch auch sonst jemand in der Welt die Mühe geben zu errathen, weil niemand das Recht hat, ein solches   von neuem zu beurtheilen. Die Jesuiten wollen die Leute bered   er auf eine Beurtheilung und Prüfung der Sentenz ankomm   ühren sie Punct beständig, und ihre ganze Rede ist durch   alschen G gebauet.

Folglich ist es nicht leicht, das Manifest in diesem Stücke von einem großen Mangel und Unordnung frey zu sprechen.

4.) Man übergeht hierbey mit Stillschweigen, damit es nicht das Ansehn habe als wollte man verleumden, daß man uns einen König ohne die geringste Begleitung nach Art eines Monarchen, bey der Nacht, alleine, ohne Bedeckung und auf eine der Majestät unanständige Art vorstellet; der nicht einmal sondern gewöhnlich auf dem Lande, und in den Häusern einer Privatperson herum gehet, welche der König bereits als seinen ärgsten Feind in Verdacht haben könnte, (9) und die uns das Manifest als einen Flüchtling vorstellet, da wir doch diese Person in ihrem eigenen Hause und Landguthe nahe bey Lissabon finden, nicht anders als ob dieses nach den Gesetzen eine Flucht heiße, wenn man sich aus seinem Hauße in der Stadt auf sein Landgut begiebt. Ueberdieses mahlet uns das Manifest diesen Angeklagten bald als einen rasenden, und über den mißlungenen Streich mißvergnügten, bald aber als einen erschrockenen und verzagten vor, da er sich gefangen siehet, und nimmt dieses Erschrecken als einen Beweiß seines Verbrechens an; nicht anders als ob das Erschrecken in einem so schimpflichen Falle, und bey der größten Gefahr ebenfalls den sehr übellautenden Ausdruck, womit man erzehlet, daß der König nach seiner empfangenen Wunde bey einem evangelischen Prediger gebeichtet habe: ein Wort, so nur von den protestantischen Predigern von der Secte des Calvins, Luthers und Zwinglius gebraucht wird. Diese pflegten sich gleich von Anfang den Nahmen der evangelischen Prediger anzumaßen, um sich von den Römischcatholischen zu unterscheiden; und ihre ungerechte Anmaßung dieses Nahmens nahm dergestalt zu, daß man auf dem Reichstage zu Regensburg, in den öffentlichen Zeitungen, und in den gedruckten und geschriebenen Urkunden unter

(n) 2 den

---

(9) Jedermann siehet wohl, daß die Hauptabsicht des verwegenen Jesuiten bloß dahin gehet, um den König von Portugall zu mißhandeln. Und gewiß er thut es hier auf die unanständigste und gottloseste Weise, indem er auf die ärgerliche und von den Jesuiten ausgestreuete Fabel von der ausschweifenden Liebe dieses Monarchen gegen die Tochter des Herzogs d'Aveiro zielet, welcher ein Vasall ist, von dem hier der einfältige Verfasser redet, und dabey auch die Verwegenheit hat ihn zu vertheidigen. Allein er thut es auf eine so übermüthige Art mit so unanständigen und ungereimten Gründen, daß er nicht verdienet widerlegt zu werden.

den evangelischen Predigern nur die Protestanten verstehet, ob ihnen gleich diese Benennung nicht anders als in einem verkehrten Verstande zukommt. (10)

5.) Man hat bißhero das Manifest nur überhaupt betrachtet; jetzt aber muß man auch noch einige Anmerkungen über dasjenige machen, was die Jesuiten betrift. Hätten sich diese Religiosen durch ihre so beschriene Besitzungen und Raubereyen in America, und durch ihre listigen Kunstgriffe andere Höfe wider den portugiesischen aufzuwiegeln verdächtig gemacht, warum verfuhr man nicht gleich gerichtlich wider die Schuldigen als man sie aus Maragnon nach Portugall geführet hatte? (11)

Zumal

---

(10) Die Jesuiten müßen gewiß einen sehr schlechten Begriff von den Cardinälen und Prälaten der Congregation haben, indem sie sich vorstellen, daß sie ihnen solche gottlose Meynungen ungescheuet vorlegen können, und dabey glauben, daß eine Congregation von so angesehenen Personen sich durch solche Thorheiten werden einnehmen laßen. Man siehet wohl, daß sie hierbey auf eine andere Betrügerey zielen wollen, womit sie die einfältigen Leute haben zu bereden gesucht, daß die Minister des Königs von Portugall und die Richter, welche die Sentenz vom 12. Jan. verfertiget, heimliche Ketzer wären, die nichts anders zur Absicht hätten, als die protestantische Religion in Portugall einzuführen. Wenn sie uns aber keine beßere Beweise hiervon geben können, als diese, welche sie hier auf eine listige oder vielmehr kindische Weise berühren, so dürfen sie keine andere Antwort erwarten, als die Schande, welche alle Verleumder verdienen, die ihre Beweise bloß auf ihre Unverschämtheit bauen.

(11) Der König von Portugall hat wahrhaftig die Ursache davon in seinen Verhaltungsbefehlen, die er seinem Minister in Rom zugeschickt hat, und in den Memoirs, die er den Päpsten Benedict dem XIV., und Clemens dem XIII. überreichen laßen, wie auch in dem Briefe angezeiget, welchen er an den Pater Ricci geschrieben hat, und der in dem Sendschreiben eines Portugiesen angeführet wird. Ist es wohl möglich, daß dieser muthwillige Jesuite keine von diesen Schriften sollte gelesen haben? Er muß also wißen, daß die zärtliche und alte Liebe des Königs vor seine Mitbrüder; die Hofnung, daß sich die Jesuiten von selbst beßern würden, oder sich von ihrem General und vom Papst beßern laßen; der gute Fortgang, den er von dem Reformationsbreve des Papsts Benedict des XIV. hoffte; und endlich seine Gnade und Leutseligkeit, diese allen seinen Unterthanen so bekannte Tugenden, die einzige wahre Ursache gewesen sind, die ihn zurück gehalten haben, den Jesuiten so gleich als es verdienet hatten, den Proceß zu machen. Uebrigens ist es eine sehr lächerliche Sache, daß man diese Nachsicht zur Rechtfertigung der Missethäter, und zur Verspottung und Beschimpfung des Königs und seiner Minister herum drehen will.

Zumal da diese Verrätherenen, deren sie schuldig waren, aus den Berichten erhellen, auf welche das Manifest die Leser verweiset, und in dem ungenannten Berichte von der Republic der Jesuiten befindlich sind? (12) War vielleicht dieses Verbrechen einer offenbahren Rebellion, die man mit zahlreichen Armeen, mit erfahrnen Ingenieurs, mit vieler Artillerie, und Munition und allen Arten des Gewehrs fortgesetzt hat, nicht hinreichend, dieselben sogleich in unterirdische Gefängnisse setzen, dem weltlichen Gerichte übergeben, und sie als Rebellen und Verräther am Leben strafen zu lassen? (13) Man wird hierbey vielleicht sagen, es sey wegen der Gnade und Leutseligkeit des Königes nicht geschehn. Allein die gute Ordnung hätte es doch erfordert, daß man ihnen wenigstens diese königliche Gnade angekündiget hätte, damit sie künftig gegen die königliche Mildthätigkeit hätten dankbar und erkenntlich seyn können. (14) Und

---

will. Man hat uns nicht gleich hängen lassen, da es das Interesse Sr. Majestät erforderte; folglich sind wir unschuldig. Hierinn bestehet die ganze Stärke dieser Vertheidigung. Die Jesuiten allein sind im Stande dergleichen Vertheidigungen zu machen.

(12) Es muß einer gewiß den höchsten Grad der Unverschämtheit besitzen, wenn er einen Bericht als unbenannt ansiehet, der von dem Könige in seinem Memoire an Benedict den XIV. und Clemens den XIII. angeführet wird; den Se. Majestät an alle Höfe überschickt hat, und in alle Sprachen hat übersetzen lassen, wie sich der Verfasser dieser Anmerkungen bald darauf selbst hierüber beklaget; und der aus Briefen und Originalacten der Bischöffe, Generale, und Commissarien des Königs von Portugall und Spanien bestehet, und darinn alle Personen mit Nahmen genennet sind, welches unsrm Verfasser eine Sache von schlichter Erheblichkeit zu seyn scheinet, aber doch ein urkundlicher Beweis ist, daß dergleichen Bosheiten seiner Mitbrüder würklich einmal sind ausgeübt worden.

(13) Dieses hat seine vollkommene Richtigkeit. Ja er hätte noch hinzusetzen können: Daß wofern der König von Portugall ein wenig mehr geeilet hätte, seine Staaten von allen schuldigen Jesuiten zu reinigen, er der schrecklichen Gefahr seines Lebens, worinn er sich in der Nacht des 3. Sept. 1758. befand, würde entgangen seyn. Es fehlte nicht viel, so hätte der König von Portugall das Leben und die Crone einerbüßet; und nun wird die Gelindigkeit, welche er gegen sie gehabt hat, ein Gegenstand der Verspottung Sr. Majestät und seiner Regierung.

(14) Wie? Ist es nicht ein Zeichen, und eine Würkung einer ausnehmenden Gelindigkeit, daß der König nicht augenblicklich so viele Verräther, so viele Rebellen, so viele Räuber der Staaten Sr. Majestät hat bestrafen lassen?

Und gleichwohl wissen wir nichts von einer solchen Gnade: Wir wissen im Gegentheil wohl, daß man sich äußerst bemühet habe, dieselben in üblen Ruf zu bringen, da man ihre Zusammenverschwörung in allen Theilen der Welt und in allen Sprachen ausgebreitet hat; daß man sie zu Rom wegen dieses und anderer schweren Verbrechen angeklaget hat, um das Reformationsbreve zu erhalten. (15) Und wird man wohl jetzt denen aus America geführten verschwornen und rebellischen Jesuiten den freyen Aufenthalt in den Collegien von Portugall, worinn man sie vertheilet hatte, verstatten? (16) Es ist in der That ganz unbegreiflich, wie das portugiesische Ministerium den Jesuiten so viel trauen könnte; denn wofern diese Religiosen aus Antrieb eines blinden Interesse dem Könige seine Staaten hätten rauben, und andere Monarchen wider ihn aufwiegeln wollen, so mußte man ja gar sehr befürchten, sie würden wohl endlich gar dahin trachten, ihm das Leben und die Crone zu rauben. (17) Warum gerieth also jene weise und untrügliche Regierung nicht auf diesen Verdacht? (18) Es geschah aber deßwegen nicht, weil man wohl wußte, daß die Beraubungen der Staaten, und die Aufwiegelungen der Höfe, bloße Erdichtungen und Betrügereyen waren; und wie den Jesuiten niemals in Sinn gekommen war, die Staaten an sich zu ziehen, so hatte man auch nicht Ursache zu befürchten, daß sie auf den Einfall gerathen sollten, dem Könige das Leben zu nehmen.

6.) Sol-

---

(15) Ist also der Originalbericht, dessen sich der König bedienet hat dieses Breve zu erhalten, und den er in alle Theile der Welt geschickt, und in alle Sprachen hat übersetzen lassen, ein ungenannter und ungültiger Bericht?

(16) Dieses wird gewiß nicht geschehn. Es ist wahr, daß viele von diesen Verräthern und Rebellen noch vor der Verschwörung wider das Leben des Königs in Maragnon gefangen gesetzt und in Ketten nach Portugall sind gebracht worden, wo man zu eben der Zeit an ihrem Processe arbeitete, als der König zu Rom um das Reformationsbreve der übrigen, die nicht weniger schuldig waren, anhalten ließ.

(17) Freylich mußte dieses der König von Portugall und seine Minister befürchten. Und sie würden es auch wirklich befürchtet haben, wenn sie die Jesuiten damahls so gut gekannt hätten, als sie dieselben jetzt kennen.

(18) Diese unanständige und hönische Spötterey wider einen der angesehesten Könige in der Welt, und was damit verbunden ist, würde allein hinreichend seyn den Character der Jesuiten an den Tag zu legen. Denn ist jemand im Stande

ein

6.) Sollten aber die erschrecklichen Empörungen und listigen Kunstgriffe der Jesuiten in dem Manifeste zum Grunde der Präsumtion dienen, daß die Jesuiten die Urheber der Zusammenverschwörung wider das Leben des Königs wären; so hätte man billig von ihren Rebellionen gewiße und untrügliche Beweise anführen sollen; -(19) und man muß sich wundern, daß man sich genöthiget gesehen hat, die Wahrheit dieser Sache auf einen unbenannten Bericht zu bauen (20), welcher mit un-
glaub-

---

ein gekröntes Haupt so abscheulich zu verspotten, und hat er die Verwegenheit, einen König als einen Betrüger auszuschreyen, so giebt er zu erkennen, daß er auch geneigt sey, in vorkommenden Fällen die ärgsten Verbrechen der beleidigten Majestät zu begehen.

(19) Wie? Sind vielleicht, ohne die alten Zeugniße der H. Bischöffe von Indien, dergleichen D. Joh. Palafox und D. Bernardin de Cardenas waren, und vieler Gouverneurs und Generale zu erwehnen, welche die Jesuiten ins Verderben gestürzet haben, weil sie ihren Herren getreu waren, wie Se. allergetreueste Majestät ihnen öffentlich vorgeworfen hat, sind vielleicht, sage ich, die Zeugnisse, urkundlichen Acten und Processe der Bischöffe von Paraguay und Maragnon, der Generale beyder Armeen der spanischen und portugießischen, der zur Vollziehung des Grenzscheidungstractats verordnete Commissarien nicht eben so viele gewiße und unleugbare Beweise? Und was kann man mehr verlangen, als die Aussagen der ansehnlichsten Augenzeugen? Ihre Acten, ihre Processe, ihre Briefe, und ihre Berichte sind in der Staatscanzley Sr. allergetreuesten Majestät befindlich. Sie enthalten auch viel mehrere Verbrechen, als in dem Berichte angeführet sind. Der König selbst beweget gegen die Päpste Benedict dem XIV. und Clemens dem XIII. daß er es nicht verstattet habe, etwas anders als einen ganz kleinen Theil herauszuziehen, und daß unter der großen Menge der so deutlich bestätigten Verbrechen der Jesuiten, solche sind, die man nicht erzehlen kann, ohne daß die Ehrbarkeit und der Wohlstand nicht beleidiget werden sollte. Die Mäßigung dieses Monarchen hat es verhindert, daß nicht alles ans Licht gekommen ist, und gleichwohl nimmt der verwegene Jesuit daher Gelegenheit Se. Majestät zu verspotten.

(20) Die Jesuiten verlangen also, daß der König von Portugall zu ihrer Beschämung die Bekanntmachung der Acten, der Processe, der Berichte, und der Briefe, woraus der Bericht genommen ist, den man so unverschämt verspottet, ungeachtet der öffentlichen und feyerlichen Versicherung, und Genehmhaltung eines Königs anbefehlen solle. Es kommt uns zwar nicht zu, uns in die Rathschläge dieses Monarchen zu mischen, jedoch getrauen wir uns mit aller gebührender Hochachtung zu versichern, daß sich das Interesse seiner Staaten, der Religion

glaublichen Ausschweifungen und Fabeln angefüllet; und die Leute bere‡
den will, daß die Jesuiten den Indianern lehreten, daß sie den Portu‡
giesen nach ihrer Ermordung die Köpfe abschneiden sollten, damit die
Todten nicht wieder lebendig würden, und andere solche Kleinigkeiten ent‡
hält. (21) Ueber dieses hatte entweder der Minister in Portugall an
diesem Berichte Antheil oder nicht. War das erstere, warum setzte er
nicht seinen verehrungswürdigen Nahmen vor, und ließ es von andern
Ministern unterschreiben, (22) wie er das Manifest in Ansehn gesetzet hat,
welches sich auf die in jenem Berichte erzehlte Empörungen und listigen
Kunstgriffe beziehet. Hatte er aber keinen Antheil daran, warum brauchte
er denn

---

ligion und der ganzen Welt aus ganz andern Ursachen mit dem Verlangen verei‡
niget, welches die Jesuiten haben, alle diese Urkunden öffentlich zu sehen, von
welchen hier die Rede ist. Se. Majestät hat diese Religiosen gegen Benedict
dem XIV. und Clemens dem XIII. als Meister der abscheulichsten Rotten, wie
auch als Verderber der Gewissen, als Friedensstöhrer, als offenbahre Feinde
der königlichen Majestät und als würcklich verkehrte Menschen abgemahlet. Es
ist allen Königen und Völkern gar viel daran gelegen, dieselben vollkommen
kennen zu lernen, wie sie Se. allergetreueste Majestät kennet. Dieses ist der
Erfolg, welchen die Bekanntmachung der Acten und Urkunden haben würde,
welche der General der Jesuiten gleichsam heraus zu fordern sich unterstehet.
Sollte Se. Majestät geruhen noch alles dasjenige, was ehemals seine Gnade,
die jetzt so sehr gemißhandelt wird in Ansehung der Berichte von dem Aufruhr
zu Porto unterdrückt wissen wollte, und ferner den Proceß der Verschworuen,
die den Königsmord verrichteten, hinzufügen; so würde alsdann das Bekennt‡
niß seiner Feinde vollkommen seyn, und die Religion und die ganze Welt würden
ihm vor eine so große Wohlthat ewig verbunden seyn.

(21) Diese erschreckliche Verbrechen, welche hier als Kleinigkeiten angesehen wer‡
den, sind von drey Armeen bemerket worden. Sie sind von den indianischen
Rebellen, die man mit dem Gewehr in der Hand bey dem Treffen wider ihren
König gefangen hat, gerichtlich bestätiget worden. Diese Indianer haben die
Wahrheit einer so ausschweifenden Schwärmerey bezeuget, welche ihnen die
Jesuiten, ihre Bischöffe, ihre Häupter und ihre Tyrannen zu dem Ende einge‡
flößet hatten, um sie in dem tödlichen Hasse wider die weisen Europäer zu befe‡
stigen.

(22) Es ist dieser Bericht noch mit einem ansehnlichern Nahmen nemlich mit dem
Nahmen des Königs selbst unterschrieben, der ihn als ein Werk, so auf seinen
Befehl verfertiget worden, erklärt, und in seinem Nahmen dem Papst Bene‡
dict dem XIV. und Clemens dem XIII. hat überreichen lassen. Der Schluß
des Jesuiten ist also ein Meisterstück der Ausschweifung und der Unvernunft.

er denn so viele Behutsamkeit, damit die Jesuiten diesen Bericht nicht antasten, und die Lügen widerlegen könnten? Man weiß, daß diese Religiosen mit der Ungnade des Königs bedrohet würden, wofern sie sich unterstünden, ein Wort darauf zu antworten, und da sie durch Se. Heiligkeit suchten auf so viele nachtheilige und offenbare Verleumdungen zu antworten, so verhinderte es der portugiesische Gesandte durch fernere Drohungen. (23) Will man vielleicht bey einem Verbrechen, und bey einer noch nicht ausgemachten Beschuldigung wider das Recht der Natur handeln, welches einem jeden Angeklagten seine Vertheidigung verstattet? Will man etwa aus einem verleumderischen Berichte, nachdem man verhindert hat, darauf zu antworten, einen Grund hernehmen, den Jesuiten ein noch schlimmeres Verbrechen aufzubürden, und die Regul zu mißbrauchen: Semel malus præsumitur semper malus? Dasjenige, was aus dieser Regul fließet, bestehet darinn, daß wer die Jesuiten im erstern Falle verleumdet, der verleumdet sie auch im andern, (24) und wer ihnen in einem Falle nicht erlaubet hat, sich zu verantworten, der erlaubet es auch

---

(23) Was hier die Jesuiten von der Unmöglichkeit sagen, worein sie ihrem Vorgeben nach durch den König von Portugall, durch seine Majestät, und durch seinen Abgesandten zu Rom wären gesetzt worden, auf den Bericht zu antworten, ist ein bloße neue Betrügerey und schwache Erdichtung. Sind nicht etwa noch andere Jesuiten, als die sich in Portugall und zu Rom aufhalten? Konnte etwa Se. allergetreueste Majestät die Jesuiten in Spanien, Frankreich und andern europäischen Ländern durch seine Minister im Zaum halten? Konnte er etwa verhindern, daß diese Jesuiten, welche sonst nicht ermangelt haben, die entsetzlichsten Verleumdungen wider den portugiesischen Hof auszustreuen, nicht ebenfalls den Bericht widerlegten, wenn sie etwas dargegen zu sagen hätten? Allein diese Patres haben sich begnüget, wider denselben in allen Winkeln der Erden mündlich zu reden, und ihn bey ihren Anhängern als eine Fabel auszuschreyen. Sie haben sich aber nicht gewaget schriftliche oder wenigstens öffentliche Antworten darwider zu verfertigen. Sie wußten wohl, daß eine Antwort würde die Bekanntmachung der besondern Umstände, die man verschwiegen hat, und in den Acten aufgezeichnet sind, verursachet haben; und um deßwillen haben sie die kluge Parthey ergriffen, hierbey stille zu sitzen.

(24) Es ist aber doch gewiß, daß sie nicht sind verleumdet worden. Wenigstens sind alle vernünftige Menschen davon überzeugt. Folglich ist diese ganze Rede falsch, und die Regul Semel malus &c. teift selbst bey den Jesuiten ein.

es auch noch weniger im andern; (25) allein es kann niemals daraus folgen, daß dasjenige, was als ein erdichtetes Verbrechen und als eine öffentliche Gewaltthätigkeit verborgen bleibt, vor ein wahres und würkliches Verbrechen könne gehalten werden, wie nach dem Manifeste, die Verschwörung wider die geheiligte Person des Königs seyn soll.

7.) Die Jesuiten führten niemals einige Klagen über den Monarchen, (26) sondern sie bezeigten vielmehr allezeit, daß sie mit seinen guten Gesinnungen zufrieden wären, da man sie auch schon von Hofe entfernet hatte. Sie haben zwar einige Klagen geführet, aber außer dem Tribunal über seinen Minister, der das Herz des Königs in Händen hat, ein offenbarer Feind ihres Ordens, und der Urheber ihrer Trübsaalen ist, und alles in diesem Reiche verwaltet. (27) Könnte man nun vermuthen, daß sie jemals einem Menschen nach dem Leben stelleten, so würde es bey diesem Minister seyn müssen, den sie als den einzigen Urheber ihres Unglücks beschuldigten; man hat aber weder von dieser Nachstellung etwas vor-

---

(25) Die Jesuiten haben nicht gewartet, biß man ihnen Erlaubniß gegeben hätte sich zu vertheidigen. Sie haben ganz Europa mit Büchern und Satyren überschwemmet, allein alle ihre Schriften sind so einfältig, und so unveränderlich getrieben, daß sie zu nichts anders gedienet haben, als das öffentliche Mißvergnügen wider sie zu erregen, und alle Beschuldigungen zu bestätigen.

(26) Keine Klagen, sondern Verleumdungen, Verspottungen und Beschimpfungen genug. Sie haben in Italien, Frankreich, Spanien und vornemlich zu Rom Briefe und schändliche Bücher wider diesen Monarchen heraus gegeben. Dieses einzige Memoire zeiget zur Genüge, was vor einen Haß und Verachtung sie gegen seine geheiligte Person und gegen seine Regierung hegen.

(27) Es ist dieses der Graf d'Oeyras Don Sebastian Joseph di Carvalho: von diesem redet der Apologet, und wider diesen lästert er mit eben der Frechheit und Wuth, womit ihn seine Mitbrüder beschuldiget haben, daß er in seinem Herzen ein Ketzer, von Geburth und auch im Herzen ein Jude wäre, und die englische Religion in Portugall einführen wolle, und die Erbprinzeßin an einen protestantischen Fürsten zu verheyrathen suche, und überhaupt eine erschreckliche Bosheit besitze, eine Verschwörung wider den König zu erdichten, und dieselbe dem Herzog d'Aveiro, der Marquisin vor ⁎ ⁎ und den Jesuiten beyzumessen, damit er seinen eigenen und sein ⁎ ⁎denschaften ein Genüge leisten möge. Dieses ist es, was ⁎ ⁎ einige Klagen nennet.

vorbringen können, noch auch den geringsten Verdacht gehabt. (28) Hätten sie ferner dem Könige nach dem Leben stellen wollen, würden sie sich wohl einer so vornehmen und der Gesellschaft so widrigen Familie, und so neuversöhneten Herren anvertrauet haben? (29) Wußten die Jesuiten etwa nicht, daß man so wichtige Geheimnisse keinen neuen Freunden anvertrauen kann? Siehet man sie denn vor so thöricht und einfältig an, daß sie nicht eingesehen hätten, daß ein Geheimniß, welches man solchen Personen anvertrauet, gar nicht sicher sey? Siehet man sie vor so grausam und verwegen an, daß sie sich selbst und so angesehene Personen durch

solche

---

(28) Freylich können wir nicht wissen, wie viel heimliche Nachstellungen die Jesuiten wider diesen Minister angesponnen haben. Wir wissen nur soviel, daß uns unzählige Exempel gelehret haben, daß sie zu einer jeden noch grössern Bosheit fähig sind. Aber warum hätten sie den Grafen d'Oeyras ums Leben bringen sollen? Die Erfahrung würde ihnen gelehret haben, daß alles erdichtet sey, was sie ausstreuen, als ob er alles regiere, das Königreich nach seinem Willen beherrsche, und das Herz seines Herren in Händen habe. Sie mußten aber wohl, daß sie demungeachtet allezeit mit einem standhaften, weisen, verständigen, und tugendhaften Könige würden haben streiten müssen. Sie wußten, daß der Monarch fest entschlossen war, ihren unrechtmäßigen Besitzungen und Rauberyen ein Ende zu machen, ihre Verbrechen zu bestrafen, und seine Ehre und die gute Ordnung seiner Staaten zu erhalten. Sie haben also wahrgenommen, daß sie zur Erfüllung ihrer Bosheit den König aus dem Wege räumen mußten, weil ihnen der Tod des Ministers keinen grossen Nutzen würde geschaffet haben.

(29) Wie? Eben deswegen, weil sie wußten, daß diese so vornehme Familie eine tödtliche Feindschaft, wiewohl ohne Ursache, wider Se. Majestät hegte, und weil sie versichert waren, daß der Herzog d'Aveiro aus Verblendung seines Ehrgeitzes alle Absichten auf den Thron gerichtet hatte, und begierig war, ihn zu besitzen. Ferner weil sie vollkommen überzeugt waren von dem Mißvergnügen und Hasse, welchen der Marquis und die Marquisin von Tavora in ihrem Herzen hatten, daß sie den Titul und die Würde eines Herzogs, welche sie zu verdienen glaubten, nicht erhalten konnten. Dieselbe sind die eigentlichen Ursachen der Aussöhnung der Jesuiten mit diesen Herren. Wie sie nun alle Todfeinde des Königs waren, so hatten sie auch insgesammt ein gleiches Verlangen, denselben aus dem Wege zu räumen, und haben sich auch alle mit einander vereiniget um zu überlegen, wie man ihn tödten solle. Es ist bey einer solchen Aussöhnung nichts ausserordentliches und neues. Es ist ein alter Gebrauch in der Welt, daß die Lasterhaften, die sich vorhero hasseten, sich wieder aufgesöhnet, und vereiniget haben, die Verbrechen zu begehen, wobey sie ein gemeinschaftliches Interesse hatten.

solche verfluchte Vergehungen, wie der Königsmord ist, aufopfern wollten, ihre eigene Ehre und Leben, und über dieses die Güter und Familien der Mitschuldigen zu verderben? Warum will man nicht vielmehr in einem Reiche, wo an lasterhaften Menschen kein Mangel ist, die Augen auf zween oder drey liederliche Kerls von geringer Herkunft richten, welche um den Gewinnst von 40. oder 50. Moeden (30) das Verbrechen mit einer größern Verstellung und Behutsamkeit hätten unternehmen können? (31) Man muß sehr leichtgläubig seyn, wenn man sich überredet, daß die Jesuiten, denen ihre Feinde selbst eine große Scharfsinnigkeit und Geschicklichkeit obgleich nur zu bösen Handlungen zuschreiben, bey dieser so gefährlichen Gelegenheit als blinde gehandelt hätten, und daß sie bey Anrathung dieses Königsmords nicht ebenfalls diesen Personen angezeigt hätten, wie man es mit geringerer Gefahr thun könnte (32).

8.) Was man ferner in dem Manifest anführet, um die Jesuiten zu Urhebern der Zusammenverschwörung zu machen, kann so wenig eine Präsumtion wider sie erwecken, daß es nicht einmahl eine geringe Muthmaßung würket. Man sagt, daß sie sich mit den Familien wieder ausgesöhnet hätten, die ihnen bishero so sehr zuwider gewesen wären,

und

---

(30) Eine Moede ist eine portugiesische Goldmünze, welche 58. Parti gilt.
(31) Wer sollte sich nicht wundern, daß die Jesuiten es so gut wissen, wie viel ein gekröntes Haupt werth ist? 40. oder 50 Moeden, oder 100. biß 300. Scudi ist der gesetzte Preiß der Jesuiten vor das Leben eines Königes.
(32) Hierbey nimmt die Verwunderung zu. Die Jesuiten wissen alle Mittel einen König ums Leben zu bringen, ohne dabey Gefahr zu lauffen. Ihr Apologet nimmt es übel und g'aubt, daß man seinen Mitbrüdern Unrecht thue, wenn man annimmt, daß sie so listig und verschlagen gewesen sind, und dem Herzog d'Aveiro haben den Rath geben können, den König umzubringen, und nicht zu gleicher Zeit gewußt hätten, ihm die Mittel an die Hand zu geben, diesen Königsmord ohne Gefahr auszuüben. Er handelt hingegen sehr übel, daß er glaubet, man lasse den Jesuiten die verdiente Gerechtigkeit nicht widerfahren. Wir sind ja darinn einig, daß sie dem Herzog d'Aveiro, nach der geschehenen Ueberredung zum Königsmord, die Mittel würklich an die Hand gegeben haben, um diese That ohne die geringste Gefahr glücklich zu verrichten. Und gewiß der Ausgang würde mit dem, was sie durch ihre teuflische Scharfsinnigkeit und List beschlossen hatten, übereingekommen seyn; wofern nicht Gott durch augenscheinliche Wunder ihre bößischen Anschläge vernichtet hätte. Die Wunder der göttlichen Vorsehung sind in der Sentenz vom 12. Jan. N. 17. 18. 19. und 20. angeführet, und ein jeder muß sie erkennen und bewundern.

und machet daraus den Schluß: Convenerunt in unum adversus Dominum? Allein ausserdem, daß es eine Regul der Klugheit ist, zur Zeit der Verfolgung die übelgesinnten und widrigen Personen zu besänftigen, so muß derjenige gewiß wider die Jesuiten eingenommen und ihr Feind seyn, der aus einer solchen vorhergegangenen christlichen und den Lehren des Evangelii gemässen Handlung eine so teuflische Folge ziehet (33). Die Jesuiten fuhren nach dieser Aussöhnung fort mit den Personen jener Familie fleißigen Umgang zu haben; kann man nur schliessen, daß sie den König zu tödten suchten (34)? Ueber dieses ist nicht zu verwundern, daß sie nach der Ausschliessung vom Beichten und Predigen mehr Zeit hatten, die Leute zu Privatunterredungen zuzulassen (35), sonst müßte diese unglückliche Präsumtion wider eine jede fromme Person gelten, welche bey ihrer Betrübniß mit einem solchen Menschen Umgang pflegte, der sich ebenfalls insbesondere über die Regierung beklaget, und demselben seine Betrübniß entdecket, und sich mit ihm zu trösten suchet (36). Die Marquisin von Tavora hielte die geistliche Uebungen unter dem P. Malagrida; folglich schliesset man daraus, der Pater hat sie in den Uebungen, die zur Verbesserung des Lebens und Wandels bestimmt sind, zu der Verschwörung angetrieben, und es gilt hiebey die Präsumtion nichts, daß

---

(33) Wer wollte nicht sagen, daß der gute Jesuite über die Religion, und angesehenen Leute spotte? Wie kann er es doch immer vor eine Christliche und dem Evangelio gemässe Aussöhnung ausgeben, eine Aussöhnung, die keinen andern Grund und Würkung gehabt hat, als den ärgsten Haß wider den König in dem Herzen der Versöhneten zu unterhalten, und sie beyderseits zur Ermordung des Königes zu reitzen?

(34) Es ist in den Proceßacten wider die Verschwornen und wider die Jesuiten gezeiget und bewiesen, daß ihre Aussöhnung und häuffige Unterredungen und Zusammenkünfte keine andere Absicht gehabt haben, als diese.

(35) Man muß sich also wohl vorsehen, und den Jesuiten nichts verbieten, denn wenn sie nicht mehr Beichte hören können, so denken sie auf Zusammenverschwörungen.

(36) Wir wollen vor diesesmal den Jesuiten bey seinem Worte halten. Sein Bekäntniß allein ist hinlänglich die Jesuiten von ihren Verbrechen zu überzeugen. Ihre Unterredungen mit dem Herzog d'Aveiro, Marquis di Tavora, Grafen d'Atougia, und mit den andern Verschwornen, welche nach allen Rechten, und auch durch ihr mündliches Bekänntniß überführet sind, daß sie bey diesen Zusammenkünften wider das Leben des Königs sich verschworen, und gesuch

daß der allgemeine und beständige Ruf von der besondern Redlichkeit und heiligem Leben dieses Religiosen einige Schwierigkeit dieses zu behaupten verursache (37). Ist es erlaubt so zu reden, und solche Schlüsse rechtmäßige Präsumtionen zu nennen, so muß man auch nothwendig schließen, daß man im portugiesischen Gerichte die christliche Handlungen der Versöhnung und der Tröstungen der Betrübten, und die heiligen Uebungen der Gottesfurcht und Tugend dem Publico als ärgerliche Beleidigungen vorstellet.

9) Es sucht haben ihn umbringen zu lassen, haben ordentlicher Weise nichts anders zu ihrem Gegenstand gehabt, als Klagen und Beschwerungen über den König und über die Regierung, so daß jedermann die Freyheit gehabt, das betrübte und bekümmerte Gemüth zu entdecken, und sich zu trösten. Die Jesuiten bekennen dieses offenbar, und finden hierinn nichts Böses. Sie legen dieses feyerliche Bekäntnuß vor den Cardinälen und Prälaten ab. Nun aber ist es ja gewiß, daß diese vertrauten Freunde der Jesuiten während ihrer gegenseitigen Klagen über den König eine treulose Verschwörung und eine schreckliche Unternehmung wider das Leben Sr. Majestät verabredet haben. Wer würde also so blind seyn, der nicht sehen und bekennen müßte, daß der Anschlag würcklich in diesem langen und häuffigem Umgange, und in jenen geheimen Unterredungen, wo die Verschwornen die Freyheit hatten, ihr Herz gegen die Jesuiten auszuschütten, und wo die Jesuiten hinwiederum dieselbe trösteten, sey angesponnen worden.

(37) Dieser Jesuit, ein trauriger Heuchler, welcher die Seelsorge von der Marquisin von Tavora und ihren Mitschuldigen hatte, und zu gleicher Zeit die geistliche Uebungen mit denjenigen machte, welche dem Könige nach dem Leben stellten, muste sich allerdings wenigstens bey der Gesellschaft damit erwerben, daß er ihre Wünsche und Rathschläge getreulich zu Stande gebracht hatte. Der König von Portugall selbst klaget den General in seinem Memoire an den Pabst Clemens den XIII. n. 21. 22. 23. 24 an, daß er der erste Urheber des Aufschlags wider sein Leben sey, weil er es ja selbst in seinem Memoire an den Pabst vom 31. Jul. 1758. mit verblümten Worten schon gedrohet habe. Setzet man nun dieses voraus, so muß freylich Malagrida in den Augen des Generals ein Heiliger seyn, ob er gleich bey vernünftigen Leuten nichts anders ist als ein falscher Prophet, und ein Ungeheuer der Bosheit und der Heucheley. Und um eben dieser Ursache willen hat der Apologist kurz vorher den mit Malagrida in der Vollziehung des Anschlags vereinigten Jesuiten in Portugall die schönen Titul frommer Menschen beygeleget, es ist aber eine Jesuitische Frömmigkeit, wovon man heut zu Tage weißt, was sie bedeutet.

9) Es ist freylich nichts, wozu das menschliche Herz nicht fähig wäre; allein dem ungeachtet ist es eine rechtliche Regul, daß man das Verbrechen nicht vermuthet, und daß der Richter je grösser das Verbrechen ist, und je weniger es sich vor eine Person schicket, der man es beymessen will, nothwendig einen weit stärkern Beweiß haben muß, wenn er sich der Waage der Gerechtigkeit treulich bedienen will. Die Unternehmung des Mordes eines rechtmäßigen Königes (38), man mag sich auch seine Regierung noch so tyrannisch vorstellen, ist ein entsetzliches Verbrechen, und schicket sich so wenig vor Ordenspersonen, und ist vor ihren Stand so unanständig, daß, wenn man es ihnen beymessen will, ganz untrügliche Beweise dazu erfordert werden. Sind nun die im Manifest angeführte und von der Christlichen Aussöhnung, von fleißigem Umgange, von dem gemeinschaftlichen Mitleiden, und von den heil. Uebungen dieser Religiosen hergenommene Beweise von dieser Art? Niemand kann aus solchen Beweisen eine Präsumtion wider sie fassen (39), es müßte denn seyn, daß einer wider die erwehnten Religiosen blindlings eingenommen wäre, und ausser einer boshaften Uebereilung im Urtheilen vielleicht auch noch einen heimlichen Haß wider ihren Glauben, wider ihre Lehre (40), wider ihren Orden, und wider ihr Amt hegte.

10)

(38) Warum dieses Wort rechtmäßig? warum sagt man nicht schlechtweg die Unternehmung wider das Leben eines Königs? Alle diejenigen, welche blind sind, oder sich von den Jesuiten haben verblenden lassen, werden ohne Bedenken glauben, daß dieser Satz des Verfassers ganz heilig und unschuldig ist. Und gleichwohl ist er doch im Grunde voller Gift. Ein rechtmäßiger König ist nach der Jesuitischen Sprache bloß derjenige, welcher davor von ihnen gehalten wird. Würde einer das Leben eines solchen Königes angreiffen, so würde er das entsetzlichste Verbrechen begehen. Haben sie aber einen König vor unfähig zur Regierung erkläret, entweder, weil er zu Rom als ein solcher angesehen ist, oder aus einer andern Ursache, die ihnen gutdünket, so ist derselbe nicht mehr ein König Jacob der I. und Heinrich der IV. In der Nachstellung wider das Leben eines solchen Königs ist ihrer Lehre nach kein grosses Verbrechen, ja nicht einmahl eine Erlaßsünde anzutreffen. Dieses ist die Lehre ihres Busenbaums und aller andern Theologen.

(39) Hier ist wieder der gewöhnliche falsche Schluß. Der Verfasser setzet allezeit voraus, daß der Sentenz wider die Verschwornen und wider die Jesuiten sich auf nichts anders als blossen Präsumtionen gründe. Gesetzt aber, es wäre anders, so sind doch die aufgefangenen Briefe und Schriften an die Jesuiten, aus welchen der ganze Plan der Verschwörung erhellet, untrügliche Beweise.

(40) Die Lehre dieser Religiosen ist die Lehre des Machiavels. Der König

von

10) Endlich stimmet der Stolz und Hochmuth, welchen das Manifest den Jesuiten noch vor der Verwundung des Königs beymisset, gar nicht mit dem demüthigen, bereitwilligen und bekannten Gehorsam dieser Religiosen gegen die Befehle Sr. Majestät und des Cardinals von Saldanha, und des Patriarchen überein. Denn die Jesuiten beobachteten zur Zeit einer tiefen Erniedrigung, und bey den Gelegenheiten, wo ihr vermeinter Hochmuth am meisten angetrieben wurde, die Waffen zur Vertheidigung ihrer Ehre und Ansehens zu ergreifen, ein Nachahmungswürdiges Stillschweigen, und eine Geduld, worüber die portugiesischen und spanischen Minister selbst erstaunten und sich wunderten, daß sie weder in Worten noch in Schriften in eine tadelhafte Klage ausbrachen (41). Wie kann man nun mit einer so beständigen Aufführung jenen unbändigen Stolz, der ihnen in dem Manifeste zugeschrieben wird, zusammen reimen? Nennet man nun die in der Unterdrückung beybehaltene Ruhe und Zufriedenheit, Stolz und Uebermuth, und das Entsetzen über die unvermuthete Grausamkeit, dergleichen einem jeden guten Unterthanen der

er-

---

von Portugall hat dieses in der Schrift, die er nebst einem Circularschreiben an die Bischöffe seines Reichs geschickt hat, deutlich bewiesen. Die Lehre der Jesuiten ist mit wenig Worten ein ungeheurer Mischmasch aller Arten von Irrthümern, wider die Glaubenslehre und wider die Moral, wie die Bischöffe und Theologen in Frankreich, Italien, Flandern und Spanien so oft gezeiget haben, und wie es noch zuletzt von den Bischöffen in Portugal ist bewiesen worden. Ist es nun nicht erlaubt, ja ist es nicht nothwendig, daß ein jeder, der den Nahmen eines Christen mit Recht führen will, einen tödlichen Haß wider einen solchen Glauben, und wider eine solche Lehre fasse?

(41) O dieses heist gewiß recht aufrichtig reden! Die Redlichkeit unsers Apologeten ist recht einnehmend. Und in der That, wer wird sich wohl in ganz Europa weigern, sich mit den Ministern in Portugall zu vereinigen, und den wunderbahren Gehorsam der Jesuiten, ihr Nachahmungswürdiges Stillschweigen, ihre Geduld, und ihre Zärtlichkeit zu loben, womit diese Patres, so wohl mündlich als schriftlich ganz unerhörte Lügen und abscheuliche Lästerungen wider Se. Majestät ausgestreuet haben. (S. das Memoire des Königs von Portugall an Clemens den XIII. nebst den Beylagen.) So war der Gehorsam, die Geduld, und Zärtlichkeit der Jesuiten beschaffen. GOtt behüte uns vor dieser Art von Tugenden. Es ist wahr, sie fiengen einmahl an gehorsam zu seyn, aber nur alsdenn, da man sie in ihren Häusern oder Gefängnissen eingesperret hatte. Es ist wahr, sie ergriffen niemals die Waffen in Portugall, wie in America, aber es wurde ihnen auch keine Zeit dazu gelassen.

erschreckliche Mord des Fürsten ist, Furcht und Schrecken schuldiger Personen, und verändert man auf diese Weise die Tugenden in Laster, so wird man auch auf gleiche Weise einen H. Antonius von Padua mit grössern Prophezeyungen und Wundern, wie diejenigen sind, welche man von dem P. Malagrida erzehlet, zu einem Verbrecher der beleidigten Majestät machen können (42).

(11) Man beschuldigte diesen Religiosen, daß er als ein Prophet gesagt habe, das Leben des Königs werde kurz seyn. Mit eben dieser Ernsthaftigkeit und Ehrerbietung sagte es Jesaias zu dem Könige Hiskia, ohne daß deßwegen seine Weissagung in allem erfüllet wurde. Was werden wir hieraus schliessen können? daß der Jesaias gelogen habe? Nein. Daß er den Tod Hiskias gewünschet habe? noch vielweniger. Man siehet hieraus, daß es Prophezeyungen gebe, die zu ihrer Erfüllung von gewissen Bedingungen abhängen, welche der göttlichen Vorsehung allein vorbehalten sind. Der König Ahab wird ums Leben kommen, der Prophet Elisa sagte durch seine Jünger, und nicht zu dem Ahab selbst die Wahrheit, und er wurde von ihm als ein Treuloser und Verräther gehalten (43). Der P. Malagrida mag nun in einem pro-
phetí

---

(42) Hat denn vielleicht der berühmte H. Antonius von Padua, dem er den Heuchler und falschen Propheten Malagrida an die Seite setzet, geheimen Umgang mit den Mördern eines Königs gehabt? Hat er die Seelsorge derselben gehabt? Hat er ihnen zu eben der Zeit, da sie den Tod ihres Monarchen beschlossen hatten, die geistliche Uebungen machen lassen? Hielt er in dergleichen Umständen besondere und lange Unterredungen mit ihnen? Führte er mit ihnen zugleich Klagen über den König und über die Regierung, oder suchte er sich mit ihnen zu trösten? Endlich weiset er denn, daß dieser Heilige jemahls falsche und aufrührische Prophezeyungen wider einen Monarchen gemacht hat? Hat er jemahls die entsetzlichsten Lügen wider einen König ausgestreuet, um ihn bey seinen Unterthanen verhaßt zu machen?

(43) Was vor eine abscheuliche Bosheit! Es war nicht genug, daß er den H. Antonius von Padua verspottete, indem er ihn mit dem Malagrida vergleich, er will auch diesen Lasterhaften noch dem Propheten Jesaia und Elisa an die Seite setzen. Man kann mit Recht sagen, daß auch hier wie bey andern Gelegenheiten das Thier seinen Mund aufgethan hat zur Lästerung gegen GOtt, zu lästern seinen Nahmen, und seine Hütte, und die im Himmel wohnen. Offenb. 13. 6.

phetischen Tone reden oder nicht, so folgt doch aus diesen Reden noch nicht, weder daß er den Tod des Königs gewünschet, noch auch, daß er an der Verschwörung Antheil habe, oder daran schuld sey; es ist vielmehr ganz natürlich, daß, wenn er schuldig gewesen wäre, sich gar sehr würde in Acht genommen haben, so zu reden (44). Es würde gewiß zur Beurtheilung des Nachdrucks und der Zeit seiner Worte sehr viel beygetragen haben, wenn das Manifest die Gelegenheit, die Zeit, und die übrigen Umstände, wobey er gesagt: das Leben des Königs wird kurz seyn, angezeiget hätte. Ein treuer Unterthan, der sich über die menschliche Vergänglichkeit bekloget, pfleget zu sagen, daß das Leben seines Fürsten und die Glückseligkeit seiner Regierung eben dieser Vergänglichkeit unterworfen sey, und in diesem Verstande ist es ein Ausdruck der Hochachtung und Ergebenheit gegen die königliche Person. Das Leben des Königs wird kurz seyn, sagt man, wenn man seine Tage mit der Ewigkeit vergleichet, und in diesem Verstande ist es ein Unterricht, der sich vor alle Sterbliche schickt. Das Leben des Königs wird kurz seyn, kann man auch sagen in Absicht auf seine kranke oder schwache Leibesbeschaffenheit, und in diesem Verstande ist eine medicinische oder betrügliche

---

(44) Gesetzt aber, daß dieser Betrüger einen grossen Ruhm der Heiligkeit unter dem Volk erlanget hatte, daß ihn seine Mitbrüder vor einen grossen Propheten ausgaben, und daß er mit aller Geschicklichkeit und einem Jesuiten eigenen Verschlagenheit diese Rolle zu spielen wußte, um das Herz der Unterthanen von dem Könige abwendig zu machen, und ihnen eine Neigung beyzubringen, ihn ohne Mißvergnügen sterben zu sehen, und es zu gestatten, daß die Crone seiner Familie entrissen, und auf das Haupt eines Fremden gesetzet werde; war es ihnen alsdann nicht nach diesem seinem gemachten Plane vortheilhaft, den baldigen Tod dieses Monarchen vorher zu verkündigen? Und dieses ist es eben, was Malagrida gethan hat. Er ist davon überführet worden, und man hat es bewiesen. Die Sentenz vom 12. versichert es, und wenn das Urtheil des Malagrida und seiner Mitbrüder wird bekannt gemacht werden, so wird man gewiß in diesem Stücke nichts mehr verlangen können. Es gehöret nichts weiter dazu, um das thörichte und einfältige Geschwätz des Apologeten der Jesuiten zu widerlegen. Verständige Leute würden sich nur daran ärgern, wofern wir ihn widerlegen wollten. Man kann wahrhaftig nichts schlechters und kindischers finden. Hat der Verfasser die Rednerkunst gelehret, so muß er gewiß keinen grossen Redner gebildet haben. Ich erstaune darüber, daß er die Cardinäle und Prälaten vor so unwissend gehalten hat, daß sie sich dergleichen Schwachheiten und Thorheiten, die hier häufig vorkommen, sollten bereden lassen.

liche Vorherbestimmung: Das Leben des Königs wird kurz seyn, saget man auch von einem König, der auf Böses denket, und sich mit unschuldigem Blute besudelt, und in diesem Verstande ist es eine Erinnerung an die göttliche Drohung. Das Leben des Königs wird kurz seyn (45), kann auch derjenige sagen, welcher vermuthet, (oder wofern er es zugleich gewiß weiß, so kann er es um so vielmehr sagen,) daß einige nach seinem Leben stehen (46), und in diesem Verstande pflegt es eine Nachricht zu seyn, welche von der göttlichen Vorsehung herrühret,

(p) 2 damit

---

(45) Man siehet wohl, was es vor ein König ist, den die Jesuiten beschuldigen, daß er die Menschen verrathe, und sich mit dem Blute der Unschuldigen beflecke. Es ist eben derjenige, welchem sie in ihrem schädlichen Memoire an Clemens den XIII. gedrohet haben, und dessen Gütigkeit sie auf alle Weise zu mißbrauchen suchen. Ihr General hatte ihnen Befehl dazu gegeben. Und Malagrida hat hernach prophezeyen und sagen müssen, daß das Leben des Königes, den sie so schändlich gemißhandelt, kurz seyn werde. Sehen sie dieses nicht ein, daß eine solche Prophezeyung ein Verbrechen der beleidigten Majestät, und zwar um so viel schrecklicher ist, je mehr damit eine greuliche Entheiligung des Namens GOttes verbunden ist, so muß sie gewiß ihr offenbare Vergehung verblenden. Sie mögen GOtt ja bitten, daß er sie erleuchte.

(46) Noch besser. Hier bekennet es der Schuldige zum zweytenmahle. Malagrida wußte es, daß viele nach dem Königs nach dem Leben stunden. Er wußte es gewiß. Er wußte es so, daß er noch mehr hätte sagen können. Und folglich hat er prophezeyet, daß das Leben des Königes kurz seyn werde. Sein General, der es ebenfalls wußte, versichert es gegen die Cardinäle und Prälaten der Congregation. Und gleichwohl haben weder der General noch Malagrida vor gut befunden, dem König davon Nachricht zu geben. Was verlangt also die Congregation noch mehr, um den H. Vater dahin zu bewegen, daß er wider sie das schärfste Urtheil spreche, und sie ganz und gar der Strenge der Gesetze überlasse? Würde es wohl diese so ansehnliche Congregation gerne sehen, daß jedermann wegen ihrer Entschuldigung der Jesuiten und Verzögerung einer Antwort des römischen Hofes beschuldige, daß er in seinem Busen und unter seinen angesehensten Mitgliedern öffentliche Beschützer der Königsmörder und der schrecklichsten Ungeheuer habe, welche die Religion, die Sacramente, die geistlichen Uebungen, den prophetischen Character und einen falschen Schein der Heiligkeit dazu mißbrauchen, um die abscheulichsten Verschwörungen anzuspinnen? Würden sie es wohl zufrieden seyn, daß alle catholische Völker bey einer so ärgerlichen Beschützung genöthiget würden, in ihrem Glauben, und in ihrer Ergebenheit gegen den H. Stuhl wankelmüthig zu werden? Würden sie es zuge-

damit sich der König, wann er es höret, vor der Gefahr hüten möge. Sind nun so vielerley Bedeutungen, wobey ein Religiose ganz unschuldiger Weise das Leben des Königs kurz nennen kann, warum muß man

zugeben, daß die Deisten und andre Gottlose Gelegenheit erhielten zu sagen, die Religion sey bey den angesehensten Ministern des römischen Hofes nur ein Gespötte, und man opfere bey aller Gelegenheit das kostbare Interesse der Könige und der Völker, und die heiligsten Gesetze, welche anbefehlen, daß man den Königsmord als das schrecklichste Verbrechen, und die Mörder als die Verstuchtesten unter allen Lasterhaften ansehen solle, den besondern Leidenschafften auf? Nein. Dieses wird sie gewiß niemals thun. Es wird nicht geschehen, daß die Feinde der Religion, der Kirche und des H. Stuhls diese Vortheile erlangen werden, und die Congregation wird sich gewiß mit den Wünschen der ganzen römischen Kirche vereinigen, und ihnen diese Gelegenheit zum Triumphe nicht geben. Sie wird schon wissen die Erwartung und die Nachstellungen der Jesuiten zu vernichten, und durch eine gerechte und heilsame Schärfe ihrer Gesinnungen gegen die Urheber der erschrecklichsten Verschwörung ein solches Mißvergnügen an den Tag zu legen, welches der Ehre und der Einsicht der Mitglieder dieser Congregation gemäß ist. Sie siehet es, wie die Jesuiten es selbst bekennen, daß Malagrida es gewiß wußte; daß man dem Könige nach dem Leben stehe, und daß er weder Se. Majestät, noch seine Minister davon benachrichtiget habe, wie sie ferner bekennen, daß Malagrida die Seelsorge der Marquisin Tavora und ihrer Mitschuldigen gehabt, und ihnen zu eben der Zeit die geistliche Uebungen gemacht habe, da sie wider das Leben des Königes sich verschworen hatten; und wie sie endlich bekennen, daß dieser Religiose und seine Mitbrüder zu eben der Zeit mit diesen Verschwornen lange und häuffige Zusammenkünfte hatten, daß sie insgesamt in diesen Gesellschaften über den König und seine Regierung Klagen führten, daß sie sich untereinander ihre Betrübniß entdeckten und trösteten, und daß folglich bey eben diesen heimlichen und öftern Unterredungen Malagrida und seine Mitbrüder den Verschwornen den gottlosen Anschlag, welchen er gewiß wußte, beybrachte. Es ist unmöglich, daß die Congregation gegen das blitzende Licht dieser unmittelbaren Bekänntnisse die Augen zuschliesse, und daß sie nicht ihre Meynungen demjenigen gemäß bilden wolle, was daraus natürlich folget. Es ist ferner unmöglich, daß sie nicht darauf sehen sollte, was diese guten Patres mit einer verstellten und boshaften Einfalt sagen, daß ein Religiose, der es gewiß wußte, daß viele dem Könige nach dem Leben stünden, unschuldiger Weise sagen könnte, das Leben des Königs werde kurz seyn. Ein so seltsamer Ausspruch sollte schon allein hinreichend seyn, die Verschuldung der Jesuiten deutlich darzuthun, und zwar um so vielmehr, da Malagrida nicht nur die kurze Dauer des Königlichen Lebens vorher gesagt, sondern auch so gar prophezeyet hatte, daß es nicht über den Monath September dauren würde.

man denn einen solchen Ausdruck in dem abscheulichsten und ganz verkehrten Verstande nehmen, den er nur haben kann, wenn man es nicht bloß aus der Absicht thut, um einen heiligen Prediger, der es gesagt hat, zum Mitschuldigen einer abscheulichen Zusammenverschwörung zu machen?

Beschluß.

Es ist jetzt unsere Absicht nicht, ganz gewiß zu behaupten, daß die Verschwörung ungegründet, und das Urtheil wider die Missethäter ungerecht sey, und daß diese unschuldig wären. Vielleicht wird das Verbrechen in den Acten hinlänglich bewiesen seyn, und die Missethäter ihr Verbrechen bekannt haben, oder gehörig überführet worden seyn; allein das Manifest gibt dieses nicht genugsam zu erkennen. Vielleicht haben die vorhergegangene Anzeigen von der üblen Gesinnung gegen den König nebst andern von Gewehr, Pferden, nächtlichen Ausgängen, insonderheit in der Nacht des mörderischen Vorfalls einen Verdacht erwecken können, so daß man vom Verdacht auf Nachforschungen, und vom Nachfragen endlich auf die völlige Gewißheit der Sache gekommen ist. Ob nun gleich alles dieses möglich ist, so sind doch die Hauptpuncten, worauf man bey dem Manifest zu sehen hat, folgende: 1) Die geringe Erheblichkeit der Bewegungsgründe, wodurch sich die Angeklagten sollen in den Abgrund des Königsmords gestürzet haben, die weder mit der menschlichen Klugheit, noch auch mit den Leidenschaften edler Personen übereinstimmen, als bey welchen weder die Ungnade des Königs, noch auch das Verlangen nach grösserer Ehre und Belohnung ein hinlänglicher Sporn zu seyn pfleget, um sie zu einer so gottlosen und abscheulichen That zu bewegen (47).

2) Die

---

(47) Gesetzt aber, man sucht, wie der Herzog d'Aveiro auf den Thron seines Königs zu setzen, oder man will, wie der Marquis und Marqußin von Tavora sich darum rächen, daß man nicht zu den höchsten Ehrenstellen des Reichs ist erhoben worden, oder man hat sich gar so weit verleiten lassen zu glauben, daß man bey dem Königsmorde nicht einmal eine Erlaßsünde begehe, oder man ist so verwegen, wie die Jesuiten, und will die gemachten Eroberungen behalten, und eine schimpfliche Reformation vermeiden, und sich darum rächen, daß man sie auf eine schändliche Art von einem Hofe gejaget hat; stehen diese Bewegungsgründe nicht mit der Grösse des Verbrechens und der Leidenschaften, um welcher willen man dieselben begangen hat in einem genauen Verhältniß? Wer kann aber

als

2) Die Häuffung der Worte, und die Menge der Ausdrücke, womit man so schwache Ursachen vergrössert, nicht anders, als ob man durch diese Vergrösserung suchte die Schwäche der Gründe zu stärken. 3) die Verwirrung und Vermischung überflüßiger Erzehlungen, langer Wendungen und Beschreibungen des Verbrechens, vieler zweifelhaften Gründe und Umständen, zu welchen man eine bißweilen darzwischen zu setzen sucht, die zu einem überzeugenden Beweiß dienen könne. 4) Der schlechte Wohlstand, worinn man die Figur des Königs vorstellet; und der Verdacht, welchen er erwecket, daß die Aussöhnung mit den vornehmsten und angesehensten Angeklagten aus einer ganz andern Ursache herrühret, als welche man anführet. 5) Der allzudeutliche Vorsatz, womit man bey den Jesuiten überhaupt und ins besondere die beygefügten Schimpfnahmen von treulosen Verräthern, Abtrünnigen, und Urhebern der erschrecklichen Verschwörung im Voraus annimmt, ohne dabey etwas anders als einige willkührliche Präsumtionen anzuführen, die von Verläumdungen oder ungewissen Begebenheiten und weithergeholten Anzeigen und Verdacht (48) hergenommen sind, womit man beweiset, daß man den Proceß dieser Religiosen schon entschieden habe, ehe man
die

---

alle die Bemühungen, welche die Jesuiten hier und an andern Orten anwenden, um das Verbrechen des Herzogs d'Aveiro, und seiner Mitschuldigen in Zweifel zu ziehen, ohne Rührung ansehen? Und breitet man nicht alle diese Zweifel bloß darum so geschwind aus, um dadurch den König von Portugall desto verhaßter zu machen, und als einen Fürsten abzumahlen, der sich mit dem Blut der Unschuldigen besudeln könne? Dieses Memoire der Jesuiten zeiget also deutlich, daß die ärgerliche Vergehungen dieser Religiosen aufs höchste gestiegen sind. Und wie? Ist es noch nicht genug, die Könige umzubringen, muß man sie auch noch dazu beschimpfen?

(48) Ein ganzes Tribunal, wie die Inconfidenza ist, welches aus den vornehmsten, verständigsten und ansehnlichsten Personen des Reichs bestehet, bezeuget ausdrücklich und feyerlich vor der ganzen Welt, daß es aus den überzeugendsten Beweisen erhelle, daß die Jesuiten die Urheber dieser entsetzlichen Verschwörung wären, und einer von diesen treulosesten, von diesen Verräthern, von diesen Abtrünnigen, oder besser zu reden der erste und das Haupt der andern kann so verwegen seyn, und diesem erlauchteten Tribunale, ja dem Könige selbst eine Lügen vorwerfen, und sagen, daß man ihnen nur einfältige Worte, unnütze Erzehlungen, weithergeholte Anzeigen und bloßen Verdacht entgegen

die Acten angefangen, und daß man durch diese Scheltworte, womit man sie vor der Verkündigung der Sentenz beleget, die Erwartung der Leute reitzen will, die Verurtheilung anzuhören, und Zuschauer bey ihrem Trauerspiele zu seyn.

Was für eine unanständige Sache ist es doch vor ein gerechtes, unpartheyisches und gemäßigtes Gericht, einen Angeklagten vor der Endigung des Processes vor dem Ausspruche des Urtheils mit Schimpfworten zu belegen (49)! Heißt dieses nicht sein Wort geben wollen, um die Jesuiten zu verurtheilen, damit sie durch die unerträgliche Beschuldigung und Ungerechtigkeit, und Schimpfworte möchten überwiesen werden (50)? Man hat diese Religiosen mehr als einmahl und in mehrern

Rei-

---

gegen setze? Kann man hieraus wohl etwas anders schliessen, als daß dieser Jesuit die entsetzlichen Ungerechtigkeiten und Verbrechen, davon er nebst seinen Mitbrüdern ist überwiesen worden, im höchsten Grad an sich habe?

(49) Eine andere Lügen. Ist ihr Proceß nicht eben zu der Zeit, als der Proceß ihrer Mitschuldigen geführet worden? Ist der Entschluß, die Jesuiten Malagrida, Alexander, Matos und viele andere ihrer Mitbrüder besonders gefangen zu setzen und zu verhören, nicht eine Folge der gehabten Beweise, daß die Jesuiten die vornehmsten Urheber der Verschwörung gewesen sind? Unter den verschiedenen deutlichen Beweisen, wie der König von Portugall in seinem Memoire an den Papst Clemens den XIII. sagt, sind einige, die aus den Originalbriefen und Schriften dieser Religiosen genommen worden, kann man wohl etwas überzeugenders verlangen? und gleichwohl ist dieses bey den Jesuiten nichts anders, als willkührliche Präsumtionen, weitbergeholte Anzeigen und blosser Verdacht. Es ist gut vor sie, wenn es ihnen jemand auf ihr Wort glaubet. Das beste bey der Sache ist, daß ihr Proceß schon geendiget ist. Und es ist ganz gewiß, daß, wofern der König von Portugall nicht so viele Achtung vor die Kirchenfreyheiten dieses Reichs gehabt hätte, die Jesuiten als offenbare Missethäter in das Todes-Urtheil der andern Verschwornen ohnfehlbar, würden seyn gesetzet und zugleich mit ihnen hingerichtet worden.

(50) Als Ravaillac den König Heinrich den IV. umgebracht, und der versuchte Damien den jetzt lebenden König von Frankreich verwundet hatte, so erwartete man ihr Todes Urtheil, um sie als Ungeheuer zu halten, und mit den schimpflichen Ausdrücken zu kriegen, welche das grosse Misvergnügen bey solchen Gelegenheiten einem jeden auspresset! Die Jesuiten in Portugall sind recht

auf

Reichen der Verschwörung beschuldiget. In Engelland bey dem König Jacob, in Frankreich unter der Regierung Heinrichs des IV. und bald darauf in Deutschland wider den Prinz Mauritium von Nassau; und endlich in Pohlen wider das Leben des Königs Sigismund (51). Allein sie sahen endlich in einem jeden von diesen Reichen, wie die Verläumdung verschwand, und ihre Redlichkeit und Unschuld deutlich an den Tag kam, weil sie überall Zeit genug hatten sich zu vertheidigen, da die Richter ihre Ordnung beobachteten (52). In Deutschland und in Pohlen wurde ihre Unschuld durch die öffentliche Erklärung der Missethäter und durch die Aussa-

---

auf der That ergriffen worden. Es war bereits bekannt, daß sie in America einen offenbahren Krieg wider ihren Monarchen führten, und daß sie ihn in Europa überall verspotteten und lästerten. Zu eben der Zeit nun, da man die Verschwornen ins Gefängniß gesetzet, und die Jesuiten in ihren Häusern eingeschlossen hielt, so fand man bald hier bald da Pappiere und Schriften, auf welchen die Jesuiten den ganzen Plan der Verschwörung und des Mordes entworfen hatten. Und wen wolten sie denn erschiessen lassen? einen König, welcher das Vergnügen seines Volks, und höchst liebenswürdig ist, der sie mit Wohlthaten überhäuffet hat, und nebst allen grossen königlichen Eigenschaften die Gnade, Leutseligkeit und edelmüthiges Wesen im höchsten Grad besitzet. Ist es möglich, daß man bey solchen Umständen die Zungen der treuen Unterthanen wider diese Ungeheuer einschränken kann, die sich nicht begnüget haben, einen so grossen König, und einen so liebreichen Vater auf das unverschämteste zu verspotten, sondern auch durch die stärksten Beweise überführet sind, daß sie den abscheulichen Anschlag des Königsmords gefasset haben.

(51) Und warum sagen wir, daß die Jesuiten allein unter allen Orden der Religiosen so oft und in so vielen Reichen wegen der Verschwörungen wider das Leben der Könige angeklaget sind? Ist es nicht vielleicht deßwegen, weil sie ihrer Natur nach Feinde von allen gekrönten Häuptern sind, und seit 200. Jahren der beständig lehren, daß es verschiedene Fälle gibt, in welchen es erlaubt ist, die Könige ohne Begehung einer Erlaßsünde umzubringen? Und warum haben sie es wohl gelehret, als daß sie es in Ausübung bringen möchten, wie sie auch würklich in so vielen Ländern gethan haben?

(52) Der Apologet muß ohnfehlbar das Todesurtheil des P. Guignard und das Arret des Parlaments zu Paris vom 16. Decemb. 1594. vergessen haben. Es müßte denn seyn, daß er den Guignard vor einen Märtyrer wie den Garnet ansiehet, und das Parlament vor ein ketzerisches Gericht hält, welches nicht verdient genennet zu werden. Um deßwillen sind ihm auch vielleicht die Umstände der Todesstrafe wegen Garnet und Oldecorne, und die Arrets des Parlaments von Engelland, das sie verurtheilte, aus dem Gedächtniß entfallen.

Aussagen glaubwürdiger Zeugen versichert. In Engelland zeigte es sich deutlich, daß die Werke des P. Heinrich Garnets, welcher daselbst zur Vertheidigung des Glaubens auf eine glorreiche Art gestorben ist, nichts anders als solche waren, welche ihm von dem Betruge, und dem tödtlichen Hasse der Ketzer und Calvinisten in Frankreich beygemessen waren, wie dieses der allerchristlichste König Heinrich der IV selbst bezeugte, welcher die Jesuiten von aller Verläumdung reinigte, und in Gegenwart des Parlaments zu ihrer Ehre noch die merkwürdigen Worte hinzu setzte: nec unquam inventus est, qui ab his necem Regis didicisset (53). Auf diese herrlichen Gründe ihrer Unschuld hätte man eine richtige Präsumtion zu ihrem Vortheile bauen sollen; da aber das Gegentheil geschehen ist, werden sie sich wohl schmeicheln können, daß sie in Liffabon einen ähnlichen Sieg davon tragen sollten? Sie werden es nicht anders als von einer wunderthätigen Vorsehung des Himmels erwarten, indem die Verläumbung durch die Hoheit und Macht unterstützet wird, ihre Schande auszubreiten, ohne daß man ihnen nur erlaubet, sich zu vertheidigen. Es erscheinet bereits vor der ganzen Welt das Denkmahl ihrer Beschimpfung in einem öffentlichen Manifeste, welches von dem Tribunale der Justitz herrühret. Wer wird wohl das Herz haben, diesem Tribunal zu widersprechen (54), und die Ehre dieser Religiosen zu retten? Man würde

zu

---

(53) Woher haben doch jemals die Jesuiten diese schöne Anmerkung hergenommen? Kein Geschichtschreiber erwehnet diesen Ausdruck. Und wie hätte auch Heinrich der IV. dieses sagen können, was man ihm beymißt, da er selbst das erstemal von dem Stiche mit dem Messer, welches die Jesuiten dem Joh. Chastel in die Hände gegeben hatten, ausrief, indem er fühlte, daß ihm ein Zahn ausgebrochen: Gewiß, man muß es sagen, daß die Jesuiten durch meinen eigenen Mund überführet worden. Uebrigens aber weiß man wohl, daß dieser grosse König nicht so glücklich war, den mörderischen Händen der Jesuiten das zweytemal zu entgehen. Daß aber diese Religiosen, die nur allzusehr überwiesen sind, daß sie die vornehmsten Urheber dieses schrecklichen Mordes gewesen sind, die wohlverdiente Strafe nicht empfiengen, haben sie einer höhern Macht zu danken, welche es verhinderte, daß man mit den Nachforschungen und Entdeckungen der wahren Mitschuldigen des Ravaillac nicht weiter gehen durfte. Und dieses ist nicht das letztemal gewesen, daß sie ein solches Glück gehabt haben.

(54) Es ist niemand anders als die Jesuiten, welche dazu fähig waren, indem
keine

zu einem jeden, der sie vertheidigen wolte, sagen: Bist du auch einer von ihnen: Es bleibet also diesen Unglücklichen nichts übrig, als daß sie sich trösten können, daß ihr Haupt JEsus von den Menschen getödtet wurde, nicht als ein Heyland der Welt, sondern als ein Betrüger, der alles Volk an sich zöge, und als ein Verräther des Kaysers, dessen Reich er rauben wollte (55). Man weißt es, daß die Glaubigen in der ersten Kirche aus keiner andern Ursache verurtheilet wurden, als weil sie Christen waren, jedoch unter den falschen Vorwendungen, daß die Christen Blutschänder, Rebellen, Kindermörder, und Eselsverehrer wären, und den Kopf eines Ochsen anbeteten. Die Ketzer werden bey dem Tode dieser Religiosen ein Triumphlied singen und sie machen schon alle Anstalten, ihr altes Lied von neuem anzustimmen: es sey kein Verbrechen

---

keine Ausschweifung ist, welche sie abhalte, oder abschrecke, wie man in gegenwärtigem Falle siehet.

(55) Diese treulosen Lästerer haben sich nicht begnüget, ihren Malagrida mit dem H. Antonio und mit den Propheten Elisa und Jesaias zu vergleichen. Jetzt vergleichen sie ihn gar mit unserm Heyland, den sie sich unterstehen, ihr Haupt zu nennen, weil sie sich auf eine verkehrte Art vor seine Gesellschaft ausgeben. Es ist also auch kein Wunder, wenn sie sich mit allen Märtyrern der ersten Kirche vergleichen. Allein JEsus Christus und seine Märtyrer machten gewiß keine Verschwörung wider eines Menschen Leben. Sie hatten keinen langen und geheimen Umgang mit den Urhebern der Verschwörungen, und sie suchten nicht in ihrer Gesellschaft die Betrübniß zu stillen, noch die Zeit mit solchen Bösewichtern zuzubringen, um wider die Fürsten und ihre Minister zu murren.

(56) Der Verfasser darf nur ohne Sorgen seyn, es wird nicht geschehen. Einer der stärksten Vorwürfe, welche die Ketzer der catholischen Kirche zu machen pflegen, ist dieser, daß es scheint, als ob sie mit einer Art von Gleichgültigkeit eine Gesellschaft von Menschen in ihrem Schoose hege, die niemals unterlassen hat, gleich von ihrer Stiftung an sich zu verschlimmern, und noch nicht aufhöret den Glauben, und die Moral JEsu Christi zu verderben, und die Mittel zu lehren, wie man ohne Gewissensangst die grösten Verbrechen begehen könne. Sollten es die Ketzer sehen, daß die Kirche diese ungeheure Gesellschaft aus ihrem Schoose stiesse, und sie mit wohlverdienten Flüchen belegte, so würden sie freylich, wiewohl unbilliger Weise der Braut Christo einen Vorwurf weniger machen. Es ist aber nicht die Schuld der Kirche, daß sich die Jesuiten noch in ihrem Schoose befinden. Die Kirche hat allezeit über die Unterdrückungen, gleich sie verursachet haben, und über die Aergerniß, so sie gegeben, geseufzet. Gleich

brechen, wovon nicht die Jesuiten die Urheber wären (57): Ein Lied, welches bey ihren Nachahmern in so grossem Ansehen stehet, daß auch unter den Catholischen dieses so gelehrten und erleuchteten Jahrhunderts noch viele glauben, daß die Jesuiten die Erbsünde in die Welt gebracht, und daß sie in der Ohrenbeichte dem Cain seinen Bruder umzubringen, dem Absalom sich wider den König seinen Vater zu empören, und der Delila den Simson den Philistern zu übergeben, gerathen hätten (58). Wer wird also mit ihrem seltsamen Schicksale Mitleiden haben?

von Anfang, da diese Gesellschaft entschlen, sahen die grösten Männer der Kirche das Unglück und die Noth voraus, die sie anrichten würden. Sie haben es den Päpsten und Königen vorgestellet. Sie haben ihre Seufzer und Thränen als eine Erbschaft von grossen Männern und erleuchteten Gläubigen, die nach ihnen gekommen sind, hinterlassen. Folglich ist der Vorwurf, den die Ketzer in diesem Stücke der Kirche machen, ungerecht und ungegründet. Es mögen aber ihre Schmähreden seyn, wie sie wollen, so ist es doch gewiß, daß sie schweigen, und nicht mehr triumphiren werden, wenn die Gesellschaft wird vernichtet seyn.

(57) Der Herr le Tellier Erzbischoff von Rheims ist es, der zu sagen pflegte: die Jesuiten sind gute Leute, es ist aber keine Boßheit, wobey nicht ein Jesuit der Anführer wäre. War dieser Prälat vielleicht ein Ketzer? Allein man braucht hier keine Worte eines andern, die That bestätiget es. Alles Uebel und alle Noth, welche die Kirche nach dem verderbten Zustande der Jesuiten betroffen haben, rühren von diesen Religiosen, als Häuptern, Urhebern und Anführern her.

(58) O wer würde jemals eine solche wunderliche Ausschweiffung von unserm Verfasser vermuthet haben! Jedoch er irret sich gar sehr. Es ist kein Mensch weder so blind noch so einfältig, der die Jesuiten beschuldigen wollte, daß sie die Erbsünde in die Welt gebracht haben. Nein. Jedermann weißt vielmehr, daß sie gesucht haben, dieselbe aus der Welt zu bringen, und durch ihr System von dem Stande der reinen Natur zu vernichten, nach welcher sie mit den Pelagianern lehren, daß die Natur des Menschen durch die Sünde Adams weder verderbt noch geschwächet worden sey, sondern, daß sie nur der übernatürlichen Gaben beraubet worden. Daß die kleinen Kinder, so ohne Tauffe gestorben sind, und die Ungläubigen, welche nichts von JEsu Christo gehöret haben, und nicht in wircklichen Sünden gefallen sind, in jenem Leben einer natürlichen Glückseligkeit, die alles andere Vergnügen in der Welt weit übertrifft, ewiglich geniessen werden. Was ferner den Cain, Absalom und die Delila anbetrifft, so vermuthen wir, daß der Verfasser Vergleichungsweise rede. Vielleicht verstehet er unter diesen drey Gottlosen die Verfolger der Heiligen, die Rebellen wider

ben? Es werden gewiß die Congregationen der Barmherzigkeit selbst Bedenken tragen, ihnen die letzte christliche Liebe zu erweisen, die sie den Verurtheilten beweisen (59). Es wird niemand sich unterstehen, vor sie zu GOtt zu bitten, obgleich die Kirche ihre Vorbitte weder den Ketzern, noch Juden oder Heyden versaget (60).

Acht und dreyßigster Brief.

Die Landesverweisung der Jesuiten in Portugall erfolget gewiß. Nachricht von dem Tode des Königs in Spanien. Umständliche Erzehlung, wie es wegen des Aufruhrs in Sonora einer Provinz von Mexico ergnugen.

Lißabon den 15. Aug. 1759.

Man erwartet hier die Antwort von Rom mit aller Ungeduld, und ich kann Jhnen, mein Freund, gegenwärtig nur so viel melden, daß der Hof die Landesverweisung der Jesuiten aus den Staaten Sr. allergetr. Majestät schon beschlossen hat, und an der Verfertigung dieses wichtigen, und vor die Jesuiten höchst unangenehmen Edicts würklich gearbeitet wird.

Vor-

---

wider die Könige, und die Verschwornen wider das Leben der Fürsten, und alle Lasterhafte, welche gemeiniglich die Jesuiten zu Beichtväter und Seelsorgern haben. Versteht er dieses darunter, so muß er wissen, daß die Catholischen, von welchen er redet, nicht so unverständig sind, wie er sich einbildet.

(59) Man weiß, daß in Portugall, Italien, und in andern Ländern die Congregationen der Barmherzigkeit gewisse Gesellschaften frommer Personen sind, welche den Missethäter bey ihrem Hincange zum Tode einen Muth zu sprechen, und sie zum Galgen begleiten, und nach ihrem Tode begraben. Jedoch der Verfasser betrüget sich auch in diesem Stücke. Es sind gewiß wenige brave Leute in Europa, die nicht solten ein gerechtes Vergnügen haben, allen Jesuiten diesen letzten Liebesdienst zu beweisen.

(60) Auch hier irret sich der Apologet. Alle gute Christen werden niemals aufhören, so lange als Jesuiten in der Welt sind, zu GOtt vor sie zu bitten, schuldige sie GOtt, daß sie fallen von ihrem Vornehmen, stosse sie aus um ihrer grossen Uebertretung willen, denn sie sind dir widerspenstig.

Vorgestern erhielt unser Hof durch einen ausserordentlichen Courier von Madrit die betrübte Nachricht von dem Tode des catholischen Königs Ferdinand des VI. Er ist zu Villa Vezosa in den Armen des Bischofs von Palenza, der ihm die geistliche Hülfe leistete, und in Gegenwart des päpstlichen Nuntius Hrn. Spinola, der ihm die päpstliche Absolution ertheilet, und des Cappellans des Pallastes, und Generalinquisitors des H. Officiums gestorben. Er war ein sehr guter Herr, und würde noch besser gewesen seyn, wenn ihm die Natur grössere Gaben, und eine stärkere und gesündere Leibesbeschaffenheit verliehen hätte. Er war über dieses von Natur eines sanften und stillen Wesens, nicht hitzig noch zornig, oder strenge, sondern leutselig, gesprächig, und überaus gnädig. Es ist kein Zweifel, daß seine Unterthanen den Verlust dieses Monarchen bedauren werden, und daß sie sich zu gleicher Zeit wieder freuen können, daß sich ihr Zustand unter der Regierung des Königs Carl des III. von Neapel des zweyten Bruders des verstorbenen Monarchen, der zur Thronfolge in Spanien ernennet ist, gar sehr verbessern werde.

Aber ums Himmels willen, was vor List werden die Jesuiten anwenden müssen, um diesen Monarchen auf ihre Seite zu ziehen? Ganz Europa ist begierig zu vernehmen, was sie vor Maasregeln in einem solchen Falle ergreiffen werden. Unterdessen haben sie an der verwittibten nigin Elisabeth von Parma, welche während Krankheit des Königs den Titul einer Gouvernantin des Reichs angenommen hat, eine Prinzeßin gefunden, die vor die Jesuiten sehr eingenommen ist, und dieselben zu ihren Gewissensräthen erwählet hat, durch deren Hülfe sie sich auch aus den verwirrtesten Händeln glücklich heraus zu ziehen wissen. Denn als die Jesuiten angeklaget wurden, daß sie, im Jahr 1751. durch ihr schlimmes Betragen die Indianer der Provinz Sonora, welche unter dem ViceRe von Mexico stehet, in solche verzweifelte Umstände gesetzet hatten, daß sie dadurch angetrieben wurden, einen allgemeinen Aufstand unter der Aufführung eines gewissen Ludwigs zu machen, so wurde durch diese Begebenheit der Zustand ihrer Sachen in Spanien sehr bedenklich, zumal da eine solche Anklage mit dem, was in Ansehung der von ihnen in Maragnon erregten Rebellion bewiesen war, genau übereinstimmte. Dem ungeachtet wendeten sie doch alle List an, um nicht nur wegen der Beschuldigung einer Rebellion in Sonora vor unschuldig erkläret zu werden, sondern auch um von der verwittibten Königin Gouvernantin eine

Schrift zu erhalten, worin ausdrücklich stehet, daß sie bishero den Indianern jener Provinz mit aller Liebe begegnet wären. Der bekannte P. Altamirano, General-Procurator der Provinz Mexico, der sich zu Madrit aufhält, ist sehr geschäftig, und hat bereits alle Anstalten gemacht, um diese vorhabende Absicht, ungeachtet der erkannten Wahrheit und rechtlichen Beweise der Verschuldung seiner Mitbrüder in der erwehnten Provinz zu erreichen: von welchen doch zweene mit Namen Thomas Cello und Heinrich Roan in dem erwehnten Auffstande geblieben waren. Da nun der D. Diego Certiz Patilla, damaliger Gouverneur von Sonora nach der Unterdrückung dieses Aufruhrs und bey angestelltem gerichtlichen Processe durch die Aussagen der Rebellen und andere unpartheyische Zeugen erfahren hatte, daß die Mißionarien Jesuiten daran schuld gewesen wären; so geschah es, daß, als er in der Untersuchung dieser Sache weiter fortfahren wollte, die Mißionarien selbst das Mittel ergriffen, welches sie in dergleichen Fällen zu brauchen pflegen, und ihn heftig verläumdeten, und wider ihn selbst einen Proceß anfiengen. Nun giengen die Berichte des Patilla in die Canzley der Regierung von Mexico, und endlich kam die Nachricht davon auch an den spanischen Hof. Dieser gab sogleich durch ein königlich Schreiben vom 18. Oct. 1755. dem würklichen ViceRe von Mexico Befehl, die bey erfolgter Beruhigung der Rebellen verfertigten Acten nach Madrit zu schicken, und wegen des Ursprungs dieses Auffstandes selbst geheime Nachrichten einzuziehen. Kaum aber hatten die Jesuiten, welche sich bey Hofe aufhielten, diese Verfügung erfahren, so schrieben sie nach America, und wußten es daselbst so gut zu machen, daß sie nicht nur den ViceRe von Mexico, sondern auch den jetzigen Gouverneur von Sonora Joh. di Mendoza auf ihre Seite brachten. Hierauf kamen im Jahr 1759. die Berichte nach Europa, so, wie sie die Jesuiten verlangt hatten; jedoch war darinn nicht das geringste Versehen bey dem Verfahren des D. Diego Certiz Parilla angeführet. Unterdessen war der P. Altamirano schon damit zufrieden, daß er eine Schrift erhielt, wodurch seine Mitbrüder bey den gegenwärtigen Umständen in den Augen des gemeinen Volks in Ansehung dessen vor unschuldig gehalten werden, was sie in Sonora begangen haben. Die Sache wird sich bald entwicklen. Uebrigens ist die Zeit und Gelegenheit den Jesuiten sehr vortheilhaft, nnd ich bin versichert, daß wenn sie eine Erklärung nach ihrem Wunsche erhalten, sie dieselbe sogleich durch den Druck in ganz Europa in der Absicht bekannt machen werden,

um

um sich damit wegen der Verbrechen, deren sie von unserm Monarchen und seinem Ministerio überführet sind, zu rechtfertigen. Wer wird sich aber in diesem Falle fangen lassen? Wir und alle verständige Leute, welche die rechte Beschaffenheit der Sachen wissen, werden sich gewiß dadurch nicht hintergehen lassen.

Neun und dreyßigster Brief.
Die Antwort an den König von Portugall wird abgeschickt. Das Betragen der Jesuiten hierbey. Artige Begebenheiten mit dem P. Pichi und P. Baffei in Rom.

Rom den 29. Aug. 1759.

Endlich ist das große Geheimniß an Tag gekommen, und man weiß nunmehro die Antwort, welche der Heil. Vater dem Könige von Portugall gegeben hat. Am 30. Jul. empfieng der portugiesische Gesandte ein Billet von dem Cardinal Torreggiani, worinn ihm dieser Cardinal versicherte, daß man ihm noch diese Woche die Antwort des Papsts an den König seinen Herrn übergeben würde, damit er sie an seinen Hof schicken könne. Zween Tage hernach nemlich gegen 8. Uhr des Abends am 1. Aug. schrieb eben dieser Cardinal ein anders Billet an diesen Minister, dessen Innhalt war, daß der Heil. Vater zur Bezeigung seiner größern Achtung gegen Se. allergetreueste Majestät, entschlossen wäre, einen eigenen Courier abzuschicken, der die besagte Antwort überbringen sollte; daß dieser Courier den folgenden Tag abgehen würde, und daß Se. Excellenz von dieser schönen Gelegenheit Gebrauch machen könnte, wenn er etwas mitzuschicken hätte. Der Minister merkte wohl, wie sehr er dadurch beleidigt würde, daß man eine so wichtige Antwort an seinen König durch jemand anders als durch seine Hand überschicken wollte, und daß man ihm hiervon nicht die geringste Nachricht gegeben hätte. Er sahe überdieses die Falle wohl, die man ihm stellen wollte, indem man ihm den Vorschlag that, seine Briefe dem päpstl. Courier anzuvertrauen; und antwortete dahero dem Cardinal Staatssecretario schlechthin, daß er ebenfalls Willens sey, einen außerordentlichen Courier an seinen Hof zu schicken, und daß er deßwegen St. Eminenz ersuchte,

suchte, die nöthigen Befehle wegen der Postpferde zu ertheilen. Diese Antwort verursachte, daß man die Abschickung des päpstlichen Couriers beschleunigte, als welcher noch um 11. Uhr des Abend am 1. Aug. abreisete. Der Gesandte hatte noch alle seine Briefe zu schreiben, und konnte also seinen Courier nicht eher als drey Stunden hernach abschicken; allein er versprach ihm ein gutes Trinkgeld, wenn er den andern Courier noch einholen würde.

Am folgenden Tage glaubten nunmehro die Verwahrer dieses Geheimnisses im Stande zu seyn die öffentliche Neubegierde zu stillen. Sie sagten also, daß Se. Heiligkeit dem Könige von Portugall das von ihm verlangte Breve überschicke, damit es auf die Ordensleute und folglich auch auf die Jesuiten sich erstrecken sollte, was Gregorius der XIII. dem Gewissenstribunal zu Lissabon ertheilt hätte, die geistlichen Orden, welche des Verbrechens der beleidigten Majestät überführet wären, zu richten, mit canonischen Strafen zu belegen und dem weltlichen Arm zu übergeben; daß aber das Breve von Clemens dem XIII. nur auf dieses einzigemahl sich erstrecke, das ist, um die angeklagten Jesuiten als Urheber der Rebellion in America, und der Verschwörung in Portugall zu richten; und daß darinn diese Bedingung noch enthalten sey, daß der König bey diesem Processe noch zween Bischöffe zu den geistlichen Richtern, welche das Gewissenstribunal ausmachen, hinzufügen sollte.

Unterdessen sehen Sie wohl, mein Herr, daß alle listigen Kunstgriffe der Jesuiten vergeblich gewesen sind. Denn als sie sahen, daß die nach Lissabon geschickten Schriften, kein Geheimniß mehr waren, so legten sie die Masque der Zufriedenheit, womit sie sich bishero bedeckt hatten, ab, und gaben ihren Unwillen gegen die Congregation, gegen den Papst, und den Staatssecretarius selbst zu erkennen. Diese guten Patres vermuthen gar, sie wären von den Personen am päpstlichen Hofe selbst hintergangen worden, welche die meiste Liebe und Eifer gegen sie bezeuget hätten. Sie gründen ihre Vermuthung darauf, daß der päpstliche Courier, als er zu Aix in Provence krank geworden sein Paquet dem Courier des Gesandten übergeben habe, welcher hernach seine Reise weiter fortgesetzet; da jener einige Tage ausgeruhet, und alsdann ganz gesund zu Rom wieder angekommen sey. Eine solche Unpäßlichkeit scheint ihnen eine anbesohlne Sache zu seyn. Sie haben sich hierüber heftig beklaget, und unser Hof hat zum Zeichen, daß man mit dem Courier nichts

ver-

verabredet habe, um sie zu hintergehen, denselben seines Dienstes entsetzet.

Unterdessen unterlassen diese würdigen Patres nicht, ihr Gebäude fortzubauen, das heißt, ihre Begierde nach den Gütern eines andern nimmt täglich zu. Sie hatten entdeckt, daß die verwittibte Marquisin Spinola von Genua, die sich zu Rom aufhält, ein grosses Vermögen besitze, welches sogleich ihre Geldbegierde dergestalt reitzte, daß sie es dem P. Hieronymus Pichi auftrugen, dieses Vermögen an die Jesuiten zu bringen. Man kann sich leicht vorstellen, daß sie an diesem Mitbruder die besten Gaben zu einer glücklichen Ausführung der Sache werden bemerket haben. Und in der That er war auch so geschickt, daß er bald das Vertrauen dieser Dame gewann. Der erste Gebrauch, den er davon machte, bestund darinn, daß er ihr unter allerhand Vorwendungen den Rath gab, ihre drey Cammerfrauen und bald darauf alle andere Bediente wegzuschaffen, und andere anzunehmen, die in allem von ihm abhiengen, und ihm von allem Rechenschaft geben, und ihm zu Diensten seyn mußten. Da er nun sahe, daß er im äusserlichen völlig über die Dame Herr sey, so grief er den Platz gerade zu an, und stellte der Dame vor, daß sie nothwendig verbunden sey, ihre Sachen bey Zeiten in Ordnung zu bringen und ihr Hauß zu bestellen, wobey er ihr denn mit einer guten Art beybrachte, daß sie doch auch in ihrem Testamente die von den Ketzern und unächten Catholicken verfolgte und auf allen Seiten beunruhigte Gesellschaft bedenken möchte, indem dieselbe ja die größte Stütze der catholischen Religion sey, und die Irrthümer und das böse Leben der Menschen gerade zu angreife, und überwinde. Die gute Dame ließ sich dadurch dergestalt überreden, daß sie nicht nur ihre Güter zum Besten der Gesellschaft vermachte; sondern sich auch bemühete, den Grafen und die Gräfin Airra, mit welcher sie eine vertraute Freundschaft hatte, zu diesem guten Werke zu bereden. Der gute P. Pichi ist jetzt so geschäftig oder vielmehr so sehr in Furcht, daß ihm diese Beute entwischen möge, daß man mit Verwunderung siehet, wie er in den Häusere dieser Damen herumschleicht, und sich täglich ordentlicher Weise zwo Stunden darinn aufhält, um sie bey dieser guten Gesinnung zu erhalten.

Der P. Baffel im römischen Seminario ist in einer andern Sache nicht so glücklich gewesen. Denn als er erfahren hatte, daß ein gewisser Mensch von Lucca gebürtig vor kurzem aus Lissabon angekommen sey,

sey, wo er in Diensten des Herzog d'Aveiro gestanden hatte; so bildete er sich ein, daß man das wichtige Zeugniß dieses Menschen allen Aussagen wider die Gesellschaft in Lissabon, und dem Ausspruche des allergetreuesten Königs selbst entgegen setzen könnte. Er suchte dahero denselben dahin zu bewegen, daß er sagen möchte, die Jesuiten hätten keinen Antheil an der Verschwörung wider den portugiesischen Monarchen gehabt. Allein ob ihm gleich der gute Pater goldne Bewegungsgründe vorlegte, um ihn dazu zu bereden, so widersetzte sich doch dieser Mensch einem solchen Anerbieten, indem er wohl wußte, daß die Könige lange Hände hätten, und ihm auch, ungeachtet er weit von Lissabon entfernt wäre, etwas übels begegnen könnte, im Fall er die Wahrheit verleugnen wollte, und behauptete dargegen beständig, daß es in Portugall eine ganz bekannte Sache sey, daß die Jesuiten die Urheber dieser Verschwörung gewesen wären; und ob er gleich nicht mit von der verschwornen Bande gewesen war, so konnte er doch soviel bezeugen, daß den Abend vor der mörderischen Unternehmung der P. Malagrida und Alexander seinen Herren besucht, und mit ihm eine geheime und lange Unterredung gehalten hätten, und daß man lange Zeit vorher schon hätte merken können, daß ganz geheime Verbindungen und Vertraulichkeiten unter ihnen seyn müßten. Sehen Sie, mein Freund, so sind hier die jesuitischen Sachen gegenwärtig beschaffen. So bald als etwas neues vorfällt werde nicht ermangeln es zu berichten. Leben Sie wohl.

Vierzigster Brief.

Die Jesuiten sind am kayserlichen Hofe nicht wohl angeschrieben. Der Herr Erzbischoff macht sonderlich allerhand schöne Verfügungen wider diese Religiosen, und ihre Lehre.

Wien, den 26. Sept. 1759.

Gegenwärtig werde ich Ihnen, mein Freund, wichtige Dinge melden. Die Jesuiten streuen zwar in Italien und Frankreich aus, daß sie bey unserm Hofe wohl angesehen wären, daß man hier ihre heiligen Gesinnungen vollkommen kenne, daß sie wegen ihrer Lehrart bey dem

Unser-

Unterricht der Jugend, bey allen Ministern, Prälaten und bey dem Erzbischoff selbst in großer Hochachtung stünden, daß sie hier keine Verleumder ihrer Lehren hätten, sondern daß man sie vielmehr verehre, und annehme. Allein ich will Ihnen, mein Freund, die Wahrheit sagen, und zeigen, daß unser Hof bey den gegenwärtigen Umständen wohl weiß, wie man die Gesellschaft ansehen müße, und dieselbe schon vor langer Zeit hat kennen lernen, und in Ansehung derselben solche Verfügungen getroffen hat, welche von allen Mächten in Europa nachgeahmet zu werden verdienen. Zumal was die Erziehung der Jugend anbetrift, welche ein höchst würdiger Gegenstand der reifesten Ueberlegungen in einem wohleingerichteten Staate ist.

Seit zehn Jahren her war den Jesuiten in dieser Hauptstadt und in ganz Oesterreich alles dasjenige anvertrauet, was die schönen Künste und Wissenschaften anbetrift, und sie hatten in gewißermaßen eine unumschränkte Aufsicht darüber. Allein an statt daß die Wissenschaften immer zunehmen sollten, wie man in andern Ländern siehet, wo die Jesuiten keine offene Schulen haben, so nahmen sie hier täglich ab, und die von ihnen erzogene Jugend schien mit den schlimmen Grundsätzen und bekannten Maximen, die man in diesen Schulen vorträgt, ganz eingenommen zu seyn. Die Kayserin unsere Durchlauchtigste Beherrscherin wurde von diesem großen Verderben benachrichtiget, und geruhete nach dem Eifer, welchen sie vor das gemeine Beste hat, dem nunmehro verstorbenen Cardinal von Trautson als Erzbischoff von Wien anzubefehlen, daß er die Ursachen des Verfalls der Wissenschaften untersuchen, und die Mittel ausfindig machen sollte, wie man diesem Verderben abhelfen könne. Da aber dieser Prälat darüber starb, so wurde eben diese Commission dem hohen Rathe nemlich dem Directorio aufgetragen, und die Königin bestätigte alles, was dieses Tribunal vornahm. Demungeachtet wurde bey der Universität in Ansehung der Jesuiten nichts anders vorgenommen, als daß man beschloß, der Rector des Jesuiter Collegiums, welcher schon seit langer Zeit das Recht eines Präsidenten zu haben vorgegeben hatte, sollte nicht mehr zugelassen werden.

Nachdem nun der Herr Migazzi auf den Erzbischöfflichen Stuhl gelanget war, und man ihm die Einrichtung der Studien auf der Universität anvertrauet hatte, so gieng seine erste und vornehmste Sorge dahin, um dem augenscheinlichen Verfall der Künste und Wissenschaften abzuhelfen, indem er den Vorschlag that, zween Jesuiten Professores aus

Ita-

Italien kommen zu lassen, welche mit allem Ernst auf die Verbesserung des von ihren Mitbrüdern verursachten Schadens bey der Unterweisung der Jugend denken sollten. Der P. Lecchi Provincial der Gesellschaft, welcher wohl merkte, daß, wofern Migazzi zween von den Gesetzen der Gesellschaft unabhängige Patres verlangen sollte, er sich dieselben zu gleicher Zeit, in allem, was die Lehrart anbetrift, seiner Wachsamkeit unterwürfig machen würde, und widersetzte sich daher diesem Vorhaben, verhinderte auf die listigste Weise die weisen Rathschläge dieses gelehrten Erzbischofs, und gieng gar so weit, daß er es Sr. Majestät vorstellte, es sey unmöglich, daß zween Professores, welche man unter der erwehnten Bedingung wollte aus Italien kommen lassen, sich weder in Ansehung ihrer selbst, noch auch wegen der Gesellschaft dazu bequemen würden, und überdieses noch hinzufügte, daß wenn diese Personen nicht mehr unter dem Provincial stehen sollten, es zu befürchten sey, daß dadurch die innere Verfassung der Gesellschaft selbst werde umgekehret werden. Er that also den Vorschlag, daß man zween Professores von andern Orden dazu suchen möchte, und bat zugleich, daß man doch niemals den Entschluß fassen möchte, die Jesuiten von der Universität auszuschlüßen, und daß man keine Neuerung in Ansehung ihrer Lehrart machen möchte. Allein der gute Pater betrog sich in seiner Meynung; indem die Kayserin Königin erstlich die Generale der Augustinianer und der Dominicaner ersuchen ließ zwo geschickte und berühmte Personen zur Besetzung der zween theologischen Catheder zu schicken, welche man bald hier in Wien erwartet, und der P. Azzoni der Augustinianer von Siena gebürtig ein gelehrter Schüler des P. Berti, und der P. Gazzaniga der Dominicaner aus Bergamo sind. Hernach wurde ein gelehrter Canonicus dieser Hauptstadt und großer Freund der Lehre des Heil. Augustins und Thomas zur Censur der theologischen Schriften, und der berühmte van Swieten der Schüler des großen Boerhaven vor die philosophischen Schriften erwehlet: Ferner erfolgte die Verwerfung der Grammatic des Jesuiten Emanuel Alvaro, und der berühmte Herr Joh. Baptista Gasperi Professor der bürgerlichen Historie auf der Universität wurde zum Director der Schulen in der Grammatie, und Rhetorick ernennet. Er arbeitet würklich an einer Schrift, worinn er erstlich die schlechte Beschaffenheit der jesuitischen Methoden zeigen, und hernach in Ansehung der niedern Classen eine höchst nützliche Lehrart vorschlagen will, die man erwehlen soll, damit sich die Jugend darnach bilde, und sie annehme,

und

und das wichtige Vorhaben der Regierung erfüllet werde. Die Jesuiten erstauneten über diese Veränderungen, und machten einige Versuche, um alles zu hintertreiben; allein an statt etwas zu ihrem Vortheil zu erlangen, so mußten sie noch aus dem, was geschehen war, entdecken, daß die Sache sowohl von Seiten der Regierung, als auch insonderheit des Erzbischoffs hiermit noch nicht geendiget seyn würde. Und kaum hatte man auch erfahren, daß der König von Portugall die Jesuiten der abscheulichsten Irrthümer in der Lehre, und der größten Verbrechen im Leben vor den Augen von ganz Europa beschuldiget hatte; so ließ unsere Durchlauchtigste Monarchin von dem Erzbischoff die Untersuchung anstellen, ob die Jesuiten in ihrer Hauptstadt die gottlose und aufrührische Lehre des Busenbaums und La Croix lehrten; und als dieser Prälat nach einer scharfen Untersuchung gefunden hatte, daß es würklich so sey; so ließ es die Kayserin Königin dem Provincial zu verstehen geben, und ertheilte ihm den gemessensten Befehl, dieser verderblichen Lehre Einhalt zu thun. Dieser Provincial schrieb zur Abwendung des Ungewitters, welches über die ganze Gesellschaft schwebte, ein Circularschreiben an alle ihm untergebene Häuser, und vermahnete sie darinn, daß sie nichts als die richtigsten Meynungen insonderheit in den Artikeln, worüber man sich beklagte, lehren sollten. Gesetzt aber auch, daß der P. Lecchi ein redlicher Mann wäre; so weiß man doch schon, wie wenig man auf solche Briefe, welche die Jesuiten auf gewiße Zeit und nach Beschaffenheit der Umstände annehmen, bauen und sich verlassen kann. Unterdessen wurden doch die Werke des Tamburin, Gobar, Busenbaums, La Croix und anderer Moralisten der Gesellschaft von dem Hofe verbotten; und das schlimmste hierbey war noch vor die Jesuiten, daß der hohe Adel von Oesterreich, welcher die Kinder in dem Collegio zu Wien auferziehen ließ, eines nach dem andern heraus zu ziehen anfieng, so daß es jetzt fast ganz leer stehet. Es wurde ferner einigen Eltern dieser adelichen Kinder von hoher Hand angezeiget, daß die Freygeisterey und die verderbte Lebensart ihren Ursprung in der Pelagianisterey, und in der heidnischen Moral hätten, womit einige Schriftsteller der Gesellschaft die ganze christliche Welt angestecket hätten, und daß die Lesung dieser Schriften, ob sie gleich von den Päpsten verbotten wären, doch von einigen angerathen würde, als eine Sache, welche sich zur Bildung des Verstandes und des Herzens am besten schickte, und daß sie selbst hierüber wohl nachdenken, und zu gleicher Zeit einen Blick auf die weisen und wohlüberlegten Anstalten des Herrn Erzbischoffs Mlgazzi werfen möchten. Denn kaum hatte er die Verwaltung dieser Kirche übernommen, so richtete er sein Hauptaugenmerk darauf, um eine Clerisey so zu bilden, wie es die Canones und die erhabenen Verrichtungen, wozu sie gewidmet ist, erfordern. Er sahe wohl, daß es zur Erreichung einer solchen Absicht höchst nöthig wäre, diejenigen, welche sich dem Altar widmen wollen, bey Zeiten zur Weißheit und zu einem guten Lebenswandel zu gewöhnen. Er richtete dahero seine Augen auf eine gewiße Anzahl von Geistlichen, welche seine Vorgänger der Auffsicht der Jesuiten anzuvertrauen pflegten; und als er merkte, daß unter ihnen nicht die geringste Zucht herrschte, daß die Erlernung der heiligen Wissenschaften und die Ausübung der Kirchengebräuche hintangesetzt würden, und daß die Auffseher weder auf ihre Aufführung, noch auch auf die äußerliche Ehrbarkeit Achtung gäben; so nahm er ihnen endlich nach vielen Vermahnungen und vergeblichen Erinnerungen die Auffsicht über die angehenden Geistlichen, und übergab sie zween weltlichen Priestern. Als sich ferner die Jesuiten die Censur über die Bücher anmaßeten, so that ihnen auch hier der Erzbischoff Einhalt, als bey einer Sache, wo ihm die Auffsicht und Ernennung der Censoren zukäme. Er richtete in dieser Stadt ein Seminarium der Priester auf, und ersuchte den General Superior der Religiosen von der Mission, um eine gewiße Anzahl geschickter Männer, denen er die Auffsicht darüber anvertrauen könnte. Er machte ferner die Verordnung, daß die Jesuiten künfftighin nicht mehr bey den weltlichen Beichte hören, noch auch sich in die Auffsicht über die Nonnen mischen sollten, wofern sie nicht besondere Erlaubniß von ihm dazu hätten. Er befahl, daß die Prediger und insonderheit von der Gesellschaft die Erlaubniß zu ihrer Mission von ihm nehmen, und daß diejenigen, welche sich zu dem H. Orden der Kirche anbieten würden, wie die andern in Ansehung ihrer Fähigkeit ein Examen aufstehen sollten. Und gleichwie insonderheit die Jesuiten, sich um die Rechte der Bischöffe wenig bekümmern, ob sie gleich das tridentinische Concilium ihrer Gerichtsbarkeit unterwirft, so ließ der Erzbischoff die Verordnung des Conciliums selbst erneuern, und zu gleicher Zeit gab das Ministerium einigen zu verstehen, daß wenn die Jesuiten sich darwider setzen würden, man nicht zugeben würde, daß sie in Wien das Exempel von Angelopolis in America an dem Erzbischoff dem Herrn Migazzi mit allen den erschrecklichen Verfolgungen erneuerten, welche sie wider den Hochwürdigen Knecht Gottes D. Job. Palafox erreget hätten.

Dem-

Demungeachtet ließen es die Jesuiten hierbey nicht bewenden, und weil sie den Erzbischoff nicht offenbar angreifen konnten, so legten sie ihm solche Faußstricke, daß wenn es ihnen gelungen wäre, er nicht nur bey Hofe sondern auch bey allen seinen Untergebenen in der Diöceß in den übelsten Ruf und Verdacht würde gekommen seyn, als wenn er, anstatt ihnen die Lesung solcher Werke anzupreisen, welche ihnen den Weg zur Tugend zeigen sollten, sich bemühet hätte, ihnen schädliche, und der Religion höchst nachtheilige Bücher in die Hände zu liefern.

Es wird Ihnen, mein Freund, ohne Zweifel das schätzbare Buch von der wohleingerichteten Andachtsübung der Christen, bekannt seyn, welches der berühmte italiänische Gelehrte Ludov. Antonius Muratori unter dem Nahmen Lamindo Pritanio herausgegeben hat. Es hat sonderlich die Absicht, die kindische Einfalt gewißer Gebräuche, welche man in uneigentlichem Verstande gottselige Uebungen nennet, den Leuten vor Augen zu stellen, ferner den Aberglauben aus dem Wege zu räumen, und die Rechtgläubigen zu einer ordentlichen und der wahren Religion gemäßen Andachtsübung, wie auch zu den wesentlichen Pflichten eines wahren catholischen Christen zu führen. Aus demjenigen nun, was die Jesuiten gleich von der Stund an, da es 1747. zum Vorschein kam, thaten, kann man nicht anders schlüßen, als daß ihr vornehmstes Interesse auf dem Mißbrauche der Andachtsübungen gebauet ist, und daß ihnen gar viel daran gelegen seyn muß, den Aberglauben zu erhalten, damit die Christen in Ansehung ihrer Pflichten die Augen nicht öfnen mögen, und damit gewiße Gebräuche stets beybehalten werden, deren Ausübung zu ihrem verdammungswürdigen Nutzen gereicht, den sie auf alle Weise zu befördern suchen.

Dahero rührte es nun, daß sie die ansehnlichen Dienste, welche Muratori der Gesellschaft geleistet, und den Jesuiten zu Gefallen seinen Roman von dem glücklichen Christenthum in den Missionen geschrieben hat, nicht achteten, und nunmehro wider das Buch der regelmäßigen Andachtsübung loßzogen, indem sie es in öffentlichen und geheimen Reden vor ein schädliches Buch ausschrien, welches allerhand Lehren und Sätze enthielte, die wider die Grundsätze unserer catholischen Religion wären. Sie ließen ferner in der Absicht dieses Buch zu Rom unter die verbottenen Bücher zu bringen ihren Mitbruder Benedict Plazza einen Sicilianer auf den Platz treten, welcher zu Palermo 1757. einen dicken Band in 4. von 796. Seiten wider dasselbe herausgab, und darinn die

ent=

entsetzlichsten Verdrehungen, offenbarsten Lügen, falsche Schlüsse, und merkwürdige Verfälschungen der Worte dieses Werks zusammen häufte.

Sie erhielten auch einigermaßen ihre Absicht, und das Tribunal der Heil. Congregation des Index zu Rom wurde würklich auf das Werk des Muratori sehr aufmerksam. Der Papst Benedict der XIV. befahl es genau, und scharf zu prüfen; allein der Schluß hiervon war, daß die Beschuldigungen des P. Plazza wider dasselbe als unzulänglich verworfen, und hingegen das Buch selbst von aller Kirchencensur freygesprochen, und vielmehr vor würdig erkannt wurde, von einem jeden Christen gelesen zu werden. Jedoch die Jesuiten beruhigten sich noch nicht, und fuhren fort zum Zeichen ihrer gewöhnlichen Ergebenheit und Hochachtung gegen die Schlüsse und Entscheidungen eines so ansehnlichen Tribunals aufs heftigste zu reden, indem sie vorgaben, daß man dem Werke des P. Plazza keine Gerechtigkeit hätte widerfahren lassen.

Da aber bemungeachtet die Jesuiten in Italien nichts ausrichten konnten, fiengen sie in Deutschland an, auf dieses Buch zu schelten, woselbst man es sehr wohl aufgenommen, und selbst ins Deutsche übersetzet hatte. Unser Herr Erzbischoff ließ das besagte Buch des Muratori von neuem wieder genau prüfen, und weil er glaubte, daß kein besseres Buch sey als dieses, worinn auf eine kurze und deutliche Art die nöthigen Lehren des christlichen Glaubens und der vernünftigen Andacht vorgetragen sind, so ließ er es wieder abdrucken, und überreichte die ersten Exemplare den Durchlauchtigsten Erzherzoginnen, welche es nebst allen, die sich am Hofe und außer demselben, mit diesem neuen Andachtsbuche versahen, gar sehr erhoben und zugleicher Zeit den Eyfer des Erbischoff selbst lobten, daß er seiner Heerde eine so nöthige und nützliche Sache zum Heil der Seelen verehret habe.

Allein die Jesuiten hatten bereits den Anfang gemacht, das Werk des Muratori und zugleich auch den Herrn Erzbischoff als den Herausgeber einer verderblichen, und den christlichen Seelen und der Andacht schädlichen Schrift zu verleumden, und mit den heßlichsten Farben abzumahlen. Der P. Franciscus Lener der Beichtvater der Durchlauchtigsten Erzherzoginnen war es vornehmlich, dessen sie sich zur Erreichung ihrer Absichten bedienten. Dieser Religiose war so unverständig oder besser zu sagen so verwegen, daß er am Hofe aufs heftigste wider dieses

Buch

Buch des Muratori redete, und es als eine Schrift abmahlete, welche verschiedene ärgerliche Sätze enthielt, wodurch die Leser desselben leicht in Irrthümer gerathen könnten; ja als er einstmals ein Exemplar auf dem Tische einer von den erwehnten Erzherzoginnen gefunden hatte, nahm er es mit einer spöttischen Mine weg, und bemühete sich durch die gewöhnlichen listigen Kunstgriffe das Gemüth der Erzherzogin von der Lesung desselben abzuziehen, indem er es als ein schädliches, und mit Irrthümern wider die catholischen Lehrsätze ganz angefülltes Buch vorstellte.

Die Kayserin Königin, welche diese Begebenheit erfahren hatte, trug ein Verlangen von dem Erzbischoff mündlich den Innhalt dieses Büchleins zu vernehmen, welches in dem Gemüthe des guten Beichtvaters und seiner Mitbrüder eine solche Erbitterung verursachte. Unser gelehrte Prälat zeigte den Innhalt aufs genaueste und zur vollkommensten Zufriedenheit Sr. Majestät an, und bewieß dabey deutlich die Verleumdungen, und treulosen Lügen, welche jener Jesuite bey Hofe ausgebreitet hatte, und das erwehnte Buch selbst wurde hernach noch viel höher als zuvor geschätzet.

Und auch hiermit endigte sich die Sache noch nicht, denn jener eifrige Beichtvater mußte sich gefallen lassen das ansehnliche Amt, so er bißhero verwaltet hatte, niederzulegen, indem er auf hohen Befehl sowohl von Hofe als auch aus der Stadt Wien weggejaget wurde. Wir haben hier Nachricht, daß die Jesuiten als unruhige und rachgierige Leute, die Ehre und weisen Verfügungen unsers würdigen Erzbischoffs zu Rom zu verkleinern suchen; daß sie von ihm am päpstlichen Hofe mit vieler Geringschätzigkeit reden, und daß es daselbst viele giebt, die ihren lügenhaften Reden Gehör geben. Unterdessen hat hier der Herr Migazzi unser Erzbischoff zum Ruhme des Muratori, und seines goldnen Büchleins eine sehr schöne Nachricht in deutscher Sprache vor einigen Tagen drucken lassen, und darinn die reine Lehre, und die catholischen Gesinnungen des Muratori gerechtfertiget, und uns durch ein so deutliches und ansehnliches Zeugniß allen Zweifel und Furcht wegen Lesung dieses Buchs benommen, und gezeiget, daß die darinn enthaltenen Grundsätze richtig sind, und von allen guten und wahren Catholicken nachgeahmet zu werden verdienen. Sehen Sie, mein Freund, hier ist die Nachricht selbst, ich glaube sie wird Ihnen nicht unangenehm seyn. Ich bin

Nachricht.

Unsern geliebtesten Söhnen der Diöceß, in Christo Jesu Heil und apostolischen Seegen.

Das Buch, welches den Titul führet: die wohleingerichtete Andachtsübung der Christen, wovon der um die Kirche und Gelehrsamkeit so hochverdiente Mann Ludov. Anton Muratori Verfasser ist, kam anfänglich in italiänischer Sprache heraus, und wurde von den Gelehrten mit allgemeinem Beyfall aufgenommen. Hieran aber kehrte sich der sicilianische Jesuit Benedict Piazza nicht, sondern suchte es vielmehr durch sein großes lateinisches Werk zu widerlegen, und gab von diesem Buche vor, daß es in verschiedenen Sätzen der wahren Andacht hinderlich und nachtheilig wäre. Jedoch die Wahrheit und die Verdienste des Muratori verschaften ihm bald einen Vertheidiger. Ein gewisser ungenannter Schriftsteller überzeugte den Piazza deutlich, wie unbillig er dieses Buch angegriffen habe. Er widerlegte in einem gründlichen Briefe (a) die Sätze des Gegners, und bewiese ihre Ungültigkeit. Der Heil. Stuhl zu Rom, welcher in dergleichen Fällen seine Aufmerksamkeit sparet, bemerkte diese wichtige Streitigkeit, und Benedict der XIV., welcher damals noch die Kirche regierte, befahl der Congregation des Index eine scharfe Prüfung des Muratorischen Buchs anzustellen. Dieser Befehl wurde mit aller Sorgfalt und Ernst, wie es die verehrungswürdige Verordnung Sr. Heiligkeit erforderte, vollzogen. Nach vielen einzelnen und zwoen allgemeinen Congregationen wurde das Werk des Muratori in der letzten allgemeinen Versammlung vom 18. Dec. 1753. ein-

---

(a) Der Titul dieses Briefes heißt: *Lamindi Pritanii redivivi Parænetica ad P. Bened. Piazza S. J. censorem minus æquam libelli illius regulata Divozione Dei Christiani di Lamindo Pritanio, videlicet di LUDOVICO ANTONIO MURATORI. Venetiis 1755. in 4.*

einmüthiglich von aller Beschuldigung und Irrthum loßgesprochen, und bezeuget, daß es nichts anders als die reine catholische Lehre enthielte. Und eines von den vornehmsten Mitgliedern dieser Congregation, welches in dergleichen Untersuchungen besonders unermüdet ist, und dahero auch mit einer größern Stärke die Meinungen solcher Bücher entdecken kann, bezeuget es schriftlich, daß alle Puncte, denen sich Muratori widersetzet, theils offenbahre Mißbräuche, theils bloße Vorurtheile sind, welche aus der Einbildung des unwissenden, und zum Aberglauben geneigten Pöbels herrühren, oder wenigstens als solche gewiß erscheinen, und niemahls von der catholischen Kirche einige Aufnahme oder Bestätigung erhalten haben.

Unterdessen hat man vor nöthig erachtet, diese mit vielen Umständen begleitete besondere Nachricht bekannt zu machen, damit ein jeder gewarnet werde, sich vor ungegründeten und verwegenen Reden zu hüten, welche man auch in diesen Ländern ausgestreuet hat, und die Leute gar leicht abschrecken könnten, die rechten Gründe der wohleingerichteten Andachtsübung aus der reinen Quelle dieses vortreflichen Buchs des Muratori zu schöpfen, wodurch er sich außer dem innerlichen Werth des Buchs sehr verdient gemacht hat.

Wien,
den 22. Sept. 1759.

Ein und vierzigster Brief.

besondere Anmerkungen über die Predigt des P. Neumayrs vom Probabilismus.

Augspurg den 28. Aug. 1759.

Hätte ich es eher gewußt, mein Freund, daß sie alles dasjenige sammlen, was mit den Sachen der Jesuiten von Portugall in einiger Verbindung stehet, so hätte ich Ihnen auch schon längstens den wichtigen Beytrag zu Ihrer Sammlung liefern können, den ich Ihnen im gegenwärtigen Schreiben mittheilen will. Die Jesuiten sind sich überall selbst gleich, wie es in der Abbildung des ersten Jahrhunderts der Gesellschaft ausdrücklich bezeuget wird, sie behaupten überall ihre Meynungen und Grundsätze, und folglich reden sie auch überall von Sr. allergnädigsten Majestät und seinem Ministro übel, und bedienen sich an allen Orten der listigen Kunstgriffe, wodurch sie den Pöbel zu überreden suchen, daß sie solche Leute gar nicht sind, wie man sie doch schon vor langer Zeit hat kennen lernen, ungeachtet sie sich alle Mühe geben, ihre verderblichen und der Ruhe der Staaten höchst nachtheilige Anschläge unter dem Mantel der Religion und der Gottesfurcht zu bedecken. Jedoch ich glaube, daß sie sich bey den gegenwärtigen Umständen an keinem Orte in Europa zur grösten Verabscheuung der Catholicken und Protestanten so deutlich heraus gelassen haben, als in unserer Stadt.

Denn indem die weisesten und eifrigsten Männer unserer Kirche mit unwiderleglichen Gründen bewiesen, daß dasjenige, was die Jesuiten lehren, bloß darauf abzielet, um die Religion und die Sitten zu verderben, und daß ihr Probabilismus der Grund der alten und neuen Verbrechen sey, deren sie beschuldiget werden, so untersteht sich der P. Franciscus Neumayr nicht nur dieses System zu vertheidigen, sondern auch seine Mitbrüder zu rechtfertigen, Se. allergnädigste Majestät auf die abscheulichste Art zu beleidigen, und die Richter gottlose, und ihre Urtheile ungerecht, und alle diejenigen, welche sie vor schuldig halten, Betrüger zu nennen.

Diese Vertheidigung aber des erwehnten Religiosen ist nicht etwie in der Schule, oder in einem Zimmer des Collegii, sondern in Gegenwart einer grossen Menge Volks in dem Tempel des HErrn, und auf der Cantzel gehalten worden, wo man sonst die Haltung der Gebote GOttes einschärft, und die wahre Lehre, das Evangelium, und die Artickel des Glaubens, und die Geheimnüsse der Religion erkläret. Was vor eine verwegene Schwärmerey werden Sie sagen; ich aber setze noch hinzu, was vor eine Bosheit! Hat man wohl jemals eine solche Unternehmung gehört? Sie ist nicht allein wider den König von Portugall, sondern wider alle Christen, ja wider GOtt selbst. Es würde vielleicht niemand die Wahrheit dieser Sache glauben, wofern nicht die Predigt des P. Neumayers in lateinischer und deutscher Sprache gedruckt vorhanden wäre, die er zum grösten Aergernüß der Catholicken und Protestanten in dieser freyen Reichsstadt öffentlich gehalten hat. Der Titul davon ist dieser: Frag: ob der Probabilismus, oder die gelindere Sittenlehre Catholischer Schulen abscheulich und zu vermaledeyen seye? Beantwortet von P. Francisco Neumayr, Soc. Jesu, des hohen Domstiffts der Reichsstadt Augsburg ordinari Predigern wider die protestantische Zeitungsschreiber am Oster-Dienstage im Jahr Christi 1759. zweyte Auflag. Mit Genehmhaltung der Obern. München und Ingolstadt, verlegts Franz Xaveri Crätz, und Thomas Summer.

Die gantze Predigt gehet dahin um zu beweisen, daß der Probabilismus die Lehre der Catholischen Kirche sey. In dem ersten Theile bemühet sich der Verfasser zu beweisen, daß der Probabilismus eine unschuldige Lehre sey, wodurch weder ein menschliches, noch göttliches noch natürliches Gesetz verletzet werde. Im Zweyten Theile will er zeigen, daß der Probabilismus eine vernünftige Lehre sey, sowohl in Betrachtung der äusserlichen als der innerlichen Wahrscheinlichkeit. Im dritten Theil endlich glaubt der P. Neumayr zu beweisen, daß der Probabilismus eine nützliche Lehre sey, sowohl zur Ruhe des Gewissens als auch zum Heyl der Menschen, und zur Wohlfahrt des Staats. Dieses ist der Hauptinnhalt der gantzen Predigt. Es ist nicht nöthig, daß ich Ihnen alle die ketzerischen, ärgerlichen, schädlichen und verwegenen Sätze anzeige, welche unter würdige Jesuitische Redner in seiner gekünstelten Rede vorgebracht hat, indem ich erfahren habe, daß der P. Dominicus Reichard, ein Dominicaner in kurtzem eine Schrift über diese

Materie heraus geben, und die ganze Probabilistische Lehre widerlegen will. Ich will Ihnen unterdessen nur eine Stelle aus dieser Predigt anführen, welche die Sachen von Portugall betrifft. Sie werden daraus abnehmen, daß die Jesuiten an allen Orten einerley Sprache führen, und sich überall so vertheidigen, daß verständige Leute immer mehr einsehen, daß sie schuldig sind, und die abscheulichen Verbrechen, so man ihnen zuschreibet, würcklich begangen haben. Hier ist die Stelle selbst, wie sie S. 25. stehet: Die Lästerblätter der Zeitungschreiber seynd weit und breit in der Welt mit grossem Geräusch eine geraume Zeit herum geflattert, jetzt verliehret sich eines nach dem andern: etliche seynd wiederrufen worden, einige zum Stillschweigen angewiesen, andere offentlich durch den Hencker verbrannt. Alle versammlen sich nach und nach in ihr voriges Nichts. Die Welt hat sich äffen lassen, nachdem sie ja durch die Geschichte voriger Zeiten hätte klug werden sollen. Die Französische Geschicht hat zu Henrici des vierten Regierung eine ganz gleiche Verläumdung wegen des Königsmord den Jesuiten zur Last geleget: hat aber auch dieselbe widerum abgeleinet und die Schande in eine Ehrensäule verändert. Sollten nicht leichtgläubige Seelen durch diesen Zustand gewitziget Anstand genommen haben, den Zeitungen wieder die Unschuld der Jesuiten beyzufallen? Wer lachet jetzt nicht über die poßierliche Fabel von einem Jesuiten-Bruder, der vor kurzer Zeit sich zu Paraguay unter dem Nahmen Nicolai des ersten solle aufgeworffen haben? Dannoch hat man sich das zweytemal blenden lassen, und leichtsinnig von Ordensmännern geglaubt, was man von vernünftigen Heyden nicht glauben sollte! Der berühmte Herr Muratori, ob er schon sonst kein grosser Jesuitenfreund ware, hat ein besonderes Buch zum Lob der Paraguayschen Mißionen, welches bey Herrn Wolf hier zu Augsburg zu finden ist, geschrieben: Doch könnte er nicht verhindern, daß nicht seindselige Leuth die Mißionarien an ihrer Ehr freventlich antasteten. Oder, wem ist denn unbekannt, was für abentheurliche Unternehmungen man nicht unlängst den Glaubenspredigern in eben diesem Paraguay zugedichtet? Was hat man nicht gethan, dergleichen Ausbürdungen wahrscheinlich zu machen? Man hat ja so gar das Blendwerck mit Beylagen unterstützet, und die Lästerschrifften, als wären es Acta publica mit lugenhaften Zeugnissen, wissen, und falsch ersonnenen Decreten höchster Dicasterien ausfliegen lassen, wie die Nachrichten aus Frankreich und Spanien wegen öffentlicher Bestrafung der Verläumder authentische Zeugnisse ablegen. Was ist erfolgt? Da man mit Innzichten wider die Aufführung der Jesuiten nicht aufkommen konnte, hat man etlicher aus ihnen ihre Lehrsätze angetastet und verhaßte Consequenzen daraus gezogen, deren Vordersatz oft nicht einmal wahrscheinlich ist: Die Folge aber gar keine Verbindung hat. Die philosophische Sünde ist ein leeres Hirngespunst: Zweydeutiger oder zuruckhaltender Reden Beyspiel finden wir in wichtigen Umständen auch in der Schrift gut geheissen: Daß es aus Furcht der Verläumdung erlaubt seye durch Tödtung des Verläumders vorkommen, hat niemal ein Jesuit mit Genehmhaltung seiner Obern, nachdem der Satz verworffen ist worden, und also probabilis zu seyn aufgehöret, gelehret: und die Fluchwerthe Lehr von dem Königsmord wird bey uns alle Jahr öffentlich in allen unsern Häusern verdammt, auch nur davon zu schreiben bey Strafe des Kirchenbanns auf das schärfste verboten. Man sollte demnach den Jesuiten die Gerechtigkeit wiederfahren lassen, die ein jeder seinem Nächsten schuldig ist, und nicht gleich glauben, was die Zeitungsschreiber lügen, die leichtgläubigkeit verrathet ein paßionirtes Gemüth, welches die Hoffarth, oder der Neid, oder der Geitz wider die Jesuiten aufgebracht hat, daß man gern glaubet, es seye wahr, was man wünschte, daß es wahr wäre. Grosse Höfe hat das Getümmel des lieblosen Geschwätzes nicht dahin bringen können, daß das Credit der Jesuiten zu fallen begunte; ja bey etwelchen wurde selbes befestiget, und wuchse: Gesetzte Männer aber von Ansehen, von Adel, von Tugend und Wissenschaft liessen ihnen gesagt seyn, was Paulus lehret: nolite ante tempus judicare, 1. Cor 4. Sie wollten die Zeit erwarten, zu welcher sie sicherer urtheilen könnten, was wahr oder nicht wahr wäre. Wann ist aber wohl diese Zeit? Vielleicht wann sich ein Geschrey wegen der üblen Aufführung unsers Nächsten verbreitet? Nein! dann von Todten sagen lügt man gern. Vielleicht wann alle Zeitungsblätter sich darüber aufhalten? O Nein! dann die Zeitungsschreiber, wenn auch sie frey von Partheylichkeit seynd, schöpfen öfters aus unreinen Quellen.

Vielleicht nachdem die Sachen gerichtlich untersucht, und die Acten publiciret worden seynd? Nein! auch da ist die Liebe noch furchtsam, weil sie weiße, wie viel unschuldig zum Galgen geschleppet worden seynd, bald wegen einer Leidenschaft des Richters, bald wegen der Bosheit der Zeugen, bald wegen eines ergangenen Bekänntnisses des Beschuldigten selbst. Wahrlich ich kenne einen Mann, der von Jugend auf das unschuldigste Leben geführet, und sich dem gemeinen Nutzen gänzlich gewidmet hatte. Er eyferte für GOttes Ehre und für das Wohlseyn seiner Mitbürger aus allen Kräften: Niemand war elend, dem er nicht hülfreiche Hand reichete: Niemand betrübt, den er nicht werkthätig tröstete: Niemand unrechtmäßig geplagt, den er nicht wider die Verfolger mit aller Macht schützte. Dadurch erwarbe er sich eine allgemeine Schätzung und Liebe des Volks. Allein eben diese Liebe erweckte ihme Feinde und Neider. Nach und nach zettelte sich eine Verfolgung seiner Person an. Man greiffet sie, man stellt sie für den Richter: man verhöret die Zeugen: der Verklagte vertheidiget sich allein mit Stillschweigen: das Urtheil wird gesprochen: der Mann muß hangen. Wer sollte nicht glauben, der Mann seye mit Recht hingerichtet worden? Wer sollte noch zweifeln, daß er nicht ein Meuterer, ein Aufwiegler des Volks, ein Feind des Staats, und des Kaysers, für dene man ihn ausgabe, gewesen? Aber wer ist dieser Mann? JEsus, meine Zuhörer. JEsus ist es, dem man so übel nachgeredet, und so widerrechtlich hingerichtet hat. . . Darum hütet euch, daß ihr nicht vor der Zeit richtet! Wollet ihr recht weit von dem Laster der Verläumdung entfernet seyn, so richtet niemand vor dem letzten Gericht, da ist es Zeit zu richten, und nicht früher! Ihr gar, ihr Zeitungsschreiber, die ihr für Freund des Rigorismi angesehen wollet werden, nur damit ihr die Jesuiter Moral mit mehr Recht, wie ihr euch einbildet, durch die Hechel ziehen möget. Ihr Heuchler! ihr wollet uns für lax ausschreyen, weil wir uns in Deutschland mehr als anderstwo für Probabilisten bekennen? Saget an, wenn euer Gewissen so zart ist, als ihr gern möchtet uns glauben machen, wie dörft ihr euch erfrechen, so grobe Verläumdungen zu erdichten, zu vergrössern, zu erbreiten? Gehöret das achte Gebot nicht in eure Moral? Ist die Verläum-

Umbdung keine Sünd? Verdammet ihr euch nicht selbst eben, da ihr andere richtet? Ey! Eure ausgeschämte Gewohnheit zu lügen, zu laugnen, zu lästern, gibt überzeugende Proben von der unvernünftigen Sittenlehre, von welcher ihr diese Freyheit hernehmet. O unser Probabilismus eurer Moral entgegen gesetzt ist heilig; denn er ist nicht nur eine unschuldig und vernünftige Lehr, sondern auch nützlich 2c.

Was denken Sie nun, mein Freund, von dieser Stelle der Predigt unsers würdigen Jesuiten? Ich will Ihnen gleich meine Gedanken darüber mittheilen, vielleicht bin ich so glücklich die Ihrigen zu errathen.

Der P. Neumayr war auf den Catheder der Wahrheit gestiegen, den Probabilismus wider die Zeitungsschreiber von Erlangen und Tübingen zu vertheidigen, als welche in ihren Blättern diese Lehre eine gottlose, abscheuliche, schädliche, und in Absicht auf die Folgen in der Ausübung derselben höchst ärgerliche Sache genennet hatten. Das Urtheil, welches die catholische Kirche über den ganzen Zusammenhang dieser Predigt gewiß fällen wird(b); muß es zeigen, ob die Lehre vom Probabilismus ihre Lehre sey, wie der Jesuite verwegener Weise behauptet. Jedoch ich muß den P. Neumayr noch einiger massen entschuldigen, daß er sich bey dem jetzigen Sturm, welcher der Gesellschaft drohet, bemühet, seine Parthey zu behaupten, und eine Ausschweifung machet, damit die Lehre seiner Mitbrüder weniger verhaßt aussehen möge, und deßwegen wider die erwehnten Zeitungsschreiber eifert. Aber was haben diese da zu thun, wo von den Sachen in Portugall die Rede ist? Die Nachrichten kommen ja aus jenem Reiche, sie rühren von jenem Monarchen her, der die Jesuiten seiner Staaten als Mitschuldige einer offenbaren Empörung, und als Urheber einer unerhörten Zusammenverschwörung wider seine geheiligte Person, auf die gerechteste Weise verdammet hat. Daher kommen diese Nachrichten, und *** keine Er*** der Zeitungsschreiber von Erlangen und Tüb*** Hierzu kommt noch, daß man diese Nachrichten nicht eher als *** en und wohlabgemessenen rechtlichen Ueberlegung***

(c) Diese Predigt ist auf*** durch ein Decret vom ***

nals, und nach erfolgtem Bekänntniß der Missethäter selbst bekannt gemacht hat. Es sind also diese öffentlichen Urkunden, wider deren Glaubwürdigkeit sonst niemand etwas einzuwenden hat, diejenigen Blätter, welche die Jesuiten vor unächte Pappiere, und vor Acten, die von Freygeistern und Ketzern herrühren, auszuschreyen suchen. Hören Sie nur, was unser P. Neumayr saget, und uns versichert, daß die Lästerblätter der Zeitungsschreiber, das heißt die Läster-Acten des Tribunals der Inconfidenza und andere königl. Urkunden, worinn ihre Verbrechen aufgedeckt sind, nach und nach in Deutschland verschwinden, und noch hinzusetzet, daß einige wären wiederrufen, und andere gar öffentlich durch die Hand des Henckers verbrannt worden. Es ist aber falsch, daß die Schriften, welche die Jesuiten in Portugall betreffen, in unsern Gegenden verboten wären, man übersetzet vielmehr alles, was in Italien hierüber zum Vorschein kommt, und lieset es mit allgemeinem Beyfall. Wenn aber unser theurester Prediger Spanien und Deutschland miteinander verwirret, und mit dem von dem Rathe in Castilien wider einige andere neue Schriften erschlichenen Verbote prahlet, so ist dieser Triumph sehr lächerlich, indem ganz Europa die listigen Kunstgriffe weißt, welche diese Religiosen zur Erhaltung eines solchen Verbots angewendet haben. Sie brachten es nemlich durch ihre Bemühungen dahin, daß man einige Bücher, worinn ihre verkehrte Anstalten aufgedeckt worden, verboth, und nun wollen sie die Leute bereden, daß alle die Schriften, welche der Hof von Portugall heraus gibt, unter dieses Verbot gehörten. Die Verwegenheit des P. Neumayrs kennet keine Schranken. Ein anders Beyspiel hiervon ist, wenn er saget, daß die Geschichte, worinn die mörderischen Unternehmungen erzehlet werden, so sie wider Heinrich den IV. ausgeübet haben, schon längst wiederleget sey, und daß von der Unschuld seiner Misbrüder noch Urkunden vorhanden wären. Sind diese Urkunden vielleicht die Reden des Königs Heinrich selbst, welche er in der Versammlung des Parlaments auf die von dem Präsidenten Harlay gethane Vorstellung wider die Jesuiten zu ihrer Vertheidigung soll gehalten haben? Sind dieses die Urkunden? Sie wissen wohl, daß diese Rede des Königs eine von dem P. Daniel erdichtete Fabel ist, und es sind Ihnen die wahren Ursachen bekannt, wodurch Heinrich der IV. bewogen worden, die Jesuiten wieder zu Gnaden anzunehmen, welches er that, da er schon sein Herz gegen dem erleuchteten Minister, dem Hertzog von Sully hierüber entdecket hatte, wie dieser in seinen Memoires aufrichtig berichtet, denn in jenen grossen Unruhen von Frankreich und in den schrecklichen bürgerlichen Kriegen, welche damals ganz Frankreich noch verheerten, hatten die vertriebenen Jesuiten unter den Mißvergnügten noch einen starken Anhang, und weil der König für den listigen Ränken dieser verwegenen Religiosen fürchtete, so fand er ungeachtet ihrer erkannten Verschuldung vor gut, dieselben zurück zu ruffen, um sich wider eine neue Unternehmung in Sicherheit zu stellen. Aber wozu diente es? Hatten sie jemals vorher Schriften zur Unterdrückung der königlichen Macht ausgestreuet, so geschah es vornehmlich damahls.

Dem P. Neumayr musiten diese Begebenheiten wohl bekannt seyn; allein er denkt wie seine Mitbrüder auf nichts anders, als wie er das unwissende Volk bereden möge, daß die Verbrechen, deren sie beschuldiget werden, lauter Erdichtungen sind. Daher bringt er auch die Fabel von Nicolaus dem I. wider auf die Bahn: eine Fabel, welche die Jesuiten selbst erdacht und um deßwillen ausgebreitet haben, damit man nach dem Beyspiel dieser Erdichtung alles andere vor Fabeln halten möge, was man von ihrer unumschränkten Herrschaft in Paraguay und Maragnon als wahr befunden und unwiderleglich bewiesen hat. Die List und Verschlagenheit der Jesuiten ist unbegreifflich! Sehen Sie nur, mein Freund, was vor seltsame Widersprüche bey diesen Religiosen angetroffen werden: Unser Prediger führet das Buch des Muratori von den Paraguayischen Mißionen an, und lobet es gar sehr, da es doch bloß auf die unrichtigen Nachrichten der Jesuiten gegründet ist; und hingegen seine Mitbrüder verläumden diesen grossen Mann, und suchen sein schönes Werk von der wohleingerichteten Andachtsübung verhaßt zu machen. Wie seltsam ist dieses Verfahren!

Ferner muß ein jeder rechtschaffener Catholick erschrecken, wenn er höret, daß ein Diener JEsu Christi im Angesicht der Rechtgläubigen behaupten will, daß man von den zuruckgehaltenen Reden Beyspiel in der H. Schrift finde, und daß die philosophische Sünde ein leeres Hirngespinst sey, da sie doch seine Mitbrüder in gedruckten Büchern vertheidiget haben, und daß endlich alle diejenigen lügen, welche sagen, daß die Jesuiten lehrten, man könne aus Furcht der Verläumdung durch Tödtung des Verläumders zuvor kommen. Nun wissen Sie, mein Freund, daß dieses eine allgemeine Lehre der Jesuiten ist. Es versichert zwar der P. Neumayr, daß seine Mitbrüder aufgehöret haben dieselbe zu vertheidigen. Allein es es ist jedermann bekannt, daß auch nach dem Verbot der P. Cardenas, und La Croix noch den Preiß vor die Ermordung eines Verleumders bestimmten. Was sagen Sie nun dazu, mein Herr? Ist es eine Lügen, wenn man sagt, daß die Jesuiten nach dem Verbot lehren, man könne den Verleumber umbringen, oder saget der P. Neumayr eine Unwahrheit, wenn er in seiner Predigt das Gegentheil behauptet? Wer wird es also jemals den Jesuiten auf ihr Wort glauben, wenn sie vorgeben, daß ihre Mitbrüder nichts mehr vom Königsmord schreiben, da es bey Strafe des Bannes verboten worden. Man muß hierüber lachen, wenn man bedenket, wie gering diese Patres die Bannstrahlen schätzen, und wie wenig sie sich aus den Bullen der Päpste machen. Man würde sehr leicht beweisen können, daß seit zwey hundert Jahren her kein Papst gewesen ist, dem die Jesuiten sich nicht widersetzet, und die Decrete und Verordnungen verachtet haben, wenn man diese Religiosen hat zu einer ordentlichen Lebensart anhalten, oder ihnen ihre irrigen Meynungen in der Glaubens und Sittenlehre nehmen wollen. Haben nun die Jesuiten zu allen Zeiten die päpstlichen Bullen verspottet, so bald sie wider ihre Absichten gerichtet waren, so kann man sich leicht vorstellen, wie wenig sie das Verbot der Lehre vom Königsmord achten werden, zumal da selbiges nur auf Vorstellung der französischen Jesuiten im Jahr 1614. herauskam, als welche sich bey den damahligen verdrüßlichen Umständen bemüheten, den Parlamentern dieses Reichs einige Genugthuung zu verschaffen. Daher auch das Verbot nur so lange gehalten wurde, als das Ungewitter dauerte.

Was urtheilen Sie nun, mein Freund, von der Aufrichtigkeit unsers jesuitischen Predigers? Man soll seiner Meynung nach den Jesuiten auch Gerechtigkeit widerfahren lassen, die ein jeder seinem Nächsten schuldig ist. Allein Sie wissen bereits, mein Herr, daß sich die Jesuiten durch ihre üble Aufführung, durch ihren Stolz, Betrügerey, und Lästerung dieser Gerechtigkeit und Liebe unwürdig gemacht haben. Denn indem der P. Neumayr die Liebe gegen die Gesellschaft einschärfen will, so verleumdet er zu gleicher Zeit einen Monarchen, und nennet die Handlungen seiner Gerechtigkeit gegen diese Religiosen ungegründete Erdichtungen und Fabeln. Man siehet aber wohl, wie viel dem P. Neumayr daran gelegen seyn muß, daß man diese Handlungen nicht vor wahr annehmen möge, indem er hinzusetzet: Die Leichtgläubigkeit verrathet ein passionirtes Gemüth, welches die Hoffart, oder der Neid oder der Geitz wider die Jesuiten aufgebracht hat, daß man gerne glaubt, es sey wahr, was

was man wünschte, daß es wahr wäre. Diese Worte sind nicht nur die größte Beleidigung des Publicums, welches mit Recht den Aussprüchen eines ansehnlichen Monarchen und seiner Tribunale Glauben beymisset, sondern auch die abscheulichste Lästerung, welche die Missethäter gegen ihre Richter, und gegen den Fürsten, der sie verurtheilet, ausstoßen können.

Wollen Sie wissen, mein Freund, was der gute Jesuite sagen will? Er meinet dieses: Ob gleich das Ministerium von Portugall den Malagrida nach dem Bekenntniß der andern Mitschuldigen, und nach den Aussagen der Zeugen und nach andern rechtlichen Beweisen, die man nur von einem so hohen Tribunal verlangen kann, schon vor strafwürdig erkläret hat; so muß man doch nach der Meinung des P. Neymayrs es so machen, wie es redliche Personen gemacht haben, das heißt, man muß dem Rath des Heil. Paulus folgen und nicht vor der Zeit richten, indem es oft geschehen ist, daß Unschuldige, entweder aus Bosheit des Richters, oder aus Falschheit der Zeugen, oder wegen eines mit Gewalt erzwungenen Bekenntnisses der Mitschuldigen zum Galgen sind verurtheilet worden. Ich überlasse Ihnen, mein Freund, die Mühe, diese Ausdrücke genauer zu erwegen, und will nur bloß soviel dabey erinnern, daß die Gesellschaft, welche in dem gegenwärtigen Falle überall eine solche Sprache führet, um dieser Reden willen allein verdiente, bestrafet zu werden. Denn wofern man von der Sentenz in Portugall so urtheilen wollte; so würde man von den Urtheilen wider einen Barriere, Ravallac, Damiens und anderer solcher Missethäter eben dieses behaupten können. Aber was würde man sich von solchen, die so verwegen urtheilen wollten, vor einen Begriff machen? Und was vor Strafen würden sie verdienen? Man würde nichts anders denken können, als daß sie genaue Freunde solcher Mörder, oder gar eben solche Strassenräuber, und Feinde des Thrones und der öffentlichen Ruhe des Staats seyn müßten, und folglich auch eben die Strafen verdienen, wie jene überführte und verurtheilte Missethäter.

Wie würde es aber ums Himmelswillen in der Welt ergehen, wenn es erlaubt wäre, von den Urtheilen der Monarchen und ihrer Tribunale so zu denken! Es würde alle Unterwürfigkeit aufhören, und die schädlichsten Unordnungen in der bürgerlichen Gesellschaft würden überhand nehmen. Jedoch die Jesuiten halten sich alles vor erlaubt, und zwar um sovielmehr, weil sie gegenwärtig nicht nur das leichtgläubige Volk zu verführen suchen, sondern auch aufs künftige eine andere Betrügetrügerey zu spielen gesonnen sind. Ich will Ihnen gleich meine Gedanken hierüber erklären. Es ist wohl unfehlbar gewiß, daß Malagrida zu eben der Todesstrafe wird verurtheilet werden, welche die von ihm verführten Missethäter erlitten haben. Da nun die Jesuiten schon vorher den Satz behauptet haben, daß viele unschuldig zum Galgen sind geführet worden; so werden sie gewiß hernach ebenfalls vorgeben, daß dieser treulose Priester durch die Boßheit der Richter ums Leben gekommen seye, daß die Verbrechen, deren er beschuldiget wird, durch falsche Zeugen wären bestätiget worden; und daß endlich sein eigen Bekenntniß, im Fall er eines ablegen sollte, durch die Gewalt der entsetzlichsten Martern erzwungen sey; und also wie ein Garnet, Oldecorne und Guignard als ein unschuldiger, und heiliger Märtyrer anzusehen sey. Die Schriften der Jesuiten, welche sie bey den gegenwärtigen Umständen ausfliegen lassen, stellen schon den P. Malagrida als den tugendhaftesten und unschuldigsten Menschen vor, und vergleichen ihn mit den heiligsten Männern Gottes den Propheten. Ja man sehe nur, wie weit die Verwegenheit unsers P. Neumayrs in diesem Stücke gehet. Er begnüget sich nicht nur bey Gelegenheit der Sachen in Portugall zu behaupten, daß der Richter kann bestochen, und die öffentlichen Acten erdichtet seyn; und daß Malagrida wie viele andere Unschuldige ums Leben kommen kann, sondern er vergleichet so gar diesen Bösewicht, diesen Verräther, und Rebellen mit JESU CHRISTO unserm unschuldig leidenden Heyland. Ach ich erschrecke und zittere bey dieser Stelle. Ein Jesuit kann so verwegen seyn und einen lasterhaften, einen durch die deutlichsten, und überzeugendsten Beweise von aller Art gerichtlich erkannten und verurtheilten Missethäter, mit dem heiligsten Erlöser der Menschen vergleichen! Aber ich bin auch versichert, ein jeder rechtschaffener catholischer Christ wird mit mir bey dieser Vergleichung des P. Neumayrs ein gleiches Entsetzen empfinden, und daraus schlüßen daß die Zeit bald nahe seyn müße, wo die Jesuiten ihre Masque der äußerlichen Heiligkeit und Gottesfurcht ablegen, alle Bande zerreißen, und sich mit Gewalt über alles erheben werden, was Gottes ist. Ich verharre rc.

Ende des dritten Bands.